EBS 중학

뉴런

| 사회 ② |

개념책

| 기획 및 개발 |

이은희 박영민

| 집필 및 검토 |

강창식(전 원묵고) 김용걸(청담고) 김은희(은계중) 박의현(창덕여중) 조성호(중동고) 조수진(옥정중)

| 검토 |

김가경 김연주 박서연 박성윤 이현주 이호균 조수익 조영매

조철민 정다해 황미영 황미애 황태성

교재 정답지, 정오표 서비스 및 내용 문의   EBS 중학사이트 ➡ 교재 검색 ➡ 교재 선택

✛ 수학 전문가 100여 명의 노하우로 만든
  수학 특화 시리즈

✛ 연산 ε ▶ 개념 α ▶ 유형 β ▶ 고난도 Σ 의
  단계별 영역 구성

✛ 난이도별, 유형별 선택으로
  사용자 맞춤형 학습

기본부터 심화까지 **단계별 수학**

연산 ε(6책) ┃ 개념 α(6책) ┃ 유형 β(6책) ┃ 고난도 Σ(6책)

EBS 중학

뉴런

| 사회 ② |

개념책

Structure 이 책의 구성과 특징

개념책

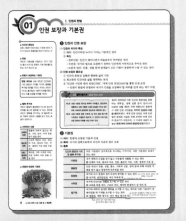

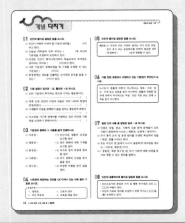

학습 내용 정리

중단원의 핵심 개념을 체계적으로 정리하였습니다. 시험에 자주 나오는 자료를 다룬 '집중 탐구' 코너와 교과서의 배경 지식을 풍부하게 하는 '더 알아보기' 코너를 통해 핵심 개념을 완벽하게 공부해 보세요.

개념 다지기

중단원의 핵심 개념을 간단한 문제를 통해 확인할 수 있도록 구성하였습니다. 핵심 개념을 단단하게 짚어 학습하는 코너로 활용하세요.

중단원 실력 쌓기

다양한 유형을 풀어 보면서 학습한 내용을 확인하는 코너입니다. 특히 중학교에서 보다 확대된 서술형·논술형 평가를 대비하기 위한 코너가 준비되어 있습니다. 다양한 유형의 문제로 실력을 탄탄하게 쌓아 보세요.

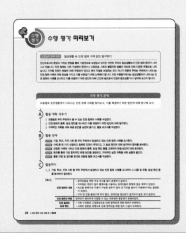

대단원 마무리

대단원의 핵심 문제를 엄선하여 구성한 코너입니다. 대단원의 다양한 유형의 문제를 통해 단원 학습을 마무리해 보세요.

수행 평가 미리보기

중학교에서 보다 확대된 수행 평가를 대비할 수 있는 코너입니다. 선생님께서 직접 출제하신 문제를 통해 수행 평가를 준비해 보세요.

실전책

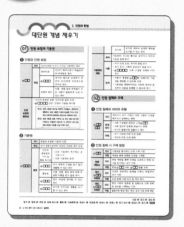

대단원 개념 채우기

단원별 핵심 내용을 표로 일목요연하게 정리한 코너입니다. 빈칸의 핵심 개념을 채우면서 주요 개념을 완벽하게 익혀 보세요.

대단원 종합 문제

단원 통합형 문제를 확실하게 대비할 수 있도록 다양한 문제를 구성하였습니다. 다양한 실전 문제를 통해 학교 시험에 완벽히 대비해 보세요.

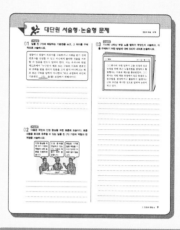

대단원 서술형·논술형 문제

중학교에서 보다 확대된 서술형·논술형 평가를 대비하기 위한 코너입니다. 문제를 풀어 보며 서술형·논술형 평가에 대한 자신감을 쌓아 보세요.

정답과 해설

미니북

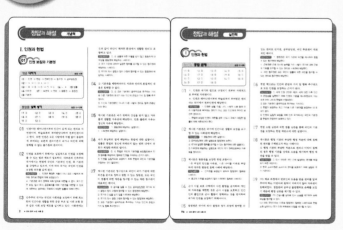

정답과 해설

모든 문항마다 상세한 해설을 곁들여 부족한 학습 내용을 보완할 수 있도록 하였습니다. 문제 풀이 후 해설은 꼭 읽고 넘어가야 공부의 완성이라는 거, 잊지 마세요!

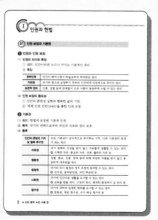

핵심 족보

핵심 내용을 따로 정리해 한눈에 볼 수 있도록 미니북으로 제공하였습니다.

Contents 이 책의 차례

개념책

• 교재 및 강의 내용에 대한 문의는 EBS 중학 홈페이지(mid.ebs.co.kr)의 Q&A 서비스를 활용하시기 바랍니다.

I 인권과 헌법

01 인권 보장과 기본권

＋ 인간의 존엄성
모든 사람은 인간이라는 이유로 존재 가치가 있으며, 존중받을 권리가 있다는 것

＋ 헌법
국민의 기본권을 규정하고, 국가 기관의 통치 조직 및 운영의 기본 원리를 정하는 국가 최고의 법

＋ 헌법이 보장하는 기본권

> **헌법 제10조** 모든 국민은 인간으로서의 존엄과 가치를 가지며, 행복을 추구할 권리를 가진다. 국가는 개인이 가지는 불가침의 기본적 인권을 확인하고 이를 보장할 의무를 가진다.

＋ 행복 추구권
국민이 물질적 풍요뿐만 아니라 정신적 만족을 동시에 충족할 수 있는 권리로 국민이 행복을 추구하는 데 필요한 모든 자유와 권리의 내용을 담고 있는 포괄적 권리이다.

＋ 자유권의 내용

신체의 자유	법률에 의하지 않고는 체포, 구속, 압수, 수색 등을 받지 않을 권리
정신적 자유	사상과 학문의 자유, 양심의 자유, 종교의 자유, 언론·출판의 자유 등을 누릴 권리
사회·경제적 자유	재산권, 거주 이전의 자유, 직업 선택의 자유 등을 누릴 권리

＋ 헌법에 보장된 기본권

① 인권과 인권 보장

(1) 인권의 의미와 특징
① **의미**: 인간이라면 누구나 가지는 기본적인 권리
② **특징**
 • **천부인권**: 인간이 태어나면서 하늘로부터 부여받은 권리
 • **자연권**: 국가의 법으로 보장하기 전부터 인간에게 자연적으로 주어진 권리
 • **보편적 권리**: 인종, 성별 등에 관계없이 모든 사람이 동등하게 누릴 수 있는 권리

(2) 인권 보장의 중요성
① 인간의 존엄성 실현과 행복한 삶의 기반
② 최소한의 인간다운 삶을 영위하는 토대
③ '인간과 시민의 권리 선언(1789)', '세계 인권 선언(1948)'을 통한 인권 보장
 → 인권이 헌법에 규정되어 국가가 인권을 보장해야 할 의무를 갖게 되는 계기 마련

더 알아 보기 ▶ 세계 인권 선언

> 제1조 모든 사람은 태어날 때부터 자유롭고, 존엄하며, 평등하다. 모든 사람은 이성과 양심을 가지고 있으므로 서로에게 형제애의 정신으로 대하여야 한다.
>
> 제2조 모든 사람은 인종, 피부색, 성, 언어, 종교 등 어떤 이유로도 차별받지 않으며, 이 선언에 나와 있는 모든 권리와 자유를 누릴 자격이 있다.

제2차 세계대전 이후 인간의 존엄성을 침해하는 대학살, 생체 실험 등이 일어나자 1948년 12월 제3차 국제 연합(UN) 총회에서 세계 인권 선언문을 채택해 **인권의 기준**을 제시하였다. 세계 인권 선언은 국제 인권법의 토대로 수많은 국제 조약과 국제 선언의 본보기가 되었으며, 그 이념과 내용이 오늘날 **세계 여러 나라의 헌법에 반영**되었다.

---

② 기본권

(1) 의미: 헌법에 보장된 기본적 인권
(2) 목적: 국가의 권력으로부터 국민의 자유와 권리 보호
(3) 종류

인간의 존엄과 가치 및 행복 추구권	모든 기본권이 궁극적으로 추구하는 가치이며, 다른 기본권의 토대가 되는 권리
자유권	국가 권력의 간섭을 받지 않고 자유롭게 생활할 수 있는 권리 ⑩ 신체의 자유, 종교의 자유, 언론·출판의 자유. 사회·경제적 자유 등
평등권	모든 국민이 인종, 성별, 종교, 사회적 신분, 장애 등에 의해 부당한 차별을 받지 않고 동등하게 대우받을 권리
참정권	국가의 의사 결정과 정치 과정에 참여할 수 있는 권리 ⑩ 선거권, 공무담임권, 국민 투표권 등
사회권	국가에 인간다운 생활을 요구할 수 있는 권리 ⑩ 교육을 받을 권리, 근로의 권리, 쾌적한 환경에서 살 권리 등
청구권	국가에 대하여 일정한 행위를 요구할 수 있는 권리로 다른 기본권이 침해되었을 때 구제를 요구할 수 있는 권리 ⑩ 청원권, 재판 청구권, 국가 배상 청구권 등

→ 국가의 중요한 정책을 직접 결정할 수 있는 권리
▸ 공직을 맡을 수 있는 권리
▸ 공무원의 불법행위로 피해를 본 국민이 국가에 손해 배상을 청구할 수 있는 권리
↳ 국민이 국가 기관에 대해 의견을 문서로 청하고 원할 수 있는 권리

집중탐구   헌법에 보장된 기본권의 실현

제11조 ① 모든 국민은 법 앞에 평등하다. 누구든지 성별·종교 또는 사회적 신분에 의하여 정치적·경제적·사회적·문화적 생활의 모든 영역에 있어서 차별을 받지 아니한다.

장애인도 똑같이 일할 수 있어요.

우리나라는 헌법에 국민의 기본권을 보장하고 있지만, 그 내용이 추상적이기 때문에 **기본권을 구체적으로 보장하고 실현할 수 있도록 관련 법률과 제도를 마련**하고 있다. 그 예로 장애가 있다는 이유로 능력을 과소 평가받거나 부당한 차별을 받지 않도록 「장애인 차별 금지 및 권리 구제 등에 관한 법률」을 제정하여 장애인의 기본권을 실질적으로 보장하고 있다.

(4) 기본권의 제한 → 헌법 제37조 ②항에서 규정하고 있음

① **목적**: 기본권의 지나친 행사로 공익이나 타인의 기본권 침해 방지

② **내용**

- 국가 안전 보장: 국가의 존립이나 헌법의 기본 질서 등을 보호함
- 질서 유지: 타인의 권리를 침해하지 않고 사회의 공공질서 등을 유지함
- 공공복리: 사회 구성원 전체에게 공통되는 이익을 추구함

③ **한계**

- 국회가 제정한 법률에 의해서만 기본권을 제한할 수 있도록 규정함
- 기본권 제한을 통해 보호하려는 공익이 침해되는 사익보다 커야 함
- 기본권을 제한하더라도 자유와 권리의 본질적인 내용을 침해할 수 없도록 명시함
  → 국가 권력의 남용을 방지하여 국민의 기본권을 최대한 보장하기 위함

Q&A   기본권은 어떠한 경우에 제한될 수 있나요?

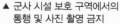
▲ 군사 시설 보호 구역에서의 통행 및 사진 촬영 금지

▲ 과속 및 음주 운전 단속

▲ 개발 제한 구역

국가는 국민의 기본권을 최대한 보장하기 위해 노력해야 하지만, 국가 안전 보장, 질서 유지, 공공복리라는 공익을 위해 필요한 경우 기본권을 제한할 수 있다. 군사 시설 보호 구역에서는 개인의 통행이나 사진 촬영 등을 일부 제한하여 국가의 안전을 보장하며, 교통질서를 유지하기 위해 과속 및 음주 운전을 단속하여 개인의 자유를 제한하기도 한다. 또한 개발 제한 구역에서는 환경 보호 등 사회 전체의 이익을 위해 개인의 토지 이용을 제한할 수 있다. 그러나 기본권을 제한하는 경우에도 자유와 권리의 본질적인 내용을 침해할 수 없으며, 법률에 의해서만 제한하도록 헌법에 규정하고 있다.

✚ 장애인 차별 금지 및 권리 구제 등에 관한 법률

제6조 누구든지 장애 또는 과거의 장애 경력 또는 장애가 있다고 추측됨을 이유로 차별을 하여서는 아니 된다.

✚ 장애인 이동권

장애인이 일상생활에서 비장애인과 마찬가지로 원하는 곳으로 이동할 때 불편함이 없이 움직일 권리를 말한다. 높은 문턱과 계단, 휠체어를 수용할 수 없는 대중교통 등은 장애인이 이동하는 데 불편을 초래하기 때문에 장애인의 이동권을 보장하기 위한 법률 및 제도적 개선이 필요하다.

✚ 헌법에 명시된 기본권 제한 사유

헌법 제37조 ② 국민의 모든 자유와 권리는 국가 안전 보장, 질서 유지 또는 공공복리를 위하여 필요한 경우에 한하여 법률로써 제한할 수 있으며, 제한하는 경우에도 자유와 권리의 본질적인 내용을 침해할 수 없다.

✚ 공공복리

사회 구성원 전체에 공통되는 이익이나 복지

✚ 군사 시설 보호 구역

군사 시설의 보호 및 원활한 군 작전의 수행을 위해 국방부 장관이 설정한 지역으로, 민간인의 출입 및 군사 활동을 방해하는 각종 행위를 제한하는 곳이다.

✚ 개발 제한 구역

도시의 무질서한 팽창을 막고, 도시 주변의 자연환경을 보전하여 도시 주민에게 건전한 생활 환경을 제공하기 위해 설정된 녹지대로 그린벨트(greenbelt)라고도 한다.

개념 다지기

01 빈칸에 들어갈 알맞은 말을 쓰시오.

(1) 인간이 마땅히 누려야 할 기본적 권리를 (   )(이)라고 한다.

(2) 오늘날 대부분의 민주 국가는 (   )에 국민의 기본권을 규정하여 보장하고 있다.

(3) 인권은 인간이 태어나면서부터 하늘로부터 부여받은 권리라는 의미로 (   )(이)라고 한다.

(4) 다른 기본권이 침해되었을 때 구제를 요청할 수 있는 기본권은 (   )(이)다.

(5) 참정권에는 대표를 선출하는 선거권과 공직을 맡을 수 있는 (   )(이)가 있다.

02 다음 설명이 맞으면 ○표, 틀리면 ×표 하시오.

(1) 모든 기본권이 추구하는 최고의 가치는 평등권이다.
···( )

(2) 세계 인권 선언의 이념과 내용은 여러 나라의 헌법에 반영되었다. ·······················( )

(3) 사생활의 비밀을 침해받지 않을 권리는 평등권에 속한다.
···( )

(4) 저소득층 가구에 생계비를 지원하는 것은 국민의 사회권을 보장하기 위해서이다. ·······················( )

03 기본권의 종류와 그 내용을 옳게 연결하시오.

(1) 자유권 •

(2) 평등권 •

(3) 참정권 •

(4) 사회권 •

(5) 청구권 •

• ㉠ 인간다운 생활의 보장을 요구할 권리

• ㉡ 권리 침해에 대한 구제를 요구할 권리

• ㉢ 국가의 정치 과정에 참여할 권리

• ㉣ 국가 권력의 간섭을 받지 않을 권리

• ㉤ 부당한 차별을 받지 않을 권리

04 사회권에 해당하는 것만을 〈보기〉에서 있는 대로 골라 기호로 쓰시오.

┤ 보기 ├
ㄱ. 청원권   ㄴ. 근로의 권리
ㄷ. 국민 투표권   ㄹ. 교육을 받을 권리

05 빈칸에 들어갈 알맞은 말을 쓰시오.

제37조 ② 국민의 모든 자유와 권리는 국가 안전 보장, 질서 유지 또는 공공복리를 위하여 필요한 경우에 한하여 (   )로써 제한할 수 있다.

06 다음 헌법 조항에서 규정하고 있는 기본권이 무엇인지 쓰시오.

누구든지 법률에 의하지 아니하고는 체포·구속·압수·수색 또는 심문을 받지 아니하며, 법률과 적법한 절차에 의하지 아니하고는 처벌·보안 처분 또는 강제 노역을 받지 아니한다.

07 괄호 안의 내용 중 알맞은 말에 ○표 하시오.

(1) 인권은 성별, 종교, 사회적 신분 등에 관계없이 모든 사람이 동등하게 누리는 (제한적, 보편적) 권리이다.

(2) 국가 통치 조직 및 운영 원리를 규정한 최상위의 법을 (헌법, 법률)이라고 한다.

(3) 모든 국민이 법 앞에서 누구나 동등하게 대우받을 권리는 (자유권, 평등권)이다.

(4) (청원권, 재판 청구권)은 국가 기관에 대해 의견을 문서로 청할 수 있는 권리를 말한다.

08 빈칸에 공통적으로 들어갈 알맞은 말을 쓰시오.

• 인간으로서의 존엄과 가치 및 행복 추구권은 모든 □□□의 바탕이 된다.
• 국민의 자유와 권리를 보장하기 위해 국가는 □□□을(를) 보장하고 있다.

중단원 **실력 쌓기**

01 빈칸에 들어갈 내용으로 적절하지 **않은** 것은?

> 인권은 인간이 태어나면서부터 갖게 되는 기본적인 권리이다. 이는 모든 사람에게 차별 없이 부여되며 국가나 다른 사람이 함부로 침해할 수 없다. 그런 의미에서 인권은 인간이라는 이유만으로 누릴 수 있는 (　　　　)이다.

① 자연권　　　　　　② 천부인권
③ 제한적 권리　　　　④ 보편적 권리
⑤ 불가침의 권리

02 헌법과 인권의 관계에 대한 옳은 설명을 〈보기〉에서 고른 것은?

┤ 보기 ├
ㄱ. 헌법에 보장된 인권을 기본권이라고 한다.
ㄴ. 특정한 계층의 인권만 헌법에 의해 보장받는다.
ㄷ. 헌법에 인권을 규정하여 국가가 국민의 권리를 보장하게 한다.
ㄹ. 헌법에 인권이 보장되어 있으나 필요시 국가는 임의로 인권을 제한할 수 있다.

① ㄱ, ㄴ　　　　② ㄱ, ㄷ　　　　③ ㄴ, ㄷ
④ ㄴ, ㄹ　　　　⑤ ㄷ, ㄹ

03 다음에서 보장된 권리와 같은 유형의 기본권이 실현된 사례로 적절한 것은?

> 올해 80세인 김○○씨는 국가로부터 노령 연금을 받아 생활하고 있으며, 국가에서 운영하는 병원을 통해 정기 검진도 받고 있다.

① 과거와 달리 남자도 미용 고등학교에 입학할 수 있다.
② 고장 난 신호등을 정비해 달라고 시청에 민원을 제기하였다.
③ 미세 먼지의 감소를 위해 공공기관은 차량 2부제를 시행하고 있다.
④ 우리 회사는 남자나 여자 모두 승진에서 동등한 기회를 부여받는다.
⑤ 18세가 되면 사회적 지위와 관계없이 누구나 대통령 선거권을 가진다.

04 다음에 제시된 기본권에 대한 설명으로 옳지 **않은** 것은?

> 모든 국민은 인간으로서의 존엄과 가치를 가지며, 행복을 추구할 권리를 가진다.

① 헌법에 의해 보장되는 국민의 권리이다.
② 필요시 본질적인 내용일지라도 제한될 수 있다.
③ 모든 자유와 권리를 담고 있는 포괄적 권리이다.
④ 모든 기본권이 궁극적으로 지향하는 근본 가치이다.
⑤ 자신의 권리뿐만 아니라 타인의 권리도 존중되어야 한다.

05 다음에 나타난 기본권의 내용으로 옳은 것을 〈보기〉에서 고르면?

> 제12조 ① … 누구든지 법률에 의하지 아니하고는 체포 · 구속 · 압수 · 수색 또는 심문을 받지 아니하며, … (중략)… 강제 노역을 받지 아니한다.

┤ 보기 ├
ㄱ. 부당한 차별을 받지 않고 동등하게 대우받을 권리이다.
ㄴ. 국가 권력의 간섭을 받지 않고 자유롭게 생활할 권리이다.
ㄷ. 국가에 최소한의 인간다운 생활의 보장을 요구할 수 있는 권리이다.
ㄹ. 언론 · 출판에 대한 자유를 보장하는 것도 같은 기본권을 보장하기 위해서이다.

① ㄱ, ㄴ　　　　② ㄱ, ㄷ　　　　③ ㄴ, ㄷ
④ ㄴ, ㄹ　　　　⑤ ㄷ, ㄹ

06 밑줄 친 ㉠에 대한 설명으로 옳지 **않은** 것은?

> 국민의 기본권을 보장하고 국가 기관의 통치 조직 및 운영의 기본 원리를 정하는 ㉠ 국가 최고의 법이다.

① 헌법으로 국가의 근본법이다.
② 인권 침해를 규제하는 근거이다.
③ 국회에서 제정한 법률에 해당한다.
④ 침해된 인권을 구제하는 기준이 된다.
⑤ 인권의 실질적인 보장을 위해 필요하다.

07 다음 내용에 해당하는 기본권에 대한 설명으로 옳은 것은?

> • 국가에 대하여 일정한 행위를 요구할 수 있는 권리
> • 다른 기본권이 침해되었을 때 이를 구제할 수 있는 권리

① 청원권, 재판 청구권이 대표적 예이다.
② 공직을 맡을 수 있는 권리가 이에 해당한다.
③ 사생활의 비밀과 자유를 침해받지 않을 권리이다.
④ 국가의 의사 결정 과정에 참여할 수 있는 권리이다.
⑤ 모든 기본권이 추구하는 가치로 근본적인 토대이다.

08 (가), (나)에서 행사된 기본권으로 옳게 짝지어진 것은?

> (가) 선거일이면 투표권을 행사했던 아빠는 이번에는 국회의원 선거에 후보자로 등록하였다.
> (나) ○○초등학교 학부모들은 학교 앞 불법 주정 차량의 단속을 강화해 달라고 시청에 민원을 제기하였다.

	(가)	(나)
①	자유권	평등권
②	평등권	참정권
③	사회권	청구권
④	자유권	사회권
⑤	참정권	청구권

09 국민의 기본권을 보장하기 위한 노력으로 옳지 <u>않은</u> 것은?

① 자신의 권리가 중요하다면 타인의 권리도 존중해야 한다.
② 인권 침해 시 이를 구제할 수 있는 국가 기관을 확충한다.
③ 국가는 법과 제도를 통해 기본권을 보장하기 위해 노력한다.
④ 인권 감수성을 높여 인권이 침해되는 일이 없는지 주의를 기울여야 한다.
⑤ 국민의 자유와 권리를 최대한 보장하기 위해서 국가는 기본권을 제한하지 않는다.

10 밑줄 친 ㉠의 이유로 가장 적절한 것은?

> 국가는 도시의 무질서한 팽창을 막고 자연환경을 보전하기 위해 개발 제한 구역에서 건축 및 교통로 건설 등 ㉠ 개인의 토지 이용을 제한하고 있다.

① 국가의 안전을 보장하기 위해서
② 공공의 복리를 추구하기 위해서
③ 경제적 효율성을 증대하기 위해서
④ 국민을 효율적으로 통치하기 위해서
⑤ 사익 추구를 최대한 보장하기 위해서

11 다음 헌법 조항에서 보장된 기본권이 침해된 사례로 적절한 것은?

> 제11조 ① 모든 국민은 법 앞에 평등하다. 누구든지 성별·종교 또는 사회적 신분에 의하여 정치적·경제적·사회적·문화적 생활의 모든 영역에 있어서 차별을 받지 아니한다.

① 청소년은 술이나 담배를 구매할 수 없다.
② 남성이라는 이유로 간호사 채용에서 배제되었다.
③ 시각 장애인에게 점자로 만든 시험지를 제공했다.
④ 어린이는 보호자의 동의 없이 여권을 신청할 수 없다.
⑤ 초등학생이 신장이 작다는 이유로 놀이 기구의 탑승을 거부당했다.

12 광고 회사의 신입 사원 모집 요강이다. 밑줄 친 ㉠~㉤ 중 기본권 침해에 해당하는 것은?

> ◎ 모집 분야 : ㉠ 그래픽 디자이너 ○○명
>
> ◎ 응시 자격
> ◇ ㉡ 지원 분야 경력 3년 이상
> ◇ ㉢ 관련 자격증 소지자
> ◇ ㉣ 단, 35세 이하 남녀
> ◇ 해외 근무 가능한 자
>
> ◎ ㉤ 허위 사실 발견 시 채용이 취소될 수 있음

① ㉠   ② ㉡   ③ ㉢   ④ ㉣   ⑤ ㉤

01 <u>서술형</u> 세계 인권 선언의 일부이다. 밑줄 친 ㉠에 해당하는 기본권을 쓰고, 세계 인권 선언문의 역사적 의의를 서술하시오.

> 모든 사람은 태어날 때부터 자유롭고, 존엄하며, 평등하다. 모든 사람은 이성과 양심을 가지고 있으므로 서로에게 형제애의 정신으로 대하여야 한다.
>
> 모든 사람은 ㉠ 인종, 피부색, 성별, 언어, 종교 등 어떤 이유로도 차별받지 않으며, 이 선언에 규정된 모든 권리와 자유를 누릴 자격이 있다.

02 <u>서술형</u> 밑줄 친 (가)에 해당하는 개념을 쓰고, 그 의미를 서술하시오.

> 공무담임권은 국민이 국가나 지방 자치 단체 기관의 구성원이 되어 공무를 담당할 수 있는 권리로 국민의 기본권인 ____(가)____ 에 해당한다.

국민을 위해 일하는 국회의원이 되겠습니다!

기호7번

03 <u>논술형</u> 대한민국 헌법의 일부 조항이다. 밑줄 친 ㉠에 해당하는 기본권 제한 사유를 구체적인 사례를 포함하여 300자 내외로 논술하시오.

> 제37조 ② 국민의 모든 자유와 권리는 … ㉠ 필요한 경우에 한하여 법률로써 제한할 수 있으며, 제한하는 경우에도 자유와 권리의 본질적인 내용을 침해할 수 없다.

02 인권 침해와 구제

+ 관습
오래전부터 해 오는 그대로 하는 것

+ 공권력
국가 또는 행정 기관에서 국민을 대상으로 행사하는 강제적인 명령이나 권력

+ 차별
합리적인 이유 없이 불평등하게 대우하는 것으로 일상생활에서 많이 발생하는 인권 침해의 유형

+ 인권 침해의 주체에 따른 구제 방법

국가 기관	• 법원에 행정 소송 • 헌법 재판소에 위헌 법률 심판, 헌법 소원 심판 청구 • 국가 기관에 청원 • 국가 인권 위원회에 진정
개인	• 법원에 민사 소송 • 경찰과 검찰에 고소 · 고발 • 국가 인권 위원회에 진정

+ 인권 감수성
다른 사람이 가지는 권리의 소중함을 인식하고 인권 침해에 민감하게 반응하는 것

+ 민사 재판과 형사 재판

민사 재판	개인 간에 발생하는 문제를 해결하기 위한 재판
형사 재판	사회 질서를 어지럽히는 범죄 행위를 처벌하기 위한 재판

+ 헌법 소원 심판과 위헌 법률 심판

헌법 소원 심판	공권력에 의해 기본권을 침해당한 국민이 권리를 구제받기 위해 직접 신청하여 이루어짐
위헌 법률 심판	재판의 전제가 된 법률이 헌법에 위배된다고 판단될 경우 법원이 헌법 재판소에 제청하여 이루어짐

❶ 인권 침해의 의미와 유형

(1) **의미**: 개인이나 국가 기관이 다른 사람의 인권을 해치거나 방해하는 행위

(2) **발생 원인**: 사회 구성원의 편견과 고정관념, 사회 집단의 잘못된 관습이나 관행, 국가의 불합리한 법률이나 제도 등

(3) **유형**

국가 기관에 의한 인권 침해	• 국가가 정당한 이유 없이 시민의 일상을 감시하는 것 ⓓ CCTV로 인한 개인의 사생활 침해 • 정부의 공권력 행사로 인권이 침해되는 것 ⓓ 언론·출판에 대한 국가의 지나친 검열로 표현의 자유 억압 • 필요한 공권력이 행사되지 않아 인권이 침해되는 경우 ⓓ 신도시에 학교가 건설되지 않아 학생의 교육권 침해
개인에 의한 인권 침해	• 범죄 행위에 의한 인권 침해 ⓓ 무고한 시민을 일방적으로 폭행하는 것 • 합리적인 이유 없이 불평등하게 대우하는 차별을 당한 경우 ⓓ 성별에 따른 차별, 외모나 피부색에 따른 차별

💡 **집중탐구** 　**일상생활 속의 인권 침해**

유치원 교사 채용에 지원하고 싶은데요.

남자는 지원할 수 없습니다.

오늘날 국가는 법과 제도를 통해 인권을 보호하고 있지만, 일상생활에서 다양한 인권 침해가 발생하고 있다. 개인의 고정관념과 편견으로 부당한 취업 기준을 적용받기도 하며, 국가가 범죄 예방을 위해 설치한 CCTV의 오·남용으로 개인의 사생활과 인권이 침해되기도 한다. 이처럼 개인 및 국가 기관에 의한 인권 침해는 우리의 일상생활에서 찾아보기 쉽다. 우리의 인권을 보장받기 위해서는 인권 침해의 사례가 없는지 주변을 살펴보는 인권 감수성과 인권이 침해받은 상황을 개선하기 위한 적극적인 노력이 필요하다.

❷ 인권 침해 시 구제 방법

(1) **법원** → 인권을 보장하는 대표적인 기관이면서 가장 보편적인 권리 구제 수단

　① **의미**: 사법권을 행사하여 인권을 구제하는 대표적인 국가 기관

　② **역할** ┌→ 인권 침해 시 법원에 소송을 제기하여 재판으로 시정을 요구하거나
　　　　 손해 배상을 통해 침해된 권리를 구제받을 수 있음

　　• 재판을 통해 국가 기관 또는 개인에 의해 침해된 인권을 구제함

　　• 다른 사람의 권리를 침해한 사람을 처벌하고 이를 통해 범죄를 예방함

(2) **헌법 재판소**

　① **의미**: 헌법 재판을 통해 인권을 보호하고 헌법 질서를 유지하는 국가 기관

　② **역할**

　　• 헌법 소원 심판: 국가 권력에 의해 기본권이 침해된 국민이 권리 구제를 요청하면 이를 심판함

　　• 위헌 법률 심판: 재판의 전제가 되는 법률이 헌법에 위배되는지의 여부를 심판함

(3) 국가 인권 위원회

① 의미: 인권의 전반적인 문제를 다루는 독립적인 국가 기관

② 역할 → 국가 인권 위원회에 진정을 내면 조사를 통해 필요한 사항을 권고하여 침해된 인권을 구제받을 수 있음

- 인권 침해 개선 조사: 인권 침해나 차별 행위를 조사하여 구제함
- 인권 침해 사례 권고: 인권을 침해할 우려가 있는 법이나 제도의 문제점을 찾아 시정 권고함

Q&A 인권 침해인가요, 아닌가요?

민주주의 국가에서 개인의 자유와 권리를 보장하지만 필요한 경우 제한하기도 한다. 예를 들어 놀이 기구 이용 시 신장 차이에 따라 탑승을 제한하는 것은 국민의 안전이 무엇보다 중요하기 때문이다. 또한 청소년을 폭력적이고 선정적인 유해 영상물로부터 보호하기 위해 영상물의 관람 등급을 정하여 관람을 제한하고 있다. 두 사례의 경우, 국민의 안전과 청소년의 건전한 가치관 형성을 위해 개인의 기본권을 제한하는 것으로 인권 침해라고 보기 어렵다.

(4) 국민 권익 위원회

① 의미: 행정 기관의 잘못된 법 집행으로 인해 침해된 권리를 구제하는 기관

② 역할 → 국가 기관의 잘못된 법 집행으로 고충 민원을 제기하거나, 행정 기관의 잘못된 처분으로 국민 권익 위원회의 중앙 행정 심판 위원회에 행정 심판을 제기하면 이를 조사하여 잘못된 처분을 바로잡아 줌

- 국민의 인권 보호와 고충 처리를 위해 불합리한 행정 제도를 개선함
- 공직 사회의 부패를 예방하고 규제하여 국민의 권리를 보호함

더 알아 보기 ▶ 다양한 인권 구제 기관

▲ 언론 중재 위원회   ▲ 한국 소비자원   ▲ 대한 법률 구조 공단

잘못된 언론 보도로 인한 명예 훼손은 언론 중재 위원회를 통해 구제받을 수 있으며, 물건을 구입한 소비자가 피해를 입어 소비자의 권리가 침해되었을 때는 한국 소비자원에 구제를 요청할 수 있다. 또한 법률적 지식이 없거나 경제적으로 어려워 소송을 진행하기 어려울 때는 무료로 법률을 상담해 주고 소송 절차를 도와주는 대한 법률 구조 공단의 도움을 받을 수 있다. 이와 같은 국가 기관으로부터 침해된 인권을 구제받기 위해서는 자신의 권리와 도움을 받을 수 있는 다양한 국가 기관과 그 절차를 정확하게 알아야 한다.

＋ 진정
국가 기관에 자신의 사정을 진술하고 어떤 조치를 요구하는 것

＋ 시정 권고
잘못된 것을 바로잡도록 권유하는 것

＋ 국가 인권 위원회의 한계점
법원이나 헌법 재판소와 같은 강제력을 가지고 있지 않기 때문에 인권 개선이 필요한 대상 기관이 개선 권고를 받아들이지 않을 경우에는 대처할 수 있는 방안이 없다.

＋ 행정 소송, 행정 심판

행정 소송	행정 기관의 잘잘못을 따지기 위해 행정 법원에 재판을 청구하는 것
행정 심판	행정 기관의 잘못된 처분 등으로 권리나 이익을 침해받은 국민이 법적인 구제를 요구하는 것

＋ 국민 권익 위원회
효율적인 민원 처리를 위해 행정 심판 위원회와 국민 고충 처리 위원회, 국가 청렴 위원회가 하나로 통합되어 운영된다.

＋ 권익
권리와 그에 따르는 이익

＋ 고충
괴로운 심정이나 사정

개념 다지기

01 빈칸에 들어갈 알맞은 말을 쓰시오.

(1) (   )은(는) 인간으로서 누릴 수 있는 기본적 권리를 해치거나 방해하는 행위이다.

(2) 법원은 권리를 구제하는 보편적인 수단인 (   )을(를) 통해 침해된 권리를 보장한다.

(3) (   ) 재판은 사회 질서를 어지럽히는 범죄 행위를 처벌하기 위한 것이다.

02 다음 설명이 맞으면 ○표, 틀리면 ×표 하시오.

(1) 일상생활에서 인권 침해는 국가 권력에 의해서만 일어난다. ·· (   )

(2) 인권 침해는 사회적 · 경제적 약자에게만 일어난다. ·· (   )

(3) 국가 인권 위원회는 독립 기구로 인권 보장을 위해 설립되었다. ·· (   )

(4) 행정 기관의 잘못으로 피해를 입었다면 민사 소송을 제기한다. ·· (   )

(5) 인권 감수성이란 타인의 권리를 소중하게 여기는 것을 말한다. ·· (   )

(6) 자신의 인권을 보장받기 위해서 타인의 권리가 제한될 수도 있다. ·· (   )

03 다음 설명에 해당하는 국가 기관의 명칭을 쓰시오.

> 국민의 고충을 처리하기 위해 불합리한 행정 제도를 개선하고 공직 사회의 부패를 예방하고 규제하여 국민의 권리를 보호하는 기관이다.

04 인권 침해 사례에 해당되는 것만을 〈보기〉에서 있는 대로 골라 기호로 쓰시오.

┤ 보기 ├
ㄱ. 과속 운전자에 대해 과태료를 부과하였다.
ㄴ. 청소년은 야간에 게임방을 출입할 수 없다.
ㄷ. 국가고시 시험장에서는 휴대 전화를 소지할 수 없다.
ㄹ. 학교에 계단이 많아 휠체어로 이동할 수 없는 경우가 많다.

05 괄호 안의 내용 중 알맞은 말에 ○표 하시오.

(1) (개인, 국가 기관)에 의해 기본권을 침해당했을 때에는 고소 또는 민사 소송을 제기하여 구제받을 수 있다.

(2) 기혼 여성이라는 이유로 승진 대상자에서 배제된 것은 (자유권, 평등권)이 침해된 사례에 해당한다.

(3) 침해된 인권을 구제받기 위해 국가 인권 위원회에 (소송, 진정)을 제기할 수 있다.

(4) 개인은 국가 기관의 부당한 처분으로 권리를 침해당한 경우 (행정, 위헌 법률) 심판을 제기할 수 있다.

06 다음 설명에 해당하는 인권 침해 구제 기관을 〈보기〉에서 골라 기호로 쓰시오.

┤ 보기 ├
ㄱ. 법원   ㄴ. 헌법 재판소
ㄷ. 국민 권익 위원회   ㄹ. 국가 인권 위원회

(1) 재판을 통해 국가 기관 또는 개인에 의해 침해된 인권을 보호한다. ······································· (   )

(2) 기본권이 침해된 국민이 권리 구제를 위해 헌법 소원 심판을 청구하면 이를 심판한다. ···················· (   )

(3) 인권을 침해할 우려가 있는 사례를 조사하여 개선을 권고한다. ·· (   )

(4) 행정 기관의 잘못된 법 집행으로 인한 피해를 중앙 행정 심판 위원회를 설치하여 구제한다. ··············· (   )

07 밑줄 친 부분을 바르게 고쳐 쓰시오.

(1) 환경권을 침해당한 경우, 인권 구제 기관을 통해 <u>자유권</u> 보장을 요구할 수 있다. ·················· (   )

(2) 국민이 국가 공권력에 의해 기본권이 침해되었다면 헌법 재판소에 <u>위헌 법률</u> 심판을 제기할 수 있다. ·· (   )

(3) <u>국민 권익 위원회</u>는 인권 침해에 대한 조사와 시정 권고를 위한 인권 전담 기구이다. ·············· (   )

중단원 실력 쌓기

01 개인에 의해 기본권이 침해되었을 때 구제받을 수 있는 방법으로 옳지 **않은** 것은?

① 경찰서에 고소한다.
② 법원에 민사 소송을 제기한다.
③ 국가 인권 위원회에 진정을 낸다.
④ 검찰에 고발하여 처벌을 요구한다.
⑤ 국민 권익 위원회에 행정 심판을 청구한다.

02 다음 사례에 대한 옳은 설명을 〈보기〉에서 고른 것은?

A군은 자신의 적성을 살려 간호사가 되었다. 예전에 ㉠ 간호사는 여성만의 직업이라는 편견과 차별이 존재하여 남성을 채용하기 꺼려하였다. 그러나 최근에는 간호사라는 직업에 대한 고정관념이 점차 사라지고 남성 간호사로서 사명감을 가지고 일하면 이를 인정받는 사회적 분위기가 형성되어 간호사로서의 보람을 느낄 수 있게 되었다.

┤ 보기 ├
ㄱ. ㉠은 청구권이 침해된 사례에 해당한다.
ㄴ. 개인이 원하는 직업을 선택할 수 있게 되었다.
ㄷ. 과거에 비해 인권 감수성이 낮아진 것을 알 수 있다.
ㄹ. 인권 침해는 사회의 편견과 고정관념에 의해 발생하기도 한다.

① ㄱ, ㄴ   ② ㄱ, ㄷ   ③ ㄴ, ㄷ
④ ㄴ, ㄹ   ⑤ ㄷ, ㄹ

03 다음 사례에 대한 설명으로 옳지 **않은** 것은?

얼마 전 제가 살고 있는 아파트 바로 앞에 새 아파트가 건설되었습니다. 아파트가 건설되기 전에는 햇빛도 잘 비추고 시야도 충분히 확보되어 살기 좋은 아파트였습니다. 그런데 지금은 새 아파트로 인해 시야가 가려져, 밝은 대낮에도 전등을 켜야만 생활이 가능합니다.

① 사회권이 침해되었다.
② 일조권을 보장받지 못했다.
③ 쾌적하게 생활할 권리를 누리지 못했다.
④ 인간다운 생활의 보장을 요구할 필요성이 있다.
⑤ 법원에 형사 재판을 청구하여 권리를 구제받을 수 있다.

04 기본권이 침해되었을 때 개인이 대응할 수 있는 적절한 방안을 〈보기〉에서 고른 것은?

┤ 보기 ├
ㄱ. 해당 지방 법원에 헌법 소원 심판을 청구한다.
ㄴ. 국가 인권 위원회에 진정서를 제출하여 구제받는다.
ㄷ. 행정 기관의 잘못으로 침해된 인권은 형사 재판을 통해 구제받는다.
ㄹ. 침해된 인권을 구제할 수 있는 여러 가지 방법을 적극적으로 모색한다.

① ㄱ, ㄴ   ② ㄱ, ㄷ   ③ ㄴ, ㄷ
④ ㄴ, ㄹ   ⑤ ㄷ, ㄹ

05 기본권 침해 사례에 대한 구제 방법으로 가장 적절한 것은?

	기본권 침해 사례	구제 방법
①	신입 사원의 자격을 여성의 경우 미혼으로 제한하였다.	행정 소송
②	피부색이 다르다는 이유로 학교에서 폭력에 시달리고 있다.	위헌 법률 심판
③	국가의 지나친 언론 검열로 표현의 자유가 침해되었다.	헌법 소원 심판
④	지적 장애인이라는 이유로 놀이기구 탑승을 거절당했다.	형사 재판
⑤	개인 정보 유출로 주민 등록 번호의 변경을 요구했으나 시청은 거절하였다.	민사 재판

06 (가), (나)에 대한 대응 방법으로 적절하지 **않은** 것은?

(가) 재판 과정의 관련 법률이 헌법에 위반되어 기본권이 침해된 경우
(나) 국가 기관의 부당한 행정 처분으로 국민의 권리가 침해된 경우

① (가), (나) - 인권 구제 기관의 도움을 받는다.
② (가) - 법원이 헌법 재판소에 심판을 제기할 수 있다.
③ (가) - 헌법 소원을 통해 법률의 위반 여부를 확인한다.
④ (나) - 권리가 침해된 국민은 행정 소송을 신청할 수 있다.
⑤ (나) - 행정 심판을 통해 침해된 권리를 구제받을 수 있다.

중단원 실력 쌓기

중단원 실력 쌓기

07 헌법 재판소의 역할에 대한 옳은 설명을 〈보기〉에서 고른 것은?

┤ 보기 ├
ㄱ. 국민의 고충 처리 및 행정 심판을 담당한다.
ㄴ. 사법권을 적용하여 개인 간의 분쟁을 해결한다.
ㄷ. 국가 권력에 의해 침해된 국민의 기본권을 구제한다.
ㄹ. 위헌 법률 심판을 통해 법률의 효력을 상실하게도 한다.

① ㄱ, ㄴ   ② ㄱ, ㄷ   ③ ㄴ, ㄷ
④ ㄴ, ㄹ   ⑤ ㄷ, ㄹ

08 인권 보호를 위한 바람직한 자세를 〈보기〉에서 고른 것은?

┤ 보기 ├
ㄱ. 인권 침해 시 구제 방법과 절차를 숙지한다.
ㄴ. 다양한 인권 구제 기관의 종류와 특징을 알아둔다.
ㄷ. 헌법에 보장된 기본권만 보장받으면 된다고 생각한다.
ㄹ. 자신의 기본권 보장을 위해서는 타인의 기본권은 제한될 수 있다고 생각한다.

① ㄱ, ㄴ   ② ㄱ, ㄷ   ③ ㄴ, ㄷ
④ ㄴ, ㄹ   ⑤ ㄷ, ㄹ

09 다음의 인권 구제 기관에 대한 옳은 설명을 〈보기〉에서 고른 것은?

독립된 국가 기관으로 인권 침해의 우려가 있는 법이나 제도의 문제점을 찾아 개선을 권고하거나 인권 교육을 통해 인권 의식을 함양시킨다.

┤ 보기 ├
ㄱ. 인권 문제를 전담하는 국가 기관이다.
ㄴ. 인권 침해의 사례를 조사하여 시정을 권고한다.
ㄷ. 민사 재판을 통해 개인에 의해 침해된 인권을 보호한다.
ㄹ. 공직 사회의 부패를 예방하고 규제하여 국민의 권리를 보호한다.

① ㄱ, ㄴ   ② ㄱ, ㄷ   ③ ㄴ, ㄷ
④ ㄴ, ㄹ   ⑤ ㄷ, ㄹ

10 교사의 질문에 대한 학생의 답변으로 옳은 것을 〈보기〉에서 고른 것은?

┤ 보기 ├
(가) 공정한 재판을 통해 정의를 실현하고자 합니다.
(나) 개인 간의 분쟁 조정 및 해결을 목적으로 합니다.
(다) 헌법을 수호하여 국민의 기본권을 보장하고자 합니다.
(라) 국민의 자유와 권리를 보장하여 인간의 존엄성을 실현하고자 합니다.

① (가), (나)   ② (가), (다)   ③ (나), (다)
④ (나), (라)   ⑤ (다), (라)

11 빈칸에 들어갈 국가 기관으로 가장 적절한 것은?

대한민국 국적을 가진 한 미국 영주권자가 '주민 등록을 할 수 없는 재외 국민 또는 국외 거주자의 투표권을 제한한 현 공직 선거법 제15조 등은 위헌'이라며 (   )에 심판을 청구하였다.

① 법원
② 헌법 재판소
③ 국가 인권 위원회
④ 국민 권익 위원회
⑤ 대한 법률 구조 공단

12 다음 사례에서 침해된 기본권을 구제받을 수 있는 방법으로 적절하지 <u>않은</u> 것은?

건설 회사의 신축 공사로 ○○중학교 학생들은 소음과 먼지로 고통을 겪고 있다. 건설 회사는 ○○중학교의 대책 요구에도 불구하고 미온적으로 대처하고 있다.

① 법원에 민사 소송을 제기한다.
② 관할 행정 기관에 민원을 신청한다.
③ 대한 법률 구조 공단에 상담을 신청한다.
④ 국민 권익 위원회에 행정 심판을 제기한다.
⑤ 건설 회사를 상대로 손해 배상 청구 소송을 한다.

01 ^{서술형} (가)의 국가 기관과 (나)에 해당하는 기본권을 쓰고, (가)에 해당하는 기관의 역할을 서술하시오.

> 이주 노동자의 복지 시설을 운영하는 단체는 크레파스의 특정 색을 '살색'이라고 표기하는 것은 인종 차별에 해당한다며 ___(가)___ 에 진정서를 제출하였다. 인권 문제를 전담하고 있는 ___(가)___ 은(는) ___(나)___ 의 침해 소지가 인정된다며 한국 기술 표준원에 개정을 권고하였다.

02 ^{서술형} 밑줄 친 (가)에 들어갈 국가 기관의 명칭을 쓰고, 그 역할을 두 가지만 서술하시오.

> 국가 권력에 의해 기본권을 침해당했다.
>
> ↓
>
> 침해받은 권리를 구제받기 위해 법률에 정해진 다른 절차를 모두 거쳤다.
>
> ↓
>
> 그런데도 침해된 기본권을 구제받지 못했다.
>
> ↓
>
> 마지막으로 법원과는 별도로 독립된 사법 기관인 ___(가)___ 에 구제를 신청하였다.

03 ^{논술형} (가), (나)의 사례가 인권 침해에 해당되는지 생각해 보고, 그렇게 생각하는 이유를 200자 이내로 논술하시오.

(가)

(나)

03 근로자의 권리와 보호

+ 근로 계약
근로 기준법에 따라 사용자는 근로 계약을 체결할 때 근로 조건을 반드시 서면으로 작성해야 하며, 계약상의 근로 조건은 근로 기준법에서 정한 기준보다 낮아서는 안 된다.

+ 헌법에 보장된 노동권

제32조 ① 모든 국민은 근로의 권리를 가진다. 국가는 사회적·경제적 방법으로 근로자의 고용의 증진과 적정 임금의 보장에 노력하여야 하며, 법률이 정하는 바에 의하여 최저 임금제를 시행하여야 한다.
③ 근로 조건의 기준은 인간의 존엄성을 보장하도록 법률로 정한다.

+ 최저 임금 제도
일정 금액 이상의 임금을 근로자에게 지불하도록 법적으로 강제하는 제도

+ 노동법
헌법에서 명시하고 있는 노동권의 보호를 '근로 기준법', '최저 임금법', '노동조합 및 노동관계 조정법'을 통해 구체화한 법률

+ 노동조합
근로자가 조직한 단체로 근로 조건의 개선과 근로자의 경제적·사회적 지위 향상을 목적으로 한다.

+ 교섭
어떤 일을 이루기 위하여 서로 의논하고 절충하는 것

+ 헌법에 보장된 노동 삼권

제33조 ① 근로자는 근로 조건의 향상을 위하여 자주적인 단결권, 단체 교섭권 및 단체 행동권을 가진다.

+ 파업
일의 수행을 중단하는 것

+ 태업
불완전하게 업무를 수행하는 것

❶ 근로자의 의미와 권리

(1) 근로자
→ 근로자를 채용하거나 해고하고, 근로에 대해 지휘·감독하는 사람
① 의미: 사용자에게 근로를 제공하고 임금을 받는 사람
→ 사용자가 노동의 대가로 근로자에게 지급하는 일체의 금품
② 근로 조건
• 근로자가 노동력을 제공하는 조건으로 임금, 근로 시간, 휴식 등이 포함
• 인간다운 삶을 위해 법률로 근로 조건의 최저 기준 제시
• 근로자와 사용자는 근로 계약을 작성하여 근로 조건 명시

> 더 알아 보기 ▶ 최소한의 근로 조건
>
> | 임금 | 근로 시간 |
> |---|---|
> | • 최소한의 인간다운 생활을 할 수 있도록 최저 임금 이상 지급해야 한다.
• 근로자에게 계속적이고 정기적으로 지급되어야 한다. | • 근로 시간은 1일 8시간, 1주 40시간을 기준으로 이를 초과할 수 없다.
• 당사자 간의 합의에 의해 1주 12시간 한도로 연장 근로할 수 있다. |
> | 휴일 | 해고 |
> | • 사용자는 근로자에게 1주일에 평균 1회 이상의 유급 휴일을 주어야 한다. | • 정당한 이유가 없는 한 일방적으로 근로자를 해고할 수 없다. → 해고가 불가피하더라도 적어도 30일 전에 통보해야 함 |

(2) 근로자의 권리
① 의미: 근로 의사와 능력을 가진 사람이 국가에 근로 기회를 요구할 수 있는 권리
② 유형
• 최소한의 생활을 할 수 있는 최저 임금 보장
• 근로 기준법을 통해 근로자의 권리와 근로 조건 향상
③ 노동 삼권 → 사용자를 상대로 대등한 위치에서 교섭력을 행사하기 위해 필요한 권리
• 단결권: 근로자가 근로 조건의 개선을 위해 노동조합을 만들어 활동할 수 있는 권리
• 단체 교섭권: 노동조합을 통해 근로 조건에 관하여 사용자와 협의할 수 있는 권리
• 단체 행동권: 단체 교섭이 원만하게 이루어지지 않을 경우 단체 행동을 할 수 있는 권리 예 파업, 태업 등
→ 노동조합이 교섭을 요구할 때 사용자는 정당한 이유 없이 이를 거부할 수 없음

> 집중탐구 노동 삼권
>
>
>
> ▲ 단결권   ▲ 단체 교섭권   ▲ 단체 행동권
>
> 근로자는 사용자보다 약자의 위치에 있기 때문에 근로자의 권익을 위해 노동 삼권인 단결권, 단체 교섭권, 단체 행동권을 헌법으로 보장하고 있다. 근로자는 사용자와 대등한 지위에서 노동조합을 통해 교섭력을 발휘하며, 노동조합이 합리적인 교섭 요청을 했을 때 사용자는 정당한 이유 없이 이를 거부하거나 회피할 수 없다. 근로자는 자신의 목적을 달성하기 위해 법의 절차에 따라 파업, 태업 등의 행위를 할 수 있다.

❷ 노동권 침해의 사례

(1) 부당 해고
　① 결혼·출산을 이유로 퇴직 강요
　② 정당한 사유 없이 근로자를 해고하는 행위
(2) 부당 노동 행위: 사용자가 근로자의 노동 삼권을 방해하는 행위
　① 근로자가 노동조합에 가입하여 활동을 했다는 이유로 불이익을 주는 행위
　② 노동조합의 가입 또는 탈퇴를 고용 조건으로 제시하는 행위
　③ 정당한 단체 행동에 참가한 것을 이유로 불이익을 주는 행위
(3) 임금 체불 및 최저 임금액 미만의 지급
(4) 근로 계약서 미작성　└→ 마땅히 지급해야 할 임금을 지급하지 않고 미루는 것
(5) 근로 기준법에 위배되는 근로 조건 강요

📝 더 알아 보기 ▶ 청소년의 근로권 보장

1. 만 15세 이상이어야 근로가 가능해요.
2. 부모님 동의서와 나이를 알 수 있는 증명서가 필요해요.
3. 근로 계약서를 반드시 작성해야 해요.
4. 청소년도 성인과 동일한 최저 임금을 적용받아요.
5. 하루 7시간, 일주일에 35시간을 초과하여 일할 수 없어요.
6. 휴일에 일하거나 초과 근무를 했을 때는 50%의 가산 임금을 받을 수 있어요.
7. 일주일을 개근하고 15시간 이상 일을 하면 하루의 유급 휴일을 받을 수 있어요.
8. 청소년은 위험한 일이나 유해 업종의 일을 할 수 없어요.
9. 일을 하다 다치면 산재 보험으로 치료와 보상을 받을 수 있어요.
10. 상담은 청소년 근로권익센터의 1644-3119로 전화하세요.
－ 고용 노동부, 〈청소년 알바 십계명〉 －

청소년의 근로권은 헌법 제32조 ⑤항에서 "연소자의 근로는 특별한 보호를 받는다."라고 명시하여 특별히 보호하고 있다. 청소년은 자신의 근로를 제공할 때 우선적으로 근로 계약을 직접 작성하여 구체적인 근로 조건을 확인해야 한다. 특히 임금이 최저 임금 이상의 수준인지, 유해한 환경의 근로 조건이 아닌지 직접 확인해야 한다. 또한 헌법에 보장된 노동권의 내용을 바르게 이해하고, 자신의 인권이 침해되었을 때 적극적으로 대처해야 한다.

---

(6) 노동권 침해 구제 방법
　① 부당 해고: 노동 위원회에 구제 요청, 법원에 소송 제기 등
　② 부당 노동 행위: 노동 위원회나 법원에 권리 구제 요청 등
　③ 임금 체불: 고용 노동부에 진정서 제출, 법원에 민사 소송 제기 등

Q&A 억울해요. 어떻게 도움을 받을 수 있을까요?

우리나라 법률은 근로자의 노동권이 침해되었을 때 다양한 구제 방법을 마련하여 근로자의 권리를 보호하고 있다. 임금을 받지 못한 근로자는 고용 노동부에 진정서를 제출하여 밀린 임금을 받을 수 있으며, 부당하게 해고당한 경우 노동 위원회에 구제를 신청할 수 있다. 만약 진정 또는 조정이 원만하게 이루어지지 않을 경우 법원에 소송을 제기하여 침해된 노동권을 구제받을 수 있다.

✚ 노동권
헌법과 법률에 따라 근로자에게 보장된 권리로 '근로의 권리'라고도 한다.

✚ 청소년 근로자의 권리
• 원칙적으로 15세 미만이거나 중학교에 재학 중인 18세 미만의 청소년은 근로자로 일할 수 없다.
• 근로 계약은 미성년자라고 해서 친권자가 대신 계약을 맺을 수 없다.
• 미성년자도 독자적으로 임금을 청구할 수 있으며, 친권자가 대신 임금을 받을 수 없다.
• 원칙적으로 야간(오후 10시부터 오전 6시까지)이나 휴일에 근무할 수 없다.

✚ 고용 노동부
근로자의 고용과 노동에 관한 사무를 관장하는 중앙 행정 기관으로, 최저 임금 이하의 임금 지급 및 임금 체불 등의 문제를 해결한다.

✚ 노동 위원회
근로자와 사용자 사이에 발생하는 분쟁을 조정하고, 부당 노동 행위 및 부당 해고를 구제하는 행정 기관이다. 근로자 위원, 사용자 위원, 공익 위원으로 구성된다.

✚ 노동 위원회의 구제 절차

피해 당사자
(근로자, 노동조합)
↓ 3개월 이내에 구제 신청
지방 노동 위원회
↓ 불복 시 재심 신청
중앙 노동 위원회
↓ 불복 시 행정 소송 제기
법원

개념 다지기

01 다음에서 설명하고 있는 개념을 쓰시오.

> 일할 의사와 능력을 가진 사람이 국가에 일을 할 수 있는 기회와 인간다운 생활을 보장해 줄 것을 요구할 수 있는 권리이다.

02 빈칸에 들어갈 알맞은 말을 쓰시오.

(1) (　　　　)은(는) 임금을 목적으로 사용자에게 노동력을 제공하는 사람이다.

(2) (　　　　)은(는) 근로자의 근로 조건과 사회·경제적 지위 향상을 목적으로 결성된 단체이다.

(3) 사용자는 근로자와 근로 기준법에 따라 (　　　　)을(를) 서면으로 반드시 체결하여야 한다.

(4) (　　　　)은(는) 근로자가 노동조합을 결성할 수 있는 권리를 말한다.

03 다음 설명이 맞으면 ○표, 틀리면 ×표 하시오.

(1) 근로 조건에는 임금뿐만 아니라 근로 시간 및 휴가 등도 포함된다. …………………………………… (　　)

(2) 청소년 근로자는 법정 대리인을 통해서만 임금을 청구할 수 있다. ……………………………… (　　)

(3) 근로 기준법은 근로자의 실질적 권리를 보호하기 위해 근로 조건의 최고 기준을 정하고 있다. ………… (　　)

(4) 경제적 약자인 사용자의 권리와 이익을 보장하기 위해 노동 삼권을 보장하고 있다. ………………… (　　)

(5) 임금을 받지 못한 근로자는 고용 노동부에 구제를 요청할 수 있다. ……………………………… (　　)

04 다음에서 설명하고 있는 제도가 무엇인지 쓰시오.

> 국가가 근로자와 기업 간의 임금 결정 과정에 개입하여 최저 수준을 보장하여 근로자의 생활 안정과 노동력의 질적 향상을 꾀함으로써 국민 경제의 건전한 발전에 이바지하는 것을 목적으로 하는 제도이다.

05 노동권 침해에 해당하는 사례만을 〈보기〉에서 있는 대로 골라 기호로 쓰시오.

> ┤ 보기 ├
> ㄱ. 최저 임금보다 높은 임금을 지급하였다.
> ㄴ. 법정 근로 시간을 초과하는 근로 시간을 강요하였다.
> ㄷ. 노동조합을 탈퇴하는 근로자에게만 성과급을 지급하였다.
> ㄹ. 18세 미만의 근로자에게 나이를 증명하는 서류 제출을 요구하였다.

06 다음에서 설명하는 국가 기관을 〈보기〉에서 골라 기호로 쓰시오.

> ┤ 보기 ├
> ㄱ. 법원　　　　　　　ㄴ. 고용 노동부
> ㄷ. 노동 위원회　　　　ㄹ. 국가 인권 위원회

(1) 근로자와 사용자 간의 분쟁을 조정하는 행정 기관으로 근로자, 사용자, 공익 위원으로 구성된다. ………(　　)

(2) 소송이 청구되면 재판을 통해 근로자의 침해된 권리를 구제한다. …………………………………(　　)

(3) 임금 체불이나 임금 미지급 등과 같은 노동 문제를 해결한다. ……………………………………(　　)

07 밑줄 친 부분을 바르게 고쳐 쓰시오.

(1) 근로 기준법에 정해진 <u>최고 임금</u>을 보장받지 못해 구제를 신청하였다. ……………………… (　　)

(2) <u>단체 교섭권</u>은 근로 조건의 개선을 위하여 근로자가 노동 쟁의를 할 수 있는 권리이다. ……… (　　)

(3) 법원에 부당 해고를 한 사장을 상대로 <u>형사 소송</u>을 청구하였다. ……………………………… (　　)

(4) 계속되는 임금 체불 때문에 <u>고용 노동부</u>에 소송을 제기하였다. ……………………………… (　　)

08 빈칸에 들어갈 개념을 쓰시오.

> □□은(는) 근로자들이 자신의 요구를 관철시키기 위해 생산 활동이나 업무 수행을 중단하는 행위이다.

중단원 실력 쌓기

01 근로자에 해당하는 사람을 〈보기〉에서 고른 것은?

┤ 보기 ├
ㄱ. 아르바이트 대학생
ㄴ. 사업을 하는 자영업자
ㄷ. 일정 기간만 계약한 직원
ㄹ. 매달 임금을 받는 회사원
ㅁ. 가사 노동을 하고 있는 전업 주부

① ㄱ, ㄴ, ㄷ　　② ㄱ, ㄷ, ㄹ　　③ ㄴ, ㄷ, ㄹ
④ ㄴ, ㄹ, ㅁ　　⑤ ㄷ, ㄹ, ㅁ

02 다음에 대한 설명으로 옳지 <u>않은</u> 것은?

근로의 능력과 일할 의사를 가진 사람이 국가에게 일을 할 수 있는 기회를 보장해 줄 것을 요구하는 권리이다.

① 헌법을 통해 보장받는다.
② 국민의 기본권인 사회권에 해당한다.
③ 단결권, 단체 교섭권, 단체 행동권이 이에 해당한다.
④ 근로자의 생활 안정과 삶의 질 향상을 위해 필요하다.
⑤ 근로자가 사용자보다 유리한 위치이기 때문에 법으로 규정하고 있다.

03 다음 내용에 대한 옳은 설명을 〈보기〉에서 고른 것은?

• 인간다운 생활 보장을 위해 최저 임금 이상을 지급해야 한다.
• 근로자는 계속적이고 정기적으로 임금을 지급받아야 한다.
• 사용자는 근로자에게 정당한 이유 없이 해고, 휴직, 정직 등을 강요하지 못한다.

┤ 보기 ├
ㄱ. 근로의 최고 기준을 설정하고 있다.
ㄴ. 노동 삼권의 구체적인 내용이 나타나 있다.
ㄷ. 근로자의 권리와 이익 향상을 목적으로 한다.
ㄹ. 근로 안정을 위해 근로 기준을 법으로 보장하고 있다.

① ㄱ, ㄴ　　② ㄱ, ㄷ　　③ ㄴ, ㄷ
④ ㄴ, ㄹ　　⑤ ㄷ, ㄹ

04 다음 내용을 통해 예측할 수 있는 제목으로 적절하지 <u>않은</u> 것은?

제목: _____
• 노동조합을 만들고 가입하여 활동할 수 있다.
• 임금 인상에 대한 협상이 필요할 때 사용자와 협의할 수 있다.
• 일정한 절차를 거쳐 파업 및 태업 등의 쟁의 행위를 할 수 있다.

① 근로권의 보호
② 노동 삼권의 내용
③ 헌법에 보장된 노동권
④ 사용자의 권리와 이익 보호
⑤ 노사 간의 대등한 관계를 위한 조건

05 (가), (나)에서 보장된 노동권을 〈보기〉에서 고른 것은?

(가) 아빠가 근무하는 회사 노동조합은 최근 임금 인상을 요구하며 사용자와의 협상을 요구하였다. 다행히 노사 간의 협의가 원만하게 이루어져 물가 상승률에 비례한 임금 인상에 합의하였다.
(나) 무역 회사에 근무하는 엄마는 평소 저녁 6시면 퇴근하여 나와 많은 시간을 보내 주신다. 근로 시간이 법으로 정해져 있기 때문에 특별한 경우가 아니면 늦지 않으신다.

┤ 보기 ├
ㄱ. 단결권　　　　　ㄴ. 근로 시간
ㄷ. 단체 교섭권　　　ㄹ. 단체 행동권
ㅁ. 최저 임금 제도

① ㄱ, ㄴ, ㄷ　　② ㄱ, ㄷ, ㄹ　　③ ㄴ, ㄷ, ㄹ
④ ㄴ, ㄹ, ㅁ　　⑤ ㄷ, ㄹ, ㅁ

06 노동권 침해에 해당하는 것을 〈보기〉에서 고른 것은?

┤ 보기 ├
ㄱ. 사용자가 정당한 이유 없이 단체 교섭을 거부하였다.
ㄴ. 회사의 경제적 사정을 이유로 갑자기 해고를 통보하였다.
ㄷ. 청소년 근로자는 밤 10시 이후 근로 의사와 상관없이 일을 할 수 없다.
ㄹ. 근로자와 협의를 통해 수당을 지급받고 1일 10시간을 근무하기로 하였다.

① ㄱ, ㄴ　　　② ㄱ, ㄷ　　　③ ㄴ, ㄷ
④ ㄴ, ㄹ　　　⑤ ㄷ, ㄹ

07 다음과 같은 구제 절차를 시행하는 (가) 기관에 대한 설명으로 옳지 <u>않은</u> 것은?

① 부당 노동 행위에 대한 판정을 담당한다.
② 근로자와 사용자 사이의 분쟁을 조정한다.
③ 노사 문제를 공정하게 처리하기 위해 노력한다.
④ 부당 해고로 인한 피해를 구제하는 국가 기관이다.
⑤ 헌법 재판을 통해 법적 강제력을 지니고 있는 사법 기관이다.

08 다음 사례에 대한 설명으로 옳은 것은?

(가) A과장은 능력 있고 업무에 최선을 다하는 직원이다. 그러나 노동조합의 임원이 된 이후 회사 인원 감축을 명분으로 해고를 통보받았다. 이에 A과장은 회사를 상대로 ㉠ 해고 무효 확인 소송을 하려고 한다.
(나) B사장은 노동조합에 가입하여 활동하는 직원을 업무 성과와 상관없이 상여금 지급 대상에서 제외하였다. 이에 ㉡ 노동조합원들은 소송보다는 B사장과의 대화를 통해 문제를 해결하고자 한다.

① (가), (나) – 단체 교섭권이 침해된 사례이다.
② ㉠ – 고용 노동부에 소송을 제기할 수 있다.
③ ㉡ – 노동조합은 단체 행동권을 행사하고자 한다.
④ (가) – 부당 노동 행위로 노동 삼권이 침해되었다.
⑤ (나) – 노동권 구제를 위한 바람직한 대응 방안으로 보기 어렵다.

09 노동권이 침해된 사례로 적절하지 <u>않은</u> 것은?

① 근로 계약보다 낮은 임금을 지급받았다.
② 육아휴직을 신청한 이유로 지방 발령을 받았다.
③ 반복되는 근무 태만으로 회사에서 징계를 받았다.
④ 사용자가 정당한 이유 없이 임금 협상을 거절하였다.
⑤ 근로 계약을 서면으로 작성하지 않기를 권유하였다.

10 다음 상황에 대한 합리적인 대응 방법으로 적절하지 <u>않은</u> 것은?

① 법원에 소송을 제기한다.
② 고용 노동부에 신고한다.
③ 노동 위원회에 구제를 신청한다.
④ 국가 인권 위원회에 진정을 낸다.
⑤ 생계를 위해 노동조합에서 탈퇴한다.

11 다음의 법률을 통해 보호하고자 하는 대상에 대한 옳은 설명을 〈보기〉에서 고른 것은?

제67조 ① 친권자나 후견인은 미성년자의 근로 계약을 대리할 수 없다.
제68조 미성년자는 독자적으로 임금을 청구할 수 있다.
제69조 15세 이상 18세 미만인 자의 근로 시간은 1일에 7시간, 1주에 35시간을 초과하지 못한다.

┤ 보기 ├
ㄱ. 근로 기준법에 의해 보호를 받는다.
ㄴ. 근로 계약은 보호자가 대신 체결하는 것이 안전하다.
ㄷ. 성인 근로자와 마찬가지로 노동권 침해 시 구제받을 수 있다.
ㄹ. 미성년자이므로 법률로 정한 임금보다 적게 받는 것은 당연하다.

① ㄱ, ㄴ　　　② ㄱ, ㄷ　　　③ ㄴ, ㄷ
④ ㄴ, ㄹ　　　⑤ ㄷ, ㄹ

서술형
01 (가), (나)에서 침해된 노동권을 구제받을 수 있는 방법을 각각 서술하시오.

(가)   (나)

서술형
02 그림의 빈칸 ㉠에 해당되는 노동자의 권리를 쓰고, 그 내용을 서술하시오.

논술형
03 다음은 노동권 침해에 해당하는 사례이다. 제시된 사례가 노동권 침해에 해당하는 이유와 청소년 근로자가 가져야 할 바람직한 자세를 200자 내외로 논술하시오.

> 청소년 A는 방학 한 달 동안 집 근처 편의점에서 아르바이트를 하기로 하였다. 일을 시작하기 전에 편의점 사장은 A에게 경제적 사정을 이유로 최저 임금 이하의 월급을 지급하며, A의 부모님에게 월급을 지급하겠다는 근로 조건을 제시하며 근로 계약서를 작성하게 하였다.

01 세계 인권 선언의 일부 내용이다. 이에 대한 설명으로 적절하지 <u>않은</u> 것은?

> 제1조 모든 사람은 태어날 때부터 자유롭고, 존엄하며, 평등하다. 모든 사람은 이성과 양심을 가지고 있으므로 서로에게 형제애의 정신으로 대하여야 한다.
> 제2조 모든 사람은 인종, 피부색, 성, 언어, 종교 등 어떤 이유로도 차별받지 않으며, 이 선언에 나와 있는 모든 권리와 자유를 누릴 자격이 있다.

① 천부인권 사상이 나타나 있다.
② 보편적 인권의 기준을 제시하였다.
③ 인간의 존엄성과 인권의 중요성을 강조하였다.
④ 인권은 타인으로부터 침해받을 수 없다는 것을 강조하였다.
⑤ 인권은 사회적 계층에 따라 다르게 적용해야 한다는 원칙을 제시하였다.

02 다음에서 설명하고 있는 기본권에 대한 옳은 설명을 〈보기〉에서 고른 것은?

> 국가에 대해 일정한 행위를 요구할 수 있는 권리로, 공무원의 직무상 불법행위로 인한 손해를 배상해 달라고 국가에 요구할 수 있는 권리이다.

┤ 보기 ├
ㄱ. 모든 기본권의 토대가 되는 포괄적 권리이다.
ㄴ. 청원권, 재판 청구권이 대표적인 권리에 해당한다.
ㄷ. 국민의 침해당한 기본권을 구제할 수 있는 권리이다.
ㄹ. 국가는 필요한 경우 임의로 제한할 수 있는 기본권이다.

① ㄱ, ㄴ   ② ㄱ, ㄷ   ③ ㄴ, ㄷ
④ ㄴ, ㄹ   ⑤ ㄷ, ㄹ

03 다음 사례에서 침해된 기본권에 해당하는 것은?

> 건설 회사의 공사 과정에서 발생한 소음과 먼지로 인해 견디기 힘든 불편과 고통을 겪고 있다.

① 자유권   ② 평등권   ③ 사회권
④ 청구권   ⑤ 참정권

04 다음은 어떤 인권 구제 기관의 누리집이다. 해당 인권 구제 기관의 명칭을 포함하여 그 역할을 서술하시오.

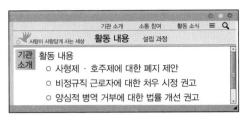

05 빈칸 ㉠, ㉡에 들어갈 내용을 옳게 연결한 것은?

> 공무원 시험을 준비 중이던 A씨는 채용 공고에 지원 가능한 나이가 35세 미만이라는 걸 확인하고 좌절하였다. 단지 나이가 많다는 이유만으로 응시조차 할 수 없다는 것에 A씨는 자신의 (㉠)이 침해되었다고 생각하여 (㉡)을 신청하고자 한다.

	㉠	㉡
①	평등권	헌법 소원 심판
②	자유권	행정 심판
③	사회권	행정 심판
④	자유권	헌법 소원 심판
⑤	평등권	위헌 법률 심판

06 다음 제도가 추구하는 공통적인 목적으로 적절하지 <u>않은</u> 것은?

> • 민사 소송   • 행정 심판
> • 행정 소송   • 헌법 소원 심판

① 행복한 삶의 추구
② 인간다운 삶의 보장
③ 인간의 존엄성 실현
④ 개인 간의 분쟁 해결
⑤ 국민의 침해된 기본권의 구제

07 (가), (나)에 들어갈 적절한 질문을 〈보기〉에서 고른 것은?

| 보기 |
ㄱ. 개인 간의 분쟁 해결을 목적으로 합니까?
ㄴ. 강제력을 지니고 있는 국가 기관입니까?
ㄷ. 다른 기관에 속하지 않은 독립된 기구입니까?
ㄹ. 침해된 인권을 구제하기 위한 국가 기관입니까?

	(가)	(나)		(가)	(나)		(가)	(나)
①	ㄱ	ㄴ	②	ㄱ	ㄷ	③	ㄴ	ㄷ
④	ㄴ	ㄹ	⑤	ㄷ	ㄹ			

08 (가), (나)에서 침해된 인권을 구제받을 수 있는 기관을 옳게 연결한 것은?

(가) *국도 위 낙석으로 자동차 바퀴가 훼손되었는데, 어떻게 보상받을 수 있을까요?   *국가가 관리하는 도로
(나) 얼마 전 길거리를 지나가고 있는 제 얼굴을 동의없이 뉴스에 내보냈는데 어떻게 할까요?

	(가)	(나)
①	법원	언론 중재 위원회
②	헌법 재판소	대한 법률 구조 공단
③	언론 중재 위원회	국민 권익 위원회
④	한국 소비자원	헌법 재판소
⑤	헌법 재판소	국가 인권 위원회

09 (가), (나)에 대한 설명으로 옳지 <u>않은</u> 것은?

(가) 근로자는 근로 조건을 개선하기 위해 노동조합을 만들어 활동할 수 있다.
(나) 노사 간에 협의가 원만하게 이루어지지 않았을 경우 쟁의 행위를 할 수 있다.

① (가)는 단결권에 해당한다.
② (가), (나)는 노동 삼권으로 보장된다.
③ (가), (나)는 헌법에 의해 보장받고 있다.
④ (나)의 권리 행사로 파업 및 태업을 할 수 있다.
⑤ (나)는 단체 교섭권으로 사용자는 정당한 이유 없이 방해할 수 없다.

10 서술형 다음과 같이 노동자의 권리를 보장하기 위해 제정된 법의 명칭을 쓰고, 밑줄 친 (가), (나)의 의미를 구체적으로 서술하시오.

1일 근로 시간은 8시간, 1주 40시간을 초과할 수 없으며, (가) 최저 임금제의 보장과 정당한 이유가 없는 한 일방적으로 (나) 근로자를 해고할 수 없다는 근로에 관한 기준을 명시하였다.

11 신문 기사에 대한 옳은 설명을 〈보기〉에서 고른 것은?

○○일보　　　　　　　　　20○○년 ○월 ○○일

한성실 씨는 회사의 발전을 위해 자기가 맡은 업무에 책임을 다하는 우수 사원이다. 그런데 몇 년째 한성실 씨가 노동조합에 가입했다는 이유로 승진 대상에서 제외되었다. 근로 계약 시 노동조합 가입을 하지 않겠다는 조건하에 채용되었으나 이를 어겼다는 것이다.

| 보기 |
ㄱ. 고용 노동부에 진정을 제기할 수 있다.
ㄴ. 단체 교섭권을 침해한 부당 노동 행위이다.
ㄷ. 노동 위원회에 권리 구제를 요청할 수 있다.
ㄹ. 부당 해고로 노동자의 근로권을 침해하였다.

① ㄱ, ㄴ	② ㄱ, ㄷ	③ ㄴ, ㄷ
④ ㄴ, ㄹ	⑤ ㄷ, ㄹ	

12 다음 상황에 대한 설명으로 옳지 <u>않은</u> 것은?

① 청소년의 노동권이 보장받지 못한 사례이다.
② 미성년자라도 임금을 본인에게 지급해야 한다.
③ 민사 소송을 통해 침해된 권리를 구제받을 수 있다.
④ 근로 기준법에 의해 청소년의 근로권도 보호받아야 한다.
⑤ 청소년 근로자는 성인 근로자에 비해 항상 낮은 대우를 받는 것이 당연하다.

수행 평가 미리보기

선생님의 출제 의도 일상생활 속 인권 침해 구제 방안 탐구하기

인간으로서의 존엄과 가치는 헌법을 통해 기본권으로 보장받고 있지만 여전히 우리의 일상생활에서 인권 침해 문제가 나타나고 있습니다. 인권 침해는 사회 구성원의 편견이나 고정관념, 사회의 불합리한 법률과 제도로 인해 다양한 유형으로 나타납니다. 이처럼 인권이 헌법에 의해 규정되어 있다고 해서 저절로 보장되는 것이 아니기 때문에 우리는 주변에서 나타나는 인권 침해 사례에 대해 관심을 가지고 이를 바로잡기 위해 노력해야 합니다. 이번 수행평가에서는 일상생활에서 나타나는 인권 침해의 사례를 조사하고 이를 해결하기 위한 방안에 대해 고민해 봄으로써 인권의 중요성을 다시 생각해 보고자 합니다.

수행 평가 문제

모둠별로 일상생활에서 나타나는 인권 침해 사례를 찾아보고, 이를 해결하기 위한 방안에 대해 탐구해 보자.

A 활동 계획 세우기

1 모둠별로 우리 주변에서 볼 수 있는 인권 침해의 사례를 수집한다.
2 인권 침해의 종류, 발생 원인을 제시하고 이를 해결하기 위한 방안에 대해 탐구한다.
3 구체적인 계획을 세워 해결 방안을 실천에 옮기고, 활동 보고서를 작성한다.

B 활동 단계

1단계 가정, 학교, 지역 사회 등 우리 주변에서 발생하고 있는 인권 침해 사례를 조사한다.
2단계 사례 중 한 가지 선정하고 침해된 인권이 무엇이고, 그 발생 원인에 대해 생각하여 문제를 분석한다.
3단계 선정한 사례에 나타난 인권 침해의 종류, 발생 원인 등을 고려하여 해결 방안에 대해 토의한다.
4단계 토의를 통해 가장 합리적인 해결 방안을 결정하고, 구체적인 실천 계획을 세워 실행에 옮긴다.
5단계 활동 과정 및 결과를 토대로 모둠별 활동 보고서를 작성한다.

C 활동하기

1, 2 가정, 학교, 지역 사회 등 우리 주변에서 발생하고 있는 인권 침해 사례를 조사하여 그 내용 및 유형, 발생 원인 등을 분석하여 정리한다

[예시]

인권 침해의 내용	• 장애인들을 위한 저상 버스를 많이 운행하지 않았다. • 지하철은 계단이 많아 휠체어를 사용하는 장애인들의 통행에 많은 제약이 있었다. • 육교를 통해서만 이동이 가능한 경우가 많아 먼 거리를 돌아서 이동해야 하는 불편함이 있었다. • 거리 및 건물 출입구에 턱이 많고, 장애인용 접근로가 설치되지 않은 곳이 많았다.
인권 침해의 유형	장애인이 편리하게 이동할 수 있는 자유권과 평등권이 침해되었다.
인권 침해의 발생 원인	• 사회 구성원의 고정관념으로 인해 장애인에 대한 배려가 부족하다. • 사회의 잘못된 관행으로 인해 장애인을 위한 편의 시설이 부족하다.

3, 4 개인별로 작성한 인권 침해 사례 중 한 가지를 선정하고, 선정된 사례에 나타난 인권 침해를 해결하기 위한 방안에 대해 토의한다.

[예시]

- 건물, 도로, 공공시설 등의 턱을 제거하는 캠페인 운동을 전개한다.
- 육교 대신 건널목의 설치를 관할 행정 기관에 요청한다.
- 지하철 엘리베이터의 확충을 위해 국가 인권 위원회에 진정을 제기한다.
- 장애인을 위한 저상 버스의 증대를 관할 행정 기관에 요구한다.
- 휠체어 사용을 위한 평탄한 접근로 마련에 관한 청원을 올린다.

▲ 턱이 없는 평탄한 거리

▲ 저상 버스

5 활동 과정 및 결과를 토대로 모둠별 활동 보고서를 작성한다.

[예시]

활동 보고서

모둠원 이름:

1. 인권 침해 문제	• 장소: 공공건물, 도로, 버스 정류장 및 지하철 • 상황: 장애인의 이동을 돕는 편의 시설이 부족하여 장애인이 대중교통을 이용하거나 거리를 통행하고 건물을 출입할 때 큰 불편을 겪고 있다.
2. 인권 침해 종류	• 장애인이 원하는 곳을 자유롭게 이동할 수 있는 자유권이 침해되었다. • 일반인에 비해 이동의 제한이 많아 평등권이 침해되었다.
3. 해결 방안	• 국가 인권 위원회에 진정서를 제출한다. • 국민 권익 위원회의 누리집에 민원을 제기한다. • 지하철 및 버스 정류장에서 캠페인 활동을 전개한다.

📖 채점 기준

평가 영역	채점 기준	배점		
		상	중	하
문제 해결 능력	인권 침해의 사례를 적절하게 제시하였는가?			
	인권 침해의 내용 및 유형, 발생 원인을 정확하게 분석하였는가?			
	인권 침해를 해결할 수 있는 구체적인 실천 계획을 세웠는가?			
비판적 사고력	인권 침해의 해결 방안이 합리적이고 실천 가능한 내용인가?			
	인권 침해의 해결 방안이 지역 사회 구성원의 공감과 참여를 유도할 수 있는가?			
논리적 타당성	주제를 정확하게 파악하여 보고서를 논리적으로 작성하였는가?			
	자신의 의견과 그에 대한 근거가 타당하게 연결되어 있는가?			
의사소통 및 협업 능력	모둠 활동에 진지한 태도와 협력적인 자세로 임하였는가?			
	자신의 역할을 성실하게 담당하였으며, 토의 활동에 적극적으로 참여하였는가?			

II

헌법과 국가 기관

01 국회

＋ 대의제 실시 이유
노예가 경제적 영역을 담당하던 고대 아테네와 달리, 근대 이후 개인은 지속적으로 경제 문제를 해결해야만 하는데다가 영토가 넓고 인구가 많아졌기 때문이다.

＋ 선출
투표를 통해 대표를 뽑는 과정

＋ 대리와 대표
대리는 집단의 뜻을 전달하는 사람이고, 대표는 자신의 소신에 따라 판단을 내리는 사람이다. 대의제에서 대표는 자신의 소신에 따라 결정을 내리고, 국민으로부터의 판단은 다음 선거 결과를 통해 받게 된다.

＋ 법률의 제정과 개정
새로운 법률을 만드는 것을 제정, 기존 법률을 고치거나 다시 정하는 것을 개정이라고 한다.

＋ 비례 대표 국회의원 의석 배분
비례 대표 의석 수가 200석이고, A당, B당, C당이 각각 50%, 30%, 20%를 득표했다면, A당은 100석, B당은 60석, C당은 40석을 각각 얻게 된다.

＋ 배분
각자의 몫을 나누어 가지는 것

＋ 공천
정당에서 선거에 출마할 자기 당의 후보를 공식 추천하는 것

＋ 청원
일이 해결되도록 원하여 청하는 것

＋ 우리나라 국회의원 수
현재 우리나라 국회의원의 총 수는 300석이며, 지역구 국회의원은 253석, 비례 대표 국회의원은 47석으로 구성된다.

＋ 상임 위원회
현재 우리나라의 상임 위원회는 국회 운영 위원회, 법제 사법 위원회, 국방 위원회, 교육 위원회 등으로 구성되며, 국회의원은 국회의장을 제외하고 1개 이상의 상임 위원회 위원직을 맡는 것이 일반적이다.

❶ 국회의 의미와 위상

(1) 국회의 의미

→ 헌법 제41조 ① 국회는 국민의 보통·평등·직접·비밀 선거에 의하여 선출된 국회의원으로 구성한다.

① 국민이 직접 뽑은 의원들로 구성된 **국민의 대표 기관**
② 법을 만드는 기능이 중요하기 때문에 국회를 입법부라고 함 → 법을 만드는 국가 작용을 입법(立法)이라고 부름
③ 4년에 한 번씩 국회의원 선거 실시, 지역구 국회의원과 비례 대표 국회의원으로 구성
국회의원의 임기

(2) 대의제: 국민이 직접 국정을 담당하지 않고, 대표를 선출하여 대표 기관을 구성하는 제도 = 간접 민주 정치 ←

(3) 국회의 위상

국민의 대표	국민이 직접 선출한 대표인 국회의원들로 구성됨
입법 기관	국민의 의견을 모으고 반영하여 법률을 제정하거나 개정함
국정 통제 기관	정부의 권력 행사 감시·견제 → 권력 남용 방지 → 국민의 기본권 보장 및 권리 증진

❷ 국회의 구성과 주요 기관

(1) 국회의 구성
① **지역구 국회의원:** 각 지역구에서 가장 많은 득표를 한 1명을 지역구 국회의원으로 선출함
② **비례 대표 국회의원:** 각 정당이 전국에서 받은 득표율에 비례하여 의석수를 배분함

Q&A **우리나라는 국회의원을 어떻게 뽑을까?**

우리나라의 국회의원 선거는 공천을 받거나 무소속으로 출마한 후보에게 투표하는 지역구 국회의원 투표와 지지하는 정당에 투표하는 비례 대표 국회의원 투표를 실시하고 있다. 유권자는 투표소에서 다음과 같이 투표할 수 있다.

▲ 지역구 국회의원 선거의 투표용지　▲ 비례 대표 국회의원 선거의 투표 용지

• A정당 소속 후보자에 지역구 1표, B정당에 비례 대표 1표 → 다른 정당의 지역구 대표와 비례 대표를 지지하는 경우
• 무소속 지역구 후보자에게 1표, C정당에 비례 대표 1표 → 무소속 지역구 의원을 선택하는 경우
• D정당 소속 후보자에 지역구 1표, D정당에도 비례 대표 1표 → 같은 정당의 지역구 대표와 비례 대표를 지지하는 경우

(2) 국회의 주요 기관 → 사전 심의, 효율성
① **의장:** 국회의장 1명, 부의장 2명을 국회의원 중에서 선출함
② **위원회:** 상임 위원회, 특별 위원회 → 특별한 경우 임시 구성
③ **교섭 단체:** 국회 의사 진행에 필요한 중요 안건을 협의함
→ 20명 이상의 국회의원이 모여 교섭 단체를 구성할 수 있음
④ **본회의**
• 회의는 공개를 원칙으로 하고, 특별한 경우 비공개로 진행할 수 있음 → 헌법 제50조 ① 국회의 회의는 공개한다.
• 각 상임 위원회에서 심사한 법률안, 예산안, 청원 등을 최종적으로 결정하는 회의
• 특별한 규정이 없는 한 재적 의원 과반수 출석과 출석 의원 과반수 찬성으로 의결함

더 알아 보기 ▶ 국회의 효율적 운영을 위한 조직

상임 위원회는 본회의에 앞서 안건(법률안·예산안·청원)을 미리 심사하여 의결의 효율성을 높인다. **교섭 단체**는 원활한 국회 운영을 위한 기구로, 20명 이상의 국회의원이 만들 수 있다. 소속 의원들의 의사를 사전에 조정하는 창구 구실을 함으로써 원활한 의사소통을 돕는다. 상임 위원회 중 **법제 사법 위원회**는 법률안의 내용, 형식, 문구 등을 정확하고 적합하게 가다듬어 국회의 법률적 전문성을 보충해 준다. 이들은 공통적으로 국회의 효율적 운영을 위해 마련된 조직으로, 최종적으로 국회에 제출되는 법률안과 예산안 등은 본회의(정기회 1회, 임시회)를 통해 심의·의결된다.

❸ 국회의 기능

(1) 입법에 관한 기능 → 헌법 제40조 입법권(立法權)은 국회에 속한다.

① 새로운 법을 만드는 법률 제정과 기존의 법을 수정하거나 바꾸는 법률 개정
  └→ 국회가 가지는 가장 대표적인 기능

집중탐구 법률이 만들어지는 과정

법률안은 국회의원 10명 또는 정부가 발의할 수 있고, 국회의장이 각 상임 위원회에 법률안을 나누어 준다. 상임 위원회의 심의를 거친 법률안은 재적 의원 과반수의 출석과 출석의원 과반수의 찬성으로 **본회의에서 최종 결정**되며, 정부로 이송되어 **대통령이 공포**하게 된다. 만약 대통령이 법률안 재의를 요청하여 국회 의장에게 되돌려 보낼 경우 국회 재적 의원 과반수의 출석과 출석 의원 2/3 이상의 찬성으로 재의결된다. 재의결된 법률안은 법률로서 확정된다.

② 헌법 개정안 제안 및 의결: 의원 과반 수 이상이 모이면 헌법 개정을 제안할 수 있고, 제안된 헌법 개정안은 재적 의원 2/3 이상의 찬성으로 의결됨

③ 조약 체결에 대한 동의권: 국회 동의를 받은 국제 조약은 국내법과 동일한 효력을 가짐

(2) 재정에 관한 기능 → 헌법 제54조 ① 국회는 국가의 예산안을 심의·확정한다.

① 조세의 종목 및 세율 결정권 → 조세 법률주의

② 예산안 심의 및 확정, 예산 집행의 결산 심사
  • 예산안 편성 및 집행: 정부
  • 예산안 심의 확정 / 결산 심사: 국회

(3) 국정 통제 및 감시·견제 기능

① 국정 감사와 국정 조사 → 헌법 제61조 ① 국회는 국정을 감사하거나 특정한 국정 사안에 대하여 조사할 수 있으며…

국정 감사	매년 정기적으로 국정 전반에 대하여 검토하고 바로잡는 것
국정 조사	사안이 있을 때 임시로 특정 사안에 대하여 검토하고 바로잡는 것

② 국가 기관 구성

• 임명 동의: 국무총리, 감사원장, 대법원장, 헌법 재판소장, 대법관의 임명은 <u>국회의 동의를 얻어야 함</u>
  → 강한 권력을 갖는 고위 공직자의 임명에 대해 국회의 동의 절차를 거치도록 하여 행정부를 견제하는 기능을 갖게 됨

• 선출: 헌법 재판소 재판관 중 3명, 중앙 선거 관리 위원 중 3명은 국회에서 결정함

③ 탄핵 소추 의결
  → 고위 공직자가 헌법과 법률을 위반하는 중대한 사안이 발생했을 때 국회는 그에 대한 파면 결정을 헌법 재판소에 요청할지 의논하여 결정할 수 있음

• 탄핵 소추: 국회가 고위 공직자에 대한 파면을 헌법 재판소에 요구하는 것

• 대상: 대통령, 국무총리, 국무위원 등 헌법이 특정한 공직자

✚ 발의
심의하거나 토의할 안건을 제출하는 것

✚ 회부
어떤 안건의 처리를 나누어 맡기는 것

✚ 상정
논의할 안건을 본회의에 내어 놓는 것

✚ 공포
일반 사람들에게 널리 알리는 것

✚ 법률안 투표가 가부동수인 경우
표결 결과 찬성과 반대의 수가 같은 경우를 가부동수라고 하고, 가부동수인 경우 부결된 것으로 처리한다.

✚ 헌법 개정안 절차
제안 → 공고 → 국회 의결 → 국민 투표 → 공포

✚ 헌법 개정 관련 의결 정족수

제안	국회 재적 의원 과반수, 대통령
국회 의결	국회 재적 의원 2/3 이상 찬성
국민 투표	선거권자 과반수 투표, 투표자 과반수 찬성

✚ 재정
정부가 세금을 걷고 사용하는 활동

✚ 조세 법률주의
국가 재정의 기반인 세금을 부과할 때 종목과 세율을 반드시 국회에서 만든 법률에 근거하도록 하는 원칙으로 국민의 재산권을 보호한다.

✚ 국회의원의 특권
• 면책 특권
  헌법 제45조 국회의원은 국회에서 직무상 행한 발언과 표결에 관하여 국회 외에서 책임을 지지 아니한다.
  → 국회의원이 국민의 대표로서 국정 통제 기능을 제대로 수행할 수 있도록 독립성과 자율성을 보장한다.
• 불체포 특권
  헌법 제44조 ① 국회의원은 현행범인인 경우를 제외하고는 회기 중 국회의 동의 없이 체포 또는 구금되지 아니한다. → 공권력에 의한 국회 탄압을 방지해 국회의 자주성을 보장한다.

개념 다지기

01 빈칸에 들어갈 알맞은 말을 쓰시오.

(1) 국민이 직접 선출한 대표로 구성된 국민의 대표 기관을 ( )(이)라고 한다.

(2) 국회는 국민의 의견을 모으고 반영한 ( )을(를) 제정하거나 개정한다.

(3) ( )(이)란 국민이 직접 국정을 담당하지 않고, 대표를 선출하여 대표 기관을 구성하는 간접 민주 정치 제도를 말한다.

(4) 우리나라에서 ( ) 국회의원은 각 지역구에서 가장 많은 득표를 한 1명을 선출한다.

(5) 국회의 의사를 진행하는 ( ) 1명과 부의장 2명은 국회의원 중에서 선출한다.

(6) 국회 본회의는 특별한 규정이 없는 한 재적 의원 ( ) 출석과 출석 의원 과반수 찬성으로 의결한다.

02 다음 내용이 국회의 기능 중 입법 기능이면 '입', 재정에 관한 기능이면 '재', 국정 통제 기능이면 '국'이라고 쓰시오.

(1) 국정 감사 및 국정 조사권 ·····················( )

(2) 헌법 개정안의 제안 및 의결 ·················( )

(3) 예산 집행의 결산 심사 ·························( )

(4) 고위 공직자에 대한 탄핵 소추 의결 ·········( )

(5) 조약 체결에 대한 동의 ·························( )

03 괄호 안의 내용 중 알맞은 말에 ○표 하시오.

(1) 현대 사회에서 국민이 직접 뽑은 의원들로 구성된 국민의 대표 기관을 (국회, 민회)라고 한다.

(2) 우리나라 국회의원의 임기는 (4년, 5년)이다.

(3) 국회의 기능 중 법을 만드는 기능이 중요하기 때문에 국회를 (입법부, 사법부)라고도 부른다.

(4) 새로운 법률을 만드는 것을 법률의 (제정, 개정)이라고 한다.

(5) (지역구, 비례 대표) 국회의원은 각 지역구의 후보자 중에서 투표를 통해 선출하고, (지역구, 비례 대표) 국회의원은 각 정당이 전국에서 받은 득표율에 비례하여 의석수를 배분한다.

(6) 국회에서 정기적으로 국정 전반을 살피고 조사하는 활동을 (국정 감사, 국정 조사)라고 하고, 임시로 특정 사안에 대하여 검토하고 바로잡는 것을 (국정 감사, 국정 조사)라고 한다.

04 국회의 기능과 설명을 바르게 연결하시오.

(1) 국가 기관 구성 기능 •　　• ㉠ 법률안 제 · 개정권

(2) 입법에 관한 기능　　•　　• ㉡ 예산안 심의 · 의결권

(3) 재정에 관한 기능　　•　　• ㉢ 대법원장 임명 동의권

05 법률 제정 절차에 대한 설명으로 맞으면 ○표, 틀리면 ×표 하시오.

(1) 국회의원 10인 이상 또는 정부가 발의할 수 있다.
···( )

(2) 국회의장은 법률안을 본회의에 직권으로 직접 상정할 수 있다. ·····································( )

(3) 법률안은 국회 재적 의원 최소 2/3 이상 출석과 출석 의원 과반수의 찬성으로 가결된다. ·········( )

(4) 대통령이 거부권을 행사한 법률안은 국회에서 다시 의결할 수 없다. ·····························( )

(5) 일반적으로 본회의로부터 이송된 법률안에 대해 대통령은 15일 이내에 공포하고, 공포 이후 20일이 경과하면 법률의 효력이 발생한다. ·················( )

06 국회의 국정 통제 및 감시 · 견제 기능을 〈보기〉에서 있는 대로 골라 기호로 쓰시오.

┌─ 보기 ├─
ㄱ. 국무총리 임명 동의권
ㄴ. 조약 체결에 대한 동의권
ㄷ. 국정 감사와 국정 조사권
ㄹ. 국무총리 탄핵 소추 의결권
ㅁ. 세금의 종목 및 세율 결정권
└──────────

07 밑줄 친 부분을 바르게 고쳐 쓰시오.

(1) 대통령이 국무총리를 임명할 때에는 <u>대법원</u>의 동의를 얻어야 한다. ·····························( )

(2) 원래 있었던 법률을 고치거나 다시 정하는 것을 법률의 <u>제정</u>이라고 한다. ·····················( )

(3) 법률 제정 절차에서 본회의에 앞서 <u>교섭 단체</u>를 통해 관련 안건이나 법안을 심사한다. ···········( )

(4) 대통령이 거부권을 행사한 법률안을 재의결하기 위해서는 국회 재적 의원 과반수의 출석과 <u>3/4</u> 이상의 찬성이 필요하다. ·····························( )

중단원 실력 쌓기

01 다음과 같은 위상을 가지는 국가 기관은?

- 입법부
- 국민의 대표

① 국회　　　② 법원　　　③ 정부
④ 헌법 재판소　　⑤ 선거 관리 위원회

02 사진의 국가 기관에 대한 옳은 설명을 〈보기〉에서 고른 것은?

┤ 보기 ├
ㄱ. 국민이 직접 정치를 담당하는 정치 기관이다.
ㄴ. 국민의 의견을 모아 법을 제정하는 기관이다.
ㄷ. 공권력 행사에 대한 감시·견제 기능을 한다.
ㄹ. 법을 바탕으로 정책을 만들고 집행하는 기관이다.

① ㄱ, ㄴ　　② ㄱ, ㄷ　　③ ㄴ, ㄷ
④ ㄴ, ㄹ　　⑤ ㄷ, ㄹ

03 밑줄 친 ㉠~㉤ 중 옳은 내용을 고르면?

우리나라는 ㉠ 5년에 한 번씩 선거를 통해 국회를 구성한다. 국회의원 선거를 통해 ㉡ 각 정당의 득표율에 비례하여 선출된 지역구 국회의원과 ㉢ 각 지역구에서 가장 많은 득표를 한 1명을 비례 대표 국회의원으로 뽑는다. 이 중 ㉣ 지역구 국회의원은 정당의 공천을 받거나 무소속으로 출마할 수 있다. 선출된 ㉤ 국회의원은 국민의 뜻을 전달만 하는 대리자로서의 역할을 담당한다.

① ㉠　　② ㉡　　③ ㉢
④ ㉣　　⑤ ㉤

04 국회의 의사 결정 과정에 대한 설명으로 옳은 것은?

① 국회의 최종적 의사 결정은 1년에 2번씩 본회의를 통해 이루어진다.
② 전문 분야별로 상임 위원회를 두어 법률안, 예산안, 청원 등을 심의한다.
③ 국회 의사 진행에 필요한 중요 안건은 특별 위원회를 구성하여 결정한다.
④ 효율적인 진행을 위해 회의는 비공개로 진행하며, 특별한 경우에 한해 공개한다.
⑤ 모든 의사 결정은 재적 의원 과반수 출석과 출석 의원 과반수의 찬성으로 이루어진다.

05 교섭 단체에 대한 옳은 설명을 〈보기〉에서 있는 대로 고른 것은?

┤ 보기 ├
ㄱ. 국회를 대표하여 정부와의 협상을 담당한다.
ㄴ. 소속 의원들의 의사를 사전에 통합·조정한다.
ㄷ. 국회의 원활한 의사 진행을 돕기 위한 기구이다.
ㄹ. 20명 이상 소속 의원을 가진 정당은 교섭 단체를 만들 수 있다.

① ㄱ, ㄴ　　② ㄱ, ㄷ　　③ ㄷ, ㄹ
④ ㄱ, ㄴ, ㄹ　　⑤ ㄴ, ㄷ, ㄹ

06 국회의 위상과 구성에 관련된 우리나라 헌법 규정에서 빈칸에 공통으로 들어갈 내용은?

제40조 입법권은 (　　　　)에 속한다.
제41조 ① (　　　　)은(는) 국민의 …… 선거에 의하여 선출된 (　　　)의원으로 구성한다.

① 국가　　　② 국회　　　③ 법원
④ 상임 위원회　　⑤ 법제 사법 위원회

07 밑줄 친 '역할'이 의미하는 국회의 기능으로 가장 적절한 것은?

○○대 국회가 거듭되는 여야 간의 정쟁으로 열리지 못하며 법안 처리율 29.7%라는 부진한 성적표를 받았다. 법안 처리가 이뤄진 본회의는 올해 세 번밖에 열리지 않았다. '빈손 국회'를 방지하기 위해 '일하는 국회법'이 지난 17일부터 시행됐음에도 법안 심사 소위원회를 열어 법안을 심사한 상임 위원회는 6곳에 불과했다. 안보와 경제가 모두 위기에 빠진 상황에서 입법부가 제 <u>역할</u>을 하지 못한다는 비판을 피하기 어려워 보인다.
    – ○○신문, 2019. 7. –

① 국정 감사   ② 국정 조사
③ 예산안 심의   ④ 법률 제·개정
⑤ 탄핵 소추 의결

08 국회의원에게 (가), (나)와 같은 특권을 부여하는 목적으로 가장 적절한 것은?

(가) 국회의원이 국회에서 직무를 위해 한 발언과 찬반 결정에 대하여는 국회 밖에서 책임을 지지 아니한다.
(나) 국회의원은 현행범인 경우가 아니면 국회 회의 기간 동안에는 국회의 동의 없이 체포되지 않는다.

① 국회 활동에 대한 국민의 알 권리를 보장한다.
② 혜택을 주어 우수한 인재가 국회에 모이게 한다.
③ 국회 의사 진행을 효율적이고 원활하게 운영한다.
④ 국회의원의 신분을 보장하여 행정부보다 강한 권력을 갖게 한다.
⑤ 국회의 자율성을 보장하여 국민 대표로서 소신 있는 활동을 보장한다.

[09~10] 그림을 보고 물음에 답하시오.

* 환부 거부: 국회에서 의결되어 정부로 이송된 법률안에 이의서를 붙여 재의결을 요구하는 것

09 위의 과정에 대한 설명으로 옳은 것은?

① 우리나라는 정부가 법률안을 제안할 수 없다.
② 본회의 표결 결과 가부동수이면 법률안이 가결된 것으로 여긴다.
③ 법률안이 통과되려면 재적 의원 과반수 출석과 출석 의원 과반수 찬성이 필요하다.
④ 환부 거부된 법률안의 재의결을 위해서는 재적 의원 2/3 이상의 찬성이 필요하다.
⑤ 국회에서 통과된 법률은 20일 이내에 공포되고, 공포된 후 15일이 지나면 효력이 발생한다.

10 ㉠~㉢에 들어갈 내용을 바르게 연결한 것은?

	㉠	㉡	㉢
①	국무위원	국회의원	국무총리
②	국회의원	국회의장	대통령
③	국무위원	대통령	국회의원
④	국회의원	대통령	국무총리
⑤	국무위원	국회의원	대통령

11 국회의 임명 동의가 필수인 직책을 〈보기〉에서 고른 것은?

보기
ㄱ. 감사원장   ㄴ. 국무위원
ㄷ. 대법원장   ㄹ. 헌법 재판관

① ㄱ, ㄴ   ② ㄱ, ㄷ   ③ ㄴ, ㄷ
④ ㄴ, ㄹ   ⑤ ㄷ, ㄹ

12 국회가 갖는 재정에 관한 기능을 〈보기〉에서 고른 것은?

┤ 보기 ├
ㄱ. 예산 집행   ㄴ. 예산안 편성
ㄷ. 예산안 심의 확정   ㄹ. 예산 집행 결산 심사

① ㄱ, ㄴ   ② ㄱ, ㄷ   ③ ㄴ, ㄷ
④ ㄴ, ㄹ   ⑤ ㄷ, ㄹ

13 국회의 입법 기능에 대한 설명으로 옳은 것은?

① 새로운 법률을 만드는 것을 법률 개정이라고 한다.
② 기존의 법을 수정하거나 바꾸는 것을 법률 제정이라고 한다.
③ 국회의 동의를 받은 조약은 국내법과 동일한 효력을 갖는다.
④ 국회의원 10인 이상이 모이면 헌법 개정안을 제안할 수 있다.
⑤ 헌법 개정안은 재적 의원 과반수 출석과 출석 의원 과반수의 찬성으로 의결된다.

14 (가)에 들어갈 제목으로 가장 적절한 것은?

학습 목표: 국회의 국정 통제 및 감시·견제 기능을 설명할 수 있다.
1. ☐ (가) ☐
 • 대상: 대통령, 국무총리 등 고위 공직자
 • 요건: 고위 공직자가 헌법과 법률을 위반했을 때
 • 권한: 헌법 재판소에 파면을 요청함
2. 국가 기관 구성
 • 임명 동의: 국무총리, 감사원장, 대법관 등

① 국정 감사   ② 국정 조사
③ 해임 건의   ④ 탄핵 소추 의결
⑤ 헌법 소원 제청

서술형·논술형

01 서술형
밑줄 친 (가), (나)의 시기와 범위상 차이점을 비교하여 서술하시오.

지난 10월 국회의 (가) 국정 감사가 실시되었다. 국회 산업 위원회는 방송인으로도 유명한 기업 대표를 소환하여 골목 상권을 되살릴 수 있는 방안에 대해 질의하였다. 이밖에도 상임 위원회 별로 진행되는 이번 감사 대상 기관은 총 690여 개에 달한다. 국회 국방 위원회는 지난 번 (나) 국정 조사 때 확인하지 못한 국방부 기밀 누출 사건에 대해 이번 감사 기간을 활용할 것이라고 밝혔다.

02 서술형
(가), (나)의 명칭과 선출 방식을 비교하여 서술하시오.

(가) 국회의원 선거의 투표용지   (나) 국회의원 선거의 투표용지

02 행정부와 대통령

❶ 법률을 집행하는 기관, 행정부

(1) 행정의 의미와 행정부
→ 사회 문제를 해결하기 위한 정부 활동의 지침
① 행정의 의미: 법률에 따라 정책을 만들고 집행하는 국가의 활동
② 행정부: 행정을 담당하는 국가 기관
→ 법률을 실제로 실행하는 일

(2) 행정부의 기능
① 국회에서 국민을 위해 만든 법률을 현실에서 구체적으로 실행에 옮김
② 공익 실현, 복지 증진, 국민 보호 등을 위한 여러 가지 정책을 만들어 수행함
③ 현대 국가에서의 행정부: 사회 복지, 교육 등에 대한 요구 증가로 행정부의 역할이 커지고, 전문성도 높아지고 있음 → 행정 국가화 현상
→ 복지를 지향하는 현대 국가에서 행정부의 기능이 확대·강화되어, 상대적으로 입법부·사법부보다 강한 권력을 갖게 되는 현상

❷ 행정부의 주요 조직

대통령	행정부 최고 책임자로서, 행정부의 일을 최종적으로 결정함
국무총리	• 대통령을 보좌하며, 행정 각부를 통할하여 관리·감독함 • 국회의 동의를 얻어 대통령이 임명 → 헌법 제86조 ② 국무총리는 대통령을 보좌하며, 행정에 관하여 대통령의 명을 받아 행정 각부를 통할한다.
국무 회의	• 정부의 주요 정책을 논의하는 행정부의 최고 심의 기관 • 대통령(의장), 국무총리(부의장), 국무위원(15인 이상 30인 이하)으로 구성
행정 각부	• 행정 업무를 실질적으로 처리하는 각 부서 • 행정 각부의 장(장관)은 국무위원 중에서 임명, 각부의 행정 사무를 지휘·감독
감사원	• 국가의 세입·세출 결산 검사 및 행정 기관의 사무와 공무원의 직무 감찰 • 대통령 직속 기관이며, 독립적 헌법 기관

더 알아 보기 ▶ 행정부의 다양한 행정 작용

(가)

(나)

(다)

(라)

(마)

(바)

(가) 교육부: 학교 교육, 평생 교육 및 학술에 관한 일, 인적 자원 개발 등
(나) 국방부: 국방 관련 정책 및 군사 훈련 등
(다) 보건 복지부: 국민 건강과 보건, 사회 보장, 복지, 삶의 질 향상 등
(라) 고용 노동부: 근로 기준, 산업 안전 보건, 고용 정책, 직업 능력 향상 정책 등
(마) 외교부: 해외 체류 국민 및 재외 교포 정책, 외교 정책, 조약 등
(바) 행정 안전부: 주민 등록, 민방위, 재난 안전 관리, 정부 조직과 청원 등

+ 정부와 행정부의 관계

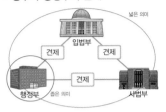

넓은 의미 / 입법부 / 견제 / 견제 / 견제 / 행정부 / 좁은 의미 / 사법부

국가의 정치권력은 크게 입법(국회)·행정(정부)·사법(법원)으로 나눌 수 있다. 이때 좁은 의미의 정부는 법률과 정책을 집행하는 행정부만을 의미하고, 넓은 의미의 정부는 입법·사법을 포함한 국가 통치 기구 전체를 의미한다.

+ 제청
어떤 사람을 추천하면서 임명해 줄 것을 요청하는 것

+ 국무 위원과 행정 각부의 장
국무총리의 제청으로 대통령이 임명한다. 단, 감사원장의 경우 국회의 동의를 얻어야 한다.

+ 세입·세출
정부가 세금으로 거두어들이는 수입(세입)과 지출하는 경비(세출)

+ 감찰
공무상 비리나 비행을 조사·감독하는 일

+ 헌법 기관
국가 기관 중 헌법에 의하여 설치된 기관으로, 일반 행정 기관에 비하여 조직과 업무의 독립성을 보장받는다.

+ 대한민국 정부 조직도

대통령 / 감사원 / 국무총리 / 기획재정부 / 교육부 / 과학기술정보통신부 / 외교부 / 통일부 / 법무부 / 국방부 / 행정안전부 / 문화체육관광부 / 농림축산식품부 / 산업통상자원부 / 보건복지부 / 환경부 / 고용노동부 / 여성가족부 / 국토교통부 / 해양수산부 / 중소벤처기업부

❸ 대통령

(1) 대통령의 선출과 임기

① 선출: 국민이 민주 선거를 통해 직접 결정함 → 헌법 제67조 ① 대통령은 국민의 보통·평등·직접·비밀 선거에 의하여 선출한다.

② 임기: 5년 단임제(중임 불가)

└→ 대통령 중임을 통해 장기 집권을 추구했던 역사에 대한 반성으로 우리 현행 헌법에서는 대통령 중임을 엄격히 제한하고 있음

Q&A 현임 대통령의 중임은 가능할까요?

현임 대통령의 중임은 불가능하다. 대통령 중임이 가능하도록 헌법을 개정한다고 해도, 현임 대통령은 대상이 되지 않는다. 우리 헌법에서는 다음과 같이 규정하고 있다.

헌법 제128조 ② 대통령의 임기 연장 또는 중임 변경을 위한 헌법 개정은 그 헌법 개정 제안 당시의 대통령에 대하여는 효력이 없다.

(2) 대통령의 지위와 권한

→ 헌법 제66조 ① 대통령은 국가의 원수이며, 외국에 대하여 국가를 대표한다.
④ 행정권은 대통령을 수반으로 하는 정부에 속한다.

국가 원수로서의 권한 → 국가의 최고 지도자로 외국에 대하여 국가를 대표할 자격을 지님	• 대외적으로 국가를 대표: 외국 정상회담 참여 및 외교 사절 접견, 조약 체결 및 비준, 선전 포고와 강화권 등 • 헌법 기관 구성: 대법원장, 헌법 재판소장, 감사원장 등에 대한 임명권 ← 국회의 동의를 얻어 임명 • 국가와 헌법 수호: 긴급 명령권, 계엄 선포권 등 • 국정 조정: 국회 임시회 소집 요구, 국민 투표 제안 등
행정부 수반으로서의 권한 → 행정부의 일을 최종적으로 결정할 책임과 권한을 가짐	• 행정부 구성 및 지휘·감독권 • 법률안 거부권 • 국군 통수권: 국군을 통솔하고 지휘함 └→ 대통령이 내리는 명령으로 법률처럼 강제적 힘을 지님 • 공무원 임면권: 고위 공무원의 임명과 해임 • 대통령령 제정: 법률 집행을 위해 필요한 사항에 대해 대통령령을 만듦 • 국무 회의 의장으로서 국무 회의를 주재하고 국정을 최종적으로 결정

(3) 대통령 권한에 대한 통제

→ 우리나라는 대통령의 권한이 막강하기 때문에 정치권력의 올바른 사용을 위해 다양한 견제 방법 및 감시가 필요함

① 입법부에 의한 통제

② 사법부 및 헌법 재판소에 의한 통제

③ 국민의 선거나 여론을 통한 통제

💡 집중탐구 우리나라 대통령의 지위에 따른 권한 구분해 보기

▲ (가) 국가를 대표하여 정상회담에 참여

▲ (나) 대통령령 제정

대법원장 임명식
▲ (다) 헌법 기관 구성

▲ (라) 국군 통솔 및 지휘

▲ (마) 국무 회의 주재

한국-○○국 정상회담
▲ (바) 외교 사절 접견

국가 원수로서의 권한	(가), (다), (바)	행정부 수반으로서의 권한	(나), (라), (마)

+ **단임**
원래 정해진 임기를 다 마치면 같은 직위에 임용되지 않는 것

+ **중임**
같은 직위에 거듭 임명되는 것

+ **원수(元首)**
그 나라를 대표하는 최고 통수권 자격을 갖춘 사람

+ **수반**
행정부의 가장 높은 자리에 있는 사람

+ **정치 체제별 원수와 수반**
입헌 군주제는 원수와 수반이 다른 사람이고, 대통령제에서는 한 사람이 원수와 수반을 모두 담당한다. 예를 들어 입헌 군주제 국가인 영국에서는 여왕이 국가 원수이고 수상(총리)이 행정부 수반이다.

+ **비준**
외교부 등이 맺은 국가 간 조약 등에 대하여 헌법상 체결권자인 대통령이 최종적으로 확인·동의하는 절차

+ **계엄 선포**
전시 또는 사변 등 초비상 상황에서 군사령관이 입법권·행정권·사법권을 모두 행사하는 제도로 선포 직후 국회의 승인을 받아야 한다.

+ **대통령의 국민 투표 제안**
헌법 개정과 같이 국가 중요 정책을 결정할 때 국민에게 의견을 물을 수 있다.

+ **명령·규칙 심사권**
정부가 정책 집행을 위해 제정한 명령과 규칙이 법률을 위반하는지에 대해 법원에서 심사할 수 있는 권리

+ **사절**
국가나 정부를 대표해 외국에 파견되는 사람

+ **접견**
신분이 높거나 공식적으로 방문해 온 사람을 만나는 것

개념 다지기

01 밑줄 친 ㉠에 들어갈 헌법 기관의 명칭을 쓰시오.

> _____㉠_____ 은(는) 대외적으로 국가를 대표하는 국가 원수이자, 대내적으로는 행정부 지휘 · 감독의 최고 책임자인 수반을 의미한다.

02 다음 설명이 맞으면 ○표, 틀리면 ×표 하시오.
(1) 우리나라 대통령의 임기는 4년이고, 국민이 직접 선거를 통해 선출한다. ·····················( )
(2) 국무총리는 국회의 동의를 얻어 대통령이 임명하고, 대통령을 도와 행정 각부를 총괄한다. ··············( )
(3) 감사원은 대통령 직속 기관이기 때문에 대통령의 명령을 받아 공직자를 감찰한다. ·····················( )
(4) 대통령은 국무 회의의 의장으로서 국가의 중요한 정책을 심의하고 최종적으로 결정한다. ··············( )

03 괄호 안의 내용 중 알맞은 말에 ○표 하시오.
(1) (입법부, 행정부)는 법률에 따라 정책을 만들고 집행하는 국가 기관이다.
(2) 우리나라 대통령의 임기는 5년 (단임, 중임)제이다.
(3) 현대 국가에서 행정부의 역할과 전문성은 점점 (낮아지고, 높아지고) 있다.
(4) 대통령은 외국에 대하여 국가를 대표할 자격인 (국가원수, 행정부 수반)의 지위와 행정부의 일을 최종적으로 결정할 책임을 갖는 (국가 원수, 행정부 수반)의 지위를 갖는다.
(5) 입법 · 행정 · 사법을 포함한 국가 통치 기구 전체는 (좁은, 넓은) 의미의 정부를 뜻한다.
(6) 정부의 주요 정책을 심의하는 행정부 최고 심의 기관은 (국무총리, 국무 회의)이다.

04 대통령의 지위에 따른 권한을 바르게 연결하시오.

(1) 국가 원수 •
(2) 행정부 수반 •

     • ㉠ 대통령령 발포권
     • ㉡ 선전 포고와 강화권
     • ㉢ 국무 회의의 의장
     • ㉣ 긴급 명령권

05 빈칸에 들어갈 알맞은 말을 쓰시오.
(1) 국회에서 만든 법률을 집행하고, 공익 실현을 목적으로 정책을 만들어 실행하는 국가의 활동을 ( )(이)라고 한다.
(2) 우리나라 대통령의 임기는 ( )년이고, 중임은 불가능하다.
(3) 대통령 직속 기관으로 행정 기관과 공무원의 직무를 감찰하는 권한을 갖는 헌법 기관인 ( )이(가) 있다.
(4) 대법원장과 헌법 재판소장은 국회의 동의를 얻어 ( )이(가) 임명한다.
(5) 행정 각부의 장은 ( ) 중에서 임명한다.
(6) 국무 회의의 의장은 ( )이고, 부의장은 ( )이다.

06 행정부의 주요 조직과 특징을 바르게 연결하시오.
(1) 감사원 •
(2) 대통령 •
(3) 국무총리 •
(4) 국무 회의 •
(5) 행정 각부 •

     • ㉠ 행정부 수반이며 국가 원수
     • ㉡ 국회 동의를 얻어 대통령이 임명
     • ㉢ 행정부 최고 심의 기관
     • ㉣ 행정 업무를 실질적으로 처리
     • ㉤ 국가의 세입 · 세출 검사

07 대통령이 국가 원수로서의 권한이면 '국', 행정부 수반으로서의 권한이면 '행'이라고 쓰시오.
(1) 행정 각부의 장을 비롯하여 법률이 정하는 공무원을 임면할 수 있다. ·····················( )
(2) 국가 비상 사태에 처했을 때 긴급 명령을 내리거나 계엄을 선포할 수 있다. ·····················( )
(3) 국회 본회의를 통과한 법률안에 대해 거부권을 행사할 수 있다. ·····················( )
(4) 국회의 동의를 얻어 대법원장, 헌법 재판소장, 국무총리를 임명할 수 있다. ·····················( )
(5) 국군을 통솔하고 지휘한다. ·····················( )
(6) 국회 임시회 소집을 요구하거나, 헌법 개정안을 제안할 수 있다. ·····················( )

중단원 실력 쌓기

[01~02] 그림을 보고 물음에 답하시오.

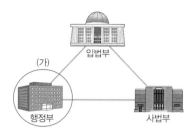

01 그림의 (가)가 수행하는 기능을 〈보기〉에서 고른 것은?

┤ 보기 ├

ㄱ. 법률의 내용을 적용하여 재판을 진행한다.
ㄴ. 정책 집행을 위한 예산안을 심의 · 확정한다.
ㄷ. 법률을 실행에 옮길 정책을 만들고 집행한다.
ㄹ. 공공시설을 설립하고 공무원을 채용하여 관리한다.

① ㄱ, ㄴ   ② ㄱ, ㄷ   ③ ㄴ, ㄷ
④ ㄴ, ㄹ   ⑤ ㄷ, ㄹ

02 그림의 (가) 조직에 포함되지 **않는** 것은?

① 감사원   ② 대통령   ③ 국무총리
④ 국무 회의   ⑤ 행정 법원

03 행정 각부의 행정 작용으로 볼 수 없는 것은?

① 군인을 징병하여 훈련을 시키고 나라를 지킨다.
② 해외여행을 원하는 국민에게 여권을 발급해 준다.
③ 학교를 설립하고 신입생을 배정하여 교육을 실시한다.
④ 국정 감사를 실시해 국정 전반을 검토하여 바로잡는다.
⑤ 어린이 보호 구역에서 제한 속도를 위반한 차량을 단속한다.

04 (가), (나)에 해당하는 행정부의 주요 조직을 바르게 연결한 것은?

(가) 정부의 주요 정책을 논의하여 결정하는 행정부 최고의 심의 기관으로 의장은 대통령이다.
(나) 국가의 세입 · 세출을 결산하고, 행정 기관의 사무와 공무원의 직무를 감찰하는 대통령 직속 기관이다.

    (가)   (나)
① 국무 회의   감사원
② 감사원   국무총리
③ 행정 각부   감사원
④ 국무총리   행정 각부
⑤ 감사원   국무 회의

05 (가)~(다)에 대한 설명으로 옳은 것은?

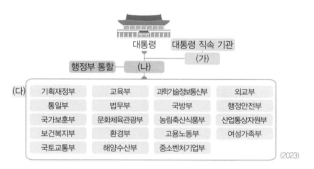

(2023)

① (가), (나)와 달리 (다)의 장은 국무 회의에 참여할 수 없다.
② (가)~(다)는 모두 독립된 헌법 기관이다.
③ (나)와 마찬가지로 (가)의 장을 임명할 때도 국회의 동의가 필요하다.
④ (나)는 국무 회의의 의장이 되어 (다)를 총괄 지휘 · 감독한다.
⑤ (다)의 장은 (가)의 제청으로 대통령이 임명한다.

06 우리나라에서 다음과 같은 지위를 갖는 직책은?

• 대내적으로 행정부의 수반
• 대외적으로 나라를 대표하는 국가 원수

① 장관   ② 대통령   ③ 국무총리
④ 국회의원   ⑤ 대법원장

07 밑줄 친 ㉠이 행하고 있는 행정부의 기능으로 가장 적절한 것은?

> **□□ 신문**
>
> 최근 「생활 주변 방사선 안전 관리법」 개정에 따라 이불, 의류와 같은 신체 밀착 제품에 방사성 원료 물질 사용이 금지되었다. 이에 따라 ㉠ 행정 안전부는 계도 기간을 두어 홍보·안내를 하고, 담당 부서를 통해 관련 업체 모니터링을 강화하며, 법률을 위반한 업체를 단속할 계획이다.

① 행정 기관 및 공무원의 직무를 감찰한다.
② 법률을 집행해 구체적으로 실행에 옮긴다.
③ 입법부와 사법부의 권력을 감시·견제한다.
④ 정책 집행을 위한 예산안을 심의·의결한다.
⑤ 국민의 다양한 의견을 모아 법률을 제정한다.

08 우리나라 대통령의 선출과 임기에 대한 옳은 설명을 〈보기〉에서 고른 것은?

> **보기**
> ㄱ. 대통령의 임기는 4년이다.
> ㄴ. 단임제로, 중임은 불가능하다.
> ㄷ. 국민이 민주 선거를 통해 직접 선출한다.
> ㄹ. 현재 대통령은 헌법 개정을 통해 다시 대통령이 될 수 있다.

① ㄱ, ㄴ   ② ㄱ, ㄷ   ③ ㄴ, ㄷ
④ ㄴ, ㄹ   ⑤ ㄷ, ㄹ

09 대통령이 행사할 수 있는 권한에 속하지 <u>않은</u> 것은?

① 대법관 임명
② 대통령령 제정
③ 국회의장 임명
④ 조약 체결·비준
⑤ 외국에 선전 포고

10 우리나라 대통령의 권한에 대한 옳은 설명을 〈보기〉에서 있는 대로 고른 것은?

> **보기**
> ㄱ. 사법부를 지휘·감독할 권한이 있다.
> ㄴ. 국무 회의의 의장이 되어 정책을 결정한다.
> ㄷ. 공무원 임명과 해임에 대한 권한을 갖는다.
> ㄹ. 외국에 대하여 국가를 대표할 자격을 갖는다.

① ㄱ, ㄴ   ② ㄱ, ㄷ   ③ ㄷ, ㄹ
④ ㄱ, ㄴ, ㄹ   ⑤ ㄴ, ㄷ, ㄹ

11 밑줄 친 ㉠, ㉡에 들어갈 용어를 바르게 연결한 것은?

> 대통령은 ____㉠____ (으)로서 외교, 국방, 국가 안전에 관한 중요 정책을 국민 투표에 붙일 수 있고, 전시 또는 사변 등 국가 비상 상황에서 군사령관이 강력한 권한을 행사하는 ____㉡____ 을(를) 행사할 수 있다.

	㉠	㉡
①	행정부 수반	긴급 명령권
②	행정부 수반	계엄 선포권
③	국가 원수	조약 비준권
④	국가 원수	계엄 선포권
⑤	국가 원수	긴급 명령권

12 밑줄 친 (가)에 들어갈 학습 주제로 가장 적절한 것은?

> 학습 주제: _____ (가) _____
> • 국법상 행위는 반드시 문서로 실시함
> • 국회의 동의나 승인을 받는 경우가 있음
> • 중요한 정책 결정은 국무 회의의 심의를 거침
> • 국회의 탄핵 소추 의결 및 헌법 재판소의 탄핵 심판

① 국민의 대통령 권한 통제
② 국회의 행정부 견제 방법
③ 법원의 행정부 견제 방법
④ 대통령의 권한에 대한 통제
⑤ 감사원의 행정부 관리·감독

13 그림에 나타난 대통령의 권한에 대한 설명으로 옳은 것은?

한국-○○국 정상회담

① 국군을 통솔하고 지휘한다.
② 헌법 기관을 구성할 수 있다.
③ 외국에 대하여 국가를 대표한다.
④ 행정부 수반으로서의 지위를 행사한다.
⑤ 대통령령 제정을 위해 국무 회의를 주재한다.

14 행정부 수반으로서 대통령의 권한을 〈보기〉에서 있는 대로 고른 것은?

┌ 보기 ┐
ㄱ. 국군 통수권   ㄴ. 긴급 명령권
ㄷ. 공무원 임면권   ㄹ. 대법원장 임명권
└─────────────────────────────┘

① ㄱ, ㄴ   ② ㄱ, ㄷ   ③ ㄷ, ㄹ
④ ㄱ, ㄴ, ㄹ   ⑤ ㄴ, ㄷ, ㄹ

15 다음에 제시된 대통령 권한의 공통점으로 옳은 것은?

• 국무 회의의 심의를 거쳐 대통령령을 발포하였다.
• A씨를 교육부 장관에 임명하며, 교육 개혁을 당부하였다.
• 행정 안전부로부터 폭풍으로 인한 재난 피해 복구 상황을 보고 받았다.

① 국회의 승인 절차를 필요로 한다.
② 국정 조정 및 통제에 대한 권한이다.
③ 국가와 헌법을 수호할 권한이자 의무이다.
④ 행정부 수반으로서의 지위에 따른 권한이다.
⑤ 대외적으로 국가를 대표하는 지위로부터 비롯된다.

서술형・논술형

서술형

01 밑줄 친 직위의 선출 방법과 임기를 서술하시오.

나는 헌법을 준수하고 국가를 보위하며 조국의 평화적 통일과 국민의 자유와 복리의 증진 및 민족 문화의 창달에 노력하여 대통령으로서의 직책을 성실히 수행할 것을 국민 앞에 엄숙히 선서합니다.

서술형

02 밑줄 친 ㉠, ㉡에 해당하는 대통령의 권한을 각각 한 가지씩 서술하시오.

• 행정권은 대통령을 ㉠ 수반으로 하는 정부에 속한다.
• 대통령은 ㉡ 국가의 원수이며, 외국에 대하여 국가를 대표한다.

03 법원과 헌법 재판소

➕ 명령 · 규칙 · 처분 심사권
정부가 정책 집행을 위해 제정한 명령과 규칙이 법률을 위반하는지에 대해 법원이 심사할 수 있는 권리로 대법원이 최종 심사권을 가진다.

➕ 위헌 법률 심사 제청권
제 · 개정된 법률이 헌법에 위배되는지 여부를 헌법 재판소에 청구할 수 있는 권리로 법원의 입법부 견제 수단이다.

➕ 우리나라 법원의 주요 조직

➕ 3심제가 아닌 재판들
특허 관련 분쟁은 2심제(특허 법원 → 대법원), 대통령 · 국회의원 등의 선거 소송은 단심제(대법원)가 적용된다.

➕ 행정 재판
현재 서울에만 행정 법원이 설치되어 있기 때문에 다른 지역에서는 지방 법원이 1심을 담당한다.

➕ 심급 제도 구조

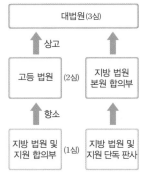

➕ 특허
자신의 새로운 아이디어나 물건 등에 대하여 독점하여 소유할 수 있는 권리

➕ 손해 배상 청구
법에 어긋나는 행위나 행정 업무 처리로 입은 손해를 돈으로 배상해 달라고 요구하는 소송

❶ 사법과 사법권의 독립

(1) 사법(司法)과 법원의 기능
① 사법: 법을 해석하고 적용하여 분쟁을 해결하는 국가 작용
② 법원의 기능: 재판을 통해 사법(司法)을 담당하는 국가 기관 → 사법부
┗ 헌법 제101조 ① 사법권은 법관으로 구성된 법원에 속한다.

(2) 사법권의 독립 =재판의 독립
① 목적: 공정한 재판 실현 → 국민의 기본권 보장
② 방법 → 헌법 제102조 ③ 대법원과 각급 법원의 조직은 법률로 정한다.
• 법원의 조직을 외부의 간섭 없이 헌법과 법률에 의해 독자적으로 구성함 → 법원의 독립
• 법관이 다른 국가 권력의 간섭 없이 오직 헌법과 법률에 의하여 그 양심에 따라 판결함
┗ 헌법 제103조 법관은 헌법과 법률에 의하여 그 양심에 따라 독립하여 심판한다. → 법관의 독립

❷ 법원의 주요 조직과 심급 제도

(1) 법원의 조직

대법원	사법부의 최고 법원으로 최종심 담당, 대법원장과 대법관으로 구성	
고등 법원	일반적으로 1심 판결에 대한 항소 사건(2심) 담당	
지방 법원	일반적으로 1심 사건 관할, 지방 법원 단독 판사의 1심 판결에 대한 항소 사건(2심) 담당 → 중대한 사안이 아닌 경우 지방 법원 단독 판사가 1심을 담당하고, 이때 2심 법원은 지방 법원 본원 합의부가 됨	
기타	가정 법원	가사 사건, 소년 보호 사건 담당
	특허 법원	특허 업무와 관련된 분쟁 해결 담당
	행정 법원	잘못된 행정 작용에 관한 소송 담당

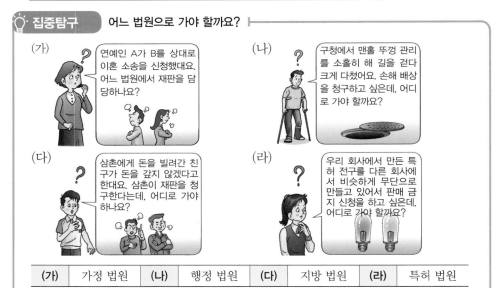

🔍 집중탐구   어느 법원으로 가야 할까요?

(가) 연예인 A가 B를 상대로 이혼 소송을 신청했대요. 어느 법원에서 재판을 담당하나요?

(나) 구청에서 맨홀 뚜껑 관리를 소홀히 해 길을 걷다 크게 다쳤어요. 손해 배상을 청구하고 싶은데, 어디로 가야 할까요?

(다) 삼촌에게 돈을 빌려간 친구가 돈을 갚지 않겠다고 한대요. 삼촌이 재판을 청구한다는데, 어디로 가야 하나요?

(라) 우리 회사에서 만든 특허 전구를 다른 회사에서 비슷하게 무단으로 만들고 있어서 판매 금지 신청을 하고 싶은데, 어디로 가야 할까요?

| (가) | 가정 법원 | (나) | 행정 법원 | (다) | 지방 법원 | (라) | 특허 법원 |

(2) 심급 제도
① 의미: 공정한 재판을 위해 법원에 급을 두어 여러 번 재판을 받을 수 있도록 하는 제도
┗ 우리나라는 3심제가 원칙이고, 경우에 따라 예외를 둠
② 구성 → 항소+상고=상소
• 항소: 1심 판결에 불복하여 2심 재판을 청구하는 것
┗ 재판을 요청하는 일
• 상고: 2심 판결에 불복하여 3심 재판을 청구하는 것
┗ 명령이나 재판 판결을 따르지 않는 것

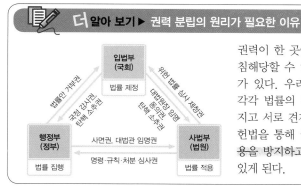

더 알아 보기 ▶ 권력 분립의 원리가 필요한 이유

권력이 한 곳에 집중되면 개인의 권리는 언제든 침해당할 수 있기 때문에 권력을 분산시킬 필요가 있다. 우리 헌법은 입법부·행정부·사법부가 각각 법률의 제정·집행·적용 권한을 나누어 가지고 서로 견제하며 균형을 이루도록 하고 있다. 헌법을 통해 권력을 분립함으로써, **공권력의 남용을 방지하고 국민의 자유와 권리를 보장할 수 있게 된다.**

❸ 헌법 재판소의 위상과 구성

(1) 헌법 재판소의 위상 → 헌법 재판을 통해 헌법 재판소의 위상을 실현시킴

헌법 수호 기관	헌법의 해석과 관련된 분쟁 해결, 법률의 위헌 여부 판단
국민의 기본권 보장	공권력 행사의 남용이나 불행사를 방지하여 기본권 침해 예방, 침해된 국민의 기본권 구제

(2) 헌법 재판소의 구성

① 헌법 재판관: 법관의 자격을 가진 9명의 재판관으로 구성(국회·대법원장·대통령이 각각 3명씩 지명하고, 대통령이 임명함), 임기는 6년, 연임 가능

② 헌법 재판소장: 헌법 재판관 중 국회의 동의를 얻어 대통령이 임명

(3) 헌법 재판소의 권한

→ 헌법 재판의 결과 법률이나 제도가 위헌이라는 판결이 내려지면 해당 법률과 제도는 효력을 상실하게 됨

구분	위헌 법률 심판	탄핵 심판	정당 해산 심판	권한 쟁의 심판	헌법 소원 심판
의미	재판의 전제가 되는 법률이 헌법에 위배되는지를 심판	헌법이나 법률을 어긴 고위 공직자의 파면 여부를 심판	민주적 기본 질서를 어긴 정당의 해산 여부를 심판	국가 기관 사이에 발생한 권한 다툼을 심판	제도나 공권력에 의해 기본권을 침해당한 국민을 구제
청구 주체	법원	국회	정부	국가 기관	국민

집중탐구 헌법 재판소를 두는 이유는 무엇인가요?

▲ 위헌 법률 심판   ▲ 헌법 소원 심판

헌법은 국가 최고의 법으로 국민의 기본권을 보장하는 가장 근본적인 규범이다. 모든 법률과 제도는 헌법에 따라 개인의 기본권을 존중해야 한다. 하지만 사회 변동 등에 따라 법률이나 제도가 개인의 권리와 상충되는 현상이 발생할 경우 헌법 재판소는 법률과 국가 기관을 대상으로 재판을 함으로써 **헌법 질서를 보호하고 국민의 기본권을 보장하는 최종적인 역할을 한다.**

＋ 위헌
헌법 조항이나 정신에 어긋나는 일

＋ 남용
본래 허용된 목적과 용도를 넘어섬

＋ 침해
침범하여 해를 끼침

＋ 구제
불행이나 재난으로부터 구해 줌

＋ 기본권
가장 기본적인 인권이기 때문에 국가 최고의 법인 헌법을 통해 보장하는 권리(자유권, 평등권, 인간 존엄성 등)

＋ 연임
원래 정해진 임기를 마친 후 다시 계속하여 직위를 유지함

＋ 위배(위반)
지키지 않고 어김

＋ 권한 쟁의
행정 기관 사이에서 서로 자신의 권한이 우선이라고 다투는 일

＋ 헌법 소원
공권력이나 제도에 의해 기본권을 침해당한 국민이 최종적으로 헌법 재판소에 구제를 청구하는 일

＋ 사회를 바꾼 헌법 재판 판례들
• 동성동본 결혼 금지 폐지(1995년): 같은 성(姓)과 본(本)의 남녀 간 결혼 금지는 행복 추구권을 침해하여 위헌
• 호주제 폐지(2005년): 남성 호주에 여성과 자녀가 속하는 것은 양성평등권을 침해하여 위헌
• 재외 국민 투표권 보장(2009년): 외국에서 생활하는 우리나라 국민의 투표권 보장
• 본인 확인 인터넷 실명제 위헌(2012년): 인터넷 게시판에 실명만 사용하는 것은 표현의 자유 등을 침해하여 위헌

＋ 헌법 재판의 결정 기준
위헌 법률 심판·탄핵 심판·정당 해산 심판·헌법 소원 심판 때에는 재판관 6인 이상의 찬성이 있어야 한다.

01 괄호 안의 내용 중 알맞은 말에 ○표 하시오.

(1) 법을 적용하고 그 내용을 판단하여 분쟁을 해결하는 국가 작용을 (입법, 행정, 사법)이라고 한다.

(2) 외부 기관의 간섭과 압력으로부터 법원과 법관을 독립시키는 것을 (입법권, 사법권)의 독립이라고 한다.

(3) 대법원은 (국회, 행정부)에서 만든 명령·규칙·처분이 법률을 위반하였는지 최종적으로 심사한다.

(4) 고등 법원은 1심 판결에 대한 (항소, 상고) 사건의 2심 재판을 담당한다.

(5) 3심 재판에서 최종심을 담당하는 법원은 (고등 법원, 대법원)이다.

(6) 1심 판결에 불복하여 2심 재판을 청구하는 것을 (상고, 항소)라고 하고, 2심 판결에 불복하여 3심 재판을 청구하는 것을 (상고, 항소)라고 한다.

(7) (위헌 법률, 탄핵) 심판은 법률이 헌법에 위배되는지 여부를 심판하는 것이다.

02 각종 법원에 해당하는 설명을 바르게 연결하시오.

(1) 가정 법원 •   • ㉠ 1심 판결의 항소 사건 담당
(2) 고등 법원 •   • ㉡ 일반적으로 1심 사건을 관할
(3) 지방 법원 •   • ㉢ 특허 업무와 관련된 사건 담당
(4) 특허 법원 •   • ㉣ 가사 사건, 소년 보호 사건 담당

03 다음 설명이 맞으면 ○표, 틀리면 ×표 하시오.

(1) 공정한 재판을 위해 법관은 정부 및 국회와 상의하여 판결을 내려야 한다. ……………………………( )

(2) 상소란 재판 결과가 확정되기 전에 상급 법원에 취소나 변경을 신청하는 것이다. ………………( )

(3) 위헌 법률 심판의 결정을 위해서는 헌법 재판관 과반수 즉, 5인의 찬성이 필요하다. ………………( )

(4) 헌법 재판관은 별도의 시험을 통해 선발한다. …( )

(5) 헌법 재판소는 헌법 수호를 위해 헌법 제정을 담당한다. ………………………………………( )

(6) 위헌 법률 심판에서 법률이 헌법을 위배했다고 결정될 경우 그 법률은 효력을 상실한다. …………( )

04 빈칸에 들어갈 알맞은 말을 쓰시오.

(1) ( )은(는) 재판을 통해 사법을 담당하는 국가 기관이며, 사법부라고 부른다.

(2) ( )은(는) 사법부 최고 법원으로 대법원장과 대법관으로 구성된다.

(3) 법관은 다른 국가 기관의 간섭을 받지 않고 오로지 헌법과 ( )에 의해 양심에 따라 독립하여 심판해야 한다.

(4) 헌법 재판소장은 국회의 동의를 얻어 ( )이(가) 임명한다.

(5) 공권력에 의해 기본권이 침해된 국민이 최종적으로 헌법 재판소에 구제를 요청하는 것을 ( )(이)라고 한다.

(6) 헌법이나 법률을 어긴 고위 공직자의 파면 여부를 심판하는 헌법 재판을 ( ) 심판이라고 한다.

05 헌법 재판소의 역할을 〈보기〉에서 있는 대로 골라 기호로 쓰시오.

┌─ 보기 ┐
ㄱ. 탄핵 심판   ㄴ. 탄핵 소추 의결
ㄷ. 정당 해산 심판   ㄹ. 권한 쟁의 심판
ㅁ. 정당 해산 심판 청구 ㅂ. 명령·규칙·처분 심사
└──────────────────────────┘

06 헌법 재판과 재판의 청구 주체를 바르게 연결하시오.

(1) 위헌 법률 심판 •   • ㉠ 국민
(2) 정당 해산 심판 •   • ㉡ 국회
(3) 탄핵 심판 •   • ㉢ 법원
(4) 헌법 소원 심판 •   • ㉣ 정부

중단원 실력 쌓기

01 사법(司法)에 대한 설명으로 옳은 것은?

① 개인과 개인 간의 권리를 규정한 법의 영역이다.
② 국가를 대표하여 외국과의 조약을 체결하는 권한이다.
③ 국민의 대표로서 법률을 제정 또는 개정하는 작용이다.
④ 법을 해석하고 적용하여 분쟁을 해결하는 국가 작용이다.
⑤ 법률을 집행하고 정책을 실현하는 국가 통치 작용이다.

02 공정한 재판을 실현하기 위한 방법으로 옳은 것을 〈보기〉에서 고른 것은?

┤ 보기 ├

ㄱ. 헌법과 법률에 의해 법원을 조직하고 법관의 신분을 보장한다.
ㄴ. 법관이 다른 국가 기관의 간섭 없이 독립하여 재판할 수 있도록 한다.
ㄷ. 법원이 외부의 간섭 없이 독립하여 법률 집행권을 행사할 수 있도록 한다.
ㄹ. 한 사건에 대해 재판은 한 번만 실시하고, 재판 결과를 되돌릴 수 없도록 한다.

① ㄱ, ㄴ   ② ㄱ, ㄷ   ③ ㄴ, ㄷ
④ ㄴ, ㄹ   ⑤ ㄷ, ㄹ

03 각급 법원의 역할에 대한 설명으로 옳은 것은?

① 상고 사건의 판결 담당은 고등 법원이다.
② 하급 법원의 최종심은 지방 법원이 내린다.
③ 가정 법원은 가사와 소년 보호 사건을 담당한다.
④ 특허 등록과 관련된 분쟁은 행정 법원에서 판결한다.
⑤ 명령·규칙에 대한 최종 심사권은 고등 법원이 갖는다.

04 헌법에 다음과 같은 조항을 두는 이유로 옳은 것은?

제102조 ③ 대법원과 각급 법원의 조직은 법률로 정한다.
제103조 법관은 헌법과 법률에 의하여 그 양심에 따라 독립하여 심판한다.

① 헌법 질서의 수호와 국민의 기본권을 보장하기 위해서
② 사법권의 독립을 통해 공정한 재판을 실현하기 위해서
③ 자유롭게 재판을 청구할 수 있는 제도를 마련하기 위해서
④ 다른 국가 기관을 견제하여 권력 분립을 실현하기 위해서
⑤ 여러 번의 재판 과정을 통한 신중한 판결을 도출하기 위해서

05 그림의 ㉠~㉣에 대한 옳은 설명을 〈보기〉에서 고른 것은?

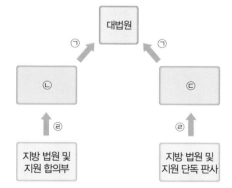

┤ 보기 ├

ㄱ. ㉠에는 상고가 들어갈 수 있다.
ㄴ. ㉡에는 고등 법원이 적절하다.
ㄷ. ㉢에는 지방 법원 본원 합의부가 들어갈 수 없다.
ㄹ. ㉠과 ㉣을 합쳐 항소라고 한다.

① ㄱ, ㄴ   ② ㄱ, ㄷ   ③ ㄴ, ㄷ
④ ㄴ, ㄹ   ⑤ ㄷ, ㄹ

06 (가), (나)와 관련된 재판을 담당하는 법원을 바르게 연결한 것은?

(가)

친구 부모님이 돌아가신 후 재산 상속 문제 때문에 오빠와 다툼이 일어났어요. 법정 상속 비율 때문이라는데 소송을 준비하는 것 같아요.

(나)

구청에서 맨홀 뚜껑 관리를 소홀히 해 길을 걷다 크게 다쳤어요. 손해 배상을 청구하고 싶은데, 어디로 가야 할까요?

	(가)	(나)
①	가정 법원	대법원
②	행정 법원	지방 법원
③	지방 법원	고등 법원
④	가정 법원	행정 법원
⑤	특허 법원	가정 법원

07 행정 법원에 대한 옳은 설명을 〈보기〉에서 고른 것은?

┤ 보기 ├
ㄱ. 특허권 분쟁을 담당한다.
ㄴ. 지방 법원과 동급 법원이다.
ㄷ. 가사 사건과 소년 보호 사건을 담당한다.
ㄹ. 잘못된 행정 작용에 관한 소송 사건을 담당한다.

① ㄱ, ㄴ   ② ㄱ, ㄷ   ③ ㄴ, ㄷ
④ ㄴ, ㄹ   ⑤ ㄷ, ㄹ

08 사법부가 입법부 또는 행정부를 견제하는 권한을 〈보기〉에서 고른 것은?

┤ 보기 ├
ㄱ. 대법관 임명권
ㄴ. 대법원장 임명 동의권
ㄷ. 위헌 법률 심사 제청권
ㄹ. 명령·규칙·처분 심사권

① ㄱ, ㄴ   ② ㄱ, ㄷ   ③ ㄴ, ㄷ
④ ㄴ, ㄹ   ⑤ ㄷ, ㄹ

09 헌법 재판소에 대한 설명으로 옳은 것은?

① 재판관의 임기는 6년이고, 중임은 불가능하다.
② 헌법 개정 절차를 담당하는 헌법 수호 기관이다.
③ 법관이 아닌 사람 중 9명을 재판관으로 구성한다.
④ 국회가 만든 법률이 기본권을 침해하였는지 판결한다.
⑤ 헌법 재판소장은 대법원장의 동의를 얻어 대통령이 임명한다.

10 헌법 재판소를 두는 목적으로 옳은 설명을 〈보기〉에서 고른 것은?

┤ 보기 ├
ㄱ. 사법권의 독립을 실현해 공정한 재판을 보장한다.
ㄴ. 헌법의 해석과 관련된 판결을 통해 헌법을 수호한다.
ㄷ. 국민의 정치 참여를 독려하여 민주주의를 발전시킨다.
ㄹ. 공권력에 의해 침해된 국민의 기본권을 최종적으로 구제한다.

① ㄱ, ㄴ   ② ㄱ, ㄷ   ③ ㄴ, ㄷ
④ ㄴ, ㄹ   ⑤ ㄷ, ㄹ

11 헌법 재판과 심판 청구 주체를 바르게 연결한 것은?

① 탄핵 심판 – 행정 각부
② 권한 쟁의 심판 – 국민
③ 위헌 법률 심판 – 법원
④ 정당 해산 심판 – 국회
⑤ 헌법 소원 심판 – 정부

12 (가), (나)에 해당하는 헌법 재판소의 권한을 바르게 연결한 것은?

> (가) 헌법이나 법률을 어긴 고위 공직자의 파면 여부를 심판한다.
> (나) 제도나 공권력에 의해 기본권을 침해당한 국민을 구제한다.

	(가)	(나)
①	권한 쟁의 심판	위헌 법률 심판
②	탄핵 심판	헌법 소원 심판
③	정당 해산 심판	권한 쟁의 심판
④	탄핵 심판	위헌 법률 심판
⑤	정당 해산 심판	헌법 소원 심판

13 밑줄 친 ㉠~㉤에 대한 설명으로 옳은 것은?

> **□□ 신문**
>
> ㉠ 수원 지방 법원은 국민 참여 재판의 배심원 자격을 만 20세 이상으로 제한한 ㉡ 「국민의 형사 재판 참여에 관한 법률」의 위헌 여부에 대한 ㉢ 심판을 헌법 재판소에 제청했다고 지난 19일 밝혔다. 수원지법은 "배심원 연령 요건은 선거권·병역 의무 등에 비추어 볼 때 평등의 원칙에 위배되는 위헌적 조항일 수 있다."라고 제청 취지를 밝혔다. 이에 따라 ㉣ 헌법 재판소는 해당 ㉤ 법률 조항의 위헌 여부를 가리기 위한 과정에 들어가게 되었다.

① ㉠은 헌법 수호 기관이자 기본권 보장 기관이다.
② ㉡은 국민의 직접 투표를 통해 제정되었다.
③ ㉢은 위헌 법률 심판이다.
④ ㉣은 위 내용에서 헌법 재판을 제청한 사법 기관이다.
⑤ ㉤은 헌법 재판관 4인 이상의 찬성에 의해 결정된다.

01 〔서술형〕 밑줄 친 ㉠의 의미와 실현 방법 두 가지를 서술하시오.

> 만약 재판이 공정하지 못하다면 권력과 돈이 없는 일반 사람들의 권리는 침해당하기 쉬워진다. 국민의 기본권을 보장하기 위해서는 ㉠ 사법권 독립을 통해 공정한 재판을 실현하는 것이 필수이다.

----

02 〔서술형〕 (가)에 해당되는 헌법 재판을 쓰고 청구 주체와 청구 요건을 서술하시오.

> 한국인이지만 외국에 거주하고 있는 갑은 자신이 대한민국 대통령 선거에 투표할 수 없다는 사실을 알게 되었다. 「공직 선거법」 규정이 재외 국민에게 선거권을 인정하지 않았기 때문이었다. 이를 알게 된 갑은 헌법 재판소에 재외 국민에게 선거권을 인정하지 않는 「공직 선거법」 규정이 참정권 및 평등권을 침해한다고 주장하며 ___(가)___ 을(를) 청구하였다.

대단원 마무리

01 밑줄 친 (가)의 조합으로 가능한 경우는 모두 몇 개인가? (단, 기권하는 경우는 없다.)

▲ 지역구 국회의원 선거의 투표용지   ▲ 비례 대표 국회의원 선거의 투표 용지

갑은 국회의원 선거 투표를 위해 투표용지를 받아 기표소에 들어왔다. 지역구 국회의원 후보로는 2명의 정당 공천을 받은 후보와 1명의 무소속 후보가 출마하였고, 비례 대표 국회의원은 2개의 정당 중 하나를 선택해야 했다. 고민 끝에 갑은 (가)의 조합으로 선택하여 투표용지에 기표하였다.

① 3개 　　　② 4개 　　　③ 5개
④ 6개 　　　⑤ 7개

02 다음 국회의 주요 조직 (가), (나)를 바르게 연결한 것은?

(가)와 (나)는 공통적으로 국회의 효율성을 높이기 위한 조직이다. (가)는 전문성과 관심 분야별로 조직되어 법률안·예산안 등을 사전에 심사하는 상시 조직이고, (나)는 국회 의사 진행에 필요한 안건을 사전에 조정하는 창구 구실을 함으로써 국회 운영을 원활하게 한다.

	(가)	(나)
①	상임 위원회	교섭 단체
②	교섭 단체	본회의
③	특별 위원회	교섭 단체
④	본회의	특별 위원회
⑤	교섭 단체	상임 위원회

서술형

03 국회가 행정부를 감시·견제하여 국정을 통제할 수 있는 수단 또는 권한을 세 가지만 서술하시오.

04 그림은 법률 제·개정 절차를 나타낸 것이다. 빈칸 ㉠~㉤에 들어갈 용어를 바르게 연결한 것은?

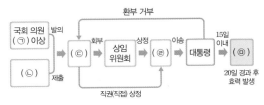

① ㉠ – 10인 　　　② ㉡ – 법원
③ ㉢ – 국무총리 　　　④ ㉣ – 교섭 단체
⑤ ㉤ – 공표

05 다음 헌법 조항을 근거로 하고 있는 우리나라 국회의 권한을 〈보기〉에서 있는 대로 고른 것은?

제40조 입법권은 국회에 속한다.

보기
ㄱ. 탄핵 소추 의결
ㄴ. 법률 제정 및 개정
ㄷ. 조약 체결에 대한 동의
ㄹ. 헌법 개정안 제안 및 의결

① ㄱ, ㄴ 　　　② ㄴ, ㄷ 　　　③ ㄷ, ㄹ
④ ㄱ, ㄴ, ㄹ 　　　⑤ ㄴ, ㄷ, ㄹ

06 행정부의 주요 조직과 기능을 바르게 연결한 것은?
① 대통령 – 대외적으로 국가를 대표하는 원수
② 국무 회의 – 행정 각부의 세입·세출 결산 검사
③ 행정 각부 – 정부의 주요 정책을 심의하는 회의 기구
④ 국무총리 – 행정부의 일을 최종적으로 결정하는 수반
⑤ 감사원 – 국무총리의 지시를 받아 공무원의 직무 감찰

07 다음은 대통령의 주간 업무 일지이다. 일지의 기록 내용으로 옳지 <u>않은</u> 요일은?

월	국무 회의에 참석하여 정책을 심의하였다.
화	독일에서 온 외교 사절단을 접견하였다.
수	새로운 교육부 장관에게 임명장을 수여하였다.
목	국무총리에 대한 탄핵 소추 의결을 승인하였다.
금	권한 쟁의 심판을 통해 국가 기관 간의 분쟁을 해결하였다.

① 월, 화
② 월, 금
③ 화, 수
④ 수, 목
⑤ 목, 금

08 다음 헌법 조항에 따른 대통령의 권한으로 옳은 것을 〈보기〉에서 고른 것은?

> 제66조 ① 대통령은 국가의 원수이며, 외국에 대하여 국가를 대표한다.

┤ 보기 ├
ㄱ. 국군을 통솔하고 지휘한다.
ㄴ. 대법원장, 헌법 재판소장을 임명한다.
ㄷ. 국무 회의의 의장으로 회의를 주재한다.
ㄹ. 외국과의 조약 체결 및 비준권을 갖는다.

① ㄱ, ㄴ
② ㄱ, ㄷ
③ ㄴ, ㄷ
④ ㄴ, ㄹ
⑤ ㄷ, ㄹ

09 다음 헌법 조항이 공통적으로 추구하는 목적으로 가장 적절한 것은?

> 제101조 ① 사법권은 법관으로 구성된 법원에 속한다.
> ③ 법관의 자격은 법률로 정한다.
> 제103조 법관은 헌법과 법률에 의하여 그 양심에 따라 독립하여 심판한다.

① 헌법을 수호하고 사회 질서를 유지한다.
② 행정부를 견제하여 권력 분립을 실현한다.
③ 법관의 신분을 보장해 법원의 지위를 강화한다.
④ 신속한 재판을 통해 국민의 답답함을 풀어 준다.
⑤ 사법권의 독립을 보장해 공정한 재판을 실현한다.

10 서술형 밑줄 친 (가) 재판의 명칭과 목적을 서술하시오.

11 심급 제도에 대한 옳은 설명을 〈보기〉에서 고른 것은?

┤ 보기 ├
ㄱ. 대법원은 하급 법원의 판결에 대한 최종심을 담당한다.
ㄴ. 모든 재판에 대해 3번의 재판을 받을 수 있도록 하고 있다.
ㄷ. 2심 판결에 불복하여 3심 재판을 청구하는 것을 상고라고 한다.
ㄹ. 지방 법원은 1심 관할 법원으로 2심 재판은 담당하지 않는다.

① ㄱ, ㄴ
② ㄱ, ㄷ
③ ㄴ, ㄷ
④ ㄴ, ㄹ
⑤ ㄷ, ㄹ

12 그림에서 주인공이 재판을 청구해야 하는 법원으로 적절한 것은?

① 가정 법원
② 고등 법원
③ 행정 법원
④ 특허 법원
⑤ 헌법 재판소

수행 평가 미리보기

선생님의 출제 의도 **권력 집중 제한하기 게임**

2단원에서는 국가 권력 기관의 권한과 역할을 입법부, 행정부, 사법부로 나누어 학습하였습니다. 근대 이후 민주 국가에서 중요한 것은 국가 권력이 국민의 권리를 침해하지 않고 증진시킬 수 있도록 유도하는 시스템을 만드는 것이었습니다. 이에 따라 각 국가 기관이 자신들의 고유한 업무를 수행하는 동시에, 다른 국가 기관과 서로 견제하며 권력의 균형을 이룰 수 있는 헌법이 제정되었습니다. 권력 분립의 원리를 통해 독재를 방지하고, 국민의 기본권을 보장하도록 유도합니다. 이 단원의 수행 평가에서는 국가 권력 기관 고유의 업무와 관계 속에서 권력 분립의 원리를 실현하는 수단을 종합적으로 묻는 문제가 출제될 수 있습니다.

수행 평가 문제

모둠별로 입법부·행정부·사법부의 역할과 각 국가 기관이 서로를 견제할 수 있는 수단을 발표해 보자.

A) 활동 계획 세우기

1 모둠을 3개 혹은 6개로 나누어, 입법부·행정부·사법부의 고유 역할과 견제 수단을 각각 조사한다.
2 조사한 내용을 모둠별로 발표한다. 순서는 고유 역할을 먼저 발표한 후, 만약 다른 국가 권력 기관이 독재를 하려는 경우 어떻게 견제할 수 있는지를 발표한다.

B) 활동 단계

1단계 조사 및 발표를 함께 할 모둠을 3개 또는 6개로 나누어 구성한다.
2단계 모둠별로 발표할 내용을 조사한다. 3개 권력 기관의 고유 역할과 견제 수단을 하나씩 조사한다.
   (단, 3개 모둠일 경우 모둠별로 한 기관의 고유 역할과 견제 수단을 모두 조사한다.)
3단계 고유 역할로 '권력 행사 카드'를 만들고, 견제 수단으로 '권력 제한 카드'를 만든다.
4단계 제작한 카드를 모두 모아 무작위로 각 모둠에 분배한다.
5단계 분배한 카드를 입법부·행정부·사법부의 역할 칸과 견제 칸에 각각 올려 둔다.
6단계 만약 권력 분립의 원리가 실현되지 않는다면 어떤 상황이 발생할지 토의해 본다.

C 활동하기

1 모둠별로 '권력 행사 카드'와 '권력 제한 카드'를 작성한다.

[예시]

권력 카드

| 권력 행사 카드 | 권력 행사 카드 | 권력 행사 카드 | 권력 제한 카드 | 권력 제한 카드 | 권력 제한 카드 |

당신은 예산안을 심의·의결할 권한을 갖습니다.

당신은 국무회의를 주재할 수 있습니다.

당신은 탄핵 심판을 결정할 수 있는 권한이 있습니다.

당신은 탄핵 소추를 의결할 수 있는 권한이 있습니다.

당신은 사면권을 갖고 있습니다.

당신은 명령·규칙·처분에 대한 심사 제청권을 발휘할 수 있습니다.

2 무작위로 분배한 권력 카드를 해당 위치에 올려놓는다.

[예시]

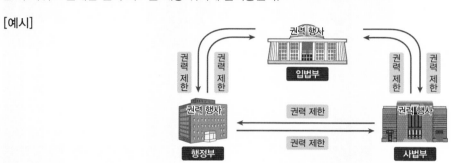

3 권력 분립이 이루어지지 않은 상황을 가정해 보고, 예상되는 결과를 모둠별로 자유롭게 의견을 나눈다.

📖 채점 기준

평가 영역	채점 기준	배점
권력 카드 제작	해당 권력 기관의 권한과 역할 카드 또는 권한 제한 카드를 80% 이상 정확한 내용으로 제작하였다.	상
	해당 권력 기관의 권한과 역할 카드 또는 권한 제한 카드를 50% 이상 80% 미만의 정확한 내용으로 제작하였다.	중
	해당 권력 기관의 권한과 역할 카드 또는 권한 제한 카드를 30% 이상 50% 미만의 정확한 내용으로 제작하였다.	하
권력 카드 게임	분배받은 권력 카드를 90% 이상 정확한 자리에 올려 두었다.	상
	분배받은 권력 카드를 70% 이상 90% 미만으로 정확한 자리에 올려 두었다.	중
	분배받은 권력 카드를 50% 이상 70% 미만으로 정확한 자리에 올려 두었다.	하
참여 태도	적극적으로 활동에 참여하였고, 구성원과 협동하기 위해 노력하였다.	상
	적극적으로 활동에 참여하였으나, 구성원과의 협동성이 부족하였다.	중
	활동 참여와 협동에 소극적이었다.	하

III 경제생활과 선택

01 경제 활동과 경제 체제

+ 필요
인간의 생존을 위해 반드시 충족되어야 하는 것

+ 사회 간접 자본
생산 활동과 소비 활동을 직·간접적으로 지원해 주는 도로·공항·철도·항만 등의 교통 시설과 전기·통신, 상하수도, 댐 등을 말한다.

+ 자원의 희소성

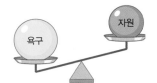

자원의 희소성은 인간의 욕구를 충족하는 데 필요한 물질, 돈, 시간 등의 자원이 부족하기 때문에 나타난다.

+ 무상재와 경제재
무상재는 공기나 햇빛과 같이 존재량이 무한하여 희소성이 없으므로 대가를 치르지 않고도 얻을 수 있는 재화이고, 경제재는 희소성이 있어 대가를 치러야만 얻을 수 있는 재화이다.

+ 기회비용의 구성
어떤 것을 얻는 데 따르는 기회비용에는 지출한 돈과 같이 겉으로 드러난 것만 포함되는 것은 아니다. 지출이 이루어진 것은 아니지만 포기한 것이 있다면 그것도 기회비용의 계산에 포함되어야 한다.

❶ 경제 활동 → 경제 활동을 통해 인간은 물질적·정신적 욕구를 충족함

(1) **의미**: 사람이 생활에 필요한 재화나 서비스를 생산하고 분배하며 소비하는 활동

(2) **대상**
① 재화: 인간의 필요와 욕구를 충족해 주는 구체적인 형태가 있는 물건 **예** 음식, 옷 등
② 서비스: 인간의 필요와 욕구를 충족해 주는 인간의 가치 있는 활동 **예** 의사의 진료, 교사의 수업, 가수의 공연 등

(3) **종류**

생산	생활에 필요한 재화와 서비스를 만들거나 그 가치를 높이는 활동 **예** 물건을 만드는 일, 상품의 운반·저장·판매 활동 등
분배	생산 과정에 참여한 대가를 나누어 가지는 활동 **예** 생산에 참여한 대가로 임금, 지대, 이자를 받는 것 등 → 생산을 위해 토지를 사용한 대가로 그 소유자에게 지불하는 비용
소비	재화나 서비스를 구입하여 사용하는 활동 **예** 물건을 사는 것, 영화를 관람하는 것 등

(4) **주체**
① 가계: 재화와 서비스를 소비하는 경제 주체로 노동이나 자본 등과 같은 생산 요소를 제공함 → 기업이 생산 활동을 하는 데 필요한 노동력, 토지, 자본 등
② 기업: 생산 활동을 하는 경제 주체로서 재화나 서비스를 생산하여 공급함
③ 정부: 가계와 기업에서 거두어들인 세금으로 사회 간접 자본과 공공 서비스를 제공함 → 모든 사람들이 공동으로 이용할 수 있는 서비스로 국방·치안·소방 등이 해당됨

📝 더 알아 보기 ▶ 경제 주체 간의 상호작용

경제 활동에는 가계, 기업, 정부와 같은 다양한 경제 주체가 참여한다. 가계는 기업에 노동, 토지, 자본 등을 제공하여 얻은 임금, 지대, 이자 등의 소득으로 소비 활동을 한다. 기업은 가계로부터 제공받은 생산 요소로 상품을 생산한다. 정부는 가계와 기업이 낸 세금으로 국방, 치안 등을 담당하고 시장의 경제 질서를 유지한다. 이처럼 **경제 활동은 경제 주체가 서로 긴밀하게 연결되어 상호작용**하면서 이루어진다.

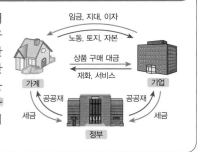

❷ 합리적인 선택

(1) **자원의 희소성**
① 의미: 인간의 욕구에 비해 이를 충족시킬 자원의 양이 상대적으로 부족한 상태
② 특징 → 자원의 희소성은 자원의 절대적인 양보다는 이를 사용하고자 하는 인간의 욕구와 관련이 깊으며, 시대나 장소에 따라 다르게 나타날 수 있음

상대성	자원의 절대적 양에 의해서만 결정되는 것이 아니라 인간의 욕구 정도에 따라 달라짐
가변성	시대와 장소에 따라서 희소성은 달라질 수 있음 **예** 무상재였던 물이 경제재로 변화

③ 선택의 문제 발생: 자원이 한정되어 있으므로 선택의 문제가 나타남

(2) **기회비용**
① 의미: 어떤 것을 선택함으로써 포기하는 가치 중에 가장 큰 것
② 구성: 선택에 따른 비용뿐만 아니라 선택으로 인해 포기한 것의 가치까지 포함

(3) **합리적 선택**

└→ 선택하기 위해 치르는 대가로 돈, 시간, 노력 등

① 의미: 가장 적은 <u>비용</u>으로 가장 큰 <u>편익</u>을 얻을 수 있는 대안을 선택하는 것

② 비용과 편익의 고려

└→ 선택으로 인해 얻게 되는 이익이나 만족감

- 가장 적은 비용으로 가장 큰 편익을 얻을 수 있는 대안을 선택함
- 같은 비용이 드는 일이라면 편익이 가장 큰 것을 선택함
- 같은 편익을 얻는 일이라면 비용이 가장 적은 것을 선택함

❸ 경제 문제와 경제 체제

(1) **기본적인 경제 문제**

① 의미: 여러 경제 문제 중에서 모든 사회에서 공통으로 해결해야 할 경제 문제

② 종류

- 생산물의 종류와 수량: 무엇을 얼마나 생산할 것인가?
- 생산 방법: 어떻게 생산할 것인가?
- 생산물의 분배: 누구를 위하여 생산할 것인가?

(2) **경제 체제**: 기본적인 경제 문제를 해결하는 제도나 방식

① 시장 경제 체제

- 의미: 시장 가격을 통해 기본적인 경제 문제를 해결하는 경제 체제
- 특징: 사유 재산의 소유와 사익 추구 인정, 자유로운 경제 활동 보장 등

장점	활발한 경쟁을 통한 개인의 창의성 발휘, 사회 전체의 효율적인 자원 배분 등
단점	빈부 격차, 환경 오염 등의 부작용 발생

② 계획 경제 체제

└→ 국가가 주요 생산 수단을 소유하고 관리함

- 의미: 정부의 계획이나 명령에 의해 기본적인 경제 문제를 해결하는 경제 체제
- 특징: 생산 수단의 국유화, 경제 활동의 자유 제한, 사회의 공동 목표 추구 등

장점	국가가 설정한 목적을 신속하게 달성, 소득 분배의 형평성 추구 등
단점	근로 의욕 저하, 개인의 자유로운 경제 활동 제한, 경제적 효율성 저하 등

③ 혼합 경제 체제

- 의미: 시장 경제 체제와 계획 경제 체제의 특성이 혼합된 경제 체제
- 특징: 오늘날 대부분 국가에서 채택하는 경제 체제

🔍 집중탐구 우리나라의 경제 체제의 특징

> 제119조 ① 대한민국의 경제 질서는 <u>개인과 기업의 경제상의 자유와 창의를 존중함</u>을 기본으로 한다.
> ② 국가는 균형 있는 국민 경제의 성장 및 안정과 적정한 소득의 분배를 유지하고, 시장의 지배와 경제력의 남용을 방지하여, 경제 주체 간의 조화를 통한 경제의 민주화를 위하여 <u>경제에 관한 규제와 조정</u>을 할 수 있다.

우리나라는 헌법 제119조 ①항을 통해 경제 활동의 자유를 인정하지만, ②항에서처럼 필요한 경우에는 정부가 경제 활동에 개입하여 규제와 조정을 할 수 있도록 규정하고 있다. 이는 우리나라가 <u>시장 경제 체제를 기본으로 계획 경제 체제의 일부 요소를 받아들인 혼합 경제 체제를 채택</u>하고 있음을 알 수 있다.

＋ 합리적 의사 결정 단계

1. 문제를 명확히 인식한다.
2. 선택 가능한 여러 대안을 탐색한다.
3. 비용과 편익을 비교하여 각각의 대안을 평가한다.
4. 최적의 대안을 선택하여 실행한다.
5. 결정된 대안을 평가하고 반성한다.

＋ 경제 문제

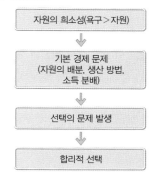

자원의 희소성(욕구＞자원)
↓
기본 경제 문제
(자원의 배분, 생산 방법, 소득 분배)
↓
선택의 문제 발생
↓
합리적 선택

＋ 시장 경제 체제와 계획 경제 체제

구분	시장 경제 체제	계획 경제 체제
장점	자원의 효율적 배분	소득의 평등한 분배
단점	소득 불평등	노동 의욕 저하

＋ 혼합 경제 체제의 유형

시장 경제 체제를 기본으로 하는 형태	계획 경제 체제를 기본으로 하는 형태
시장 경제 체제의 한계점을 개선하고, 경제 안정과 복지 제도 마련 등을 위해 정부가 시장에 개입	계획 경제 체제의 문제점을 해결하고, 경제를 성장시키기 위해 시장 경제 체제의 요소를 도입

01 빈칸에 들어갈 알맞은 말을 쓰시오.

(1) (   )(이)란 재화나 서비스를 생산, 분배, 소비하는 모든 활동을 말한다.

(2) 인간의 욕구에 비해 자원이 양이 부족한 상태를 자원의 (   )(이)라고 한다.

(3) 선택으로부터 얻는 만족감을 (   )(이)라고 한다.

(4) 국가의 기본적인 경제 문제를 해결하는 체계적인 방식을 (   )(이)라고 한다.

(5) 시장 경제 체제는 시장 (   )에 의해 경제 문제를 해결한다.

(6) 우리나라는 시장 경제 체제를 기본으로 계획 경제 체제의 요소를 받아들인 (   ) 경제 체제를 채택하고 있다.

02 다음의 경제 활동을 생산, 분배, 소비로 구분하여 쓰시오.

(1) 감기가 심해져 의사의 진료를 받았다. ……… (   )

(2) 학원에서 학생들에게 피아노를 가르치고 있다.
…………………………………………………… (   )

(3) 지난 달 회사에 입사하여 첫 월급을 받았다.
…………………………………………………… (   )

03 다음 설명이 맞으면 ○표, 틀리면 ×표 하시오.

(1) 영화를 관람하는 것은 재화를 소비하는 활동이다.
…………………………………………………… (   )

(2) 상품을 판매, 운반, 유통하는 것은 생산 활동에 해당한다.
…………………………………………………… (   )

(3) 자원의 희소성은 같은 재화라고 하더라도 시대와 장소에 따라 달라질 수 있다. ………………… (   )

(4) 합리적 선택이란 최대의 비용으로 최대의 편익을 얻을 수 있는 선택을 하는 것이다. …………… (   )

(5) 계획 경제 체제는 시장 가격에 따라 경제 문제를 해결한다. ………………………………………… (   )

04 다음 설명에 해당하는 용어를 쓰시오.

• 어떤 것을 선택함으로써 포기하게 되는 여러 대안 중 가장 가치가 큰 것을 말한다.
• 경제의 기본 문제를 해결할 때 하나의 기준이 된다.

05 합리적인 선택에 해당하는 내용만을 〈보기〉에서 있는 대로 골라 기호로 쓰시오.

┤ 보기 ├
ㄱ. 선택에 있어 비용보다 만족감이 작다.
ㄴ. 선택에 따른 기회비용이 최소화되었다.
ㄷ. 최대의 비용으로 최대의 편익을 가져왔다.
ㄹ. 비용을 고려하지 않고 만족감을 최대화하였다.

06 괄호 안에 들어갈 알맞은 말에 ○표 하시오.

(1) 인간의 욕구를 충족해 주는 가치 있는 활동을 (재화, 서비스)라고 한다.

(2) 노동력을 제공하고 월급을 받는 것은 (생산, 분배) 활동에 해당한다.

(3) 노동, 자본과 같은 생산 요소를 제공하는 경제 주체는 (가계, 기업)이다.

(4) (시장, 계획) 경제 체제에서는 모든 경제 주체가 경제 활동의 자유를 보장받는다.

07 각 경제 체제의 특징에 해당하는 것을 〈보기〉에서 있는 대로 골라 기호로 쓰시오.

┤ 보기 ├
ㄱ. 소득 분배의 형평성을 추구한다.
ㄴ. 개인이 생산 수단을 소유하는 것을 인정한다.
ㄷ. 개인의 의사 결정에 따라 경제 문제를 해결한다.
ㄹ. 국가의 계획에 따라 생산물의 종류와 수량을 결정한다.

(1) 계획 경제 체제: (   )
(2) 시장 경제 체제: (   )

08 합리적인 의사 결정 과정을 바르게 나열하시오.

ㄱ. 문제 인식   ㄴ. 대안 선택과 결정
ㄷ. 대안 탐색   ㄹ. 대안 비교 · 평가
ㅁ. 실행 결과의 반성

중단원 실력 쌓기

01 다음 설명에 해당하는 경제 활동의 대상을 〈보기〉에서 고른 것은?

> 경제 활동의 대상으로 인간의 필요와 욕구를 충족해 주는 인간의 가치 있는 활동이다.

┤보기├
ㄱ. 가수의 공연　　　　　ㄴ. 의사의 청진기
ㄷ. 선생님의 수업　　　　ㄹ. 농부가 재배한 사과

① ㄱ, ㄴ　　　② ㄱ, ㄷ　　　③ ㄴ, ㄷ
④ ㄴ, ㄹ　　　⑤ ㄷ, ㄹ

02 다음의 경제 활동과 같은 사례에 해당하는 것은?

> 가족과의 여행을 위해 매달 조금씩 은행에 저축을 했더니 꽤 많은 예금 이자가 지급되었다.

① 시험에 대비하여 공부를 했다.
② 주식에 투자하여 배당금을 받았다.
③ 좋아하는 가수의 공연을 보러 갔다.
④ 약속 시간에 늦지 않기 위해 택시를 탔다.
⑤ 시장에서 저녁 준비를 위해 고기를 사왔다.

03 빈칸 ㉠에 들어갈 경제 주체에 대한 설명으로 옳은 것은?

생산 요소인 노동력, 자본, 토지를 제공하는 경제 주체는 무엇일까요?

(㉠)입니다.

① 공공재와 사회 간접 자본을 생산한다.
② 국가 경제 전반을 관리하고 조정한다.
③ 재화와 서비스를 소비하는 경제 주체이다.
④ 최대의 이윤을 추구하는 생산 활동의 주체이다.
⑤ 생산 활동에 대한 대가로 임금, 이자, 지대를 지급한다.

04 (가), (나)에 대한 설명으로 옳지 <u>않은</u> 것은?

> (가) 환경 오염으로 깨끗한 물의 가치가 높아져 과거에는 경제적 대가를 치르지 않고 얻을 수 있었던 물을 오늘날에는 경제적 비용을 지불하고 구입하게 되었다.
> (나) 열대 지방에서는 무더운 기후 때문에 에어컨을 필요로 하는 사람이 많으나, 극지방에서는 추운 기후로 인해 에어컨을 사고자 하는 사람이 많지 않다.

① (가)－자원의 희소성과 관련된 사례이다.
② (가)－깨끗한 물은 과거에 비해 희소한 자원이 되었다.
③ (나)－자원의 희소성은 장소에 따라 각기 다르게 나타난다.
④ (나)－열대 지방에서 에어컨은 극지방보다 희소한 자원이다.
⑤ (가), (나)－자원의 희소성은 절대적인 양에 의해 결정된다.

05 다음의 경제 개념에 대한 설명으로 옳지 <u>않은</u> 것은?

> 어떤 것을 선택함으로써 포기하게 되는 여러 대안 중 가장 가치가 큰 것을 말한다.

① 합리적인 선택을 하는 기준이 된다.
② 포기하는 대안 중 편익이 가장 작은 것이다.
③ 어떠한 선택에 따른 활동에 지출되는 비용을 말한다.
④ 사람마다 필요나 욕구가 같지 않기 때문에 각기 다르게 나타난다.
⑤ 선택하지 않은 것들 중에서 가장 아쉬움이 남는 것의 가치이다.

06 합리적인 선택에 대한 옳은 설명을 〈보기〉에서 고른 것은?

┤보기├
ㄱ. 비용이 편익보다 큰 것을 선택한다.
ㄴ. 기회비용을 최소화시키는 선택을 한다.
ㄷ. 최소의 비용으로 최대의 편익을 얻는 것을 선택한다.
ㄹ. 선택한 것의 가치가 포기한 것의 가치보다 작은 선택을 한다.

① ㄱ, ㄴ　　　② ㄱ, ㄷ　　　③ ㄴ, ㄷ
④ ㄴ, ㄹ　　　⑤ ㄷ, ㄹ

07 다음 사례에서 도윤이가 공연 관람을 선택했을 때의 기회 비용은?

> 도윤이는 주말마다 편의점에서 시간당 9,000원을 받는 아르바이트를 하고 있다. 이번 토요일에는 도윤이가 좋아하는 가수의 공연이 있다. 도윤이는 2시간 동안의 공연을 보러갈지, 평소대로 아르바이트를 할지 결정을 못하고 있다(단, 공연비는 무료임).

① 9,000원   ② 15,000원   ③ 18,000원
④ 21,000원   ⑤ 27,000원

08 휴대 전화를 새 것으로 구입하려고 한다. 이때 합리적인 의사 결정 단계를 순서대로 바르게 나열한 것은?

> (가) 선택해야 할 문제가 무엇인지 분명히 한다.
> (나) 비용과 편익을 비교하여 각 대안을 평가한다.
> (다) 평가 기준을 충족하는 최적의 대안을 선택한다.
> (라) 구매에 관한 다양한 정보를 인터넷을 통해 찾아본다.
> (마) 선택이 합리적인지 평가하고 반성하는 기회를 갖는다.

① (가)-(다)-(라)-(나)-(마)
② (가)-(라)-(나)-(다)-(마)
③ (나)-(가)-(다)-(라)-(마)
④ (나)-(다)-(가)-(라)-(마)
⑤ (다)-(가)-(라)-(나)-(마)

09 그림에 나타난 경제 문제의 유형으로 옳은 것은?

① 무엇을 생산할 것인가?
② 어떻게 생산할 것인가?
③ 얼마나 생산할 것인가?
④ 어디에서 생산할 것인가?
⑤ 누구를 위하여 생산할 것인가?

10 다음의 헌법 조항을 통해 알 수 있는 우리나라의 경제 체제에 대한 설명으로 옳은 것은?

> 제119조 ① 대한민국의 경제 질서는 개인과 기업의 경제상의 자유와 창의를 존중함을 기본으로 한다.
> ② 국가는 균형 있는 국민 경제의 성장 및 안정과 적정한 소득의 분배를 유지하고, …(중략)… 경제의 민주화를 위하여 경제에 관한 규제와 조정을 할 수 있다.

① 계획 경제 체제를 기본으로 한다.
② 시장 가격에 따른 경제 활동을 인정하지 않는다.
③ 정부의 계획과 명령에 의해서만 생산을 결정한다.
④ 빈부 격차 해소를 위해 정부의 경제적 개입을 인정한다.
⑤ 계획 경제 체제의 문제점을 해결하기 위해 정부의 규제가 이루어진다.

11 다음 내용에 해당하는 경제 체제의 특징으로 적절하지 않은 것은?

> • 사유 재산의 소유와 사익 추구를 인정한다.
> • 시장 가격을 통해 경제 문제를 해결한다.

① 개인의 창의력 발휘   ② 경제적 형평성 추구
③ 자원의 효율적인 배분   ④ 사회 전체의 생산 증대
⑤ 자유로운 경제 활동의 보장

12 A국에서 채택하고 있는 경제 체제에 대한 옳은 설명을 〈보기〉에서 고른 것은?

> A국의 한 정치인이 차로 이동하는 중에 앞 트럭에서 감자가 계속 떨어지는데도 그대로 가는 것을 목격하였다. 차를 세워서 감자가 떨어지고 있다는 것을 알려 주자, 그 운전자는 "나는 정부의 계획에 따라 감자를 운반하는 것만 명령받았지, 수량과 손실에 대해서는 알 바가 아니다."라고 말하였다.   – 이종하, 「3월의 모든 역사: 세계사」

┤ 보기 ├
ㄱ. 오늘날 대부분 국가에서 운영하는 경제 체제이다.
ㄴ. 개인이 경제적 의사 결정을 자유롭게 내릴 수 있다.
ㄷ. 근로자의 근로 의욕 저하로 경제적 효율성이 저하된다.
ㄹ. 소득 분배의 형평성을 추구하기 위한 경제 체제이다.

① ㄱ, ㄴ   ② ㄱ, ㄷ   ③ ㄴ, ㄷ
④ ㄴ, ㄹ   ⑤ ㄷ, ㄹ

서술형·논술형

01 <u>서술형</u>
그림에 나타난 경제 활동이 무엇인지 쓰고, 그 의미를 서술하시오.

월급 명세서

----

02 <u>서술형</u>
다음 사례에서 수민이가 합리적인 선택을 하기 위해 어떠한 선택을 해야 하는지 쓰고, 그 이유를 서술하시오.

수민이는 학교 수업을 마치고 근처 분식집에 들러 간식을 사먹으려고 한다. 분식집에는 떡볶이, 순대, 튀김을 팔고 있다. 수민이는 3,000원만 가지고 있기 때문에 한 가지만 선택해서 먹으려고 한다. 단, 수민이는 떡볶이, 튀김, 순대 순으로 좋아한다.

무엇을 먹을까?

메 뉴

떡볶이 - 3,000원

순 대 - 3,000원

튀 김 - 3,000원

----

03 <u>논술형</u>
다음의 헌법 조항을 통해 알 수 있는 우리나라의 경제 체제의 특징을 200자 내외로 논술하시오.

> 제119조 ① 대한민국의 경제 질서는 개인과 기업의 경제상의 자유와 창의를 존중함을 기본으로 한다.
> ② 국가는 균형 있는 국민 경제의 성장 및 안정과 적정한 소득의 분배를 유지하고, 시장의 지배와 경제력의 남용을 방지하여, 경제 주체 간의 조화를 통한 경제의 민주화를 위하여 경제에 관한 규제와 조정을 할 수 있다.

02 기업의 역할과 사회적 책임

+ 재정
국가 또는 지방 자치 단체가 행정 활동이나 공공 정책을 시행하기 위하여 자금을 만들어 관리하고 이용하는 경제 활동

❶ 기업의 의미와 역할

(1) **의미**: 생산 활동을 통해 이윤의 극대화를 추구하는 경제 주체

          ↳ 기업이 제품을 판매하여 벌어들인 수입에서 제품 생산 비용을 뺀 것

(2) **역할**

  ① **생산 활동**: 이윤을 얻기 위해 소비자에게 필요한 상품을 생산하여 시장에 공급함

  ② **고용과 소득 창출**: 일자리를 만들어 근로자를 고용하고, 생산에 참여한 사람들에게 임금, 지대, 이자 등을 지급하여 가계의 소득을 창출함 ↳ 소비의 주체인 가정을 이르는 말

  ③ **소비자 만족 증진**: 소비자는 기업이 생산한 제품을 구입·사용함으로써 만족감을 얻음

  ④ **국가 재정 기여**: 정부에 세금을 납부함으로써 국가 재정에 기여함

  ⑤ **경제 성장 촉진**: 기술 혁신을 위한 연구 개발, 투자를 통해 경제 성장을 촉진함

📝 더 알아 보기 ▶ 기업의 역할

기업은 기술 혁신을 통해 스마트폰을 개발하였고, 이는 누리 소통망 서비스(SNS)를 통한 쌍방향 소통을 가능하게 하여 혁신적인 삶의 변화를 이끌었다. 또한 기업은 한 지역에 공장을 세워 그 지역의 고용을 창출시킨다. 이처럼 기업은 새로운 상품을 개발하여 소비자의 삶의 질을 향상시키기도 하며, 새로운 일자리를 창출하여 지역 경제를 활성화하기도 한다.

+ 공정 거래법
「독점 규제 및 공정 거래에 관한 법률」로 시장을 지배하는 기업의 횡포를 막고 기업들의 불공정 거래 등을 규제하도록 정한 법률

❷ 기업의 사회적 책임과 기업가 정신

(1) **기업의 사회적 책임**

  ① **의미**: 이윤 추구와 함께 사회 구성원으로서의 역할을 다해야 한다는 윤리적 책임 의식

  ② **역할** ↳ 근로 기준법이나 공정 거래법 등 기업 활동과 관련된 법

    • 사회 규범과 법을 준수하고 공정한 경쟁과 투명한 기업 경영 추구

    • 안전한 제품 생산을 통한 소비자의 권익 보호

    • 정당한 임금 지급 및 쾌적한 작업 환경 제공을 통한 노동자의 권리 보호

    • 교육, 문화, 사회 복지 사업 지원에 대한 적극적인 참여

    • 생산 과정에서의 생태계 보호 및 환경 오염의 최소화

+ 기업의 사회적 책임
기업이 사회 전반에 걸쳐 윤리적, 법적, 자선적 책임을 져야 한다는 것을 의미한다.

💡 집중탐구   기업의 사회적 책임

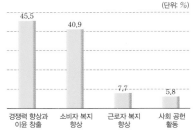

(단위: %)

45.5   40.9   7.7   5.8

경쟁력 향상과 이윤 창출 / 소비자 복지 향상 / 근로자 복지 향상 / 사회 공헌 활동

▲ 기업의 경영 목표에 대한 인식(2014)

전국 19세 이상의 국민 2,000명을 대상으로 기업의 경영 목표에 대한 인식을 조사한 결과, 46% 가량이 기업의 목표가 경쟁력 향상과 이윤 창출에 있다고 답변하였다. 그 뒤를 이어 소비자와 근로자의 복지 향상, 사회 공헌 활동을 꼽았다. 이는 기업이 사회에 미치는 영향력이 커지면서 이윤 추구와 함께 사회적 책임을 다하기를 국민들이 원하고 있음을 알 수 있다.

+ 사회적 기업
공익을 우선적으로 추구하면서 영업 활동을 수행하는 기업

→ 기업의 경영을 담당하는 사람

(2) 기업가 정신

① 의미: 미래의 불확실성과 위험을 무릅쓰고 이윤을 창출하며, 혁신과 창의성을 바탕으로 기업을 성장시키려는 도전 정신 → 기업을 경영하고 사업을 성공시키는 데 필요한 핵심 역량

② 내용

- 혁신적인 사고: 새로운 제품을 개발하고, 기존의 생산 기술이나 방법을 새로운 것으로 대체하려는 사고방식
- 시장의 변화에 능동적으로 대처할 수 있는 새로운 경영 조직
- 미래의 불확실성 속에서의 장래 예측 및 변화 모색
- 고부가 가치를 창출하는 신상품 개발
- 판매처를 확보하기 위한 새로운 시장 개척
- 품질 개선 및 기술 개발
- 생산비 절감을 통한 새로운 수익 창출

✚ 기업가 정신

변화를 추구하고, 변화에 대처하며, 변화를 기회로 이용하는 것이 기업가 정신이다.

▶ 피터 드러커

✚ 혁신

이제까지 이루어지지 않았던 새로운 방법을 도입하여 관습, 조직 등을 획기적으로 바꿔 새롭게 하는 것으로 새로운 제품 개발, 비용을 절감하는 새로운 생산 방식의 도입, 새로운 시장의 개척 등을 말한다.

📝 더 알아 보기 ▶ 빛을 내는 축구공

미국의 한 기업은 전기 에너지의 혜택을 받지 못하는 아이들을 위해 자가 발전 축구공을 개발하였다. 축구공 안에 진동을 감지하는 장치와 하이브리드형 발전기가 내장되어 있어, 아이들이 공을 가지고 노는 동안 내부 배터리에 전기가 충전되어 에너지를 생산한다. 축구공을 30분 정도를 가지고 놀면 약 3시간 가량 LED 조명을 밝힐 수 있다. 이러한 기술 혁신과 기업가 정신을 통해 전기가 들어오지 않는 아프리카의 아이들은 밤에도 책을 읽을 수 있게 되었다.

✚ 고부가 가치

생산 과정에서 새롭게 부가된 높은 가치

Q&A 기술 혁신이란 무엇인가요?

새로운 것을 끊임없이 만들어 내는 '창조적 파괴'가 기업가에게 요구된다.

▲ 조지프 슘페터

미국의 경제학자 슘페터는 기술 혁신을 통해 새로운 것을 창조하는 '창조적 파괴' 과정이 기업의 원동력이라고 하였다. 새로운 생산 방법과 상품 개발을 강조하고, 기술 혁신을 통해 창조적 파괴에 앞장서는 기업가를 혁신자로 규정하였다. 그는 혁신자가 갖추어야 할 요소로 신제품 개발, 새로운 생산 방법의 도입, 새로운 시장 개척 등을 꼽았다.

개념 다지기

01 빈칸에 들어갈 알맞은 말을 쓰시오.

(1) 기업은 (   )을(를) 획득하기 위해 생산 활동을 하는 경제적 주체이다.

(2) 기업은 근로자를 고용하고, 노동의 대가로 (   )을(를) 주어 일자리와 소득을 창출한다.

(3) (   ) 기업은 사회적 목적을 우선으로 추구하면서 이윤 추구 활동을 하는 기업이다.

(4) 새로운 제품을 개발하고 새로운 기술 등을 만드는 것을 기술 (   )(이)라고 한다.

02 다음 설명이 맞으면 ○표, 틀리면 ×표 하시오.

(1) 기업은 노동, 토지, 자본 등의 생산 요소를 가계에 제공하고 그 대가를 받는다. ……………………( )

(2) 오늘날 기업이 사회 구성원으로서의 역할을 다해야 한다는 요구가 커지고 있다. ……………………( )

(3) 기업의 사회적 책임은 이윤의 극대화를 달성하여 기업의 이익을 최우선하는 것이다. ……………( )

(4) 기업은 안전한 제품을 생산하고 소비자의 권익을 보호해야 한다. ……………………………………( )

03 다음 설명에 해당하는 기업의 역할을 〈보기〉에서 골라 기호로 쓰시오.

┤ 보기 ├
ㄱ. 생산 활동   ㄴ. 고용 창출
ㄷ. 소득 창출   ㄹ. 국가 재정 기여

(1) 생산 과정에서 일자리를 만들어 근로자에게 제공한다.
……………………………………………………( )

(2) 이윤 획득을 위해 소비 시장에 필요한 상품을 공급한다.
……………………………………………………( )

(3) 생산 요소에 대한 대가로 임금, 지대, 이자를 지급한다.
……………………………………………………( )

(4) 생산 활동을 통해 얻은 수입 중 일부를 정부에 세금으로 납부한다. ……………………………………( )

04 빈칸에 들어갈 알맞은 말을 쓰시오.

□□□ □□은(는) 미래의 불확실성과 위험을 무릅쓰고 이윤을 창출하며, 혁신과 창의성을 바탕으로 기업을 성장시키려는 도전 의식이다.

05 괄호 안의 내용 중 알맞은 말에 ○표 하시오.

(1) 기업은 (소비, 생산) 활동을 담당하는 경제 주체이다.

(2) 기업은 자본을 제공한 대가로 (임금, 이자, 지대)을(를) 가계에 지급한다.

(3) 기업은 쾌적한 작업 환경을 제공하여 (소비자, 근로자)의 권리를 보호해야 할 사회적 책임이 있다.

(4) 오늘날의 경제 환경에 적응하기 위해서는 신제품 개발에 앞장서는 (기업가, 기술가) 정신이 중요하다.

06 빈칸에 들어갈 알맞은 말을 쓰시오.

기업의 (   )(이)란, 기업이 도덕적 윤리를 중시하여 기업 경영을 투명하게 하고, 국가의 법에 근거한 경제 활동을 하여 사회 구성원으로서의 역할을 다하는 것을 의미한다.

07 기업가 정신에 해당하는 내용을 〈보기〉에서 있는 대로 골라 기호로 쓰시오.

┤ 보기 ├
ㄱ. 신제품 및 새로운 생산 기술 개발을 적극적으로 지원한다.
ㄴ. 새로운 도전을 통해 이윤을 창출하려는 의지를 갖는다.
ㄷ. 낮은 성공 확률에도 불구하고 자금을 무리하게 투자한다.
ㄹ. 시대의 변화에도 기존의 생산 기술을 고수하는 자세를 갖는다.

중단원 실력 쌓기

정답과 해설 | 19쪽

01 다음 경제 주체에 대한 설명으로 옳은 것은?

> 국민 생활에 필요한 재화와 서비스를 생산하는 경제 주체이며, 생산 과정에서 판매 수입을 증가시키는 것을 목표로 한다.

① 이윤의 극대화를 추구한다.
② 임금이나 이자를 지급받는다.
③ 노동, 토지, 자본 등을 제공한다.
④ 세금을 거두어들여 국가의 재정을 마련한다.
⑤ 소비 활동을 통해 가계에 일자리를 제공한다.

02 기업의 경제 활동에 대한 옳은 설명을 〈보기〉에서 고른 것은?

> ┤ 보기 ├
> ㄱ. 생산 요소를 제공하여 경제를 활성화시킨다.
> ㄴ. 세금을 거두어들여 국가 운영에 도움을 준다.
> ㄷ. 기술 혁신을 위한 연구 개발과 투자에 힘쓴다.
> ㄹ. 좋은 품질의 상품을 판매하여 소비자를 만족시킨다.

① ㄱ, ㄴ   ② ㄱ, ㄷ   ③ ㄴ, ㄷ
④ ㄴ, ㄹ   ⑤ ㄷ, ㄹ

03 그림에 나타난 기업의 역할로 가장 적절한 것은?

○○기업은 올해 상반기에 대규모의 신입 사원을 채용하였습니다.

① 가계로부터 세금을 징수한다.
② 국민의 생활 수준을 향상시킨다.
③ 생산 과정에서 고용을 창출한다.
④ 상품을 생산하여 시장에 공급한다.
⑤ 세계 시장에서 국가의 경제력을 높인다.

04 다음 내용에 나타난 기업의 역할로 가장 적절한 것은?

> ○○전자는 저소득층 가정에 컴퓨터를 보급하고 해당 가정의 아이들에게 컴퓨터 교육을 지원하는 공익사업을 매년 진행해 오고 있다.

① 고용과 소득 창출에 힘쓴다.
② 기업 경영을 투명하게 한다.
③ 기부 활동에 적극적으로 참여한다.
④ 근로자의 권리와 이익을 보호한다.
⑤ 생산 과정에서 환경 오염을 최소화한다.

05 기업의 역할에 대한 설명으로 옳지 않은 것은?

① 경제의 성장과 번영을 이끄는 원동력이 된다.
② 국가 운영에 필요한 재원을 마련하는 데 기여한다.
③ 질 좋은 제품을 생산하여 소비자의 만족감을 증대시킨다.
④ 근로 조건을 향상시키고 노동에 대한 정당한 임금을 지급한다.
⑤ 환경을 훼손하더라도 생산 비용을 절감하여 이윤을 많이 남겨야 한다.

06 밑줄 친 (가)에 해당하는 내용을 〈보기〉에서 고른 것은?

> 기업은 생산 활동과 고용 창출을 담당하여 국가 전체의 경제 상황에 직접적인 영향을 미치는 경제 주체이다. 기업의 사회적 영향력이 증대되면서 (가) 사회적 책임도 함께 강조되고 있다.

> ┤ 보기 ├
> ㄱ. 경제적 효율성만 기업 최고의 목표로 삼는다.
> ㄴ. 공익을 고려하지 않고 기업의 이익만을 우선시한다.
> ㄷ. 홀로 사는 노인을 위한 직장 내 자원봉사 활동을 장려한다.
> ㄹ. 직원의 일정 비율 이상을 장애인으로 채용하여 장애인 고용 확대에 힘쓴다.

① ㄱ, ㄴ   ② ㄱ, ㄷ   ③ ㄴ, ㄷ
④ ㄴ, ㄹ   ⑤ ㄷ, ㄹ

07 한국 소비자원 게시판에 올라온 글이다. A기업이 가져야 할 자세로 가장 적절한 것은?

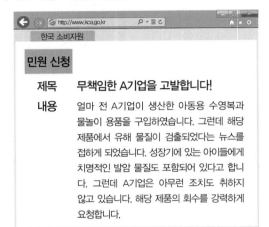

① 연구 개발과 시설 투자에 주력한다.
② 새로운 아이디어로 신제품 개발에 힘쓴다.
③ 이윤 추구 과정에서 기업가 정신을 발휘한다.
④ 기술 혁신을 통해 생산 비용을 낮추도록 노력한다.
⑤ 안전한 제품을 생산하여 소비자의 권익을 보호한다.

08 다음에 나타난 경제적 용어에 대한 옳은 설명을 〈보기〉에서 고른 것은?

> • 기술 혁신을 통해 새로운 것을 창조하는 '창조적 파괴' 과정이 기업의 원동력이다.
> • 변화를 탐구하고, 변화에 대응하며, 변화를 기회로 이용하는 정신이다.

| 보기 |
> ㄱ. 시장의 변화에 소극적으로 대처하는 자세이다.
> ㄴ. 새로운 상품을 개발하고 시장을 개척하는 것이다.
> ㄷ. 생산비 절감을 위해 새로운 생산 기술을 도입하는 것이다.
> ㄹ. 불확실한 미래에 도전하기보다 현재에 안주하는 태도이다.

① ㄱ, ㄴ   ② ㄱ, ㄷ   ③ ㄴ, ㄷ
④ ㄴ, ㄹ   ⑤ ㄷ, ㄹ

09 다음 사례를 통해 알 수 있는 내용으로 가장 적절한 것은?

> 미국의 한 신발 제조 회사가 소비자가 신발 한 켤레를 구입하면 한 켤레를 제3세계의 어린이에게 기부하는 '일대일 기부(One for One)'라는 판매 방식을 채택하여 소비자들의 관심을 끌고 있다. 이러한 판매 방식은 소비자에게 기업에 대한 긍정적인 이미지를 심어 주는 효과를 거두고 있다.

① 소비자를 위한 안전한 제품이 생산되었다.
② 기술 혁신을 통한 도전 정신이 발휘되었다.
③ 생산 과정에서의 환경 오염이 최소화되었다.
④ 이윤을 극대화하기 위한 기업의 판매 전략이 나타나 있다.
⑤ 기업이 사회 구성원으로서 가져야 할 사회적 책임을 다하고 있다.

10 그림의 (가)에 해당하는 사례로 적절하지 않은 것은?

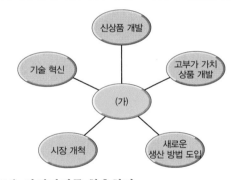

① 새로운 아이디어를 창출한다.
② 변화하는 사회 환경에 유연하게 대처한다.
③ 실패를 걱정하거나 도전을 두려워하지 않는다.
④ 기존 가치만을 고수하여 새로운 가치를 거부한다.
⑤ 새로운 기술을 개발하여 생산 방식을 개선시킨다.

11 다음에 나타난 기업가 정신의 내용으로 가장 적절한 것은?

> 영유아 미디어 자료를 개발하는 ○○회사는 국내 동일 업종 간의 치열한 경쟁을 피해 해외로 진출하여 큰 성공을 거두었다.

① 기술 혁신   ② 신상품 개발
③ 신기술의 도입   ④ 새로운 시장 개척
⑤ 새로운 경영 방식 도입

01 서술형 다음 내용을 통해 알 수 있는 기업의 역할을 두 가지 서술하시오.

> 기업은 생산 활동을 위해 공장을 세워 생산 설비를 갖추고 근로자를 고용한다. 이 과정에서 가계는 생산 요소인 노동, 토지, 자본을 기업에 제공하고 이에 대한 대가로 임금, 지대, 이자를 받는다. 또한 기업의 생산 활동이 활발해지면 국민의 소득이 증가할 뿐만 아니라 생활 수준도 높아진다.

02 서술형 밑줄 친 '이것'에 해당하는 경제적 용어를 쓰고, 그 의미를 서술하시오.

기업이 시장에서 경쟁력을 가지려면 꼭 필요해요.

미국의 경제학자 슘페터는 이것이 기업을 발전시키는 원동력이라고 했습니다.

사업을 성공시키는 데 필요한 핵심 역량이기도 해요.

03 논술형 다음 글을 읽고 기업이 앞으로 가져야 할 태도에 대해 300자 내외로 논술하시오.

> • 1996년 파키스탄 지역의 한 어린이가 축구공을 바느질하는 사진 한 장이 미국 잡지에 실리면서 아동의 노동력 착취 문제가 주목받았다. 서른두 조각의 가죽을 1,600여 번 꿰매야 축구공 한 개가 만들어지는데, 하루 11시간 이상의 노동을 하고 아이가 받는 임금은 400원에 불과하였다. 당시 축구공을 만든 회사는 큰 비판을 받으며 소비자들의 불매 운동 대상이 되었다.
> • 2000년대 후반 한 의류 회사는 인도와 방글라데시의 척박한 공장에서 14세 미만 아이들의 노동력을 이용하여 의류를 생산하였다.
> • 최근에는 해외 유명 의류 업체의 미얀마 하청 업체가 14세 아동을 고용한 사실이 언론을 통해 공개되어 큰 파장을 일으켰다.

03 금융 생활의 중요성

＋ 저축의 중요성
저축은 소득 중 소비로 지출되지 않는 부분으로 미래의 소비를 위해 현재의 소비를 억제하는 것이다. 개인에게는 안정적인 미래를 준비하는 일인 동시에, 사회적으로는 투자를 위한 재원을 마련하여 경제 성장을 이루는 발판이 된다.

＋ 은퇴
직위에서 물러나거나 사회 활동에서 손을 떼고 한가히 지내는 것

＋ 재무 계획
돈의 흐름을 파악하여 필요할 때 돈을 쓸 수 있도록 미리 준비하는 과정

＋ 자산
경제적 가치가 있는 것으로, 금융 자산과 실물 자산으로 구분한다.

금융 자산	현금, 예금, 주식, 채권, 보험, 연금 등
실물 자산	부동산, 자동차, 귀금속 등

＋ 포트폴리오 투자
주식, 채권, 예금 등을 여러 종류의 금융 상품에 분할해 투자하는 방법이다. 위험을 줄이고 투자 수익을 극대화하기 위한 방법으로 성공 투자의 핵심으로 꼽힌다.

❶ 생애 주기에 따른 경제생활

(1) **생애 주기**: 시간의 흐름에 따른 개인이나 가족의 삶의 변화를 단계로 나타낸 것

(2) **생애 주기에 따른 경제생활**
　① **유소년기**: 경제적 자립이 어려워 부모의 소득에 의존하여 소비 생활을 하는 시기
　　→ 바람직한 경제생활 태도를 형성하는 것이 중요함
　② **청년기**: 취업과 함께 소득이 발생하나 소득과 소비가 모두 적은 시기
　③ **중·장년기**: 소득이 증가하나 자녀 교육, 주택 마련으로 소비가 증가하는 시기
　　→ 소비를 줄이고 소득을 저축해야 안정된 노후 생활을 할 수 있음 → 예기치 못한 사고나 질병, 자연재해로 인한 피해 등의 지출에도 대비해야 함
　④ **노년기**: 은퇴 이후 소득이 크게 줄거나 없어져 노후 대비 자금이나 연금으로 생활하는 시기 → 고령화 시대에 따라 중요성이 증가하고 있음

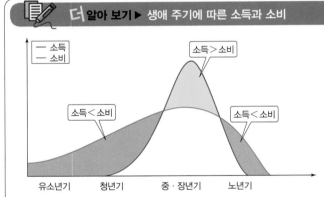

더 알아 보기 ▶ 생애 주기에 따른 소득과 소비

인간의 생애 주기를 보면 생산 활동으로 소득을 얻을 수 있는 기간은 한정되어 있으나, 소비 생활은 평생 동안 지속된다. 소득은 대체로 청년기부터 중·장년기에 이르기까지 점차 증가하다가 은퇴를 하는 시점부터 감소하기 시작한다. 자녀 양육, 주택 마련 등으로 지출이 수입보다 훨씬 많아지는 시기도 있다. 안정적인 경제생활을 지속하려면 일생의 소득과 소비를 고려한 재무 계획을 수립하며 자산을 운영해야 한다.

❷ 자산 관리의 의미와 필요성

(1) **의미**: 자신의 소득이나 재산을 활용하여 언제, 얼마만큼 소비할지, 어떻게 자산을 모으고 처분할지 미리 계획하는 것

(2) **필요성**
　① 소비 생활은 평생 지속되지만 생산 활동을 통해 소득을 얻는 기간은 한정됨
　② 지속 가능한 경제생활을 위해 일생 동안의 소득과 소비를 고려한 자산 운영이 필요함
　③ 평균 수명 연장으로 은퇴 이후 생활 기간이 늘어나 노년기를 대비할 필요성이 커짐

Q&A '달걀을 한 바구니에 담지 말라.'는 무슨 뜻인가요?

▲ 포트폴리오 투자

자산을 여러 군데 나누어 운영함으로써 위험을 분산시키는 투자 방식을 말한다. 달걀을 한 바구니에 담으면, 바구니를 떨어뜨렸을 때 모두 깨질 위험이 있으니 각각 나누어 담으라는 뜻이다. 이는 포트폴리오 투자, 즉 분산 투자를 통해 한 곳에서 손해를 보더라도 다른 곳에서 손해를 보충할 수 있는 안정적인 자산 운영을 나타낸 말이다.

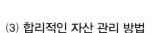

(3) 합리적인 자산 관리 방법

① 금융 자산의 종류

예·적금	예금	금융 기관에 일정 금액의 돈을 예치하여 이자를 받는 상품
	적금	계약 기간 동안 일정 금액을 납입하여 이자를 받는 상품
주식		기업이 사업 자금을 마련하기 위해 회사 소유권의 일부를 투자자에게 주는 증권
채권		정부나 기업 등이 자금을 마련하기 위해 이자 지급을 약속하고 발행하는 차용 증서
펀드		금융 기관이 투자자에게서 모은 자금을 주식, 채권 등에 투자한 후 그 수익을 투자자에게 나누어 주는 상품
보험		미래에 발생할 수 있는 사고나 질병 등과 같은 위험에 대비하기 위해 일정한 보험료를 납부하고 사고나 질병이 발생하면 일정 금액을 받는 상품
연금		청년기 또는 중·장년기에 벌어들인 소득의 일부를 저축하여 노후에 일정 금액을 받는 상품

② 자산 관리 방법
• 자신의 소득이나 재산 상태, 미래의 지출 규모 등을 고려함
• 수익성, 안전성, 유동성 등을 고려하여 금융 상품을 선택함

집중탐구 자산 관리 방법의 종류와 특징

투자한 원금을 잃을 가능성이 적어 안전성은 높으나 수익성이 낮다.
예금·적금

수익성, 안전성은 적정하지만 중도 해지나 환매에 따른 불이익이 클 수 있어 상대적으로 유동성이 낮다.
채권

수익성은 높지만 투자 위험이 있어 안전성이 낮은 편이며, 현금으로 전환 시 손해가 발생할 수 있다.
주식

수익성과 안전성을 고려하여 자산을 늘리는 것보다는 큰 손해를 막는 것을 목적으로 한다.

❸ 신용 거래와 신용 관리

(1) 신용과 신용 거래
① 신용의 의미: 돈을 갚을 것을 약속하고 상품이나 돈을 빌려 쓸 수 있는 능력
  └─ 사람의 경제적 지불 능력 또는 지불 능력에 관한 사회적 평가, 나중에 대가를 지불할 것을 약속하고 현재 상품을 이용하거나 돈을 빌릴 수 있는 능력
② 신용 거래의 장단점

장점	현금 없이도 상품 구매 가능, 미래의 소득을 앞당겨 활용할 수 있으므로 현재의 소득보다 더 많은 소비가 가능함
단점	충동구매나 과소비 우려, 신용은 언젠가는 갚아야 할 빚이므로 미래의 경제생활에 큰 부담이 될 수 있음

(2) 신용 관리의 중요성
• 현대 사회에서 신용을 바탕으로 한 거래가 확대되고 있어 개인의 신용 관리가 중요해짐
• 지불 능력을 고려하지 않은 소비는 신용을 잃어 경제생활에 지장을 초래할 수 있음

+ 자산 관리의 과정

목표 설정 → 자산 파악 → 자금 마련 계획 수립 → 실행 → 평가

+ 금융 상품 선택 시 고려 요소

수익성	투자를 통해 수익을 얻을 수 있는 가능성의 정도
안전성	투자한 원금이 손실되지 않고 보장되는 정도
유동성	쉽고 빠르게 현금으로 전환할 수 있는 정도

+ 수익성과 안전성의 관계

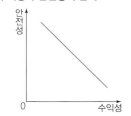

수익성이 높은 금융 상품은 안전성이 낮은 편이며, 안전성이 높은 금융 상품은 수익성이 낮은 편이다.

+ 투자
이익이나 수익을 얻을 목적으로 자금을 대거나 시간이나 정성을 쏟는 것

개념 다지기

01 빈칸에 들어갈 알맞은 말을 쓰시오.

(1) 시간의 흐름에 따른 개인이나 가족의 삶의 변화를 단계로 나타낸 것을 (   )(이)라고 한다.

(2) 일생 동안 지속 가능한 소비 생활을 하려면 (   ) 관리가 필요하다.

(3) 적은 비용으로 같은 결과를 얻거나, 같은 비용을 들여 더 많은 결과물을 만들어 낼 때 (   )이(가) 높다고 한다.

(4) (   ) 사회의 진입으로 안정적인 노후 생활을 위한 재무 계획 수립이 더욱 중요해졌다.

(5) (   ) 거래는 자신의 소득과 경제적 능력 안에서 이루어져야 한다.

02 다음 설명이 맞으면 ○표, 틀리면 ×표 하시오.

(1) 소비는 개인의 일생 동안 지속되지만 소득을 얻을 수 있는 기간은 한정되어 있다. ·····················( )

(2) 주식은 안전성이 높고 수익성은 낮다. ·············( )

(3) 개인의 신용 불량은 개인뿐만 아니라 국가 경제에도 영향을 미친다. ····························( )

(4) 수익성은 쉽고 빠르게 현금으로 전환할 수 있는 정도를 말한다. ·······························( )

03 생애 주기 단계를 〈보기〉에서 골라 기호로 쓰시오.

┌─ 보기 ├─────────────────
ㄱ. 유소년기   ㄴ. 청년기
ㄷ. 중·장년기   ㄹ. 노년기
└────────────────────────

(1) 소득이 증가하나 자녀 교육, 주택 마련으로 소비가 증가한다. ·······························( )

(2) 경제적 자립이 어려워 부모의 소득에 의존하여 소비 생활을 한다. ··························( )

(3) 취업과 함께 소득이 발생하나 소득과 소비가 모두 적은 시기이다. ·························( )

(4) 은퇴와 함께 소득이 크게 줄어들거나 없어져 모아 둔 자금이나 연금으로 생활한다. ···········( )

04 관련 있는 내용끼리 옳게 연결하시오.

(1) 수익성 •   • ㉠ 투자하여 이익을 얻을 정도

(2) 안전성 •   • ㉡ 현금으로 전환할 수 있는 정도

(3) 유동성 •   • ㉢ 원금이 손실되지 않고 보장되는 정도

05 괄호 안의 내용 중 알맞은 말에 ○표 하시오.

(1) 예·적금은 주식에 비해 (안전성, 수익성)이 높은 상품이다.

(2) (예금, 투자)은(는) 약속된 이자를 받으려고 금융 기관에 돈을 맡기는 것이다.

(3) 위험성을 줄여 수익성을 얻으려면 자산을 (분산, 집중)하여 운영해야 한다.

06 다음 설명에 해당하는 금융 상품을 〈보기〉에서 골라 기호로 쓰시오.

┌─ 보기 ├─────────────────
ㄱ. 예금   ㄴ. 주식   ㄷ. 채권
ㄹ. 보험   ㅁ. 펀드   ㅂ. 연금
└────────────────────────

(1) 금융 기관에 일정 금액의 돈을 예치하여 이자를 받는다. ·····························( )

(2) 질병, 사고, 사망 및 노후에 대비하여 일정 금액을 납부한다. ·························( )

(3) 정부나 기업 등이 자금 마련을 위해 이자 지급을 약속하고 발행하는 증서이다. ·············( )

(4) 금융 기관이 투자자에게서 모은 자금을 투자한 후 그 수익을 나누어 주는 것이다. ·········( )

(5) 기업이 자금을 마련하기 위하여 회사 소유권의 일부를 투자자에게 주는 증권이다. ·········( )

(6) 소득의 일부를 저축하여 노후에 일정 금액을 받는다. ·····························( )

07 다음에서 설명하는 경제 용어를 쓰시오.

┌──────────────────────────
• 경제적 지불 능력에 관한 사회적 평가이다.
• 나중에 대가를 지불할 것을 약속하고 돈을 빌릴 수 있는 능력이다.
└──────────────────────────

08 밑줄 친 부분을 바르게 고쳐 쓰시오.

┌──────────────────────────
A는 ○○회사의 채권을 매입하여 투자자가 되었다. ○○회사의 투자자로서 그 회사의 경영에 참여할 자격이 생겼으며, 정기적으로 배당금을 받게 된다.
└──────────────────────────

중단원 실력 쌓기

01 그림은 생애 주기에 따른 소득과 소비를 나타낸 것이다. 이에 대한 설명으로 옳은 것은?

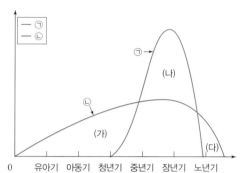

① ㉠은 소비 곡선, ㉡은 소득 곡선이다.
② (가)는 지출보다 수입이 많은 부분이다.
③ (나)는 미래의 소비를 위해 저축이 가능한 부분이다.
④ (다)는 결혼, 주택 마련, 자녀 교육으로 지출이 증가하는 영역이다.
⑤ 소득은 평생 얻을 수 있지만, 소비를 할 수 있는 기간은 한정되어 있다.

02 다음 내용에 해당하는 생애 주기의 단계는?

> 취업을 통해 본격적으로 생산 활동에 참여하여 소득을 형성하나, 소득과 함께 소비도 적은 시기이다.

① 유년기   ② 청년기   ③ 중년기
④ 장년기   ⑤ 노년기

03 다음의 개념에 대한 옳은 설명을 〈보기〉에서 고른 것은?

> 자신의 소득이나 재산을 활용하여 언제, 얼마만큼 소비할지, 어떻게 자산을 모으고 처분할지 미리 계획하는 것이다.

┤ 보기 ├
ㄱ. 예상하지 못한 질병은 고려하지 않는다.
ㄴ. 금융 자산뿐만 아니라 실물 자산도 대상이다.
ㄷ. 미래보다는 현재의 지출을 계획하는 것이 더욱 중요하다.
ㄹ. 평균 수명의 연장으로 은퇴 이후의 생활이 큰 비중을 차지하게 되었다.

① ㄱ, ㄴ   ② ㄱ, ㄷ   ③ ㄴ, ㄷ
④ ㄴ, ㄹ   ⑤ ㄷ, ㄹ

04 (가)~(다)에 해당하는 자산 관리의 원칙을 바르게 연결한 것은?

(가)	투자한 원금이 손실되지 않고 보장되는 정도
(나)	쉽고 빠르게 현금으로 전환할 수 있는 정도
(다)	투자를 통해 수익을 얻을 수 있는 가능성의 정도

	(가)	(나)	(다)
①	수익성	안전성	유동성
②	수익성	유동성	안전성
③	안전성	유동성	수익성
④	안전성	수익성	유동성
⑤	유동성	안전성	수익성

05 (가), (나)에 해당하는 자산에 대한 옳은 설명을 〈보기〉에서 고른 것은?

> (가) 일정한 금액의 돈을 계약 기간 동안 맡겨 두고 이자 수익을 얻는다.
> (나) 기업에 투자한 만큼 배당금을 받아 수익성은 높으나 투자 원금을 손해 볼 수 있다.

┤ 보기 ├
ㄱ. (가), (나)는 금융 자산에 속한다.
ㄴ. (가)는 예금, (나)는 채권에 해당한다.
ㄷ. (가)는 안전성은 높으나 수익성은 낮은 편이다.
ㄹ. (나)는 정부에 돈을 빌려주고 이자를 지급받는 것이다.

① ㄱ, ㄴ   ② ㄱ, ㄷ   ③ ㄴ, ㄷ
④ ㄴ, ㄹ   ⑤ ㄷ, ㄹ

06 다음 상황에 대비한 자산 관리 방법으로 적절하지 <u>않은</u> 것은?

> • 우리나라 국민의 평균 퇴직 연령은 49.1세이다.
> • 우리나라 국민의 평균 수명은 82.4세이다.
> (2016년 기준)

① 은퇴 이후의 노후 생활을 미리 계획한다.
② 자산 관리를 계획하여 목돈을 마련해 둔다.
③ 미래를 위해 소비를 줄이고 저축에 힘쓴다.
④ 개인 연금에 가입하여 미래의 소비에 대비한다.
⑤ 안전성보다는 수익성이 높은 상품에 모두 투자한다.

07 그림에서 A에 해당하는 자산으로 옳은 것은?

(A)은(는) 원금이 보장되지만 정해진 이자 외에는 수익을 올리기 힘들어요.

① 예금   ② 주식   ③ 채권
④ 보험   ⑤ 펀드

08 게시판에 올린 질문에 적절한 답변을 한 사람은?

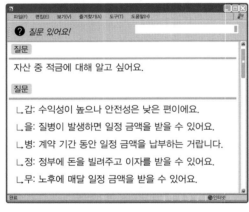

질문 있어요!

질문

자산 중 적금에 대해 알고 싶어요.

질문

└ 갑: 수익성이 높으나 안전성은 낮은 편이에요.
└ 을: 질병이 발생하면 일정 금액을 받을 수 있어요.
└ 병: 계약 기간 동안 일정 금액을 납부하는 거랍니다.
└ 정: 정부에 돈을 빌려주고 이자를 받을 수 있어요.
└ 무: 노후에 매달 일정 금액을 받을 수 있어요.

① 갑   ② 을   ③ 병   ④ 정   ⑤ 무

09 합리적인 자산 관리 방법으로 적절하지 않은 것은?

① 다양한 형태의 금융 상품에 분산하여 투자한다.
② 소득보다 소비가 많은 시기를 염두하고 대비한다.
③ 안전성, 수익성, 유동성을 고려하여 자산을 관리한다.
④ 노후의 안정적인 경제생활에 대비하여 연금에 가입한다.
⑤ 원금 손실을 막고 안전하게 자산을 관리하려면 주식에 투자한다.

10 다음 사례에서 신과장의 자산 관리 방법에 대한 옳은 분석을 〈보기〉에서 고른 것은?

신과장은 5년 동안 들었던 적금으로 얻은 목돈 6,000만 원을 주식에 모두 투자하였다. 그러나 주가가 계속 하락하여 투자한 원금의 절반 이상을 잃고 말았다.

┤ 보기 ├
ㄱ. 수익성보다는 안전성을 중시하였다.
ㄴ. 안전성, 수익성, 유동성을 모두 고려해야 했다.
ㄷ. 분산 투자를 하지 않고 한 곳에 집중한 결과이다.
ㄹ. 금융 회사에 투자하지 않고 현물로 가지고 있어야 했다.

① ㄱ, ㄴ   ② ㄱ, ㄷ   ③ ㄴ, ㄷ
④ ㄴ, ㄹ   ⑤ ㄷ, ㄹ

11 다음의 거래 방식에 대한 설명으로 옳은 것은?

돈을 빌릴 수 있는 능력을 믿고 구매하는 방식으로 지불 능력에 대한 사회적 평가라고도 할 수 있다.

① 미래의 소득을 앞당겨 사용할 수 있다.
② 충동구매나 과소비를 크게 줄일 수 있다.
③ 현재의 소득보다 더 적게 소비할 수 있다.
④ 현대 사회에서 그 비중이 점차 감소되고 있다.
⑤ 비용을 먼저 지불하고 상품을 나중에 받는 방법이다.

12 밑줄 친 내용에 대한 설명으로 옳지 않은 것은?

우리나라에서는 현금보다 신용 카드를 더 자주 사용하는 것으로 나타났다. 한국은행 발표에 따르면 가장 많이 이용하는 지급 수단은 신용 카드로 전체의 39.7%를 차지했다. 금액 기준으로도 신용 카드를 이용하는 비중이 가장 높았다. 신용 카드의 사용 확대와 더불어 신용 카드의 사용으로 인한 문제점도 많이 나타나고 있다.

① 충동적인 구매와 과소비가 증가한다.
② 현금을 가지고 다녀야 하는 위험성이 있다.
③ 대금을 지불하지 못한 신용 불량자가 나타난다.
④ 현재의 소득 범위를 초과하는 소비를 할 수 있다.
⑤ 자신의 지불 능력을 고려하지 않은 소비 형태가 나타난다.

01 서술형 다음에 해당하는 자산 관리 방법을 쓰고, 그 장점과 단점을 각각 서술하시오.

> • 회사가 경영 자본을 마련하기 위해 투자자로부터 돈을 받고 회사 소유주라는 증표로 발행한 증서이다.
> • 증서를 소유한 사람은 배당금을 받아 이익을 얻을 수 있으며, 현금으로 전환 시 일정 부분에 손해가 발생할 수 있다.

----

02 서술형 다음에서 설명하고 있는 거래 방식의 명칭을 쓰고, 그 장점을 서술하시오.

> 미래의 어느 시점에 갚을 것을 약속하고 상품이나 돈을 얻을 수 있는 능력을 바탕으로 이루어지는 거래 방식이다.

----

03 논술형 그림은 생애 주기에 따른 소득과 소비의 관계를 나타낸 것이다. 각 시기의 특징을 300자 내외로 논술하시오. (단, 소득과 소비, 생산 활동과 연관 지어 서술한다.)

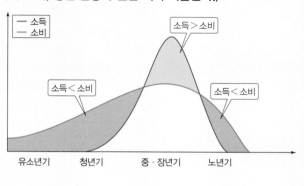

대단원 마무리

01 밑줄 친 ㉠~㉣ 중 서비스에 해당하는 것끼리 바르게 묶인 것은?

> 예린이는 사회 시험이 얼마 남지 않아 평소보다 ㉠ 수업 시간에 더욱 집중한다. 집에 와서도 사회 ㉡ 문제집을 풀고 인터넷 ㉢ 강의를 들으며 배운 내용을 복습한다. 열심히 공부하는 예린이를 격려하기 위해 엄마는 간식으로 ㉣ 떡볶이를 자주 만들어 주신다.

① ㉠, ㉡　　② ㉠, ㉢　　③ ㉡, ㉢
④ ㉡, ㉣　　⑤ ㉢, ㉣

02 (가), (나)에 해당하는 경제 활동을 〈보기〉에서 골라 바르게 연결한 것은?

> (가) 생활에 필요한 재화나 서비스를 만들거나 그 가치를 높이는 활동
> (나) 재화나 서비스를 구입하여 사용하고 욕구를 충족하는 활동

| 보기 |
ㄱ. 공장에서 만든 기구를 운반하였다.
ㄴ. 식당에서 요리사가 스파게티를 만들었다.
ㄷ. 평소 보고 싶었던 연극을 가족과 함께 관람하였다.
ㄹ. 친구와의 약속 시간에 늦을 것 같아서 택시를 탔다.

　　(가)　　(나)　　　　(가)　　(나)
① ㄱ, ㄴ　ㄷ, ㄹ　② ㄱ, ㄷ　ㄴ, ㄹ
③ ㄴ, ㄷ　ㄱ, ㄹ　④ ㄴ, ㄹ　ㄱ, ㄷ
⑤ ㄷ, ㄹ　ㄱ, ㄴ

03 자원의 희소성에 대한 설명으로 옳지 않은 것은?

① 자원의 절대적인 양에 의해 결정된다.
② 자원의 가격을 결정하는 중요한 요인이다.
③ 희소성이 큰 자원은 높은 가격에 거래될 것이다.
④ 같은 자원일지라도 시대와 장소에 따라 달라진다.
⑤ 인간의 욕구에 비해 자원이 한정되어 있기 때문에 발생한다.

04 [서술형] 그림과 같은 상황이 나타난 근본적인 원인과 피자를 선택한 이유를 서술하시오.

05 다음에서 설명하고 있는 경제 체제의 특성을 〈보기〉에서 고른 것은?

> 경제 활동이 국가의 계획과 통제에 따라 이루어진다. 국가는 기업이 생산할 제품의 종류와 수량을 결정하고, 사회의 공동 목표를 위해 사회 구성원의 경제 활동을 통제한다.

| 보기 |
ㄱ. 시장 가격에 의해 경제 문제를 결정한다.
ㄴ. 사유 재산 소유와 사익 추구를 인정한다.
ㄷ. 생산 수단을 국가나 집단이 소유하고 있다.
ㄹ. 소득 분배의 형평성을 추구한다는 장점이 있다.

① ㄱ, ㄴ　　② ㄱ, ㄷ　　③ ㄴ, ㄷ
④ ㄴ, ㄹ　　⑤ ㄷ, ㄹ

06 기업의 경제 활동에 대한 옳은 설명을 〈보기〉에서 고른 것은?

| 보기 |
ㄱ. 노동, 자본 등의 생산 요소를 제공한다.
ㄴ. 재화와 서비스를 만들어 시장에 공급한다.
ㄷ. 시장 경제를 전반적으로 관리하고 조정한다.
ㄹ. 최소 비용으로 최대 이윤을 얻기 위해 노력한다.

① ㄱ, ㄴ　　② ㄱ, ㄷ　　③ ㄴ, ㄷ
④ ㄴ, ㄹ　　⑤ ㄷ, ㄹ

07 그림은 국민이 바라는 기업의 역할을 순위별로 나타낸 것이다. 이에 대한 해석으로 적절하지 <u>않은</u> 것은?

(단위: %)

일자리 창출	44.6
근로자 복지 향상	22.4
사회 공헌	14.2
국가 경쟁력 강화	13.0
국부 증진	5.8

① 기업이 사회적 책임을 다하기를 바라고 있다.
② 기업의 이익과 함께 공익도 추구하기를 바라고 있다.
③ 기업의 가장 중요한 역할이 고용 창출이라고 생각한다.
④ 기업이 근로자의 권익을 보호할 책임이 있다고 생각한다.
⑤ 이윤 창출을 통한 기업의 성장을 최우선적으로 바라고 있다.

08 그림에서 기업인에게 필요한 자질 중 하나인 (가)의 내용으로 보기 어려운 것은?

변화를 추구하고, 변화에 대처하며, 변화를 기회로 이용하는 것이 [(가)]이다.

▶ 피터 드러커

① 고부가 가치의 신제품 개발
② 기술 혁신을 통한 상품의 품질 개선
③ 기술 융합을 통한 새로운 제품 생산
④ 타사 제품의 수요 감소에 따른 판매량 증가
⑤ 새로운 생산 방법 도입에 따른 생산 비용 절감

09 다음에 해당하는 생애 주기의 단계는?

소득이 크게 줄어들거나 없어져 연금이나 이전에 모아 두었던 자산으로 생활하는 시기로, 고령화 시대에 접어들어 더욱 중요성이 커지고 있다.

① 유년기　　　② 청년기　　　③ 중년기
④ 장년기　　　⑤ 노년기

10 서술형 (가), (나)의 자산 관리 방법의 특징을 비교하여 서술하시오. (단, 수익성과 안전성의 측면을 중심으로 서술한다.)

(가) 금융 기관에 목돈을 맡긴 후 이자를 얻는 상품
(나) 회사가 자금을 마련하기 위해 회사 소유권의 일부를 투자자에게 주는 증권

11 자산 관리의 고려 원칙인 (가)~(다)에 대한 설명으로 옳은 것은?

(가) 투자한 원금과 이자가 보장되는 정도
(나) 쉽고 빠르게 현금으로 전환할 수 있는 정도
(다) 투자를 통해 수익을 얻을 수 있는 가능성의 정도

① (가)는 채권<주식<예금 순으로 높게 나타난다.
② 주식은 예금에 비해 (다)가 높게 나타나는 편이다.
③ (가)가 높으면 (다)도 함께 높아지는 경향이 있다.
④ (가)는 수익성, (나)는 유동성, (다)는 안전성이다.
⑤ 자산 관리를 위해서는 (가), (나)만 고려하는 것이 현명하다.

12 다음 사례의 A씨에게 요구되는 바람직한 자세를 〈보기〉에서 고른 것은?

직장인 A씨는 신용 카드 결제 대금 일자를 자주 지키지 못해 신용 등급이 하락하였다. 넓은 집으로 이사를 가기 위해 은행으로부터 대출을 받으려고 했던 계획이 낮은 신용 등급으로 인해 차질을 빚게 되었다.

┤ 보기 ├
ㄱ. 집을 담보로 하여 무리한 대출을 받는다.
ㄴ. 평소 자신의 신용 정보를 확인하고 관리한다.
ㄷ. 주거래 은행을 만들어 꾸준히 거래함으로써 신용을 얻는다.
ㄹ. 현재보다 미래의 지불 능력만을 고려하는 경제생활을 한다.

① ㄱ, ㄴ　　② ㄱ, ㄷ　　③ ㄴ, ㄷ
④ ㄴ, ㄹ　　⑤ ㄷ, ㄹ

수행 평가 미리보기

미래 자산 포트폴리오 작성하기

우리는 일생 동안 경제생활을 하게 되는데, 소득을 얻을 수 있는 기간에 비해 소비 생활을 하는 기간이 매우 길다는 것을 확인하였습니다. 안정적인 경제생활을 지속하려면 자신의 미래를 계획해 보고, 그에 맞는 재무 계획을 세워 지속 가능한 소비 생활이 될 수 있도록 자산을 관리해야 합니다. 자신의 인생 목표 및 필요 자금에 대한 이해를 바탕으로 안전성과 수익성을 고려하여 자신의 미래 자산 포트폴리오를 작성해 봅시다.

수행 평가 문제

생애 주기와 경제생활을 고려하여 합리적인 미래 자산 포트폴리오를 작성해 보자.

A **활동 계획 세우기**

1 생애 주기별로 자신이 이루고 싶은 목표를 정하고, 그에 필요한 자금을 예측한다.
2 자금 마련 계획을 세우고 안전성과 수익성을 고려하여 미래 자산 포트폴리오를 작성한다.

B **활동 단계**

1단계 자신이 일생 동안 이루고 싶은 인생 목표를 연령대별로 구체적으로 세운다.
2단계 인생 목표를 이루기 위해 필요한 자금을 어떻게 마련할 것인지 계획한다.
3단계 자금 마련 계획을 바탕으로 자신의 미래 자산 관리 포트폴리오를 작성한다.
4단계 자신의 미래 자산 관리 포트폴리오를 발표하고 친구들의 발표를 경청한다.

C **활동하기**

1 연령대별 인생 목표를 세운다.

[예시]

10대	20대	30대	40~50대	60대 이후
• 자신의 적성 찾기 • 고등학교 진학하기	경제적으로 독립하기	안정된 가정 꾸리기	• 자녀 양육하기 • 자산 형성하기	• 건강 유지하기 • 은퇴 후 여가 시간 활용하기

2, 3 인생 목표를 이루기 위한 구체적인 경제 활동을 생각해 보고, 이에 따른 필요 자금을 예측하여 재무 계획을 세운다.

[예시]

연령대	인생 목표	경제 활동	재무 계획		
			필요 자금 (예상 금액)	예상 소득	자금 마련 계획
10대	고교 및 대학 진학	학업	등록금 학원비 (약 700만 원)	용돈 (10만 원)	용돈의 30% 예금하기
20대					
30대					
40~50대					
60대 이후					

4 작성한 미래 자산 포트폴리오를 발표하고 친구들의 발표를 경청한다.

발표 시 내용 요소	• 연령대별 인생 목표와 경제 활동 내용 • 인생 목표 수립의 배경 • 목표를 이루기 위한 자금 마련 계획 • 미래 자산 포트폴리오를 작성하면서 느낀 점 • 친구들의 발표를 경청하면서 새롭게 알게 된 점이나 느낀 점

📖📖 **채점 기준**

평가 영역	채점 기준	배점		
		상	중	하
문제 해결 능력	생애 주기를 고려하여 연령대별 인생 목표를 구체적으로 제시하였는가?			
	인생 목표를 이루기 위한 자산 관리 계획을 합리적으로 수립하였는가?			
	미래 자산 포트폴리오의 내용을 분명하고 자신 있는 태도로 발표하였는가?			
비판적 사고력	자산 관리 계획이 현실적이고 실천 가능한 내용인가?			
	자산 관리의 원칙을 고려하여 계획을 수립하였는가?			
논리적 타당성	주제를 정확하게 파악하여 보고서를 논리적으로 작성하였는가?			
	자신의 의견과 그에 대한 근거가 타당하게 연결되어 있는가?			

IV 시장 경제와 가격

01 시장의 의미와 종류

+ 자급자족
자기에게 필요한 것을 스스로 공급하여 충당하는 것

+ 잉여 생산물
생산한 것 중에서 사용하고 남은 것

+ 분업
효과적인 생산을 위해 각 분야를 여러 사람이 나누어 맡는 것

+ 물물 교환의 불편한 점

초기에 교환은 물건과 물건을 서로 바꾸는 형태로 이루어졌다. 하지만 물물 교환은 서로가 원하는 물품의 종류와 수량이 일치하는 상대방을 찾기가 쉽지 않았다. 또한 교환이 이루어질 때까지 물건을 가지고 다녀야 하는 불편함이 있었다. 서로가 원하는 물품을 가진 상대방을 만난다고 할지라도 서로가 생각하는 물건의 가치가 달라 거래가 이루어지기 어려웠다. 이러한 물물 교환의 불편함을 줄이기 위해 시장과 화폐가 등장하였다.

+ 물품 화폐
과거에는 물물 교환의 불편을 줄이기 위해서 쌀, 조개껍데기 등과 같은 물품을 화폐로 사용하였다. 어떤 물품이 화폐로 사용되기 위해서는 휴대와 보관이 쉽고, 물건의 가치를 측정하기 쉽게 작은 단위로 나누기 편리해야 한다.

❶ 시장의 의미와 발달 과정

(1) 시장의 의미: 상품을 사고자 하는 사람과 팔고자 하는 사람이 자발적으로 만나 거래가 이루어지는 곳 → 시장은 구체적인 장소뿐만 아니라 상품에 대한 정보를 교환하고 거래하기 위해 협상하는 과정 전체를 포함함

Q&A 만약 우리 주변에 시장이 없다면 어떤 일이 발생할까요?

사람이 살아가는 데에는 많은 것들이 필요하다. 쌀, 생선 등의 음식뿐만 아니라 옷과 다양한 도구 등도 있어야 한다. 우리는 이러한 모든 상품을 시장에서 구입한다. 하지만 시장이 없다면 사람들은 자신에게 필요한 것을 모두 직접 생산해야 할 것이다. 오른쪽 그림에서 농부가 벼농사뿐만 아니라 낚시도 하고 옷도 지으며 농사 도구를 만들어야 하는 것처럼 자급자족해야 할 것이다.

어서 벼를 베고, 강에 가서 고기를 잡아야겠군. 옷도 지어야 하고, 호미랑 쟁기도 새로 만들어야 해.

(2) 시장의 발달
① **원시 사회:** 생활에 필요한 물건을 스스로 만들어 사용하는 자급자족 생활을 주로 하였음
② **농경 사회:** 생산성이 증가하면서 발생한 잉여 생산물을 다른 사람과 바꾸는 물물 교환이 이루어졌음
③ **분업의 발생:** 교환이 활발해지자 사람들은 분업을 통해 자신이 더 잘 만들 수 있는 물건만을 집중적으로 생산할 수 있게 되었음
④ **시장의 형성:** 사람들이 효율적인 교환을 위해 일정한 시간과 장소를 정하여 모이게 되면서 시장이 형성되었음
⑤ **화폐의 출현:** 화폐를 사용하면서 교환이 더욱 원활해졌고 시장도 활성화되었음
└→ 일반적으로 화폐는 금속이나 지폐로 만들어져 저장하기 쉽고 휴대가 편리하며 물건의 가치를 객관적으로 표시해 주기 때문에 거래를 더욱 원활하게 함

📝 더 알아 보기 ▶ 화폐의 발달 과정

▲ 물품 화폐   ▲ 금속 화폐   ▲ 지폐   ▲ 신용 카드   ▲ 전자 화폐

시장에서 사람들이 물건을 구입할 때 그 대가로 무엇을 지급할까? 오늘날 가장 흔한 거래의 수단은 화폐이다. 초기의 화폐는 쌀, 소금 등과 같은 물품이었다. 이후 보관과 운반이 편리한 금속 화폐로 변화하였다. 이후 금속 화폐보다 가벼운 지폐가 등장하였다. 현대 사회에서는 각종 신용 카드와 체크 카드가 사용되고 있으며, 최근에는 스마트폰의 다양한 앱을 이용하여 더 간편하게 거래할 수 있게 되면서 전자 결제 시장 규모가 크게 증가할 것으로 전망하고 있다.

❷ 시장의 기능

(1) **수요와 공급의 연결**: 경제생활에 필요한 재화와 서비스의 수요와 공급을 연결해 줌
(2) **상품의 거래 비용 감소**: 사람들이 거래하려는 물건과 거래 조건에 맞는 상대방을 찾는 데 필요한 시간과 노력 등을 줄여 줌
(3) **상품에 대한 정보 제공**: 거래에 참여하는 사람들에게 상품의 종류 및 가격, 품질 등의 다양한 정보를 제공해 줌
(4) **교환과 분업의 촉진**: 자신이 가장 잘 생산할 수 있는 상품만을 특화하여 생산할 수 있게 도와줌 → 사회 전체의 생산성 증대

❸ 시장의 종류

(1) **거래 형태에 따른 구분** → 대형 마트, 백화점 등과 같이 다양한 상품이 거래되는 시장에서는 여러 가지 물건을 동시에 구매할 수 있는 반면, 전자 상가, 꽃시장 등과 같은 시장에서는 특정 분야의 상품 위주로 거래됨

보이는 시장 '구체적 시장'이라고도 함	거래가 이루어지는 모습이 구체적으로 드러나는 시장 예 전통시장, 대형 마트, 백화점 등
보이지 않는 시장 '추상적 시장'이라고도 함	거래가 이루어지는 모습이 구체적으로 드러나지 않는 시장 예 주식 시장, 외환 시장, 전자 상거래 등

(2) **거래 상품의 종류에 따른 구분**

생산물 시장	재화가 거래되는 시장 → 서비스가 거래되는 시장 생활에 필요한 재화나 서비스가 거래되는 시장 예 문구점, 농수산물 시장, 영화관, 공연장 등
생산 요소 시장	상품의 생산 과정에서 필요한 생산 요소가 거래되는 시장 예 부동산 시장, 노동 시장 등

(3) **기타**

개설 주기	• 상설 시장: 매일 열리는 시장 예 남대문 시장, 동대문 시장 등 • 정기 시장: 특정 날짜에만 열리는 시장 예 3일장, 5일장 등
판매 대상	• 도매 시장: 상인을 대상으로 하는 시장 • 소매 시장: 소비자를 대상으로 하는 시장

💡 **집중탐구** **생활 속 다양한 시장**

(가) 농산물 직거래 장터   (나) 온라인 쇼핑몰   (다) 취업 박람회   (라) 편의점

(가): 생활에 필요한 농산물이라는 특정 상품이 거래되는 **생산물 시장**이자, 거래 모습이 구체적으로 드러나는 **보이는 시장**이며, 한시적으로 열리는 **정기 시장**이다.
(나): 다양한 상품이 온라인상에서 거래되는 **생산물 시장**이자, **보이지 않는 시장**이며, 시간과 공간의 제약 없이 항상 열리는 **상설 시장**이다.
(다): 생산 과정에 필요한 노동력이 거래되므로 **생산 요소 시장**이며, 거래 모습이 드러나지 않는 **보이지 않는 시장**으로, 비정기적이고 한시적으로 열린다.
(라): 다양한 상품이 거래되는 **생산물 시장**으로, 거래 장소와 모습이 구체적으로 드러나므로 **보이는 시장**이며, 24시간 거래가 이루어지는 **상설 시장**이다.

➕ **수요**
일정한 가격에서 사고자 하는 욕구

➕ **공급**
일정한 가격에서 팔고자 하는 욕구

➕ **거래 비용**
상품에 대한 정보를 수집하고, 거래하려는 대상을 찾아다니는 데 드는 비용

➕ **특화**
어떤 생산 주체가 특정한 재화나 서비스만을 생산하거나 특정한 생산 활동만을 전담하는 것

➕ **외환 시장**
달러화, 유로화, 엔화 등과 같은 외환이 거래되는 시장

➕ **전자 상거래**
인터넷 등 정보 통신망을 이용하여 이루어지는 거래

➕ **생산물 시장과 생산 요소 시장**

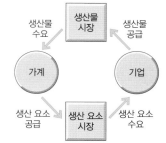

일반적으로 생산물 시장에서는 가계가 수요자가 되고, 기업이 공급자가 된다. 생산 요소 시장에서는 생산물 시장과는 반대로 가계가 공급자가 되며, 기업이 수요자가 된다.

➕ **공급자 수에 따른 시장 구분**

독점 시장	하나의 공급자에 의해 상품 생산이 이루어지는 시장 예 전력 시장, 가스 시장 등
과점 시장	소수의 공급자에 의해 상품 생산이 이루어지는 시장 예 이동 통신 시장, 정유 시장 등
경쟁 시장	다수의 공급자에 의해 상품 생산이 자유롭게 이루어지는 시장 예 쌀 시장, 채소 시장 등

개념 다지기

01 다음 내용에 해당하는 개념을 쓰시오.

> • 상품을 사고자 하는 사람과 팔고자 하는 사람이 자발적으로 만나 거래가 이루어지는 곳이다.
> • 거래 상대방을 찾는 데 필요한 시간과 비용을 줄여 주어 거래가 쉽게 이루어질 수 있도록 돕는다.

02 빈칸에 들어갈 알맞은 말을 쓰시오.

(1) 원시 시대에 사람들은 자기에게 필요한 것을 스스로 만들어 사용하는 (   ) 생활을 하였다.

(2) 물건과 물건을 서로 바꾸는 (   )은(는) 거래가 이루어질 때까지 물건을 가지고 다녀야 하는 불편함이 있었다.

(3) (   )은(는) 구체적인 장소만을 의미하는 것이 아니라, 상품의 거래가 이루어지는 모든 곳을 포함한다.

03 시장의 발달 순서대로 바르게 나열하시오.

> (가) 분업의 등장   (나) 화폐의 출현
> (다) 시장의 형성   (라) 자급자족 경제
> (마) 물물 교환의 시작   (바) 잉여 생산물의 발생

04 (가)~(라)는 화폐의 모습을 나타낸 것이다. 화폐가 등장한 순서대로 바르게 나열하시오.

(가)

(나)

(다)

(라)

05 다음 설명이 옳으면 ○표, 틀리면 ✕표 하시오.

(1) 시장이 형성되기 위해서는 구체적인 장소나 시설이 있어야 한다. ┄┄┄┄┄┄┄┄┄┄┄┄ (   )

(2) 사람들은 시장에서 재화나 서비스에 대한 다양한 정보를 쉽게 얻을 수 있다. ┄┄┄┄┄┄┄┄ (   )

(3) 생산물 시장에서는 상품을 생산하는 데 필요한 노동, 토지, 자본 등이 거래된다. ┄┄┄┄┄┄ (   )

(4) 시장은 개설 주기에 따라 도매 시장과 소매 시장으로 구분할 수 있다. ┄┄┄┄┄┄┄┄┄┄ (   )

06 괄호 안의 내용 중 알맞은 말에 ○표 하시오.

(1) 외환 시장, 전자 상거래 등은 (보이는 시장, 보이지 않는 시장)에 속한다.

(2) 시장은 (거래 형태, 거래 상품)에 따라 생산물 시장과 생산 요소 시장으로 구분된다.

(3) 시장은 매일 열리는 (상설 시장, 정기 시장)과 특정 날짜에만 열리는 (상설 시장, 정기 시장)으로 나눌 수 있다.

07 시장의 종류와 그 사례를 바르게 연결하시오.

(1) 생산물 시장 •   • ㉠ 곡물 시장
                                    • ㉡ 주식 시장
(2) 생산 요소 시장 •   • ㉢ 노동 시장
                                    • ㉣ 가구 시장

08 사진에 나타난 시장의 유형을 〈보기〉에서 있는 대로 골라 기호로 쓰시오.

▲ 백화점

> ┤ 보기 ├
> ㄱ. 상설 시장   ㄴ. 정기 시장
> ㄷ. 생산물 시장   ㄹ. 생산 요소 시장

01. 시장의 의미와 종류

중단원 실력 쌓기

정답과 해설 | 23쪽

01 시장에 대한 설명으로 옳지 않은 것은?

① 노동, 자본, 토지 등도 거래된다.
② 구체적인 장소나 시설을 갖추어야 형성된다.
③ 필요한 상품을 쉽게 교환할 수 있게 도와준다.
④ 개설 주기에 따라 상설 시장, 정기 시장 등으로 구분된다.
⑤ 오늘날에는 전자 상거래 등과 같은 새로운 형태의 시장이 활성화되고 있다.

02 시장의 형성 과정을 순서대로 바르게 나열한 것은?

> (가) 농업이 크게 발달하여 잉여 생산물이 발생하였다.
> (나) 생활에 필요한 모든 물건을 스스로 만들어 사용하였다.
> (다) 필요한 물건을 가진 사람을 찾아가 직접 바꾸는 물물 교환이 이루어졌다.
> (라) 물건을 쉽게 교환하기 위해서 장소와 날짜를 정해 사람들이 모이기 시작하였다.

① (가) – (나) – (라) – (다)
② (가) – (다) – (나) – (라)
③ (나) – (가) – (다) – (라)
④ (나) – (라) – (가) – (다)
⑤ (다) – (가) – (나) – (라)

03 화폐에 대한 옳은 설명을 〈보기〉에서 고른 것은?

> ┤ 보기 ├
> ㄱ. 시장에서 상품을 거래하는 수단으로 활용된다.
> ㄴ. 초기에는 쌀, 소금, 조개껍데기 등이 사용되었다.
> ㄷ. 금속 화폐는 지폐에 비해 보관과 운반이 편리하다.
> ㄹ. 오늘날에는 결제 수단으로 물품 화폐가 보편화되었다.

① ㄱ, ㄴ   ② ㄱ, ㄷ   ③ ㄴ, ㄷ
④ ㄴ, ㄹ   ⑤ ㄷ, ㄹ

04 화폐의 발달 과정을 순서대로 바르게 나열한 것은?

① 금속 화폐 – 신용 지폐 – 전자 화폐 – 지폐 – 물품 화폐
② 금속 화폐 – 물품 화폐 – 지폐 – 전자 화폐 – 신용 화폐
③ 지폐 – 금속 화폐 – 물품 화폐 – 신용 화폐 – 전자 화폐
④ 물품 화폐 – 지폐 – 신용 화폐 – 전자 화폐 – 금속 화폐
⑤ 물품 화폐 – 금속 화폐 – 지폐 – 신용 화폐 – 전자 화폐

05 시장의 기능에 대한 옳은 설명을 〈보기〉에서 고른 것은?

> ┤ 보기 ├
> ㄱ. 자원의 희소성을 높인다.
> ㄴ. 자급자족 경제를 활성화한다.
> ㄷ. 상품에 대한 정보를 제공한다.
> ㄹ. 거래에 드는 비용을 줄여 준다.

① ㄱ, ㄴ   ② ㄱ, ㄷ   ③ ㄴ, ㄷ
④ ㄴ, ㄹ   ⑤ ㄷ, ㄹ

06 시장의 등장으로 나타난 경제생활의 변화로 적절하지 않은 것은?

① 상품에 대한 정보를 쉽게 교환할 수 있게 되었다.
② 수요자와 공급자 간의 원활한 거래가 가능해졌다.
③ 교환과 분업이 가능해져 경제생활이 풍요로워졌다.
④ 자원이 효율적으로 배분되어 빈부 격차가 해결되었다.
⑤ 거래 상대방을 찾는 데 드는 비용과 시간이 줄어들었다.

IV. 시장 경제와 가격 • **83**

07 시장의 종류에 대한 옳은 설명을 〈보기〉에서 고른 것은?

┤ 보기 ├
ㄱ. 생산 요소 시장에서는 노동, 토지, 자본 등이 거래된다.
ㄴ. 외환 시장, 증권 시장 등은 눈에 보이지 않는 시장에 해당한다.
ㄷ. 농수산물 시장은 눈에 보이는 시장이면서 생산 요소 시장에 해당한다.
ㄹ. 거래되는 상품의 종류에 따라 독점 시장, 과점 시장, 경쟁 시장으로 구분할 수 있다.

① ㄱ, ㄴ   ② ㄱ, ㄷ   ③ ㄴ, ㄷ
④ ㄴ, ㄹ   ⑤ ㄷ, ㄹ

08 밑줄 친 부분에 해당하는 시장을 〈보기〉에서 고른 것은?

시장은 어떤 대상이 거래되는 특정한 장소만을 가리키는 것이 아니라 수요자, 공급자 간의 거래 활동 자체를 의미한다. 따라서 거래의 모습이 눈에 보이는 시장도 있고, 눈에 보이지 않는 시장도 있다.

┤ 보기 ├
ㄱ. 백화점   ㄴ. 주식 시장
ㄷ. 수산물 시장   ㄹ. 전자 상거래

① ㄱ, ㄴ   ② ㄱ, ㄷ   ③ ㄴ, ㄷ
④ ㄴ, ㄹ   ⑤ ㄷ, ㄹ

09 다음 내용에 해당하는 시장의 종류로 적절하지 <u>않은</u> 것은?

상품을 생산하는 데 필요한 노동, 토지, 자본 등의 생산 요소가 거래되는 시장을 말한다.

① 주식 시장   ② 전자 상가
③ 외환 시장   ④ 취업 박람회
⑤ 부동산 중개업소

10 (가), (나)에 해당하는 시장을 〈보기〉에서 골라 옳게 연결한 것은?

생산물 시장	생산 요소 시장
(가)	(나)

┤ 보기 ├
ㄱ. 수산 시장   ㄴ. 노동 시장
ㄷ. 청과물 시장   ㄹ. 부동산 시장

　　(가)　　(나)　　　　　　(가)　　(나)
① ㄱ, ㄴ   ㄷ, ㄹ   ② ㄱ, ㄷ   ㄴ, ㄹ
③ ㄴ, ㄷ   ㄱ, ㄹ   ④ ㄴ, ㄹ   ㄱ, ㄷ
⑤ ㄷ, ㄹ   ㄱ, ㄴ

11 그림에 나타난 시장에 대한 옳은 설명을 〈보기〉에서 고른 것은?

┤ 보기 ├
ㄱ. 생산에 필요한 요소가 거래된다.
ㄴ. 거래 모습이 구체적으로 드러나지 않는다.
ㄷ. 수요자와 공급자의 구분이 명확하지 않다.
ㄹ. 정보 통신 기술의 발달에 따라 새롭게 등장하였다.

① ㄱ, ㄴ   ② ㄱ, ㄷ   ③ ㄴ, ㄷ
④ ㄴ, ㄹ   ⑤ ㄷ, ㄹ

12 다음 조건을 모두 만족하는 시장으로 가장 적절한 것은?

• 생활에 필요한 재화나 서비스가 거래된다.
• 거래하는 모습이 구체적으로 드러나지 않는다.

① 외환 시장   ② 대형 마트
③ 취업 박람회   ④ 농산물 직거래 매장
⑤ 패션 잡화 인터넷 쇼핑몰

[13~14] 다음은 사회 수업 장면이다. 물음에 답하시오.

> 교사: 우리 주변에 어떤 시장이 있는지 말해 볼까요?
> 도윤: 저희 집 앞에 (㉠)이 있어요.
> 희정: 어제 저녁에 텔레비전 뉴스를 보니까 우리나라의 (㉡)이 갈수록 확대되고 있대요.
> 교사: 그래요. 도윤이가 말한 시장은 생산물 시장이고, 희정이가 말한 시장은 생산 요소 시장이에요.

13 빈칸 ㉠, ㉡에 들어갈 시장의 형태를 바르게 연결한 것은?

	㉠	㉡
①	곡물 시장	노동 시장
②	주식 시장	가구 시장
③	자본 시장	외환 시장
④	의류 시장	수산 시장
⑤	부동산 시장	금융 시장

14 ㉠, ㉡에 대한 옳은 설명을 〈보기〉에서 고른 것은?

> **보기**
> ㄱ. ㉠에서는 생활에 필요한 상품이 거래된다.
> ㄴ. ㉡에서 수요자는 가계, 공급자는 기업이 된다.
> ㄷ. ㉠과 ㉡을 이용하면 거래 비용을 줄일 수 있다.
> ㄹ. ㉠과 ㉡은 모두 눈에 보이지 않는 시장에 해당한다.

① ㄱ, ㄴ   ② ㄱ, ㄷ   ③ ㄴ, ㄷ
④ ㄴ, ㄹ   ⑤ ㄷ, ㄹ

15 그림에 나타난 시장의 유형으로 옳은 것은?

> 모두 얼마예요?
> 근처 편의점에 비해 물건이 많네.

	구분 기준	시장의 유형
①	거래 형태	보이지 않는 시장
②	상품 종류	생산물 시장
③	개설 주기	정기 시장
④	판매 대상	도매 시장
⑤	공급자 수	독점

서술형 · 논술형

서술형

01 (가), (나)가 속하는 시장의 유형을 '거래 상품'을 기준으로 비교하여 서술하시오.

(가)	(나)
	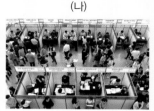
▲ 농수산물 시장	▲ 취업 박람회

논술형

02 그림에서 농부가 겪는 어려움을 두 가지 이상 제시하고, 이러한 어려움을 해결하기 위해 경제생활에 어떤 변화가 나타났는지 논술하시오.

> 올해는 풍년이네! 흰 쌀밥과 생선을 같이 먹고 싶은데. 어부에게 가서 생선을 구해야겠어.
> 제가 가진 쌀과 당신의 생선을 바꿉시다.
> 저는 쌀보다는 불을 땔 장작이 필요합니다.
> 제가 가진 쌀과 장작을 바꿀 수 있나요?
> 죄송해요. 저는 쌀보다는 사과가 필요해요.
> 생선 한 번 먹기 정말 힘드네! 이제 과수원 주인을 찾아가야 하나?

02 시장 가격의 결정

+ 수요자
상품을 구입하고자 하는 사람

+ 수요 곡선

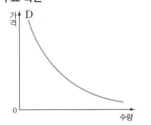

상품의 가격에 따라 수요자가 구매하고자 하는 상품의 양이 변화하는 것을 나타낸다. 수요 곡선은 오른쪽 아래를 향하는 우하향 곡선이다.

+ 공급자
상품을 판매하고자 하는 사람

+ 공급 곡선

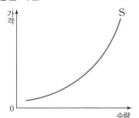

상품의 가격에 따라 공급자가 판매하고자 하는 상품의 양이 변화하는 것을 나타낸다. 공급 곡선은 오른쪽 위를 향하는 우상향 곡선이다.

+ 균형 가격과 균형 거래량

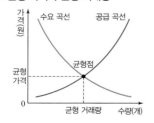

❶ 수요 법칙과 공급 법칙

(1) 수요와 수요 법칙

① 수요와 수요량　　　수요란 단지 무엇을 갖고 싶다는 막연한 희망이 아닌 ←
　　　　　　　　　　　실제로 살 수 있는 구매력을 갖춘 욕구를 말함

수요	일정한 가격 수준에서 어떤 상품을 사고자 하는 욕구
수요량	어떤 가격에서 수요자가 사려는 상품의 구체적인 양

② 수요 법칙: 어떤 상품의 가격이 상승하면 그 상품의 수요량은 감소하고, 가격이 하락하면 수요량이 증가하는 현상 ┌→ '가격과 수요량이 반대 방향으로 움직이는 현상' 또는 '가격과
　　　　　　　　　　　　　　　　　　　　　　수요량 사이에 나타나는 음(-)의 관계'로 나타낼 수 있음

③ 수요 곡선: 가격과 수요량과의 반비례 관계를 나타내는 그래프 → 우하향하는 곡선

Q&A　　모든 사람들이 수요 법칙대로 행동하나요?

이 세상의 모든 사람들이 반드시 수요 법칙대로 경제 활동을 하는 것은 아니다. 어떤 사람들은 주위 사람들에게 부를 과시하거나 허영심을 채우기 위해 값비싼 물건을 구입하기도 한다. 사치품의 경우 가격이 상승함에도 불구하고 수요량이 증가하는 현상이 나타날 수 있다. 이처럼 몇몇 사람들의 경우 수요 법칙을 따르지 않을 수 있다. 하지만 경제학자들이 말하는 수요 곡선은 상품을 구입하는 사람들 전체의 수요를 모두 합한 시장 전체의 수요 곡선을 말하는 것이다. 이러한 시장 전체의 수요 곡선은 대체로 수요 법칙을 따르게 되어 우하향하는 곡선의 형태를 띠게 된다.

(2) 공급과 공급 법칙

① 공급과 공급량

공급	일정한 가격 수준에서 어떤 상품을 판매하고자 하는 욕구
공급량	어떤 가격에서 공급자가 판매하려는 상품의 구체적인 양

② 공급 법칙: 어떤 상품의 가격이 상승하면 그 상품의 공급량은 증가하고, 가격이 하락하면 공급량이 감소하는 현상 ┌→ '가격과 공급량이 같은 방향으로 움직이는 현상' 또는 '가격과
　　　　　　　　　　　　　　　　　　　　　　공급량 사이에 나타나는 양(+)의 관계'로 나타낼 수 있음

③ 공급 곡선: 가격과 공급량과의 비례 관계를 나타내는 그래프 → 우상향하는 곡선

❷ 시장 가격의 결정 원리

(1) 균형 가격과 균형 거래량

① 균형 가격(시장 가격): 시장에서 수요량과 공급량이 일치하여 균형을 이루는 지점의 가격 →시장이 균형을 이루게 되면 수요자와 공급자는 모두 자신이 원하는 양의 상품을 거래할 수 있게 되어 시장은 가장 효율적인 상태가 됨

② 균형 거래량: 시장에서 수요량과 공급량이 일치할 때의 거래량

(2) 초과 수요와 초과 공급

① 초과 수요(수요량>공급량): 상품 가격이 균형 가격보다 낮아 수요량이 공급량보다 많은 상태 → 수요자 간의 경쟁 발생 → 가격 상승

② 초과 공급(수요량<공급량): 상품 가격이 균형 가격보다 높아 공급량이 수요량보다 많은 상태 → 공급자 간의 경쟁 발생 → 가격 하락

🔍 집중탐구 │ 시장 가격의 결정 과정

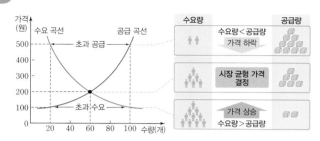

초콜릿의 가격이 500원일 때 수요량은 20개, 공급량은 100개로 초콜릿의 공급량이 수요량보다 많은 초과 공급이 발생한다. 이때 공급자들은 가격을 내려서라도 남은 상품을 팔려고 하므로 가격은 하락하게 된다. 초콜릿의 가격이 100원일 때 수요량은 100개, 공급량은 20개로 초콜릿의 수요량이 공급량보다 많은 초과 수요가 발생한다. 이때 수요자들은 돈을 더 주고서라도 상품을 사려고 하므로 가격은 상승하게 된다. 초콜릿의 가격이 200원일 때 수요량과 공급량이 모두 60개로 초콜릿의 수요량과 공급량이 일치하여 시장이 균형을 이루게 된다.

❸ 시장 가격의 기능

(1) 경제 활동의 신호등
① 의미: 시장 가격은 소비자와 생산자에게 경제 활동을 어떻게 조절해야 할지를 알려 주는 신호등 역할을 함
② 시장 가격 변화에 따른 경제 주체의 경제 활동

구분	소비자	생산자
가격 상승	수요량 감소	공급량 증가
가격 하락	수요량 증가	공급량 감소

(2) 자원의 효율적 배분
① 의미: 시장 가격은 경제 주체에게 합리적인 경제 활동의 방향을 알려 주어 희소한 자원을 효율적으로 배분하는 역할을 함
② 시장 가격 변화에 따른 자원 배분

소비자	시장에서 가장 큰 만족을 얻을 수 있는 소비자가 상품을 구입하도록 함
생산자	시장에서 가장 낮은 비용으로 생산할 수 있는 생산자가 상품을 공급하도록 함

📝 더 알아 보기 ▶ 보이지 않는 손

우리가 매일 식사를 할 수 있는 것은 정육업자, 양조업자, 제빵업자들의 자비심 때문이 아니라 그들이 자신의 이익을 추구하기 때문이다. … (중략) … 오직 자신의 이익을 위하여 행동하는 과정에서 보이지 않는 손에 이끌려 사회 전체의 이익이 증가한다.
– 애덤 스미스의 「국부론」 중 일부 –

경제학자인 애덤 스미스는 **시장의 '보이지 않는 손'에 의해 가격이 결정**되고, 자신의 이익을 추구하는 개인의 활동은 시장 가격에 의해 조화롭게 조정되어 개인뿐만 아니라 사회 발전에도 기여한다고 보았다.

✛ 시장의 불균형

초과 공급	상품 과잉 → 공급자 간 판매 경쟁 → 가격 하락
초과 수요	상품 부족 → 수요자 간 소비 경쟁 → 가격 상승

✛ 시장의 균형
초과 수요나 초과 공급과 같은 시장의 불균형은 가격의 변동을 통해 해소된다. 즉, 수요자와 공급자의 요구가 일치하여 더 이상 가격이 오르거나 내리지 않는 균형 상태가 될 때까지 가격이 변동하면서 시장의 균형이 달성되는 것이다.

✛ 시장 가격의 기능
소비자와 생산자는 시장에서 형성되는 '가격'이라는 신호등을 보고 상품의 적절한 소비 규모와 생산 수량을 결정하게 된다.

✛ 희소
인간의 욕구에 비해 이를 충족할 자원이 상대적으로 적은 것을 의미한다.

✛ 양조
술이나 간장, 식초 등을 담가 만드는 일

✛ 애덤 스미스(1723~1790)
경제학의 아버지라고 불린다. 고전 경제학의 창시자이며, 자유방임 경제를 주장한 「국부론」을 집필하였다. 「국부론」은 오늘날까지도 경제학의 교과서 역할을 하고 있다.

개념 다지기

01 빈칸에 들어갈 알맞은 말을 쓰시오.

(1) (　　　　)은(는) 일정한 가격 수준에서 어떤 상품을 사고자 하는 욕구를 말한다.

(2) 어떤 상품의 가격이 하락하면 그 상품의 수요량은 (　　　　)하고, 가격이 상승하면 수요량은 (　　　　) 한다.

(3) 어떤 가격에서 공급자가 판매하려는 상품의 구체적인 양을 (　　　　)(이)라고 한다.

(4) (　　　　)은(는) 생산자와 소비자에게 경제 활동을 어떻게 조절해야 할지 알려 주는 신호등 역할을 한다.

02 그림 (가), (나)가 나타내는 경제 법칙을 각각 쓰시오.

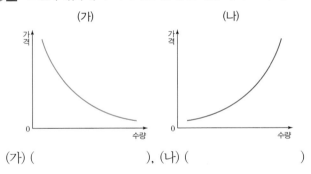

(가) (　　　　　　　　), (나) (　　　　　　　　)

03 다음 설명이 맞으면 ○표, 틀리면 ×표 하시오.

(1) 수요 곡선은 가격과 수요량의 비례 관계를 나타내는 그래프이다. ·······················(　)

(2) 균형 가격은 시장에서 수요량과 공급량이 일치하는 지점에서 형성된다. ·······················(　)

(3) 가격이 상승하면 수요자는 수요량을 늘리고, 공급자는 공급량을 줄인다. ·······················(　)

04 괄호 안의 내용 중 알맞은 말에 ○표 하시오.

(1) 수요 곡선은 (우상향, 우하향)하는 모양이다.

(2) 가격과 공급량은 (비례, 반비례) 관계이다.

(3) 가격이 상승하면 공급량은 (감소, 증가)한다.

(4) 상품 가격이 균형 가격보다 낮을 때 (초과 수요, 초과 공급)이(가) 형성된다.

05 표는 초콜릿의 수요량과 공급량을 나타낸 것이다. 빈칸에 들어갈 알맞은 말을 쓰시오.

가격(원)	수요량(만 개)	공급량(만 개)
500	100	20
1,000	80	40
1,500	60	60
2,000	40	80

(1) 초콜릿 가격이 500원일 때, 수요량은 (　　　　)만 개, 공급량은 (　　　　)만 개이다.

(2) 초콜릿 가격이 1,000원일 때, (　　　　)만 개의 초과 수요량이 발생한다.

(3) 초콜릿 가격이 (　　　　)원일 때, 수요량과 공급량은 일치한다.

(4) 초콜릿 가격이 2,000원일 때, 공급량이 수요량보다 많은 (　　　　) 상태가 된다.

(5) 초콜릿의 균형 가격은 (　　　　)원이고, 균형 거래량은 (　　　　)만 개이다.

06 서로 관련 있는 것끼리 바르게 연결하시오.

(1) 초과 수요 •

(2) 초과 공급 •

• ㉠ 수요량 < 공급량
• ㉡ 수요량 > 공급량
• ㉢ 가격 상승 압력
• ㉣ 가격 하락 압력
• ㉤ 공급자 간 경쟁
• ㉥ 수요자 간 경쟁

07 빈칸에 공통으로 들어갈 개념을 쓰시오.

(　　　　)은(는) 생산자와 소비자에게 생산과 소비를 늘려야 할지, 줄여야 할지를 알려 준다. 또한 (　　　　)은(는) 경제 주체들에게 합리적인 경제 활동의 방향을 제시하여 희소한 자원을 효율적으로 배분하는 역할을 한다.

01 수요 법칙을 통해 설명할 수 있는 현상으로 적절하지 <u>않</u>은 것은?

① 수박 가격의 급등으로 수박의 소비량이 감소하였다.
② 유럽행 항공권 가격이 하락하자 유럽을 찾는 여행객이 늘어났다.
③ 스마트폰의 가격 상승으로 스마트폰을 구매하려는 소비자가 줄었다.
④ 아이스크림 가격이 할인되자 아이스크림을 구입하려는 사람들이 증가했다.
⑤ 명품 가방의 가격이 상승하자 유행에 민감하게 반응하는 사람들의 구매량이 증가하였다.

02 그래프에 대한 설명으로 옳은 것은?

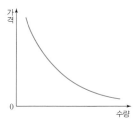

① 공급 곡선이다.
② 공급 법칙을 나타낸 그래프이다.
③ 가격과 수요량의 비례 관계를 보여 준다.
④ 가격 변동에 따른 수요량의 변동을 나타낸다.
⑤ 가격과 같은 방향으로 움직이는 공급량의 움직임을 알려 준다.

03 공급 법칙에 대한 옳은 설명을 〈보기〉에서 고른 것은?

┤ 보기 ├
ㄱ. 우하향하는 곡선으로 나타낼 수 있다.
ㄴ. 가격과 공급량 간의 반비례 관계를 말한다.
ㄷ. 가격과 공급량이 같은 방향으로 움직이는 현상이다.
ㄹ. 상품의 가격이 상승하면 그에 대한 공급량이 증가하는 것을 말한다.

① ㄱ, ㄴ   ② ㄱ, ㄷ   ③ ㄴ, ㄷ
④ ㄴ, ㄹ   ⑤ ㄷ, ㄹ

04 균형 가격에 대한 설명으로 옳지 <u>않</u>은 것은?

① 수요량과 공급량이 일치하는 지점의 가격이다.
② 수요자와 공급자 간의 자유로운 경쟁을 통해 형성된다.
③ 시장에서 한 번 결정된 균형 가격이라도 변동할 수 있다.
④ 초과 수요와 초과 공급이 없는 균형 상태에서 결정된다.
⑤ 초과 수요보다 낮고, 초과 공급보다 높은 가격 수준에서 정해진다.

05 표는 어떤 재화의 수요량과 공급량을 나타낸 것이다. 이 재화의 시장 가격으로 옳은 것은?

가격(원)	1,400	1,600	1,800	2,000	2,200
수요량(개)	900	800	700	600	500
공급량(개)	300	400	500	600	700

① 1,400원   ② 1,600원   ③ 1,800원
④ 2,000원   ⑤ 2,200원

06 초과 수요에 대한 옳은 설명을 〈보기〉에서 고른 것은?

┤ 보기 ├
ㄱ. 수요자 간의 경쟁이 발생한다.
ㄴ. 공급량이 수요량보다 많은 상태이다.
ㄷ. 상품 가격이 균형 가격보다 낮을 때 발생한다.
ㄹ. 시장에 상품이 남아 가격 하락 압력이 나타난다.

① ㄱ, ㄴ   ② ㄱ, ㄷ   ③ ㄴ, ㄷ
④ ㄴ, ㄹ   ⑤ ㄷ, ㄹ

07 표는 붕어빵의 수요·공급표이다. 가격이 300원일 때 나타나는 시장 상황에 대한 설명으로 옳은 것은?

가격(원)	수요량(개)	공급량(개)
300	300	100
500	200	200
800	100	300

① 가격 하락 압력이 나타난다.
② 200개의 초과 공급량이 발생한다.
③ 시장에 200개의 붕어빵이 모자란다.
④ 수요자는 원하는 붕어빵을 모두 살 수 있다.
⑤ 붕어빵을 판매하기 위한 공급자 간 경쟁이 나타난다.

08 초과 공급 상태의 시장 상황으로 적절하지 <u>않은</u> 것은?

① 시장에 상품이 남는다.
② 공급량이 수요량보다 많다.
③ 가격 하락 압력이 나타난다.
④ 상품을 판매하기 위한 경쟁이 일어난다.
⑤ 공급자는 원하는 양만큼의 상품을 팔 수 있다.

09 그림에서 가격이 700원일 때 나타나는 시장 상황으로 옳은 것은?

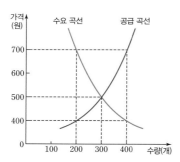

┤ 보기 ├
ㄱ. 수요량과 공급량이 일치하여 시장은 안정을 이룬다.
ㄴ. 공급량이 수요량보다 200개 많은 초과 공급 상태가 발생한다.
ㄷ. 공급자는 팔려는 양만큼 판매하지 못하여 가격을 내릴 것이다.
ㄹ. 수요자들이 사려는 양은 400개인데, 공급자들이 판매하려는 양은 200개이다.

① ㄱ, ㄴ   ② ㄱ, ㄷ   ③ ㄴ, ㄷ
④ ㄴ, ㄹ   ⑤ ㄷ, ㄹ

10 그림은 어떤 재화의 수요·공급 곡선이다. 이에 대한 설명으로 옳은 것은?

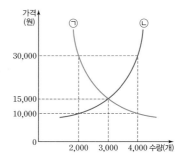

① ㉠은 공급 곡선이다.
② ㉡은 가격과 수요량의 관계를 나타낸다.
③ 가격이 10,000원일 때, 4,000개의 초과 수요가 발생한다.
④ 가격이 15,000원일 때, 수요량과 공급량이 일치한다.
⑤ 가격이 30,000원일 때, 공급자들 간의 경쟁으로 가격이 상승한다.

11 시장 가격의 기능에 대한 설명으로 옳지 <u>않은</u> 것은?

① 빈부 격차를 해소한다.
② 수요량과 공급량을 조절한다.
③ 한정된 자원을 효율적으로 배분한다.
④ 경제 활동의 신호등과 같은 역할을 한다.
⑤ 소비자와 생산자의 경제적 의사 결정을 돕는다.

12 빈칸에 들어갈 적절한 내용을 〈보기〉에서 고른 것은?

> 시장 가격은 경제 주체들이 경제 활동을 하는 데 신호등과 같은 역할을 한다. 예를 들어, 어떤 상품의 가격이 상승하면 _____

┤ 보기 ├
ㄱ. 소비자는 물건을 더 많이 구입한다.
ㄴ. 소비자는 그 상품을 대체할 다른 것을 찾는다.
ㄷ. 생산자는 더 많은 이윤을 얻기 위해 생산을 늘린다.
ㄹ. 생산자는 다른 상품을 생산하기 위해 업종을 전환한다.

① ㄱ, ㄴ   ② ㄱ, ㄷ   ③ ㄴ, ㄷ
④ ㄴ, ㄹ   ⑤ ㄷ, ㄹ

01 그림에서 나타난 경제 법칙을 쓰고, 그 의미를 서술하시오.

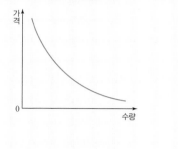

03 그래프는 어떤 상품의 수요·공급 곡선이다. 이 상품의 가격이 1,000원일 때와 5,000원일 때 나타날 수 있는 현상을 〈조건〉에 맞게 논술하시오.

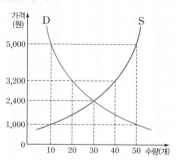

┤ 조건 ├
• 주어진 가격의 수요량과 공급량을 모두 제시할 것
• 경제 주체의 행동에 따른 가격 변화를 포함할 것
• 200자 내외로 논술할 것

02 밑줄 친 부분이 나타내는 경제 개념을 쓰고, 그 기능을 두 가지만 서술하시오.

> 우리가 매일 식사를 할 수 있는 것은 정육업자, 양조업자, 제빵업자들의 자비심 때문이 아니라 그들이 자신의 이익을 추구하기 때문이다. … (중략) … 그들은 공익을 추구하려고 노력하지 않고, 자신이 공익에 얼마나 기여하는지 조차 모른다. 오직 자신의 이익을 위하여 행동하는 과정에서 보이지 않는 손에 이끌려 사회 전체의 이익이 증가한다.

03 시장 가격의 변동

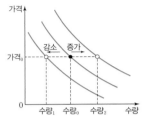

✚ 수요의 변동

수요 변동이란 어떤 상품의 가격 이외에 다른 요인이 변화하여 수요자의 구매 계획이 변화하는 것을 말한다. 수요가 증가하면 수요 곡선은 오른쪽으로 이동하고, 수요가 감소하면 수요 곡선은 왼쪽으로 이동한다.

✚ 기호

특정 상품에 대한 소비자들의 선호

✚ 대체재

소고기와 돼지고기, 녹차와 홍차, 쌀과 밀 등과 같이 용도가 비슷하여 서로 대신하여 사용할 수 있는 관계에 있는 재화

✚ 보완재

커피와 설탕, 배드민턴 채와 셔틀콕, 자동차와 휘발유 등과 같이 함께 사용할 때 만족도가 더욱 커지는 관계에 있는 재화

✚ 출시

상품을 시장에 내놓은 것

❶ 수요 변동과 공급 변동

(1) 수요 변동의 요인

① 가계의 소득 변화: 소득이 늘어나면 수요가 증가하고, 소득이 줄어들면 수요가 감소함

② 소비자의 기호 변화: 어떤 상품에 대한 기호가 증가하면 수요가 늘어나고, 기호가 감소하면 수요가 줄어듦

③ 연관 상품의 가격 변화

	→ 가격이 오른 그 상품을 대체할 수 있는 다른 재화를 찾기 때문
대체재 가격 변화	• 대체재 관계에 있는 한 상품의 가격이 오르면 다른 상품의 수요가 증가함 • 대체재 관계에 있는 한 상품의 가격이 내리면 다른 상품의 수요는 감소함
보완재 가격 변화	• 보완재 관계에 있는 한 상품의 가격이 오르면 다른 상품의 수요가 감소함 • 보완재 관계에 있는 한 상품의 가격이 내리면 다른 상품의 수요는 증가함
	→ 가격이 내린 그 상품과 같이 사용할 때 만족감이 더 커지는 다른 재화를 찾기 때문

📝 **더 알아 보기 ▶ 대체재와 보완재**

사이다와 콜라는 용도가 비슷하므로 대체재 관계이다. 사이다 가격이 상승하면 사람들은 대체재인 콜라를 찾기 때문에 콜라의 수요는 증가한다. 한편, 피자와 콜라는 함께 사용할 때 만족감이 더 커지므로 보완재 관계이다. 피자 가격이 하락하면 사람들은 피자의 소비를 늘리고, 피자와 함께 먹는 콜라를 더 찾기 때문에 콜라의 수요도 증가한다.

④ 인구수의 변화: 인구가 많아져 수요자의 수가 늘어나면 수요가 증가하고, 인구가 줄어들면 수요가 감소함

⑤ 미래에 대한 예상: 어떤 상품의 가격이 오를 것으로 예상되면 수요가 증가하고, 신제품이 출시될 것이라는 소식이 들리면 기존 상품의 수요가 감소함

Q&A 수요량의 변동과 수요의 변동은 어떻게 다른가요?

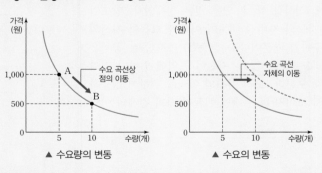

▲ 수요량의 변동　　　▲ 수요의 변동

수요량은 각 가격 수준에서 수요자가 상품을 구매하고자 하는 양이다. 따라서 어떤 상품의 수요량이 변했다면 그것은 그 상품의 가격이 변한 것이다. **수요량의 변동은 수요 곡선상에서 점의 이동으로 나타낸다.** 예를 들어, '수요량의 변동' 그래프에서 아이스크림 가격이 1,000원에서 500원으로 하락한다면 수요량이 5개에서 10개로 늘어난다. 이에 비해 수요의 변동은 그 상품의 가격 이외에 다른 요인이 변화하여 수요자의 구매 계획이 바뀔 때 발생한다. **수요의 변동은 수요 곡선 자체의 이동으로 나타낸다.** 예를 들어, '수요의 변동' 그래프에서 아이스크림의 가격은 1,000원으로 변하지 않더라도 날씨가 더워지면 아이스크림의 수요가 늘어난다.

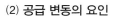
(2) 공급 변동의 요인

① 생산 요소의 가격 변화: 생산 요소의 가격이 하락하면 공급이 늘어나고, 생산 요소의 가격이 상승하면 공급이 줄어듦

② 생산 기술의 발달: 어떤 상품을 생산하는 기술이 발달하여 생산성이 높아지면 상품의 공급이 증가함
└ 생산 기술이 발달하면 같은 비용으로 더 많은 상품을 생산할 수 있기 때문

③ 공급자 수의 변화: 기업의 수가 늘어나면 공급이 증가하고, 일부 기업이 생산을 중단하여 공급자 수가 줄어들면 공급이 감소함

④ 미래에 대한 예상: 어떤 상품의 가격이 오를 것으로 예상되면 공급이 감소하고, 상품의 가격이 내릴 것으로 예상되면 공급이 증가함
└ 제품의 가격이 오를 것으로 예상되면 공급자들은 생산량의 일부를 가격이 오를 때까지 시장에 내놓지 않으려고 하기 때문

❷ 시장 가격의 변동 과정

(1) 수요 변동에 따른 가격 변화(단, 공급은 일정하다고 가정함)

수요 변동 요인	수요 변동	수요 곡선의 이동	가격 변화
• 소득, 인구, 기호의 증가 • 대체재의 가격 상승 • 보완재의 가격 하락	증가	오른쪽 이동	상승
• 소득, 인구, 기호의 감소 • 대체재의 가격 하락 • 보완재의 가격 상승	감소	왼쪽 이동	하락

(2) 공급 변동에 따른 가격 변화(단, 수요는 일정하다고 가정함)

공급 변동 요인	공급 변동	공급 곡선의 이동	가격 변화
• 생산 요소의 가격 하락 • 생산 기술의 발달 • 공급자 수의 증가	증가	오른쪽 이동	하락
• 생산 요소의 가격 상승 • 공급자 수의 감소	감소	왼쪽 이동	상승

💡 집중탐구 수요와 공급 변동에 따른 가격 변화 ▶

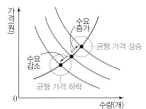

공급이 일정한 상황에서 수요가 증가하면 수요 곡선이 오른쪽으로 이동하여 가격이 상승하고 거래량이 증가한 지점으로 시장 균형이 이동한다. 반대로 수요가 감소하면 수요 곡선이 왼쪽으로 이동하여 가격이 하락하고 거래량이 감소한 지점으로 시장 균형이 이동한다.

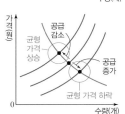

수요가 일정한 상황에서 공급이 증가하면 공급 곡선이 오른쪽으로 이동하여 가격이 하락하고 거래량이 증가한 지점으로 시장 균형이 이동한다. 반대로 공급이 감소하면 공급 곡선이 왼쪽으로 이동하여 가격이 상승하고 거래량이 감소한 지점으로 시장 균형이 이동한다.

✚ 공급의 변동

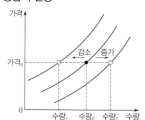

공급 변동이란 어떤 상품의 가격 이외에 다른 요인이 변화하여 공급자의 공급 계획이 변화하는 것을 말한다. 공급이 증가하면 공급 곡선은 오른쪽으로 이동하고, 공급이 감소하면 공급 곡선은 왼쪽으로 이동한다.

✚ 생산 요소

생산 활동에 필요한 재료를 말하며, 크게 토지, 노동, 자본으로 나뉜다. 토지는 생산에 필요한 각종 자연자원을 말하며, 노동은 생산에 들어가는 사람들의 육체적·정신적 노력을 의미한다. 자본은 생산에 사용되는 기계, 공장 등을 가리킨다.

✚ 기후와 농산물 공급의 관계

농산물은 일 년 단위로 생산되기 때문에 한 해의 공급량은 어느 정도 한정되어 있다. 그런데 어떤 해의 기후가 좋아 풍년이 들면 농산물의 공급은 크게 늘어나고, 기후가 좋지 않아 흉년이 들면 농산물의 공급은 크게 줄어든다.

✚ 수요와 공급의 변동

수요와 공급이 함께 증가한다면 거래가 활발해진 만큼 균형 거래량이 증가한다. 하지만 균형 가격의 변동에 대해서는 확실하게 알 수 없다. 수요가 공급보다 더 많이 증가했다면 가격이 상승할 것이고, 공급이 수요보다 더 많이 증가했다면 가격이 하락할 것이기 때문이다. 이처럼 수요와 공급이 동시에 변동한다면 수요와 공급의 변동 방향과 크기에 따라 균형 가격과 균형 거래량이 달라진다.

01 괄호 안의 내용 중 알맞은 말에 ○표 하시오.

(1) (수요, 수요량)의 변동은 수요 곡선 자체의 이동으로 나타낸다.
(2) (대체재, 보완재)란 함께 소비될 때 더 큰 만족감을 얻을 수 있는 재화를 말한다.
(3) 어떤 상품의 가격이 상승하면 (대체재, 보완재) 관계에 있는 다른 상품의 수요가 증가한다.
(4) 가격 이외의 다른 요인에 의해 공급이 감소하면 공급 곡선은 (오른쪽, 왼쪽)으로 이동한다.

02 수요 또는 공급 변동의 요인을 〈보기〉에서 있는 대로 골라 기호로 쓰시오.

┤ 보기 ├
ㄱ. 인구수의 변화 　　ㄴ. 생산 기술의 발달
ㄷ. 가계의 소득 변화 　ㄹ. 보완재의 가격 변화
ㅁ. 소비자의 기호 변화 ㅂ. 생산 요소의 가격 변화

(1) 수요 변동 요인 ·· (　　　)
(2) 공급 변동 요인 ·· (　　　)

03 (가), (나)가 나타내는 재화의 명칭을 쓰시오.

(가) 　　　　(나)

(가) (　　　　　　　　), (나) (　　　　　　　　)

04 다음 설명이 옳으면 ○표, 틀리면 ×표 하시오.

(1) 가계의 소득이 늘어나면 상품의 수요가 증가한다.
·· (　　)
(2) 라면의 주원료인 밀가루 가격이 내려가면 라면의 공급은 감소한다. ······································· (　　)
(3) 건강에 대한 사람들의 관심이 높아지면 유기농 식품을 찾는 소비자들이 많아진다. ······················ (　　)
(4) 생산 기술이 발달하면 공급이 증가하여 균형 가격은 상승하고, 균형 거래량은 감소한다. ················· (　　)

05 다음 상황에 대한 내용 중 괄호 안의 알맞은 말에 ○표 하시오.

> 미세 먼지가 심하게 발생하여 환기를 하기 어려운 날이 많아지자 공기 청정기를 구입하려는 사람들이 늘어나고 있다.

(1) (수요, 공급)의 (증가, 감소) 요인이다.
(2) (인구수, 소비자의 기호) 변화가 나타나 있다.
(3) (수요 곡선, 공급 곡선)이 (오른쪽, 왼쪽)으로 움직이는 요인이다.

06 다음 상황에 따른 요구르트 시장의 변화에 대한 설명이 옳으면 ○표, 틀리면 ×표 하시오. (단, 다른 조건은 일정하다고 가정한다.)

(1) 요구르트의 수요가 증가한다. ····················· (　　)
(2) 요구르트의 균형 가격이 하락한다. ··············· (　　)
(3) 요구르트의 균형 거래량은 증가한다. ············· (　　)

07 다음의 상황이 배추의 공급을 증가시키는 요인이면 '증', 공급을 감소시키는 요인이면 '감'이라고 쓰시오.

(1) 배추 종자의 가격이 하락하였다. ···················· (　　)
(2) 배추를 재배하는 기술이 향상되었다. ··············· (　　)
(3) 배추를 재배하는 농가의 수가 늘어났다. ··········· (　　)
(4) 폭염으로 인해 배추 재배 면적이 감소하였다. ····(　　)
(5) 배추를 수확하는 데 들어가는 인건비가 인상되었다.
··· (　　)

08 수요와 공급의 변동에 따른 영향으로 서로 관련 있는 것끼리 바르게 연결하시오.

(1) 수요 증가 •
(2) 수요 감소 •　　　　　　　　　• ㉠ 균형 가격 상승
(3) 공급 증가 •
(4) 공급 감소 •　　　　　　　　　• ㉡ 균형 가격 하락

중단원 실력 쌓기

정답과 해설 | 27쪽

01 밑줄 친 '요인'에 해당하지 <u>않는</u> 것은?

> 특정 상품의 수요량을 변동시키는 요인은 그 상품의 가격이다. 그러나 상품 가격 이외의 요인이 변하면 수요 자체가 증가하거나 감소하는데, 이를 수요의 변동이라고 한다.

① 인구수   ② 생산 비용
③ 가계의 소득   ④ 대체재의 가격
⑤ 소비자의 기호

02 다음 내용에 해당하는 재화로 적절한 것을 〈보기〉에서 고른 것은?

> 함께 소비될 때 더 큰 만족감을 얻을 수 있는 관계에 있는 재화이다.

┤ 보기 ├
ㄱ. 우유와 두유   ㄴ. 커피와 설탕
ㄷ. 배드민턴과 셔틀콕   ㄹ. 안경과 콘택트렌즈

① ㄱ, ㄴ   ② ㄱ, ㄷ   ③ ㄴ, ㄷ
④ ㄴ, ㄹ   ⑤ ㄷ, ㄹ

03 그림은 삼겹살의 가격 변화에 따른 연관재의 수요 변동을 나타낸다. 빈칸 ㉠~㉢에 들어갈 내용을 바르게 연결한 것은?

※ 삼겹살과 소고기는 대체재 관계이고, 삼겹살과 상추는 보완재 관계임.

	㉠	㉡	㉢
①	하락	감소	증가
②	하락	증가	증가
③	하락	감소	감소
④	상승	증가	증가
⑤	상승	감소	감소

04 팝콘의 수요 감소에 영향을 미치는 요인으로 옳은 것은?

① 팝콘 가격이 반값으로 할인되었다.
② 팝콘의 보완재인 콜라의 가격이 올랐다.
③ 팝콘을 생산하는 업체의 수가 줄어들었다.
④ 팝콘의 원료인 옥수수의 가격이 상승하였다.
⑤ 영화관에서 팝콘을 구입하려는 관람객이 늘어났다.

05 그림은 학생이 작성한 마인드맵이다. ㉠~㉤과 관련 있는 사례로 적절하지 <u>않은</u> 것은?

① ㉠ – 노인 인구가 증가해서 건강식품이 더 많이 팔린다.
② ㉡ – 어떤 과일이 건강에 좋다는 기사가 나오면 그 과일에 대한 수요가 늘어난다.
③ ㉢ – 소득이 늘면 원래 구입하고자 했던 상품의 수요를 늘리는 경향이 있다.
④ ㉣ – 식빵 가격이 상승하면 보완재인 딸기잼의 수요는 증가한다.
⑤ ㉤ – 상품의 가격이 내릴 것으로 예상될 때는 더 내릴 때까지 기다리며 현재의 소비를 줄인다.

06 그림은 초콜릿 시장의 변화를 나타낸 것이다. 이러한 변화의 원인으로 가장 적절한 것은?

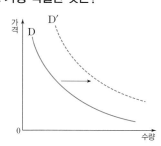

① 대체재인 사탕의 가격이 하락하였다.
② 초콜릿의 원료인 카카오 가격이 상승하였다.
③ 초콜릿을 생산하는 업체의 수가 증가하였다.
④ 초콜릿이 비만을 유발한다는 뉴스 보도가 있었다.
⑤ 밸런타인데이를 맞아 초콜릿을 구입하는 사람들이 늘었다.

07 샌드위치의 공급 증가에 영향을 미치는 요인을 〈보기〉에서 고른 것은?

┤ 보기 ├
ㄱ. 샌드위치의 원료인 식빵의 가격이 하락하였다.
ㄴ. 샌드위치를 점심 메뉴로 내놓는 가게가 늘어났다.
ㄷ. 샌드위치의 대체재인 삼각 김밥의 가격이 하락하였다.
ㄹ. 아침에 밥 대신 샌드위치를 먹는 직장인이 증가하였다.

① ㄱ, ㄴ ② ㄱ, ㄷ ③ ㄴ, ㄷ ④ ㄴ, ㄹ ⑤ ㄷ, ㄹ

08 다음 현상에 따라 나타날 반도체 시장의 변화를 옳게 표현한 그림은?

• 반도체를 생산하는 업체가 줄어들었다.
• 반도체의 원료인 희귀 금속 가격이 급등하였다.

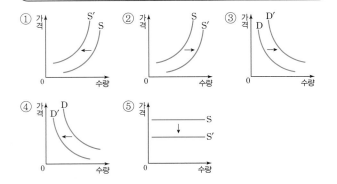

09 그림과 같은 상황의 원인으로 적절한 내용을 〈보기〉에서 고른 것은?

한 포기에 2,000원 하던 배추 가격이 4,000원이라니!

┤ 보기 ├
ㄱ. 배추를 재배하는 농법이 개발되었다.
ㄴ. 배추의 보완재인 고추의 가격이 상승했다.
ㄷ. 오랜 장마와 폭염 등으로 배추 생산량이 줄었다.
ㄹ. 김장철을 앞두고 배추를 찾는 사람들이 늘어났다.

① ㄱ, ㄴ ② ㄱ, ㄷ ③ ㄴ, ㄷ ④ ㄴ, ㄹ ⑤ ㄷ, ㄹ

10 (가)~(라)에 대한 옳은 설명을 〈보기〉에서 고른 것은?

(가) 휘발유 가격의 상승세가 지속될 전망이다.
(나) 경기가 좋아지면서 사람들의 평균 소득이 증가하였다.
(다) 부품 조립의 기술 혁신으로 자가용 승용차의 생산비가 감소하였다.
(라) 해외 원자재 가격 상승으로 자가용 승용차의 부품 가격이 상승하였다.

┤ 보기 ├
ㄱ. (가)는 자가용 승용차의 공급 감소 요인이다.
ㄴ. (나)에 따라 자가용 승용차의 수요가 증가할 것이다.
ㄷ. (다)에 따라 자가용 승용차의 수요 곡선은 오른쪽으로 이동한다.
ㄹ. (라)로 인해 자가용 승용차의 공급자는 자가용 승용차의 공급을 줄일 것이다.

① ㄱ, ㄴ ② ㄱ, ㄷ ③ ㄴ, ㄷ ④ ㄴ, ㄹ ⑤ ㄷ, ㄹ

11 다음 상황이 발생할 때 돼지고기의 균형 가격과 균형 거래량의 변화로 옳은 것은?

• 돼지 사육 기술이 발달하였다.
• 돼지 사료의 가격이 하락하였다.

	균형 가격	균형 거래량
①	상승	증가
②	상승	감소
③	하락	증가
④	하락	감소
⑤	하락	변화 없음

12 다음과 같은 상황이 동시에 발생할 경우, 팥빙수 시장의 새로운 균형점의 위치로 옳은 것은?

(가) 팥빙수의 대체재인 아이스크림의 가격이 올랐다.
(나) 팥빙수의 원료인 단팥의 가격이 크게 상승하였다.

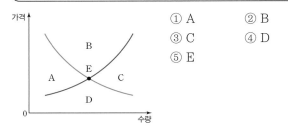

① A ② B
③ C ④ D
⑤ E

01 서술형 (가)에 들어갈 개념을 쓰고, (나)에 들어갈 내용을 서술하시오.

구분	(가)	보완재
의미	(나)	함께 소비될 때 더 큰 만족감을 주는 관계에 있는 재화
사례	콜라와 사이다	칫솔과 치약

---

02 서술형 그림과 같은 변화를 가져오는 요인을 세 가지만 서술하시오.

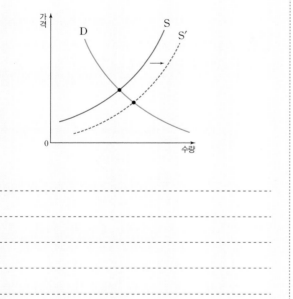

---

03 논술형 그림을 보고 물음에 답하시오.

(가)

엄마, 우유가 성장에 도움을 준다는 연구 결과가 발표되었대요.

그래? 우유를 사야겠구나.

유제품 판매

(나)

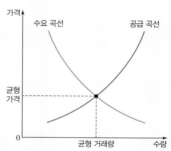

우유의 원료 가격이 올랐으니 생산비가 많이 들겠네.

원유 가격 인상

(1) (가), (나) 상황이 우유 시장에 미칠 영향을 다음 그래프에 나타내시오.

(2) (가)와 (나) 상황이 동시에 발생할 경우 나타날 우유 시장의 변화를 〈조건〉에 맞게 논술하시오.

┤ 조건 ├
• 우유의 수요와 공급 측면을 모두 제시할 것
• 새로운 균형 가격의 변동을 포함할 것

01 다음의 상황에 대한 설명으로 옳지 <u>않은</u> 것은?

① 생선이 물품 화폐로 사용되고 있다.
② 두 사람이 서로 원하는 물건이 다르다.
③ 물물 교환이 이루어지던 사회의 모습이다.
④ 자신이 원하는 물건과 교환할 상대방을 찾기가 어렵다.
⑤ 두 사람은 거래가 이루어질 때까지 물건을 가지고 다녀야 한다.

02 그림의 (가)~(마)의 사례로 적절하지 <u>않은</u> 것은?

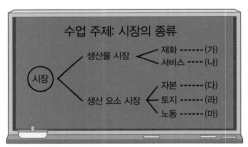

① (가) – 채소, 과일 등이 사고 팔리는 청과물 시장
② (나) – 공연 관람을 위해 사람들이 줄 서 있는 매표소
③ (다) – 주식이 거래되고 있는 증권 거래소
④ (라) – 농경지 매매 계약이 이루어지고 있는 부동산 중개업소
⑤ (마) – 수강생들이 원어민 강사에게 영어 회화를 배우고 있는 어학원

03 수요 법칙이 적용되는 사례로 적절하지 <u>않은</u> 것은?

① 사과 가격이 올라 소비량이 줄었다.
② 담배 가격이 인상되자 금연을 하는 사람들이 늘었다.
③ 금값이 내리니 금을 구입하려는 소비자가 증가하였다.
④ 스마트폰 기기 가격이 하락하자 판매량이 급증하였다.
⑤ 식빵 가격이 상승하자 제빵업자가 식빵을 더 많이 만들었다.

04 (가), (나) 그래프에 대한 옳은 설명을 〈보기〉에서 고른 것은?

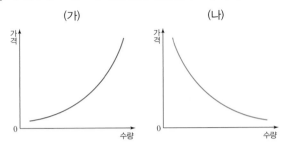

┤ 보기 ├
ㄱ. (가)는 수요 법칙을 나타낸다.
ㄴ. (가)는 상품의 가격과 공급량의 비례 관계를 나타낸다.
ㄷ. (나)는 가격 변화에 따른 생산자의 이윤 크기를 표시한 것이다.
ㄹ. (나)는 가격과 수요량이 반대 방향으로 움직이는 현상을 나타낸다.

① ㄱ, ㄴ　② ㄱ, ㄷ　③ ㄴ, ㄷ　④ ㄴ, ㄹ　⑤ ㄷ, ㄹ

서술형
05 표는 두부의 수요량과 공급량을 나타낸 것이다. 두부의 균형 가격이 얼마인지 쓰고, 그 이유를 서술하시오.

가격(원)	1,000	2,000	3,000
수요량(모)	700	500	300
공급량(모)	300	500	700

06 그림은 어떤 재화의 수요·공급을 나타낸 것이다. 이에 대한 설명으로 옳은 것은?

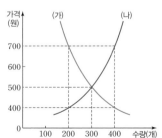

① (가)는 공급 곡선, (나)는 수요 곡선이다.
② 균형 가격은 300원이고, 균형 거래량은 500개이다.
③ 가격이 400원일 경우 공급자 간 경쟁이 나타난다.
④ 가격이 600원일 경우 수요자 간 경쟁이 나타난다.
⑤ 가격이 700원일 경우 초과 공급이 발생한다.

07 시장 가격에 대한 옳은 설명을 〈보기〉에서 고른 것은?

┤ 보기 ├

ㄱ. 소득 불균형 문제를 해결한다.
ㄴ. 사회의 자원을 구성원에게 형평성 있게 배분한다.
ㄷ. 경제 주체들이 합리적으로 의사 결정을 내릴 수 있도록 안내한다.
ㄹ. 시장에서 가장 큰 만족을 얻을 수 있는 소비자가 상품을 구입할 수 있도록 돕는다.

① ㄱ, ㄴ ② ㄱ, ㄷ ③ ㄴ, ㄷ
④ ㄴ, ㄹ ⑤ ㄷ, ㄹ

08 그림은 국산 호두 시장의 변화를 나타낸 것이다. 이러한 변화의 요인으로 적절한 것은?

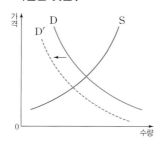

① 가계 소득이 감소하였다.
② 호두 생산 비용이 감소하였다.
③ 중국산 호두 가격이 상승하였다.
④ 국내에서 호두를 재배하는 농경지가 줄었다.
⑤ 정월 대보름을 맞아 부럼을 찾는 사람들이 늘었다.

09 다음 학습 주제를 바르게 수행한 모둠은?

> **학습 목표**: 대체재 관계에 있는 재화에는 어떤 것이 있는지 제시할 수 있다.

① 1번 모둠: 식빵과 잼, 치약과 칫솔
② 2번 모둠: 연필과 지우개, 녹차와 홍차
③ 3번 모둠: 우유와 두유, 버터와 마가린
④ 4번 모둠: 안경과 콘택트렌즈, 햄버거와 콜라
⑤ 5번 모둠: 노트북과 태블릿 PC, 휴대 전화와 충전기

10 서술형 재화 (가)와 (나)가 어떤 관계에 있으며, 한 재화의 가격 변화가 다른 재화의 수요 변동에 어떤 영향을 미치는지 서술하시오.

(가)   (나)

11 다음 상황에서 시금치 시장의 변동 내용으로 옳은 것은?

> • 명절이 다가와 차례상에 나물을 올리기 위해 시금치를 구입하려는 소비자가 늘었다.
> • 폭염과 가뭄으로 채소의 작황이 나빠지면서 시금치의 수확량이 절반으로 줄었다.

	수요 곡선 이동 방향	공급 곡선 이동 방향	균형 가격 변동 방향
①	왼쪽 이동	왼쪽 이동	상승
②	왼쪽 이동	오른쪽 이동	하락
③	오른쪽 이동	왼쪽 이동	상승
④	오른쪽 이동	오른쪽 이동	하락
⑤	오른쪽 이동	왼쪽 이동	하락

12 대화에 나타난 아이스크림 시장의 변화를 〈보기〉에서 고른 것은?

┤ 보기 ├

ㄱ. 아이스크림의 공급이 증가한다.
ㄴ. 아이스크림의 균형 가격이 상승한다.
ㄷ. 아이스크림의 균형 거래량은 줄어든다.
ㄹ. 아이스크림의 수요 곡선은 오른쪽으로 이동한다.

① ㄱ, ㄴ ② ㄱ, ㄷ ③ ㄴ, ㄷ ④ ㄴ, ㄹ ⑤ ㄷ, ㄹ

수행 평가 미리보기

모의 학급 시장을 통한 시장 가격의 결정 원리 체험하기

4단원에서는 시장이 눈에 보이는 구체적인 장소만을 의미하지 않고, 상품에 대한 정보를 교환하고 거래하기 위해 협상하는 과정 전체를 의미한다는 점을 확인하였습니다. 또한 전통시장, 전자 상거래, 노동 시장 등 우리 주변의 다양한 시장에 대해서도 알아보았습니다. 시장은 경제생활에 필요한 상품의 수요와 공급을 연결하는 역할을 하는데, 이 과정에서 시장 가격이 결정됩니다. 이러한 시장 가격의 결정 원리는 모의 학급 시장을 통해 체득할 수 있습니다. 더 나아가 모의 학급 시장에서 상품을 사고파는 역할을 수행하면서 합리적인 소비 태도와 올바른 거래 자세를 가질 수 있습니다.

수행 평가 문제

모의 학급 시장에서 수요와 공급에 의해 가격이 결정되는 과정을 경험해 보자.

A **활동 계획 세우기**

1 모의 학급 시장에서 거래할 상품을 준비하고, 가상의 화폐를 제작하여 사용한다.
2 전체 학생의 절반을 수요자, 나머지 절반을 공급자로 구분하여 상품을 사고파는 활동을 한다.

B **활동 단계**

【1단계】 학급 회의를 통해서 시장 활동에 필요한 거래 규칙을 결정한다.
【2단계】 모의 학급 시장에서 거래할 상품을 각자 정하고, 매매 희망 가격을 제시한다.
【3단계】 수요자와 공급자의 역할을 구분하여 상품을 사고파는 활동을 한다.
【4단계】 모의 학급 시장 활동을 통해 알게 된 점, 느낀 점 등을 모둠별로 발표한다.

C **활동하기**

1 모의 학급 시장의 거래 규칙을 작성한다.

[예시]

- 거래 상품의 가격은 천 원을 넘지 않도록 정한다.
- 상품은 정해진 가격이 있지만, 흥정을 통해 가격을 조정할 수 있다.
- 학생들은 무조건 한 개 이상의 상품을 구입 또는 판매해야 한다.
- 상품을 사고파는 활동에서 거래가 이루어졌을 때의 가격을 기록한다.

2 거래 상품의 명칭, 가격 등 물건 홍보 자료를 만든다.

[예시]

연필이 있는 곳이라면 어디든 따라갑니다.
당신의 공책을 새 것처럼!
저렴한 가격에 구매하세요. 단돈 300원!

3 모의 학급 시장 활동 결과를 정리한다.

[예시]

수요자 활동 카드

• 구입을 원했던 상품과 희망 가격
  초콜릿(500원), 지우개(300원)

• 실제 구입한 상품과 거래 가격
  지우개(300원)

• 구입 희망 상품을 사지 못했다면 그 이유는?
  초콜릿의 가격을 공급자가 너무 높게 제시했
  기 때문에

공급자 활동 카드

• 판매를 원했던 상품과 희망 가격
  초콜릿(700원), 지우개(300원)

• 실제 판매한 상품과 거래 가격
  지우개(300원)

• 판매 희망 상품을 팔지 못했다면 그 이유는?
  초콜릿의 가격을 수요자가 너무 낮게 제시했
  기 때문에

📖 **채점 기준**

평가 영역	채점 기준	배점
시장 거래 규칙 발표	모의 학급 시장을 위한 실용적인 거래 규칙을 구체적으로 정하고, 명료하게 발표하였다.	상
	시장 거래 규칙을 정리하여 발표하였으나, 내용에 현실성이 부족한 부분이 있다.	중
	시장 거래 규칙이 구체적이지 않으며, 내용을 정확히 이해하지 못한 채로 발표하였다.	하
상품 거래 활동	시장 거래 규칙을 준수하면서 수요자 또는 공급자로서 거래 활동에 적극적으로 참여하였다.	상
	시장 거래 규칙을 준수하려고 노력하였으나, 상품을 사고파는 활동에 있어 적극적인 태도가 다소 부족하였다.	중
	시장 거래 규칙을 제대로 준수하지 못하였고, 상품을 사고파는 활동에 소극적으로 참여하였다.	하
모의 학급 시장 활동 결과 정리	수요자 또는 공급자 활동 카드를 충실하게 작성하였고, 활동을 바탕으로 시장 가격의 결정 원리를 정확하게 설명하였다.	상
	수요자 또는 공급자 활동 카드를 작성하였으나, 활동을 통해 파악한 시장 가격의 결정 원리에 대한 설명이 미흡하였다.	중
	수요자 또는 공급자 활동 카드를 완성하지 못하고, 시장 가격의 결정 원리에 대한 설명이 불충분하였다.	하

V

국민 경제와
국제 거래

01 국내 총생산과 경제 성장

+ 국민 소득
보통 1년 동안 한 나라의 국민이 생산 활동의 결과로 얻은 최종 생산물의 총액

+ 최종 생산물
다른 상품을 생산하는 데 사용되지 않고 최종적으로 소비되는 생산물

+ 중간재
생산 과정에서 다른 재화를 생산하기 위하여 사용하는 재화로 원재료 등의 생산재를 이르는 것

❶ 국내 총생산

(1) 국민 경제 지표
① 의미: 한 나라의 경제 상태를 보여 주는 통계적인 수치
② 종류: 국민 소득, 경제 성장률, 물가 상승률, 실업률 등

> **Q&A** 국민 소득을 나타내는 경제 지표에는 무엇이 있나요?
>
> 국민 소득을 나타내는 경제 지표에는 국민 총생산(GNP)과 국내 총생산(GDP)이 있다. 국민 총생산이란 생산 지역에 관계없이 일정 기간 동안 한 나라의 국민들이 생산한 최종 생산물의 시장 가치를 합한 것이다. 반면, 국내 총생산이란 생산자의 국적에 상관없이 일정 기간 동안 한 나라 안에서 생산된 최종 생산물의 시장 가치를 합한 것이다. 오늘날과 같이 국가 간에 노동과 자본 등이 자유롭게 이동하는 개방 경제에서는 국민 총생산이 국민 경제의 현실을 정확히 반영하지 못한다. 그래서 현재는 생산 활동 주체의 국적에 관계없이 국민 소득을 측정할 수 있는 국내 총생산이 더욱 유용한 경제 지표로 활용되고 있다.

(2) 국내 총생산(GDP)의 의미와 의의
① 의미: 일정 기간 동안 한 나라 안에서 새롭게 생산된 모든 최종 생산물의 시장 가치를 합한 것 → 국내 총생산은 국가 간의 경제 규모를 비교하는 데 많이 활용되고 있음

일정 기간	보통 1년을 기준으로 함
한 나라 안에서	생산자의 국적에 상관없이 한 국가의 국경 안에서 생산된 것을 의미함
새롭게	그 해에 새롭게 생산된 것의 가치만을 계산함
최종 생산물	중간재의 가치는 제외하고 최종적으로 생산된 것의 가치만을 측정함
시장 가치	시장에서 거래된 생산물만을 대상으로 함

② 의의: 한 나라의 경제 규모와 생산 능력이나 국민 전체의 소득을 파악하기 위한 대표적인 지표임

+ 국내 총생산의 계산

국내 총생산은 최종 생산물의 시장 가치를 합하여 구할 수도 있고 부가가치의 합을 계산하여 얻을 수도 있다. 국내 총생산은 최종 생산물인 빵의 가치인 24만 원으로 구할 수도 있지만, 각 생산 단계마다 더해진 가치인 10만 원, 9만 원, 5만 원을 모두 합한 24만 원으로도 구할 수 있다.

> **더 알아 보기 ▶ 국내 총생산**
>
>
>
> 국내 총생산은 국적이 아닌 영토를 중심으로 한 경제 지표이므로 외국 기업이 우리나라에서 생산한 것은 국내 총생산에 포함되지만, 외국에 진출한 우리나라 기업이 생산한 것은 국내 총생산에 포함되지 않는다. 국내 총생산에는 1년 동안 새로 생산된 것만 포함되므로 2~3년 전에 생산된 중고품은 이미 그 해의 국내 총생산에 계산되었기 때문에 올해의 국내 총생산에는 포함되지 않는다. 국내 총생산을 계산할 때에는 최종적으로 생산된 재화나 서비스의 가치만을 측정하므로 중간재의 가치는 제외한다. 또한 국내 총생산은 시장 가격으로 측정하기 때문에 시장에서 거래되지 않은 것은 포함되지 않는다.

(3) 1인당 국내 총생산(1인당 GDP)의 의미와 의의

① 의미: 국내 총생산을 그 나라의 총인구로 나눈 수치 → 1인당 GDP = $\frac{국내\ 총생산}{총인구}$

② 의의: 국민들의 평균적인 소득 수준을 파악할 수 있는 지표임

> **집중탐구** 국내 총생산과 1인당 국내 총생산
>
>
>
> - 국내 총생산(억 달러)
> - 1인당 국내 총생산(백 달러)
>
> 108,664
> 272
> 13,775 대한민국
> 79 중국 동해
>
> ▲ 우리나라와 중국의 GDP와 1인당 GDP
>
> 국내 총생산이 크다고 해서 반드시 그 나라 국민의 평균적인 소득 수준이 높다고 말할 수 없다. 어떤 나라의 국내 총생산이 다른 나라에 비해 크더라도 인구가 다른 나라에 비해 많을 경우 1인당 국내 총생산은 작을 수 있다. 중국은 우리나라보다 국내 총생산이 5배 이상 많지만 인구가 27배 이상 많기 때문에 1인당 국내 총생산은 우리나라보다 훨씬 작다. 따라서 <u>한 나라의 전체적인 경제 규모를 알기 위해서는 국내 총생산을, 국민들의 평균적인 소득 수준을 알기 위해서는 1인당 국내 총생산을 파악해야 한다.</u>

(4) 국내 총생산의 한계

① 시장 가치만을 거래: 삶의 만족도를 높이는 가사 노동이나 봉사 활동 등과 같이 시장에서 거래되지 않는 활동은 포함되지 않음

② 삶의 질 저하 요소 미반영: 생산 활동의 과정에서 발생한 환경 오염, 교통사고 등으로 인한 피해 등은 반영되지 않음 → 환경 오염 정화나 교통사고 처리에 들어가는 비용은 국내 총생산을 오히려 증가시킴

③ 여가 시간의 가치 미측정: 삶의 질이 향상되는 여가 생활의 가치는 포함되지 않고, 여가만큼 생산 활동이 줄어들면 국내 총생산도 그만큼 감소함

④ 지하 경제 활동 미포함: 밀수나 사채 등을 통해 거래되는 상품의 거래 과정을 정부가 파악하기 힘듦

⑤ 소득 분배 상황 파악 불가능: 한 나라의 소득 분배 상태나 빈부 격차의 정도를 나타내지 못해 국민 개개인의 생활 수준을 알려 주지 못함 → 국내 총생산은 한 나라의 전체적인 경제 규모만을 나타내고, 1인당 국내 총생산은 국민들의 평균적인 소득 수준만을 나타내기 때문

❷ 경제 성장

(1) 의미: 한 나라 경제 규모가 지속적으로 커지고 생산 능력이 향상되는 것 → 경제 성장률(실질 국내 총생산의 증가율)을 통해 나타남

(2) 영향

긍정적 측면	일자리 창출, 국민의 소득 증가, 물질적 풍요로움, 교육 수준 향상, 의료 및 문화 시설 보급, 기대 수명 연장, 국민·개인의 삶의 질 향상 등
부정적 측면	자원 고갈, 환경 오염, 경제 활동 시간 증가에 따른 여가 부족, 빈부 격차 및 계층 간 갈등 확대 등

(3) 경제 활동의 변동

① 경기 변동: 한 국가의 경제 상황이 활발했다가 침체되는 것이 반복되는 현상 → 한 국가의 경제는 호황과 불황을 반복하면서 성장함

② 국내 총생산의 증가와 감소

국내 총생산의 증가	국민 소득 증가 → 소비와 생산 및 투자 활동 활발
국내 총생산의 감소	국민 소득 감소 → 소비와 생산 및 투자 활동 위축

(4) 경제 성장을 위한 노력: 가계의 합리적 소비와 저축, 근로자의 생산성 향상을 위한 노력, 기업의 투자 및 연구 개발 등

+ 삶의 질
사람들이 정신적, 신체적, 경제적, 사회적 상태에서 느끼는 행복한 정도

+ 밀수
세관을 거치지 않고 몰래 물건을 사들여 오거나 내다 파는 일

+ 사채
개인이 사사로이 진 빚으로 일반적으로 금융 기관보다 이자가 비싸다.

+ 경제 성장률
경제 규모의 실질적인 증가 정도를 나타내는 지표로서 올해 국내 총생산이 지난해의 국내 총생산에 비해 얼마나 증가하였는지를 나타낸다. 일반적으로 경제 성장률은 물가 변동을 제외한 국내 총생산의 실질적인 변화를 통해 알 수 있기 때문에 경제 성장은 실질 국내 총생산의 증가율로 측정한다.

$$\frac{금년도\ 실질\ GDP - 전년도\ 실질\ GDP}{전년도\ 실질\ GDP} \times 100$$

+ 실질 국내 총생산
기준 연도의 가격으로 재화와 서비스의 가격을 적용하여 산출한 국내 총생산으로, '그 해의 최종 생산물의 수량×기준 연도의 가격'으로 구한다.

+ 호황
경제 전체의 활동 수준이 좋은 상황

+ 불황
경제 활동이 침체되는 상태

+ 경기 변동과 경제 성장

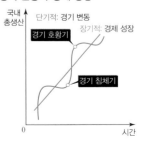

개념 다지기

01 다음 내용에 해당하는 개념을 쓰시오.

- 한 국가의 경제 규모를 나타내는 대표적인 지표이다.
- 일정 기간 동안 한 나라 안에서 새롭게 생산된 최종 생산물의 시장 가치의 합을 말한다.

02 국내 총생산으로 측정할 수 있는 것만을 〈보기〉에서 있는 대로 골라 기호로 쓰시오.

┤ 보기 ├
ㄱ. 생산에 사용된 시간
ㄴ. 중고 자전거를 구입한 비용
ㄷ. 밀수나 사채 등을 통한 상품
ㄹ. 가사 활동을 통해 얻은 만족감
ㅁ. 매연으로 발생한 환경 오염 피해
ㅂ. 소득 분배 상태나 빈부 격차 정도
ㅅ. 시장에서 거래되는 재화와 서비스의 가치
ㅇ. 외국인 근로자가 국내 회사에서 받는 연봉

03 표는 어떤 나라에서 발생한 1년 동안의 경제 활동을 나타낸 것이다. 괄호 안의 내용 중 알맞은 말에 ○표 하시오. (단, 이 나라에는 다른 생산 활동은 없고, 밀과 밀가루는 빵을 만드는 데 모두 사용되었다고 가정한다.)

생산자	생산물	생산 총액
농부(30명)	밀	1,000만 원
제분업자(10명)	밀가루	3,000만 원
제빵업자(10명)	빵	5,000만 원

(1) 제분업자가 밀가루를 만드는 과정에서 발생한 부가가치는 (2,000만 원, 3,000만 원)이다.
(2) 밀과 밀가루는 빵을 만들기 위한 (중간재, 최종 생산물)로 사용된다.
(3) 이 나라의 최종 생산물은 (밀가루, 빵)이다.
(4) 이 나라의 국내 총생산은 (5,000만 원, 9,000만 원)이다.

04 다음 설명이 옳으면 ○표, 틀리면 ×표 하시오.

(1) 국내 총생산이 크다는 것은 그 나라의 생산 규모가 크다는 것을 의미한다. ······················ (   )
(2) 삶의 질을 높이는 여가 활동은 국내 총생산에 포함되지 않는다. ······················ (   )
(3) 사람들이 봉사 활동으로 얻은 보람이 클수록 국내 총생산도 증가한다. ······················ (   )

05 괄호 안의 내용 중 알맞은 말에 ○표 하시오.

(1) (국민 총생산, 국내 총생산)은 생산 활동의 국적에 관계없이 국민 소득을 측정할 수 있는 경제 지표이다.
(2) 국내 총생산을 측정할 때에는 (신상품, 중고품)의 가치를 제외한다.
(3) 국내 총생산에는 (중간 생산물, 최종 생산물)의 가치만을 포함한다.
(4) (국내 총생산, 1인당 국내 총생산)을 통해 한 나라 국민들의 평균적인 소득 수준을 파악할 수 있다.

06 국내 총생산의 한계에 해당하는 것을 〈보기〉에서 있는 대로 골라 기호로 쓰시오.

┤ 보기 ├
ㄱ. 이전에 생산되어 이미 사용되고 있는 것은 제외한다.
ㄴ. 소득 분배 상태나 빈부 격차의 정도를 나타내지 못한다.
ㄷ. 생산 과정에서 사용된 중간재의 가치는 계산하지 않는다.
ㄹ. 시장에서 거래되지 않는 활동은 국내 총생산에 포함하지 않는다.

07 빈칸에 들어갈 알맞은 말을 쓰시오.

(1) 한 나라의 평균적인 생활 수준은 국내 총생산을 인구수로 나눈 (   )을(를) 통해 파악할 수 있다.
(2) (   )(이)란 한 국가의 경제 상황이 활발했다가 침체되는 것이 반복되는 현상을 말한다.
(3) 시간의 흐름에 따라 국민 경제의 규모가 지속적으로 커지고 생산 능력이 향상되는 현상을 (   )(이)라고 한다.

중단원 실력 쌓기

정답과 해설 | 31쪽

01 다음 내용에 해당하는 국민 경제 지표로 옳은 것은?

> • 한 나라 전체의 경제 활동 규모를 파악하기 위해 활용되는 대표적인 경제 지표이다.
> • 생산자의 국적과 상관없이 한 나라의 영토 안에서 생산된 최종 생산물의 시장 가치를 합한 것이다.

① 환율
② 실업률
③ 국민 총생산
④ 국내 총생산
⑤ 물가 상승률

02 국내 총생산(GDP)에 대한 옳은 설명을 〈보기〉에서 고른 것은?

| 보기 |
> ㄱ. 국적이 아닌 영토를 중심으로 한 경제 지표이다.
> ㄴ. 각 나라 국민들의 삶의 질을 비교하는 데 유용하다.
> ㄷ. 각 생산 단계에서 발생한 부가가치의 합을 계산하여 구할 수 있다.
> ㄹ. 한 나라에서 1년 동안 생산된 모든 재화의 시장 가치만을 포함한다.

① ㄱ, ㄴ
② ㄱ, ㄷ
③ ㄴ, ㄷ
④ ㄴ, ㄹ
⑤ ㄷ, ㄹ

03 밑줄 친 (가)~(라)에 대한 옳은 설명을 〈보기〉에서 고른 것은?

> 국내 총생산이란 일정 기간 동안에 (가) 한 나라 안에서 (나) 새롭게 생산된 (다) 최종 생산물의 (라) 시장 가치를 모두 더 한 것이다.

| 보기 |
> ㄱ. (가) - 우리 국민이 생산한 것이어야 한다.
> ㄴ. (나) - 생산 연도와 상관없이 새롭게 만들어진 것이면 된다.
> ㄷ. (다) - 생산 과정에 사용된 원료나 부품의 가치는 포함되지 않는다.
> ㄹ. (라) - 시장에서 거래된 것만을 대상으로 한다.

① ㄱ, ㄴ
② ㄱ, ㄷ
③ ㄴ, ㄷ
④ ㄴ, ㄹ
⑤ ㄷ, ㄹ

04 다음과 같은 경제 지표에 포함될 수 있는 내용으로 옳은 것은?

> 일정 기간 동안 한 나라 안에서 새롭게 생산된 모든 최종 생산물의 가치를 합한 것이다.

① 학생이 벼룩시장에서 구매한 중고 자전거
② 외국인 근로자가 국내에서 제작한 의료 기기
③ 어머니가 가족들을 위해 직접 담근 김장 김치
④ 구두 업체가 가죽 구두를 만들려고 구입한 소가죽
⑤ 우리나라 기업이 중국 현지 공장에서 생산한 휴대 전화

05 밑줄 친 (가)에 들어갈 내용을 〈보기〉에서 고른 것은?

> 국내 총생산은 일정 기간 동안 한 나라 안에서 새롭게 생산한 최종 생산물의 시장 가치를 합한 것이다. 따라서 _____(가)_____은(는) 우리나라의 국내 총생산에 포함되지 않는다.

| 보기 |
> ㄱ. 5년 전에 생산한 중고차의 가격
> ㄴ. 포도를 이용하여 생산한 과일 주스의 가격
> ㄷ. 반찬으로 먹기 위해 텃밭에서 재배한 상추의 가치
> ㄹ. 국내 외국계 기업에 근무하는 회사원이 받은 연봉

① ㄱ, ㄴ
② ㄱ, ㄷ
③ ㄴ, ㄷ
④ ㄴ, ㄹ
⑤ ㄷ, ㄹ

06 표는 1년 동안 어떤 나라의 빵 생산 및 판매 과정을 정리한 것이다. 이 나라의 국내 총생산(GDP)은? (단, 이 나라에서는 빵이 유일한 생산물이다.)

(단위: 만 원)

구분	구입		판매	
	원료	금액	생산물	금액
농부	종자	0	밀	700
제분업자	밀	700	밀가루	1,500
제빵업자	밀가루	1,500	빵	2,400

① 900만 원
② 1,700만 원
③ 2,400만 원
④ 3,900만 원
⑤ 4,600만 원

07 다음 자료에 대해 옳게 분석한 사람을 〈보기〉에서 고른 것은?

구분	국내 총생산	1인당 국내 총생산
A국	8,203억 달러	680달러
B국	5,465억 달러	9,114달러

┤ 보기 ├

갑: A국의 인구가 B국보다 많습니다.
을: A국의 경제 규모는 B국보다 작습니다.
병: B국의 평균적인 소득이 A국보다 높습니다.
정: B국의 국민들의 생활 수준은 A국보다 낮습니다.

① 갑, 을   ② 갑, 병   ③ 을, 병
④ 을, 정   ⑤ 병, 정

08 국내 총생산(GDP)의 한계로 가장 적절한 것은?

① 중고품의 값은 계산하지 않는다.
② 중간 생산물의 가격은 포함하지 않는다.
③ 생산 요소의 국제적 이동을 반영하지 못한다.
④ 여가 생활에 사용된 시간의 가치는 인정하지 않는다.
⑤ 외국인이 국내에서 벌어들인 수입을 측정하지 못한다.

09 밑줄 친 을의 주장을 뒷받침할 수 있는 근거를 〈보기〉에서 고른 것은?

갑: 국내 총생산은 한 나라의 경제 규모를 파악하는 데 매우 유용한 경제 지표야.
을: 하지만 국내 총생산은 국민들의 실생활을 정확히 나타내지는 못해.

┤ 보기 ├

ㄱ. 국내 총생산에는 재화의 가치만 포함된다.
ㄴ. 국내 총생산은 소득 분배 상태에 관한 정보를 제공하지 못한다.
ㄷ. 삶의 질을 떨어뜨리는 행위가 오히려 국내 총생산을 증가시키기도 한다.
ㄹ. 국내 총생산을 통해 국내 생산물과 국외 생산물의 가치를 구별할 수 없다.

① ㄱ, ㄴ   ② ㄱ, ㄷ   ③ ㄴ, ㄷ
④ ㄴ, ㄹ   ⑤ ㄷ, ㄹ

10 경제 성장에 대한 옳은 설명을 〈보기〉에서 고른 것은?

┤ 보기 ├

ㄱ. 한 나라의 경제 규모가 확대되는 현상이다.
ㄴ. 경제 성장률은 명목 국내 총생산의 증가율로 측정한다.
ㄷ. 경제 성장을 위해 기업의 투자 및 연구 개발이 필요하다.
ㄹ. 경제가 성장할수록 국민의 삶의 질도 정확히 비례하여 높아진다.

① ㄱ, ㄴ   ② ㄱ, ㄷ   ③ ㄴ, ㄷ
④ ㄴ, ㄹ   ⑤ ㄷ, ㄹ

11 국내 총생산의 증가로 인한 경제 상황의 변화로 적절하지 않은 것은?

① 국민 소득이 늘어날 것이다.
② 국민의 일자리가 증가할 것이다.
③ 교육 및 편의 시설 등을 갖출 수 있는 능력이 커질 것이다.
④ 경제 성장에서 발생하는 소득 불균형 문제가 해결될 것이다.
⑤ 의료 부문에 대한 투자가 증대되어 국민의 평균 수명이 연장될 것이다.

12 다음 자료에 대해 옳게 분석한 학생을 〈보기〉에서 고른 것은?

구분	GDP (달러)	1인당 GDP(달러)	기대 수명 (세)	평균 교육 연수(년)
중국	11조 7,953억	13,400	76.0	7.6
독일	3조 4,233억	44,053	81.1	13.2
예멘	273억	3,663	64.1	3.0

(국제 연합 개발 계획, 2017.)

┤ 보기 ├

갑: GDP가 낮은 나라는 평균 교육 연수도 짧아.
을: 중국이 독일에 비해 국가의 경제 규모가 작아.
병: 예멘은 중국에 비해 국민들의 평균적인 소득이 낮아.
정: 1인당 GDP가 높은 나라일수록 국민들의 기대 수명이 높다고 할 수 있어.

① 갑, 을   ② 갑, 정   ③ 을, 병
④ 을, 정   ⑤ 병, 정

01 서술형 밑줄 친 경제 지표의 의미를 정확하게 서술하시오.

> 한 나라의 경제 상황을 파악하기 위해서는 다양한 국민 경제 지표를 살펴보아야 한다. 국민 경제 지표 중에서 국내 총생산(GDP)은 한 국가 전체의 경제 규모를 나타내는 대표적인 지표이다.

03 논술형 다음 자료에서 갑의 활동이 국내 총생산(GDP)에 영향을 미치지 <u>않는</u> 이유를 〈조건〉에 맞게 논술하시오.

> 서울에서 가까운 ○○ 지역의 산 중턱에는 갑이 지은 황토 집 한 채가 있다. 갑은 자연에서 얻은 황토와 나무를 활용하여 황토 집을 지었다. 갑은 집 앞을 텃밭으로 일구어 배추, 오이, 가지 등을 재배하여 음식을 만들고, 옷도 직접 만들어 입는다.

┤ 조건 ├
- 국내 총생산의 의미와 연결지어 서술할 것
- 200자 내외로 논술할 것

02 서술형 다음 자료는 교사가 국내 총생산의 한계를 설명하기 위해 제시한 것이다. 이를 토대로 국내 총생산의 한계를 서술하시오.

04 논술형 빈칸에 공통적으로 들어갈 개념을 쓰고, 그것이 우리 생활에 미치는 긍정적인 영향과 부정적인 영향을 각각 세 가지로 논술하시오.

> 한 나라가 생산하는 재화와 서비스의 양이 시간이 지남에 따라 커지는 현상을 (   )(이)라고 한다.
> (   )은(는) 국내 총생산을 통해 파악할 수 있다.

02 물가와 실업

➊ 물가 상승

(1) 물가와 물가 지수

① 물가: 시장에서 거래되는 여러 상품의 가격을 종합하여 평균한 값

② 물가 지수: 물가 변동을 숫자로 나타낸 지표로, 기준 시점의 물가를 100으로 했을 때 비교 시점의 물가 수준을 종합적으로 측정한 값 **예** 소비자 물가 지수, 생산자 물가 지수 등 → 물가 지수가 110이라면 기준 연도에 비해 물가가 10% 상승하였다는 것을 의미

(2) 인플레이션 → 물가는 오르기도 하고 내리기도 하면서 경제생활에 영향을 미치는데, 경제가 성장하면 일반적으로 물가가 상승함

① 의미: 물가가 지속적으로 오르는 현상

② 원인: 경제 전체의 수요가 경제 전체의 공급보다 많을 경우, 통화량이 증가할 경우, 기업의 생산 비용이 증가하는 경우에 물가가 상승함

📝 더 알아 보기 ▶ 독일의 초인플레이션

제1차 세계 대전 직후 심각한 재정 적자를 겪던 독일은 연합국이 요구한 막대한 배상금을 갚기 위해 무분별하게 화폐를 발행하였다. 이에 따라 극심한 인플레이션이 나타나면서 1918년까지만 해도 1마르크면 살 수 있었던 빵 한 덩어리가 1923년에는 천억 마르크에 달했다. 이처럼 화폐의 가치가 급락하여 아이들이 장난감 대신 돈다발을 가지고 놀기도 하였다.

---

(3) 물가 상승의 영향

① 화폐의 가치 하락: 일정한 금액으로 구입할 수 있는 상품의 양이 줄어들어 상대적으로 재화와 서비스의 가치는 상승함

② 소득의 불공평한 재분배: 실물 자산을 소유한 사람들에 비해 현금을 보유한 사람들은 불리한 처지에 놓이게 됨 → 인플레이션이 발생하면 은행에 예금한 돈의 가치가 떨어지기 때문

③ 기업의 투자 활동 위축: 가계의 저축이 감소하여 생산 활동을 위한 기업의 투자가 줄어들고 장기적인 투자 계획을 수립하기 어려워 경제가 위축됨

④ 불건전한 거래 집중: 사람들이 저축을 꺼리고 근로 의욕이 저하되어 열심히 일하기보다 부동산 투기와 같은 불건전한 거래가 성행함

⑤ 무역의 불균형 발생: 외국 상품에 비해 자국 상품의 가격이 상대적으로 비싸져 수출은 감소하고 수입은 증가함

(4) 물가 안정을 위한 노력

정부	재정 지출 축소, 조세 증가, 생활필수품 가격 및 공공요금 인상 억제 등
중앙은행	이자율 인상으로 저축 유도, 시중에 유통되는 통화량 감소 정책 실시 등
기업	기술 개발, 경영 혁신을 통한 생산성 향상 등
근로자	과도한 임금 인상 요구 자제, 자기 계발을 통한 생산성 향상 노력 등
가계	충동구매 및 과소비 자제, 건전하고 합리적인 소비 생활 등

+ 소비자 물가 지수
소비자가 직접 구입하는 재화와 서비스를 대상으로 조사한 물가 지수

+ 생산자 물가 지수
기업 간에 거래되는 재화와 서비스를 대상으로 조사한 물가 지수

+ 물가 상승의 원인
• 총수요 증가: 가계 소비, 기업 투자, 정부 지출 증가로 총수요가 총공급보다 많을 경우 물가가 상승한다.
• 통화량 증가: 시중에 유통되는 돈의 양이 많아지면 소비나 투자가 활발해지고, 화폐 가치가 하락하여 물가가 상승한다.
• 생산비 증가: 임금, 원자재 가격 등이 상승하여 생산비가 오르면 기업이 공급을 감소하기 때문에 물가가 상승한다.

+ 인플레이션의 영향

유리한 사람	실물 자산 소유자, 채무자, 수입업자 등
불리한 사람	현금 및 은행 예금 보유자, 봉급 및 연금 생활자, 채권자, 수출업자 등

+ 통화량
한 나라 안에서 실제로 사용되는 화폐의 양

+ 실물 자산
아파트, 건물, 토지 등과 같은 부동산, 귀금속, 자동차 등과 같은 자산

+ 중앙은행
한 나라의 화폐 발행과 금융 정책의 수립 및 집행을 담당하는 은행으로, 우리나라의 중앙은행은 한국은행이다. 일반적으로 한국은행이 통화량을 늘리면 시장에서의 수요가 늘어나 물가가 오르고, 반대로 통화량을 줄이면 물가가 안정된다.

❷ 실업

(1) 실업과 실업자 ──→ 경기가 좋아 생산 활동이 활발하면 일자리가 많아져 실업자가 감소하다가, 경기가 나빠지면 기업이 생산과 고용을 줄이므로 실업자가 증가함

① **실업:** 일할 능력과 의사가 있는데도 일자리를 갖지 못한 상태

② **실업자:** 경제 활동 인구 중 일을 하지 않는 사람 ──→ 어린이, 노약자, 학생, 전업주부, 구직 단념자는 실업자에서 제외됨

> 🔆 **집중탐구** **경제 활동 인구의 구성**
>
> ```
>              [인구]
>          ┌──────┴──────┐
>   [15세 미만]      [15세 이상
>                  (노동 가능 인구)]
>              ┌──────┴──────┐
>          [경제          [비경제
>          활동 인구]      활동 인구]
>          ┌──┴──┐
>      [취업자]  [실업자]
> ```
>
> • **노동 가능 인구:** 생산 활동이 가능한 15세 이상의 사람
> • **경제 활동 인구:** 일할 의사와 능력을 가진 사람
> • **비경제 활동 인구:** 노동 가능 인구 중에서 경제 활동 인구가 아닌 사람
> • **취업자:** 경제 활동 인구 중에서 일자리가 있는 사람
> • **실업자:** 경제 활동 인구 중에서 일자리가 없는 사람
>
> └→ 실업률을 집계할 때 일주일에 1시간만 일해도 실업자가 아닌 취업자로 분류되며, 학교에 다니거나 구직 활동을 한 달만 쉬어도 실업자에서 제외됨. 이에 따라 실제보다 실업률이 낮게 집계되고 있음

(2) 실업의 원인

① **경기적 실업:** 경제 불황으로 기업이 신규 채용을 줄이거나 고용 인원을 줄이면서 발생함

② **구조적 실업:** 산업 구조의 변화나 기술 발달로 관련 부문의 일자리가 사라지면서 발생함

③ **계절적 실업:** 특정 업종에서 계절의 변화에 따라 고용 기회가 감소하여 발생함

④ **마찰적 실업:** 새로운 일자리를 찾기 위해 기존의 직장을 그만두면서 발생함

(3) 실업의 영향

① 개인적 측면

생계유지 곤란	소득이 없거나 줄어들어 경제적으로 어려워지고 생활 수준의 질이 떨어짐
심리적 고통 증가	자아실현의 기회가 상실되고 일을 통해 얻을 수 있는 성취감을 얻을 수 없으며 자신감이 하락하고 불안감이 커짐

② 사회적 측면

인적 자원 낭비	일할 능력이 있는 사람들이 경제 활동에 참여하지 못하여 노동력이라는 경제적 자원이 낭비됨
정부의 재정 부담 증가	정부가 사회 보장비를 지출하거나 실업 인구를 부양해야 하는 부담이 늘어남
국민 경제 침체	가계의 소득이 감소하여 소비 활동이 줄어들며, 기업의 생산과 투자가 위축되어 경기가 침체됨
사회 문제 발생	빈곤 확산, 생계형 범죄 증가, 빈부 격차 등의 사회 문제를 야기함

(4) 고용 안정을 위한 노력

① 실업 유형에 따른 정부의 대책

경기적 실업	경기 회복 정책, 공공사업 확대를 통한 일자리 창출 등
구조적 실업	체계적인 직업 교육 실시, 인력 개발 프로그램 마련 등
계절적 실업	취업 관련 정보 제공, 취업 박람회 개최, 고용 지원 센터 운영, 일자리 탐색 지원 등
마찰적 실업	

② **기업의 역할:** 고용 안정과 일자리 창출을 위한 경영 방안 모색 등

③ **근로자의 역할:** 생산성과 업무 처리 능력을 향상하기 위한 자기 계발 등

✚ 경제 성장과 실업
일반적으로 경제 성장과 실업자 수는 반대 방향으로 움직인다. 따라서 실업을 완화할 가장 좋은 대책은 지속적인 경제 성장이다.

✚ 구직 단념자
일자리를 구하려고 노력했으나 취업에 실패하여 구직 활동을 아예 포기한 사람

✚ 실업률의 계산
한 나라의 경제 활동 인구 중에서 실업자가 차지하는 비율을 측정한다.

$$\frac{\text{실업자 수}}{\text{경제 활동 인구}} \times 100$$

✚ 자아실현
개인이 지닌 소질과 역량을 스스로 찾아내어 그것을 충분히 발휘하고 계발하여 자신이 목적한 이상을 실현하는 것

✚ 인적 자원
국민 경제가 필요로 하는 상품의 생산에 투입될 수 있는 인간의 노동력

✚ 생계형 범죄
빈곤층의 사람들이 생계를 유지하기 위해서 저지르는 범죄

✚ 공공사업
국가나 지방 자치 단체가 공공의 경제적 목적을 위하여 벌이는 사업으로, 도로, 철도, 교량, 항만 등의 건설 및 보수와 학교, 공공 병원 등의 건설이 이에 속한다.

개념 다지기

01 빈칸에 들어갈 알맞은 말을 쓰시오.

(1) ( )(이)란 여러 상품의 가격을 종합하여 평균적으로 나타낸 값이다.

(2) 시장에서 물가가 일정 기간 동안 높은 수준으로 지속적으로 상승하는 현상을 ( )(이)라고 한다.

(3) 일할 능력과 의사가 있음에도 불구하고 일자리를 구하지 못하는 상태를 ( )(이)라고 한다.

02 물가가 상승할 경우 유리한 사람과 불리한 사람을 〈보기〉에서 있는 대로 골라 기호로 쓰시오.

┤ 보기 ├
ㄱ. 채무자   ㄴ. 채권자
ㄷ. 수출업자   ㄹ. 수입업자
ㅁ. 임금 근로자   ㅂ. 건물 소유자
ㅅ. 토지를 가진 사람 ㅇ. 은행에 예금한 사람

(1) 유리한 사람	
(2) 불리한 사람	

03 다음 설명이 맞으면 ○표, 틀리면 ✕표 하시오.

(1) 경제 전체의 수요가 경제 전체의 공급보다 적을 경우 물가가 상승한다. ································( )

(2) 물가가 오르면 화폐의 가치가 하락하여 같은 돈으로 구매할 수 있는 상품의 양이 적어진다. ················( )

(3) 정부는 인플레이션이 우려될 경우 과도한 재정 지출을 줄이고 조세를 늘리는 정책을 실시한다. ··········( )

04 괄호 안의 내용 중 알맞은 말에 ○표 하시오.

(1) 지속적으로 물가가 상승하면 (금융 자산 소유자, 실물 자산 소유자)는 불리해진다.

(2) 인플레이션이 발생하면 (수출, 수입)은 감소하고 (수출, 수입)은 증가한다.

(3) 물가 안정을 위해 (기업, 중앙은행)은 이자율을 인상하여 저축을 유도할 수 있다.

05 그림 (가), (나)에 들어갈 개념을 각각 쓰시오.

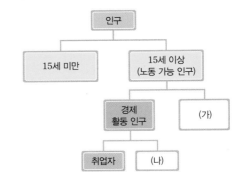

06 실업의 영향으로 서로 관련 있는 것끼리 바르게 연결하시오.

(1) 개인적 측면 •

(2) 사회적 측면 •

• ㉠ 생계유지 곤란
• ㉡ 생계형 범죄 증가
• ㉢ 기업의 생산 위축
• ㉣ 자아실현 기회 상실

07 빈칸에 들어갈 알맞은 실업의 유형을 쓰시오.

유형	의미
(1) ( )	경제 불황으로 기업이 채용을 줄이면서 발생하는 실업
(2) ( )	산업 구조 변화나 기술 발달로 관련 부문의 일자리가 사라지면서 발생하는 실업
(3) ( )	특정 업종에서 계절의 변화에 따라 고용 기회가 줄어들어 발생하는 실업
(4) ( )	새로운 일자리를 구하기 위해 기존의 직장을 그만두면서 발생하는 실업

08 밑줄 친 부분을 바르게 고쳐 쓰시오.

(1) 실업률은 한 나라의 노동 가능 인구 중에서 실업자가 차지하는 비율을 측정하여 구한다. ·········· ( )

(2) 농업, 건설업, 관광업 등에서 비수기에 일자리가 감소하면서 발생하는 실업을 마찰적 실업이라고 한다.
································· ( )

(3) 경기 침체로 발생한 구조적 실업을 최소화하기 위해 정부는 공공사업 확대를 통한 일자리 창출에 힘쓴다.
································· ( )

중단원 실력 쌓기

01 물가에 대한 옳은 설명을 〈보기〉에서 고른 것은?

┤ 보기 ├
ㄱ. 시장에서 거래되는 개별 상품의 가치를 나타낸다.
ㄴ. 물가의 상승과 하락은 물가 지수를 통해 측정된다.
ㄷ. 한 나라의 경제가 성장하면 물가는 하락하는 경향이 있다.
ㄹ. 물가가 오르면 같은 돈으로 살 수 있는 상품의 양이 줄어든다.

① ㄱ, ㄴ   ② ㄱ, ㄷ   ③ ㄴ, ㄷ
④ ㄴ, ㄹ   ⑤ ㄷ, ㄹ

02 그림은 물가 지수를 나타낸 것이다. 이에 대한 옳은 설명을 〈보기〉에서 고른 것은?

┤ 보기 ├
ㄱ. 물가 지수의 기준이 되는 해는 2017년이다.
ㄴ. 2019년의 물가는 2018년에 비해 5% 내렸다
ㄷ. 2018년의 물가는 2017년에 비해 10% 올랐다.
ㄹ. 2017년부터 2019년까지 물가는 계속해서 하락하였다.

① ㄱ, ㄴ   ② ㄱ, ㄷ   ③ ㄴ, ㄷ
④ ㄴ, ㄹ   ⑤ ㄷ, ㄹ

03 인플레이션이 장기화될 때 나타날 수 있는 현상으로 가장 적절한 것은?

① 채무자의 부담이 늘어난다.
② 기업의 투자 활동이 확대된다.
③ 부동산이나 금의 가치가 상승한다.
④ 저축을 하려는 사람들이 증가한다.
⑤ 사회 계층 간의 빈부 격차가 완화된다.

[04~05] 다음은 사회 수업을 위한 연극 대본이다. 물음에 답하시오.

┌─────────────────────────────┐
역사 속 인플레이션

• 때: 제1차 세계 대전 직후
• 장소: 독일
• 줄거리: 세계 대전에서 패한 독일은 막대한 전쟁 배상금을 마련하기 위해 화폐를 마구 발행하였다. 그 결과 물가가 가파르게 상승하여 사람들은 벽지 대신 돈으로 도배를 하고, 땔감으로 돈을 태우기도 했다. 이에 경제적으로 어려워진 사람들이 거리로 나와 시위를 벌이는데 …
└─────────────────────────────┘

04 위 자료에 나타난 독일의 경제 문제가 발생한 원인으로 가장 적절한 것은?

① 통화량 급증   ② 가계의 소비 증가
③ 원자재의 가격 상승   ④ 기업의 상품 생산 축소
⑤ 정부의 재정 지출 확대

05 위의 밑줄 친 내용에 해당하는 등장인물을 〈보기〉에서 고른 것은?

┤ 보기 ├
ㄱ. 예술품과 골동품을 사서 모은 수집가
ㄴ. 농토와 건물을 매입한 부동산 투자자
ㄷ. 은행에 전 재산을 저축한 금융 자산가
ㄹ. 품삯을 받아 생활하는 도시의 일용 근로자

① ㄱ, ㄴ   ② ㄱ, ㄷ   ③ ㄴ, ㄷ
④ ㄴ, ㄹ   ⑤ ㄷ, ㄹ

06 물가 안정을 위한 경제 주체의 노력으로 적절하지 <u>않은</u> 것은?

① 가계는 과소비와 사재기를 자제한다.
② 정부는 재정 지출을 최대한 확대한다.
③ 기업은 기술 혁신을 통해 생산비를 절감한다.
④ 중앙은행은 이자율을 인상하여 저축을 유도한다.
⑤ 근로자는 과도한 임금 인상을 요구하는 것을 자제한다.

07 실업에 대한 옳은 설명을 〈보기〉에서 고른 것은?

┤ 보기 ├
ㄱ. 경기가 좋아지면 실업자는 증가한다.
ㄴ. 개인이 스스로 선택하여 발생하는 경우도 있다.
ㄷ. 일할 능력과 의사가 없으면서 일자리를 갖지 못한 상태를 말한다.
ㄹ. 실업률은 경제 활동 인구 중에서 실업자가 차지하는 비율로 나타낸다.

① ㄱ, ㄴ   ② ㄱ, ㄷ   ③ ㄴ, ㄷ
④ ㄴ, ㄹ   ⑤ ㄷ, ㄹ

08 밑줄 친 부분에 해당하는 사람은?

우리 주변에는 종종 일자리를 얻지 못해 힘들어 하는 사람이 있다. 이런 사람들은 단순히 직장을 잃은 사람이라는 뜻에서 실업자라고 불린다. 그러나 경제적으로 볼 때, 실업이란 <u>일할 능력과 의사가 있음에도 불구하고 일자리를 갖지 못한 상태</u>를 의미한다.

① 치매를 앓고 있는 노인
② 초등학교에 재학 중인 어린이
③ 가사와 육아에 전념하는 전업주부
④ 구직을 포기하고 대학원에 진학한 청년
⑤ 명예퇴직 후 새로운 직장을 찾고 있는 가장

09 다음은 갑국의 인구 구성을 나타낸 것이다. 갑국의 실업률은?

• 총인구: 5,000만 명
• 15세 미만 인구: 2,000만 명
• 비경제 활동 인구: 1,000만 명
• 취업자: 1,800만 명

① 4%   ② 5%   ③ 10%
④ 20%   ⑤ 25%

10 그림에 나타난 실업의 유형으로 옳은 것은?

① 경기적 실업   ② 구조적 실업   ③ 계절적 실업
④ 마찰적 실업   ⑤ 자발적 실업

11 실업이 우리의 경제생활에 미치는 영향으로 적절하지 <u>않은</u> 것은?

① 노동력이라는 인적 자원이 낭비된다.
② 정부의 사회 보장비 지출이 감소한다.
③ 소득 상실에 따라 경제적 고통을 겪는다.
④ 직업 생활을 통한 자아실현의 기회가 상실된다.
⑤ 빈곤층 확산, 가족 해체 등의 사회 문제가 발생한다.

12 다음 사례에 대한 설명으로 옳은 것은?

• 갑은 경기 불황으로 실직을 한 후 재취업이 힘들어 지자 한 달 전부터는 직장을 알아보지 않고 있다.
• 을은 직장을 그만두고 예전에 다니던 곳보다 더 나은 곳을 찾고 있는 중이다. 을은 일자리를 구할 자신이 있지만 아직은 취업을 하지 못한 상태이다.

① 갑은 경기 침체로 인한 실업자이다.
② 갑의 결정은 실업률을 상승시키는 요인이다.
③ 을은 취업 정보 부족으로 비경제 활동 인구에 속하게 되었다.
④ 경기가 좋을 때에는 갑과 을이 처한 실업은 존재하지 않는다.
⑤ 을과 같은 사람을 줄이고자 정부는 고용 지원 센터를 운영할 수 있다.

서술형
01 밑줄 친 부분으로 발생한 실업의 유형을 쓰고, 그렇게 생각한 이유를 서술하시오.

> MP3 전문 업체인 △△전자는 2000년 초·중반만 해도 업계에서 주목받았다. 그러나 MP3 플레이어, 휴대용 동영상 재생기 PMP, 전자 사전 등의 기능이 스마트폰에 점차 흡수되면서 MP3 시장이 거의 사라졌다. △△전자는 여러 해 동안 적자가 지속되어 심각한 경영난을 겪었다. 이에 따라 △△전자는 다른 사업으로의 전환을 꾀하면서 <u>대대적인 인원 감축을 실시하였다.</u>

서술형
02 물가가 상승할 경우 A와 B 중 상대적으로 유리한 사람이 누구인지 쓰고, 그 이유를 서술하시오.

저는 매월 고정된 연금을 받고 있습니다. 은퇴 이후 소득은 연금이 전부죠.

저는 건물이 여러 채 있는데, 매년 재계약을 해 임대료를 올려 받고 있습니다.

논술형
03 밑줄 친 부분으로 발생한 실업을 줄이기 위한 정부 대책을 논술하시오.

> **지난 달 실업 급여 '역대 최고'**
>
> 고용 노동부의 통계에 따르면 지난 달 실업 급여 지급액은 7,589억 원으로 역대 최대 기록을 깼다. 지난 해 같은 기간에 지급되었던 5,820억 원보다 30.4% 증가한 수치이다. 실업 급여 지급자는 50만 명으로 집계됐다. 지난 해 44만 5,000명보다 5만 4,000명(12.2%) 늘었다. 이는 <u>경기 침체가 장기화되면서 신규 가입자의 실업 급여 신청이 증가했기 때문이다.</u>

┤ 조건 ├
- 기사에 나타난 실업의 유형과 그 발생 원인을 밝힐 것
- 200자 내외로 논술할 것

03 국제 거래와 환율

+ 통관
관세법에서 정한 모든 절차에 따라 물품을 수출, 수입 또는 반송하는 것

+ 관세
국외에서 수입하는 상품에 대해 부과하는 세금으로, 국가 재정의 수입, 국내 산업의 보호 및 경제 정책의 고려에 따라 수입 물품에 부과한다.

+ 비교 우위
한 나라가 다른 국가보다 어떤 상품을 상대적으로 더 낮은 기회비용으로 생산할 수 있는 상태

+ 특화
가장 효율적으로 생산할 수 있는 산업을 전문적으로 육성하는 것

+ 자유 무역 협정(FTA)
특정 국가 간 상품의 자유로운 이동을 위해 모든 무역 장벽을 제거하는 협정

+ 세계의 주요 경제 협력체
• 유럽 연합(EU): 유럽의 정치·경제적 통합을 실현하고 세계 시장에서 경쟁력을 확보하기 위해 출범한 연합 기구
• 아시아·태평양 경제 협력체(APEC): 아시아·태평양 지역의 경제 성장과 협력 증진을 위해 창설된 협의 기구
• 동남아시아 국가 연합(ASEAN): 동남아시아 지역의 정치·경제·문화 등의 협력을 증진하기 위한 공동체

❶ 국제 거래

(1) 국제 거래의 의미: 국가 간에 상품이나 생산 요소 등이 국경을 넘어 거래되는 것

(2) 국제 거래의 특징
① 재화와 서비스의 수출과 수입 과정에서 통관 절차를 거치며 관세를 내야 함
② 나라마다 법과 제도, 종교나 문화 등이 달라 상품 수입이 금지 또는 제한될 수 있음
③ 국가마다 서로 다른 화폐를 사용하기 때문에 화폐 간의 교환 비율을 고려해야 함

(3) 국제 거래의 필요성 ┌─ 국제 거래를 통해 소비자는 다양한 상품을 선택할 수 있는 기회가 확대되고, 국내 기업은 외국 기업과 경쟁하는 과정에서 생산성이 높아지고 넓은 해외 시장을 확보할 수 있음
① 국가 간 생산 조건 차이: 국가마다 자연환경, 천연자원의 종류와 양, 생산 요소의 양과 질, 기술 수준 등이 달라 상품에 대한 생산비 차이가 발생함
② 교역으로 인한 이익 발생 ┌─ 국제 거래로 일부 경쟁력이 약한 국내 기업이 쇠퇴할 수 있고, 국내 경제가 해외 경제 상황에 더 민감하게 영향을 받을 수 있음

상품 및 생산 요소 부족 문제 해결	국제 거래를 통해 각국은 자기 나라에 없거나 부족한 상품 및 생산 요소 등을 사용할 수 있음
생산 비용 절감	세계 시장을 상대로 대규모 생산을 하거나 선진국의 발전된 생산 기술을 도입하면 생산비를 낮출 수 있음
비교 우위 제품의 수출로 인한 이익 발생	각국은 비교 우위 제품을 특화하여 수출하고, 생산에 불리한 상품은 수입함으로써 경제적 이익을 추구함

(4) 국제 거래의 양상 ┌─ 세계 무역 기구(WTO)가 출범하면서 국제 거래의 대상이 확대됨. 세계 무역 기구는 각종 불공정 행위를 규제하고 국가 간 무역 마찰을 조정하고 있으며, 이 과정에서 자유 무역이 확대되고 있음
① 국제 거래의 규모와 대상 확대: 세계화와 개방화 추세에 따라 국제 거래의 규모가 점점 커지고, 거래 품목이 더욱 다양해지며 광범위해지고 있음
② 국가 간 경제 협력 강화: 경제적 이해관계를 같이하는 나라끼리 경제 협력체를 구성하거나 자유 무역 협정(FTA)을 체결하고 있음

> ### 📝 더 알아 보기 ▶ 지역 경제 협력체
>
> (외교부, 기타, 2016)
>
> 유럽 연합(EU) • 유럽 28개국
> 아시아·태평양 경제 협력체(APEC) • 아시아·태평양 21개국
> 북미 자유 무역 협정(NAFTA) • 미국·캐나다·멕시코
> 걸프 협력 회의(GCC) • 서남아시아 6개국
> 동남아시아 국가 연합(ASEAN) • 동남아시아 10개국
> 남미 공동 시장(MERCOSUR) • 남아메리카 5개국
> 대서양 / 태평양 / 인도양 / 0°
> 0 3,000 km
>
> 오늘날 세계화로 인해 치열해진 국제 경쟁 사회에서 개별 국가의 힘만으로는 경쟁력을 확보하기 어렵다. 따라서 세계 각국은 지리적으로 인접하고 경제적으로 상호 의존도가 높은 국가들과 경제 협력체를 구성하는 경우가 많다. 대표적인 지역 경제 협력체로는 유럽 연합(EU), 아시아·태평양 경제 협력체(APEC), 동남아시아 국가 연합(ASEAN) 등이 있다. 지역 경제 협력체는 회원국 간에는 관세나 무역 제한을 철폐하여 자유 무역을 촉진하지만, 비회원국에 대해서는 각종 무역 장벽을 쌓아 불리한 입장에 처하게 함으로써 무역 갈등을 일으키기도 한다.

❷ 환율

(1) 환율의 의미와 표시

① 의미: 두 나라의 화폐가 교환되는 비율 → 외국 화폐의 가치

② 표시 방법: 외국 화폐 1단위와 교환되는 자국 화폐의 가격으로 표시함 <u>예</u> <u>1,100원/달러</u>
   └ 미국 화폐 1달러를 사기 위해 필요한 우리나라 화폐가 1,100원이라는 의미

(2) 환율의 결정과 변동

① 환율 결정: 외환 시장에서 외화의 수요와 공급에 의해 결정됨

② 외화의 수요와 공급

외화의 수요	외국 상품의 수입, 자국민의 해외여행 및 유학, 해외 투자, 외채 상환 등과 같이 외화가 해외로 나가는 경우에 발생함
외화의 공급	자국 상품의 수출, 외국인의 국내 관광 및 유학, 국내 투자, 차관 도입 등과 같이 외화가 국내로 들어오는 경우에 발생함

③ 환율 변동 요인: 외화의 수요가 증가하거나 공급이 감소하는 경우 환율이 상승하고, 외화의 수요가 감소하거나 공급이 증가하는 경우 환율이 하락함

💡 집중탐구 환율의 변동

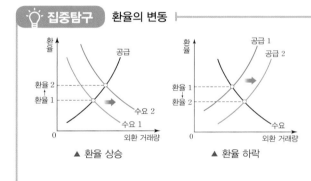

▲ 환율 상승   ▲ 환율 하락

수입, 내국인의 해외여행 및 투자 등이 늘어나면 외화의 수요가 증가한다. 이에 따라 외화의 수요 곡선이 오른쪽으로 이동하면서 환율이 상승한다. 한편, 수출, 외국인의 국내 관광 및 투자 등이 늘어나면 외화의 공급이 증가한다. 이에 따라 외화의 공급 곡선이 오른쪽으로 이동하면서 환율이 하락한다.

---

(3) 환율 변동의 영향 → 환율이 상승한 것은 원화 가치의 하락, 환율이 하락한 것은 원화 가치의 상승을 의미

① 환율 상승의 영향

수출 증가 및 수입 감소	외국 화폐로 표시되는 수출품 가격이 하락해서 수출이 늘어나고, 자국 화폐로 표시되는 수입품 가격이 상승해서 수입이 줄어듦
국내 물가 상승	수입 원자재의 가격이 상승하거나 외화 유입으로 인한 국내 통화량이 증가하여 물가가 상승함
외채 상환 부담 증가	환율이 상승한 만큼 외국에 갚아야 할 외화 금액이 많아짐
기타	해외여행 경비 부담이 증가하여 내국인의 해외여행이 감소하고, 국내 여행 경비 부담이 감소하여 외국인의 국내 관광이 증가함

② 환율 하락의 영향

수출 감소 및 수입 증가	외국 화폐로 표시되는 수출품 가격이 상승해서 수출이 줄어들고, 자국 화폐로 표시되는 수입품 가격이 하락해서 수입이 늘어남
국내 물가 안정	수입에 의존하는 원유나 원자재 등의 가격 하락으로 국내 물가가 안정됨
외채 상환 부담 감소	환율이 하락한 만큼 외국에 갚아야 할 외화 금액이 줄어듦
기타	해외여행 경비 부담이 감소하여 내국인의 해외여행이 증가하고, 국내 여행 경비 부담이 증가하여 외국인의 국내 관광이 감소함

✚ 국제 거래와 화폐

현재 국제적으로 가장 널리 사용되는 화폐는 미국의 달러화이다. 따라서 무역 의존도가 높은 우리나라는 원·달러 환율에 민감하다.

✚ 외환 시장

달러화, 유로화, 엔화 등과 같은 외국 화폐가 거래되는 시장

✚ 환율의 결정

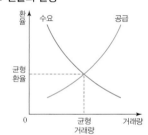

외환 시장에서 외화의 수요와 공급 곡선을 나타낼 때 X축은 외환의 거래량, Y축은 환율을 표시한다. 생산물 시장에서 균형 가격이 상품의 수요와 공급이 일치할 때 결정되듯이, 외환 시장에서도 균형 환율이 외화의 수요와 공급이 일치하는 지점에서 결정된다.

✚ 외채

대외 채무의 준말로 국내의 거주자가 비거주자에게 외화로 갚아야 할 의무가 있는 확정적인 채무, 즉 빚을 의미한다.

✚ 차관

한 나라의 정부나 기업, 은행 등이 외국 정부나 공적 기관으로부터 자금을 빌려 오는 것

개념 다지기

01 빈칸에 들어갈 알맞은 말을 쓰시오.

(1) (   )(이)란 생산물이나 생산 요소가 국경을 넘어 거래되는 것을 말한다.

(2) 상품을 수입하거나 수출하는 과정에서 (   )(이)라는 세금이 부과되기도 한다.

(3) 한 나라가 다른 국가에 비해 상대적으로 더 효율적으로 생산할 수 있는 품목에 대해 (   )이(가) 있다고 말한다.

02 다음 내용에 해당하는 개념을 쓰시오.

> • 자국 화폐와 외국 화폐의 교환 비율을 말한다.
> • 외국 화폐 1단위와 교환되는 자국 화폐의 가격으로 표시한다.

03 다음 설명이 옳으면 ○표, 틀리면 ×표 하시오.

(1) 국가마다 가지고 있는 자원이나 생산 기술 등이 다르기 때문에 국제 거래가 발생한다. ······················( )

(2) 국제 거래는 국내 거래에 비해 상품이나 생산 요소의 이동이 더욱 자유롭다. ······················( )

(3) 외화의 수요가 감소하거나 공급이 증가하는 경우에 환율이 상승한다. ······················( )

(4) 외화로 빚을 진 경우 환율이 상승하면 갚아야 할 빚이 늘어난다. ······················( )

04 괄호 안의 내용 중 알맞은 말에 ○표 하시오.

(1) 우리나라가 외국에 상품을 판매하는 것을 (수출, 수입), 외국에서 상품을 구입하는 것을 (수출, 수입)이라고 한다.

(2) 세계 무역 기구가 출범함에 따라 (보호 무역, 자유 무역)이 확대되고 있다.

(3) 미화 1달러를 사기 위해 원화 1,000원이 필요하다면, 환율은 (1달러/원, 1,000원/달러)(으)로 표시한다.

(4) 외화의 (수요, 공급)은(는) 상품의 수입, 해외여행, 유학 등과 같이 외화가 해외로 나가는 경우에 발생한다.

(5) 환율이 (상승, 하락)했다는 것은 원화 가치의 상승을 의미한다.

05 외화의 수요 변동 또는 공급 변동의 요인을 〈보기〉에서 있는 대로 골라 기호로 쓰시오.

> ┤ 보기 ├
> ㄱ. 외국 상품의 수입   ㄴ. 국내 상품의 수출
> ㄷ. 외국인의 국내 관광   ㄹ. 내국인의 해외여행
> ㅁ. 내국인의 해외 투자   ㅂ. 외국인의 국내 투자

(1) 외화의 수요 변동 요인 ························· ( )

(2) 외화의 공급 변동 요인 ························· ( )

06 환율 변동에 따른 영향으로 서로 관련 있는 것끼리 바르게 연결하시오.

(1) 환율 상승 •

(2) 환율 하락 •

• ㉠ 수출 증가
• ㉡ 수입 증가
• ㉢ 국내 물가 상승
• ㉣ 외국인 관광객 감소
• ㉤ 외채 상환 부담 감소
• ㉥ 자국민의 해외여행 감소

07 원/달러 환율이 상승할 경우 유리한 사람과 불리한 사람을 〈보기〉에서 있는 대로 골라 기호로 쓰시오.

> ┤ 보기 ├
> ㄱ. 미국에서 유학 중인 학생
> ㄴ. 우리나라를 여행하려는 미국인
> ㄷ. 미국에서 활동하는 우리나라 선수
> ㄹ. 미국으로 해외여행을 떠나려는 부부
> ㅁ. 미국에 자동차를 수출하는 기업 사장
> ㅂ. 미국산 가구를 판매하는 국내 가구점 주인

(1) 유리한 사람	
(2) 불리한 사람	

중단원 실력 쌓기

01 국내 거래와 비교할 때, 국제 거래만이 가지는 특징으로 적절하지 <u>않은</u> 것은?

① 생산 요소의 이동에 많은 제약이 따른다.
② 거래 당사자가 이익을 기대하고 상품을 사고판다.
③ 관세라는 세금을 내고 통관 절차 등을 거쳐야 한다.
④ 문화나 관습의 차이로 인해 거래에 제한을 받기도 한다.
⑤ 각 나라가 사용하는 화폐가 달라서 환율의 문제가 발생한다.

02 국제 거래가 발생하는 이유를 〈보기〉에서 고른 것은?

┤ 보기 ├
ㄱ. 각 나라가 가진 자원이 서로 다르기 때문에
ㄴ. 국가마다 생산 요소의 질과 양에 차이가 나기 때문에
ㄷ. 교역을 통해 모든 나라가 동일한 이익을 얻을 수 있기 때문에
ㄹ. 나라마다 생산 비용이 많이 드는 상품을 특화하는 것이 유리하기 때문에

① ㄱ, ㄴ   ② ㄱ, ㄷ   ③ ㄴ, ㄷ
④ ㄴ, ㄹ   ⑤ ㄷ, ㄹ

03 국제 거래를 통해 얻을 수 있는 이익으로 적절하지 <u>않은</u> 것은?

① 부존자원의 부족 문제를 해결할 수 있다.
② 기업이 넓은 해외 시장을 확보할 수 있다.
③ 소비자의 상품 선택 기회가 증가할 수 있다.
④ 국제 경쟁력이 약한 국내 산업이 성장할 수 있다.
⑤ 선진국의 기술 도입에 따라 생산비가 절감될 수 있다.

04 다음과 같은 현상이 나타나는 배경으로 적절하지 <u>않은</u> 것은?

> 오늘날에는 국제 거래가 이루어지는 대상이 매우 다양하고 광범위해지고 있으며, 국제 거래의 규모도 점차 확대되고 있다.

① 국가별로 무역에 대한 규제가 완화되었다.
② 국가 간에 자유 무역 협정(FTA) 체결이 증가하였다.
③ 세계 무역 기구(WTO)가 주도하여 자유 무역이 확대되었다.
④ 경제적 이해관계를 같이하는 나라끼리 경제 협력체를 구성하였다.
⑤ 교통 및 통신 수단의 발달로 나라와 나라 간에 국경이 더욱 강화되었다.

05 다음과 같은 경제 협력체의 공통점으로 가장 적절한 것은?

> • 유럽 연합(EU)
> • 동남아시아 국가 연합(ASEAN)
> • 아시아 · 태평양 경제 협력체(APEC)

① 회원국 간에 거래 장벽을 강화한다.
② 비회원국과 무역 마찰을 초래하기도 한다.
③ 세계화의 흐름에 반대하기 위해 나타났다.
④ 회원국 간의 국제 거래에서 동일한 화폐를 사용한다.
⑤ 상호 의존도가 높은 개발도상국들 간에 구성된 국제기구이다.

06 환율에 대한 옳은 설명을 〈보기〉에서 고른 것은?

┤ 보기 ├
ㄱ. 외화의 수요가 감소하면 환율은 상승한다.
ㄴ. 환율이 상승하면 수출은 증가하고 수입은 감소한다.
ㄷ. 외국 돈 한 단위를 사기 위해 필요한 우리나라 돈의 가격으로 표시된다.
ㄹ. 환율 하락이란 외국 돈에 대한 자국 화폐의 가치가 하락한다는 의미이다.

① ㄱ, ㄴ   ② ㄱ, ㄷ   ③ ㄴ, ㄷ
④ ㄴ, ㄹ   ⑤ ㄷ, ㄹ

07 외화 공급이 증가하는 요인으로 적절하지 <u>않은</u> 것은?

① 해외 차관을 상환하였다.
② 국내 상품의 수출이 증가하였다.
③ 외국인의 국내 투자가 증가하였다.
④ 국내에 외국인 유학생의 수가 늘었다.
⑤ 국내를 여행하는 외국인 관광객 수가 늘었다.

08 환율 변동의 요인 (가)~(마)에 대한 설명으로 옳지 <u>않은</u> 것은?

> (가) 상품의 수출이 증가하였다.
> (나) 외국인의 국내 투자가 감소하였다.
> (다) 외국 정부로부터 자금을 빌려왔다.
> (라) 국내 학생의 해외 유학이 증가하였다.
> (마) 우리나라 사람들의 해외여행이 줄어들었다.

① (가)는 외화 공급 요인이다.
② (나)는 환율 하락의 원인이 된다.
③ (다)는 외화의 공급 곡선이 오른쪽으로 이동한다.
④ (라)는 외화가 해외로 나가는 경우에 해당한다.
⑤ (마)는 원화 가치를 상승하는 데 영향을 미친다.

09 다음과 같은 변화가 발생할 때, 외환 시장에서 환율 균형점 E가 이동할 가능성이 높은 방향은?

> • 재화와 서비스의 수입이 늘어났다.
> • 우리나라를 찾는 외국인 관광객이 줄어들었다.

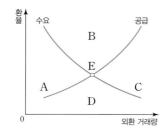

① A
② B
③ C
④ D
⑤ 이동 없음

10 환율의 상승에 영향을 미친 요인으로 가장 적절한 것은?

① 해외 차관 도입이 증가하였다.
② 국내 상품의 수출이 감소하였다.
③ 외국인 관광객의 국내 여행이 늘어났다.
④ 국내 기업의 원자재 수입이 줄어들었다.
⑤ 우리나라 국민의 해외 주식 투자가 감소하였다.

11 환율 하락이 국민 경제에 미치는 영향을 〈보기〉에서 고른 것은?

> ┤ 보기 ├
> ㄱ. 국내 물가 상승
> ㄴ. 외채 상환 부담 증가
> ㄷ. 수입 원자재 가격 하락
> ㄹ. 수출 감소 및 수입 증가

① ㄱ, ㄴ   ② ㄱ, ㄷ   ③ ㄴ, ㄷ
④ ㄴ, ㄹ   ⑤ ㄷ, ㄹ

12 (가)~(라)에 들어갈 적절한 경제 주체를 〈보기〉에서 고른 것은?

구분	유리한 사람	불리한 사람
환율 상승	(가)	(나)
환율 하락	(다)	(라)

> ┤ 보기 ├
> ㄱ. 수출업자
> ㄴ. 외국에 빚을 진 기업
> ㄷ. 유학생 자녀를 둔 부모
> ㄹ. 국내를 관광 중인 외국인

	(가)	(나)	(다)	(라)
①	ㄱ	ㄴ	ㄹ	ㄷ
②	ㄱ	ㄷ	ㄹ	ㄴ
③	ㄷ	ㄴ	ㄹ	ㄱ
④	ㄹ	ㄱ	ㄷ	ㄴ
⑤	ㄹ	ㄷ	ㄷ	ㄴ

01 다음과 같은 현상이 발생한 이유를 외화의 수요와 공급 측면에서 각각 한 가지 서술하시오.

환율이 올라서 해외로 송금해야 할 금액이 증가했어요. 기러기 아빠인 저는 너무 힘들어요.

환율

---

02 그림에 표시된 부분에 나타난 현상이 지속될 경우 국내 경제의 상황에 미칠 영향을 세 가지만 서술하시오.

원/달러 환율 추이

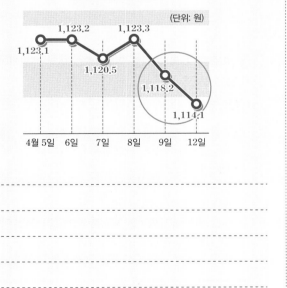

(단위: 원)

1,123.1 1,123.2 1,123.3 1,120.5 1,118.2 1,114.1

4월 5일 6일 7일 8일 9일 12일

---

03 뉴스 보도에서 밑줄 친 부분의 이유를 〈조건〉에 맞추어 논술하시오.

앵커: 주식 시장이 휘청거리면서 환율도 나흘째 상승 출발했습니다. 주식을 내다 판 외국인들의 달러 송금 수요가 늘고 있어서 환율 상승세가 지속될 것으로 전망됩니다. 외환 은행에 나가 있는 중계차를 불러 보겠습니다. ○○○ 기자! 오늘 환율 얼마나 오르면서 출발했나요?

기자: 어제보다 10원 30전 오른 1,072원에 거래를 시작했습니다. 환율은 이번 주 들어 나흘 연속 상승세를 이어가고 있습니다. 단기간에 환율이 큰 폭으로 오르면서 국내 수출 업체들은 한 숨을 돌리게 되었지만 수입 업체들이나 해외에 달러를 송금해야 하는 분들은 부담이 커지게 됐습니다.

┤ 조건 ├
- 환율 변동의 요인을 포함할 것
- 외화의 수요 곡선 또는 공급 곡선의 이동 방향을 제시할 것
- 원화 가치의 변동을 나타낼 것

01 밑줄 친 '이것'에 해당하는 사례로 가장 적절한 것은?

> 이것은 보통 1년 동안 한 나라의 국경 안에서 새롭게 생산한 최종 생산물의 시장 가치를 합한 것이다.

① 직장인이 중고 세탁기를 구매한 비용
② 대학생이 커피 전문점에서 일하고 얻은 주급
③ 의류 회사가 청바지 생산을 위해 산 원단 구입비
④ 우리나라 국민이 미국에 위치한 IT기업에서 받은 연봉
⑤ 주부가 가족의 저녁 식사를 위해 직접 만든 음식의 가치

02 다음은 어느 나라에서 한 해 동안 발생한 경제 활동이다. 이 나라의 국내 총생산은? (단, 외국과의 교류가 전혀 없으며, 다른 생산 활동은 없다고 가정한다.)

> 씨앗을 전문적으로 생산하는 사람이 배추 씨앗을 30만 원에 농부에게 판매하였다. 농부는 이 씨앗을 심어 배추를 재배하여 배추 도매상에게 80만 원에 팔았다. 도매상은 이 배추를 배추김치 생산업자에게 150만 원을 주고 팔았고, 배추김치 생산업자는 배추김치를 만들어 소비자에게 250만 원에 판매하였다.

① 110만 원 ② 220만 원 ③ 250만 원
④ 400만 원 ⑤ 510만 원

서술형

03 밑줄 친 부분의 이유를 서술하시오.

> 국내 총생산(GDP)은 일반적으로 1년 동안 한 나라 안에서 생산된 모든 최종 생산물의 시장 가치를 합한 것이다. 따라서 국내에서 그 해에 새롭게 생산된 것 중 최종적으로 생산된 재화나 서비스만의 시장 가격만을 측정한다. 즉, 외국에서 생산된 것, 시장에서 거래되지 않는 것, 중고품, 중간재는 국내 총생산에서 제외된다.

04 다음 내용을 통해 공통적으로 알 수 있는 국내 총생산의 한계로 가장 적절한 것은?

> • 교통사고가 많이 발생하면서 사고 처리에 들어가는 비용도 국내 총생산으로 집계되고 있다.
> • 비만, 당뇨 등과 같은 질병이 늘어남에 따라 병원의 수입이 증가하면서 국내 총생산도 증가하고 있다.

① 소득 분배 상황을 나타내지 못한다.
② 한 나라의 경제 성장률을 파악하기 어렵다.
③ 국민 경제의 생산 수준을 나타내지 못한다.
④ 삶의 질을 떨어뜨리는 요소가 반영되지 않는다.
⑤ 시장에서 거래되지 않는 경제 활동은 포함하지 않는다.

05 다음 사례에 나타난 인플레이션의 발생 원인으로 가장 적절한 것은?

> 1978년에 이란이 국내 정치 및 경제적 혼란을 이유로 석유 생산을 대폭 감축하고 수출을 중단하여 석유의 가격이 급등하였다. 이에 우리나라의 물가 상승률이 무려 30% 가까이 기록하기도 하였다.

① 통화량의 증가   ② 기업의 투자 확대
③ 생산 비용의 증가   ④ 상품의 수요 급증
⑤ 정부의 재정 지출 감소

06 다음은 사회 과제를 위한 UCC 제작 계획서이다. 적절하지 않은 것은?

> • 기획 의도: 물가 상승이 경제생활에 미치는 영향을 살펴보고, 물가 안정의 필요성을 강조한다.
> • 내용 구성
> (가) 가벼워진 장바구니
> (나) 확산되는 부동산 투기
> (다) 저축을 기피하는 사람들
> (라) 가격이 하락하는 국산 제품
> (마) 근로 의욕이 떨어지는 근로자들

① (가) ② (나) ③ (다) ④ (라) ⑤ (마)

07 서술형 밑줄 친 부분에 해당하는 내용을 두 가지 이상 서술하시오.

사람들은 직업을 통해 소득을 얻어 생활하고, 자아를 실현할 기회를 얻는다. 따라서 실업이 증가하면 개인은 경제적인 어려움을 겪게 되고 자아 상실감과 심리적 불안을 느끼게 된다. 실업은 <u>사회 전체에도 부정적인 영향을</u> 끼친다.

08 그림의 (가)에 해당하는 사람은?

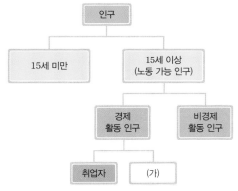

① 심신이 허약한 노약자
② 유학 준비 중인 대학교 졸업생
③ 가사에 전념하고 있는 전업주부
④ 면접 시험을 보러 다니는 취업 준비생
⑤ 일자리 구하는 것을 포기한 구직 단념자

09 다음에 해당하는 실업의 유형에 대한 대책으로 가장 적절한 것은?

최근 경제 상황의 악화로 실적이 저조해진 금융 및 증권 업체 등이 대규모의 구조 조정을 감행하였다. 이에 따라 지점을 폐점 및 통폐합하고, 인원을 감축하면서 일자리를 잃은 사람들이 점차 늘어나고 있다.

① 직업 훈련 확대   ② 취업 박람회 개최
③ 농공 단지의 조성   ④ 경기 회복 정책 실시
⑤ 고용 지원 센터 운영

10 밑줄 친 (가)에 들어갈 내용을 〈보기〉에서 고른 것은?

국가 간에 이루어지는 재화, 서비스, 생산 요소 등의 상업적 거래를 국제 거래라고 한다. 국제 거래는 상품을 사고판다는 점에서 국내 거래와 큰 차이가 없다. 하지만 국내 거래와 달리 _____(가)_____는 특징이 있다.

┤ 보기 ├
ㄱ. 상품의 이동이 자유롭다.
ㄴ. 관세라는 세금을 내야 한다.
ㄷ. 거래 당사자가 이익을 기대한다.
ㄹ. 화폐 간의 교환 비율을 고려해야 한다.

① ㄱ, ㄴ   ② ㄱ, ㄷ   ③ ㄴ, ㄷ
④ ㄴ, ㄹ   ⑤ ㄷ, ㄹ

11 서술형 그림에 나타난 환율 변동의 요인을 세 가지만 서술하시오.

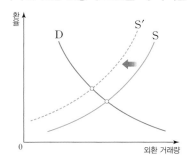

12 다음과 같은 환율 변동이 우리나라의 경제에 미치는 영향으로 옳은 것은?

1달러: 1,100원 ⇨ 1달러: 1,000원

	수출	국내 물가	외채 상환 부담
①	감소	상승	감소
②	증가	상승	증가
③	감소	상승	증가
④	증가	안정	증가
⑤	감소	안정	감소

수행 평가 미리보기

선생님의 출제 의도 국제 거래가 활발한 국가에 대한 카드 뉴스 만들기

5단원에서는 한 나라의 경제 활동 상황을 파악할 수 있는 다양한 경제 지표에 대해 학습하였습니다. 우선 한 국가의 경제 규모를 나타내는 대표적인 지표인 국내 총생산(GDP)의 의미와 한계를 알아보았습니다. 다음으로 물가 상승과 실업이 한 나라의 경제에 어떤 영향을 미치며, 물가 및 고용 안정을 위한 다양한 대책을 살펴보았습니다. 또한 오늘날 우리나라를 비롯한 대부분의 국가가 국제 거래를 하고 있는 이유와 교역 과정에서 외환이 거래되는 원리를 파악하였습니다. 이러한 학습 내용을 바탕으로 국제 거래가 활발한 국가들의 경제 상황을 조사하고, 카드 뉴스를 만들어 발표하는 활동이 수행 평가로 제시될 수 있습니다. 이를 통해 국제 거래의 필요성을 알고 세계 시민으로서의 기본적인 소양을 갖출 수 있습니다.

수행 평가 문제

세계에서 국제 거래가 활발한 국가에 대한 경제 상황을 조사하여 카드 뉴스로 만들어 발표해 보자.

A 활동 계획 세우기

1 3~5명을 구성원으로 하는 모둠을 만들고, 세계의 여러 나라 중 국제 거래가 활발한 국가를 선정한다.
2 모둠별로 선택한 국가의 경제 상황에 관해 조사하고, 카드 뉴스를 제작하여 발표한다.

B 활동 단계

1단계 모둠별로 세계 무역 순위를 토대로 국제 거래가 활발한 국가를 정한다.
2단계 선정한 국가의 경제 상황에 관해 조사할 주제와 내용을 정한 후, 모둠 내에서 역할을 분담한다.
3단계 모둠원은 자신이 맡은 주제를 조사하여 최소한 두 장의 카드를 제작한다.
4단계 모둠원이 제작한 카드를 연결하여 카드 뉴스를 완성하고 발표한다.

C 활동하기

1 국제 거래가 활발한 국가를 정한다.
[참고 자료]
○ 세계 수출국(지역) 순위

순위	1	2	3	4	5	6	7
국가(지역명)	유로 지역	중국	미국	독일	일본	한국	프랑스

○ 세계 수입국(지역) 순위

순위	1	2	3	4	5	6	7
국가(지역명)	미국	유로 지역	중국	독일	일본	프랑스	영국

2 선정한 국가의 경제 상황에 관한 조사 주제와 내용을 정한다.

[예시] ○ 우리 모둠이 선택한 국가: 중국

주제	조사 내용	담당자 이름
국내 총생산	중국의 GDP 및 1인당 GDP	○○○
물가	중국과 우리나라의 한 끼 식사 가격 비교	□□□
실업	중국의 실업률 및 주요 실업 원인	△△△
국제 거래	중국의 수출 및 수입 품목	◇◇◇
환율	중국 여행 경비(위안화)를 환전하기 위해 필요한 원화	▽▽▽

3 모둠원이 조사한 내용을 카드로 제작한다.

[예시]

4 모둠원이 제작한 카드를 연결하여 뉴스를 완성하고 발표한다.

[활동 후 느낀 점 또는 새롭게 알게 된 내용]

📖 **채점 기준**

평가 영역	채점 기준	배점
모둠 활동	모둠원의 역할이 공정하게 분배되고 서로의 의견을 존중하며 경청하였다.	상
	모둠원의 역할이 적절하게 분배되었으나, 서로의 의견을 존중하는 태도가 부족하였다.	중
	모둠원의 역할 배분이 적절하지 않고, 서로의 의견을 수용하는 태도가 부족하였다.	하
카드 뉴스 제작	모둠이 선정한 국가의 경제 상황을 적극적으로 조사하고, 자신이 맡은 조사 주제와 내용에 맞는 카드를 완성도 높게 제작하였다.	상
	모둠이 선정한 국가의 경제 상황을 조사하였으나, 자신이 맡은 조사 주제와 내용에 따라 제작한 카드의 완성도가 다소 낮았다.	중
	모둠이 선정한 국가의 경제 상황을 조사하는 데 소극적으로 참여하고, 자신이 맡은 조사 주제와 내용에 적절하지 않은 카드를 제작하였다.	하

VI

국제 사회와
국제 정치

01 국제 사회의 이해

곁단어

✛ 주권 국가
대내적으로는 스스로를 다스릴 최고의 권력을 본인들이 가지며, 대외적으로는 독립성을 갖는 국가

✛ 강제력
권력이나 위력을 통해 의무를 이행할 수 있게 만드는 힘

✛ 국제법
국제 사회에서 적용되는 규칙으로 주로 국가와 국제기구를 규율한다. 높은 강제력이 없어서 국제 사회의 분쟁을 해결하는 데 한계가 있다.

✛ 보편적 윤리
시대나 장소를 초월하여 늘 지켜야 할 도덕과 윤리

✛ 전 지구적 차원의 문제
수많은 나라에 영향을 주지만, 한 나라의 힘만으로 해결할 수 없는 문제
예 지구 온난화, 오존층 파괴, 삼림 자원 고갈, 종의 감소, 공해, 기아, 난민 문제, 핵무기 확산 등

✛ 브렉시트(Brexit)
영국(Britain)과 탈퇴(Exit)의 합성어로, 영국의 유럽 연합(EU) 탈퇴를 의미한다.

✛ 파리 협정
프랑스 파리에서 체결된 환경 보호 협정으로, 2015년 협약에서는 선진국과 개발도상국 등 190여 개국이 참여하였다.

✛ 유엔 안전 보장 이사회
국제 연합(UN)의 가장 강력한 기관으로, 5개의 상임 이사국(미국·러시아·영국·프랑스·중국)이 국제 분쟁의 처리 등 가장 중요한 안건을 결정한다. 만장일치제로 하나의 상임 이사국이라도 반대하면 안건은 부결된다.

❶ 국제 사회의 특성

(1) **국제 사회** → 국제 사회의 성립을 위해서는 주권을 가진 개별 국가들이 필요함
  ① 의미: 전 세계 여러 나라가 교류하고 의존하면서 국제적 공동생활을 영위하는 사회
  ② 영향: 국제 사회에서의 정치·경제 행위는 지구촌 전체에 영향을 줌

> **Q&A** **국제 사회는 언제부터 등장하였나요?**
> 1648년 베스트팔렌 조약을 계기로 유럽에서 민족을 단위로 하는 독자적 주권 국가들이 등장하면서 새로운 국제 정치 질서가 형성되기 시작하였다. 두 차례의 세계 대전을 겪으며 세계 평화 유지의 필요성이 부각되면서, 국제 연맹(1920년)과 국제 연합(1945년)이 창설되었다. 이후 미국 대 구소련의 냉전 시대를 거쳐 1990년대부터 오늘날까지는 이념보다 실리를 중시하는 국제 사회의 특성이 이어져 오고 있다.

(2) **국제 사회의 특성**
  ① 국가 중심: 국제 사회의 기본 구성 단위는 독립적인 개별 국가임
  ② 중앙 정부의 부재: 갈등을 해결할 수 있는 강제력을 갖춘 중앙 정부가 없음
  ③ 자국의 이익 최우선   "국제 관계에는 영원한 친구도 없고, 영원한 적도 없다."   국제 사회 질서를 어지럽히는 나라를 제지하기 힘든 상황이 발생함
    • 도덕이나 국가의 이념보다는 자국의 정치적·경제적 이익에 따라 행동함
    • 오랫동안 협력했던 국가가 이해관계에 따라 적대국이 될 수도 있음
  ④ 힘의 논리   원인: 중앙 정부의 부재, 결과: 자국의 이익 최우선
    • 표면적으로는 각국이 평등한 것으로 간주되지만, 실제로는 힘의 논리가 작용됨
    • 경제력과 군사력이 큰 강대국이 더 많은 영향력을 행사하고, 약소국은 이를 인정함
  ⑤ 상호 의존과 국제 협력의 증가(갈등과 협력의 공존)
    • 자국의 이익 추구와 더불어 국제법, 보편적 윤리 준수에 대한 협력이 공존함
    • 전 지구적 차원의 문제가 증가하면서 국제 협력의 범위가 넓어짐

> **집중탐구** 사례를 통해 국제 사회의 특성 이해하기
>
> (가)
>
> 2016년 6월, 영국은 난민 배정 관련 문제 등 유럽 연합(EU) 의회의 결정이 영국에 불리하다고 판단하여 유럽 연합을 탈퇴하기로 하였다.
>
> (나)
>
> 지구 온난화가 심각해지자 이를 해결하고자 하는 국제 사회의 협력이 강화되었다.
>
> (다)
>
> 유엔 안전 보장 이사회의 중요한 결의안은 상임 이사국이 모두 찬성해야 의결된다.
>
> • 사례를 통해 알 수 있는 국제 사회의 특성을 써 보자.
>   (가) 국제 사회에서 각국은 자국의 이익을 우선시한다.
>   (나) 전 지구적 차원의 문제가 증가하여 국제 사회의 협력도 증가하고 있다.
>   (다) 국력에 따른 힘의 논리가 작용하여 강대국이 더 많은 영향력을 행사한다.

❷ 국제 사회의 행위 주체

(1) **국가** → 국제 사회의 가장 기본적·전형적인 행위 주체

① **특징**
- 국제 사회의 가장 기본적·대표적인 행위 주체
- 국민의 수, 영토, 크기에 상관없이 독립적인 주권 행사 → 주권 평등의 원칙
  - └→ 인구·면적·군사력·경제력 등의 차이와 상관없이 국제법상 모든 국가의 주권은 서로 평등하다는 원칙

② **역할**
- 국제 사회에서 법적 지위를 가지고 외교 활동을 수행함
- 여러 국제기구에 참여하여 공식적인 활동을 함

(2) **국제기구**

① **의미**: 정부·민간단체·개인을 회원으로 하여, 초국가적 활동을 하는 기구

② **종류** → 회원 자격에 따라 정부 간 국제기구와 국제 비정부 기구로 나뉨

정부 간 국제기구	• 각국 정부를 회원으로 하는 국제기구 • 협상을 통해 자국의 이익과 회원국 전체 이익의 조화 추구
국제 비정부 기구 (NGO)	• 국경을 초월하여 활동하는 비영리적 민간단체 • 국제 문제 해결에서 정부 간 국제기구를 보완하는 기능 • 환경, 의료, 빈곤, 노동, 인권, 여성, 평화 등의 분야에서 활동

(3) **다국적 기업** → 본사는 자국에 두고, 값싼 자원이나 노동력이 있는 나라에 공장과 자회사를 설립하여 이윤을 극대화함

① **의미**: 세계 여러 나라에 자회사와 공장을 설립하고, 국제적 규모로 상품을 생산·판매하여 영리를 추구하는 조직

② **특징**
- 전 세계 경제에서 매우 큰 비중을 차지 → 일부 기업의 매출액은 한 나라의 경제 규모를 능가하기도 함
- 세계화와 밀접한 관련 → 세계화의 확대로 다국적 기업의 영향력과 규모도 증가
- 경제적 이익 극대화 과정에서 여러 국가의 정책에도 직·간접적으로 영향을 줌

(4) **영향력 있는 개인**: 세계 종교 지도자, 전임 국제기구 수장, 전임 국가 원수 등

📝더 알아 보기 ▶ 다양한 국제기구들

정부 간 국제기구	• 국제 연합(UN): 제2차 세계 대전 이후 전쟁 방지와 평화 유지를 목적으로 설립된 범세계적 국제기구 → 이전의 국제 연맹과 달리 군사력 등 강제력을 갖춤 • 경제 협력 개발 기구(OECD): 회원국의 경제 발전을 모색하고 세계 경제 문제에 공동으로 대처하기 위한 정책 연구 및 협력 기구 → 우리나라는 1996년에 29번째 회원국으로 OECD 가입 • 국제 통화 기금(IMF): 국제적 통화 협력을 보장하고 환율 안정을 위해 설립되었으며, 우리나라는 1997년 외환 위기 당시 구제 금융을 받음
국제 비정부 기구 (NGO)	• 그린피스: 환경 보호와 평화 증진을 목표로 하며, 비폭력적·직접 행동으로 변화를 추구함 • 국경 없는 의사회: 전쟁, 기아, 질병, 자연재해 등으로 고통받는 전 세계 사람들을 구호하기 위해 설립한 국제 민간 의료 구호 단체 • 국제 사면 위원회: 전 세계 인권 침해 사례를 찾아내 이를 국제 사회에 알리며, 정치범의 석방과 구제를 위해 노력하는 국제기구 • 세이브 더 칠드런: 모든 아동의 생존·보호·발달의 권리 보장이 미래 사회를 발전시킨다는 신념으로 약 30여 개국에서 활동

+ NGO(Non-Governmental Organization)
정부와 관계없이 자발적으로 조직된 민간단체로 공익성·비영리성을 특징으로 한다.

+ 세계 무역 기구(WTO)
세계 자유 무역 경제 질서를 유지하기 위해 국제 규범의 준수를 촉구하고, 이를 지키지 않는 나라에 제재를 가해 세계화를 촉진시키는 역할을 한다.

+ 유럽 연합(EU)
유럽 국가들의 경제적·정치적 통합과 집단 방위를 목표로 하는 공동체

+ 자회사
본사의 지배를 받는 회사

+ 영리
재산상의 이익을 꾀함(↔비영리)

+ 국제 연맹과 국제 연합

국제 연맹	국제 연합
1920년 설립	1945년 설립
국제 평화가 목적	
미국·소련 등 강대국 불참	강대국 참여
군사적 강제력이 없음	군사적 강제력을 갖춤

+ 국제 연합(UN)의 조직

상임 이사국으로 구성된 안전 보장 이사회가 가장 강력한 영향력을 행사한다.

01 괄호 안의 내용 중 알맞은 말에 ○표 하시오.

(1) 세계 여러 나라가 서로 교류하면서 공존하는 사회를 (국제 연합, 국제 사회)(이)라고 한다.

(2) 국제 사회의 가장 기본적인 특징은 각국이 (자국, 타국)의 이익을 추구한다는 점이다.

(3) 국제 사회에서 가장 기본이 되는 행위 주체는 주권을 가진 (개인, 국가)이다.

(4) 세계 여러 나라에 자회사와 공장을 설립하여 상품을 생산하고 판매하는 기업을 (다국적, 국내) 기업이라고 한다.

(5) 개인과 민간단체를 회원으로 하는 국제기구는 (정부 간 국제기구, 국제 비정부 기구)이다.

(6) 오늘날 세계는 교통·통신의 발달에 힘입어 국가 및 민간 교류와 상호 의존성이 (증가, 감소)하고 있다.

02 다음 설명이 맞으면 ○표, 틀리면 ×표 하시오.

(1) 주권 국가는 국제 사회의 가장 기본적·전형적인 행위 주체이다. ·····································( )

(2) 국제 사회에서는 모든 국가가 동일한 영향력을 행사한다. ·····································( )

(3) 국제기구는 국제 사회에서 발생하는 국가 간 갈등 상황을 조정하는 중앙 정부이다. ·················( )

(4) 오늘날 세계 각국의 정치·경제·문화 부문에서의 교류는 축소되고 있다. ··················( )

(5) 다국적 기업은 국제 사회의 중요한 행위 주체이다. ·····································( )

(6) 국제 비정부 기구의 주된 구성원은 국가이다. ····( )

03 다음 개념에 해당하는 사례를 연결하시오.

(1) 다국적 기업 •　　　• ㉠ 로마 교황

(2) 정부 간 국제기구 •　　　• ㉡ 삼성, 구글, LG

(3) 국제 비정부 기구 •　　　• ㉢ 국제 연합(UN)

(4) 영향력 강한 개인 •　　　• ㉣ 그린피스

04 빈칸에 들어갈 알맞은 말을 쓰시오.

(1) 국제 사회에서 각 나라는 대외적으로 외국에 대해 독립성을 갖는 (　　　　)을(를) 가진 행위 주체이다.

(2) 정부가 개입하기 어려운 분야에 개인이나 민간단체들이 모여 조직한 (　　　　)이(가) 국제 사회의 주체로서 영향력을 행사한다.

(3) 세계 각국에 진출해 공장과 자회사를 설립한 (　　　) 은(는) 국제 사회의 행위 주체로 국가 간 상호 의존성을 높인다.

(4) 국제 평화와 안전을 유지하고, 국제 분쟁을 조정·해결하기 위해 제2차 세계 대전 이후 만들어진 국제기구는 (　　　　)이다.

05 다음 기관이 정부 간 국제기구이면 '정', 국제 비정부 기구이면 '비'라고 쓰시오.

(1) 국제 통화 기금(IMF) ·····························( )

(2) 국경 없는 의사회 ·······························( )

(3) 국제 사면 위원회 ·······························( )

(4) 경제 협력 개발 기구(OECD) ··················( )

(5) 세계 무역 기구(WTO) ·························( )

(6) 세이브 더 칠드런 ·······························( )

(7) 국제 연합(UN) ·······························( )

06 국제 사회의 행위 주체를 〈보기〉에서 있는 대로 골라 기호로 쓰시오.

┌ 보기 ├
ㄱ. 국가　　　　　　　　ㄴ. 국제기구
ㄷ. 다국적 기업　　　　ㄹ. 영향력 강한 개인
ㅁ. 국제 비정부 기구

중단원 실력 쌓기

01 밑줄 친 '사회'의 명칭으로 옳은 것은?

전 세계 여러 나라들이 서로 교류하고 의존하면서 자국의 이익과 전체의 조화를 추구하며 공동생활을 영위하는 <u>사회</u>이다.

① 공동 사회　　② 국내 사회　　③ 국제 사회
④ 세계 사회　　⑤ 이익 사회

02 다음에서 설명하는 국제 사회의 행위 주체에 대한 옳은 설명을 〈보기〉에서 고른 것은?

전통적으로 국제 사회를 움직여 온 기본적인 행위 주체로서 주권을 인정받는다. 베스트팔렌 조약 이후 민족을 단위로 구성되어 대내적으로는 최고의 권력을 갖고, 대외적으로는 독립성을 인정받는다.

┤ 보기 ├
ㄱ. 정부 간 국제기구에 회원 자격을 가질 수 있다.
ㄴ. 국제 사회에서 모두 동등한 영향력을 행사한다.
ㄷ. 국제 사회에서 힘의 논리에 따라 이익을 추구한다.
ㄹ. 국제 사회에서 상위에 있는 세계 정부의 통제를 받는다.

① ㄱ, ㄴ　　② ㄱ, ㄷ　　③ ㄴ, ㄷ
④ ㄴ, ㄹ　　⑤ ㄷ, ㄹ

03 국제 사회의 특성에 대한 설명으로 옳은 것은?

① 규범을 제정하고 이를 강제하는 중앙 정부가 존재한다.
② 자국의 이익보다는 국제 사회 전체의 이익을 우선한다.
③ 개별 주권 국가가 국제 사회에 미치는 영향력은 동일하다.
④ 국제기구나 비정부 기구 등 다양한 국제 행위 주체가 증가하고 있다.
⑤ 힘의 논리보다는 보편적 윤리가 국제 사회의 질서에 더 큰 영향을 행사한다.

04 다음의 사례를 통해 공통적으로 추론할 수 있는 국제 사회의 특성은?

• 영국은 난민 배정 관련 문제 등 유럽 연합(EU)의 결정이 영국에 불리하다고 판단하여 유럽 연합을 탈퇴하기로 하였다.
• 한국과 대만은 오랫동안 외교 관계를 유지했으나, 한국이 중국과 국교를 수립하게 되면서 대만과는 외교 관계를 단절하게 되었다.

① 자국의 이익을 최우선으로 생각한다.
② 각국은 원칙적으로 국제법 앞에 평등하다.
③ 힘의 논리로 문제를 해결하는 경향이 있다.
④ 국가 간 협력과 상호 의존이 증가하고 있다.
⑤ 중앙 정부가 존재하지 않는 무정부 상태이다.

05 국제 사회의 행위 주체로서 다국적 기업에 대한 옳은 설명을 〈보기〉에서 고른 것은?

┤ 보기 ├
ㄱ. 일정한 영토와 국민, 주권을 갖는다.
ㄴ. 환경, 의료, 인권 등 비영리 활동에 집중한다.
ㄷ. 세계화로 인해 규모와 영향력이 확대되고 있다.
ㄹ. 각 나라의 상호 의존성을 증대시키는 역할을 한다.

① ㄱ, ㄴ　　② ㄱ, ㄷ　　③ ㄴ, ㄷ
④ ㄴ, ㄹ　　⑤ ㄷ, ㄹ

06 국제기구에 대한 설명으로 옳은 것은?

① 베스트팔렌 조약 이전부터 존재하였다.
② 국제 정부 소속으로 국제법에 따라 활동한다.
③ 국가의 범위를 넘어 국제적인 영향력을 행사한다.
④ 소수 인종이나 민족, 노동조합 등을 예로 들 수 있다.
⑤ 정부만 자격을 가지며, 개인과 민간단체는 구성할 수 없다.

07 다음 사례를 통해 알 수 있는 국제 사회의 특성으로 가장 적절한 것은?

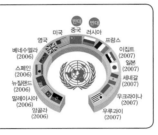

유엔 안전 보장 이사회의 중요한 결의안은 상임 이사국이 모두 찬성해야 의결된다. 상임 이사국 중 한 나라라도 거부권을 행사하면 안건은 무산된다.

① 국제 사회에는 영원한 적이나 친구가 없다.
② 국제 사회는 강대국의 영향력에 의해 좌우된다.
③ 각국은 인류 공동의 번영을 위해 상호 협력한다.
④ 국제적 협력을 통해 전 지구적 문제에 대처한다.
⑤ 국제법과 국제 정부가 한 나라의 주권보다 우선한다.

08 다음 설명에 해당하는 국제 사회의 행위 주체는?

국제 사회에서 국경을 넘어 개인 또는 민간단체들을 회원으로 하여 조직된 단체로, 오늘날 시민 사회의 영향력이 강화되면서 그 역할이 확대되는 추세이다.

① 국가
② 다국적 기업
③ 국제 연합(UN)
④ 정부 간 국제기구
⑤ 국제 비정부 기구

09 신문 기사를 통해 알 수 있는 국제 사회의 특성으로 가장 적절한 것은?

□□신문

한국, 미국, 중국, 러시아를 비롯한 국제기구, NGO 해양 오염 전문가들이 모여 태평양 해양 오염 사고 발생 시 공동 대응 방안과 미세 플라스틱 등 해양 쓰레기 처리에 관한 협력 방안을 논의하였다.

① 이념보다 실리를 추구한다.
② 힘의 논리에 의해 지배된다.
③ 자국의 이익을 최우선으로 한다.
④ 다국적 기업의 영향력이 증대된다.
⑤ 전 지구적 차원의 문제에 공동 대응한다.

10 그림과 같은 조직을 갖는 국제기구에 대한 설명으로 옳지 않은 것은?

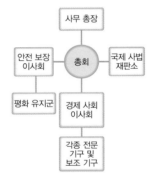

① 제2차 세계 대전 직후 창설되었다.
② 소속 구성원은 주권을 가진 국가이다.
③ 세계의 국제법을 제정하는 국제 정부이다.
④ 분쟁 해결을 위해 군대를 파견하기도 한다.
⑤ 5개의 상임 이사국이 가장 강한 영향력을 행사한다.

11 빈칸에 공통적으로 들어갈 용어로 옳은 것은?

• 국제 사회의 기초 단위는 (   )을(를) 가진 국가이다.
• 국제 사회에서 국가는 (   ) 평등의 원칙에 따라 독립된 행위 주체로 인정받는다.
• 대내적으로 스스로를 다스릴 최고의 권력을 본인들이 가지며, 대외적으로는 독립성을 갖는 나라를 (   ) 국가라고 한다.

① 국민
② 영토
③ 주권
④ 강제력
⑤ 경제력

12 (가), (나)에 해당하는 국제 행위의 주체를 바르게 연결한 것은?

> (가) 각국 정부를 회원국으로 하는 국제기구
> (나) 국경을 초월하여 활동하는 민간단체

	(가)	(나)
①	세계 무역 기구	그린피스
②	국제 적십자사	유럽 연합
③	국제 연합	경제 협력 개발 기구
④	국경 없는 의사회	세이브 더 칠드런
⑤	국제 사면 위원회	국제 통화 기금

13 다음 행위 주체의 공통점에 대한 옳은 진술을 〈보기〉에서 고른 것은?

> • 국경 없는 의사회
> • 국제 통화 기금(IMF)
> • 전 국제 연합(UN) 사무총장
> • 경제 협력 개발 기구(OECD)

┤ 보기 ├
ㄱ. 다수의 주권 국가를 회원으로 한다.
ㄴ. 힘의 원리와 자국 이익 우선의 원칙을 따른다.
ㄷ. 국경을 초월해 활동하는 국제 사회의 행위 주체이다.
ㄹ. 국제적 상호 의존성이 높아질수록 영향력이 증가한다.

① ㄱ, ㄴ   ② ㄱ, ㄷ   ③ ㄴ, ㄷ
④ ㄴ, ㄹ   ⑤ ㄷ, ㄹ

14 다음에서 설명하고 있는 국제기구는?

> 우리나라는 1996년에 29번째 회원국으로 가입하였다. 회원국의 경제 발전을 모색하고 세계 경제 문제에 공동으로 대처하기 위한 정책 연구 및 협력 기구이다.

① 국제 연합(UN)
② 유럽 연합(EU)
③ 국제 통화 기금(IMF)
④ 세계 무역 기구(WTO)
⑤ 경제 협력 개발 기구(OECD)

서술형·논술형

서술형

01 ㉠, ㉡을 통해 알 수 있는 국제 사회의 특성을 각각 서술하시오.

> 지구 온난화가 심각해지며 전 세계가 생존을 위협받자, 세계 최강대국인 ☆☆국을 중심으로 2015년 파리에서 ㉠ 전 세계 195개국이 온실가스를 감축하기로 합의하였다. 그러나 몇 년 뒤 파리 협정을 주도했던 ㉡ ☆☆국은 경제 성장률의 회복을 이유로 협정 탈퇴를 공식 통보하였다.

서술형

02 (가)와 (나)의 차이점과 공통점을 서술하시오.

> (가) 국제 연합, 유럽 연합, 세계 무역 기구 등
> (나) 그린피스, 국제 적십자사, 국경 없는 의사회 등

02~03 국제 사회의 모습과 공존 노력 ~ 우리나라와 주변국의 갈등과 해결 노력

1 국제 사회의 경쟁과 갈등

(1) 국제 사회의 시기별 경쟁과 갈등 양상 → 갈등이 발생하는 근본적 원인은 각 국가가 자국의 이익 실현을 최우선으로 하는 국제 사회의 특성 때문임

냉전 체제 (양극화 시대)	• 제2차 세계 대전 이후 자본주의 진영과 사회주의 진영의 대립 • 전 세계가 이념을 중심으로 양분되어 대립과 경쟁을 지속
탈냉전 시대 (다극화 시대)	• 독일 통일, 구소련 해체 등으로 1990년대부터 냉전 종식 • 정치적 이념 대립보다 경제적 실리를 중시하는 경향이 강화됨

(2) 국제 사회 갈등의 원인과 다양한 갈등 사례 → 탈냉전의 결과 다극화된 국제 질서 속에서 갈등의 양상이 다양하게 나타남

인종과 민족	이스라엘과 팔레스타인, 중국과 티베트 등
종교	인도 카슈미르 지역의 힌두교도와 이슬람교도 등
자원 확보	나일강을 둘러싼 물 분쟁, 남중국해 영유권 분쟁, 석유를 둘러싼 갈등 등
환경 오염	국제 환경 단체(그린피스)와 개발을 우선시하는 개별 국가 간 갈등 등

> **더 알아 보기 ▶ 국제 사회의 다양한 갈등 사례**
>
>
>
> 제2차 세계 대전 후 유대교를 믿는 유대인과 이슬람교를 믿는 팔레스타인인 간 민족·종교 분쟁이 지속되고 있다.
>
> 카스피해 연안 인접국들은 자원 개발과 송유관 건설을 둘러싸고 영유권 분쟁을 겪고 있다.
>
> 최근 환경을 지키려는 국제 비정부 기구와 개발을 통해 발전을 꾀하는 개발도상국 사이에 갈등을 빚고 있다.

2 국제 사회의 문제 해결을 위한 협력

(1) 외교를 통한 노력 → 국제 사회에서 자국의 이익을 평화적 방법으로 달성하려는 대외적 활동

① **외교의 중요성**: 자국의 대외적 위상과 이미지를 높임, 갈등으로 인해 발생하는 손해를 사전에 예방, 자원 및 해외 시장의 평화적 확보, 지구촌 공동의 문제 해결 등

② **외교의 유형** → 외교의 방법으로 협상·대화·타협·제재 등을 다양하게 사용함

• 공식적 외교: 국가를 대표하는 공식적 외교 사절(외교관)이나 국가 원수 간 회담 등

• 민간 외교: 스포츠, 문화 등 다양한 영역을 통한 교류 등 → 민간 외교 또한 공식적 외교 못지않게 중요함

③ **우리나라의 외교 정책**: 국제 평화 유지, 긴급 구호·전염병 대응 등 적극적 외교 정책을 통해 국제 사회 공존에 이바지하려 노력함 → 동맹·조약·협력 등 외교 목적을 달성하기 위한 구체적인 전략

(2) 국제 사회의 협력 양상

① **결의안 채택**: 인권 선언, 국제 환경 협약 등 국제 사회 문제 해결을 위한 약속과 다짐

② **지속 가능 발전 목표(SDGs)**: 국제 연합(UN)이 지구 환경 문제 해결·빈곤과 기아 종식·양성평등 등을 포함하여 채택한 국제 사회 최대의 공동 목표

③ **우리나라의 협력**: 공적 개발 원조(ODA)를 통해 개발도상국의 경제 성장에 기여

❸ 우리나라와 주변국의 갈등과 해결

(1) **우리나라가 직면하고 있는 국가 간 갈등** ──→ 반도라는 지리적 특성은 주변국들 사이에 통로 역할을 하기 때문에
교류는 물론 갈등도 많이 발생함

① **일본과의 갈등**: 독도 영유권 문제, 역사 교과서 왜곡 문제, 위안부와 강제 징용공 사과 및 배상 문제, 세계지도 동해 표기 문제, 부품 소재 수출 제재 문제 등

② **중국과의 갈등**: 역사 왜곡 및 동북 공정 문제, 미세 먼지 문제, 사드 경제 보복 문제, 중국 어선의 배타적 경제 수역 침범 및 불법 조업 문제 등

📝 더 알아 보기 ▶ 독도가 우리 땅이라는 근거

(가)	(나)

▲ 태정관 결정문	▲ 연합국 최고 사령관 지령(SCAPIN) 제677호
1877년 일본의 태정관은 '죽도(울릉도)외 1개의 섬(독도)은 일본과 관계 없는 곳'이므로 일본 지적에 포함시키지 말라고 하였다.	1946년 연합국 최고 사령부는 울릉도, 독도, 제주도를 일본의 통치, 행정 범위에서 제외할 것을 선언하였다.

(가)는 일본 측 자료이고, (나)는 국제적 자료이다. 우리나라는 물론이고, 다수의 객관적 자료가 독도는 대한민국 영토임을 보여 주고 있다. 더 많은 역사적 증거를 수집하고, 대외적 홍보를 게을리 하지 않으며, 당당히 실효적 지배 상태를 지켜나가는 자세가 필요하다.

(2) **독도를 둘러싼 갈등**   어떤 영토나 영역을 한 국가가 유효하게 점유하고 구체적←
으로 통치하여 지배권을 확립하고 있는 상태

일본의 주장	우리나라의 주장
• 독도의 영유권이 일본에 있다고 억지 주장 → 독도 확보를 통해 군사적 거점과 해양 자원 기지를 확보하려는 속셈 • 국제 사법 재판소에서의 해결을 주장함 → 경제력을 바탕으로 한 힘의 논리를 악용하여 영유권을 주장하려는 속셈	• 수많은 고지도와 고문서 등을 근거로 들어 합리적으로 독도가 우리 영토임을 주장 → 현재 독도를 실효적으로 지배 중임 • 국제 사법 재판소에서의 분쟁 해결에 반대 → 일제의 한반도 침략에서 비롯된 역사적 문제일 뿐 분쟁 대상이 아님

(3) **중국의 동북 공정과 대응책**

① **동북 공정**: 중국이 자국 영토에서 전개된 모든 역사를 중국의 역사로 만들기 위해 벌이는 역사 연구 사업 → 고조선, 고구려, 발해 역사를 중국사로 편입

② **중국의 의도**   간도와 만주 지역은 특별히 직접 지배하는 나라가 없는 가운데,
우리 민족이 활동하던 지역임

• 중국 내 소수 민족의 독립을 방지하여 현재의 영토를 확고히 지배하기 위함

• 한반도 통일 이후 발생할 수 있는 영토 분쟁 가능성을 배제하려는 의도

③ **대응책**: 국가적 차원에서 우리 고대사에 대한 연구를 실시, 발해사·고구려사에 대한 지속적 관심, 중국 정부에 개선 요구, 통일 이후 나타날 수 있는 영토 분쟁에 대비

(4) **국제적 갈등의 해결 방안**

① **전략적 방안 모색**: 감정적 대응보다는 논리적·합리적 자세로 사태를 진단하고 대응

② **능동적 태도**: 정부의 적극적인 대응과 외교적 노력, 개인의 꾸준한 관심과 참여

③ **홍보 강화**: 우리 주장의 정당성을 국제 사회에 알리고, 공감대를 형성하기 위해 노력

④ **상호 협력과 이해**: 국제 사회 속에서 다양한 주체들과 상호 의존성을 높이고 협력

+ 징용공
일제 강점기 때 일본에 의해 공장 등에 끌려가 강제 노동으로 고통받던 사람들

+ 독도에 대한 역사적 근거들
• 「삼국사기」(1145년): 지증왕 13년(512) 이사부의 우산국 복속
• 「고려사」(1541년): 현종 9년(1018) 여진족의 우산국 침략에 농기구와 식량을 우산에 지원
• 「세종실록지리지」(1454년): 독도가 조선 영토임을 설명
• 일본 훈령(1877년): 최고 국가 기관 태정관에서 독도는 한국 영토임을 알리는 훈령 발표
• 국제 연합(UN)군(1950년): 독도를 한국 영토로 판정하여 독도 상공을 한국군 식별 구역으로 포함

+ 국제 사법 재판소
국가 간의 분쟁을 해결하려는 국제 연합(UN) 소속 사법 기관. 분쟁 당사국들이 합의하여 분쟁 해결을 요청한 사건에 대해서만 관할권 소유

+ 배타적 경제 수역
한 국가가 어업 및 광물 자원 등에 대한 모든 권리를 갖는 해양 수역

+ 동북 공정 대상 지역

+ 동해 표기 문제
우리나라가 국권을 침탈당한 시절인 1929년 일본의 주장으로 국제 수로 기구가 동해를 일본해로 표기하였다. 우리나라는 1957년 국제 수로 기구에 가입하여 '동해-일본해' 병기를 꾸준히 주장하고 있다.

개념 다지기

01 빈칸에 들어갈 알맞은 말을 쓰시오.

(1) 한 국가가 국제 사회에서 자국의 이익을 평화적 방법으로 달성하려는 대외적 활동을 (　　　　)(이)라고 한다.

(2) 중국의 동북쪽 국경 안에서 전개된 역사를 자국 역사로 강제 편입시키려는 역사 연구 작업을 (　　　　)(이)라고 한다.

(3) 삼국 시대 신라 장군 이사부의 우산국 정벌 이후 (　　　)은(는) 우리의 영토로 편입되었다.

(4) (　　　　)은(는) 국제 연합(UN)이 지구 환경 문제 해결·빈곤과 기아 종식·양성평등을 포함하여 채택한 국제 사회 최대의 공동 목표이다.

(5) 일정한 영토나 영역에 대해 해당 국가가 독점하여 관할할 권리를 (　　　　)(이)라고 한다.

(6) 일본은 독도 문제를 (　　　　)에 제소하여 국제 분쟁 지역으로 만들려는 속셈을 가지고 있다.

02 다음 설명이 맞으면 ○표, 틀리면 ×표 하시오.

(1) 오늘날은 세계화에 따라 국가 간 경쟁이 더욱 치열해지고 있다. ·······················(　　)

(2) 제2차 세계 대전 이후 미국과 구소련을 중심으로 한 탈냉전 경쟁이 치열하였다. ·············(　　)

(3) 세계화가 진전됨에 따라 국가 간 협력의 중요성은 감소하고 있다. ·······················(　　)

(4) 중국의 동북 공정에는 한반도 통일 이후 영토 분쟁에 대비하려는 정치적 목적이 포함된다. ·········(　　)

(5) 우리나라는 독도를 분쟁 지역으로 선포하고 국제 사법 재판소의 판결을 신청하자는 입장이다. ·······(　　)

(6) 국가 간 갈등 해결을 위해서는 상호 존중의 관점과 합리적 대화가 필요하다. ···············(　　)

(7) 최근에는 시민 단체 등 개인과 민간단체가 외교 활동에 참여하지 않는 추세이다. ···········(　　)

(8) 외교는 반드시 외교관에 의해 이루어진다. ········(　　)

(9) 우리나라 헌법은 국제 평화 유지에 앞장서고 국제 사회의 공존에 이바지할 것을 명시하고 있다. ·····(　　)

03 괄호 안의 내용 중 알맞은 말에 ○표 하시오.

(1) 국가 간 경쟁이 심화되면 (갈등, 협력)이 발생하지만, 국제 문제에 공동 대응하며 분쟁을 해결하기 위해서는 국가 간 (갈등, 협력)이 필요하다.

(2) 국제 사회는 제2차 세계 대전 이후 양극화되어 대립하는 (냉전, 탈냉전) 시대를 거쳐, 독일 통일과 구소련 해체 등으로 (냉전, 탈냉전) 시대인 다극화 사회로 접어들었다.

(3) 국제 사회의 (공존, 공멸)을 위해 각국은 자국의 이익을 추구하면서도 국제 평화를 지향해야 한다.

(4) 외교란 한 나라가 국제 사회에서 (자국, 타국)의 이익을 평화적으로 달성하기 위한 활동이다.

(5) (일본, 중국)은 명백한 우리 국토인 독도에 대한 억지 영유권을 주장하고 있고, (일본, 중국)은 동북 공정을 통해 역사를 왜곡하는 작업을 하고 있다.

(6) 최근 시민들의 국제 자원 봉사 등 국제 비정부 기구를 통한 (공식적, 민간) 외교 활동이 활발하다.

(7) 한 국가가 어업 및 광물 자원 등에 대한 모든 권리를 갖는 해양 수역을 (배타적, 이기적) 경제 수역이라고 한다.

(8) 공적 개발 원조(ODA)는 (개발도상국, 선진국)의 경제 성장과 복지에 기여한다.

04 해당 국가가 우리나라와 겪고 있는 갈등을 연결하시오.

(1) 일본 •

(2) 중국 •

　　• ㉠ 동북 공정 문제
　　• ㉡ 독도 영유권 문제
　　• ㉢ 세계지도에 동해 표기
　　• ㉣ 우리 수역에서 불법 조업
　　• ㉤ 위안부 및 징용공 배상·사과
　　• ㉥ 미세 먼지 및 사드 경제 보복

05 민간 외교 활동으로 분류되면 '민', 공식적 외교 활동으로 분류되면 '공'이라고 쓰시오.

(1) 국가 정상회담 ·······························(　　)

(2) 문화 교류 활동 ·······························(　　)

(3) 스포츠 친선 경기 ····························(　　)

(4) 외교관 실무 회의 ····························(　　)

(5) 외교 사절 및 특사 파견 ······················(　　)

중단원 실력 쌓기

01 밑줄 친 (가)에 들어갈 내용으로 옳은 것은?

> 제2차 세계 대전 이후 냉전과 양극화가 지속되었지만, 1990년대 들어 탈냉전이 가속화되며 다극화 시대로 접어들게 되었다. 이에 따라 국제 질서는 _____(가)_____ 경향이 강화되었다.

① 이념을 중심으로 양분되는
② 강대국에 의존하여 발전하려는
③ 경제적 이익과 실리를 중시하는
④ 전쟁을 통해 식민지를 건설하려는
⑤ 자본주의 진영과 사회주의 진영이 대립하는

02 국제 사회에서 갈등의 원인과 사례를 바르게 연결한 것은?

	원인	사례
①	민족 갈등	중국과 티베트의 갈등
②	시장 확보	이스라엘과 팔레스타인 갈등
③	식량 확보	나일강 상류와 하류의 국가 분쟁
④	환경 문제	카스피해 연안 인접국들의 영유권 분쟁
⑤	종교의 차이	개발도상국과 국제 환경 단체의 갈등

03 빈칸 (가)의 학습 주제로 옳은 것은?

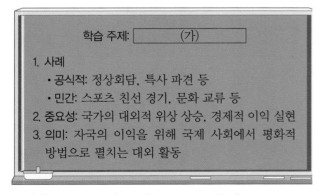

학습 주제: _____(가)_____

1. 사례
   • 공식적: 정상회담, 특사 파견 등
   • 민간: 스포츠 친선 경기, 문화 교류 등
2. 중요성: 국가의 대외적 위상 상승, 경제적 이익 실현
3. 의미: 자국의 이익을 위해 국제 사회에서 평화적 방법으로 펼치는 대외 활동

① 냉전　　② 무역　　③ 외교
④ 전쟁　　⑤ 협약

04 우리나라와 주변국과의 갈등 사례를 바르게 연결한 것은?

	일본	중국
①	동북 공정 문제	불법 조업 문제
②	동해 표기 문제	위안부 사과 및 배상
③	독도 영유권 문제	부품 소재 수출 규제
④	미세 먼지 문제	역사 교과서 왜곡
⑤	독도 영유권 문제	동북 공정 문제

05 다음은 중국이 동북 공정 작업으로 주장하고 있는 내용이다. 이를 통해 알 수 있는 중국의 의도로 옳지 <u>않은</u> 것은?

> • 한반도의 삼한은 백제와 신라 양국으로 이어졌다.
> — 세계 고대사 —
> • 중국의 동북 정권인 고구려가 백제, 신라와 교류했다.
> — 중국 민족 발전사 —

① 간도와 만주 일대 소수 민족의 독립을 차단하려고 한다.
② 한반도 통일 이후 영토 분쟁에 대비하려는 정치적 목적이 보인다.
③ 현재의 국경선에 포함된 역사를 모두 자국 역사로 주장하고 있다.
④ 중국 문화의 다양성을 인정하여 다문화 사회를 발전시키려고 한다.
⑤ 고구려를 중국의 지방 정권으로 왜곡하여 중국 역사에 편입시키고 있다.

06 국제 사회에서 경쟁과 갈등이 발생하는 근본적인 원인으로 가장 적절한 것은?

① 정치 지도자들이 서로 대립하기 때문에
② 각 나라는 자국의 이익을 최우선하기 때문에
③ 세계화로 국가 간 상호 의존성이 낮아졌기 때문에
④ 다국적 기업의 성장으로 국가 간 교류가 단절되었기 때문에
⑤ 정보 통신 기술의 발달로 다른 지역에 대한 관심이 높아졌기 때문에

중단원 실력 쌓기

07 사진에 나타난 지역과 관련된 분쟁에 대한 옳은 설명을 〈보기〉에서 고른 것은?

┤ 보기 ├
ㄱ. 현재 우리나라가 실효적 지배 중이다.
ㄴ. 한국은 국제 사법 재판소를 통해 분쟁을 해결하려고 한다.
ㄷ. 수많은 역사적 자료가 독도가 한국 영토임을 증명해 준다.
ㄹ. 독도가 한국 영토라는 일본의 역사 자료는 존재하지 않는다.

① ㄱ, ㄴ　　② ㄱ, ㄷ　　③ ㄴ, ㄷ
④ ㄴ, ㄹ　　⑤ ㄷ, ㄹ

08 국제 갈등 사례 (가), (나)에 대한 옳은 설명을 〈보기〉에서 고른 것은?

(가)　　　　　　(나)

┤ 보기 ├
ㄱ. (가)의 발생 원인과 같은 예로 남중국해 영유권 분쟁이 있다.
ㄴ. (나)는 환경 보호와 경제 성장에 대한 입장 차이로 인한 갈등이다.
ㄷ. (가)는 (나)와 달리 외교를 통한 해결이 불가능하다.
ㄹ. (나)는 (가)와 달리 정부 간 국제기구끼리의 갈등 상황이다.

① ㄱ, ㄴ　　② ㄱ, ㄷ　　③ ㄴ, ㄷ
④ ㄴ, ㄹ　　⑤ ㄷ, ㄹ

09 밑줄 친 (가), (나)에 해당하는 사례를 〈보기〉에서 골라 바르게 연결한 것은?

과거에는 (가) 공식적 형태의 외교가 대부분이었다면, 오늘날에는 (나) 민간 차원의 외교가 갖는 중요성도 증가하고 있다.

┤ 보기 ├
ㄱ. 서울에서 개최된 G20 정상 회의
ㄴ. 평양에서 개최된 대한민국 가수들의 공연
ㄷ. 냉전 체제 당시 미국과 중국 탁구팀의 핑퐁 외교
ㄹ. 방위 분담금 협상을 위한 한국과 미국 실무진의 협상

　　　(가)　　　　(나)
① ㄱ, ㄴ　　　ㄷ, ㄹ
② ㄱ, ㄷ　　　ㄴ, ㄹ
③ ㄱ, ㄹ　　　ㄴ, ㄷ
④ ㄴ, ㄹ　　　ㄱ, ㄷ
⑤ ㄷ, ㄹ　　　ㄱ, ㄴ

10 오늘날 국제 사회의 경쟁과 갈등이 발생하는 원인으로 옳지 않은 것은?

① 국가 간 빈부 격차의 심화
② 민족과 인종 그리고 종교의 차이
③ 자유 진영과 공산 진영 간의 이념 대립
④ 해양 자원이나 석유 자원에 대한 소유권 문제
⑤ 자국의 이익을 최우선으로 하는 각국 정부 간 대립

11 다음에서 설명하는 국제 사회의 협력을 위한 결의안은?

국제 연합(UN)은 2016~2030년 모든 나라가 공동으로 추진해 나갈 목표로 경제의 양극화, 각종 사회적 불평등의 심화, 지구 환경의 파괴 등 17개 영역에 걸쳐 각국 공통의 위협 요인들을 동시에 완화해 나가기 위한 국가별 종합 행동 및 글로벌 협력 목표를 구성하였다.

① 교토 의정서　　　② 공적 개발 원조
③ 세계 인권 선언　　④ 유엔 기후 변화 협약
⑤ 지속 가능 발전 목표

12 밑줄 친 '변화'에 해당하는 옳은 설명을 〈보기〉에서 고른 것은?

> 독일의 통일과 구소련의 붕괴 등으로 이어지는 일련의 사건들로 인해 이념 경쟁으로 격화되었던 냉전 체제가 종식되었다. 탈냉전의 시대가 도래한 것이다. 이를 계기로 국제 사회의 질서는 큰 변화를 맞이하였다.

┤ 보기 ├
ㄱ. 이전보다 양극화된 국제 질서가 강화되었다.
ㄴ. 이념 갈등에 따른 군비 경쟁이 가속화되었다.
ㄷ. 실리를 추구하는 방향으로 국제 정세가 변동하였다.
ㄹ. 민족이나 종교와 관련된 국지적 분쟁이 증가하였다.

① ㄱ, ㄴ   ② ㄱ, ㄷ   ③ ㄴ, ㄷ
④ ㄴ, ㄹ   ⑤ ㄷ, ㄹ

13 우리나라와 주변국의 갈등에 대한 설명으로 옳은 것은?

① 독도 영유권을 놓고 중국과의 갈등이 진행 중이다.
② 국제 사법 재판소가 내릴 독도 영유권 판결을 기다리고 있다.
③ 반도국의 폐쇄적인 지리적 특성상 주변국과 교류나 갈등이 적다.
④ 중국의 동북 공정은 순수한 학문적 목적을 달성하기 위한 것이다.
⑤ 소녀상을 세우며 위안부 문제에 일본의 진정어린 사과를 요구하고 있다.

14 주변 나라와의 갈등 해결 방안에 대한 설명으로 옳은 것은?

① 강대국의 요구를 무조건 수용하며 보호해 줄 것을 요청한다.
② 정부가 해결해 줄 것을 기대하고 기다리는 자세를 유지한다.
③ 논리적·합리적인 전략보다는 감정적 대응을 앞세워야 한다.
④ 다양한 국제 사회의 주체들과 협력하며 상호 의존성을 높여 나간다.
⑤ 외국으로부터 오해받지 않도록 우리의 주장은 감추고 홍보하지 않는다.

서술형·논술형

서술형

01 현대 사회에서 밑줄 친 (가)가 중요한 이유를 세 가지만 서술하시오.

> • 고려 시대 장수 서희는 ___(가)___ 담판을 통해 침략해 온 거란족을 물리치고, 강동 6주의 땅도 얻었다.
> • 현대에 들어서 각국은 효과적인 ___(가)___ 을(를) 위해 정치력·군사력·경제력·문화적 힘 등을 총체적으로 발휘한다.
> • ___(가)___ 은(는) 한 나라가 외국과 교섭하는 기술 또는 활동을 의미한다.

논술형

02 다음을 읽고 일본의 주장을 비판한 후 독도 영유권 문제를 이끌어가기 위해 우리가 취해야 할 전략을 300자 내외로 논술하시오.

> 일본 정부는 독도 문제를 국제 사법 재판소에 제소하는 결정을 내렸다. 국제 사법 재판소는 국제 연합(UN) 산하 기구로 당사국 양쪽의 동의를 받아 재판을 진행한다.

01 국제 사회의 행위 주체인 국가에 대한 설명으로 옳지 <u>않은</u> 것은?

① 대내적으로 스스로를 다스릴 주권을 갖는다.
② 정부 간 국제기구의 회원 자격을 가질 수 있다.
③ 기본적이고 전형적인 국제 사회의 행위 주체이다.
④ 국제 사회의 일원으로 세계 정부의 통제를 받는다.
⑤ 국제 사회에서 힘의 논리에 따라 이익을 추구한다.

02 (가), (나)와 관련된 국제 사회의 특성으로 옳은 설명을 〈보기〉에서 고른 것은?

(가)

2016년 6월, 영국은 난민 배정 관련 문제 등 유럽 연합(EU) 의회의 결정이 영국에 불리하다고 판단하여 유럽 연합을 탈퇴하기로 하였다.

(나)

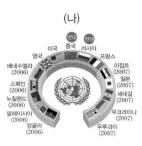

┤ 보기 ├
ㄱ. (가)에는 이념보다 실리를 추구하는 국제 사회의 특성이 드러난다.
ㄴ. (나)로 보아 표면적으로는 각국이 평등하지만, 실제로는 그렇지 않음을 알 수 있다.
ㄷ. (가)는 (나)와 달리 국제 사회에서 힘의 논리가 우선함을 보여 준다.
ㄹ. (가), (나)는 국제 사회의 협력이 증가하고 있음을 보여 준다.

① ㄱ, ㄴ　　② ㄱ, ㄷ　　③ ㄴ, ㄷ
④ ㄴ, ㄹ　　⑤ ㄷ, ㄹ

서술형
03 국제 사회의 의미와 그 형성 배경을 서술하시오.

04 국제기구를 A 집단과 B 집단으로 나누는 기준으로 옳은 것은?

A 집단	B 집단
국제 연합, 국제 통화 기금, 경제 협력 개발 기구	국제 적십자사, 그린피스, 국경 없는 의사회

① 추구하는 이념의 정체성 차이
② 국제법 효력의 구속 대상 여부
③ 정부와 민간에 따른 회원 자격 구분
④ 일정 수준 이상의 경제력 보유 여부
⑤ 영리 활동 또는 비영리 단체의 구분

05 다음에서 설명하고 있는 국제 사회의 행위 주체는?

• 세계화의 확대와 함께 영향력과 규모가 증가하였다.
• 국제 사회의 경제 부문에서 차지하는 비중이 매우 크다.
• 경제적 이윤 추구 과정에서 국가의 정책에도 직·간접적인 영향을 준다.

① 국가　　　　　　　② 국제 연합
③ 다국적 기업　　　④ 국제 비정부 기구
⑤ 정부 간 국제기구

06 그림에 나타난 국제 사회의 행위 주체에 대한 설명으로 옳은 것은?

① 국가 간의 상호 의존성을 증대시킨다.
② 각 나라의 정부들이 회원 자격을 갖는다.
③ 세계화가 확산될수록 영향력이 감소한다.
④ 여러 국제기구에 참여하여 공식적인 활동을 한다.
⑤ 세계 무역 기구, 경제 협력 개발 기구가 그 예이다.

07 (가), (나)에서 설명하는 국제 행위의 주체를 바르게 연결한 것은?

> (가) 환경 보호와 평화 증진을 목표로 비폭력적·직접 행동으로 변화를 촉구하는 국제 비정부 기구이다.
> (나) 전쟁, 기아, 질병, 자연재해 등으로 고통받는 전 세계 사람들을 구호하기 위해 설립한 민간 의료 구호 단체이다.

	(가)	(나)
①	국제 사면 위원회	국제 통화 기금
②	세계 무역 기구	세이브 더 칠드런
③	경제 협력 개발 기구	국제 연합
④	그린피스	국경 없는 의사회
⑤	유럽 연합	국제 적십자사

08 국제 사회의 특성에 대한 설명으로 옳은 것은?

① 자국의 이익을 최우선으로 하는 개별 주권 국가로 구성된다.
② 힘의 논리에 의해 작고 약한 국가의 주권은 인정하지 않는다.
③ 냉전 종식 이후 다극화 사회로 접어들면서 국제 분쟁이 사라졌다.
④ 완전한 무정부적 상태로 국제법이나 국제 여론이 존재하지 않는다.
⑤ 힘의 논리보다는 보편적 도덕 규범에 의한 질서가 미치는 영향력이 더 크다.

09 국제 사회의 갈등을 줄이기 위한 방안을 〈보기〉에서 고른 것은?

┤ 보기 ├
ㄱ. 외교적 해결보다 무력을 통해 빠르고 쉽게 해결한다.
ㄴ. 국제 연합(UN)에 모든 권한을 위임하여 분쟁을 해결한다.
ㄷ. 스포츠 교류나 합동 문화 공연과 같은 민간 외교를 확대한다.
ㄹ. 함께 공존하며 살아가야 할 공동체라는 세계 시민 의식을 공유한다.

① ㄱ, ㄴ   ② ㄱ, ㄷ   ③ ㄴ, ㄷ
④ ㄴ, ㄹ   ⑤ ㄷ, ㄹ

10 <서술형> 다음 헌법 조항을 통해 알 수 있는 우리나라 외교 정책의 방향을 세 가지만 서술하시오.

> 제5조 ① 대한민국은 국제 평화의 유지에 노력하고 침략 전쟁을 부인한다.
> 제6조 ② 외국인은 국제법과 조약이 정하는 바에 의하여 그 지위가 보장된다.

11 중국의 동북 공정에 대한 옳은 설명을 〈보기〉에서 고른 것은?

┤ 보기 ├
ㄱ. 순수한 학술적 차원에서 진행되는 역사 연구이다.
ㄴ. 고구려와 발해가 한국의 고유 역사라는 것을 인정한다.
ㄷ. 한반도 통일 후 동북아 지역의 우위를 점하려는 의도를 갖는다.
ㄹ. 중국 내 소수 민족의 역사를 왜곡하여 그들의 독립을 막으려 한다.

① ㄱ, ㄴ   ② ㄱ, ㄷ   ③ ㄴ, ㄷ
④ ㄴ, ㄹ   ⑤ ㄷ, ㄹ

12 우리나라와 주변국의 갈등 상황 중에서 일본과의 갈등을 〈보기〉에서 고른 것은?

┤ 보기 ├
ㄱ. 독도 영유권 문제
ㄴ. 센카쿠 열도 영유권 분쟁
ㄷ. 세계지도에 동해 표기 문제
ㄹ. 위안부와 강제 징용공 배상 및 사과
ㅁ. 불법 조업 어선의 배타적 경제 수역 침범

① ㄱ, ㄴ, ㄷ   ② ㄱ, ㄷ, ㄹ   ③ ㄴ, ㄷ, ㄹ
④ ㄴ, ㄷ, ㅁ   ⑤ ㄷ, ㄹ, ㅁ

수행 평가 미리보기

선생님의 출제 의도 내가 속한 국제기구 소개하기

6단원에서는 국제 사회의 특성과 다양한 국제기구들을 배워 보았습니다. 현대 사회는 국제 사회로 국경에 얽매이지 않고 자유롭게 소속 조직을 선택하여 활동할 수 있습니다. 국제기구는 국내 사회 조직으로 해결하기 어려운 세계의 여러 문제들에 대해 영향력을 행사할 수 있습니다. 국제기구 일원으로 활동하기 위해서는 그 조직에 참여할 수 있는 방법을 알아야 합니다. 따라서 이 단원의 수행 평가로는 국제기구의 소개와 더불어 그 국제기구 활동에 참여할 수 있는 방법을 함께 탐구하는 종합적인 문제가 출제될 수 있습니다.

수행 평가 문제

국제기구를 선정하여 소개하고 선정한 국제기구를 통해 국제 사회에서 수행하고 싶은 역할을 발표해 보자.

A 활동 계획 세우기

1 각 모둠별로 하나의 국제기구를 선정하고, 해당 국제기구에 대해 소개할 내용을 조사한다.
2 조사한 내용을 모둠별로 발표한다.

B 활동 단계

1단계 모둠을 구성하고, 각 모둠별로 국제기구를 하나씩 선정한다.
2단계 모둠별로 역할을 분배한다. 발표자, 각 해당 영역의 조사자, 발표문 제작자 등의 역할을 결정한다.
3단계 국제기구를 소개할 내용을 조사한다. 소개할 내용은 국제기구의 이름, 해당 국제기구에서 일하기 위해 필요한 자질, 국제기구 직원이 아닌 다른 방식으로 활동에 참여할 수 있는 방법, 설립 목적, 설립 이후 주요 활동, 해당 기구에서 집중적으로 수행해 보고 싶은 일 등을 정리한다.
4단계 조사 담당 모둠원들이 돌아가며 발표자와 발표문 제작자에게 담당 조사 내용을 소개한다.
5단계 모둠별로 발표 내용을 완성하고, 돌아가며 발표한다.
6단계 발표한 내용을 토대로 더 좋은 국제 사회를 만드는 방법에 대해 토의한다.

C 활동하기

1 모둠별로 국제기구를 선정하고, 해당 국제 기관을 소개할 자료를 수집한다.

[예시]

▲ 국제 적십자사

▲ 그린피스

▲ 국제기구 진출 가이드북

2 수집한 자료를 토대로 발표 자료를 제작한다.

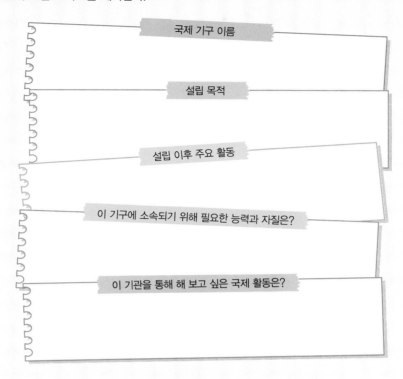

국제 기구 이름

설립 목적

설립 이후 주요 활동

이 기구에 소속되기 위해 필요한 능력과 자질은?

이 기관을 통해 해 보고 싶은 국제 활동은?

3 발표한 내용을 토대로 더 좋은 국제 사회를 만들기 위한 방안을 토의한다.

📖 채점 기준

평가 영역	채점 기준	배점
국제기구 발표 자료 제작	구성원의 역할 분담이 적절하고, 각자 담당한 내용을 성실히 수행하여 높은 수준의 발표 자료를 제작하였다.	상
	구성원의 역할 분담이 편중된 편이었지만, 높은 수준의 발표 자료를 제작하였다.	중
	구성원의 역할 분담과 발표 자료 제작 수준이 보통이었다.	하
발표 태도	이해하기 쉽게 국제기구를 설명하였고, 국제 사회에 기여할 수 있는 훌륭한 아이디어를 제시하였다.	상
	이해하기 쉽게 국제기구를 설명하였고, 국제 사회에 기여할 수 있는 아이디어를 제시하였다.	중
	전달력과 국제 사회에 기여할 수 있는 아이디어의 수준이 보통이었다.	하
참여 태도	적극적으로 활동에 참여하고, 구성원과 협동하기 위해 노력하였다.	상
	적극적으로 활동에 참여하였으나, 구성원과의 협동성이 부족하였다.	중
	활동 참여와 협동에 소극적이었다.	하

VII 인구 변화와 인구 문제

01 인구 분포

+ 인구 밀도
어떤 지역이나 나라의 총인구를 총면적으로 나눈 값으로, 1km²의 면적에 분포하는 인구를 의미한다.

+ 대륙별 인구 분포

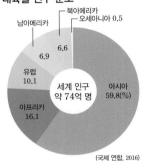

북아메리카
오세아니아 0.5
남아메리카 6.6
6.9
유럽 10.1
세계 인구 약 74억 명
아시아 59.8(%)
아프리카 16.1

(국제 연합, 2016)

아시아에 인구가 많이 분포하며, 오세아니아는 인구가 적게 분포한다.

+ 인구 분포 요인

자연적 요인	기후, 지형, 식생 등
인문 · 사회적 요인	경제, 교통, 산업 등

+ 인구 밀집 지역과 희박 지역

인구 밀집 지역	• 기후가 온화한 지역 • 평야가 넓은 지역 • 물을 얻기 쉬운 지역 • 일자리가 풍부한 지역 • 교육 여건과 문화 시설이 잘 갖추어진 지역 • 교통이 편리한 지역
인구 희박 지역	• 건조 기후, 한대 기후, 열대 기후 지역 • 산악 지역 • 교통이 불편한 지역 • 일자리가 부족한 지역 • 전쟁과 분쟁 발생 지역

1 세계의 인구 분포

→ 2015년 현재 전 세계에 약 74억 명의 사람이 살고 있음

(1) 인구 분포의 특징

① 지구상에 고르게 분포하지 않고 특정 지역에 밀집함

② 인구 밀집 지역: 육지 면적이 넓은 북반구, 평야나 해안 지역, 북위 20°~40°의 온화한 기후 지역, 중국과 인도에 세계 인구의 3분의 1 이상이 거주 → 세계 인구의 90% 이상이 거주함

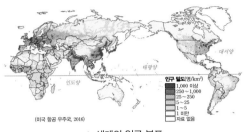

(미국 항공 우주국, 2016)

▲ 세계의 인구 분포

③ 인구 희박 지역: 적도 부근과 극지방, 사막이나 산악 지역, 오세아니아 지역

(2) 인구 분포에 영향을 주는 요인

① 자연적 요인: 기후, 지형, 식생 등의 요인 → 산업 혁명 이전부터 인구 분포에 많은 영향을 끼침

인구 밀집 지역	기후가 온화한 지역, 평야가 넓은 지역, 물을 얻기 쉬운 지역 예 아시아의 벼농사 지역 → 계절풍 기후, 하천 유역에 넓은 평야 발달
인구 희박 지역	• 건조 기후 지역 예 사하라 사막, 오스트레일리아 내륙 지역 등 • 한대 기후 지역 예 스칸디나비아 반도, 캐나다 북부 등 • 열대 기후 지역 예 아마존 일대 • 산악 지역 예 알프스산맥, 히말라야산맥 등

→ 최근 과학 기술이 발달하면서 거주에 불리한 자연환경을 극복하여 거주 지역을 확대해 가고 있음

② 인문·사회적 요인: 경제, 교통, 산업 등의 요인 → 산업 혁명 이후에 많은 영향을 끼침

인구 밀집 지역	• 경제가 발달하고 일자리가 풍부한 지역 • 교육 여건과 문화 시설이 잘 갖추어진 지역 • 교통이 편리한 지역
인구 희박 지역	• 교통이 불편한 지역 • 각종 산업 시설과 일자리가 부족한 지역 • 전쟁과 분쟁이 자주 발생하는 지역

Q&A 제시된 지역의 인구 분포 특징과 인구 분포 요인은 무엇인가요?

502
네덜란드
0°
1,237
2 몽골
4 캐나다
인도양
태평양
57
세계 평균 (단위: 명/km²)
대서양
방글라데시
(국제 연합, 2015)

▲ 인구 밀도(2015년)

방글라데시는 개발 도상국이지만 인구 밀도가 매우 높다. 국토 대부분이 평야이고 토양이 비옥하며, 계절풍의 영향을 받아 벼농사가 발달한 지역이기 때문이다. 반면, 캐나다는 선진국이지만 인구 밀도가 매우 낮다. 냉대 기후 지역이 넓게 분포하고, 경지 면적이 국토 면적의 5%에 불과하기 때문이다. → 경작 가능한 토지의 면적

네덜란드는 인구 밀도가 높은 국가이다. 낙농업과 화훼 산업이 발달했으며, 유럽의 관문 역할을 하고, 국민 대부분이 2, 3차 산업에 종사하고 있다. 반면, 몽골은 인구 밀도가 낮다. 국토 대부분이 산지나 사막으로 이루어져 있어 농작물을 재배하기 어렵기 때문이다.

❷ 우리나라의 인구 분포

(1) 산업화 이전
① 농업 중심의 국가였기 때문에 기후와 지형 등 자연적 요인의 영향을 크게 받음
② 평야가 넓고 기후가 온화하여 벼농사에 유리한 지역에 인구가 많이 분포
③ 북동부보다는 남서부 지역에 인구 밀집

(2) 산업화 이후
① 산업이 발달하면서 인문·사회적 요인의 영향을 크게 받음
② 일자리가 풍부한 지역에 인구가 많이 분포
③ 서울, 부산, 인천, 대구, 대전, 광주 등 대도시에 인구 밀집
④ 인구가 빠져나간 농어촌 지역과 산지 지역은 인구 밀도가 낮아짐 → 이촌 향도

💡 **집중탐구** 우리나라의 시기별 인구 분포의 특징과 원인

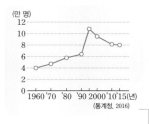
▲ 1940년의 인구 분포

▲ 2015년의 인구 분포

1940년은 산업화 이전으로, 자연적 요인이 우리나라 인구 분포에 큰 영향을 미쳤다. 평야가 넓고 기후가 온화하여 벼농사에 유리한 남서부 지역에 인구가 많이 분포하였다. 2015년에는 산업화와 도시화의 영향으로 산업이 발달하여 일자리가 풍부한 수도권과 대도시를 중심으로 인구가 밀집하였다.

✏️ **더 알아 보기 ▶ 인구 변화의 원인과 영향**

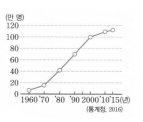
▲ 전북특별자치도 남원시의 인구 변화
→ 남원시는 1995년 남원군이 편입됨에 따라 인구가 크게 증가하였다.

▲ 울산광역시의 인구 변화

전북특별자치도 남원은 1995년 이후 지속적으로 인구가 감소하고 있다. 남원은 대도시에 비해 일자리가 적기 때문에 청장년층 인구가 일자리를 찾아 다른 지역으로 이주하는 경향이 지속적으로 나타나고 있으며, 문화 시설 및 생활 편의 시설도 많이 부족하다.
울산은 산업화 정책으로 1962년에 공업 특구로 지정되었다. 석유 화학 공업, 자동차 공업 등이 발달한 공업 도시로, 일자리가 풍부하여 많은 인구가 유입되었다. 정부의 정책에 의해 단기간에 인구가 급증하였기 때문에 인구 과밀화로 인한 주택 부족, 교통 문제, 환경 문제 등의 도시 문제를 겪기도 하였다. → 울산은 원래 작은 어촌 마을이었으나, 1962년에 공업 특구로 지정되었으며, 1997년에 광역시로 승격하였다.

✚ 이촌 향도
산업화와 도시화가 진행됨에 따라 인구가 촌락을 떠나 도시로 이동하는 현상이다. 우리나라는 1960년대부터 도시를 중심으로 산업화가 진행됨에 따라, 이로 인한 일자리를 얻기 위해 촌락의 인구가 도시로 이주하였다.

✚ 우리나라의 지형

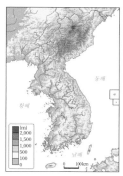

우리나라의 지형은 산업화 이전의 인구 분포에 큰 영향을 미친 요인이다. 산지가 많이 분포하는 북동부는 인구 희박 지역, 평야가 넓게 분포하는 남서부는 인구 밀집 지역이다.

✚ 우리나라의 인구 분포
• 인구 밀집 지역: 서울을 중심으로 수도권에 전체 인구의 절반 정도가 분포하고, 부산 및 대구 등 대도시에 밀집되어 있다.
• 인구 희박 지역: 태백산맥과 소백산맥 일대의 산간 지역과 농어촌 지역은 인구가 감소하거나 정체되어 인구가 희박하다.

✚ 수도권과 비수도권의 인구 비율 변화

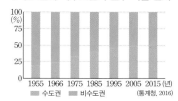

1955년에는 수도권 인구의 비율이 20% 정도였으나, 2015년에는 전체 인구의 절반 정도를 차지하고 있다.

개념 다지기

01 빈칸에 들어갈 알맞은 말을 쓰시오.

(1) ( )은(는) 어떤 지역이나 나라의 총인구를 총
면적으로 나눈 값으로, 1km²의 면적에 분포하는 인구
를 나타낸다.

(2) 과거에는 기후와 지형 등의 ( )이(가) 인구 분
포에 큰 영향을 주었다.

(3) 산업화와 도시화가 진행되면서 경제, 교통 등의
( )이(가) 인구 분포에 많은 영향을 주고 있다.

(4) 우리나라는 산업화 이전에 ( ) 중심의 국가였
기 때문에 인구 분포가 자연적 요인의 영향을 크게 받
았다.

(5) 우리나라는 산업화 이전에 평야가 넓고 기후가 온화하
여 벼농사에 유리한 ( ) 지역을 중심으로 인
구가 많이 분포하였다.

(6) 1960년대 이후 우리나라는 산업이 발달하여 일자리가
풍부한 ( )(으)로 인구가 모여들었다.

(7) 수도권과 더불어 부산, 대구, 대전 등의 ( )에
서는 인구 밀도가 매우 높게 나타난다.

02 다음 설명이 맞으면 ○표, 틀리면 ×표 하시오.

(1) 현재 세계에는 70억 명이 넘는 인구가 거주하고 있다.
···( )

(2) 북반구보다 남반구에 더 많은 인구가 거주하고 있다.
···( )

(3) 아시아 대륙에 세계 인구의 절반 이상이 모여 살고 있
다. ···( )

(4) 인구가 가장 적은 대륙은 아프리카 대륙이다. ····( )

03 괄호 안의 내용 중 알맞은 말에 ○표 하시오.

(1) 세계의 인구는 (고위도, 중위도, 저위도) 지역에 많이
분포한다.

(2) 세계의 인구는 (내륙 지역, 해안 지역)에 많이 분포한다.

(3) 우리나라의 인구는 (남서부, 북동부) 지역에 많이 분
포한다.

(4) 우리나라는 산업화 이후 (촌락, 도시)(으)로 인구가
집중하였다.

(5) 최근에 인구 분포는 (자연적 요인, 인문 · 사회적 요인)
에 의한 영향이 커지고 있다.

04 다음을 인구 밀집 지역과 인구 희박 지역으로 구분하시오.

(1) 서부 유럽 ································( )
(2) 사하라 사막 ····························( )
(3) 동남아시아 ····························( )
(4) 미국 북동부 ····························( )
(5) 아마존 열대 우림 ······················( )

05 다음 글의 밑줄 친 부분을 바르게 고쳐 쓰시오.

(1) 사하라 사막은 고온 다습하여 인간 거주에 불리하다.
( )

(2) 동남아시아는 산업 혁명 이후 일찍부터 경제가 성장하
여 인구 밀도가 높다.
( )

(3) 아마존 열대 우림은 해발 고도가 높은 험준한 산지가
분포하여 인구가 희박하다.
( )

06 제시된 내용과 지역을 바르게 연결하시오.

(1) 인구 밀집 지역 •   • ㉠ 수도권

                      • ㉡ 부산과 대구

(2) 인구 희박 지역 •   • ㉢ 농어촌 지역

                      • ㉣ 태백산맥의 산간 지역

07 다음 물음에 대한 알맞은 답을 쓰시오.

(1) 우리나라는 1960년대 이후 산업화에 따른 인구 이동을
경험하였다. 이를 무엇이라고 하는가? ( )

(2) 우리나라에서 전체 인구의 절반 정도가 밀집되어 거주
하는 곳은 어디인가? ( )

01. 인구 분포

중단원 실력 쌓기

정답과 해설 | 45쪽

01 세계의 인구 분포에 대한 설명으로 옳지 <u>않은</u> 것은?

① 적도 부근이나 극지방은 인구 밀도가 낮다.

② 세계 인구의 90% 이상이 북반구에 거주한다.

③ 아시아보다 유럽과 아메리카의 인구가 더 많다.

④ 북위 20°~40°의 온화한 기후 지역의 인구 밀도가 높다.

⑤ 산지보다는 해안이나 평야 지역에 더 많은 인구가 거주한다.

02 그래프는 대륙별 인구 분포를 나타낸 것이다. A~C에 들어갈 대륙을 바르게 연결한 것은?

(국제연합, 2016)

	A	B	C
①	아시아	유럽	아프리카
②	아시아	아프리카	유럽
③	유럽	아시아	아프리카
④	유럽	아프리카	아시아
⑤	아프리카	유럽	아시아

03 다음 글의 밑줄 친 A에 들어갈 지역을 〈보기〉에서 고른 것은?

2, 3차 산업이 발달하여 일자리가 풍부하고 교통이 편리하며 교육과 문화 시설이 잘 갖추어진 지역에는 인구가 많이 분포한다. ____A____ 등이 대표적인 지역이다.

┤ 보기 ├

ㄱ. 서부 유럽　　　　ㄴ. 미국 북동부

ㄷ. 인도 북동부　　　ㄹ. 남아메리카 적도 부근

① ㄱ, ㄴ　　② ㄱ, ㄷ　　③ ㄴ, ㄷ

④ ㄴ, ㄹ　　⑤ ㄷ, ㄹ

04 다음 글에서 설명하고 있는 지역을 지도의 A~E 에서 고른 것은?

• 인구 밀집 지역이다.

• 기후가 온화하고 물이 풍부하며 평야가 넓게 나타난다.

• 계절풍 기후가 나타나 벼농사가 활발하게 이루어진다.

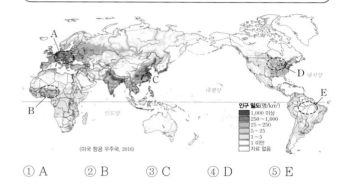

(미국 항공 우주국, 2016)

① A　　② B　　③ C　　④ D　　⑤ E

05 지도의 A~D 지역에 대한 옳은 설명을 〈보기〉에서 고른 것은?

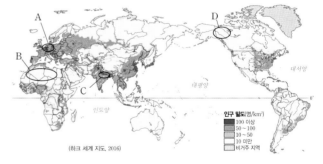

(하크 세계 지도, 2016)

┤ 보기 ├

ㄱ. A - 교통과 통신이 발달하였으며 산업화가 이루어진 인구 밀집 지역이다.

ㄴ. B - 평균 기온이 높고 강수량이 많아 인구가 희박한 지역이다.

ㄷ. C - 기후가 온화하여 농업 발달에 유리한 인구 밀집 지역이다.

ㄹ. D - 자연적 요인은 유리하지만 인문·사회적 요인이 불리한 인구 희박 지역이다.

① ㄱ, ㄴ　　② ㄱ, ㄷ　　③ ㄴ, ㄷ

④ ㄴ, ㄹ　　⑤ ㄷ, ㄹ

VII. 인구 변화와 인구 문제 • **149**

[06~07] 지도는 어느 두 시기의 우리나라 인구 분포를 나타낸 것이다. 이를 보고 물음에 답하시오. (단, (가), (나)는 1940년과 2015년 인구 분포 중 하나임.)

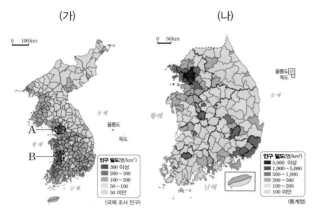

06 (가) 시기에 A, B 지역의 인구 분포에 영향을 미친 요인을 〈보기〉에서 골라 바르게 연결한 것은?

┤ 보기 ├
ㄱ. 넓은 평야   ㄴ. 편리한 교통
ㄷ. 풍부한 지하자원   ㄹ. 제조업의 발달

	A	B
①	ㄱ	ㄴ, ㄷ
②	ㄱ, ㄴ	ㄷ, ㄹ
③	ㄴ, ㄷ	ㄱ, ㄹ
④	ㄴ, ㄹ	ㄱ
⑤	ㄴ, ㄹ	ㄱ, ㄷ

07 (나) 시기의 인구 분포에 대한 설명으로 옳지 <u>않은</u> 것은?

① 서울, 부산 등의 대도시 인구는 크게 증가하였다.
② 농어촌 인구가 도시로 이동한 결과가 반영되었다.
③ (가) 시기에 비해 자연적 요인의 영향은 작아졌다.
④ (가) 시기에 비해 인구 분포의 지역 차가 더 커졌다.
⑤ (가) 시기에 비해 모든 시·군에서 인구가 증가하였다.

08 지도는 세계의 인구 밀도를 나타낸 것이다. A~E에 대한 설명으로 옳은 것은?

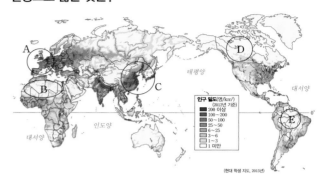

① A - 연중 기온이 낮아 농업에 불리하여 인구가 희박한 편이다.
② B - 연 강수량이 매우 적어 농업과 목축에 불리하여 인구가 희박하다.
③ C - 연중 고온 다습하고 빽빽한 밀림이 있어 거주에 불리하다.
④ D - 혼합 농업과 공업, 서비스업이 발달하여 인구가 밀집해 있다.
⑤ E - 계절풍의 영향으로 강수량이 많아 벼농사가 발달하여 인구가 밀집하였다.

09 그래프는 수도권과 비수도권 인구의 변화를 나타낸 것이다. 이에 대한 옳은 설명을 〈보기〉에서 고른 것은?

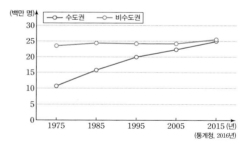

┤ 보기 ├
ㄱ. 2015년 전국 인구는 1975년 전국 인구의 두 배 이상이다.
ㄴ. 2015년 전국 인구의 절반 정도는 수도권에 거주하고 있다.
ㄷ. 1975년에 비해 2015년에는 비수도권 인구가 감소하였다.
ㄹ. 전체 인구에서 수도권 인구가 차지하는 비중은 점점 커졌다.

① ㄱ, ㄴ   ② ㄱ, ㄷ   ③ ㄴ, ㄷ
④ ㄴ, ㄹ   ⑤ ㄷ, ㄹ

10 (가), (나)에 해당하는 국가를 지도의 A~D에서 골라 바르게 연결한 것은?

> (가) 이 국가는 한반도보다 면적이 좁지만, 인구는 약 1억 6천만 명으로 인구 밀도가 매우 높은 국가이다. 국토의 대부분은 평야이고 토양이 비옥하며, 계절풍의 영향을 받아 인구 부양력이 높은 벼 재배가 활발한 지역이다.
>
> (나) 이 국가의 국토 면적은 한반도보다 45배 이상 넓지만, 인구는 약 3천만 명으로 인구 밀도가 낮다. 냉대 기후 지역이 넓게 분포하며 경지 면적은 국토 면적의 약 5%에 불과하다. 나머지 지역에는 침엽수림 지대나 툰드라 지대가 분포한다.

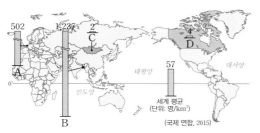

▲ 인구 밀도(2015년)

	(가)	(나)		(가)	(나)
①	A	B	②	A	D
③	B	C	④	B	D
⑤	C	D			

11 지도는 시·도별 인구와 인구 밀도를 나타낸 것이다. 이에 대한 설명으로 옳지 <u>않은</u> 것은?

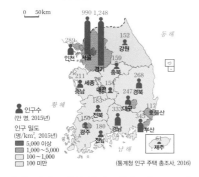

① 인구가 가장 많은 지역에서 인구 밀도도 가장 높다.
② 인구 규모는 수도권>영남권>충청권 순으로 크다.
③ 인구 규모 상위 3개 시·도는 경기, 서울, 부산이다.
④ 인구 밀도가 100명/km² 미만인 지역은 강원 한 곳이다.
⑤ 6대 광역시의 경우 인구 밀도는 모두 1,000~5,000명/km²에 속한다.

서술형·논술형

서술형

01 지도의 A~E 지역 중 인구 밀집 지역과 인구 희박 지역을 각각 한 곳씩 골라 각 지역의 인구 분포에 영향을 미친 요인을 서술하시오.

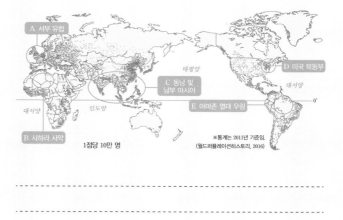

논술형

02 (가), (나) 지역의 인구 분포 차이를 설명하고, 이와 같은 차이가 나타나게 된 이유를 자연적 요인과 사회·경제적 요인으로 나누어 200자 이내로 논술하시오.

(가)   (나)

02 인구 이동

➊ 인구 이동의 의미와 유형

+ 인구 이동의 유형

이동 범위	• 국제 이동: 한 나라에서 다른 나라로 이동 • 국내 이동: 한 나라 안에서 이동
이동 동기	• 자발적 이동: 자유로운 의사 결정에 의한 이동 • 강제적 이동: 전쟁, 자연재해 등에 의한 이동
이동하여 머무르는 기간	• 일시적 이동: 여행, 유학 • 영구적 이동: 이민 등

(1) **의미**: 인구가 한 장소에서 다른 장소로 옮겨가는 것

(2) **요인**

배출 요인	낮은 임금, 열악한 주거 환경, 빈곤, 교육 및 문화 시설 부족, 전쟁, 자연재해 등
흡인 요인	높은 임금, 풍부한 일자리, 쾌적한 주거 환경, 다양한 교육·문화·의료 시설 등

내보내는 → 배출 요인 / 흡인 요인 ← 끌어들이는

(3) **유형**

① 이동 범위에 따라: 국제 이동, 국내 이동
② 이동 동기에 따라: 자발적 이동, 강제적 이동
③ 이동하여 머무르는 기간에 따라: 일시적 이동, 영구적 이동

집중탐구 세계 인구의 유입 지역과 유출 지역

순 이주자 수(만 명, 1985~2015년)
순 유입: 250 이상 / 50~250 / 50 미만 / 자료 없음
순 유출: 250 이상 / 50~250 / 50 미만
(국제연합, 2015년)

인구 순 유입이 높은 국가들은 주로 경제 수준이 높은 선진국이다. 북서부 유럽, 미국과 캐나다, 오스트레일리아가 대표적이다. 반면 인구 순 유출이 높은 국가들은 경제 수준이 낮거나 정치적으로 불안정한 국가들이 많다. 중국, 인도, 아프리카 및 남아메리카의 개발 도상국들이 해당한다.

+ 순 유입과 순 유출
순 유입은 빠져나간 인구보다 들어온 인구가 더 많은 현상이고, 순 유출은 들어온 인구보다 빠져나간 인구가 더 많은 현상이다.

➋ 세계의 인구 이동

(1) **국제 이동**

신항로 개척 이후	• 많은 유럽인이 아메리카와 오스트레일리아 등지로 이동 • 아메리카에 정착한 유럽인들이 아프리카 흑인들을 강제로 이주시킴 → 대규모 농장과 광산의 부족한 노동력을 보충하기 위함 • 영국 청교도들은 종교의 자유를 찾아 미국으로 이동 • 중국인들은 경제적 어려움을 해결하고자 동남아시아로 이동
오늘날	• 경제적 목적의 이동: 개발 도상국에서 선진국으로 이동 –개발 도상국: 실업률 저하, 외화 유입으로 인한 경제 발전 –선진국: 저임금 노동력 확보, 원주민과 이주민 간의 갈등 발생 • 정치적 요인에 의한 이동 –아프리카와 서남아시아 등지 –민족 탄압, 내전, 분쟁 등으로 난민 발생

→ 팔레스타인, 아프가니스탄, 소말리아, 시리아, 이라크 등에서 난민이 많이 발생하고 있음

+ 난민
일반적 의미는 생활이 곤궁한 국민, 전쟁이나 천재지변으로 곤궁에 빠진 이재민을 말한다. 그러나 최근에는 주로 인종적, 사상적 원인과 관련된 정치적 이유에 의한 집단적 망명자를 난민이라 일컫고 있다.

(2) **국내 이동**

① 국제 이동과 마찬가지로 경제적 이유로 인한 이동이 많음
② 개발 도상국에서는 이촌 향도 현상이 활발함
③ 일부 선진국에서는 도시 인구가 주변 지역이나 농촌으로 이동하는 유턴(U-turn) 현상이 나타남

→ 일자리가 풍부하고 높은 임금을 받을 수 있는 도시로 인구가 이동함
→ 더욱 쾌적한 환경을 찾아 도시에서 벗어나 촌락으로 이동하는 현상을 의미함

+ 인구 이동에 따른 문제점
• 인구 유입 지역: 새로운 사람들과 문화가 유입되면서 일자리 경쟁 심화, 문화 간 충돌 발생
• 인구 유출 지역: 주로 남성들이 일자리를 찾아 떠나기 때문에 성비 불균형 현상, 노동력 부족 현상 발생

Q&A 인구 이동에 따른 문제점이 있나요?

▲ 문화 차이로 인한 갈등

프랑스 정부는 부르카와 니캅 착용이 여성의 인권을 침해한다며 **부르카 착용 금지법을 시행하고 있다.** 관청, 학교, 일반 상점, 대중교통 등에서 이슬람 전통 복장인 부르카나 니캅 착용을 단속하는 것인데, 이에 대해 이슬람 여성들은 종교의 자유를 침해한다며 반발하고 있다.

▲ 난민 발생에 따른 갈등

국제 연합 난민 기구에 따르면 2011년 전 세계 난민 수는 4,000만 명을 넘었다. 시리아, 아프가니스탄, 팔레스타인, 이라크 출신이 많으며, 전쟁과 기아 등에 대한 두려움에서 벗어나기 위해 다른 나라로 탈출하고 있다. 난민이 유입되는 나라에서는 난민 수용에 대한 문제로 갈등이 발생한다.

❸ 우리나라의 인구 이동

(1) 국제 이동
① 일제 강점기: 중국 만주 지역과 구소련의 연해주 지역으로 이동
② 광복 후: 국외로 나갔던 동포들이 귀국하면서 대규모 인구 이동이 있었음
③ 1960년대: 경제적인 이유로 미국, 독일 등지로 인구 이동
④ 1970년대: 서남아시아, 북부 아프리카 지역으로 건설 기술자들이 이동
⑤ 1980년대: 경제 수준이 높아지면서 외국 유학이나 고급 인력들의 해외 취업, 이민 증가
⑥ 최근: 우리나라로 유입하는 인구가 많아지면서 국내에 외국인 증가 → 중국, 베트남, 필리핀 등 동남아시아에서 취업을 위해 이주함, 이와 함께 국제결혼이 증가하면서 다문화 가정이 늘어나고 있음

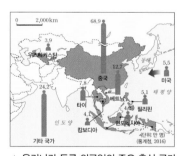

▲ 우리나라 등록 외국인의 주요 출신 국가 (2015년) 대부분 우리나라보다 임금 수준이 낮은 국가에서 온 외국인들이 인력이 부족한 중소기업의 생산 시설이나 건설 현장 등에서 일하고 있다.

(2) 국내 이동
① 일제 강점기: 북부 지방에 광공업이 발달하면서 함경도 지방으로 이주 → 일자리를 찾아 이주함
② 6·25 전쟁: 북한에서 월남한 동포들이 남부 지방으로 대규모 인구 이동
③ 1960년대 이후
• 산업화가 시작되면서 농촌의 인구가 도시로 이동함 → 이촌 향도 현상
• 서울을 중심으로 한 수도권과 부산, 대구 등의 대도시 및 울산, 포항 등 신흥 공업 도시로 많은 인구 이동
④ 1990년대 이후
• 대도시 주변 지역이나 농촌으로 이동하는 현상이 나타나기도 함
• 대도시의 인구 밀집 ➡ 교통 혼잡, 집값 상승, 환경 오염 등으로 인한 생활 환경 악화 ➡ 대도시 주변에 신도시 건설 → 교외화 현상

✦ 미국의 인구 유입

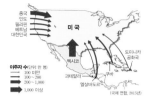

미국은 인구 유입이 가장 활발한 국가이다. 가까운 라틴 아메리카 출신의 이주민이 가장 많으며 아시아 출신 이주민도 증가하고 있다. 이주민들은 주로 저임금 업종에 종사하는데, 최근 일자리 경쟁이 심화되면서 미국인과의 갈등이 커지고 있다.

✦ 유럽으로의 난민 유입

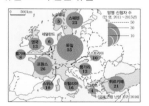

서부 유럽은 노동력 부족으로 일찍부터 이민을 많이 받아들였다. 이에 따라 북부 아프리카와 튀르키예의 인구가 많이 유입되었다. 이주자들은 이슬람교를 믿는 경우가 많기 때문에 크리스트교를 믿는 기존 주민들과 갈등을 빚기도 한다. 최근에는 아프리카나 서남아시아에서 대규모로 난민이 유입되고 있다.

✦ 국내 거주 외국인의 국적별 현황

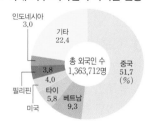

중국이나 베트남, 타이, 필리핀 등 동남아시아 출신의 외국인이 많은 비중을 차지하고 있다.

✦ 교외화 현상

중심 도시가 가지고 있는 여러 기능이 주변 지역으로 확산되는 현상 및 그 과정을 말한다. 교외화가 진행되는 주변 지역을 교외 지역이라고 한다.

개념 다지기

01 빈칸에 들어갈 알맞은 말을 쓰시오.

(1) 인구가 한 장소에서 다른 장소로 옮겨 가는 것을 (　　　)(이)라고 한다.

(2) 인구를 다른 지역으로 밀어내는 요인을 (　　　)(이)라고 하며, 인구를 끌어들여 머무르게 하는 요인을 (　　　)(이)라고 한다.

(3) 도시의 인구가 도시 주변 지역이나 촌락으로 이동하는 것을 (　　　)(이)라고 한다.

(4) 인구 이동은 (　　　)에 따라 국제 이동과 국내 이동으로 구분할 수 있다.

(5) 인구 이동은 이동 동기에 따라 자발적 이동과 (　　　) 이동으로 구분할 수 있다.

(6) 6 · 25 전쟁 때에는 북한에서 월남한 동포들이 (　　　) 지방으로 대규모로 이동하였다.

(7) 오늘날 인구의 국제 이동은 (　　　) 목적이 가장 크다.

02 다음 설명이 맞으면 ○표, 틀리면 ×표 하시오.

(1) 중국인들은 종교의 자유를 찾기 위해 동남아시아로 이동하였다. ······························ (　　)

(2) 신항로 개척 이후 많은 유럽인이 아메리카와 오스트레일리아로 이동하였다. ················ (　　)

(3) 아프리카 흑인들은 유럽의 대규모 농장과 광산에서 일하기 위해 자발적으로 이동하였다. ······ (　　)

(4) 아프리카와 서남아시아 등에서 발생한 난민의 이동은 대표적인 정치적 인구 이동에 해당한다. ········ (　　)

03 다음 각 사례를 흡인 요인과 배출 요인으로 구분하시오.

(1) 낮은 임금 ···························· (　　　　)

(2) 풍부한 일자리 ······················ (　　　　)

(3) 쾌적한 주거 환경 ·················· (　　　　)

(4) 전쟁 및 내전 ······················ (　　　　)

04 인구 유출 지역의 특징을 〈보기〉에서 모두 찾아 기호를 쓰시오.

┤ 보기 ├
ㄱ. 빈곤
ㄴ. 낮은 임금
ㄷ. 노동력 유출
ㄹ. 전쟁과 분쟁
ㅁ. 쾌적한 환경
ㅂ. 우수한 교육 여건

05 다음 인구 이동 사례를 표에 해당하는 부분에 ○로 표시하고, 이동 원인을 쓰시오.

A. 자연 경관이 아름답고 프랑스보다 물가가 저렴한 동남아시아로 여행을 떠난다.
B. 시리아인이 내전 때문에 튀르키예에 있는 난민촌으로 이동하였다.
C. 아프리카인들은 16세기에 아메리카의 부족한 노동력을 보충하기 위해 이주하였다.
D. 대학에 진학하기 위해 부산에서 서울로 공부하러 왔다.
E. 일자리를 찾아 캄보디아에서 한국으로 이주했다.
F. 청교도들은 영국을 떠나 아메리카로 이주했다.

구분	이동 범위		이동 동기		이동 원인
	국제	국내	자발적	강제적	
A					
B					
C					
D					
E					
F					

06 인구 유입 지역에서 나타나는 특징을 〈보기〉에서 모두 찾아 기호를 쓰시오.

┤ 보기 ├
ㄱ. 저임금 노동력 확보 가능
ㄴ. 이주민과 원주민 간의 문화적 갈등
ㄷ. 젊고 유능한 고급 기술 인력의 유출
ㄹ. 산업 성장의 둔화와 사회적 활력 저하

07 다음 글의 ㉠, ㉡에 들어갈 알맞은 종교를 쓰시오.

서부 유럽은 노동력 부족으로 일찍부터 이민을 많이 받아들였다. 이에 따라 북부 아프리카와 튀르키예의 인구가 많이 유입되었다. 이주자들은 (　㉠　)를 믿는 경우가 많기 때문에 (　㉡　)를 믿는 기존 주민들과 갈등을 빚기도 한다.

중단원 실력 쌓기

정답과 해설 | 47쪽

01 인구 이동에 대한 옳은 설명을 〈보기〉에서 고른 것은?

┤ 보기 ├
ㄱ. 이동 기간 – 국내 이동과 국제 이동으로 구분
ㄴ. 이동 범위 – 일시적 이동과 영구적 이동으로 구분
ㄷ. 이주자의 의지 – 자발적 이동과 강제적 이동으로 구분
ㄹ. 이동 목적 – 경제적 이동, 정치적 이동, 종교적 이동
    등으로 구분

① ㄱ, ㄴ　　② ㄱ, ㄷ　　③ ㄴ, ㄷ
④ ㄴ, ㄹ　　⑤ ㄷ, ㄹ

02 다음 글의 '이 지역'을 지도의 A~E에서 고른 것은?

크리스트교의 전통이 강한 '이 지역'의 국가에서는 이슬
람 문화권인 북부 아프리카와 서남아시아에서 이주해 온
사람들이 많아 종교 간 마찰이 자주 일어난다.

① A　　② B　　③ C　　④ D　　⑤ E

03 그래프는 국내 체류 외국인
수의 변화를 나타낸 것이다. 이
와 같은 변화의 원인을 〈보기〉에
서 고른 것은?

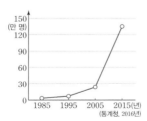

┤ 보기 ├
ㄱ. 취업을 목적으로 입국한 외국인 증가
ㄴ. 결혼을 목적으로 입국한 외국인 증가
ㄷ. 종교 박해를 피할 목적으로 입국한 외국인 증가
ㄹ. 정치적 탄압을 피할 목적으로 입국한 외국인 증가

① ㄱ, ㄴ　　② ㄱ, ㄷ　　③ ㄴ, ㄷ
④ ㄴ, ㄹ　　⑤ ㄷ, ㄹ

04 그림은 인구의 이동 요인을 나타낸 것이다. 이에 대한 옳
은 설명만을 〈보기〉에서 있는 대로 고른 것은?

┤ 보기 ├
ㄱ. A와 B는 경제적 이동 요인에 해당한다.
ㄴ. C는 환경적 요인, D는 정치적 요인에 해당한다.
ㄷ. A~D 모두 인구의 배출 요인에 해당한다.
ㄹ. 인구 이동에 A~D 요인이 복합적으로 작용하기도
    한다.

① ㄱ, ㄴ　　　　　　② ㄴ, ㄷ
③ ㄷ, ㄹ　　　　　　④ ㄱ, ㄴ, ㄷ
⑤ ㄴ, ㄷ, ㄹ

05 다음 글과 관계 깊은 지역을 지도의 A~E에서 고른 것은?

이 지역들의 공통점은 정치적 불안정으로 내전이나 분쟁
이 자주 발생한다는 것이다. 이러한 까닭으로 이 지역의
주민들은 생활 터전을 잃고 난민이 되어 가까운 나라로
피난을 가거나 열악한 생활 환경을 벗어나기 위해 다른
나라로 이동하므로 인구 유출이 빈번하다.

① A, B　　② A, E　　③ B, C
④ C, D　　⑤ D, E

06 다음 자료를 보고 옳게 설명한 내용을 〈보기〉에서 고른 것은?

교사: 매년 모로코에서 프랑스로 입국하는 사람들이 크게 늘고 있어요.

프랑스
75.7(%) 21.3 3.0
3차 2차 1차

모로코
39.2(%) 20.3 40.5
1차 2차 3차

산업 구조
(국내 총생산 기준)

1인당 국내 총생산
40,900달러 7,900달러

(CIA Factbook, 2016)

왜 우리나라 문화를 따르지 않고 이슬람 문화만 고집하는 거야?

우리는 프랑스의 부족한 노동력을 메워 주고 있어. 그러니 우리 문화를 존중해 줘.

보기

ㄱ. 프랑스는 모로코에 비해 인구 흡인 요인이 많다.
ㄴ. 모로코에서는 낮은 소득 수준이 배출 요인으로 작용한다.
ㄷ. 프랑스에서는 외국인 증가에 따른 긍정적 영향만 나타난다.
ㄹ. 모로코인의 프랑스 입국은 종교적 요인에 따른 일시적 이동이다.

① ㄱ, ㄴ   ② ㄱ, ㄷ   ③ ㄴ, ㄷ
④ ㄴ, ㄹ   ⑤ ㄷ, ㄹ

07 지도는 미국 내 인구 이동 현상을 보여주는 것이다. 이와 같은 인구 이동의 원인을 〈보기〉에서 고른 것은?

서부 중부 동부

2000~2012년 사이 25% 이상 성장한 도시들
● 500만 명 이상의 도시
● 100~500만 명의 도시
➡ 10만 명

댈러스 남부 애틀랜타
휴스턴 마이애미

(디르케 세계 지도, 2015)

보기

ㄱ. 종교 차이에 따른 갈등
ㄴ. 지역별 산업 발달의 차이
ㄷ. 원주민과 이주민 사이의 갈등
ㄹ. 기후와 같은 거주 환경의 차이

① ㄱ, ㄴ
② ㄱ, ㄷ
③ ㄴ, ㄷ
④ ㄴ, ㄹ
⑤ ㄷ, ㄹ

08 다음 글의 밑줄 친 내용과 같은 현상이 나타나게 된 이유로 옳은 것은?

초·중·고등학교에서 히잡과 부르카, 니캅 등 이슬람 전통 의상 착용을 금지한 프랑스가 이 조치를 대학교로 확대하는 방안을 추진 중이다. 프랑스는 전체 인구 중 8%에 달하는 약 600만 명이 이슬람교도로, 유럽에서 이슬람교도 비율이 가장 높은 국가이다. 이슬람교 신자들은 정부의 조치를 "종교의 자유를 억압하는 행위"라며 반발하고 있다. – □□신문, 2016. 8. 19.–

① 이슬람교를 믿는 많은 사람들이 입국하였다.
② 관광 등을 목적으로 단기 입국한 외국인이 많다.
③ 내전을 피해 입국한 외국인을 위한 난민촌이 형성되었다.
④ 프랑스는 유럽에서 유일하게 이슬람교를 허용한 국가이다.
⑤ 프랑스로 들어오는 외국인은 대부분 이슬람교로 개종을 하였다.

09 (가)~(다)에 해당하는 인구 이동을 지도의 A~C에서 골라 바르게 연결한 것은?

(가) 신항로 개척 이후 유럽인들은 식민지를 개척하려고 신대륙으로 이동하였다.
(나) 아프리카인들은 노예 무역 때문에 강제적으로 아메리카로 이동하였다.
(다) 중국인들은 19세기 이후 일자리를 찾아 동남아시아로 이동하였다.

→ A → B → C

(디르케 세계 지도, 2015 / 신편 지리 자료, 2016)

	(가)	(나)	(다)
①	A	B	C
②	A	C	B
③	B	A	C
④	B	C	A
⑤	C	A	B

10 지도는 미국으로 유입되는 외국인 이주자를 보여주는 것이다. 이에 대한 옳은 설명을 〈보기〉에서 고른 것은?

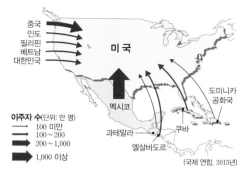

(국제 연합, 2015년)

┤ 보기 ├
ㄱ. 주로 경제적인 목적의 인구 이동이다.
ㄴ. 멕시코로부터의 인구 유입이 가장 많다.
ㄷ. 미국의 문화적 다양성이 감소하고 있다.
ㄹ. 미국은 흡인 요인보다 배출 요인이 많다.

① ㄱ, ㄴ   ② ㄱ, ㄷ   ③ ㄴ, ㄷ
④ ㄴ, ㄹ   ⑤ ㄷ, ㄹ

11 (가), (나) 시기의 인구 이동에 대한 설명으로 옳지 않은 것은?

(가)   (나)

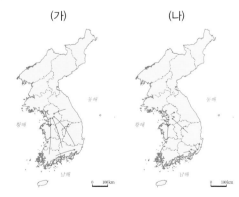

① '산업화'는 (나)보다 (가)와 관련이 더 깊다.
② (가)는 (나)보다 이른 시기의 인구 이동이다.
③ (가)는 (나)보다 경제적 요인의 영향이 더 크다.
④ (가)는 (나)보다 도시 간 인구 이동이 더 많다.
⑤ (나)는 (가)보다 쾌적한 주거 환경에 대한 요구가 반영되었다.

서술형

01 다음 글의 밑줄 친 지역에서 인구 유입을 통해 나타날 수 있는 긍정적인 효과와 부정적인 효과를 한 가지씩 서술하시오.

세계적으로 인구 유입이 많은 지역은 북아메리카와 유럽, 오세아니아 등의 선진국이다. 이들 지역은 높은 임금, 풍부한 일자리, 우수한 교육 여건, 쾌적한 환경 등의 요인으로 인구 유입이 많다.

논술형

02 다음 자료와 같은 인구 이동이 나타나게 된 원인을 200자 이내로 논술하시오.

모로코 해군이 주말에 허술하고 위험한 보트를 타고 지중해를 건너 유럽으로 향하던 난민 271명을 구조했다고 모로코 국영 통신과 AP 통신 등이 보도했다. 모로코 정부 통계에 따르면 올해 초부터 지금까지 이곳을 건너서 에스파냐로 가려다가 저지당한 난민들의 수만도 2만 5,000명에 이른다.

▲ 모로코 출신 이주자의 도착 국가

─ ○○신문, 2019. 07. 09. ─

03 인구 문제

✚ 인구 성장

인구 성장 속도는 경제 발전 정도에 따라 국가별로 차이가 크다. 오늘날 선진국은 출산율과 사망률이 모두 낮아서 인구 증가 속도가 완만하거나 정체되어 있다. 반면 개발 도상국들은 생활 환경이 개선되고 의학 기술이 발달하면서 인구가 폭발적으로 증가하고 있다.

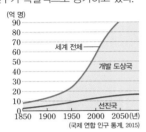

▲ 세계의 인구 성장

✚ 합계 출산율

여성 한 명이 평생 출산하는 평균 자녀의 수를 말한다. 인구가 유지되기 위해서는 합계 출산율이 2.1명보다 높아야 한다.

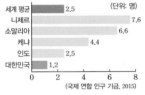

▲ 국가별 합계 출산율

✚ 고령화

한 국가에서 65세 이상 노인 인구가 전체 인구의 7%를 넘으면 고령화 사회, 14%를 넘으면 고령 사회, 20%를 넘으면 초고령 사회라고 한다.

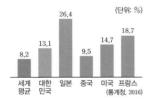

▲ 국가별 65세 이상 인구 비율

✚ 선진국과 개발 도상국의 인구 구조

구분	선진국	개발 도상국
출생률	낮다	높다
사망률	낮다	높다
유소년층 비율	낮다	높다
노년층 비율	높다	낮다

❶ 선진국의 인구 문제와 대책

(1) 저출산 및 고령화 현상 → 일찍이 산업화를 이룬 선진국에서 나타남

① 여성의 사회 활동이 증가하면서 출산율이 낮아짐

② 경제 수준의 향상과 의료 기술의 발달로 평균 수명이 늘어나고 노인 인구가 증가함

(2) 인구 문제: 노동력 부족으로 생산성 감소, 청장년층의 노인 인구 부양 부담 증가

(3) 대책

① 출산 장려 정책: 출산 지원 제도(육아 휴직, 출산 장려금, 양육 비용 등)

② 노인 복지 정책 강화: 재취업 기회 제공, 정년 연장, 연금 제도 개선 등

③ 외국인 근로자 확대 → 부족한 노동력을 채우기 위해 외국인 근로자를 받아들이면서 새로운 문화적 갈등과 사회 문제를 겪기도 함

🔍 집중탐구 | 선진국의 출산율을 높이기 위한 정책 |

국가	스웨덴	프랑스
육아 휴직	16개월	3년
아동 수당	16세 미만까지 지급	20세 이하 자녀 두 명 이상이면 지급
출산 지원 정책	모든 보육 시설 무상, 남성의 육아 휴직 의무화	공립 유치원 무상, 임신·출산·양육의 전 과정에서 각종 수당 지급

스웨덴과 프랑스는 저출산·고령화 현상이 계속되면서 커다란 사회 문제가 나타났다. 이들 국가는 이를 해결하기 위해 다양한 정책을 시행하고 있다.

❷ 개발 도상국의 인구 문제와 대책

(1) 인구의 빠른 증가: 제2차 세계 대전 이후 근대화와 산업화가 진행됨, 출생률은 높지만 사망률이 낮아짐 → 한 해 동안 인구 1,000명당 태어난 아기의 수

→ 한 해 동안 인구 1,000명당 죽은 사람의 수

(2) 인구 문제

① 기아와 빈곤: 경제 성장 속도가 인구 증가 속도를 따라가지 못함

② 도시 인구의 급격한 증가: 주택 부족, 교통 혼잡, 환경 오염 등의 문제 발생

③ 성비 불균형: 일부 국가에서 남자아이의 출생률이 높게 나타남 → 남아 선호 사상이 남아 있는 중국, 베트남, 수단, 인도 등

(3) 대책

① 출산 억제 정책

② 인구 부양력을 높이기 위한 정책: 농업의 기계화, 산업화 정책 시행

③ 도시 인구 유입 억제: 농촌 지역의 생활 환경 개선

④ 양성평등 문화 정착

Q&A 두 나라의 인구 구조는 어떻게 다른가요?

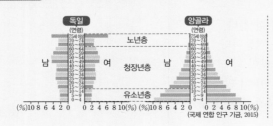

독일은 선진국, 앙골라는 개발 도상국의 인구 구조가 나타난다. 선진국은 개발 도상국보다 0~14세 인구 비율은 매우 낮지만, 65세 이상 인구 비율은 매우 높은 것을 알 수 있다.

❸ 우리나라의 인구 문제와 대책

(1) 저출산·고령화 현상의 과정
① 6·25 전쟁 이후: 사회가 안정되면서 출생률 증가, 사망률 감소 ➡ 인구 급증
② 1990년대 이후
  • 여성의 사회 참여 증가, 결혼 연령 상승, 출산 기피 ➡ 출생률이 더욱 낮아짐
  • 주택 마련 비용 증가, 육아와 가사 노동에 대한 부담, 사교육비 증가, 결혼과 가족에 대한 가치관 변화, 개인주의 가치관 확산 ➡ 저출산 현상이 더욱 뚜렷해짐
③ 2000년대: 경제 발전과 의학 기술의 발달 등으로 평균 수명이 늘어나면서 노인 인구가 급증 ➡ 2018년에 이미 고령 사회로 진입, 2020년대에 총인구 감소 전망

(2) 저출산·고령화 현상의 영향
① 경제 활동이 가능한 인구의 감소: 국가 경쟁력 약화
② 노인 인구 부양 부담 증가 → 세금 감소, 연금 및 보험 비용 증가, 경기 침체 등의 문제 발생
③ 노년층의 질병, 빈곤, 소외 등의 노인 문제 발생

집중탐구   우리나라의 저출산, 고령화 현상

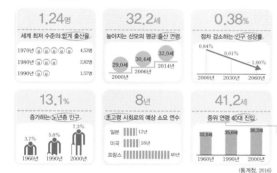

우리나라는 결혼 연령의 상승과 출산 기피로 인해 세계 최저 수준의 합계 출산율을 보이며, 산모의 출산 연령도 상승하고 있다. 이에 비해 노년층 인구가 증가하는 속도는 세계 최고 수준이며, 이로 인해 인구 성장률은 점차 감소하고 있다.

→ 총인구를 연령순으로 나열할 때 정중앙에 있는 사람의 해당 연령

(통계청, 2016)

(3) 저출산·고령화 현상의 대책

출산율을 높이기 위한 정책	• 여성들이 사회 활동과 육아를 함께 할 수 있는 사회 분위기 조성 • 보육 시설 확충, 공공 교육 서비스 제공 • 출산과 양육에 대한 지원 대책 → 유급 출산 휴가, 출산 지원금, 양육 수당 등
고령화 사회에 대비한 정책	• 국민 연금 제도 및 사회 보장 제도 정비 • 여가, 요양 등 노인에게 필요한 복지 시설 확충 • 노인 관련 산업 발전, 노인 일자리 개발, 노년층에 취업 훈련 기회 제공 등

→ 실버산업

더 알아 보기 ▶ 우리나라의 시대별 인구 정책

▲ 1960년대   ▲ 1980년대   ▲ 1990년대   ▲ 2015년

우리나라는 시대별로 인구 정책이 다르다. 1960년대부터 1980년대까지는 출산을 억제하기 위한 정책이 시행되었다. 자녀의 수가 줄어들면서 남아 선호 사상으로 인해 성비 불균형이 나타나자 1990년대에는 아들과 딸을 구분하지 말자는 정책이 시행되었으며, 이후 저출산 현상이 빠르게 확산되자 2000년대에는 출산을 장려하는 정책이 시행되고 있다.

✦ 우리나라의 인구 구성 비율 변화

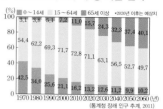

(통계청 장래 인구 추계, 2011)

유소년층 인구 비중은 감소하고 노년층 인구 비중은 지속적으로 증가한다.

✦ 우리나라의 인구 피라미드

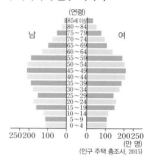

(인구 주택 총조사, 2015)

우리나라 인구의 성별, 연령별 특징과 문제점 등을 파악할 수 있다. 현재와 같은 저출산 현상이 지속된다면 중위 연령이 상승하고, 머지않아 총인구가 감소할 것으로 예측되고 있다.

✚ 노인 인구 부양 부담의 증가

2060년에는 생산 가능 인구(15~64세) 1명이 노인(65세 이상) 1명을 부양하게 될 만큼 우리나라의 고령화는 빠르게 진행되고 있다.

✚ 국민 연금 제도가 필요한 이유

고령 인구의 급속한 증가, 자녀 의존에서 벗어나 스스로 노후 대비 준비, 각종 재해로 인한 본인과 부양가족의 생계 안정 대책 마련, 퇴직 일시금 제도의 노후 생계 보장 기능 미흡에 따른 보완 등을 들 수 있다.

01 빈칸에 들어갈 알맞은 말을 쓰시오.

(1) (　　　　)은(는) 여성 한 명이 평생 출산하는 평균 자녀의 수를 말한다.

(2) 18세기 후반에 일어난 (　　　　) 이후 의학 기술이 발달하고 생활 수준이 향상하면서 인구가 급증하였다.

(3) 선진국은 현재 인구 증가 속도가 (　　　　).

(4) 개발 도상국은 생활 환경이 개선되고 의학 기술이 발달하면서 인구가 폭발적으로 (　　　　)하고 있다.

(5) 선진국은 (　　　　)(으)로 인해 청장년층의 노인 인구 부양 부담이 늘어나고 있다.

(6) 일부 아시아의 개발 도상국에서는 남아 선호 사상으로 인해 (　　　　) 문제가 심각하다.

(7) 개발 도상국에서는 (　　　　)을(를) 높이기 위해 농업의 기계화, 산업화 정책을 시행하고 있다.

(8) 우리나라는 인구의 고령화가 빠르게 진행되고 있으며, 이미 2018년에 (　　　　)(으)로 진입하였다.

02 다음 설명이 맞으면 ○표, 틀리면 ×표 하시오.

(1) 우리나라는 고령 사회에 이미 진입하였다. ………(　　)

(2) 우리나라 산모의 평균 출산 연령은 낮아지고 있다.
………………………………………………………………(　　)

(3) 우리나라의 중위 연령은 계속해서 상승하고 있다.
………………………………………………………………(　　)

(4) 우리나라의 인구 성장률은 지속적으로 감소하고 있다.
………………………………………………………………(　　)

(5) 우리나라의 합계 출산율은 세계 최고 수준이다. (　　)

03 다음 사례를 선진국과 개발 도상국의 인구 대책으로 구분하시오.

(1) 출산 장려 정책 ……………………………………(　　)

(2) 노인 복지 정책 ……………………………………(　　)

(3) 출산 억제 정책 ……………………………………(　　)

(4) 양성평등 문화 정착 ……………………………(　　)

04 표는 선진국과 개발 도상국의 인구 구조를 비교한 것이다. ㉠~㉤에 들어갈 알맞은 내용을 각각 쓰시오.

구분	출생률	사망률	유소년층 비율	노년층 비율	평균 수명
선진국	㉠	㉡	낮다	높다	길다
개발 도상국	높다	높다	㉢	㉣	㉤

05 선진국의 인구 특징에 대한 설명이 맞으면 ○표, 틀리면 ×표 하시오.

(1) 여성의 사회 활동이 감소하면서 출산율이 높아지고 있다. ………………………………………………………………(　　)

(2) 경제 수준의 향상과 의료 기술의 발달로 평균 수명이 증가하고 있다. …………………………………………(　　)

(3) 부족한 노동력을 채우기 위해 외국인 근로자를 받아들이면서 새로운 문화적 갈등이 발생하기도 한다. (　　)

(4) 노인의 재취업, 정년 단축 등 노인 복지 정책을 강화하고 있다. …………………………………………………………(　　)

06 우리나라의 인구 문제와 대책을 바르게 연결하시오.

(1) 저출산 •

(2) 고령화 •

• ㉠ 실버산업 발전

• ㉡ 노년층 취업 훈련 기회 제공

• ㉢ 보육 시설 확충, 공공 교육 서비스 제공

• ㉣ 출산과 양육에 대한 지원

07 다음 글의 밑줄 친 부분을 바르게 고쳐 쓰시오.

(1) 개발 도상국은 의료 기술의 발달로 <u>사망률과 출산율이 감소하여</u> 오늘날 세계 인구 성장을 주도하고 있다.
(　　　　　　　　　　　　　　　　)

(2) 우리나라는 <u>고령화 현상</u>이 지속될 경우 전체 인구가 감소하여 노동 가능 인구가 줄어들 것으로 전망하고 있다.
(　　　　　　　　　　　　　　　　)

08 고령화에 대한 대책으로 노인들의 안정적인 경제 기반을 마련하기 위한 제도에는 무엇이 있는지 쓰시오.

중단원 실력 쌓기

정답과 해설 | 49쪽

01 그래프는 세계의 인구 성장 과정을 나타낸 것이다. 이에 대한 옳은 설명을 〈보기〉에서 고른 것은?

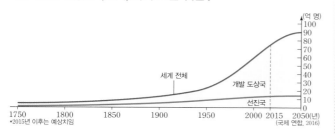

*2015년 이후는 예상치임
(국제 연합, 2016)

┤ 보기 ├

ㄱ. 미래에는 선진국과 개발 도상국 사이의 인구 격차가 감소한다.
ㄴ. 선진국과 개발 도상국 모두 2015년 이후에는 인구가 감소한다.
ㄷ. 20세기 이후 선진국보다 개발 도상국의 인구 증가율이 더 높다.
ㄹ. 현재 세계의 인구 증가는 주로 개발 도상국에서 이루어지고 있다.

① ㄱ, ㄴ　　　② ㄱ, ㄷ　　　③ ㄴ, ㄷ
④ ㄴ, ㄹ　　　⑤ ㄷ, ㄹ

02 그래프는 경제 발전 수준이 다른 두 국가의 인구 피라미드이다. ㉠~㉢ 중 (가), (나) 두 국가의 인구 특성을 바르게 비교한 내용을 고른 것은?

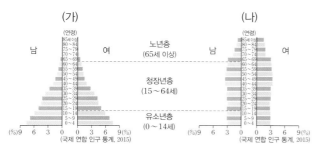

(국제 연합 인구 통계, 2015)

구분	(가)	(나)
㉠ 출산율	높다	낮다
㉡ 평균 수명	짧다	길다
㉢ 인구 증가율	낮다	높다
㉣ 노년 인구 비율	높다	낮다

① ㉠, ㉡　　　② ㉠, ㉢　　　③ ㉡, ㉢
④ ㉡, ㉣　　　⑤ ㉢, ㉣

03 선진국에 비해 개발 도상국에서 주로 나타나는 인구 문제를 〈보기〉에서 고른 것은?

┤ 보기 ├

ㄱ. 저출산 현상　　　ㄴ. 인구의 고령화
ㄷ. 성비 불균형 문제　　　ㄹ. 인구의 급격한 증가

① ㄱ, ㄴ　　　② ㄱ, ㄷ　　　③ ㄴ, ㄷ
④ ㄴ, ㄹ　　　⑤ ㄷ, ㄹ

04 다음 글과 같은 정책을 펼치게 된 배경으로 옳은 것은?

프랑스는 임신과 출산, 육아와 교육까지 국가가 책임지는 정책을 시행하여 20년 만에 합계 출산율을 1.66명에서 2.08명까지 끌어올렸다. 정부는 의료비와 난임 치료비 전액을 지원하며, 자녀 간식비나 보육원 비용 등은 세제 혜택으로 최대 50%까지 환급해 주고 있다. 국가는 물론이고 기업 또한 출산과 육아를 적극적으로 지원하고 있다.　　　－ △△신문, 2015. 12. 01. －

① 신생아의 성비 불균형 문제가 심각했다.
② 출산율 저하에 따른 인구 성장률 둔화가 나타났다.
③ 인구 증가율이 너무 높아 인구 급증이 우려되었다.
④ 산업화에 따른 인구의 도시 집중 현상이 심화되었다.
⑤ 노인 인구 증가에 따른 사회적 비용이 크게 증가했다.

05 그래프는 우리나라의 합계 출산율 변화를 나타낸 것이다. 이에 대한 설명으로 옳지 <u>않은</u> 것은?

(통계청, 2016)

① 1970년대부터 저출산 문제가 발생하였다.
② 결혼 연령의 상승, 미혼 인구의 증가 등이 원인이다.
③ 1명대의 합계 출산율이 지속되면 인구 감소가 예상된다.
④ 1980년대 중반부터 인구 유지 수준에 미치지 못하였다.
⑤ 이러한 추세가 지속되면 노동력 부족, 경기 침체 등이 예상된다.

06 (가)~(다)는 시대별 인구 정책 포스터이다. 이를 시대 순으로 바르게 나열한 것은?

① (가) → (나) → (다) ② (가) → (다) → (나)
③ (나) → (가) → (다) ④ (나) → (다) → (가)
⑤ (다) → (가) → (나)

07 다음 포스터의 제작 배경이 된 인구 문제로 옳은 것은?

① 출산율 저하   ② 노인 인구 증가
③ 외국인 입국자 증가   ④ 출생 성비 불균형 문제
⑤ 인구 부양 능력 부족 문제

08 우리나라의 인구와 관련하여 다음 그래프와 같은 변화를 보일 것으로 예상되는 항목으로 옳은 것은?

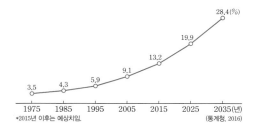

① 15세 미만 인구 비율
② 15~64세의 인구 비율
③ 65세 이상 인구 비율
④ 전체 인구 중 여성 인구의 비율
⑤ 전체 인구 중 도시 거주 인구의 비율

09 그래프는 어느 국가의 인구 구조 변화를 나타낸 것이다. 이에 대한 옳은 설명을 〈보기〉에서 고른 것은?

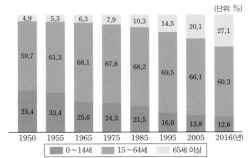

| 보기 |

ㄱ. 노동력 부족 문제가 나타난다.
ㄴ. 출산 억제 정책의 필요성이 크다.
ㄷ. 장기적으로 인구 감소가 예상된다.
ㄹ. 식량과 일자리 등의 부족 문제가 나타난다.

① ㄱ, ㄴ   ② ㄱ, ㄷ   ③ ㄴ, ㄷ
④ ㄴ, ㄹ   ⑤ ㄷ, ㄹ

10 다음 글에서 파악할 수 있는 인구 문제를 해결하기 위한 방안을 〈보기〉에서 고른 것은?

2060년에는 생산 가능 인구(15~64세) 1명이 노인(65세 이상) 1명을 부양하게 될 만큼 우리나라의 고령화는 빠르게 진행되고 있다.

| 보기 |

ㄱ. 노인의 일자리를 창출한다.
ㄴ. 출산 장려 정책을 실시한다.
ㄷ. 여성의 사회적 참여를 억제한다.
ㄹ. 외국인 근로자의 유입을 확대한다.

① ㄱ, ㄴ   ② ㄱ, ㄷ   ③ ㄴ, ㄷ
④ ㄴ, ㄹ   ⑤ ㄷ, ㄹ

11 그래프에 대한 옳은 설명을 〈보기〉에서 고른 것은?

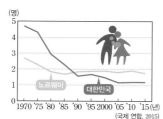

(명)

```
5
4
3
2
1
0
  1970 '75 '80 '85 '90 '95 2000 '05 '10 '15(년)
```
노르웨이
대한민국
(국제 연합, 2015)

▲ 우리나라와 노르웨이의 합계 출산율

┤ 보기 ├

ㄱ. 노르웨이와 대한민국 모두 인구의 자연 증가율은 감소할 것이다.

ㄴ. 1980년 대한민국의 합계 출산율은 노르웨이의 2배 이상이다.

ㄷ. 1990년대 이후 대한민국은 노르웨이보다 합계 출산율이 더 낮다.

ㄹ. 2000년 이후 합계 출산율의 감소 폭은 대한민국보다 노르웨이가 크다.

① ㄱ, ㄴ　　② ㄱ, ㄷ　　③ ㄴ, ㄷ

④ ㄴ, ㄹ　　⑤ ㄷ, ㄹ

12 다음은 국가별 합계 출산율(2010~2015년)을 나타낸 것이다. A 국가군에 비해 B 국가군에서 주로 나타나는 문제만을 〈보기〉에서 있는 대로 고른 것은?

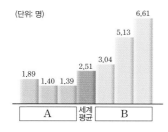

(단위: 명)

```
                                      6.61
                               5.13
                         3.04
                    2.51
 1.89
      1.40  1.39
   [    A    ] [세계  [    B    ]
               평균]
```

┤ 보기 ├

ㄱ. 빈곤　　　　　ㄴ. 고령화

ㄷ. 노동력 부족　　ㄹ. 높은 영유아 사망률

① ㄱ, ㄴ　　② ㄱ, ㄹ　　③ ㄷ, ㄹ

④ ㄱ, ㄴ, ㄷ　　⑤ ㄴ, ㄷ, ㄹ

서술형·논술형

[서술형]

01 그림은 중국의 인구 정책을 보여주는 것이다. (가)에서 (나)로 변화하게 된 이유를 서술하시오.

(가)　　　　　　　　　(나)

적게 낳아 잘 기르는 것이 행복한 삶이다. ♫

2016년 1월 1일부터 두 자녀 정책 전면 시행

[논술형]

02 스웨덴과 프랑스가 다음과 같은 정책을 펴게 된 배경과 이를 통해 얻을 수 있었던 효과를 300자 이내로 논술하시오.

국가	스웨덴	프랑스
육아 휴직	• 16개월 • 최초 13개월간 월평균 소득의 80% 지급	• 3년 • 첫째 아이는 최초 6개월간 약 72만 원 지급, 둘째 아이부터는 3년간 지급
아동 수당	16세 미만까지 지급	20세 이하 자녀 두 명 이상이면 지급
출산 지원 정책	• 모든 보육 시설 무상 • 남성의 육아 휴직 의무화	• 공립 유치원 무상 • 임신, 출산, 양육의 전 과정에서 각종 수당 지급

01 다음 글의 밑줄 친 ㉠~㉤ 중 내용이 옳지 않은 것은?

> ㉠ 세계 인구의 90% 이상은 육지 면적이 넓은 북반구에 살고 있으며, ㉡ 평야나 해안 지역에 많이 거주한다. 위도별로 보면 ㉢ 북위 20°~40°의 온화한 기후가 나타나는 지역은 인구 밀도가 높고, ㉣ 적도 부근이나 극지방은 인구 밀도가 낮다.
> 대륙별로는 아시아와 유럽에 인구가 많이 분포하며, 오세아니아에는 인구가 적게 분포한다. ㉤ 국가별로는 중국과 인도가 세계 인구의 절반 이상을 차지한다.

① ㉠　　② ㉡　　③ ㉢　　④ ㉣　　⑤ ㉤

02 지도는 (가), (나) 시기의 우리나라 인구 분포를 나타낸 것이다. 이에 대한 설명으로 옳지 않은 것은? (단, (가), (나)는 1960년대 중반과 2015년의 인구 분포 중 하나임.)

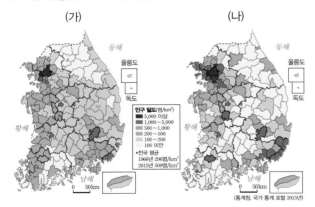

① (가)는 (나)보다 이른 시기의 인구 분포를 나타낸다.
② (가) 시기에 비해 (나) 시기에 인구가 감소한 지역도 존재한다.
③ 인구 분포에 미치는 농업의 영향은 (나) 시기에 더 적은 편이다.
④ (가)에 비해 (나) 시기에 인구 분포의 지역적 차이는 감소하였다.
⑤ (나) 시기의 인구 분포는 산업화와 도시화의 영향을 반영한 것이다.

03 그래프는 인구 1억 명 이상의 국가들을 나타낸 것이다. A~C에 해당하는 국가를 바르게 연결한 것은?

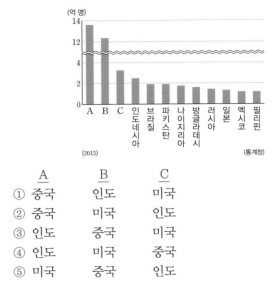

	A	B	C
①	중국	인도	미국
②	중국	미국	인도
③	인도	중국	미국
④	인도	미국	중국
⑤	미국	중국	인도

04 (가), (나)는 인구 이동 요인을 나타낸 것이다. 이와 관련된 설명으로 옳지 않은 것은?

① (가)는 배출 요인, (나)는 흡인 요인이다.
② (가)와 같은 요인은 인구의 국제 이동을 통해서만 해결할 수 있다.
③ (가)보다 (나)를 더 많이 갖춘 지역은 인구가 증가한다.
④ 내전과 분쟁, 종교 박해 등은 인구 유출을 가져오는 요인이 된다.
⑤ 일자리가 부족한 지역의 인구는 고용 기회가 많은 곳으로 이동한다.

05 (가)~(라) 인구 이동에 대한 옳은 설명을 〈보기〉에서 고른 것은?

┤ 보기 ├

ㄱ. (가)~(라) 모두 인구의 국제 이동이다.
ㄴ. (나)는 자발적, (라)는 강제적 인구 이동이다.
ㄷ. (가)는 영구적 이동, (다)는 일시적 이동이다.
ㄹ. (가)~(라) 모두 경제적 요인에 의한 인구 이동이다.

① ㄱ, ㄴ ② ㄱ, ㄷ ③ ㄴ, ㄷ ④ ㄴ, ㄹ ⑤ ㄷ, ㄹ

06 지도는 고도 숙련 근로자의 이주(유출) 비율을 나타낸 것이다. 이에 대한 설명으로 옳지 않은 것은?

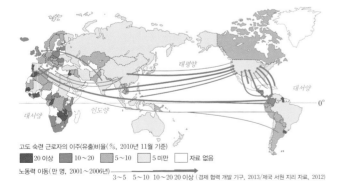

① 주로 선진국이 인구 유입국이다.
② 인접국으로의 인구 이동 비율이 높다.
③ 인구 유출국은 배출 요인이 많은 국가들이다.
④ 선진국은 상대적으로 많은 흡인 요인을 갖고 있다.
⑤ 우리나라는 고도 숙련 근로자의 유입과 유출이 모두 나타난다.

07 서술형 그래프는 주요 국가의 고령화 진행 속도를 나타낸 것이다. 미국과 일본에 비해 우리나라에서 나타나고 있는 변화의 특징을 서술하시오.

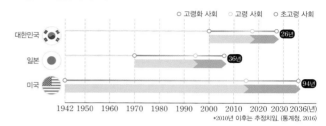

08 그래프와 같은 인구 변화를 겪고 있는 국가에서 나타나는 현상으로 옳지 않은 것은?

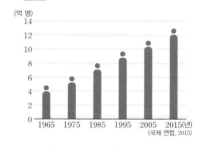

① 빈곤을 겪는 국민이 증가한다.
② 식량과 일자리가 점점 부족해지고 있다.
③ 유소년층에 대한 부양 부담이 증가하고 있다.
④ 초혼 연령대가 낮은 수준에서 유지되고 있다.
⑤ 인접국으로부터 유입 인구가 크게 증가하고 있다.

09 그래프와 함께 제시될 기사의 내용으로 옳지 않은 것은?

▲ 우리나라의 출생아 수 및 합계 출산율 추이

① 이런 추세라면 우리나라 인구가 감소합니다.
② 유소년층에 대한 부양 부담이 점점 커지고 있습니다.
③ 노동 가능한 연령층의 인구도 결국 줄어들게 됩니다.
④ 학교, 학급, 학급 당 학생 수도 점점 줄어들게 됩니다.
⑤ 노년 인구 비중이 늘어나고 노년 부양비가 증가합니다.

수행 평가 미리보기

인구 문제 해결 방안 탐구하기

7단원에서는 인구 분포, 인구 이동, 인구 문제에 대해 학습했습니다. 인구와 관련된 다양한 현상은 우리 주변에서 언제나 일어나고 있는 매우 중요한 일입니다. 특히 저출산, 고령화 현상, 난민 문제, 인구의 불균등한 분포 등에 대해 인식해야 하며, 이를 바탕으로 인구 문제에 대한 해결 방안을 생각할 수 있어야 합니다. 따라서 이 단원의 수행 평가에서는 실제 사례를 통해 앞서 배운 인구 문제의 핵심 개념을 잘 이해하고 있는지를 종합적으로 묻는 문제가 출제될 수 있습니다.

수행 평가 문제

모둠별로 우리 사회에서 나타나고 있는 인구 문제에 대해 조사하고, 해결 방안을 공익 광고로 만들어 보자.

A 활동 계획 세우기

1 문제와 해결 방안을 담은 문구를 짧고 명확하게 제시한다.
2 홍보 전단지, 포스터, 만화 등을 이용하여 실현 가능한 활동 계획을 세운다.

B 활동 단계

1단계 인구 문제에 대한 주제를 선정한다.
2단계 선정한 주제에 맞는 신문 기사를 찾아본다.
3단계 신문 기사에 나타난 인구 문제의 원인과 현상을 파악하고, 해결하는 방안을 탐색한다.
4단계 여러 해결 방안 중에서 실현 가능성이 높은 것을 골라 공익 광고를 제작한다.
5단계 모둠별로 제작한 공익 광고물을 친구들에게 소개한다.

C 활동하기

1 인구 문제에 대한 주제를 선정한다.
2 인구 문제가 드러난 신문 기사를 찾아본다.
3 신문 기사에 나타난 인구 문제의 원인과 현상을 파악하고, 해결 방안을 탐색한다.

[예시]

인구 문제의 주제	예 저출산, 고령화, 난민, 외국인 노동자, 성비 불균형, 빈곤 및 기아 문제 등
인구 문제의 현상	
인구 문제의 원인	
인구 문제의 해결 방안	

4 공익 광고를 위한 개요와 실제 공익 광고 제작하기

〈공익 광고 개요 예시〉

주제: 인구 문제와 해결 방안

선정한 인구 문제와 원인	해결 방안

공익 광고 작성(포스터, 표어, 만화 등)

〈공익 광고 제작하기〉

채점 기준

평가 영역	채점 기준	배점
적합한 내용인가?	인구 문제에 대한 내용이 구체적으로 잘 표현된 경우	상
	인구 문제에 대한 내용이 보통으로 표현된 경우	중
	인구 문제에 대한 내용이 미흡한 경우	하
구성이 적절한가?	인구 문제에 대한 원인, 현상, 해결 방안이 구체적으로 표현된 경우	상
	인구 문제에 대한 원인, 현상, 해결 방안이 보통으로 표현된 경우	중
	인구 문제에 대한 원인, 현상, 해결 방안이 미흡한 경우	하
표현이 참신한가?	인구 문제에 대한 해결책을 창의적으로 표현한 경우	상
	인구 문제에 대한 해결책을 보통으로 표현한 경우	중
	인구 문제에 대한 해결책이 미흡한 경우	하

수행 평가 꿀 TIP

신문 기사 검색할 때 꿀 TIP

인터넷에서 자료를 찾을 때는 검색을 해서 자료를 찾는 것도 중요하지만 수많은 자료 속에서 나에게 필요한 자료를 걸러 내는 것이 더 중요해요. 그렇기 때문에 검색창에 검색어를 넣을 때 조금은 조건을 까다롭게 하는 것이 좋을 것입니다. 친구들과 토의를 통해 하나의 주제를 결정하였다면 그 주제로 문제를 겪고 있는 나라도 함께 고민해 보면 좋을 것 같아요. 그리고 검색을 할 때는 해당 주제와 그 나라를 함께 넣고 검색하는 것이죠. 대략적인 연도까지도 넣으면 훨씬 정리된 정보들을 볼 수 있을 거예요. 마지막으로 관심 있는 국가를 먼저 정하고 그 국가의 인구 문제라고 검색하면 어떤 결과가 나올까요? 아마도 수많은 정보가 검색될 거예요. 정도의 차이는 있지만 인구 문제를 갖고 있지 않은 국가는 없으니까요.

VIII

사람이 만든
삶터, 도시

01 도시의 형성과 내부 구조

❶ 도시의 형성

(1) **도시의 의미**: 인구가 밀집한 곳으로 정치·경제·사회·문화의 중심지
> 도시는 촌락과 더불어 인간의 대표적인 거주 공간

(2) **도시의 특징**
> 집중적으로 한곳에 모아서 뭉뚱그리는 것
① **높은 인구 밀도**: 상대적으로 좁은 지역에 많은 사람이 모여 있음
② **집약적 토지 이용**: 한정된 공간을 효율적으로 활용
③ 2, 3차 산업에 종사하는 사람이 많음
④ 생활 편의 시설 및 각종 기능이 집중됨
⑤ **중심지 역할**: 주변 지역에 다양한 상품과 서비스를 제공함

(3) **도시의 형성과 발달**
> 오늘날 이라크 지역, 농업에 유리한 조건을 갖춤
① 기원전 3,500년 무렵: 티그리스강과 유프라테스강 등지에서 최초의 도시 발달
② 중세: 상업이 발달하면서 시장을 중심으로 상업 도시 발달 ▸ 교역과 교환이 활발한 지역
③ 근대: 18세기 후반 산업 혁명이 전개되면서 석탄 산지를 중심으로 공업 도시 발달
④ 20세기 이후: 공업 및 첨단 산업, 서비스업, 교육, 문화 등 여러 기능을 수행하는 도시 발달

❷ 유명하거나 매력적인 도시

세계 도시	• 다국적 기업의 본사가 많고, 자본과 정보가 집중하여 주변 국가와 도시에 미치는 영향력이 매우 큰 도시 ▸ 세계 각지에 자회사·지사·합병 회사·공장 등을 확보하고, 생산·판매 활동을 국제적 규모로 수행하는 기업 • 미국의 뉴욕, 영국의 런던, 일본의 도쿄 등
생태 환경이 우수한 도시	• 자연과 인간이 공존하는 방법을 찾기 위해 노력, 생태 환경과 관련하여 다른 도시들이 나아가야 할 방법을 제시 • 독일의 프라이부르크, 브라질의 쿠리치바 등
관광 산업이 발달한 도시	• 오랜 세월에 걸쳐 형성된 역사 유적이 많은 도시 ⓔ 이탈리아의 로마, 그리스의 아테네, 튀르키예의 이스탄불, 중국의 시안 등 • 매력적인 문화를 지닌 도시 ⓔ 에스파냐의 바르셀로나, 브라질의 리우데자네이루 등 • 아름다운 항구로 유명한 도시 ⓔ 오스트레일리아의 시드니, 이탈리아의 나폴리 등
자연환경이 독특한 도시	• 오로라를 감상할 수 있는 도시 ⓔ 아이슬란드의 레이캬비크 등 • 연중 온화한 기후의 고산 도시 ⓔ 에콰도르의 키토 등

➡️ 집중탐구   유명하거나 매력적인 도시

지도의 A는 **영국의 런던**으로 국제 자본의 연결망을 가진 세계 경제의 중심지이다. B는 **독일의 프라이부르크**로 세계 환경 수도로 불릴 만큼 친환경 에너지 사용이 많은 생태 도시이다. C는 **중국의 시안**으로, 중국에서 가장 보존이 잘된 성벽을 볼 수 있는 역사와 문화의 도시이다. D는 아름다운 항구와 오페라 하우스로 유명한 **오스트레일리아의 시드니**이다. E는 저위도의 산지 지역에 위치하여 연중 기온이 온화한 **고산 도시인 에콰도르의 키토**이다.

➕ 도시의 인구
도시 인구 기준은 나라마다 다르다. 덴마크, 아이슬란드는 250~300명, 프랑스, 독일 등은 2,000명, 미국은 2,500명, 우리나라는 인구 50,000명 이상이 거주하는 공간을 도시라고 하지만 통계상으로는 인구 20,000명 이상인 읍에 거주하는 인구부터 도시 거주 인구로 간주한다.

➕ 도시와 촌락

구분	도시	촌락
인구 밀도	높음	낮음
건물의 평균 높이	높음	낮음
주민 직업 구성	이질적	동질적
산업의 분포	2, 3차 산업 중심	1차 산업 중심
토지 이용	집약적	조방적

➕ 에콰도르의 키토
에콰도르의 키토는 열대 고산 기후 지역에 위치하여 일 년 내내 온화한 기후가 나타난다. 키토는 노인을 위한 의료 서비스, 복지 혜택 등이 잘 갖추어져 있으며, 최근 미국의 은퇴자들이 살고 싶은 도시로 선정되면서 더욱 유명해졌다.

❸ 도시 내부의 다양한 경관

(1) 도시 내부의 지역 분화 → 도시의 규모가 커지면서 같은 종류의 기능은 모이고, 다른 종류의 기능은 분리되면서 상업 지역, 공업 지역, 주거 지역 등으로 분화가 나타남

① 분화의 원인 → 여러 지점에서 출발하여 도달하기 쉬운 정도
- 접근성, 지대, 지역 개발 정책 등
- 교통이 편리한 지역일수록 접근성이 높으며, 접근성이 높은 지역일수록 지가가 비쌈

② 분화의 과정 → 도시의 중심은 도시에서 접근성과 지대가 가장 높은 지역이므로, 지대 지불 능력이 있는 기능이 남게 됨

→ 도심으로 집중

집심 현상	중심 업무 기능이나 상업 기능이 도시 중심부로 집중되는 현상
이심 현상	주택, 학교, 공장 등이 외곽으로 빠져나가는 현상

→ 도심에서 벗어남

(2) 도시 내부 구조

지역	특징
도심	• 도시의 중심부 – 중심 업무 지구(CBD) → 대도시에서 중추 관리 기능을 비롯하여 상업 기능 및 고급 서비스 기능이 밀집한 지역을 의미 • 교통이 편리하며 고층 건물이 밀집함 • 중추 관리 기능과 전문 상업 기능을 수행함 → 출퇴근 시간에 교통 혼잡이 발생함 • 인구 공동화 현상: 주거 기능의 약화로 낮과 밤의 인구 밀도 차이가 큼
부도심	• 도심에 집중된 상업 기능과 서비스 기능을 분담 → 도시가 성장함에 따라 형성됨 • 도심과 주변 지역을 연결하는 교통이 편리한 지역에 발달함
중간 지역	• 도심 주변에 오래된 주택, 상가, 공장이 혼재하는 지역 → 섞여 있음 • 도심과 가까운 곳은 주택과 상가가 함께 나타나며, 도심에서 멀어질수록 신흥 주거 단지와 공장이 섞여 있음 → 도시 미관과 토지의 효율적 이용을 위해 재개발이 이루어지기도 함
주변 지역	• 대규모 주거 단지가 조성됨 • 공장, 상가, 농경지, 과수원 등 도시와 농촌의 모습이 혼재 • 개발 제한 구역(green belt): 도시의 무분별한 팽창을 막고 녹지 공간을 확보하기 위해 설정

💡 집중탐구   도시 내부의 다양한 경관
→ 도시 경관은 눈으로 파악할 수 있는 도시의 겉모습

도심
경관 특징: 고층 건물이 밀집함

부도심
경관 특징: 상업 기능과 주거 기능

주변 지역
경관 특징: 주거 기능, 공업 기능 등

개발 제한 구역
경관 특징: 녹지 기능

0 5km

도심은 지가가 가장 높은 지역이므로 토지의 집약적 이용이 이루어진다. 따라서 고층 건물이 밀집해 있다. **부도심**은 도심과 주변 지역을 연결하는 **교통의 중심지에 형성**되며 상업 기능과 주거 기능을 담당한다. **주변 지역**은 도심, 부도심에 비해 **건물이 낮으며 주택 및 공장 등이 분포**한다. **개발 제한 구역**은 도시의 무분별한 팽창을 막고 녹지를 보존하기 위해 대도시의 주변 지역에 설정한 지역이다.

✚ 지가와 지대
지가는 토지의 시장 거래 가격을 의미한다. 지대는 토지를 경제적으로 이용하여 얻을 수 있는 수익 또는 토지 이용자가 소유자에게 지불해야 하는 일종의 사용료를 의미한다. 지가가 높은 토지는 외부와의 접근성이 좋거나 경제 활동을 통해서 얻을 수 있는 기대 수익이 높다고 볼 수 있으므로, 지가가 높은 토지는 지대도 높다.

✚ 도시 내부 구조

도시의 중심 지역인 도심. 도심의 기능을 분담하는 부도심. 주거 기능이 발달한 주변 지역, 개발 제한 구역 등으로 구분된다.

✚ 인구 공동화 현상
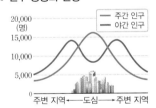

▲ 주간 및 야간 인구 밀도의 변화
도심 지역에서 주거 기능의 약화로 상주 인구 밀도가 감소하는 현상을 의미한다.

✚ 서울의 토지 이용 현황

(서울특별시, 서울 연구 데이터 서비스, 2016)

✚ 위성 도시
교통이 편리한 대도시 인근에 위치하며 주거, 공업, 행정 등과 같은 대도시 기능의 일부를 분담하는 도시를 의미한다.

개념 다지기

01 빈칸에 들어갈 알맞은 말을 쓰시오.

(1) 도시는 상대적으로 좁은 지역에 많은 사람이 모여 있어서 ( )이(가) 높다.

(2) 도시는 한정된 공간을 효율적으로 이용해야 하므로 토지 이용이 매우 ( )이다.

(3) 도시에는 ( )에 종사하는 사람들이 많으며, 각종 시설과 기능이 집중되어 있다.

(4) 도시는 주변 지역과 촌락에 다양한 상품과 서비스를 제공하는 ( ) 역할을 수행한다.

02 도시와 촌락을 비교한 표이다. 빈칸 ㉠~㉤에 들어갈 알맞은 내용을 쓰시오.

구분	도시	촌락
인구 밀도	㉠	낮다
건물의 평균 높이	㉡	낮다
주민 직업 구성	이질적	㉢
산업의 분포	㉣	1차 산업 중심
토지 이용 특징	㉤	조방적

03 세계의 유명한 도시와 각 도시의 특징을 바르게 연결하시오.

(1) 뉴욕 •

(2) 도쿄 •

(3) 키토 •

(4) 아테네 •

(5) 시드니 •

(6) 프라이부르크 •

• ㉠ 아름다운 항구와 오페라 하우스로 유명한 도시

• ㉡ 세계 환경 수도로 불릴 만큼 친환경 에너지 사용이 많은 생태 도시

• ㉢ 그리스의 수도로 오랜 세월에 걸쳐 형성된 역사 유적이 풍부한 도시

• ㉣ 열대 고산 기후 지역에 위치한 도시로 일 년 내내 온화한 기후가 나타나는 도시

• ㉤ 일본의 수도, 증권 거래소 및 각종 금융 기관이 밀집한 아시아 최대의 금융 중심지

• ㉥ 국제 연합(UN)의 본부가 위치하고, 정치·경제·문화 등 세계적으로 큰 영향을 끼치는 도시

04 다음 도시가 유명해진 이유가 인문 경관 때문이면 '인문', 자연 경관 때문이면 '자연'이라고 쓰시오.

(1) 케이프타운은 테이블처럼 편평한 산과 그 아래로 펼쳐진 도심과 푸른 바다가 어우러진 아름다운 풍경으로 유명하다. ·······( )

(2) 이스탄불은 동서양의 역사, 종교, 문화 등이 자연스럽게 어우러져 독특한 경관이 나타난다. ·······( )

05 다음 빈칸에 들어갈 알맞은 말을 쓰시오.

(1) 도시 내부는 상업 지역, 공업 지역, 주거 지역 등으로 나뉘는데, 이를 ( )(이)라고 한다.

(2) 일반적으로 교통이 편리한 곳일수록 ( )이(가) 좋고, ( )이(가) 비싸다.

(3) ( )은(는) 도시의 핵심 지역으로 도시 내에서 상업, 금융, 서비스 기능이 가장 집중되어 있다.

(4) 도심은 대기업의 본사, 백화점, 관공서 등이 모여 있기 때문에 ( )을(를) 이룬다.

(5) 도시의 주변 지역에는 대규모의 ( )이(가) 조성되어 있고, 지역에 따라서는 큰 공장들이 있다.

06 다음 설명이 맞으면 ○표, 틀리면 ×표 하시오.

(1) 도시가 작을 때는 상업, 주거, 업무 기능이 도시 중심에 섞여 있다. ·······( )

(2) 도시 중심부인 도심은 상업·업무 기능이 강하지만 주거 기능은 약하다. ·······( )

(3) 도시의 중심부에서 주변부로 갈수록 건물의 높이가 높아진다. ·······( )

(4) 도시의 무분별한 팽창을 막고 주변 지역과의 조화로운 발전을 위해 개발 제한 구역을 설정하기도 한다. ( )

(5) 도심에는 주간과 야간 인구의 격차로 인해 인구 공동화 현상이 나타난다. ·······( )

07 다음 설명에 해당하는 도시 내부 지역의 명칭을 쓰시오.

(1) 도심과 주변 지역 사이의 교통이 편리한 곳에 형성되며 도심의 기능을 분담하는 지역이다. ·······( )

(2) 도심과 부도심 사이에 상업 및 업무 기능과 공업 기능, 주거 기능이 섞여 분포하는 지역이다. ·······( )

(3) 중간 지역의 바깥쪽에 학교나 주거 기능이 분포하는 지역이 형성된다. ·······( )

(4) 도시의 중심부에 위치하며 접근성과 지가가 가장 높은 곳이다. ·······( )

중단원 **실력 쌓기**

01 도시에 대한 설명으로 옳지 <u>않은</u> 것은?

① 인구 밀도가 매우 낮다.
② 주민들의 직업 구성이 매우 다양하다.
③ 사람들이 정착해서 살아가는 공간이다.
④ 2, 3차 산업에 종사하는 사람들이 많다.
⑤ 주변 지역에 다양한 상품과 서비스를 제공하는 역할을 한다.

02 (가) 지역과 비교되는 (나) 지역의 특징으로 옳지 <u>않은</u> 것은?

(가)   (나)

① 인구 밀도가 높다.
② 고층 건물의 비중이 높다.
③ 출퇴근 시 인구 이동이 많다.
④ 1차 산업 종사자 비율이 높다.
⑤ 농사를 짓지 않는 토지의 비중이 높다.

03 (가), (나) 도시를 지도의 A~E에서 골라 바르게 연결한 것은?

(가)   (나)

▲ 국제 연합(UN)의 본부가 있고 정치·경제·문화 등 여러 분야에서 세계적으로 큰 영향을 끼치고 있다.   ▲ 태평양과 인도양을 잇는 관문에 위치하여 아시아 국제 교통의 허브로 자리 잡았다.

	(가)	(나)		(가)	(나)
①	A	C	②	B	D
③	C	E	④	D	E
⑤	E	C			

04 다음 글에서 설명하고 있는 도시의 사례로 옳은 것은?

> 다국적 기업의 본사가 많고 자본과 정보가 집중하여 주변 국가와 도시들에 미치는 영향력이 매우 큰 도시들이다.

① 세계 도시 – 뉴욕, 런던
② 고산 도시 – 키토, 라파스
③ 역사 도시 – 시안, 이스탄불
④ 관문 도시 – 로테르담, 인천
⑤ 생태 도시 – 프라이부르크, 쿠리치바

05 다음 도시들의 공통적인 특징으로 옳은 것은?

> • 역사 유적이 많은 이탈리아의 로마, 그리스의 아테네
> • 매력적인 문화를 지닌 에스파냐의 바르셀로나, 브라질의 리우데자네이루
> • 아름다운 항구 도시인 이탈리아의 나폴리, 오스트레일리아의 시드니

① 제조업 발달이 도시 성장의 원동력이었다.
② 농업에 유리한 조건을 갖춘 문명의 발상지였다.
③ 관광객이 많이 찾는 도시로 관광 산업이 발달하였다.
④ 독특한 자연환경을 바탕으로 많은 외국인이 찾는 도시이다.
⑤ 다국적 기업의 본사가 많으며 세계 경제에 미치는 영향이 크다.

06 사진과 같은 랜드마크를 갖고 있는 도시에 대한 설명으로 옳은 것은?

① 프랑스의 수도로 관광 산업이 발달한 도시이다.
② 아름다운 항구와 오페라 하우스로 유명한 도시이다.
③ 고도가 높은 곳에 위치한 도시로 연중 기후가 온화하다.
④ 세계의 환경 수도로 불리며 친환경 에너지 사용이 보편화된 도시이다.
⑤ 국제 물류의 중심지로 세계 제1위의 항만 기능을 갖고 있는 도시이다.

07 대도시의 도심에 대한 설명으로 옳지 **않은** 것은?

① 고층 건물이 밀집되어 분포한다.
② 대부분 도시의 중심부에 위치한다.
③ 주거 기능과 공업 기능 등을 담당한다.
④ 낮에는 사람이 많고 밤에는 사람이 적다.
⑤ 기업의 본사, 관공서, 백화점 등이 입지한다.

08 다음 글의 밑줄 친 ㉠~㉤ 중 내용이 옳지 **않은** 것은?

> 도시 경관은 눈으로 파악할 수 있는 도시의 겉모습이다. 일반적으로 ㉠도시 중심부는 건물의 높이가 높고, ㉡주변으로 갈수록 높이가 낮아진다. 이는 ㉢중심부와 주변 지역이 수행하는 기능이 매우 유사하다는 것을 의미한다. 즉 도시는 규모가 커짐에 따라 ㉣특정 지역에 같은 종류의 기능은 모이고 ㉤다른 기능들이 서로 분리되는 현상이 발생하게 된다.

① ㉠ ② ㉡ ③ ㉢ ④ ㉣ ⑤ ㉤

09 그림을 통해 옳게 파악한 내용을 〈보기〉에서 고른 것은?

┤ 보기 ├
ㄱ. 주거 기능은 도심, 상업 기능은 주변 지역에 주로 입지한다.
ㄴ. 중심 업무 기능은 주거 기능보다 접근성이 높은 곳에 입지한다.
ㄷ. 세 기능 중 가장 접근성이 낮은 곳에 입지하는 것은 상업 기능이다.
ㄹ. 기능의 차이를 유발한 가장 중요한 요인은 접근성과 지대의 차이이다.

① ㄱ, ㄴ ② ㄱ, ㄷ ③ ㄴ, ㄷ
④ ㄴ, ㄹ ⑤ ㄷ, ㄹ

10 다음 글의 밑줄 친 ㉠~㉤에 대한 설명으로 옳지 **않은** 것은?

> **도시 내부의 지역 분화**
> • ㉠지역 분화: 도시 내부가 중심 업무 지역, 상업 지역, 공업 지역, 주거 지역 등으로 나뉘는 현상
> • 분화의 원인: ㉡접근성, ㉢지대, 지역 개발 정책 등
> • 분화의 과정
> – 집심 현상: ㉣중심 업무 기능이나 상업 기능이 도시 중심부로 집중되는 현상
> – ㉤이심 현상: 주택, 학교, 공장 등이 외곽으로 빠져나가는 현상

① ㉠ – 대도시보다는 소규모 도시에서 잘 나타난다.
② ㉡ – 교통이 편리한 지역일수록 접근성이 높다.
③ ㉢ – 접근성과 지가가 높은 곳일수록 지대가 높다.
④ ㉣ – 높은 지대를 지불할 수 있는 기능이다.
⑤ ㉤ – 높은 지대를 지불하기 어려운 기능들이 주로 대상이 된다.

11 사진은 서울의 내부에 위치한 두 지역의 모습이다. (가), (나) 지역에 대한 설명으로 옳지 **않은** 것은?

(가)   (나)

① 인구 공동화 현상은 (가)에서 나타난다.
② (가)는 출근 시간대에 유입 인구가 유출 인구보다 많다.
③ (나)는 주거 기능, 교육 기능 등이 집중된 지역이다.
④ (가)는 (나)보다 접근성이 높은 곳이다.
⑤ 평균적인 지가와 지대는 (가)보다 (나)가 높다.

12 다음 대화의 A, B에 들어갈 내용이 바르게 연결된 것은?

	A	B		A	B
①	이심	집심	②	이심	공동화
③	집심	이심	④	집심	공동화
⑤	공동화	이심			

[13~14] 그림은 도시 내부 구조를 나타낸 것이다. 이를 보고 물음에 답하시오.

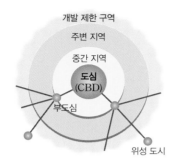

13 위 그림을 통해 파악할 수 있는 내용으로 옳지 않은 것은?

① 도심은 가장 접근성이 높은 곳에 입지한다.

② 개발 제한 구역은 도시의 최외곽 지역에 분포한다.

③ 부도심은 도시 내부에, 위성 도시는 도시 외부에 입지한다.

④ 부도심은 주변 지역이나 중간 지역에 비해 접근성이 떨어진다.

⑤ 도시 내부의 지역 구조는 집심 현상과 이심 현상에 의해 분화된다.

14 다음 글의 A에 들어갈 지역을 그림에서 고르면?

> 일부 도시의 경우 도시의 무질서한 팽창을 억제하기 위하여 (A   )을(를) 두기도 한다.

① 도심   ② 중간 지역   ③ 주변 지역

④ 위성 도시   ⑤ 개발 제한 구역

15 그래프는 도시 내부의 지가 변화를 나타낸 것이다. 이에 대한 설명으로 옳지 않은 것은?

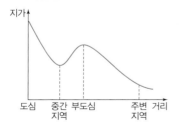

① 부도심은 도심 다음으로 접근성이 높은 곳이다.

② 지가의 차이는 접근성의 차이에 큰 영향을 받는다.

③ 지가는 도심에서 주변 지역으로 갈수록 대체로 높아진다.

④ 주변 지역에는 지대 지불 능력이 낮은 기능이 입지한다.

⑤ 부도심의 지가는 도심보다는 낮고 중간 지역보다는 높다.

01 [서술형] (가)와 (나)에 나타난 경관의 차이를 비교하여 서술하시오.

(가)   (나)

----

02 [논술형] 다음 글과 같은 현상이 나타나게 된 이유를 200자 이내로 논술하시오.

> 서울의 도심에 해당하는 종로구에 위치한 한 초등학교는 한때 전교생이 5,000명에 가까웠으나, 지금은 학생 수가 급감해 전교생이 120명으로 축소되었다. 이러한 현상은 우리나라 여러 대도시의 도심에서 나타나고 있다.
> – △△신문, 2016. 10. 12. –

02 선진국과 개발 도상국의 도시화

+ 도시화
도시의 수나 면적, 도시에 거주하는 인구가 양적으로 증가하거나 도시적 생활 양식이 보편화되는 과정이다.

+ 도시적 생활 양식
전원·농촌 생활 양식에 대응하는 말이다. 도시적 생활 양식은 도시의 인구가 많고 인구 밀도가 높으며 사회적으로 이질적인 사람들이 모인 취락지라는 특성 때문에 형성된다고 본다.

+ 이촌 향도
산업화와 도시화가 진행됨에 따라 인구가 촌락을 떠나 도시로 이동하는 현상으로, 우리나라는 1960년대부터 도시를 중심으로 산업이 발달하면서 일자리를 얻기 위해 촌락의 인구가 도시로 이주하였다. 이촌 향도 현상이 가속화되면서 촌락에서는 노동력이 부족해지고, 경지 이용률이 하락하는 등의 문제가 발생하였으며, 도시에서는 인구와 산업의 지나친 과밀화로 주택 부족, 교통 체증, 환경 오염 등의 문제가 나타나게 되었다.

+ 교외화
도시화가 이루어지는 과정에서 도시 인구가 교외로 이동하면서 기존 도시 주변에 주택지·상가 등이 위치하는 현상이다. 도시의 광역화는 도시 내에 공간의 여백이 더 없을 경우에 수평적인 형태로 도시 주변으로 확장되어 이루어진다. 도시인들의 직장은 도시 중심부에 있고 교외에는 주택 단지를 형성하게 된다.

❶ 도시화

(1) 도시화의 의미
① 도시 수의 증가 → 도시화율로 계산함
② 도시에 거주하는 인구의 비중 증가
③ 2, 3차 산업의 비중이 높아짐 → 주민의 경제 활동이 공업과 서비스업 위주로 변화
④ 도시적 생활 양식 확대

(2) 도시화율
① 일반적으로 도시화의 정도는 전체 인구 중에서 도시에 거주하는 인구의 비율로 나타냄
② 도시화율(%): (도시 거주 인구 ÷ 전체 인구) × 100

(3) 도시화 과정 → 도시화 단계는 경제 성장과 밀접한 관련이 있으므로, 한 국가의 경제 수준을 파악할 수 있음

초기 단계	• 대부분의 인구가 촌락에 분포하며, 1차 산업에 종사 • 도시화율이 매우 낮고 완만한 상승을 보임 → 전(前) 산업 사회	
가속화 단계	• 본격적으로 산업화가 진행 – 도시에 제조업과 서비스업 발달 • 이촌 향도 현상과 함께 도시화율이 급격하게 상승	
종착 단계	• 도시화율이 80%를 넘어서면서 도시 성장이 둔화됨 → 이촌 향도의 속도가 느려짐 • 도시 간 인구 이동이 활발하고 교외화 현상이 나타나기도 함	

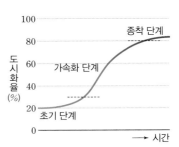

▲ 도시화 곡선 도시화의 진행 과정은 도시화율의 변화에 따라 S자 형태의 곡선으로 나타낼 수 있다.

(4) 세계의 도시화율: 1950년에는 세계의 도시화율이 약 30%였지만, 2010년에는 약 50%로 증가하였으며, 현재도 계속 증가하고 있음

→ 도시화율이 가장 높은 대륙은 아메리카 대륙임

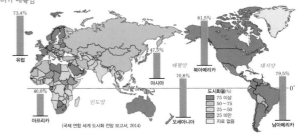

(국제 연합 세계 도시화 전망 보고서, 2014)

▲ 대륙 및 국가별 도시화율(2014년)

📝 **더 알아 보기 ▶ 우리나라의 도시화 과정**

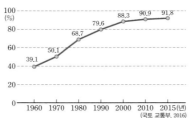

▲ 우리나라의 도시화율 변화

우리나라의 도시화는 1960년대 이후 본격적으로 산업화를 추진하면서 시작되었다. 도시에 많은 공장이 들어서면서 많은 노동력이 필요했고, 촌락 지역의 청장년층 인구가 도시로 활발하게 이동하면서 도시화가 빠르게 진행되었다. 따라서 1970년대부터는 우리나라 인구의 절반 이상이 도시에 거주하게 되었으며, 1990년대 이후 종착 단계에 접어들면서 도시화의 속도가 느려지기 시작했다. 현재 우리나라의 도시화율은 약 90% 정도로, 인구의 대부분이 도시에 거주하고 있다.

❷ 선진국과 개발 도상국의 도시화

(1) 선진국의 도시화

① 시기: 산업 혁명 이후 공업의 발달과 함께 도시화 진행

② 과정

- 제조업이 발달한 도시에서는 많은 노동력이 필요함 →　새로운 일자리를 찾아 촌락의 인구가 도시로 이주 하면서 도시화 진행
- 농업 기술의 발달로 농촌에서 일자리를 구하기 어려운 사람들이 도시로 집중함

③ 특징

- 200여 년에 걸쳐 서서히 진행
- 현재 선진국의 도시화율은 완만하게 증가하거나 정체됨 ➡ 종착 단계
- 도시의 인구가 도시 주변으로 이동하거나 농촌으로 이동하기도 함 ➡ 역도시화
  └→ 쾌적한 거주 환경을 찾아 이동함

(2) 개발 도상국의 도시화

① 시기: 제2차 세계 대전 이후 본격적으로 시작됨

② 과정

- 도시 지역을 중심으로 산업화가 진행됨
- 촌락의 주민들이 일자리를 찾아 도시로 이동함 ➡ 이촌 향도

③ 특징

→ 선진국에 비해 출산율이 높게 나타나는데, 이는 개발 도상국의 도시 인구가 폭발적으로 증가하는 데 영향을 줌

- 이촌 향도와 함께 인구의 자연 증가가 계속되어 도시화가 급격하게 진행됨
- 오늘날 도시화는 개발 도상국에서 활발히 이루어짐
- 아시아와 아프리카의 도시화율은 현재보다 더 증가할 것으로 전망

🔦 집중탐구　선진국과 개발 도상국의 도시화 과정

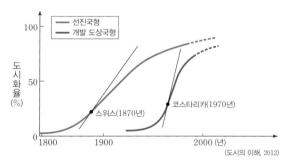

(도시의 이해, 2012)

그래프는 선진국과 개발 도상국의 도시화 과정을 비교한 것이다. **산업 혁명으로 일찍이 공업이 발달한 선진국(스위스)의 도시화는 200년이 넘는 기간에 걸쳐 서서히 진행되었으며**, 많은 도시가 종착 단계에 접어들었다. 반면 **개발 도상국(코스타리카)의 도시화는 제2차 세계 대전 이후 급속한 산업화와 함께 짧은 시간 동안 빠르게 진행되고 있다.**

그래프를 보고 선진국과 개발 도상국의 도시화 과정의 상대적 특징을 비교하면 다음과 같다.

구분	가속화 단계 진입	곡선의 기울기	도시화 진행 속도
스위스(선진국)	1870년대	완만하다	서서히 진행
코스타리카 (개발 도상국)	1970년대	급하다	급격하게 진행

선진국의 도시화는 약 200년에 걸친 기간에 서서히 진행된 반면, 개발 도상국 대부분은 산업 기반이 제대로 갖추어지지 않은 상태에서 도시화가 이루어지기 때문에 각종 도시 문제가 발생한다.

✛ 산업 혁명

18세기 중엽 영국에서 시작된 기술 혁신과 이에 수반하여 일어난 사회·경제 구조의 변혁을 의미한다. 영국에서 일어난 산업 혁명은 유럽, 미국, 러시아 등으로 확대되었으며, 20세기 후반에 이르러서는 동남아시아와 아프리카 및 라틴 아메리카로 확산되었다.

✛ 선진국(독일)의 도시화

국토가 넓고 자원이 풍부한 독일은 산업 혁명 이후 작센, 루르 지역의 도시들이 빠르게 성장했다. 1900년에 도시화율이 60%를 넘었으며, 현재는 74.3%가 도시에 살고 있다.

✛ 역도시화

도시 인구가 주변 지역이나 농촌으로 이동하여 도시 인구가 감소하는 현상

✛ 개발 도상국 인구의 자연 증가

20세기 후반 이후 세계 인구 성장을 주도하고 있는 것은 개발 도상국이다. 특히 개발 도상국 인구의 자연 증가율, 즉 '출생률-사망률'은 1945~1960년대에 이례적으로 높아, 이 시기에 인구가 폭발적으로 증가하였다. 이러한 인구의 폭발적 증가는 개발 도상국들 중에서도 저개발국에서 두드러진다.

✛ 개발 도상국(말레이시아)의 도시화

1960년대 산업화가 진행되면서 도시 인구 비율이 급증하였고, 2014년에는 전체 인구 중 75%가 도시에 거주하고 있다.

개념 다지기

01 도시화의 기준에 속하는 것을 〈보기〉에서 모두 찾아 기호를 쓰시오.

┤ 보기 ├
ㄱ. 1차 산업의 비중 증가
ㄴ. 도시의 수, 면적의 증가
ㄷ. 도시적 생활 양식의 확대
ㄹ. 도시 거주 인구 비율의 증가

02 빈칸에 들어갈 알맞은 말을 쓰시오.

(1) (   )은(는) 전체 인구 중 도시에 거주하는 인구의 비율을 의미한다.
(2) (   )은(는) S자 형태로 나타나며 초기 단계, 가속화 단계, 종착 단계를 거친다.
(3) 선진국의 도시화는 (   ) 이후 오랜 기간에 걸쳐 서서히 진행되었다.
(4) 개발 도상국의 도시화는 (   ) 이후 빠른 속도로 진행되었다.
(5) 개발 도상국은 선진국에 비해 (   )이(가) 높게 나타나, 도시 인구의 폭발적 증가에 영향을 미쳤다.

03 다음 설명이 맞으면 ○표, 틀리면 ×표 하시오.

(1) 1950년에는 세계의 평균 도시화율이 약 20%를 넘지 않았다. ······················(   )
(2) 2010년에는 세계의 평균 도시화율이 약 50%로 증가하였다. ····························(   )
(3) 일반적으로 도시화율은 선진국보다 개발 도상국에서 높게 나타난다. ····················(   )

04 도시화 과정의 특징에 따라 초기, 가속화, 종착 단계로 구분하시오.

(1) 도시화율이 낮고 도시화 속도가 느리다. ·········(   )
(2) 이촌 향도로 인해 도시 인구가 빠르게 증가한다. (   )
(3) 농업 중심의 사회로 인구 대부분이 촌락에 거주한다. ·····································(   )
(4) 도시화율의 증가가 점차 느려진다. ··················(   )
(5) 대도시권이 확대되며, 역도시화 현상이 나타나기도 한다. ·····································(   )

05 표는 선진국과 개발 도상국의 도시화 과정을 비교한 것이다. ㉠~㉣에 들어갈 알맞은 내용을 각각 쓰시오.

구분	도시화의 시작	곡선의 기울기	도시화 진행 속도
선진국	㉠	완만하다	㉣
개발 도상국	㉡	㉢	급격하게 진행

06 다음 설명에 해당하는 알맞은 용어를 쓰시오.

(1) 도시 수의 증가, 도시에 거주하는 인구의 비중 증가 등을 의미한다. ·····················(   )
(2) 촌락에 거주하는 인구가 일자리와 높은 소득의 기회를 찾아 도시로 이주하는 현상을 의미한다. ··· (   )
(3) 도시화 단계 중 대부분의 인구가 촌락에 분포하며, 주로 1차 산업에 종사하는 단계를 의미한다. (   )
(4) 도시화 단계 중 이촌 향도 현상과 함께 도시화율이 급격하게 상승하는 단계를 의미한다. ··········(   )
(5) 도시화 단계 중 도시화율이 80%를 넘어서면서 도시 성장이 둔화되는 단계를 의미한다. ·············(   )

07 다음은 우리나라의 도시화 과정을 나타낸 것이다. 시대 순으로 바르게 나열하시오.

ㄱ. 서울과 부산, 대구 등 대도시와 공업 도시를 중심으로 산업화가 시작되었다.
ㄴ. 서울과 부산 등 대도시 주변에 성남, 고양, 양산 등의 위성 도시가 발달하였다.
ㄷ. 우리나라 인구의 절반 이상이 도시에 거주하면서 주택 부족 문제, 환경 악화 등의 문제가 나타났다.
ㄹ. 전체 인구 중 90% 이상이 도시에 거주하고 있으며, 인구 및 기능이 수도권과 남동 해안 지역에 집중하여 불균형이 나타나고 있다.

08 선진국은 20세기 중반 이후 도시화 과정 중 (㉠)에 이르렀으나, 개발 도상국은 20세기 중반 이후 급속하게 (㉡)에 진입하게 되어 선진국에 비해 각종 도시 문제가 크게 나타났다.

중단원 실력 쌓기

01 도시화의 의미와 특징에 대해 바르게 설명한 학생을 고른 것은?

도시화란 도시의 수가 증가하는 것을 의미해.
갑

도시에 거주하는 인구가 증가하는 것도 도시화에 해당해.
을

전원적 생활 양식이 점점 보편화하는 것을 의미해.
병

도시에 거주하던 인구가 농촌 지역으로 빠져나가는 것도 도시화에 해당해.
정

① 갑, 을   ② 갑, 병   ③ 을, 병
④ 을, 정   ⑤ 병, 정

02 그래프는 도시화율의 변화를 나타낸 것이다. 이에 대한 옳은 설명을 〈보기〉에서 고른 것은?

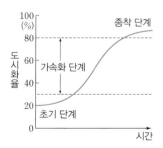

┤ 보기 ├
ㄱ. 초기 단계에는 농촌 거주 인구보다 도시 거주 인구가 더 많다.
ㄴ. 가속화 단계에서는 도시화율이 빠른 속도로 높아진다.
ㄷ. 이촌 향도 현상은 주로 종착 단계에서 나타난다.
ㄹ. 종착 단계에서는 도시 거주 인구가 농촌 거주 인구의 두 배 이상이다.

① ㄱ, ㄴ   ② ㄱ, ㄷ   ③ ㄴ, ㄷ
④ ㄴ, ㄹ   ⑤ ㄷ, ㄹ

03 다음 글의 빈칸 A, B에 들어갈 내용을 바르게 연결한 것은?

• 가속화 단계에서는 본격적으로 산업화가 진행되고, 도시에 제조업과 서비스업이 발달하면서 (A) 현상과 함께 도시화율이 급격하게 상승한다.
• 종착 단계에서는 도시 간의 인구 이동이 활발하고 도시 인구가 교외 지역으로 이동하는 (B) 현상이 나타나기도 한다.

	A	B
①	교외화	이촌 향도
②	교외화	인구 공동화
③	이촌 향도	교외화
④	이촌 향도	인구 공동화
⑤	인구 공동화	교외화

04 그래프는 경제 발전 정도가 다른 어느 두 국가의 도시화 과정을 나타낸 것이다. 이에 대한 설명으로 옳지 <u>않은</u> 것은?

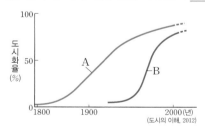

(도시의 이해, 2012)

① A가 B보다 먼저 가속화 단계에 진입했다.
② A는 B보다 경제 발전 수준이 높은 국가이다.
③ A, B 국가 모두 2000년대에는 종착 단계에 위치한다.
④ 초기 단계에서 종착 단계까지 걸린 기간은 A가 B보다 짧다.
⑤ A, B 국가 모두 초기 단계 → 가속화 단계 → 종착 단계를 경험하였다.

중단원 실력 쌓기

[05~06] 그래프는 세 국가의 도시화율 변화를 나타낸 것이다. 이를 보고 물음에 답하시오.

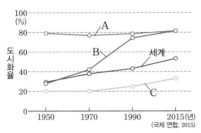

05 위 그래프의 A~C에 해당하는 국가를 바르게 연결한 것은?(단, A~C는 영국, 인도, 한국 중 하나임.)

	A	B	C
①	영국	한국	인도
②	영국	인도	한국
③	한국	영국	인도
④	한국	인도	영국
⑤	인도	영국	한국

06 위 그래프의 A~C 국가에 대한 옳은 설명을 〈보기〉에서 고른 것은?

┤ 보기 ├
ㄱ. 경제 발전 수준은 C가 가장 높고, A가 가장 낮다.
ㄴ. A는 1950년대 이전에 가속화 단계를 경험하였다.
ㄷ. A~C 국가 모두 2000년대에는 종착 단계에 해당한다.
ㄹ. 2015년 현재 C는 세계 평균보다 낮은 도시화율을 보인다.

① ㄱ, ㄴ ② ㄱ, ㄷ ③ ㄴ, ㄷ
④ ㄴ, ㄹ ⑤ ㄷ, ㄹ

07 다음 글은 도시화 과정을 단계별로 나타낸 것이다. 이를 순서대로 바르게 나열한 것은?

(가) 이촌 향도 현상과 함께 도시화율이 급격히 상승함
(나) 대부분의 인구가 촌락에 분포하며 1차 산업에 종사함
(다) 도시 간 인구 이동이 활발하며 대도시권이 확대되기도 함

① (가) → (나) → (다) ② (가) → (다) → (나)
③ (나) → (가) → (다) ④ (나) → (다) → (가)
⑤ (다) → (가) → (나)

08 선진국과 개발 도상국의 도시화 과정을 비교한 내용으로 옳지 **않은** 것은?

구분		선진국	개발 도상국
①	가속화 단계 진입	18세기 산업 혁명 이후	20세기 중반 이후
②	진행 속도	단기간에 급속히 진행	장기간에 걸쳐 점진적으로 진행
③	특징	대도시권이 확대되는 현상이 나타남	특정 도시로 인구가 과도하게 집중되는 현상이 나타남
④	가속화 단계의 인구 이동	이촌 향도	이촌 향도
⑤	현재 상황	종착 단계	아직 종착 단계에 도달하지 못한 국가가 많음

09 그래프는 우리나라의 시기별 인구 순위 10대 도시를 나타낸 것이다. 이에 대한 옳은 설명을 〈보기〉에서 고른 것은?

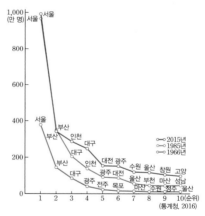

┤ 보기 ├
ㄱ. 인구 순위 1, 2위 도시는 변화가 없다.
ㄴ. 2015년 서울 인구는 부산 인구의 2배를 넘지 않는다.
ㄷ. 2015년 6대 광역시는 모두 인구 순위 10대 도시 안에 포함된다.
ㄹ. 1985년에서 2015년 사이 대구는 인천보다 인구가 많이 증가하였다.

① ㄱ, ㄴ ② ㄱ, ㄷ ③ ㄴ, ㄷ
④ ㄴ, ㄹ ⑤ ㄷ, ㄹ

10 지도는 국가별 도시화율을 나타낸 것이다. 이에 대한 옳은 설명을 〈보기〉에서 고른 것은?

도시화율(%, 2014년)
75 이상
50~75
25~50
25 미만
자료 없음
(국제 연합, 2014)

┤ 보기 ├

ㄱ. 도시화율은 국토 면적에 비례한다.
ㄴ. 아프리카 대륙의 도시화율이 가장 낮다.
ㄷ. 도시화율은 경제 발전 수준에 대체로 비례한다.
ㄹ. 도시화율은 유럽＞아시아＞북아메리카 대륙 순으로 높다.

① ㄱ, ㄴ   ② ㄱ, ㄷ   ③ ㄴ, ㄷ
④ ㄴ, ㄹ   ⑤ ㄷ, ㄹ

11 다음 글은 우리나라의 도시화 과정을 나타낸 것이다. ㉠~㉢에 대한 설명으로 옳지 않은 것은?

우리나라의 도시화는 ㉠1960년대 이후 본격적으로 산업화를 추진하면서 시작되었다. ㉡도시에 많은 공장이 들어서면서 많은 노동력이 필요했고, 촌락 지역의 청장년층 인구가 도시로 활발하게 이동하면서 ㉢도시화가 빠르게 진행되었다. 따라서 1970년대부터는 우리나라 인구의 절반 이상이 도시에 거주하게 되었으며, 1990년대 이후 (㉣)에 접어들면서 도시화의 속도가 늦어지기 시작했다. 현재 우리나라의 ㉤도시화율은 약 90% 정도이다.

① ㉠ - 이전은 농업 사회로 도시화율이 매우 낮았다.
② ㉡ - 도시에서 인구를 배출하는 요인으로 작용했다.
③ ㉢ - 가속화 단계에 해당한다.
④ ㉣ - '종착 단계'가 들어갈 수 있다.
⑤ ㉤ - 전체 인구 10명 중 9명이 도시에 거주함을 의미한다.

서술형
01 그래프는 도시화 과정을 나타낸 것이다. 가속화 단계에서 나타나는 인구 이동의 특징과 그 배경을 서술하시오.

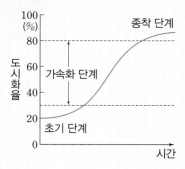

논술형
02 그래프는 벨기에, 대한민국, 인도네시아 세 국가의 도시화율의 변화를 나타낸 것이다. 이를 보고 세 국가의 도시화 과정의 차이를 비교하여 400자 이내로 논술하시오.

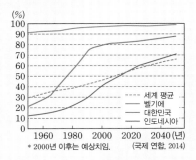

* 2000년 이후는 예상치임.   (국제 연합, 2014)

03 살기 좋은 도시

➊ 도시 문제

(1) 선진국의 도시 문제와 해결 노력

① 문제점

- 도심 부근에는 오래되어 낙후된 지역이 나타남 ➡ 슬럼 형성, 높은 범죄율, 노숙자 문제 등
- 오래된 도심의 도로는 좁고 복잡함 ➡ 교통 체증의 원인
- 철강 및 자동차 산업 등 제조업 쇠퇴로 도시 침체 ➡ 인구 감소, 시설 노후화 등
  └→ 도시의 활력이 떨어짐 ←┘

② 해결 노력

- 도시 재생 사업: 노후된 시설을 주민들을 위한 문화 공간으로 조성함
- 산업 구조 개편: 첨단 산업과 관광 산업을 중심으로 도시 내의 일자리 창출 촉진

(2) 개발 도상국의 도시 문제와 해결 노력
→ 기반 시설이 잘 갖추어지지 않은 상태에서 촌락에서 도시로 인구 이동이 일어나면서 문제가 발생함

① 문제점

- 무허가 주택과 불량 주거 지역이 대규모로 형성 → 많은 사람에 비해 주택 보급률이 매우 낮음
- 도로 정비가 불량하여 교통 혼잡
- 도시 내 빈부 격차, 환경 문제, 실업, 범죄 등
- 식민지 시대에 만들어진 건축물과 도로망 ➡ 도시의 자연스러운 발전에 걸림돌

② 해결 노력

- 선진국의 자본과 기술 수용 ➡ 일자리 창출
- 주거 환경 개선, 부족한 도시 기반 시설 확충을 위한 노력

✚ 슬럼

대도시 내에서 빈민이 주로 거주하고 주거 환경이 나쁜 지역으로, 도시 내부의 다른 지역과 빈부 격차가 매우 크다.

✚ 노후화

시설이나 설비 등이 낡아서 품질·실용성·활력 등이 점차적으로 감소하는 것을 말한다.

✚ 선진국의 도시 문제

미국의 디트로이트는 생산 기능이 다른 지역으로 이전하면서 지역 경제가 침체되었다.

✚ 개발 도상국의 도시 문제

나이지리아 라고스의 교통 체증은 세계적으로 악명이 높다.

✚ 도시 기반 시설

도로, 다리, 터널, 철도 등과 같이 도시 경제 활동의 기반을 형성하는 시설

Q&A 다음과 같은 인구 이동의 특징과 이로 인해 발생하는 문제는 무엇일까요?

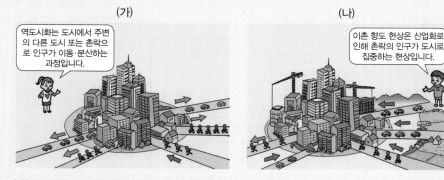

(가)

역도시화는 도시에서 주변의 다른 도시 또는 촌락으로 인구가 이동·분산하는 과정입니다.

(나)

이촌 향도 현상은 산업화로 인해 촌락의 인구가 도시로 집중하는 현상입니다.

(가)는 선진국의 대도시에서 볼 수 있는 인구 이동의 유형이다. 선진국은 오랜 기간 도시화가 진행되면서 도심 과밀화에 따른 과도한 땅값 상승, 낡고 오래된 기반 시설 등의 도시 문제를 안고 있다. 또한 도심의 인구 공동화 현상에 따라 도심의 주거 기능이 약해지거나 경기 침체에 따른 인구 유출로 도시화 초기 단계에 지어진 낡고 오래된 건물 등을 중심으로 슬럼이 형성된다. 이로 인해 선진국의 대도시에서는 도시 주변의 다른 도시나 촌락으로 인구가 이동하는 역도시화 현상이 나타나기도 한다. (나)는 개발 도상국에서 볼 수 있는 인구 이동의 유형이다. 급속한 산업화로 인해 촌락의 인구가 도시로 집중하는 이촌 향도 현상이 활발하게 일어나고 있다. 이로 인해 도시에 많은 사람이 거주하면서 교통 혼잡, 주택 부족, 환경 오염 등의 다양한 도시 문제가 발생한다.

❷ 살기 좋은 도시

(1) 살기 좋은 도시

① **삶의 질** → 살기 좋은 도시는 시민들이 느끼는 삶의 질이 높은 도시임
- 거주민이 도시에서 느끼는 행복감이나 생활의 편리성과 같은 <u>주관적 경험</u>을 통해 평가
　　　　　　　　　　　　대인 관계, 사랑과 존경의 욕구 실현, 삶의 ←┘
　　　　　　　　　　　　목표를 추구해 가는 진취적인 정신 등
- 소득이나 경제적 발전과 같은 양적인 측면과 함께 질적인 측면을 고려해야 함

② **도시 문제의 해결** → 세계 여러 도시는 도시의 다양한 문제를 해결하여 살기 좋은 도시로 만들기 위해 노력함

문제	해결 노력
도시 과밀화	도시에 집중된 기능과 인구를 주변으로 분산하기 위해 노력함
도시 노후화	도심 주변의 노후화된 경관을 개선하고자 함
교통 혼잡	• 도심에 진입하는 차량에 대해 혼잡 통행료 부과 • 대중교통과 자전거 이용을 장려하는 정책 추진
환경 문제	• 쓰레기 분리수거와 재활용 정책을 통해 쓰레기를 줄이고자 함 • 신·재생 에너지 이용률을 높여 친환경적 도시를 만들고자 함

(2) 살기 좋은 도시의 조건

① 절대적인 기준을 세우기는 어려움
② 살기 좋은 도시로 주목받는 도시들은 일반적으로 경제 수준이 높은 선진국에 있음
- 자연환경이 쾌적함
- 도로 및 각종 기반 시설이 잘 구축되어 있음
- 범죄율이 낮고 정치적으로 안정되어 있음 ┐→ 도시에 거주하는 사람들의 경제 수준, 성별, 연령, 종교와
- 교육, 의료, 보건, 문화, 주거 환경, 행정 서비스 등이 잘 갖추어짐 　상관없이 도시가 제공해 주는 혜택을 누릴 수 있어야 함
- 사회·문화적 다양성을 인정하고 포용성을 갖추어야 함
- 사회적 약자가 자립할 수 있는 기회를 제공함 → 원하는 일자리를 찾고 지속적으로 생산 활동에
　　　　　　　　　　　　　　　　　　　　　참여할 수 있도록 지원해야 함
③ 대표적인 도시
- 세계: 오스트리아의 빈, 스위스의 취리히, 캐나다의 밴쿠버, 독일의 베를린 등
- 우리나라: 전라남도 순천, 경기도 과천 등

📝 더 **알아 보기 ▶** 도시 문제를 해결하여 살기 좋은 도시가 된 사례

▲ 에스파냐의 빌바오

▲ 브라질의 쿠리치바

▲ 인도의 벵갈루루

빌바오는 **과거 철강 공업이 발달한 도시**였으나, 철강 산업의 쇠퇴로 지역 경제가 어려워졌다. 이후 구겐하임 미술관을 유치하면서 문화와 예술이 살아 있는 공간으로 변모하였고, **예술 및 관광 도시**가 되었다.

쿠리치바는 인구가 증가하면서 **교통 혼잡이 심각**하였다. 이에 많은 시민을 수용할 수 있는 굴절 버스, 원통형 버스 정류장, 버스 전용 차선 등을 도입하여 **시민들의 대중교통 이용률을 높여 교통 문제를 해소**하였다.

벵갈루루는 인도 남서부의 휴양 도시로 **일자리 부족과 빈곤 문제가 심각**하였다. 1980년대 중반 정부는 소프트웨어 산업 육성 정책을 시행하였고, 그 결과 이 지역은 인도뿐 아니라 **세계 IT 산업의 중심 도시**가 되었다.

VIII. 사람이 만든 삶터, 도시 ● 183

✚ 삶의 질의 요소

삶의 질을 결정하거나 나타낼 수 있는 객관적인 요소로는 경제적 수준을 나타내는 1인당 국내 총생산(GDP), 경제 성장률 및 물가 상승률, 건강과 보건의 보장 정도, 교육과 학습의 정도 및 환경, 고용 및 근로 생활의 질 등이 있다. 주관적인 요소로는 개인의 만족감이나 행복감을 가져오는 것으로 원만한 대인 관계나 사랑과 존경의 욕구 실현, 삶의 목표를 추구해 가는 진취적인 정신 등을 꼽을 수 있다.

✚ 삶의 질이 높은 도시의 조건

(머서 삶의 질 조사 보고서, 2016)

✚ 생태 도시로 발전하는 순천

순천시는 대한민국 '생태 수도'를 목표로 순천만의 생태 보호를 위한 정책을 만들어 시행하고 있으며, 주민들은 시의 정책에 적극적으로 협조하고 있다. 이에 순천만은 생태 관광지로 주목을 받게 되었으며, 관광객이 증가하면서 지역 경제도 활기를 띠게 되었다.

✚ 살기 좋은 도시를 만들기 위한 각 주체의 노력
- 각 도시는 살기 좋은 도시를 만들기 위해 노력하며, 도시의 긍정적 이미지를 대외적으로 홍보함
- 정부와 지방 자치 단체는 합리적이고 효율적인 정책을 만들어 시행해야 함
- 지역 사회와 시민들은 공동체 의식을 가지고 이를 실천해야 함

01 밑줄 친 부분을 바르게 고쳐 쓰시오.

(1) 도시화 과정에서 인구와 기능이 <u>촌락</u>으로 집중하면서 각종 도시 문제가 발생한다.

(2) 도시 문제의 심각성은 <u>선진국</u>에서 더 두드러지게 나타난다.

(3) <u>개발 도상국</u>은 도시화 과정 속에서 도시 계획을 바탕으로 많은 도시 문제를 해결했거나 개선했다.

(4) <u>개발 도상국</u>은 오랜 시간에 걸쳐 도시화가 이루어졌기 때문에 비교적 도시 기반 시설이 잘 갖추어져 있다.

(5) <u>도심</u>은 도시 내에서 저소득층이 주로 거주하는 곳으로 환경이 불량한 주거 지역이다.

02 다음 설명이 맞으면 ○표, 틀리면 ×표 하시오.

(1) 선진국의 도시는 각종 시설이 노후화되고, 교외화로 도시 내부 기능이 약해지기도 한다. ┄┄┄┄┄┄( )

(2) 선진국의 일부 도시는 세계화의 영향으로 제조업이 쇠퇴하여 실업률이 상승한다. ┄┄┄┄┄┄( )

(3) 개발 도상국은 노후화된 도시를 새로운 문화 공간으로 조성하는 도시 재생 사업을 진행하고 있다. ┄┄┄( )

(4) 개발 도상국은 첨단 산업과 관광 산업을 중심으로 산업 구조를 개편하여 도시 내의 일자리 창출을 촉진하고 있다. ┄┄┄┄┄┄( )

(5) 개발 도상국은 선진국의 자본과 기술을 받아들여 일자리를 늘리고 도시 기반 시설을 확충하고자 한다. ┄┄┄┄┄┄( )

03 도시의 산업 구조가 변화하면서 지역의 산업이 쇠퇴하거나 그 기능을 상실하는 문제를 해결하기 위해 쇠퇴하는 도시를 활성화하는 정책을 무엇이라고 하는가?

04 다음을 선진국과 개발 도상국의 도시 문제로 구분하시오.

(1) 도심의 노후 주택 문제 ┄┄┄┄┄┄( )

(2) 높은 지가와 임대료 상승 ┄┄┄┄┄┄( )

(3) 도시 내 특정 지역에 개발 집중 ┄┄┄┄( )

(4) 도시의 주거 및 경제 활동 비용 상승 ┄┄┄( )

(5) 주택 부족, 위생 및 공공 서비스 부족 ┄┄( )

05 살기 좋은 도시의 기준에 해당하는 것을 〈보기〉에서 모두 찾아 기호를 쓰시오.

┤보기├
ㄱ. 쾌적한 자연환경
ㄴ. 경제적으로 풍요롭고 공평함
ㄷ. 정치적으로 자유롭고 평등함
ㄹ. 주민 간 소통과 협력이 잘 이루어짐
ㅁ. 편의 시설과 기반 시설이 잘 갖추어짐

06 다음 설명에 해당하는 도시를 〈보기〉에서 찾아 기호를 쓰시오.

┤보기├
ㄱ. 대한민국의 순천
ㄴ. 인도의 벵갈루루
ㄷ. 브라질의 쿠리치바
ㄹ. 에스파냐의 빌바오

(1) 과거에는 일자리 부족과 빈곤 문제가 심각하였지만, 소프트웨어 산업 육성 정책을 펼치면서 세계적인 IT 산업 도시로 성장하였다. ┄┄┄┄┄┄( )

(2) 인구가 증가하면서 교통 혼잡이 심각한 도시였으나 굴절 버스, 원통형 버스 정류장, 버스 전용 차선 운영 등으로 교통 문제를 해결하였다. ┄┄┄┄┄┄( )

(3) '생태 수도'를 목표로 다양한 생태 보호 정책을 시행하고 있다. 생태 관광지로 주목받으면서 관광객이 증가하여 지역 경제도 활성화되었다. ┄┄┄┄┄┄( )

(4) 과거에 철강 도시였으나 철강 산업의 쇠퇴로 지역 경제가 침체하였다. 이후 구겐하임 미술관을 유치하면서 문화와 예술이 살아 있는 도시가 되었다. ┄┄┄┄( )

07 빈칸에 들어갈 알맞은 말을 쓰시오.

(1) 살기 좋은 도시의 절대적 기준을 세우기는 어렵지만, 단순히 도시의 ( )만으로 결정되지는 않는다.

(2) ( )은(는) 거주민이 도시에서 느끼는 행복감이나 생활의 편리성과 같은 주관적 경험을 통해 평가할 수 있다.

(3) 도시의 교통 혼잡 문제를 해결하기 위해 도심에 진입하는 차량에 대해 ( )을(를) 부과하는 정책을 추진하기도 한다.

(4) ( )에 대한 이용률을 높여 친환경적인 도시를 만들기 위해 노력하고 있다.

중단원 실력 쌓기

01 다음은 선진국에서 나타나는 도시 문제를 정리한 것이다. 밑줄 친 ⊙~⊕ 중 옳지 않은 것은?

> 선진국의 도시는 ⊙각종 시설이 노후화되고 ⓒ교외화로 도시 내부 지역의 기능이 약해지면서 성장이 정체되기도 한다. 또한 세계화에 따른 경제 환경의 변화로 ⓒ일부 도시 내의 제조업이 쇠퇴하여 실업률이 상승하고, ⓔ이 주민과 지역 주민 간의 갈등이 증가하는 지역도 있다. 도시화의 속도에 따른 영향으로 ⓜ주택과 각종 시설 및 일자리 부족, 열악한 위생 등의 문제가 나타나고 있다.

① ⊙   ② ⓒ   ③ ⓒ   ④ ⓔ   ⑤ ⓜ

02 그래프는 경제 발전 수준이 다른 두 도시의 인구 변화를 나타낸 것이다. 이에 대한 옳은 설명을 〈보기〉에서 고른 것은?(단, (가), (나)는 디트로이트(미국), 리우데자네이루(브라질) 중 하나임.)

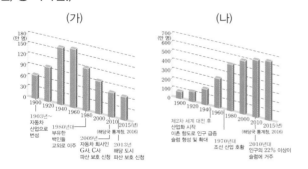

| 보기 |

ㄱ. (가)는 디트로이트, (나)는 리우데자네이루이다.
ㄴ. (가)는 (나)보다 도시화의 가속화 단계를 먼저 거쳤다.
ㄷ. (가)는 현재 급속한 도시화로 각종 시설 및 일자리 부족 등의 문제를 겪고 있다.
ㄹ. (나)는 현재 도시 내의 일부 제조업의 쇠퇴로 실업률이 상승하는 문제를 겪고 있다.

① ㄱ, ㄴ   ② ㄱ, ㄷ   ③ ㄴ, ㄷ
④ ㄴ, ㄹ   ⑤ ㄷ, ㄹ

03 개발 도상국의 도시 문제로 옳지 않은 것은?

① 무허가 불량 주택 문제
② 도시 내 빈부 격차 문제
③ 도시 기반 시설의 부족 문제
④ 열악한 위생 및 환경 오염 문제
⑤ 각종 시설의 노후화로 인한 성장의 정체 문제

04 사진의 (가)~(다)에 해당하는 도시 문제를 바르게 연결한 것은?

(가)   (나)   (다)

	(가)	(나)	(다)
①	환경 오염	교통 체증	열악한 주거 환경
②	환경 오염	열악한 주거 환경	교통 체증
③	교통 체증	환경 오염	열악한 주거 환경
④	교통 체증	열악한 주거 환경	환경 오염
⑤	열악한 주거 환경	교통 체증	환경 오염

05 다음 두 도시가 겪고 있는 도시 문제에 대한 설명으로 옳지 않은 것은?

> • ㉮ 도시는 오래된 건물과 노후화된 도시 시설로 인한 문제를 겪고 있다. 다리 붕괴 사고, 노후 하수관 문제에 따른 도로 함몰 사건 등이 지속적으로 발생하여 이를 보수하는 노력이 이루어지고 있다. 또한, 한때 도시의 성장 동력이었던 공업 기능이 쇠퇴하면서 빈 창고와 운영을 멈춘 공장이 많아지고 그에 따른 각종 문제가 발생하고 있어 이를 해결하기 위한 논의가 진행 중이다.
> • ㉯ 도시는 주택 부족 문제가 심각하여 불법 주택이나 무허가 주택에 거주하는 사람들이 많아서 각종 문제가 발생하고 있다. 또한, 쓰레기를 제때 처리하지 못하고 상하수도 처리 능력이 부족한 점이 문제가 되고 있다. 그리고 정부의 투자가 도시로 집중되면서 농촌의 인구가 더욱 도시로 몰리게 되어 도농 간 성장 불균형이 발생하고 있으므로 이에 대한 대책 마련이 시급하다.

① 도시화는 ㉮보다 ㉯가 먼저 진행되었다.
② ㉮는 ㉯보다 선진국형 도시 문제를 겪고 있다.
③ 과거에는 ㉮도 ㉯와 같은 과정을 거쳤을 가능성이 크다.
④ ㉮는 인구가 감소하고, ㉯는 인구가 증가할 가능성이 크다.
⑤ ㉯는 ㉮보다 도시적 생활 양식을 영위하기 위한 기반 시설이 부족하다.

06 (가), (나) 두 지역에 대한 옳은 설명을 〈보기〉에서 고른 것은?

(가)   (나)

▲ 인도의 불량 주거 지역

▲ 미국의 슬럼

┤ 보기 ├
ㄱ. (가), (나) 모두 주거 환경이 열악한 지역이다.
ㄴ. 도시 기반 시설 부족 문제는 (가)에서 더 심각하게 나타난다.
ㄷ. (가)는 도심의 주거 기능 약화, 경기 침체에 따른 인구 유출이 나타나는 지역이다.
ㄹ. (나)는 특정 도시로 인구가 집중하면서 주택 부족, 교통 혼잡 등의 문제가 나타나는 지역이다.

① ㄱ, ㄴ   ② ㄱ, ㄷ   ③ ㄴ, ㄷ
④ ㄴ, ㄹ   ⑤ ㄷ, ㄹ

07 살기 좋은 도시의 조건으로 옳지 <u>않은</u> 것은?
① 거주민의 삶의 질이 높은 도시
② 자연환경이 쾌적한 친환경 도시
③ 도시 문제를 신속하게 해결할 수 있는 역량을 갖춘 도시
④ 노약자나 여성 등 사회적 소외 계층이 생활하기 편리한 도시
⑤ 질적인 측면보다 양적인 측면에서 경제적 발전 수준이 높은 도시

08 도시 문제와 그 해결 방안으로 옳지 <u>않은</u> 것은?
① 쓰레기 문제 - 분리수거와 재활용 정책
② 특정 지역으로의 밀집 - 지역 균형 발전 정책
③ 제조업의 쇠퇴 - 공장 증설을 통한 생산성 향상
④ 교통 혼잡 문제 - 대중교통과 자전거 이용 장려
⑤ 환경 오염 - 화석 연료 대신 바이오 에너지 사용

09 다음 사례들을 종합할 수 있는 제목으로 가장 적절한 것은?

제목: _____
• 쿠리치바는 시민들의 대중교통 이용률을 높여 교통 문제를 해소하였다.
• 빌바오는 산업의 쇠퇴로 지역 경제가 어려워졌지만 구겐하임 미술관을 유치하면서 예술과 관광의 도시가 되었다.
• 벵갈루루는 일자리 부족과 빈곤 문제가 심각하였지만 소프트웨어 산업 육성 정책을 통해 세계 IT 산업의 중심 도시가 되었다.

① 자연환경이 쾌적한 친환경 도시의 사례
② 세계의 자본과 정보가 집중된 도시의 사례
③ 도시 기반 시설의 부족 문제를 해결한 사례
④ 도시 문제를 해결하여 살기 좋은 도시가 된 사례
⑤ 인구 감소, 시설 노후화 등의 문제를 겪는 도시의 사례

10 다음 글을 분석한 내용으로 옳지 <u>않은</u> 것은?

순천시가 우리나라의 대표적인 생태 도시로 발전하고 있다. 이는 순천시와 시민의 적극적인 노력으로 이루어졌다. 순천시는 대한민국 '생태 수도'를 목표로 순천만의 생태 보호를 위한 정책을 만들고 시행하였으며, 주민들도 시의 정책에 적극적으로 협조하였다. 그 결과 순천만은 갈대숲과 광활한 갯벌, 철새들이 어우러진 생태 관광지로 주목을 받게 되었고, 이 지역을 찾는 관광객들이 늘어나게 되었다.

① 순천 시민의 삶의 질이 향상되었다.
② 순천시는 생태 환경이 예전에 비해 크게 개선되었다.
③ 순천 시민의 자발적인 참여로 생태 환경이 개선되었다.
④ 생태 환경은 개선되었지만 지역 경제에는 영향을 미치지 못했다.
⑤ 순천시와 순천 시민은 여러 발전 방안 중에 생태 환경 개선을 선택한 것이다.

11 다음 글에 나타난 도시에 대한 옳은 설명을 〈보기〉에서 고른 것은?

> 오스트리아의 빈은 모차르트, 베토벤 등 세계적인 음악가의 도시로, 유럽에서 규모가 가장 큰 국립 오페라 하우스가 있고, 유네스코 세계 문화유산으로 지정된 곳으로도 유명하다. 도시의 절반 이상이 정원, 공원, 숲 등 녹지대로 이루어져 있고, 국제회의를 많이 개최하는 도시이기도 하다. 자전거 신호등이 따로 설치되어 보행자 도로, 자전거 도로, 자동차 도로가 명확하게 구분되어 있으며 자전거 대여 및 주차 장소가 잘 갖추어져 있어 도심 내부를 이동할 때 자동차보다 자전거가 더 빠르다.

┤ 보기 ├
ㄱ. 풍부한 문화 시설을 갖춘 도시이다.
ㄴ. 자전거와 대중교통을 이용하기에 편리하다.
ㄷ. IT 산업이 발달하면서 빠르게 성장하는 도시이다.
ㄹ. 금융, 경제 등에서 세계적인 영향력을 갖고 있는 도시이다.

① ㄱ, ㄴ ② ㄱ, ㄷ ③ ㄴ, ㄷ
④ ㄴ, ㄹ ⑤ ㄷ, ㄹ

12 다음 글은 어떤 도시 문제의 해결 방안과 관련된 것인가?

> 쿠리치바에서는 비용이 많이 드는 지하철을 건설하는 대신에 기존 도로망을 활용한 버스 교통 체계를 마련하였다. 급행 버스를 도입하고 버스 승강대와 같은 높이로 원통형 승강장을 만들어 시민들의 승차 안전성을 고려하였다. 또한 도로의 중앙에 버스 전용 도로, 그 양쪽에 일반 도로를 건설하여 버스의 운행 속도를 높였다. 시민들은 1회 통행료를 지불하면 버스터미널에서 모든 형태의 버스에 환승할 수 있다.

① 환경 오염 ② 주택 부족
③ 교통 혼잡 ④ 불량 주택
⑤ 쓰레기 처리

서술형 · 논술형

서술형
01 다음 글의 빈칸에 들어갈 알맞은 내용을 서술하시오.

> 도시는 정치·경제·문화의 중심지로 경제 활동에 참여할 기회가 풍부하고 생활이 편리하여 많은 인구와 기능이 집중한 곳이다. 그 결과 다양한 도시 문제가 발생하고 있으며 세계의 도시들은 이러한 문제를 해결하기 위해 노력하고 있다. 교통 문제를 해결하기 위해 _____ .

논술형
02 다음 자료를 보고 삶의 질이 높은 도시의 조건에 대하여 300자 이내로 논술하시오.

(머서 삶의 질 조사 보고서, 2016)

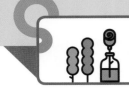
01 도시와 촌락을 비교한 표의 내용으로 옳은 것은?

구분		도시	촌락
①	인구 밀도	낮음	높음
②	경관	건축물, 도로 등 인문 경관이 많음	산지, 하천과 같은 자연 경관이 많음
③	주민들의 직업	1차 산업 중심	2, 3차 산업 중심
④	토지 이용	조방적	집약적
⑤	건물의 높이	낮음	높음

02 다음 도시들의 공통적인 특징으로 가장 적절한 것은?

미국의 뉴욕, 영국의 런던, 일본의 도쿄

① 고산 도시
② 세계 도시
③ 각국의 수도
④ 역사·문화 도시
⑤ 환경·생태 도시

03 자료는 서울의 지가 분포를 나타낸 것이다. 이에 대한 옳은 설명을 〈보기〉에서 고른 것은?

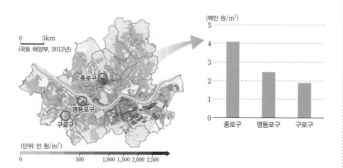

| 보기 |

ㄱ. 종로구는 도심의 성격이 나타난다.
ㄴ. 접근성은 구로구보다 종로구가 더 높다.
ㄷ. 주거 기능은 구로구보다 종로구가 더 발달했다.
ㄹ. 상업 기능은 구로구 > 영등포구 > 종로구 순으로 발달했다.

① ㄱ, ㄴ ② ㄱ, ㄷ ③ ㄴ, ㄷ
④ ㄴ, ㄹ ⑤ ㄷ, ㄹ

04 [서술형] 다음 글의 밑줄 친 현상이 나타나게 된 이유를 간략하게 서술하시오.

도시 중심부에 있는 도심은 교통이 편리하며 고층 건물들이 빽빽하게 들어서 있다. 이곳에는 행정·금융 기관, 백화점, 대기업의 본사 등이 모여 있어 중심 업무 기능과 전문 상업 기능을 주로 수행한다. 이 때문에 도심에서는 인구 공동화 현상이 나타난다.

05 다음 그림에 대한 설명으로 옳지 않은 것은?

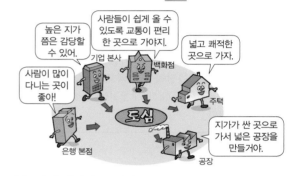

① 주택은 집심 현상을 보인다.
② 도시 내부 구조가 분화되는 과정이다.
③ 접근성과 지대의 차이에 따른 현상이다.
④ 기업 본사는 높은 지대 지불 능력을 갖는다.
⑤ 은행 본점은 공장보다 접근성이 높은 곳을 선호한다.

06 그림은 도시의 내부 구조를 나타낸 것이다. 이에 대한 설명으로 옳지 않은 것은?

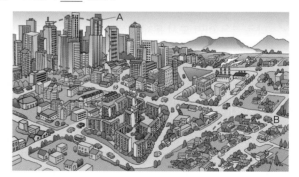

① 주거 기능은 A보다 B가 더 크다.
② A는 B보다 접근성이 높은 곳이다.
③ 건물의 평균 높이는 A가 B보다 높다.
④ 상업 및 업무 기능은 B보다 A에 집중된다.
⑤ 인구 공동화 현상은 A보다 B에서 나타난다.

07 그림에 대한 옳은 설명을 〈보기〉에서 고른 것은?

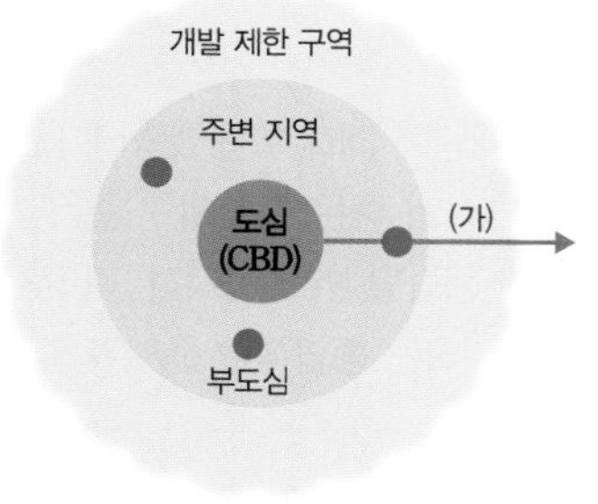

보기
ㄱ. 가장 접근성이 높은 곳은 도심이다.
ㄴ. 부도심은 도심의 기능을 일부 분담한다.
ㄷ. 주변 지역에서는 인구 공동화 현상이 나타난다.
ㄹ. (가) 방향으로 갈수록 접근성과 지가는 점점 높아진다.

① ㄱ, ㄴ ② ㄱ, ㄷ ③ ㄴ, ㄷ
④ ㄴ, ㄹ ⑤ ㄷ, ㄹ

08 다음은 도시화 과정을 정리한 것이다. ㉠~㉥에 대한 설명으로 옳지 않은 것은?

단계	특징
㉠초기 단계	• 산업화 이전의 농업 중심 사회 • ㉡도시화율이 낮고 도시화 속도가 느림
가속화 단계	• 산업화에 따른 (㉢) 현상으로 ㉣도시 거주 인구 비율 급증 • 인구 및 경제 활동이 도시에 집중됨
㉤종착 단계	• 도시화율의 성장세가 둔화됨 • ㉥교외화 및 대도시권의 확대

① ㉠ 단계에 비해 ㉤ 단계에 도시 수는 감소한다.
② ㉡ – 도시 거주 인구보다 농촌 거주 인구가 더 많다.
③ ㉢ – '이촌 향도'가 들어갈 수 있다.
④ ㉣ – 도시화율이 빠르게 상승하게 된다.
⑤ ㉥ – 인구 이동 중에는 '도시 간 인구 이동' 비중이 가장 높다.

09 다음 자료와 같은 주거지가 형성된 원인을 〈보기〉에서 고른 것은?

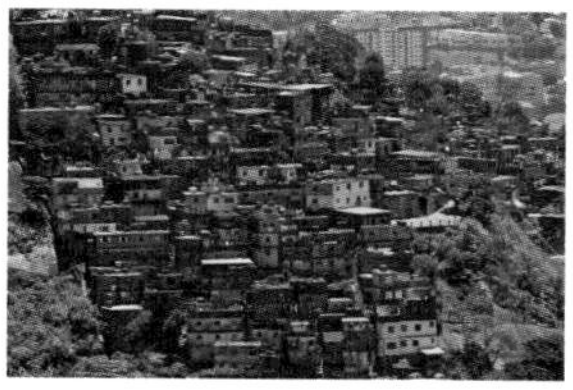
◀ **도시 주변 산비탈에 모여 사는 사람들**
브라질의 리우데자네이루에는 경사가 급한 산비탈 곳곳에 가난한 사람들이 모여 사는 슬럼이 형성되어 있다. 이러한 지역을 '파벨라'라고 부른다.

보기
ㄱ. 인구 수용 능력을 초과하여 많은 인구가 집중되었다.
ㄴ. 도시적 생활 양식을 영위하기 위한 기반 시설이 부족하다.
ㄷ. 개발의 역사가 오래되어 도시 시설이 낙후되면서 나타났다.
ㄹ. 빈 창고와 가동을 멈춘 공장 등으로 인해 주거 환경이 나빠졌다.

① ㄱ, ㄴ ② ㄱ, ㄷ ③ ㄴ, ㄷ
④ ㄴ, ㄹ ⑤ ㄷ, ㄹ

서술형
10 다음 글의 밑줄 친 내용에 해당하는 구체적인 사례를 한 가지 제시하고, 그 해결 방안을 함께 서술하시오.

도시는 정치 · 경제 · 문화의 중심지로 경제 활동에 참여할 기회가 풍부하고 생활이 편리하여 많은 인구와 기능이 집중한 곳이다. 그 결과 다양한 도시 문제가 발생하고 있으며 세계의 도시들은 이러한 문제를 해결하기 위해 노력하고 있다.

11 다음 글의 밑줄 친 도시에서 겪고 있을 도시 문제를 추론한 것으로 옳지 않은 것은?

뭄바이는 인도의 경제 · 금융 · 상업의 중심지이다. 과거에는 작은 어촌 마을이었지만 영국의 식민 지배를 받으면서 성장한 도시이다. 뭄바이의 도심에는 영국 식민 지배 시대의 건물이 많이 남아 있으며, 지금까지도 뭄바이의 중심지로 자리 잡고 있다. 2011년 통계에 따르면 뭄바이의 인구는 약 1,200만 명으로 20세기 중반 이후 급격히 증가하였다.

① 주택 부족 ② 교통 혼잡
③ 환경 오염 ④ 노동력 부족
⑤ 인구 과밀 현상

수행 평가 미리보기

선생님의 출제 의도 **살기 좋은 도시 만들기 프로젝트**

8단원에서는 도시와 도시화, 도시 내부 구조, 도시 문제와 살기 좋은 도시의 개념에 대해 학습했습니다. 도시는 우리의 삶의 공간이며, 도시 문제는 우리의 삶과 관련이 있는 매우 중요한 개념입니다. 살기 좋은 도시의 기준은 사람마다 다를 수 있으며, 사람들의 생각을 들어본다면 살기 좋은 도시의 구체적인 기준에 대해 생각할 수 있습니다. 따라서 이 단원의 수행평가에서는 살기 좋은 도시에 대한 생각을 알아보고, 이를 적용하여 대안을 제시하는 종합적인 문제가 출제될 수 있습니다.

수행 평가 문제

모둠별로 살기 좋은 도시에 대한 조건을 생각하고, 우리 도시의 삶의 질을 높이기 위한 정책을 제안하는 활동 과정과 결과를 포트폴리오로 만들어 보자.

A 활동 계획 세우기

1 자신이 살고 있는 지역에 대한 만족도를 조사한다.
2 인터넷, 서적, 신문 등을 이용해 살기 좋은 도시로 선정된 지역의 특징을 조사한다.
3 자신이 살고 있는 지역의 삶의 질을 높이기 위한 정책을 제안해 본다.

B 활동 단계

1단계 자신이 살고 있는 지역에 대해 만족하는 점과 만족하지 못하는 점을 적어 본다.
2단계 살기 좋은 도시로 선정된 지역의 특징을 조사하고, 이를 바탕으로 설문지를 제작한다.
3단계 설문 조사의 결과를 분석하여, 자신이 살고 있는 지역의 삶의 질을 높일 방법을 생각한다.
4단계 자신이 살고 있는 지역의 삶의 질을 높이기 위한 구체적인 정책을 제안한다.
5단계 활동 과정과 제안한 정책을 모두 포트폴리오로 완성한 후, 친구들에게 소개한다.

C 활동하기

1 자신이 살고 있는 지역에 대해 만족하는 점과 만족하지 못하는 점을 적어본다.
2 인터넷, 서적, 신문 등에서 살기 좋은 도시로 선정된 지역의 특징을 조사한다.
3 1, 2를 토대로 설문지를 제작한다.

[예시 1] 〈지역에 대해 만족하는 점, 만족하지 못하는 점〉

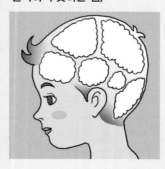

[예시 2]　　　　　〈설문지 제작〉

1. ○○시(군)의 생활이 편안하다고 생각합니까?
① 그렇다　　　　② 보통이다　　　　③ 불편하다
2. ○○시(군)에서 생활하면서 가장 좋은 점은 무엇입니까?
① 교통이 편리하다.　　　　② 범죄 발생률이 낮다.
③ 자연환경이 쾌적하다.　　④ 문화 및 여가 시설이 풍부하다.
⑤ 공공 서비스가 잘 되어 있다.　⑥ 기타 (　　　　　)
3. ○○시(군)에서 생활하면서 가장 불편한 점은 무엇입니까?
① 물가가 비싸다.　　　　② 쇼핑 시설이 부족하다.
③ 대기 오염이 심각하다.　④ 휴식 공간이 부족하다.
⑤ 도시 기반 시설이 부족하다.　⑥ 기타 (　　　　　)

4 설문 조사의 결과를 분석하여, 자신이 살고 있는 지역의 삶의 질을 높일 방법을 생각한다.
5 예시 3, 4를 참고하여 자신이 살고 있는 지역의 삶의 질을 높이기 위한 구체적인 정책을 제안한다.

[예시 3]

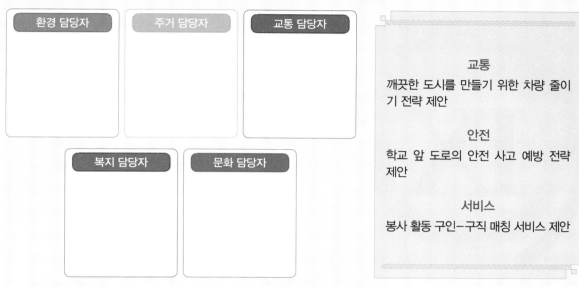

[예시 4]

교통
깨끗한 도시를 만들기 위한 차량 줄이기 전략 제안

안전
학교 앞 도로의 안전 사고 예방 전략 제안

서비스
봉사 활동 구인-구직 매칭 서비스 제안

채점 기준

평가 영역	채점 기준	배점
적합한 내용인가?	도시에 대한 만족과 불만족에 대한 내용이 구체적으로 잘 드러난 경우	상
	도시에 대한 만족과 불만족에 대한 내용이 보통으로 드러난 경우	중
	도시에 대한 만족과 불만족에 대한 내용이 잘 드러나지 않은 경우	하
정책이 적절한가?	도시에 대한 만족도를 높일 정책이 구체적으로 드러난 경우	상
	도시에 대한 만족도를 높일 정책이 보통으로 드러난 경우	중
	도시에 대한 만족도를 높일 정책이 잘 드러나지 않은 경우	하
실현 가능한가?	도시에 대한 만족도를 높일 정책의 실현 가능성이 높은 경우	상
	도시에 대한 만족도를 높일 정책의 실현 가능성이 보통인 경우	중
	도시에 대한 만족도를 높일 정책의 실현 가능성이 낮은 경우	하

수행 평가 꿀 **TIP**

모둠 활동을 할 때 적당한 아이디어가 떠오르지 않는다면?

모둠 수행 평가는 한 사람의 능력보다 여러 사람의 협동이 중요합니다. 결과도 중요하지만, 그 결과물을 만드는 과정에서 쌓은 협동심과 배려 또한 중요한 성과이기 때문입니다. 특히 정책을 제안할 때 좋은 아이디어가 한 번에 떠오르지 않는다면 여러 사람의 의견을 차분하게 듣는 것이 필요합니다. 다른 친구들의 의견을 들으면서 정리하는 시간을 가지면 생각하지 못했던 아이디어가 떠오를 수도 있습니다. 다소 부족한 친구가 있더라도 서로 도우면서 실행해 보아요. 의외로 좋은 아이디어가 떠오를 수도 있으니까요.

IX

글로벌 경제 활동과 지역 변화

01 농업 생산의 기업화와 세계화

＋ 낙농업
젖소를 키워 우유, 버터, 치즈 등의 유제품을 생산하는 목축업

＋ 원예 농업
채소, 과일, 화초 등을 재배하는 농업

＋ 세계 무역 기구(WTO)
세계 무역의 관리 및 자유화를 목표로 1995년 설립된 국제기구

＋ 자유 무역
국제 무역에서 상품 교역에 대한 정부의 간섭을 최소화하고 자유롭게 거래하는 무역 형태

＋ 곡물 메이저
다국적 곡물 기업으로 전 세계 곡물 생산과 유통에 대한 독점도가 높다. 전 세계 곡물 시장의 대부분을 4대 곡물 메이저들이 장악하고 있어 이들의 유통 상황에 따라 곡물 가격이 크게 변동하기도 한다.

＋ 플랜테이션
열대 기후 지역에서 선진국의 자본과 기술, 개발 도상국 원주민의 저렴한 노동력을 결합하여 상품 작물을 대규모로 재배하는 농업 방식

＋ 기업적 곡물 농업(미국)

대형 농기계를 활용하여 곡물을 생산하고 있다.

＋ 기업적 목축(미국)

❶ 농업 생산의 세계화 및 기업화
→ 농작물을 재배하고 가축을 사용하는 경제 활동 모두를 포함

(1) 농업 생산 방식의 변화

과거	자급적 농업: 곡물을 소규모로 재배하여 농가에서 직접 소비
오늘날	상업적 농업: 시장에 판매할 목적으로 작물을 재배하거나 가축을 기름 ⃝ 낙농업, 원예 농업, 대규모 곡물 재배 및 목축업

→ 산업화, 도시화, 농업 기술 발달의 영향

(2) 농업 생산의 세계화 → 농업의 세계화는 풍부한 자본과 우수한 기술, 판매 시장을 보유한 농업 기업들이 주도함
① 의미: 전 세계를 대상으로 농축산물의 생산과 소비가 이루어지는 현상
② 배경: 교통과 통신의 발달로 지역 간 교류 증가, 세계 무역 기구(WTO) 체제 출범, 자유 무역 확대, 다국적 농업 기업의 등장, 생활 수준 향상으로 다양한 농산물 수요 증가
③ 영향: 농산물의 유통 범위 확대 및 국제적 이동 활발, 일상생활에서 소비하는 먹거리의 원산지 다양화

(3) 농업 생산의 기업화
① 의미: 기업이 많은 자본과 기술을 투입하여 농장을 운영하는 현상
② 배경: 경제 활동의 세계화 진행, 상업적 농업의 발달
→ 다국적 농업 기업들이 대표적이며, 세계 곡물 시장에서 큰 영향력을 행사하고 있는 기업을 곡물 메이저라고 부름
③ 특징
• 농기계 및 화학 비료 사용, 품종 개량 등을 통해 대량으로 농산물 재배
➡ 가격 경쟁력 확보
• 농산물의 생산, 가공, 상품화의 전 과정을 담당하여 체계적으로 관리
➡ 농산물의 가격, 생산 구조 및 소비 구조 등에 영향을 미침
④ 농업 방식
• 기업적 곡물 농업 및 목축: 미국, 캐나다, 오스트레일리아 등의 넓은 농업 지역
→ 대량으로 곡물을 재배하거나 가축을 기르는 것
• 플랜테이션 농장: 아프리카, 아시아의 개발 도상국 ⃝ 바나나, 커피, 카카오 등

▲ 세계의 기업적 곡물 농업 및 목축 분포

📝 **더 알아 보기▶ 세계적 농업 회사의 생산과 판매 시스템**

▲ D 농업 회사의 글로벌 네트워크와 제품 판매

D 농업 회사는 열대 기후 지역의 개발 도상국들을 중심으로 농장을 운영하고 있으며, 고도의 재배 기술을 바탕으로 과일을 생산하고 있다. 생산된 과일은 공장에서 포장 및 가공 처리한 후 냉장 운반 시스템을 통해 세계 각지의 소비자들에게 제공하고 있다. 많은 다국적 농업 기업들이 농산물의 생산에서 유통에 이르기까지 전 과정을 장악하고 많은 영향력을 행사하고 있다.

❷ 농업 생산의 세계화 및 기업화로 인한 지역 변화

(1) 농산물 생산 지역의 변화

① 농업 생산 구조의 변화
└→ 기업적 농업이 보편화되면서 나타나고 있는 현상

농작물 대량 생산	대형 농기계, 화학 비료, 농약 사용
상업적 농업 확대	곡물 재배 중심에서 대규모로 상품 작물을 재배하는 방식으로 변화

└→ 원예 작물, 기호 작물 등

② 토지 이용의 변화

상품 작물 재배 확대	• 커피, 바나나 등을 재배하는 플랜테이션 발달 • 식량 작물의 재배 면적 감소 └→ 쌀·밀보다 기호 작물이 더 비싸게 팔리는 경우가 많아 기호 작물 재배가 증가하기 때문
사료 작물 재배 확대 └→ 육류 소비의 증가가 원인	• 가축의 사료 작물 재배를 위해 열대림을 목초지로 변화시킴 • 콩, 옥수수 등의 재배 면적 증가

③ 문제점
→ 인도네시아에서는 팜유 생산을 위해 열대 우림이 훼손되고 있음

환경 문제	농약 및 비료 사용에 따른 토양 오염, 지하수 고갈, 열대 우림 파괴 등
개발 도상국의 전통 농업 쇠퇴	• 자영농 감소, 기업농 비중 증가 • 식량 생산량 감소 ➡ 식량 부족 문제 초래, 곡물의 수입 의존도 증가

└→ 자영농들은 대규모 농업 기업에 고용되어 열악한 환경에서 노동을 하는 경우가 많음

Q&A   필리핀의 쌀 수입량이 증가하게 된 이유는 무엇일까요?

*해당 기간의 합계임. (국제 연합 식량 농업 기구, 2016)

필리핀에 진출한 다국적 농업 기업이 쌀을 재배하던 곳에 바나나를 재배하면서 바나나의 수출량은 증가하고 쌀의 생산량은 감소하게 되었다. 필리핀의 인구가 급증하게 되면서 쌀 소비량이 늘어나 쌀의 수입량이 증가하게 되었다. 그 결과 쌀의 수입 의존도가 높아지게 되었고 쌀의 국제 가격이 오를 경우 식량 부족 문제가 나타날 가능성이 높아졌다.

(2) 농산물 소비 지역의 변화

① 식단의 서구화
• 생활 수준 향상에 따른 육류, 채소, 과일, 커피 등의 소비량 증가 ➡ 곡물 소비 감소
• 패스트푸드 소비 증가로 식량 작물인 쌀의 소비 감소

② 외국산 농산물의 소비 증가
→ 식량 자급률이 낮은 지역을 의미   → 애그플레이션 문제 발생 가능성 있음
• 장점: 세계 여러 지역에서 생산된 농산물을 저렴하게 구매 ➡ 식탁의 먹거리 다양화
• 단점: 수입 곡물 의존도가 높은 지역에서 국제 가격 급등에 따른 식량 부족 문제 발생, 수입 농산물의 안전성 문제 제기(로컬 푸드에 대한 관심 증가)
→ 장거리 이동에서 부패를 막기 위해 방부제나 화학 약품을 사용하는 경우가 많기 때문

📝 더 알아 보기 ▶ 우리나라 식량 자급률의 변화

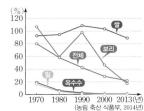

(농림 축산 식품부, 2014년)

우리나라에서 쌀은 다른 작물에 비해 자급률이 높은 편이다. 밀과 옥수수의 대부분은 수입에 의존하고 있으며, 최근 육류 소비 증가로 콩, 옥수수 등 사료 작물의 소비가 늘어나면서 해당 곡물의 자급률이 계속 낮아졌다.

✚ 기호 작물
커피, 차, 카카오 등 맛과 향을 즐기기 위해 먹는 기호 식품의 원료가 되는 작물

✚ 사료 작물
콩, 옥수수, 당근 등 가축의 사료로 이용되는 작물

✚ 자영농
자신이 소유한 땅에서 농사를 짓는 사람들

✚ 베트남의 커피 생산량과 재배 면적 변화

(베트남 통계청, 2015)

베트남은 대표적인 쌀 수출국이었으나, 세계적으로 기호 작물의 수요가 증가함에 따라 쌀을 재배하던 곳에 커피를 재배하면서 커피 생산이 확대되어 세계 2위의 커피 생산국이 되었다.

✚ 인도네시아의 팜유 생산
팜유는 과자, 세제, 화장품 등에 사용되는 식물성 기름으로 인도네시아에서 가장 많이 생산되고 있다. 팜유 생산을 위한 농장이 확대되면서 넓은 면적의 열대 우림을 파괴하게 되었다. 그 결과 원주민의 생활 터전이 훼손되고 희귀종인 오랑우탄이 멸종 위기에 놓이게 되었다.

✚ 식량 자급률
한 나라의 식량 소비량 중 국내에서 생산 및 공급하는 식량의 비율

✚ 애그플레이션
농업과 물가 상승(인플레이션)의 합성어로 곡물 가격 상승에 따른 전반적인 물가 상승을 의미한다.

✚ 로컬 푸드
동일 지역에서 생산, 소비되는 농축산물로 장거리 운송을 거치지 않은 것이다. 일반적으로 소비지로부터 반경 50km 이내에서 생산된 농산물을 의미한다.

개념 다지기

01 괄호 안의 내용 중 알맞은 말에 ○표 하시오.

(1) 오늘날에는 시장에 판매할 목적으로 작물을 재배하거나 가축을 기르는 (자급적, 상업적) 농업이 확대되었다.

(2) 농업 생산이 기업화되면서 농기계를 사용해 (대규모, 소규모)로 작물을 재배하는 경향이 커지고 있다.

(3) 개발 도상국에서 플랜테이션이 발달하면서 (식량 작물, 기호 작물)의 재배 면적이 감소하고 있다.

(4) 농산물을 대량으로 수입하는 국가에서는 식량 자급률이 (높아지는, 낮아지는) 문제가 발생하고 있다.

02 빈칸에 들어갈 알맞은 말을 쓰시오.

(1) 전 세계를 대상으로 농축산물의 생산과 소비가 이루어지는 농업 생산의 (   ) 현상이 진행되고 있다.

(2) 오늘날 기업이 많은 자본과 기술을 투입하여 농장을 운영하는 농업 생산의 (   )이(가) 확대되고 있다.

(3) 최근에는 곡물 재배 중심에서 벗어나 상품성이 높은 작물을 대규모로 재배하는 (   ) 농업이 확대되고 있다.

(4) 개발 도상국의 전통 농업이 쇠퇴하면서 (   )의 비중은 줄고, 기업농의 비중은 증가하고 있다.

(5) (   )은(는) 장거리 운송을 거치지 않고 동일 지역에서 생산, 소비되는 농축산물을 의미한다.

03 다음 설명에 해당하는 농업 방식의 명칭을 쓰시오.

> 열대 기후 지역에서 선진국의 자본과 기술, 개발 도상국 원주민의 저렴한 노동력을 결합하여 상품 작물을 대규모로 재배하는 농업 방식이다.

04 각 지역에서 주로 행해지는 농목업의 종류를 바르게 연결하시오.

(1) 미국, 캐나다 •   • ㉠ 기업적 곡물 농업 및 목축

(2) 아시아, 아프리카 •   • ㉡ 플랜테이션
   의 개발 도상국

05 다음 설명이 맞으면 ○표, 틀리면 ×표 하시오.

(1) 농업 기술의 발달로 농업 생산량이 증가하면서 자급적 농업 방식이 확대되었다. ·····························(   )

(2) 다국적 농업 기업들은 농산물 생산 과정만을 특화시켜 관리하고 있다. ·····························(   )

(3) 플랜테이션이 발달한 지역은 식량의 자급률이 낮아지는 문제가 나타날 수 있다. ·····················(   )

(4) 육류 소비의 증가로 인해 사료 작물의 재배 면적은 점차 축소되고 있다. ·····························(   )

(5) 식단의 서구화로 기호 작물의 소비량이 감소하고 있다. ·····························(   )

(6) 기업적 농업의 확대로 환경이 오염되고 생태계가 파괴되는 문제가 발생하고 있다. ·····················(   )

(7) 수입 곡물 의존도가 높은 지역에서는 농산물 가격 급등에 의한 식량 부족 문제가 나타날 수 있다. ·········(   )

06 밑줄 친 부분을 바르게 고쳐 쓰시오.

(1) 낙농업, 원예 농업, 대규모 목축업 등은 대표적인 <u>자급적 농업</u>이다.

(2) 세계 무역 기구가 출범하고 <u>보호 무역</u>이 확대되면서 농업의 세계화 현상이 확대되고 있다.

(3) 맛과 향을 즐기기 위해 먹는 커피, 카카오 등은 대표적인 <u>사료 작물</u>이다.

(4) 수입 농산물의 안전성 문제가 제기되면서 <u>글로벌 푸드</u>에 대한 관심이 점차 증가하고 있다.

(5) 우리나라에서는 <u>밀</u>의 식량 자급률이 가장 높게 나타난다.

07 다음 내용에 해당하는 국가 이름을 쓰시오.

> 동남아시아의 대표적인 쌀 수출 국가였다. 그러나 기호 작물의 수요가 급격히 증가함에 따라 쌀을 재배하던 곳에 커피를 재배하기 시작하였다. 커피 생산이 지속적으로 확대되어 오늘날 세계 2위의 커피 생산국이 되었다.

중단원 실력 쌓기

01 그림은 점심시간 급식 메뉴와 그 원산지를 나타낸 것이다. 이와 같은 현상이 나타나게 된 배경으로 옳지 <u>않은</u> 것은?

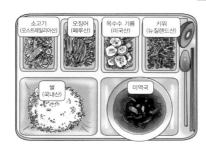

① 자유 무역의 확대
② 교통과 통신의 발달
③ 자급적 농업의 성장
④ 다국적 농업 기업의 등장
⑤ 경제 및 생활 수준의 향상

02 사진과 같은 농업 생산 방식에 대한 설명으로 옳지 <u>않은</u> 것은?

① 시장에 판매할 목적으로 작물을 재배한다.
② 농기계를 활용해 대량으로 작물을 생산한다.
③ 기업이 많은 자본과 기술을 투입하기도 한다.
④ 대표적으로 밀과 옥수수 같은 곡물을 재배하고 있다.
⑤ 친환경 농법을 이용해 농약과 비료를 거의 사용하지 않는다.

03 지도에 표시된 지역에서 주로 나타나는 농업 방식으로 옳은 것은?

① 기호 작물을 상업적 목적으로 재배하고 있다.
② 다양한 종류의 작물을 소량으로 생산하고 있다.
③ 지역 내에서 식량 작물의 자급적 농업이 이루어진다.
④ 기업이 많은 자본과 기술을 투입하여 생산하고 있다.
⑤ 기계보다는 인간의 노동력에 의존해 작물을 생산한다.

04 지도는 세계적인 농업 회사의 생산 및 판매를 나타낸 것이다. 이에 대한 옳은 설명을 〈보기〉에서 고른 것은?

┤ 보기 ├
ㄱ. 대부분의 농장은 선진국에 위치하고 있다.
ㄴ. 전 세계를 대상으로 농산물을 유통하고 있다.
ㄷ. 생산, 가공, 판매의 전 과정에 영향력을 행사하고 있다.
ㄹ. 자급적 농업에 비해 가격 경쟁력과 생산성이 불리하다.

① ㄱ, ㄴ
② ㄱ, ㄷ
③ ㄴ, ㄷ
④ ㄴ, ㄹ
⑤ ㄷ, ㄹ

05 다음 내용에 해당하는 농업 방식은 무엇인가?

• 아시아, 아프리카의 개발 도상국에서 많이 행해짐
• 열대 기후 지역에서 선진국의 자본 및 기술, 개발 도상국 원주민의 노동력 결합
• 커피, 바나나, 카카오 등의 작물을 대량 생산하여 수출

① 낙농업
② 원예 농업
③ 혼합 농업
④ 플랜테이션
⑤ 기업적 곡물 재배

06 제시된 지역에서 주로 행해지는 농업에 대한 옳은 설명을 〈보기〉에서 고른 것은?

• 미국
• 캐나다
• 오스트레일리아

┤ 보기 ├
ㄱ. 이동식 화전 농업이 이루어진다.
ㄴ. 넓은 목장에서 대규모로 가축을 기른다.
ㄷ. 기계화된 농업 방식으로 밀을 대량으로 재배한다.
ㄹ. 대규모 농장에서 커피, 바나나 등의 상품 작물을 재배한다.

① ㄱ, ㄴ
② ㄱ, ㄷ
③ ㄴ, ㄷ
④ ㄴ, ㄹ
⑤ ㄷ, ㄹ

중단원 실력 쌓기

07 교사의 질문에 대한 학생의 대답으로 옳지 <u>않은</u> 것은?

> 농업 생산의 세계화 및 기업화에 따른 생산 지역의 변화 모습을 이 야기해 볼까요?

① 식량 작물의 재배 면적이 감소하고 있습니다.
② 기호 작물의 재배 면적이 증가하고 있습니다.
③ 콩, 옥수수 등의 재배 면적이 확대되고 있습니다.
④ 개발 도상국의 소규모 자영농이 증가하고 있습니다.
⑤ 기계와 화학 비료 등을 사용해 상품 작물을 대량 생산하고 있습니다.

08 다음 수행 평가 보고서의 (가)에 들어갈 내용으로 적절한 것을 〈보기〉에서 고른 것은?

> 〈주제〉 농업 생산의 기업화와 세계화가 가져온 변화
> 〈내용〉 • 상품성이 높은 작물을 대규모로 재배
> • 육류 소비 증가로 인한 가축 사육 확대
> 〈변화된 사례〉 _____(가)_____

┤ 보기 ├
ㄱ. 베트남의 커피 재배 지역은 벼농사 지대로 변했다.
ㄴ. 인도네시아에서는 열대 우림이 팜유 생산 지역으로 변하고 있다.
ㄷ. 아시아, 아프리카에서는 대규모의 기업적 곡물 농업이 행해지고 있다.
ㄹ. 아마존 열대 우림 지역이 가축의 사료 작물 재배를 위해 목초지로 변했다.

① ㄱ, ㄴ ② ㄱ, ㄷ ③ ㄴ, ㄷ ④ ㄴ, ㄹ ⑤ ㄷ, ㄹ

09 농업 생산의 기업화가 생산 지역에 미친 영향으로 옳지 <u>않은</u> 것은?

① 농약과 비료 사용으로 토양이 오염될 수 있다.
② 수익성이 높은 단일 작물을 대규모로 재배하고 있다.
③ 전통 농업이 쇠퇴하면서 식량 작물 생산량이 증가하고 있다.
④ 플랜테이션이 발달하면서 식량 작물의 재배 면적이 감소하고 있다.
⑤ 다국적 농업 기업이 농산물 가격과 생산 및 소비 구조에 큰 영향을 미친다.

10 그래프는 필리핀의 쌀 수입량과 바나나 수출량의 변화를 나타낸 것이다. 이에 대한 옳은 설명을 〈보기〉에서 고른 것은?

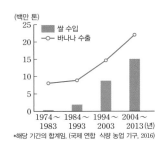

*해당 기간의 합계임. (국제 연합 식량 농업 기구, 2016)

┤ 보기 ├
ㄱ. 상품 작물의 재배 면적이 감소하고 있다.
ㄴ. 자영농이 증가하고, 기업농이 감소하고 있다.
ㄷ. 쌀의 자급률이 하락하고 수입 의존도가 높아지게 된다.
ㄹ. 쌀의 국제 가격 상승 시 식량 부족 문제를 겪게 될 수 있다.

① ㄱ, ㄴ ② ㄱ, ㄷ ③ ㄴ, ㄷ ④ ㄴ, ㄹ ⑤ ㄷ, ㄹ

11 다음 정리 노트의 ㉠~㉤ 중 옳지 <u>않은</u> 것은?

> 주제: 농업의 세계화로 인해 농산물 소비 지역에서 나타나는 변화
> 내용: ㉠ 식단의 서구화로 육류 소비 증가
> ㉡ 생활 수준 향상에 따른 기호 작물의 소비 증가
> ㉢ 여러 지역에서 생산된 농산물을 저렴하게 구매
> ㉣ 수입 농산물 가격 하락으로 식량 부족 문제 제기
> ㉤ 수입 농산물의 안전성 문제로 로컬 푸드에 대한 관심 증가

① ㉠ ② ㉡ ③ ㉢ ④ ㉣ ⑤ ㉤

12 그래프는 우리나라의 식량 자급률 변화를 나타낸 것이다. 이를 보고 분석한 내용으로 가장 적절한 것은?

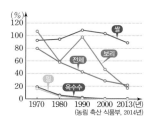

(농림 축산 식품부, 2014년)

① 쌀의 재배 면적이 증가하고 있다.
② 수입산 곡물의 소비가 감소하고 있다.
③ 밀과 옥수수는 거의 대부분을 수입에 의존한다.
④ 다른 식량 작물에 비해 쌀의 소비량이 늘고 있다.
⑤ 곡물의 자급률이 높아 수입 의존도가 낮은 편이다.

서술형

01 그림은 평소 우리가 즐겨먹는 과일들의 원산지를 나타낸 것이다. 이와 같은 현상이 나타나게 된 원인을 두 가지만 서술하시오.

🇺🇸	미국 오렌지
🇵🇭	필리핀 바나나, 망고
🇨🇱	칠레 포도
🇳🇿	뉴질랜드 키위
🇰🇷	대한민국 딸기

서술형

02 지도에 표시된 지역에서 주로 이루어지는 농업 방식의 특징을 서술하시오.

(구드 세계 지도, 2015)

서술형

03 지도는 인도네시아 보르네오섬의 열대 우림 면적의 변화를 나타낸 것이다. 이러한 현상이 나타나게 된 주요 원인을 농업과 관련지어 쓰고, 이 지역에서 발생할 수 있는 문제점을 두 가지만 서술하시오.

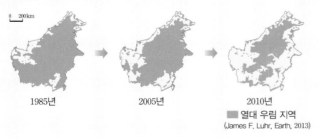

1985년   2005년   2010년
■ 열대 우림 지역
(James F. Luhr, Earth, 2013)

서술형

04 그래프는 베트남의 커피 생산량 및 재배 면적의 변화를 나타낸 것이다. 이와 같은 현상이 발생하게 된 주요 원인을 쓰고, 이러한 변화가 베트남에 가져올 수 있는 문제점에 대해 서술하시오.

(베트남 통계청, 2015)

논술형

05 (가), (나)와 같은 현상이 농업 생산 구조와 토지 이용 변화에 미친 영향, 개발 도상국에 가져올 수 있는 문제점에 대해 400자 이내로 논술하시오.

(가) 교통과 통신의 발달로 지역 간 교류가 증가하고 여러 지역에서 농축산물의 생산과 판매가 이루어지는 현상이 나타나고 있다.
(나) 전 세계를 대상으로 농업 활동을 하는 기업이 등장하면서 많은 자본과 기술을 투자하여 농장을 운영하는 현상이 확대되고 있다.

|핵심 개념|
(1) 농업 생산 구조: 생산 방식의 특징 및 변화
(2) 토지 이용: 재배 작물의 변화
(3) 개발 도상국의 문제점: 전통 농업의 변화

02 다국적 기업과 생산 공간의 변화

+ 자유 무역 협정(FTA)
무역 증진을 위해 물자나 서비스의 이동을 자유롭게 하는 협정으로, 대표적으로 국가의 무역 거래에서 관세 등의 장벽을 제거한다.

+ 일상생활 속 다국적 기업의 제품 (휴대 전화)

△△ 휴대 전화

기업명	B 전자 회사
본사	타이완 타이베이
생산 지역	중국 쓰촨 성
주요 부품	• 중앙 처리 장치(미국산) • 메모리(한국산) • 디스플레이(일본산)

제품의 본사와 생산 지역이 서로 다르며 주요 부품 역시 서로 다른 국가에서 생산된 것임을 확인할 수 있다.

+ 다국적 기업의 영향력

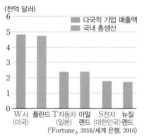

▲ 다국적 기업의 매출액과 국가별 국내 총생산

일부 다국적 기업의 연 매출액은 한 국가의 국내 총생산과 비교될 정도로 세계 경제에서 차지하는 비중과 역할이 크다.

+ 입지
인간이 경제 활동을 하려고 선택하는 장소

+ 무역 장벽
국가 간 자유로운 무역을 방해하는 높은 관세 부과, 무역량 제한 등의 조치를 의미한다.

❶ 다국적 기업의 성장

(1) **다국적 기업의 의미**: 본사가 있는 국가를 포함하여 여러 국가에 판매 지사, 생산 공장 등을 운영하면서 전 세계를 대상으로 생산과 판매 활동을 하는 기업

(2) **다국적 기업의 성장 배경**
  ① 교통과 통신의 발달: 국가 간 교류 증가
  ② 세계 무역 기구(WTO) 등장, 자유 무역 협정(FTA)의 확대: 자본과 기술, 상품과 서비스의 국제 이동 활발 ┗→ 국가 간 무역 장벽이 낮아짐

(3) **다국적 기업의 성장 과정** ┈→ 생산비를 줄이고 시장을 개척하기 위해 생산 공장과 영업 지점 등을 여러 국가로 분산하는 과정에서 발달

단일 기업 단계	단일 공장이 위치한 지역에서 기업 성장
국내 확장 단계	국내에서 영업 지점과 생산 시설을 확대
해외 진출 단계	해외에 영업 지점을 설치하여 시장 개척
다국적 기업 단계	본사, 생산 공장, 영업 지점 등이 여러 국가에 입지

(4) **최근 변화**
  ① 다국적 기업의 역할과 범위 확대: 제조업, 농업, 유통, 금융 등 다양한 분야로 진출
  ② 다국적 기업이 세계 경제에서 차지하는 비중과 영향력 증대
  ③ 개발 도상국(중국, 인도 등)의 기업도 다국적 기업으로 성장

더 알아 보기 ▶ 다국적 기업의 성장 과정

❷ 다국적 기업의 공간적 분업

(1) **의미**: 기업의 의사 결정, 연구·개발, 생산 기능 등이 각각을 수행하는 데 적합한 지역에 입지하는 것 ➡ 경영의 효율성을 높이고, 생산비 절감 등 이익을 극대화하기 위함

(2) **각 기능별 입지** ──→ 영업 지점(판매 기능)의 경우, 수요가 많아 구매력이 높은 대도시에 입지함

본사	• 의사 결정 기능 • 다양한 정보 수집과 자본 확보에 유리한 선진국에 입지
연구소	• 연구·개발 기능 • 기술 수준이 높고 고급 인력이 풍부한 선진국에 입지 ┈→ 선진국의 연구 시설과 대학 등이 잘 갖추어진 지역에 입지
생산 공장	• 생산 기능 • 개발 도상국 입지: 지가가 낮고 저렴한 노동력이 풍부하기 때문 • 선진국 입지: 시장 확보, 무역 장벽을 피하기 위해서

집중탐구 다국적 기업의 공간적 분업

(H 자동차 누리집, 2016)

H 자동차는 우리나라의 다국적 기업으로 세계 여러 국가에 진출하여 생산과 판매를 하고 있다. 기술 수준이 높고 고급 인력의 확보에 유리한 선진국을 중심으로 연구소가 입지하고 있다. 또한 생산 공장은 주로 저임금 노동력이 풍부한 개발 도상국에 입지하거나, 제품 수출 시 무역 장벽을 극복하기 위해 선진국에도 일부 입지하고 있다.

❸ 다국적 기업의 입지에 따른 지역 변화

	생산비 절감을 위해 해외로 공장 이전	
본국	생산 공장 이전으로 인한 산업 공동화 현상 발생 ➡ 실업자 증가, 지역 경제 침체 ⑩ 미국 – 디트로이트시	
진출 지역	긍정적 영향	• 자본 유입, 일자리 증가 • 기술 이전으로 인한 관련 산업 발달 • 지역 경제 활성화 → 공장이 들어서면 식당, 편의점, 숙박 시설 등의 서비스 산업도 함께 발달함
	부정적 영향	• 유사 제품을 생산하는 기존 국내 기업의 어려움 • 발생한 이윤의 상당 부분이 해외(본국)로 유출 • 생산 공장이 철수할 경우 실업과 경기 침체 발생 • 생산 공장에서 발생하는 유해 물질에 의한 환경 오염

→ 이윤이 생산 지역에 투자되지 않아 지역 발전에 미치는 영향이 미흡할 수 있음

Q&A 다국적 기업의 생산 공장이 계속해서 이전한 이유는 무엇일까요?

(미국 N사 누리집, 2016)

N사는 세계적으로 유명한 스포츠 용품을 생산·판매하는 다국적 기업이다. N사는 저임금 노동력의 확보가 유리한 지역을 찾아 계속해서 생산 공장을 이전했다. 최근에는 임금이 저렴하고 노동력이 풍부한 타이, 베트남, 인도네시아 등의 동남아시아 지역으로 공장을 이전했다.

더 알아 보기 ▶ 다국적 기업의 생산 기지 이동

(대한 무역 투자 진흥 공사, 2016)

최근 다국적 기업의 생산 기지들이 중국에서 베트남으로 이동하고 있다. 중국의 임금이 계속해서 상승하고 있어 경쟁력이 낮아지고 있기 때문이다. 기업이 철수하는 중국에서는 실업자가 증가하고 지역 경제가 침체되는 반면, 생산 공장이 유입되고 있는 베트남에서는 일자리가 증가하고 지역 경제가 활성화되고 있다.

✚ 산업 공동화
지역 기반을 이루던 산업이 해외로 이전하면서 해당 산업이 쇠퇴하고 산업 구조에 공백이 생기는 현상

✚ 미국 디트로이트시의 사례
미국의 디트로이트시는 자동차를 생산하는 세계적 규모의 다국적 기업들이 들어서 번창하였으나, 20세기 후반부터 멕시코 등의 개발 도상국으로 자동차 생산 공장이 이전하면서 실업률이 증가하고 지역 경제가 침체되었다.

✚ 다국적 기업의 기술 이전
투자 진출국의 정부나 기업의 협조가 필요할 경우 다국적 기업은 생산 기술 이전에 대한 협약을 맺기도 하지만 기업의 핵심 기술 이전은 대부분 제외된다는 한계가 있다.

✚ 유출
밖으로 흘러나가는 현상을 의미

✚ 글로벌 의류 기업에 의한 환경 오염
우리가 자주 입는 글로벌 의류 기업의 티셔츠는 대부분 인도네시아, 방글라데시, 캄보디아 등에서 만들어진다. 그러나 생산 과정에서 유출된 독성 물질에 강 주변 식수가 오염되어 주민들의 질병 위험이 높아지고, 생계형 농업에도 피해를 주고 있다.

개념 다지기

01 빈칸에 들어갈 알맞은 말을 쓰시오.

(1) (　　　　　)은(는) 국경을 넘어 전 세계를 대상으로 생산과 판매 활동을 하는 기업을 의미한다.

(2) (　　　　　)(FTA)은(는) 무역 증진을 위해 관세 등의 장벽을 제거하여 물자나 서비스의 이동을 자유롭게 한다.

(3) 경영의 효율을 높이고 기업 이윤을 극대화하기 위해 기업의 각 기능들이 서로 다른 지역에 입지하여 업무를 분담하는 (　　　　) 현상이 나타나고 있다.

(4) 지역 기반을 이루던 산업이 해외로 이전하면서 해당 산업이 쇠퇴하고 산업 구조에 공백이 생기는 것을 (　　　　) 현상이라고 한다.

02 다음 내용은 다국적 기업의 성장 과정 중 어떤 단계에 해당하는지 〈보기〉에서 고르시오.

┤ 보기 ├
ㄱ. 단일 기업 단계　　　ㄴ. 국내 확장 단계
ㄷ. 해외 진출 단계　　　ㄹ. 다국적 기업 단계

(1) 국내에서 영업 지점과 생산 시설을 확대한다.

(2) 해외에 영업 지점을 설치하여 시장을 개척한다.

(3) 하나의 공장이 위치한 지역에서 기업이 성장한다.

(4) 본사, 생산 공장, 영업 지점 등이 여러 국가에 입지한다.

03 다국적 기업의 각 기능별 입지 지역을 바르게 연결하시오.

(1) 본사　　　•　　　• ㉠ 기술 수준이 높고 고급 인력이 풍부한 선진국

(2) 연구소　　•　　　• ㉡ 정보 수집, 자본 확보에 유리한 선진국

(3) 생산 공장　•　　　• ㉢ 지가와 임금이 저렴한 개발 도상국

04 다음 글의 빈칸에 들어갈 알맞은 말을 쓰시오.

다국적 기업의 생산 공장 중 일부는 선진국에 입지하는 경우가 있다. 그 이유는 관세 부과, 무역량 제한 등의 조치인 (　　　　)을(를) 극복하기 위해서이다.

05 괄호 안의 내용 중 알맞은 말에 ○표 하시오.

(1) 세계 무역 기구의 영향 등으로 다국적 기업의 역할과 범위는 점차 (확대, 축소)되고 있다.

(2) 다국적 기업의 본사는 (의사 결정, 연구·개발) 기능을 담당하고 있다.

(3) 다국적 기업의 생산 공장이 빠져나간 지역에서는 지역 경제가 (침체, 활성화)되고 있다.

(4) 다국적 기업의 생산 공장이 들어선 지역에는 일자리가 (감소, 증가)한다.

(5) 다국적 기업의 생산 공장이 진출한 지역에는 기술 (이전, 유출)(으)로 인해 관련 산업이 발달한다.

06 다음 설명이 맞으면 ○표, 틀리면 ×표 하시오.

(1) 최근에는 개발 도상국의 기업도 다국적 기업으로 성장하고 있다. ··(　　)

(2) 다국적 기업의 생산 공장은 비용 절감을 위해 인건비가 저렴한 개발 도상국에만 입지한다. ···················(　　)

(3) 다국적 기업이 진출한 지역에서는 유사한 제품을 생산하는 국내 기업의 경쟁력이 강화된다.·············(　　)

(4) 다국적 기업의 공장이 이전한 본국에서는 산업 공동화 현상을 통해 다양한 종류의 산업이 발달하게 된다.
··(　　)

(5) 최근에는 다국적 기업의 생산 공장들이 타이, 베트남, 인도네시아 등의 동남아시아 지역으로 이전하는 경우가 많다. ···(　　)

07 밑줄 친 부분을 바르게 고쳐 쓰시오.

(1) 다국적 기업은 일반적으로 단일 기업 단계 – <u>해외 진출 단계 – 국내 확장 단계</u> – 다국적 기업 단계를 거쳐 성장하게 된다.

(2) 다국적 기업의 연구소는 교육 시설이 잘 갖추어지고 고급 인력의 확보가 유리한 <u>개발 도상국</u>에 주로 입지한다.

(3) 다국적 기업의 생산 공장이 진출한 지역에는 자본이 <u>유출</u>되고 일자리가 <u>감소</u>하고 있다.

(4) 중국의 임금이 계속 <u>하락</u>하고 있어 다국적 기업의 생산 공장들이 베트남으로 많이 이동하고 있다.

중단원 실력 쌓기

01 다국적 기업이 성장하게 된 배경으로 옳은 것을 〈보기〉에서 고른 것은?

┤ 보기 ├
ㄱ. 교통과 통신의 발달
ㄴ. 국가 간 보호 무역 협정 체결
ㄷ. 세계 무역 기구(WTO)의 등장
ㄹ. 지역 간 경제적 상호 의존도 감소

① ㄱ, ㄴ   ② ㄱ, ㄷ   ③ ㄴ, ㄷ
④ ㄴ, ㄹ   ⑤ ㄷ, ㄹ

02 B 전자 회사와 같은 기업에 대한 설명으로 옳지 않은 것은?

△△ 휴대 전화

기업명	B 전자 회사
본사	타이완 타이베이
생산 지역	중국 쓰촨 성
주요 부품	• 중앙 처리 장치(미국산) • 메모리(한국산) • 디스플레이(일본산)

① 국경을 넘어 생산과 판매 활동을 하고 있다.
② 다양한 분야로 진출하며 생산 범위를 확대한다.
③ 세계 경제에서 차지하는 비중과 영향력이 커지고 있다.
④ 특정 국가의 생산 요소만을 활용해 제품을 생산하고 있다.
⑤ 여러 국가에 공장, 연구소, 판매 지사 등을 설치하고 있다.

03 다국적 기업의 일반적인 성장 과정을 바르게 나열한 것은?

(가) 단일 공장이 위치한 지역에서 기업이 성장한다.
(나) 해외에 영업 지점을 개설하여 시장을 개척한다.
(다) 본사, 생산 공장 등이 여러 국가에 분포한다.
(라) 국내 지방에 영업 지점, 생산 시설을 확대한다.

① (가) → (나) → (다) → (라)
② (가) → (라) → (나) → (다)
③ (나) → (가) → (다) → (라)
④ (나) → (가) → (라) → (다)
⑤ (나) → (라) → (가) → (다)

04 그래프는 다국적 기업의 매출액과 국가별 국내 총생산을 나타낸 것이다. 이에 대한 옳은 해석을 〈보기〉에서 고른 것은?

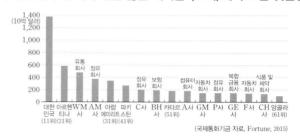
(국제통화기금 자료, Fortune, 2015)

┤ 보기 ├
ㄱ. 다국적 기업은 선진국에만 입지하여 운영되고 있다.
ㄴ. 세계 경제에서 다국적 기업이 차지하는 비중이 크다.
ㄷ. 다국적 기업의 진출 분야가 일부분으로 제한되어 있다.
ㄹ. 연 매출액이 한 국가의 국내 총생산을 넘어서는 다국적 기업도 있다.

① ㄱ, ㄴ   ② ㄱ, ㄷ   ③ ㄴ, ㄷ   ④ ㄴ, ㄹ   ⑤ ㄷ, ㄹ

05 (가)~(다)에 해당하는 다국적 기업의 공간적 입지를 바르게 연결한 것은?

(가) 의사 결정 기능: 다양한 정보 수집이 중요
(나) 연구 및 개발 기능: 고급 인력 확보가 중요
(다) 생산 기능: 저임금 노동력 확보가 중요

	(가)	(나)	(다)
①	선진국	선진국	개발 도상국
②	선진국	개발 도상국	선진국
③	선진국	개발 도상국	대도시 주변
④	개발 도상국	선진국	대도시 주변
⑤	개발 도상국	개발 도상국	선진국

06 다국적 기업의 생산 공장 입지와 관련된 옳은 설명을 〈보기〉에서 고른 것은?

┤ 보기 ├
ㄱ. 기술과 교육 수준이 높은 개발 도상국에 입지한다.
ㄴ. 자본 확보와 정보 수집에 유리한 선진국에 입지한다.
ㄷ. 저렴한 노동력의 확보가 쉬운 개발 도상국에 입지한다.
ㄹ. 시장 확보와 무역 장벽을 피하기 위해 선진국에 입지한다.

① ㄱ, ㄴ   ② ㄱ, ㄷ   ③ ㄴ, ㄷ   ④ ㄴ, ㄹ   ⑤ ㄷ, ㄹ

07 지도는 어떤 자동차 기업의 기능별 입지를 나타낸 것이다. 이에 대한 설명으로 옳지 <u>않은</u> 것은?

(H 자동차 누리집, 2016)

① 경영의 효율성을 높이기 위해 공간적 분업이 이루어진다.
② 연구소는 주로 전문 인력 확보가 쉬운 선진국에 입지한다.
③ 이 기업은 우리나라에 본사가 위치한 다국적 기업이다.
④ 판매 지점은 제품에 대한 수요가 많은 대도시 지역에 주로 입지한다.
⑤ 생산 공장이 선진국에 위치한 경우는 지가와 임금이 저렴하기 때문이다.

08 교사의 질문에 대한 학생의 대답으로 옳지 <u>않은</u> 것은?

① 외부로부터 자본이 유입될 수 있습니다.
② 기술 이전으로 관련 산업이 발달할 수 있습니다.
③ 일자리가 증가하고 경제가 활성화될 수 있습니다.
④ 기업에서 발생한 이윤의 상당 부분이 해당 지역에 투자되어 발전합니다.
⑤ 유사한 제품을 생산하던 기존 국내 기업이 다국적 기업에 밀려 어려움을 겪을 수 있습니다.

09 다음 글의 빈칸에 들어갈 내용으로 가장 적절한 것은?

> 부산은 1970년대 세계적인 신발 생산지였으나, 1980년대 후반 많은 기업들이 중국, 베트남 등으로 생산 공장을 이전하면서 _____.

① 일자리가 증가하게 되었다.
② 산업 공동화 현상이 발생했다.
③ 사회 기반 시설이 잘 갖추어졌다.
④ 다국적 기업의 기술이 이전되었다.
⑤ 유해 물질에 의한 환경 오염이 증가했다.

10 지도는 스포츠 용품을 생산하는 다국적 기업의 공장 이전 과정을 나타낸 것이다. 이동의 원인으로 가장 적절한 것은?

(미국 N사 누리집, 2016)

① 다양한 정보를 수집하기 위해서
② 저임금의 노동력 확보를 위해서
③ 관세 등의 무역 장벽을 극복하기 위해서
④ 기술 수준이 높은 고급 인력을 확보하기 위해서
⑤ 잘 갖추어진 사회 기반 시설을 활용하기 위해서

[11~12] 지도는 다국적 기업의 생산 기지 이동을 나타낸 것이다. 이를 보고 물음에 답하시오.

(대한 무역 투자 진흥 공사, 2016)

11 위 지도에 대한 옳은 해석을 〈보기〉에서 고른 것은?

| 보기 |
ㄱ. 베트남에서 유출되는 기업의 수가 많다.
ㄴ. 베트남에 투자하는 다국적 기업의 수가 증가했다.
ㄷ. 중국의 경제는 이전에 비해 활성화될 가능성이 크다.
ㄹ. 중국의 임금 수준이 베트남보다 높아지면서 발생한 현상이다.

① ㄱ, ㄴ ② ㄱ, ㄷ ③ ㄴ, ㄷ ④ ㄴ, ㄹ ⑤ ㄷ, ㄹ

12 베트남에서 나타날 수 있는 변화로 가능성이 <u>낮은</u> 것은?

① 관련 기술이 이전된다.
② 일자리가 증가하게 된다.
③ 자본이 유입되고 경제가 활성화된다.
④ 기술 수준이 높아져 첨단 산업이 발달하게 된다.
⑤ 공장의 유해 물질로 인한 환경 오염이 발생할 수 있다.

01 서술형

다음은 다국적 기업의 성장 단계를 나타낸 것이다. 빈칸에 들어갈 내용을 쓰고, 다국적 기업이 성장하게 된 배경을 두 가지만 서술하시오.

> 대도시에 공장을 만들고 기업 활동을 시작했다.
>
> ▼
>
> 지방에 영업 지점과 생산 시설을 확대한다.
>
> ▼
>
> 해외에 영업 지점을 설치하여 시장을 확대한다.
>
> ▼
>
>

02 서술형

지도는 의류와 신발을 생산하는 어느 다국적 기업의 생산 공장들이 진출한 지역을 표시한 것이다. 지도에 표시된 지역에 생산 공장이 진출한 가장 큰 이유를 쓰고, 생산 공장이 진출한 지역에서 나타날 수 있는 긍정적인 영향과 부정적인 영향을 각각 두 가지씩 서술하시오.

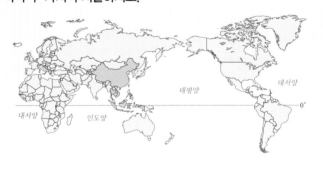

03 서술형

다음 글을 읽고 ㉠의 원인을 쓰고, ㉡에 해당하는 내용을 서술하시오.

> 미국 미시간 주의 디트로이트시는 자동차를 생산하는 다국적 기업 공장들이 들어서면서 번창했다. 하지만 ㉠ 멕시코 등의 개발 도상국으로 자동차 생산 공장이 이전하면서 ㉡ 디트로이트시에는 여러 가지 문제점이 발생했다.

04 논술형

지도는 우리나라 어느 자동차 기업의 공간적 분업을 나타낸 것이다. 이와 같은 공간적 분업의 목적을 쓰고, 본사, 연구소, 생산 공장 A, 생산 공장 B가 입지하기에 유리한 조건을 각각 비교하여 400자 이내로 논술하시오.

(H 자동차 누리집, 2016)

|핵심 개념| 다국적 기업의 공간적 분업
(1) 본사: 의사 결정 기능
(2) 연구소: 연구·개발 기능
(3) 생산 공장: 생산 기능

03 서비스업의 세계화와 주민 생활 변화

＋ 용역
인간의 욕구를 충족시키기 위해 제공하는 노동력

＋ 탈공업화

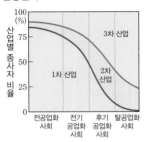

▲ 경제 발전과 산업 구조의 변화
제조업의 비중이 감소하고 서비스업의 비중이 증가하는 현상

＋ 콜센터
전화, 인터넷 등으로 고객의 문의와 요구 사항을 접수하고 처리하는 시설

＋ 필리핀의 콜센터 매출액 변화

＋ 다국적 기업의 콜센터 입지

❶ 서비스 산업의 의미와 특성

(1) **의미**: 인간이 필요로 하는 재화나 용역을 공급하는 산업

(2) **유형** → 서비스를 제공하는 대상에 따라 구분

소비자 서비스업	일반 소비자에게 제공하는 서비스 예 음식업, 숙박업, 소매업 등
생산자 서비스업	기업 활동에 도움을 주는 서비스 예 금융, 법률, 광고, 시장 조사 등

(3) **특성**
① 소비자에 따라 원하는 서비스 형태가 달라 표준화가 어려움
② 고용 창출 효과가 큼 → 기계가 대신할 수 없는 일들이 많기 때문
③ 경제 성장과 소득 수준 향상에 따라 다양한 서비스업에 대한 수요 증가
→ 선진국에서는 건강 관리(의료) 및 교육 분야의 서비스가 중요해지고 있음

❷ 서비스 산업의 성장과 세계화

(1) **탈공업화 현상**: 대부분 선진국에서는 제조업(2차 산업)보다 서비스 산업(3차 산업)이 경제 성장을 이끎 → 반면, 개발 도상국에서는 서비스업 종사자의 비중이 낮은 편

(2) **서비스 산업의 세계화**
① 의미: 서비스업이 국가의 경계를 넘어 세계 여러 지역으로 확대되는 현상
② 배경: 교통과 통신의 발달, 다국적 기업의 활동 확대
→ 경제 활동의 시·공간적 제약 감소
③ 입지

공간적 집중	전문화된 서비스업은 접근성이 좋고 정보가 풍부한 특정 지역에 발달 예 의료, 광고, 금융, 영화 제작 산업 등
공간적 분산	비용 절감, 업무 효율성을 높이기 위해 일부 업무를 개발 도상국으로 분산 예 콜센터 해외 이전, 온라인 예약 서비스 등

→ 기업 입장에서는 비용 절감, 콜센터 입지 지역에서는 일자리 증가와 서비스업의 성장을 기대할 수 있음

집중탐구 국가별 서비스업이 차지하는 비중

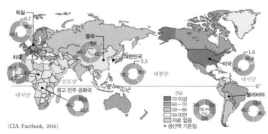

(CIA Factbook, 2016)

▲ 국가별 국내 총생산에서 서비스 산업이 차지하는 비중과 산업 구조(2015년)

미국, 독일 등의 **선진국은 서비스 산업(3차 산업)의 비중이 높은** 반면, 아프리카에 위치한 **개발 도상국은 상대적으로 서비스 산업이 차지하는 비중이 낮은** 편이다.

Q&A 다국적 기업의 콜센터 입지가 변화하게 된 이유는 무엇일까요?

인도와 필리핀에는 다국적 기업의 콜센터가 집중되어 있는데 모두 **영어를 사용하고 있으며, 인건비가 저렴하기** 때문이다. 최근에는 인도에 있던 미국 기업들의 콜센터가 필리핀으로 많이 옮겨가고 있는데, 그 이유는 필리핀의 임금 수준이 인도보다 낮으며 필리핀 직원들이 미국식 영어를 구사하고 미국 문화에 대한 이해가 높기 때문이다. **필리핀은 콜센터의 입지로 일자리 증가 효과를 기대할 수 있다.**

❸ 서비스 산업의 세계화와 지역 변화

(1) 유통의 세계화
→ 유통업은 상품이나 서비스를 소비자에게 갈 수 있도록 운송·저장·판매하는 활동을 말함

① 배경: 교통과 통신의 발달, 다국적 유통 업체의 활동 증가, 전자 상거래 발달
② 영향
→ 유통 산업 발전의 중요 역할을 담당, 상품 구매의 편리성으로 계속 성장하고 있음

긍정적 영향	• 상품 구매의 시·공간적 제약 극복 • 전자 상거래의 발달로 상품의 유통 단계 감소 • 해외 직접 구매 등을 통한 소비 활동의 범위 확대 • 유통 산업의 성장: 택배 산업, 물류 창고업 발달 → 소비자에게 물건을 배송하는 산업
부정적 영향	• 재래시장, 오프라인 상점 등의 쇠퇴 • 중소 상인 및 영세한 유통 업체의 피해 • 유통 업체의 지점이 다른 곳으로 이동할 경우 기존 지역의 경제 혼란

💡집중탐구 전자 상거래의 유통 구조

▲ 기존 상거래(왼쪽)와 전자 상거래(오른쪽)의 유통 구조

기존의 유통 구조는 기업에서 도매상과 소매상을 거친 후 소비자에게 연결되는 다소 복잡한 단계였다. 전자 상거래의 경우에는 상점을 방문할 필요 없이 온라인에서 주문과 결제를 통해 바로 상품을 받아볼 수 있어 유통 단계가 줄어들었다. 전자 상거래를 통해 유통 구조가 크게 변화하고 있다.

(2) 관광의 세계화

① 배경: 교통과 통신의 발달로 관광 정보 획득 용이, 소득 수준 향상 및 여가 시간 증가
→ 여행에 대한 관심이 더욱 커지게 됨
② 영향

긍정적 영향	• 지역의 일자리 창출 및 주민 소득 증가 • 교통 및 숙박 등 연관 산업의 발달 • 교통, 통신, 도로 등 기반 시설 개선
부정적 영향	• 무리한 관광지 개발로 자연환경 파괴 • 지나친 상업화로 지역 고유문화 쇠퇴 • 인터넷상의 지나친 가격 경쟁, 허위·과장 광고로 인한 피해 • 관광객이 쓰는 돈이 현지 주민보다 선진국의 여행사에 많이 돌아감

③ 대안: 공정 여행의 등장 → 최근에는 음악, 영화, 드라마, 축제 등의 소재를 체험해 볼 수 있는 체험 관광이 발달하고 있음

✏️ 더 알아 보기 ▶ 공정 여행의 조건

일반적인 대중 여행은 외부인이 운영하는 대규모 호텔이나 리조트에 투숙하며 위락 시설에서 여가를 즐기고, 현지 동물을 이용한 쇼에 참여하는 경우가 많다. 반면, 공정 여행은 관광 지역의 환경에 미치는 영향을 최소화하고 현지 주민에게 더 많은 혜택이 돌아가게 하며, 현지의 문화를 존중하는 여행이다. 공정 여행의 조건으로 다음과 같은 것을 들 수 있다.
• 현지 주민이 운영하는 숙소, 음식점, 교통편, 여행사를 이용한다.
• 동물을 학대하는 공연이나 일정에 참여하지 않는다.
• 여행지의 생활 방식과 종교를 존중하고 문화를 직접 체험해 본다.

✚ 다국적 유통 업체
대형 마트, 편의점 등이 대표적이며 전통 시장이나 동네 상점 등의 기존 소매업을 대체하고 있다.

✚ 전자 상거래
소비자와 판매자가 직접 만나지 않고 인터넷 통신망을 통해 상품을 사고파는 행위

✚ 세계 전자 상거래 시장 변화

전자 상거래는 인터넷의 발달과 거래의 편리성 때문에 매년 규모가 커지고 꾸준히 성장하고 있다.

✚ 해외 직접 구매
인터넷을 이용하여 해외 상품을 직접 구매하여 국내로 배달받는 것으로 소비자는 상품을 보다 저렴하게 구매할 수 있다.

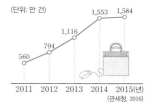

▲ 해외 직접 구매 건수

✚ 물류 창고업의 입지
주로 교통이 편리한 공항, 고속 도로, 철도역, 항만, 대도시 주변에 입지하는 특성을 보인다.

✚ 관광 지역의 다변화

▲ 지역별 관광객 수의 변화

아프리카나 서남아시아와 같이 과거에 관광객 수가 적었던 지역을 찾는 사람들이 증가하고 있다.

개념 다지기

01 빈칸에 들어갈 알맞은 말을 쓰시오.

(1) 인간이 필요로 하는 재화나 용역을 공급하는 (　　　) 산업이 발달하고 있다.

(2) 정보 통신 발달로 제조업의 비중이 감소하고 서비스업의 비중이 증가하는 (　　　) 현상이 나타나고 있다.

(3) 서비스 산업의 (　　　)은(는) 서비스업이 국가의 경계를 넘어 세계 여러 지역으로 확대되는 현상을 말한다.

(4) (　　　)은(는) 소비자와 판매자가 직접 만나지 않고 인터넷 통신망을 통해 상품을 사고파는 행위이다.

(5) 유통 산업이 성장하면서 소비자에게 물건을 배송하는 (　　　) 산업과 물류 창고업이 발달하고 있다.

02 다음 설명에 해당하는 여행 방식을 무엇이라 하는지 쓰시오.

> 관광 지역의 환경에 미치는 영향을 최소화하고 현지 주민에게 더 많은 혜택이 돌아가게 하며, 현지의 문화를 존중하는 여행으로 최근에 많은 이들이 관심을 갖는 대안적 여행 문화라 할 수 있다.

03 소비자 서비스업과 생산자 서비스업에 해당하는 사례를 〈보기〉에서 모두 찾아 기호를 쓰시오.

┤ 보기 ├
ㄱ. 숙박업　　　ㄴ. 금융업　　　ㄷ. 광고업
ㄹ. 소매업　　　ㅁ. 법률 서비스

(1) 소비자 서비스업:
(2) 생산자 서비스업:

04 각 서비스업의 입지 특성을 바르게 연결하시오.

(1) 의료 서비스　　　•

(2) 해외 콜센터　　　•　　　　　• ㉠ 공간적 집중

(3) 영화 제작 산업　•

(4) 온라인 예약 서비스 •　　　　• ㉡ 공간적 분산

05 괄호 안의 내용 중 알맞은 말에 ○표 하시오.

(1) (선진국, 개발 도상국)에서는 일반적으로 서비스업의 고용 비중이 높게 나타난다.

(2) 광고, 금융업 등 전문화된 서비스는 공간적으로 (집중, 분산)되는 경향을 보인다.

(3) 인도와 필리핀에 다국적 기업의 콜센터가 집중된 이유 중 하나는 임금 수준이 (높기, 낮기) 때문이다.

(4) 교통과 통신의 발달 및 세계화 등으로 경제 활동의 시·공간적 제약이 (감소, 증가)하고 있다.

(5) 전자 상거래가 이루어지면 재래시장이나 오프라인 상점은 (성장, 쇠퇴)한다.

(6) 관광의 세계화가 이루어지면 상업화로 인해 지역의 고유문화가 (쇠퇴, 발달)할 수 있다.

06 다음 설명이 맞으면 ○표, 틀리면 ×표 하시오.

(1) 서비스 산업은 표준화가 쉬워 고용 창출 효과가 크다.
　………………………………………………………(　)

(2) 다국적 기업의 콜센터는 대부분 유럽 지역이나 미국에 입지하고 있다. ………………………………(　)

(3) 해외 직접 구매를 통해 소비 활동의 범위가 점차 축소되고 있다. ……………………………………(　)

(4) 전자 상거래가 발달하면서 교통이 편리한 곳을 중심으로 물류 창고업이 발달하고 있다. …………(　)

(5) 관광업이 발달하면 일자리가 창출되고 연관 산업이 발달하는 등 지역 경제가 활성화될 수 있다. ………(　)

07 밑줄 친 부분을 바르게 고쳐 쓰시오.

(1) 음식업, 숙박업, 소매업 등은 대표적인 <u>생산자 서비스업</u>에 해당한다.

(2) 전자 상거래의 발달로 과거에 비해 상품의 유통 단계가 <u>증가하고</u> 있다.

(3) 유통의 세계화를 계기로 중소 상인 및 영세한 유통 업체들이 <u>성장하고</u> 있다.

(4) 관광객이 쓰는 돈이 현지 주민보다 선진국의 여행사에 많이 돌아가는 문제를 극복하고자 <u>대중 여행</u>이 등장했다.

03. 서비스업의 세계화와 주민 생활 변화

중단원 실력 쌓기

정답과 해설 | 64쪽

01 (가)에 들어갈 서비스업의 유형을 〈보기〉에서 고른 것은?

> 서비스업: 인간이 필요로 하는 재화나 용역을 공급
>
> 유형: [서비스를 제공하는 대상에 따라 구분]
>
> 일반 소비자 ↙   기업 ↘
>
> [   ]   [(가)]

┤ 보기 ├
ㄱ. 음식업   ㄴ. 광고업
ㄷ. 금융업   ㄹ. 소매업

① ㄱ, ㄴ   ② ㄱ, ㄷ   ③ ㄴ, ㄷ
④ ㄴ, ㄹ   ⑤ ㄷ, ㄹ

02 서비스 산업에 대한 옳은 설명을 〈보기〉에서 고른 것은?

┤ 보기 ├
ㄱ. 기계화 및 표준화가 쉬운 편이다.
ㄴ. 제조업에 비해 고용 창출의 효과가 크게 나타난다.
ㄷ. 탈공업화로 서비스업의 종사자 비중이 감소하고 있다.
ㄹ. 경제가 성장함에 따라 다양한 서비스업의 수요가 증가한다.

① ㄱ, ㄴ   ② ㄱ, ㄷ   ③ ㄴ, ㄷ
④ ㄴ, ㄹ   ⑤ ㄷ, ㄹ

03 서비스업의 세계화와 관련된 설명으로 옳지 <u>않은</u> 것은?

① 다국적 기업의 활동이 점차 증가하고 있다.
② 교통이 발달하면서 국가 간 교류가 활발해지고 있다.
③ 탈공업화 현상으로 선진국에서 서비스업이 성장하고 있다.
④ 정보 통신 기술이 발달하면서 시·공간적 제약이 증가하고 있다.
⑤ 생활 수준 향상에 따라 다양한 서비스에 대한 요구가 증가하고 있다.

04 지도는 국가별 국내 총생산에서 서비스업이 차지하는 비중과 산업 구조를 나타낸 것이다. 이에 대한 옳은 설명을 〈보기〉에서 고른 것은?

(CIA Factbook, 2016)

┤ 보기 ├
ㄱ. 대부분의 개발 도상국에서는 탈공업화 현상이 나타나고 있다.
ㄴ. 유럽의 선진국들은 대체로 서비스 산업의 비중이 높은 편이다.
ㄷ. 아프리카 국가들은 1차 산업의 비중이 대체로 높게 나타난다.
ㄹ. 선진국보다 개발 도상국에서 3차 산업의 비중이 높게 나타난다.

① ㄱ, ㄴ   ② ㄱ, ㄷ   ③ ㄴ, ㄷ
④ ㄴ, ㄹ   ⑤ ㄷ, ㄹ

05 교사의 질문에 대한 학생의 대답으로 옳지 <u>않은</u> 것은?

서비스업의 변화 모습에 대해 이야기해 볼까요?

① 의료와 같은 전문화된 서비스업은 특정 지역에 집중하고 있습니다.
② 인터넷과 스마트폰을 활용한 서비스 제공이 점차 증가하고 있습니다.
③ 전자 상거래가 발달하면서 오프라인 상점이 빠르게 성장하고 있습니다.
④ 서비스업이 국가의 경계를 넘어 세계 여러 지역으로 확대되고 있습니다.
⑤ 비용 절감을 위해 콜센터와 같은 서비스업은 개발 도상국으로 분산되고 있습니다.

06 지도는 다국적 기업의 콜센터가 입지한 상위 8개 도시를 나타낸 것이다. 이 지역에 콜센터 산업이 발달하게 된 원인으로 가장 적절한 것은?

① 다국적 기업의 본사가 많이 위치하기 때문
② 선진국과의 거리가 상대적으로 가깝기 때문
③ 기술 수준이 높은 고급 인력 확보가 쉽기 때문
④ 기후가 쾌적하고 삶의 질이 높게 나타나기 때문
⑤ 영어에 능통하고 저렴한 노동력이 풍부하기 때문

07 그래프는 전자 상거래 시장의 변화를 나타낸 것이다. 이러한 현상이 미칠 수 있는 영향으로 옳은 내용을 〈보기〉에서 고른 것은?

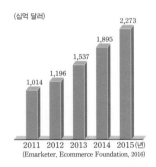

┤ 보기 ├
ㄱ. 중소 규모의 유통 업체들이 성장한다.
ㄴ. 상품을 배송하는 택배 산업이 발달한다.
ㄷ. 상품 구매 및 소비 활동의 범위가 축소된다.
ㄹ. 유통 단계가 감소하여 물건을 저렴하게 구매한다.

① ㄱ, ㄴ   ② ㄱ, ㄷ   ③ ㄴ, ㄷ
④ ㄴ, ㄹ   ⑤ ㄷ, ㄹ

08 유통의 세계화에 대한 설명으로 옳지 <u>않은</u> 것은?

① 택배업과 물류 창고업이 발달한다.
② 다국적 유통 업체들의 영향이 커지고 있다.
③ 재래시장과 오프라인 상점이 점차 늘어난다.
④ 소비 활동 범위가 확대되어 영세 업체들이 쇠퇴한다.
⑤ 시·공간의 제약이 줄어들어 해외 직접 구매가 증가한다.

09 그림은 서로 다른 상거래의 유통 구조를 나타낸 것이다. 이에 대한 설명으로 옳은 것은?

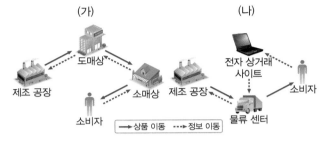

① (가)는 정보 통신망의 발달과 함께 최근에 등장했다.
② (나)는 상품의 거래 품목이 단순하고, 이동 지역도 제한적이다.
③ (가)는 (나)에 비해 유통 단계가 단순한 편이다.
④ (가)는 (나)에 비해 시·공간에 대한 제약이 적은 편이다.
⑤ (나)는 (가)와 달리 매장을 방문하지 않고도 물건을 구매할 수 있다.

10 관광의 세계화로 인한 영향으로 옳은 내용을 〈보기〉에서 고른 것은?

┤ 보기 ├
ㄱ. 교통, 숙박 등 연관 산업이 발달하고 있다.
ㄴ. 관광지 개발로 자연환경이 파괴되기도 한다.
ㄷ. 정보 통신의 발달로 관광지가 획일화되고 있다.
ㄹ. 지역 주민들의 일자리와 소득이 감소하게 된다.

① ㄱ, ㄴ   ② ㄱ, ㄷ   ③ ㄴ, ㄷ
④ ㄴ, ㄹ   ⑤ ㄷ, ㄹ

11 다음은 어떤 여행 방식의 조건이다. 이 여행 방식에 대한 설명으로 옳지 <u>않은</u> 것은?

• 현지 대중교통을 이용한다.
• 현지 동식물로 만든 기념품은 사지 않는다.
• 현지인이 운영하는 숙소와 음식점을 이용한다.

① 여행지의 종교를 존중하고 문화를 체험한다.
② 지역의 환경에 미치는 피해를 최소화할 수 있다.
③ 그 지역에서 경험할 수 있는 체험 활동을 강조한다.
④ 현지 주민보다 선진국의 여행사에 돌아가는 이익이 크다.
⑤ 환경 파괴와 지역 고유문화 쇠퇴에 대한 대안으로 등장했다.

서술형

01 그래프는 필리핀에 위치한 다국적 기업들의 콜센터 매출액의 변화를 나타낸 것이다. 이와 같은 변화가 가능하게 된 필리핀의 입지 조건을 두 가지만 서술하시오.

(억 달러)
*2015년은 추정치임.

260
89
71
32

2006 2009 2010 2015(년)
(필리핀 기업 지원 협회, 2016)

서술형

02 그림과 같은 상품 유통 구조가 확대되면서 나타날 수 있는 변화를 긍정적인 측면과 부정적인 측면으로 구분하여 각각 한 가지씩 서술하시오.

전자 상거래
사이트
제조 공장
소비자
물류 센터

→ 상품 이동 ···> 정보 이동

서술형

03 그래프는 해외 직접 구매 건수 변화를 나타낸 것이다. 이러한 변화가 소비자에게 가져오는 장점을 두 가지만 서술하시오.

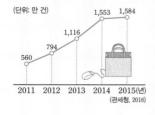

(단위: 만 건)
1,553 1,584
1,116
794
560

2011 2012 2013 2014 2015(년)
(관세청, 2016)

서술형

04 공정 여행의 조건을 두 가지 이상 쓰고, 공정 여행이 여행 지역에 미칠 수 있는 긍정적인 영향에 대해 서술하시오.

논술형

05 그래프는 세계 관광객 수의 증가 추이를 나타낸 것이다. 이와 같은 현상이 가능하게 된 배경을 쓰고, 이러한 현상이 관광지에 미칠 수 있는 영향을 긍정적인 측면과 부정적인 측면으로 구분하여 350자 이내로 논술하시오.

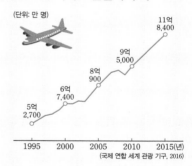

(단위: 만 명)
11억
8,400
9억
5,000
8억
900
6억
7,400
5억
2,700

1995 2000 2005 2010 2015(년)
(국제 연합 세계 관광 기구, 2016)

|핵심 개념| 관광의 세계화
(1) 관광의 세계화가 가능해진 배경
(2) 관광의 세계화가 관광지에 미치는 긍정적 · 부정적 영향

01 기업적 농업 생산 방식에 대한 옳은 설명을 〈보기〉에서 고른 것은?

┤ 보기 ├
ㄱ. 농약 및 화학 비료의 사용이 감소하고 있다.
ㄴ. 기술을 이용한 농작물의 품종 개량이 증가한다.
ㄷ. 많은 자본을 투입해 농산물을 대규모로 생산한다.
ㄹ. 가족 노동력을 이용한 식량 작물 재배 면적이 증가한다.

① ㄱ, ㄴ　② ㄱ, ㄷ　③ ㄴ, ㄷ　④ ㄴ, ㄹ　⑤ ㄷ, ㄹ

02 수행 평가 보고서에 들어갈 내용으로 옳지 <u>않은</u> 것은?

주제: 농업의 세계화와 기업화가 농산물 생산 지역에 미친 영향
• 농업 생산 구조: ____(가)____
• 토지 이용: ____(나)____
• 문제점: ____(다)____

① (가) – 자급적 농업보다 상업적 농업이 확대되고 있다.
② (가) – 대형 기계를 활용해 농작물을 대량으로 생산한다.
③ (나) – 가축 사육 증가로 사료 작물의 재배 범위가 축소되고 있다.
④ (나) – 커피, 바나나 등을 재배하는 플랜테이션 농장이 발달했다.
⑤ (다) – 개발 도상국에서 자영농의 비중이 감소하게 된다.

03 그래프는 베트남의 커피 생산량 및 재배 면적의 변화를 나타낸 것이다. 이에 대한 해석으로 옳은 것은?

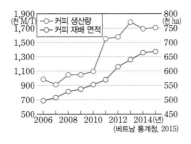

(베트남 통계청, 2015)

① 기호 작물의 수요가 증가하고 있다.
② 식량 작물의 재배 면적이 증가하고 있다.
③ 외국산 농산물에 대한 수요가 감소하고 있다.
④ 커피 농장 농민들의 일자리가 감소하고 있다.
⑤ 곡물 재배가 확대되며 농가 수입이 감소하고 있다.

04 농업 생산의 세계화로 인해 나타난 소비 지역의 변화 모습으로 옳은 내용을 〈보기〉에서 고른 것은?

┤ 보기 ├
ㄱ. 생활 수준의 향상으로 육류 소비가 감소하고 있다.
ㄴ. 우리나라에서는 식량 작물인 쌀의 소비가 증가했다.
ㄷ. 식단의 서구화로 커피, 과일 등의 소비가 증가했다.
ㄹ. 농산물을 대량으로 수입하는 국가는 국제 가격의 변동에 민감해진다.

① ㄱ, ㄴ　　② ㄱ, ㄷ　　③ ㄴ, ㄷ
④ ㄴ, ㄹ　　⑤ ㄷ, ㄹ

서술형
05 다음과 같은 현상이 소비자에게 미칠 수 있는 긍정적인 영향과 부정적인 영향을 구분하여 서술하시오.

우리는 시장이나 대형 상점에서 다양한 수입 농산물을 구매할 수 있으며 우리 농산물 또한 해외로 널리 수출되고 있다.

06 대화 속 의류 생산 회사와 같은 기업들에 대한 옳은 설명을 〈보기〉에서 고른 것은?

┤ 보기 ├
ㄱ. 세계 경제에서 차지하는 영향력이 감소하고 있다.
ㄴ. 성장하면서 공간적 분업 현상이 나타나기도 한다.
ㄷ. 전 세계를 대상으로 생산과 판매 활동을 하고 있다.
ㄹ. 자유 무역이 확대되면서 기업의 수와 활동 범위가 감소했다.

① ㄱ, ㄴ　　② ㄱ, ㄷ　　③ ㄴ, ㄷ
④ ㄴ, ㄹ　　⑤ ㄷ, ㄹ

07 지도는 어느 자동차 기업의 기능별 분포를 나타낸 것이다. 기능별 입지 조건에 대한 옳은 내용을 〈보기〉에서 고른 것은?

(H 자동차 누리집, 2016)

┤ 보기 ├

ㄱ. 판매 법인 - 지가와 임금이 저렴한 개발 도상국에 주로 입지한다.
ㄴ. 연구소 - 전문 기술 인력이 풍부한 선진국에 주로 입지한다.
ㄷ. 본사 - 기술 개발 및 정보 획득에 유리한 개발 도상국에 입지한다.
ㄹ. 생산 공장 - 시장을 확대하고 무역 장벽을 극복할 수 있는 선진국에 입지하기도 한다.

① ㄱ, ㄴ　② ㄱ, ㄷ　③ ㄴ, ㄷ　④ ㄴ, ㄹ　⑤ ㄷ, ㄹ

08 다국적 기업의 생산 공장이 들어선 지역에서 나타날 수 있는 변화로 옳지 <u>않은</u> 것은?

① 산업 공동화 현상이 발생하게 된다.
② 기술이 이전되어 관련 산업이 발달한다.
③ 기업의 투자가 늘어나 자본이 유입된다.
④ 유해 물질에 의해 환경 오염이 발생할 수 있다.
⑤ 유사 제품을 생산하는 국내 기업이 어려워질 수 있다.

09 다음 산업에 대한 설명으로 옳지 <u>않은</u> 것은?

인간이 필요로 하는 재화나 서비스를 공급하는 산업을 말한다.

① 제조업보다 고용 창출 효과가 크다.
② 서비스 형태가 다양하지만 표준화하기가 쉽다.
③ 생산자에게 필요한 서비스로 금융, 법률 등이 있다.
④ 이 산업의 성장으로 탈공업화 현상이 나타나고 있다.
⑤ 개발 도상국에 비해 선진국에서 고용 비중이 높은 편이다.

서술형
10 다음 글의 밑줄 친 현상이 나타나게 된 원인을 쓰고, 중국의 광둥성에서 발생할 수 있는 문제점을 서술하시오.

중국의 대표적인 공업 지역인 광둥성의 공장들이 문을 닫고 있다. 타이완의 신발 제조업체는 중국에 위치한 생산 공장을 베트남으로 이전했고, 미국의 휴대 전화 기업은 공장 가동을 중단하기도 했다.

11 그림과 같은 상품 구매 방식의 특징과 이로 인한 영향에 대한 옳은 설명을 〈보기〉에서 고른 것은?

┤ 보기 ├

ㄱ. 배송 거리가 길어져 유통 단계가 증가한다.
ㄴ. 상품을 배송하는 택배 산업의 발달을 이끌었다.
ㄷ. 유사 상품을 판매하는 오프라인 기업이 쇠퇴한다.
ㄹ. 기존의 방식보다 소비자가 더 비싸게 물건을 구매하게 된다.

① ㄱ, ㄴ　② ㄱ, ㄷ　③ ㄴ, ㄷ　④ ㄴ, ㄹ　⑤ ㄷ, ㄹ

12 그래프는 세계 관광객 수의 증가 추이를 나타낸 것이다. 이러한 현상이 지속될 때 관광 지역에서 발생할 수 있는 변화로 옳지 <u>않은</u> 것은?

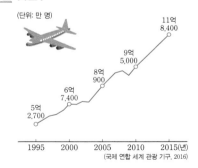

(단위: 만 명)

5억 2,700 / 6억 7,400 / 8억 900 / 9억 5,000 / 11억 8,400

1995　2000　2005　2010　2015(년)
(국제 연합 세계 관광 기구, 2016)

① 지역의 자연환경이 그대로 보존된다.
② 교통, 통신 등의 기반 시설이 개선된다.
③ 다양한 형태의 체험 관광이 발달할 수 있다.
④ 지역에 일자리가 창출되어 소득이 증가한다.
⑤ 지나친 상업화로 고유문화가 사라질 수 있다.

수행 평가 미리보기

세계화로 인한 산업 변화가 경제 공간에 미친 영향 분석하기

9단원에서는 농업 생산의 기업화 및 세계화가 농산물 생산 지역과 소비 지역에 미친 영향, 다국적 기업의 입지가 경제 공간에 미친 영향, 서비스업의 세계화로 인한 생활의 변화 등에 대해 학습했습니다. 세계화로 인한 산업의 변화는 우리가 살고 있는 지역에 많은 영향을 미치게 되며, 더 나아가 우리의 삶과도 긴밀하게 연결되어 있습니다.

생활 속에서의 다양한 경험을 토대로 세계화가 농업, 공업, 서비스업 등을 어떻게 변화시켰는지 탐구하고, 더 나아가 세계화가 경제 공간에 미치는 영향을 긍정적 측면과 부정적 측면으로 나누어 정리해 보는 것은 의미가 있습니다. 따라서 이 단원에서는 모둠원 간 과제 분담 학습을 통해 세계화로 인한 산업의 변화가 지역에 어떤 영향을 미쳤는지 정리하여 보고서로 작성하는 과제가 출제될 수 있습니다.

수행 평가 문제

과제 분담 학습을 통해 '세계화로 인한 경제 공간의 다양한 변화와 영향'을 주제로 보고서를 작성해 보자.

A) 활동 계획 세우기

1 모둠원 간 토의를 통해 관련 주제를 나누어 맡은 후 같은 주제를 담당한 학생끼리 전문가 그룹을 구성한다.
2 주제와 관련된 적절한 최신의 사례를 수집한 후, 전문가 그룹 내에서 질의를 통해 조사 내용을 수정·보완하여 충분한 학습을 한다.
3 전문가 그룹에서 학습한 내용을 원래 모둠원들에게 전달할 때에는 보조 도구를 사용하고, 모둠원들은 핵심 내용을 메모하며 발표를 듣는다.

B) 활동 단계

1단계 모둠원끼리 토의를 통해 각각의 주제를 맡고, 이를 조사할 전문가를 선정한다.
2단계 각 전문가는 자료 조사 및 탐구를 통해 본인의 주제에 대해 학습한다.
3단계 전문가 그룹별로 맡은 주제에 대해 함께 학습하면서 내용을 보다 깊이 있게 정리한다.
4단계 원래 모둠으로 돌아와 학습한 내용을 모둠원에게 설명한다.
5단계 학습한 내용을 바탕으로 보고서를 작성하고 발표한다.

C) 활동하기

1 각 전문가의 학습 주제 선정하기

[예시]

- 세계화로 인한 농업, 공업, 서비스업 각각의 변화
- 농업, 공업, 서비스업의 변화가 각각 경제 공간(혹은 지역 경제)에 미친 영향

2 학습 주제와 관련된 다양한 사례 조사 및 탐구

[예시]

세계화가 의류 산업에 미친 영향

최근 소비자들의 취향에 빠르게 반응하며, 제품의 전 과정을 관리하는 체계를 갖춘 회사들이 등장했다. 이러한 회사 제품은 가격이 낮고 제품 주기가 짧은 것이 특징이다. 이른바 의류를 빠르게 소비하는 패스트 패션이 인기를 끌고 있다.

의류 산업의 세계화가 지역에 미친 영향

생산 업체가 입지한 지역(방글라데시 등)에서는 고용 창출을 통해 지역의 경제 발전을 기대할 수 있지만, 개발 도상국의 저임금 지역에서는 열악한 근로 조건에 낮은 임금으로 장시간 근로를 해야 하는 문제가 나타날 수 있다.

3 전문가 그룹 내에서 맡은 주제에 대해 함께 학습하기

학습 주제	
관련 예시	
학습한 내용	
수정·보완할 내용	

4 원래 모둠에서 각자 학습한 내용을 모둠원들에게 설명하기
5 학습한 내용을 바탕으로 보고서 작성하기

[예시]

■ **주제**: 세계화로 인한 산업 변화가 경제 공간에 미친 영향

	농업	공업	서비스업
긍정적 영향	⋮	• 소비 지역: 패스트 패션의 영향으로 소비자들이 다양한 의류를 저렴한 가격에 구매할 수 있음 • 생산 지역: 개발 도상국의 생산 공장이 입지한 곳에서는 고용 창출을 통한 지역 발전의 기회를 제공	⋮
부정적 영향	⋮	• 생산 지역: 노동자들의 근로 여건 악화, 의류 생산 주기가 빨라져 많은 노동자들이 야간 근무 및 장시간 근로에 시달리며 의류 쓰레기의 양이 증가함	⋮

📖 채점 기준

평가 영역	채점 기준	배점
관련 자료 조사 및 개별 탐구	적절한 사례를 선정한 후 관련 내용을 정확하게 조사했다.	상
	사례 선정의 적절성과 조사한 내용의 정확성 중 한 가지가 다소 부족했다.	중
	사례 선정의 적절성과 조사한 내용의 정확성이 모두 미흡했다.	하
전문가 집단 활동 및 모둠 참여도	본인의 생각을 논리적으로 제시했고, 토의 과정에 협력하며 적극적으로 참여했다.	상
	본인의 생각을 대체로 잘 제시했으나, 토의 과정에 대한 참여도가 보통 수준이다.	중
	본인의 생각을 거의 제시하지 않았으며, 토의 과정에 소극적으로 참여했다.	하
보고서 작성	학습한 내용을 정리하여 보고서를 타당하면서도 충실하게 작성했다.	상
	학습한 내용을 정리하여 보고서를 작성했으나 타당도와 충실도 중 한 가지가 다소 부족했다.	중
	학습한 내용을 정리하여 보고서를 작성했으나 타당도와 완성도가 미흡하다.	하

X 환경 문제와 지속 가능한 환경

01

전 지구적 차원의 기후 변화

02

환경 문제 유발 산업의 국가 간 이전

03

생활 속의 환경 이슈

01 전 지구적 차원의 기후 변화

❶ 기후 변화의 발생과 영향

(1) **기후 변화** → 시시각각으로 변하는 순간적인 대기 현상은 기상이라고 함
  ① 의미: 일정한 지역에서 장기간에 걸쳐 나타나는 기후의 평균적인 상태가 변하는 현상
  ② 원인 → 오늘날에는 인위적 요인(인간의 활동)이 더 큰 영향을 미침

자연적 요인	화산 분화, 태양의 활동 변화, 태양과 지구의 상대적 위치 변화
인위적 요인	• 산업 혁명 이후 화석 연료의 사용 증가 • 도시화로 인한 무분별한 토지 및 삼림 개발

(2) **지구 온난화**
  ① 의미: 대기 중 온실가스 농도 증가로 온실 효과가 과도하게 나타나 지구 평균 기온이 높아지는 현상
  → 남반구보다는 북반구, 저위도 지역보다는 고위도 지역에서 더 크게 상승하고 있음
  ② 원인: 화석 연료의 사용 증가, 농경지 개발 및 삼림 파괴 → 온실가스 농도 증가
  → 온실가스(이산화 탄소 등)를 흡수하는 자연의 능력이 감소하게 됨

(3) **기후 변화의 영향**
  ① 빙하 감소와 해수면 상승
  → 빙하가 녹으면서 아시아와 유럽을 잇는 북극 항로의 항해 가능 일수가 늘어나고 있음
    • 극지방과 고산 지역의 빙하가 녹음 예 그린란드, 북극해 등
    • 해수면 상승으로 섬나라 및 해안 저지대 침수 예 투발루, 몰디브, 방글라데시 등
    → 남태평양의 작은 섬나라이며 해수면 상승으로 국토의 대부분이 물에 잠길 위기에 처해 있음
  ② 기상 이변 증가
    • 태풍, 홍수, 폭설 등 자연재해 발생 빈도와 피해 규모 증가
    • 가뭄과 사막화 현상의 심화 예 사하라 사막 이남의 초원 지대
    • 여름철 고온 현상 증가로 인한 폭염, 열대야 발생 증가
    → 야간의 최저 기온이 25℃ 이상인 밤
  ③ 생태계 변화
    • 해양 생태계 변화: 수온 상승으로 물고기가 죽거나 서식지 변경, 산호초의 백화 현상 발생
    → 대표적으로 오스트레일리아 대보초 해안에서 나타나고 있음
    • 식생 변화: 고산 식물의 분포 범위 축소, 농작물의 재배 범위 변경
    → 해발 고도가 높은 지역에 나타나는 식물
    • 동물의 서식지 변화: 개체 수 감소 및 멸종 위기 종 증가
    • 열대 지역에서 발생하던 질병의 발생 지역 확대, 새로운 질병의 출현 가능성 높음, 식물의 개화 시기 변화
    → 꽃이 피는 시기
    → 기온이 오르며 미생물 번식이 더욱 빨라지기 때문

+ 화석 연료
지각에 파묻힌 동식물의 유해가 오랜 세월에 걸쳐 온도와 압력의 변화를 받아 만들어진 연료로 석유, 석탄, 천연가스 등이 해당한다.

+ 온실가스
온실 효과를 일으키는 기체로 이산화 탄소, 메탄, 아산화 질소 등이 대표적이며, 이 중 지구 온난화에 가장 큰 영향을 미치는 기체는 이산화 탄소이다.

+ 온실 효과

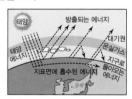

대기 중의 온실가스가 마치 온실의 유리와 같은 역할을 하여 지구에서 복사되는 열이 지구 밖으로 나가지 못하고 지구로 다시 흡수되어 대기와 지표면의 온도를 높인다.

+ 지구의 평균 기온 변화

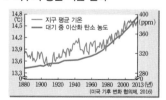

산업화 및 도시화로 인해 화석 연료의 사용 증가로 이산화 탄소 배출량이 증가하면서 지구의 평균 기온이 계속해서 상승하고 있다.

+ 백화 현상
바다의 수온이 올라가면서 조류가 살 수 없게 되고, 이로 인해 조류와 공생하던 산호초가 죽어서 하얗게 변하는 현상

💡 **집중탐구** 기후 변화로 인한 주요 현상

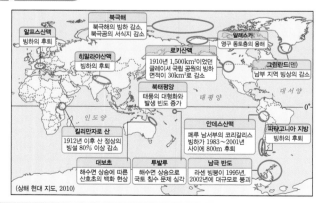

(상해 현대 지도, 2010)

기후 변화의 영향으로 극지방과 고산 지역의 빙하가 녹으면서 해수면이 상승하게 되었고 일부 섬나라들은 물에 잠길 위기에 처하게 되었다. 또한 자연 재해의 발생 빈도와 피해 규모도 계속해서 커지고 있다.

❷ 기후 변화를 해결하기 위한 노력

(1) 국제적 차원의 노력
① 국제적 협력의 필요성: 기후 변화가 전 지구적 차원에서 발생하며, 지구촌 대부분 지역에 영향을 미치기 때문
② 국제 협약 체결

기후 변화 협약(1992)	• 브라질 리우 환경 개발 회의에서 채택 • 온실가스 감축과 관련한 최초의 국제 협약
교토 의정서(1997) 관계국들이 서명한 외교 문서	• 기후 변화 협약의 구체적 이행 방안으로 채택 • 선진국의 온실가스 감축 목표 규정
파리 협정(2015) ┗ 제21차 국제 연합 기후 변화 협약 당사국 총회에서 채택	• 2020년 이후 교토 의정서를 대체할 신기후 체제 • 선진국과 개발 도상국 모두 온실가스 배출량을 감축해야 함

③ 국제 협력의 한계 ┄┄> 이익과 손해가 얽혀 있는 관계
• 각국의 이해관계와 산업 구조, 기술 수준 등이 달라 합의를 끌어내기가 쉽지 않음
• 온실가스 감축 목표를 이행하지 않아도 해당 국가를 강제적으로 제한할 수 없음

Q&A 온실가스 감축에 대해 선진국과 개발 도상국의 입장은 어떻게 다를까요?

최근 개발 도상국의 온실가스 배출량이 급증하고 있어 감축에 동참해야 합니다. 개발 도상국이 온실가스 감축 기술을 개발할 수 있게 지원해 주겠습니다.

현재 기후 변화는 일찍부터 온실가스를 많이 배출한 선진국의 책임이 큽니다. 우리는 산업화를 통한 경제 개발이 시급하므로 감축을 강요하는 것은 문제가 있습니다.

(2) 지역적 차원의 노력

국가적 노력	• 화석 연료를 대체할 수 있는 에너지 개발 • 탄소 성적 표지 제도	• 녹색 성장 정책 • 탄소 배출권 거래 제도
비정부 기구(NGO) 활동	• 주민들의 환경 의식 개선 • 정부 정책의 변화를 이끌어내기 위한 노력	
개인적 노력	에너지 절약, 자원 재활용, 친환경 제품 사용 등	

(3) 대응 자세
① 기후 변화 문제를 공동의 목표로 인식
② 개인적, 국가적, 국제적 차원의 노력과 협력을 통해 지속 가능한 발전을 도모

더 알아 보기 ▶ 탄소 배출권 거래 제도

탄소 배출권 거래 제도는 온실가스 감축을 유도하기 위해 온실가스 배출 권리를 사고팔 수 있도록 한 제도를 말한다. 온실가스 배출 할당량은 국가별로 부여되지만 **탄소 배출권 거래**는 대부분 기업 사이에서 이루어진다.

✚ 기후 변화로 인한 빙하의 감소(미국)

1913년

▼

2012년

✚ 파리 협정(2015)
파리 협정은 주요 선진국들만을 대상으로 했던 교토 의정서와 달리 선진국과 개발 도상국 모두 자국이 정한 방식에 따라 2020년부터 의무적으로 온실가스 배출 감축에 나서야 한다.

✚ 국가별 이산화 탄소 배출 비율

| 기타 39.8 | 중국 27.3(%) |
| 미국 16.4 |
| 대한민국 1.9 | 인도 6.6 |
| 일본 3.6 | 러시아 4.4 |

(2015년)   (BP 에너지 통계, 2016)

✚ 녹색 성장 정책
친환경 기술 개발을 통해 온실가스와 환경 오염을 줄이려는 정책

✚ 탄소 성적 표지 제도
제품이나 서비스를 생산, 수송, 유통, 폐기하는 과정에서 발생한 온실가스 배출량을 이산화 탄소로 환산하여 표기하는 제도

✚ 지속 가능한 발전
미래 세대가 그들의 필요를 충족할 능력을 저해하지 않으면서 현재 세대의 필요를 충족하는 발전

개념 다지기

01 빈칸에 들어갈 알맞은 말을 쓰시오.

(1) ( )은(는) 일정한 지역에서 장기간에 걸쳐 나타나는 기후의 평균적인 상태가 변화하는 현상이다.

(2) 지구 온난화는 대기 중 이산화 탄소 등의 ( ) 농도가 증가하면서 지구 평균 기온이 높아지는 현상이다.

(3) 최근 태풍, 홍수, 폭설과 같은 자연재해의 발생 빈도와 피해 규모가 증가하는 등 ( )이(가) 발생하고 있다.

(4) 교토 의정서를 대체할 신기후 체제로 2020년부터 적용되는 국제적 협약은 ( )이다.

02 각 지역에 나타나는 기후 변화의 주된 영향을 바르게 연결하시오.

(1) 투발루 •   • ㉠ 해수면 상승으로 국토 침수

(2) 북극해 •   • ㉡ 사막화

(3) 사하라 이남
초원 지대 •   • ㉢ 빙하 면적 감소

03 다음 설명에 해당하는 국제 협약을 〈보기〉에서 골라 기호를 쓰시오.

┤ 보기 ├
ㄱ. 파리 협정   ㄴ. 바젤 협약
ㄷ. 교토 의정서   ㄹ. 기후 변화 협약

(1) 리우 환경 개발 회의에서 채택되었으며, 온실가스 감축과 관련한 최초의 국제 협약이다.

(2) 온실가스 감축을 위한 구체적인 이행 방안을 제시했으며, 선진국의 온실가스 감축 목표를 규정했다.

(3) 2020년부터 적용되는 국제적 협약으로 선진국과 개발 도상국 모두 온실가스 배출 감축 의무를 규정했다.

04 다음 설명에 해당하는 제도의 명칭을 쓰시오.

온실가스 감축을 유도하기 위해 온실가스 배출 권리를 사고팔 수 있도록 한 제도를 말하며, 우리나라는 2015년부터 도입하여 시행하고 있다.

05 괄호 안의 내용 중 알맞은 말에 ○표 하시오.

(1) 화산 분화와 태양 활동 변화는 기후 변화의 (자연적, 인위적) 요인이다.

(2) 지구 온난화로 극지방의 빙하가 녹으면서 해수면이 (상승, 하강)하게 되었다.

(3) 기후 변화로 인해 여름철 (저온, 고온) 현상이 증가하게 되었다.

(4) 지구 온난화로 인해 고산 식물의 분포 범위가 (확대, 축소)되고 있다.

(5) 녹색 성장 정책, 탄소 성적 표지 제도는 온실가스 배출을 줄이기 위한 (국가적, 개인적) 노력에 해당한다.

06 다음 설명이 맞으면 ○표, 틀리면 ×표 하시오.

(1) 지구 온난화에 가장 큰 영향을 미치는 기체는 이산화 탄소이다. ……………………………………( )

(2) 오늘날 기후 변화는 인위적 요인에 의해서만 발생하고 있다. …………………………………………( )

(3) 기후 변화로 인해 자연재해의 발생 빈도와 피해 규모는 계속 줄어들고 있다. ……………………( )

(4) 교토 의정서는 개발 도상국의 온실가스 감축 목표를 규정한 최초의 국제 협약이다. ……………( )

(5) 기후 변화를 해결하기 위한 국제적 협력은 각국의 이해관계가 달라 합의를 끌어내기가 어렵다. ………( )

07 밑줄 친 부분을 바르게 고쳐 쓰시오.

(1) 산업화 이후 지구 평균 기온은 지난 100년 동안 꾸준히 <u>하강해</u> 왔다.

(2) 오늘날 기후 변화는 농경지 개발이나 삼림 파괴와 같은 <u>자연적 요인</u>이 더 큰 영향을 미치고 있다.

(3) 인도양의 섬나라인 몰디브는 해수면 <u>하강</u>으로 국토 전체가 심각한 위기에 직면했다.

(4) 온실가스 감축과 관련하여 <u>선진국</u>은 산업화를 통한 경제 개발이 시급하므로 감축을 의무적으로 강요하는 것은 문제가 있다고 주장한다.

(5) 2015년 채택된 <u>교토 의정서</u>에서는 기후 변화 당사국 모두에게 온실가스 감축 의무를 부과했다.

중단원 실력 쌓기

01 기후 변화에 영향을 주는 인위적 요인을 〈보기〉에서 고른 것은?

┤ 보기 ├
ㄱ. 화산재의 분출
ㄴ. 태양의 활동 변화
ㄷ. 화석 연료의 사용 증가
ㄹ. 무분별한 토지 및 삼림 개발

① ㄱ, ㄴ   ② ㄱ, ㄷ   ③ ㄴ, ㄷ
④ ㄴ, ㄹ   ⑤ ㄷ, ㄹ

02 그림에 대한 설명으로 옳지 <u>않은</u> 것은?

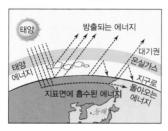

① 이산화 탄소와 메탄의 배출 증가는 이러한 현상을 강화시킨다.
② 자연적인 요인보다 인위적 요인에 의해 이러한 현상이 강화되고 있다.
③ 그림과 같은 현상이 과도하게 발생하면 지구의 평균 기온은 상승하게 된다.
④ 온실가스의 농도가 증가하면 태양 에너지가 지구로 도달하는 것을 방해한다.
⑤ 지구에서 복사되는 열이 방출되지 못하고 지구로 과다하게 흡수되어 문제가 나타난다.

03 기후 변화로 인해 극지방에서 나타날 수 있는 변화를 〈보기〉에서 고른 것은?

┤ 보기 ├
ㄱ. 빙하의 면적이 감소한다.
ㄴ. 새로운 항로가 개척된다.
ㄷ. 영구 동토층의 범위가 확대된다.
ㄹ. 산호초의 백화 현상이 증가한다.

① ㄱ, ㄴ   ② ㄱ, ㄷ   ③ ㄴ, ㄷ
④ ㄴ, ㄹ   ⑤ ㄷ, ㄹ

[04~05] 그래프는 지구의 평균 기온 변화를 나타낸 것이다. 이를 보고 물음에 답하시오.

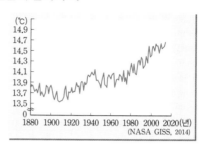

04 위와 같은 변화가 나타나게 된 원인으로 옳은 것을 〈보기〉에서 고른 것은?

┤ 보기 ├
ㄱ. 열대 우림의 파괴
ㄴ. 도시 인구의 감소
ㄷ. 화석 연료의 사용 증가
ㄹ. 신·재생 에너지 사용 증가

① ㄱ, ㄴ
② ㄱ, ㄷ
③ ㄴ, ㄷ
④ ㄴ, ㄹ
⑤ ㄷ, ㄹ

05 위와 같은 변화가 지속될 경우 나타날 수 있는 현상으로 옳은 것은?

① 식물의 개화 시기가 점차 느려진다.
② 고산 식물의 분포 범위가 확대될 것이다.
③ 해수면이 상승해 해안 저지대가 침수된다.
④ 가뭄이나 사막화 현상의 피해 지역이 줄어든다.
⑤ 홍수, 태풍 등의 자연재해 발생 빈도가 감소한다.

06 교사의 질문에 대한 학생의 대답으로 옳지 <u>않은</u> 것은?

① 극지방의 빙하가 감소하게 됩니다.
② 폭염과 열대야의 발생이 늘어나게 됩니다.
③ 태풍으로 인한 피해 규모가 커질 수 있습니다.
④ 수온 상승으로 해양 생태계가 변화할 수 있습니다.
⑤ 북반구에서 농작물 재배 범위가 남쪽으로 이동합니다.

07 기후 변화로 인해 지도에 표시된 지역에서 나타날 수 있는 현상을 설명한 것으로 옳지 <u>않은</u> 것은?

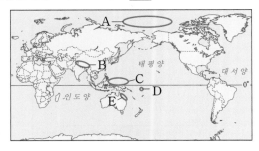

① A-빙하의 면적이 감소한다.
② B-고지대의 만년설이 줄어든다.
③ C-대형 태풍의 발생 빈도가 증가한다.
④ D-국토의 침수 문제가 나타나고 있다.
⑤ E-산호초가 이상 번식해 개체 수가 증가한다.

08 사진은 어느 지역의 빙하 면적 변화를 나타낸 것이다. 이와 같은 현상이 나타나게 된 주요 원인을 〈보기〉에서 고른 것은?

▲ 1940년   ▲ 2008년

┤보기├
ㄱ. 화석 연료의 사용이 증가했기 때문이다.
ㄴ. 가뭄과 사막화 현상이 심화되었기 때문이다.
ㄷ. 지구의 평균 기온이 계속 상승했기 때문이다.
ㄹ. 고산 지대에서 지역 개발이 활발해졌기 때문이다.

① ㄱ, ㄴ   ② ㄱ, ㄷ   ③ ㄴ, ㄷ
④ ㄴ, ㄹ   ⑤ ㄷ, ㄹ

09 기후 변화에 대응하기 위한 개인적인 노력으로 옳지 <u>않은</u> 것은?

① 재활용을 위해 쓰레기를 분리배출한다.
② 여름철 실내 적정 온도를 유지하도록 한다.
③ 대중교통을 타거나 자전거를 자주 이용한다.
④ 생활 속에서 일회용품의 사용을 줄이도록 한다.
⑤ 친환경 제품보다는 가격이 저렴한 제품을 구매한다.

10 다음 글의 밑줄 친 부분의 사례로 적절한 것을 〈보기〉에서 고른 것은?

전 지구적 현상인 기후 변화에 대응하기 위해서는 개인적·<u>국가적 차원의 노력</u>뿐만 아니라 세계 각국의 노력과 협력이 필요하다.

┤보기├
ㄱ. 탄소 배출권 거래 제도를 추진한다.
ㄴ. 에너지 효율 등급이 높은 제품을 사용한다.
ㄷ. 화석 연료를 대체할 수 있는 에너지를 개발한다.
ㄹ. 비정부 기구 활동으로 주민들의 환경 의식을 개선한다.

① ㄱ, ㄴ   ② ㄱ, ㄷ   ③ ㄴ, ㄷ
④ ㄴ, ㄹ   ⑤ ㄷ, ㄹ

11 다음 설명에 해당하는 국제 협약으로 옳은 것은?

2015년에 기후 변화 문제를 해결하기 위해 190여 개국이 합의하였으며, 선진국만 온실가스 감축 의무가 있었던 이전의 협약과 달리 선진국과 개발 도상국 구분 없이 당사국 모두 자발적으로 온실가스 감축 목표를 제출하였다.

① 리우 선언   ② 바젤 협약   ③ 파리 협정
④ 교토 의정서   ⑤ 기후 변화 협약

12 그래프와 관련된 국제 협약에 대한 옳은 설명만을 〈보기〉에서 있는 대로 고른 것은?

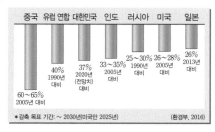

◀ 국가별·지역별 온실 가스 배출량 감축 목표

┤보기├
ㄱ. 파리 협정의 합의 내용을 나타내고 있다.
ㄴ. 선진국 위주로 온실가스 감축 목표를 설정했다.
ㄷ. 기후 변화 협약의 구체적 이행 방안으로 최초로 채택되었다.
ㄹ. 기후 변화에 대한 전 지구적 차원의 대응과 관련된 협약이다.

① ㄱ, ㄴ   ② ㄱ, ㄹ   ③ ㄴ, ㄷ
④ ㄱ, ㄷ, ㄹ   ⑤ ㄴ, ㄷ, ㄹ

01 **서술형**
그래프는 지구의 평균 기온 변화를 나타낸 것이다. 이를 보고 물음에 답하시오.

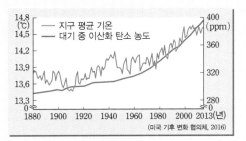

(1) 위와 같은 변화가 나타나게 된 원인을 두 가지만 서술하시오.

(2) 위와 같은 변화가 지속될 경우 나타날 수 있는 문제점을 두 가지만 서술하시오.

02 **서술형**
다음은 기후 변화에 대응하기 위한 국제 협약이다. 이를 보고 물음에 답하시오.

> (가) 기후 변화 협약(1992년)
> (나) 교토 의정서(1997년)
> (다) 파리 협정(2015년)

(1) 위 협약들의 공통적인 목표를 서술하시오.

(2) 온실가스 감축과 관련하여 (나)가 갖는 한계점을 쓰고, 이와 비교하여 (다)가 갖는 의의에 대해 서술하시오.

(3) 위와 같은 국제 협약이 갖는 한계점을 서술하시오.

03 **서술형**
다음 수행 평가의 빈칸에 들어갈 내용을 두 가지 이상 서술하시오.

> ▣ 사회 수행 평가
> 　　　주제 – 기후 변화에 대응하기 위한 노력
> 1) 국제 사회의 노력: 국제 협약의 체결 및 이행
> 2) 국가적 노력: 녹색 성장 정책
> 　　　　　　　　　탄소 성적 표지 제도 등
> 3) 개인적 노력: ☐

04 **논술형**
그림은 기후 변화 문제를 해결하기 위해 선진국과 개발 도상국의 대표 국가가 모인 회의 장면의 일부이다. 온실가스 감축에 대한 선진국과 개발 도상국의 주장을 비교하여 각각 150자 이내로 논술하시오.

> 기후 변화 문제는 우리 모두가 함께 해결해야 할 문제입니다. 이번 회의에서는 온실가스 감축에 대한 각국의 입장을 발표해 주시기 바랍니다.

|핵심 개념| **온실가스 감축에 대한 선진국, 개발 도상국의 입장**
(1) 선진국 – 환경 문제에 대한 사회적 인식, 재정·기술적 지원
(2) 개발 도상국 – 산업화를 통한 경제 성장 정책 우선

02 환경 문제 유발 산업의 국가 간 이전

+ 석면
1급 발암 물질로 인체에 유해하다. 하지만 단열 효과가 뛰어나고 가격이 저렴해 건축이나 산업의 재료로 많이 활용되었다.

+ 의류 산업의 이전
의류 산업은 염색 과정에서 다량의 폐수가 발생하게 되어 개발 도상국의 수질 오염을 심화시키고 있다.

+ 전자 쓰레기
전자 제품이 새롭게 등장할 때마다 그 전에 사용하던 제품을 교체하면서 자연스럽게 버려지는 전자 제품, 즉 더는 가치가 없게 된 낡고 수명이 다한 전기·전자 제품을 의미한다. 또한 전자 쓰레기는 환경 오염 물질을 포함하고 있어 함부로 다른 나라에 버릴 수 없으므로 '중고품' 혹은 '구호품'이라는 이름으로 아시아나 아프리카 국가들로 옮겨지고 있다.

❶ 환경 문제 유발 산업의 이전

(1) **환경 문제 발생**: 산업 혁명과 도시화로 생태계의 수용 능력을 넘어서는 오염 발생 ⓔ 폐기물의 양 증가, 폐기물 및 생활 하수 등 오염 물질 대량 배출 등
→ 장소를 다른 곳으로 옮김

(2) **환경 문제 유발 산업의 이동** → 공해 유발 산업과 같은 의미
  ① **환경 문제 유발 산업**: 제품 생산 과정에서 대량의 오염 물질을 배출하거나, 폐기물 처리 과정에서 환경 문제를 일으키는 산업 ⓔ 제철 공업, 석유 화학 공업, 금속 공업 등
  ② **이동 특징**
    • 선진국에서 개발 도상국으로 이동
    • 환경 오염에 대한 사회적 인식이 높은 국가에서 그렇지 못한 국가로 이동
    • 생산 시설뿐만 아니라 환경 문제도 함께 이동하고 있음

선진국	• 환경 오염에 대한 엄격한 규제 → 최신 기술 설비는 자국 내에 유지함 • 환경 오염을 유발하는 제조 설비를 개발 도상국으로 이전
개발 도상국	• 환경 규제가 상대적으로 느슨함 → 환경 문제에 대한 인식이 선진국에 비해 미흡하여 주민의 저항이 약한 편임 • 경제 성장을 우선시하는 정책으로 선진국의 산업을 유치

> 💡 **집중탐구** 석면 공장의 이동

1981년
독일 석면 기업 L사가 한국 J사로 석면 방직 기계 수출

1970년대
미국 석면 기업 J사의 석면 시멘트 공장이 일본으로 진출

1970년대 초
일본 석면 기업 N사의 자회사 T사는 청석면과 백석면 방직 기계를 한국 J사로 수출

1990~2000년
한국의 석면 방직 공장 J사는 인도네시아, 말레이시아, 중국으로 진출

(○○ 일보, 2014)

일본에서 석면 규제가 강화되자 석면 공장이 우리나라로 이전되었으며, 독일에서도 석면의 사용이 금지됨에 따라 독일의 석면 회사들이 우리나라로 공장을 이전했다. 이후 우리나라에서도 석면의 생산과 사용이 금지되자 제조 공장은 중국과 동남아시아로 옮겨갔다. 석면 관련 규제가 심해지면서 석면 공장은 선진국에서 개발 도상국으로 이동하고 있다.

(3) **전자 쓰레기**
  ① **전자 쓰레기의 발생**: 기술이 발달할수록 전자 제품의 사용 주기가 짧아지면서 전자 쓰레기의 양 증가
  ② **이동 특징**: 선진국에서 개발 도상국으로 이동

선진국	• 전자 쓰레기의 대부분을 배출 → 선진국은 자국에서 안전하게 처리가 가능하지만 비용을 줄이고 환경 오염 부담을 줄이기 위해 불법으로 수출함 • 환경 및 경제적 부담을 줄이기 위해 개발 도상국에 불법 수출
개발 도상국	• 금속 자원을 채취하고 경제적 이익을 얻기 위해 수입 • 유해 물질 배출에 따른 환경 오염과 생태계 파괴 발생

> 📝 **더 알아 보기▶** 전자 쓰레기 마을
>
> 가나의 아그보그블로시는 아프리카에서 가장 큰 전자 쓰레기 처리장이 있는 곳으로 서부 유럽에서 발생한 전자 쓰레기의 상당수가 이곳으로 향한다. 주민들은 돈이 될 만한 것을 얻기 위해 맨손으로 전자 쓰레기를 분해하거나 불에 태우는데 이때 유독 가스를 들이마시고 중금속에 쉽게 노출된다.

+ 가나의 아그보그블로시

▲ 전자 쓰레기를 분해하기 위해 다 쓴 전자 제품을 불에 태우는 모습

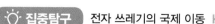

집중탐구 전자 쓰레기의 국제 이동

➡ 앵글로아메리카에서 배출한 전자 쓰레기의 이동
➡ 북서 유럽에서 배출한 전자 쓰레기의 이동
(그린피스, 바젤 행동 네트워크)

선진국에서 발생한 전자 쓰레기들이 중국, 인도, 아프리카 등의 개발 도상국으로 옮겨가고 있다. 개발 도상국의 주민들은 금속 자원을 채취하여 경제적 이익을 얻기도 하지만 전자 쓰레기의 처리 과정에서 환경 오염 문제가 발생하고 있다.

✚ 바젤 협약(1989)
유해 폐기물에 대한 국제적 이동의 통제와 규제를 목적으로 하는 국제 협약으로 1989년 스위스 바젤에서 체결되었다. 선진국이 유해 폐기물을 개발 도상국에 불법으로 버리는 경우가 많았기 때문에 협약 체결에 개발 도상국이 주도적인 역할을 하였다.

❷ 환경 문제의 공간적 불평등
→ 환경 오염으로 인한 피해가 유독 개발 도상국에 많이 돌아가고 있기 때문

(1) **환경 문제 유발 산업의 이동이 미치는 영향**

선진국	• 환경 문제 유발 산업의 유출로 쾌적한 환경 조성 • 환경 오염의 부담 없이 개발 도상국에서 생산된 제품 소비 가능
개발 도상국	• 긍정적 영향: 일자리 창출, 지역 경제 활성화 • 부정적 영향: 환경 오염 심화, 주민 건강 및 생활 위협

(2) **환경 문제의 공간적 불평등을 해결하기 위한 노력**
  ① 선진국의 기업: 환경 오염 최소화, 안전한 생산 환경 조성을 위한 노력
  ② 개발 도상국: 기업에 대한 환경 규제와 감시 강화
  ③ 국제 사회: 유해 폐기물과 공해 산업의 불법적 확산 방지, 국제 협약 체결 **예** 바젤 협약

✚ 관개용수
농사를 짓기 위해 농경지에 인위적으로 공급하는 물

❸ 농업의 이전과 지역 변화

(1) **이전 원인**: 개발 도상국의 임금과 땅값이 상대적으로 저렴하기 때문에 선진국의 농장이 이전함 **예** 네덜란드에서 케냐로의 화훼 산업 이전
(2) **이전으로 인해 개발 도상국에서 나타나는 영향**
→ 꽃 등을 재배하여 판매하는 산업

긍정적 영향	외화 수입 증가, 일자리 창출을 통한 지역 경제 활성화
부정적 영향	토양의 황폐화, 관개용수 남용에 따른 물 부족 문제, 화학 비료와 농약 사용으로 인한 토양 및 식수 오염 등

✚ 장미와 물 발자국
물 발자국은 어떤 상품을 생산하여 포장 및 운송하는 과정에서 사용되는 물의 양을 합쳐서 나타내는 것으로 장미 한 다발을 키워서 시장에 내다 팔 때까지의 물 발자국은 무려 100리터에 이른다고 한다.

Q&A 케냐로 화훼 산업이 이동하면서 지역에 나타난 변화는 무엇일까요?

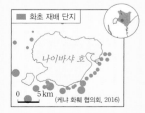

■ 화초 재배 단지
나이바샤 호
0 ___ 5 km
(케냐 화훼 협의회, 2016)
▲ 나이바샤 호수 주변의 화초 재배 단지(2010년)

네덜란드는 과거 화훼 시장의 중심이었으나, 최근 많은 화훼 농가가 탄소 배출 비용 절감, 값싼 노동력 확보 등을 이유로 기후가 온화하고 비용이 적게 드는 아프리카 케냐 지역으로 이전하였다. 화훼 산업의 이전으로 케냐의 외화 수입은 증가하고 일자리도 늘어나게 되었다. 그러나 케냐 나이바샤 호수 주변에 많은 장미 농장들이 들어선 이후 화학 물질과 농약이 호수로 흘러들어 수질이 악화되고 어획량이 감소하였으며, 장미 농장에서 호수의 물을 과도하게 사용하면서 호수의 수위도 낮아지게 되었다.

✚ 네덜란드 화훼 기업의 수와 재배 면적 변화

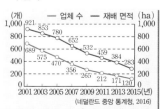

(네덜란드 중앙 통계청, 2016)

개념 다지기

01 빈칸에 들어갈 알맞은 말을 쓰시오.

(1) 제품 생산 과정 및 폐기물 처리 과정에서 환경 문제를 일으키는 산업을 (   )(이)라 한다.

(2) (   )은(는) 전자 제품이 새롭게 등장할 때마다 그전에 사용하던 제품을 교체하면서 자연스럽게 버려지는 폐기물이다.

(3) (   )은(는) 유해 폐기물에 대한 국제적 이동의 통제와 규제를 목적으로 하는 국제 협약이다.

(4) (   )은(는) 과거에 대표적인 화훼 시장의 중심 국가였으나 최근 많은 농가들이 아프리카 케냐로 이전했다.

02 선진국과 개발 도상국의 특징을 〈보기〉에서 고르시오.

┤ 보기 ├
ㄱ. 환경 오염에 대한 규제가 엄격하다.
ㄴ. 환경보다 경제 성장 정책을 우선시한다.
ㄷ. 환경 오염을 유발하는 제조 설비를 이전시킨다.
ㄹ. 환경 문제에 대한 사회적 인식이 높지 않아 공해 유발 산업을 유치한다.

(1) 선진국의 특징:
(2) 개발 도상국의 특징:

03 다음은 환경 문제 유발 산업의 이동이 지역에 미치는 영향을 나타낸 것이다. 선진국에 해당하면 '선', 개발 도상국에 해당하면 '개'라고 쓰시오.

(1) 오염 물질 배출량이 감소한다. ················ (   )

(2) 일자리를 창출하고 지역 경제가 활성화될 수 있다.
·· (   )

(3) 환경 오염이 심화되고 주민 건강이 위협받을 수 있다.
·· (   )

(4) 쾌적한 환경 조성을 통해 환경 문제 해결에 도움을 받는다. ··· (   )

04 다음 글에 공통으로 들어갈 알맞은 말을 쓰시오.

(   )은(는) 1급 발암 물질로 건축이나 산업의 재료로 많이 활용해왔다. 이웃 나라 일본에서 (   )의 규제가 강화되자 우리나라로 생산 공장이 이전되었다. 이후 우리나라에서도 (   )의 생산과 사용이 금지되자 제조 공장들은 규제가 약한 중국과 동남아시아로 옮겨갔다.

05 괄호 안의 내용 중 알맞은 말에 ○표 하시오.

(1) 기술이 발달할수록 전자 제품의 사용 주기가 (길어, 짧아)지면서 전자 쓰레기양이 증가하고 있다.

(2) 환경 문제 유발 산업이 유입되는 (선진국, 개발 도상국)에서는 환경 오염과 생태계 파괴 등이 나타날 수 있다.

(3) (선진국, 개발 도상국)에서는 금속 자원을 채취하고 경제적 이익을 얻기 위해 전자 쓰레기를 수입한다.

(4) 전자 쓰레기 유출 지역은 (쾌적한 환경, 경제 성장)에 대한 요구가 높다.

(5) 선진국의 농장은 임금과 땅값이 (싼, 비싼) 개발 도상국으로 이전하는 경우가 많아졌다.

06 다음 설명이 맞으면 ○표, 틀리면 ×표 하시오.

(1) 환경 문제 유발 산업의 이전으로 환경 문제가 공간적으로 평등하게 나타난다. ······················· (   )

(2) 선진국은 환경에 대한 규제가 느슨하고 경제적 이익을 얻기 위해 석유 화학, 의류 등의 공장을 유치하고 있다. ··· (   )

(3) 선진국의 전자 쓰레기는 중고품이나 구호품의 이름을 달고 개발 도상국들로 옮겨지고 있다. ············· (   )

(4) 선진국의 농장이 이전하면서 개발 도상국에서는 물 부족 및 토양 오염 문제가 제기되고 있다. ·········· (   )

(5) 네덜란드가 케냐로 화훼 농장을 이전한 이유는 탄소 배출 비용을 줄이고 값싼 노동력을 확보하기 위해서이다.
·· (   )

07 밑줄 친 부분을 바르게 고쳐 쓰시오.

(1) 전자 쓰레기 <u>유출 지역</u>에서는 유해 물질 배출에 따른 환경 오염이 심해지고 주민 생활이 위협받는다.

(2) 공해 유발 산업이 이동하면서 <u>개발 도상국</u>은 쾌적한 환경을 조성하고 환경 문제 해결에 도움을 받았다.

(3) 개발 도상국에서는 <u>석면</u>의 분해를 통해 금속 자원을 채취하고 있으나 그 과정에서 주민들이 중금속에 노출되는 문제가 있다.

(4) 국제 사회는 유해 폐기물에 대한 국제적 이동의 통제를 위해 <u>기후 변화 협약</u>을 체결했다.

중단원 실력 쌓기

01 환경 문제 유발 산업에 대한 옳은 설명을 〈보기〉에서 고른 것은?

┤ 보기 ├

ㄱ. 제철 공업, 석유 화학 공업이 대표적인 사례이다.

ㄴ. 최근 개발 도상국에서 선진국으로 이동하는 경향이 크다.

ㄷ. 생산 공장이 이동하면서 환경 문제도 함께 옮겨갈 수 있다.

ㄹ. 환경에 대한 사회적 인식이 높은 지역에 입지하는 경향이 크다.

① ㄱ, ㄴ   ② ㄱ, ㄷ   ③ ㄴ, ㄷ
④ ㄴ, ㄹ   ⑤ ㄷ, ㄹ

[02~03] 지도는 석면 공장의 이동을 나타낸 것이다. 이를 보고 물음에 답하시오.

02 지도에 대한 설명으로 옳은 것은?

① 석면의 대부분은 선진국에서 생산된다.

② 우리나라의 석면 산업은 독일과 일본으로 이전되었다.

③ 선진국보다 개발 도상국에서 석면을 처리하는 기술이 발달하였다.

④ 1990년대 이후 우리나라는 중국보다 석면 사용에 대한 규제가 강했다.

⑤ 석면 공장의 이동과 환경 문제가 이동하는 방향은 서로 반대로 나타난다.

03 석면 공장이 유입된 지역에서 나타날 수 있는 변화로 옳은 것은?

① 주민들의 일자리가 감소하게 된다.

② 최신 설비를 갖춘 공장이 함께 들어선다.

③ 금속 자원을 채취하여 경제적 이익을 얻을 수 있다.

④ 지역 주민들이 질병에 노출되어 건강이 위협받는다.

⑤ 경제 성장보다 환경 보전을 위한 정책을 우선 실시한다.

[04~05] 지도는 전자 쓰레기의 이동을 나타낸 것이다. 이를 보고 물음에 답하시오.

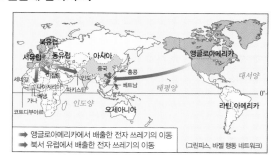

→ 앵글로아메리카에서 배출한 전자 쓰레기의 이동
→ 북서 유럽에서 배출한 전자 쓰레기의 이동
(그린피스, 바젤 행동 네트워크)

04 지도에 대한 설명으로 옳지 않은 것은?

① 주로 선진국에서 개발 도상국으로 이동하고 있다.

② 경제 성장을 우선시하는 국가들로 대부분 유입되고 있다.

③ 유럽의 전자 쓰레기는 아프리카 지역으로 많이 이동한다.

④ 인구가 많은 국가에서 인구가 적은 국가로 이동하고 있다.

⑤ 환경 문제에 대한 규제가 엄격한 곳에서 느슨한 곳으로 이동한다.

05 전자 쓰레기가 유입된 지역에서 나타날 수 있는 변화를 〈보기〉에서 고른 것은?

┤ 보기 ├

ㄱ. 첨단 산업이 발달하게 된다.

ㄴ. 유해 물질에 따른 환경 오염이 발생한다.

ㄷ. 환경 오염을 처리하는 비용이 감소하게 된다.

ㄹ. 금속 자원을 채취해 경제적 이익을 얻을 수 있다.

① ㄱ, ㄴ ② ㄱ, ㄷ ③ ㄴ, ㄷ ④ ㄴ, ㄹ ⑤ ㄷ, ㄹ

06 다음 학생들의 대화에서 ㉠에 들어갈 내용으로 옳은 것은?

전자 제품의 사용 주기가 짧아지면서 버려지는 전자 제품들이 늘어나고 있대.

㉠

① 개발 도상국의 환경이 쾌적해지겠군.

② 전자 쓰레기의 국제 이동량이 줄어들겠군.

③ 선진국의 전자 쓰레기 배출량이 늘어나겠군.

④ 선진국 주민들의 일자리가 점차 감소하겠군.

⑤ 개발 도상국의 환경 규제가 더욱 엄격해지겠군.

07 공해 유발 산업을 유출하는 지역의 특징을 〈보기〉에서 고른 것은?

┤ 보기 ├
ㄱ. 첨단 산업이 발달해 있다.
ㄴ. 환경 오염에 대한 규제가 느슨한 편이다.
ㄷ. 환경 오염에 대한 사회적 인식이 높은 편이다.
ㄹ. 환경보다 경제 성장을 우선시하는 정책을 추진한다.

① ㄱ, ㄴ ② ㄱ, ㄷ ③ ㄴ, ㄷ ④ ㄴ, ㄹ ⑤ ㄷ, ㄹ

08 지도는 전자 쓰레기의 발생 지역과 처리 지역을 나타낸 것이다. 이에 대한 설명으로 옳지 않은 것은?

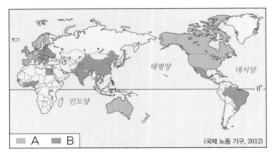

(국제 노동 기구, 2012)

① A는 B보다 환경에 대한 규제가 강하다.
② A는 B에 비해 쾌적한 환경이 조성되어 있다.
③ A가 B에 비해 경제 발전 정도가 높게 나타난다.
④ B는 A에 비해 오염 물질에 대한 배출 규제가 약한 편이다.
⑤ B에서 A로 전자 쓰레기가 이동해 환경 문제의 불평등 현상이 완화된다.

09 다음 글의 밑줄 친 지역에서 나타날 수 있는 변화로 옳은 것을 〈보기〉에서 고른 것은?

우리가 쉽게 접하는 대형 의류 브랜드 제품의 공장은 본사가 있는 곳이 아닌 방글라데시, 인도네시아, 라오스 등에 위치하고 있다.

┤ 보기 ├
ㄱ. 지역 주민들의 일자리가 감소한다.
ㄴ. 의류 산업에 대한 규제가 강화된다.
ㄷ. 주민들의 질병 발생 위험이 높아진다.
ㄹ. 폐수로 인한 수질 오염 문제가 나타난다.

① ㄱ, ㄴ ② ㄱ, ㄷ ③ ㄴ, ㄷ ④ ㄴ, ㄹ ⑤ ㄷ, ㄹ

10 다음 내용과 관련된 국제 협약으로 옳은 것은?

선진국이 유해 폐기물을 개발 도상국에 불법으로 버리는 경우가 많았기 때문에 아프리카 국가 등 개발 도상국이 주도적인 역할을 하여 유해 폐기물의 국가 간 이동과 처리에 관한 협약을 체결하였다.

① 파리 협정   ② 바젤 협약   ③ 람사르 협약
④ 교토 의정서   ⑤ 몬트리올 의정서

[11~12] 다음 글을 읽고 물음에 답하시오.

과거 유럽에서 소비되던 장미는 대부분 네덜란드에서 재배되었으나 생산비가 증가하면서 아프리카의 케냐 등으로 생산지가 이동했다. 최근 많은 화훼 농가들이 해발 고도가 높은 고원 지대가 널리 분포하는 케냐의 나이바샤 호수 근처에 농장을 짓고 대규모로 장미를 재배하고 있다.

11 위 글에서 밑줄 친 현상이 나타나게 된 원인으로 옳지 않은 것은?

① 임금과 지가가 저렴하기 때문이다.
② 탄소 배출 비용을 절감할 수 있기 때문이다.
③ 기후가 온화하여 장미 재배에 유리하기 때문이다.
④ 나이바샤 호수의 수자원 활용이 용이하기 때문이다.
⑤ 환경 규제가 엄격하여 친환경 재배가 가능하기 때문이다.

12 케냐의 나이바샤호 주변에서 나타날 수 있는 지역 변화로 옳은 것을 〈보기〉에서 고른 것은?

┤ 보기 ├
ㄱ. 화훼 농가 주민들의 소득이 감소했다.
ㄴ. 호수의 수량이 증가해 어획량이 늘어났다.
ㄷ. 고용이 창출되어 지역 경제가 활성화되었다.
ㄹ. 화학 비료와 농약 사용으로 토양이 오염되었다.

① ㄱ, ㄴ   ② ㄱ, ㄷ   ③ ㄴ, ㄷ
④ ㄴ, ㄹ   ⑤ ㄷ, ㄹ

서술형·논술형

01 서술형

지도는 석면 공장의 이동을 나타낸 것이다. 주된 이동의 경향을 쓰고, 이러한 이동이 발생하는 이유를 선진국과 개발 도상국의 입장에서 서술하시오.

1981년 독일 석면 기업 L사가 대한민국 J사로 석면 방직 기계 수출

1970년대 미국의 석면 시멘트 공장이 일본으로 진출

1970년대 초 일본 석면 기업 T사는 청석면과 백석면 방직 기계를 대한민국 J사로 수출

1990~2000년 대한민국의 석면 방직 공장 J사는 인도네시아, 말레이시아, 중국으로 진출

(월간 △△, 2014)

02 서술형

지도는 전자 쓰레기의 발생과 이동을 나타낸 것이다. 전자 쓰레기의 이동이 유입 지역에 미칠 수 있는 영향을 긍정적인 측면과 부정적인 측면으로 나누어 각각 한 가지씩 서술하시오.

전자 쓰레기 이동(2011년)
- 전자 쓰레기 발생 지역
- 전자 쓰레기 처리 지역
- → 전자 쓰레기 이동 방향

(국제 노동 기구, 2012)

03 서술형

다음 글을 읽고 장미 농장의 이전이 케냐에 미칠 수 있는 부정적인 영향을 두 가지만 서술하시오.

> 과거 유럽에서 소비되던 장미는 대부분 네덜란드에서 재배되었으나, 최근 아프리카 케냐 등지로 생산지가 이동했다. 케냐는 1년 내내 꽃을 기를 수 있어 화훼 농업이 발달했다. 케냐 남서부 나이바샤 호수 근처에는 대규모 장미 농장이 들어서 있다.

04 논술형

다음과 같은 산업의 이동이 지역에 미치는 영향을 선진국과 개발 도상국의 입장에서 각각 서술한 후, 이러한 문제를 해결하기 위한 노력을 400자 이내로 논술하시오.

> 제품 생산 과정에서 대량의 오염 물질을 배출하거나, 폐기물 처리 과정에서 환경 문제를 일으키는 산업으로 제철 공업, 석유 화학 공업, 금속 공업 등이 있다.

|핵심 개념| 환경 문제의 공간적 불평등
(1) 환경 문제 유발 산업의 이동이 선진국과 개발 도상국에 미치는 영향의 차이
(2) 해결 노력: 선진국, 개발 도상국, 국제 사회의 노력

03 생활 속의 환경 이슈

➕ 지역 이기주의
다른 지역의 이익은 고려하지 않고 자기 지역의 이익이나 행복만을 추구하는 태도

➕ 국립 공원 케이블카 설치와 관련된 논란
· 찬성: 신체적 약자의 관광 가능, 관광 소득 증가로 지역 경제 활성화, 등산객 분산으로 인한 등산로 훼손 감소
· 반대: 생태계와 자연 경관 파괴, 무분별한 개발 유발, 설치 지역 주변에만 이익이 돌아감

➕ 유전자 재조합 농산물 재배 면적 상위 5개국

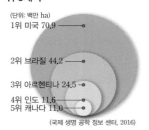

(단위: 백만 ha)
1위 미국 70.9
2위 브라질 44.2
3위 아르헨티나 24.5
4위 인도 11.6
5위 캐나다 11.0
(국제 생명 공학 정보 센터, 2016)

유전자 재조합 농산물은 미국, 브라질, 아르헨티나, 인도, 캐나다 등지에서 대규모로 재배되고 있다.

➕ 세계 농지 면적 중 유전자 재조합 농산물 재배 면적 비중

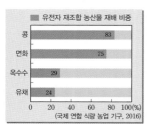

■ 유전자 재조합 농산물 재배 비중
콩 83
면화 75
옥수수 29
유채 24
0 20 40 60 80 100(%)
(국제 연합 식량 농업 기구, 2016)

유전자 재조합 농산물로 콩, 옥수수 등이 대표적이다.

➕ 로컬 푸드 운동
로컬 푸드란 일반적으로 소비지로부터 반경 50km이내에서 생산된 농산물을 의미하며, 특정 지역에서 생산된 먹을거리를 가능한 그 지역 안에서 소비하자는 운동을 말한다. 캐나다의 100마일 다이어트 운동, 일본의 지산지소 운동 등이 대표적인 로컬 푸드 운동이라고 볼 수 있다.

❶ 환경 이슈(＝환경 쟁점)

(1) **의미**: 환경 문제 중 원인과 해결 방안이 입장에 따라 서로 다른 것
→ 개인, 기업, 국가, 환경 단체 등이 이해관계에 따라 견해가 다를 수 있음

(2) **특징**
　① 시대별, 공간적 규모에 따라 다양하게 나타남
　② 일상생활과 사회 활동 전반에 영향을 미침

(3) **사례**

세계적 수준	기후 변화 문제, 아마존 열대림 개발 등
국가 및 지역적 수준	원자력 발전소 건설, 쓰레기 소각장 건설, 갯벌 간척, 국립 공원 케이블카 설치 등

→ 지역 이기주의로 발전할 수 있음
→ 이용할 수 있는 땅이 넓어지는 효과가 있으나, 생태계가 파괴되고 어업에 부정적 영향을 미칠 수 있음

(4) **해결**: 집단 간에 서로 다른 의견을 검토하고 대안을 협의하는 토의 과정이 필요

환경 이슈 → 대립하는 가치 검토 → 다양한 대안 제시 → 최선의 대안 합의 → 실천 노력

▲ 토의 과정

❷ 일상생활 속의 환경 이슈

(1) **유전자 재조합 식품(GMO)** → 유전자 변형 식품이라고도 함
　① **의미**: 생물체의 유용한 유전자를 다른 생물체의 유전자와 결합하여 특정 목적에 맞게 일부를 변형시킨 식품
　② **사례**: 잡초에 강한 옥수수, 잘 무르지 않는 토마토, 카페인이 제거된 커피 등
　③ **입장 차이**

	→ 농약 사용량이 감소할 수 있음
긍정적 측면	· 병충해에 강하고 생산량이 많음, 적은 노동력과 비용으로 대량 수확 ➡ 농가 소득 증대, 식량 부족 문제 해결에 기여 · 특정 영양소 강화
부정적 측면	· 인체에 미치는 영향에 대한 안전성이 검증되지 않음 · 재배 과정에서 환경과 생물 다양성을 위협할 수 있음 · 유전자 재조합 기술을 가진 다국적 농업 기업에 많은 비용 지불

(2) **로컬 푸드 운동** ----→ 시간과 공간을 초월해 전 지구적으로 상품화된 먹을거리를 글로벌 푸드라고 함
　① **의미**: 지역에서 생산된 농산물을 그 지역에서 소비하자는 운동
　② **배경**: 식품 운송 과정에서 많은 온실가스 배출, 방부제 과다 사용 ➡ 환경 및 안전하고 건강한 먹을거리에 대한 관심 증가
　③ **효과**

생산자	안정적인 소득 보장
소비자	신선하고 안전한 먹을거리를 제공받음 → 방부제를 쓰지 않고 신선도를 유지할 수 있기 때문
지역	친환경 농업 발전을 통한 지역 경제 활성화

Q&A 푸드 마일리지는 무엇이며, 로컬 푸드 운동과 어떤 관련이 있을까요?

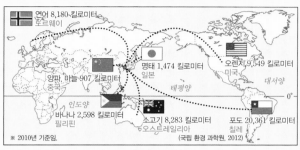

▲ 주요 수입 먹을거리의 푸드 마일리지

푸드 마일리지는 먹을거리가 생산되어 소비자의 식탁에 오르기까지의 이동 거리(km)에 식품 수송량(t)을 곱한 값이다.

푸드 마일리지가 높을수록 이동 거리가 멀며 운송 과정에서 배출되는 온실가스의 양이 많아 환경에 부담을 주게 된다. 수입 농산물은 푸드 마일리지가 높고 안전성 보장이 어려워 이에 대한 대안으로 로컬 푸드 운동이 점차 확대되고 있다.

(3) 미세 먼지 → 황사와 미세 먼지는 전혀 다른 물질로 구성됨

① 의미: 우리 눈에 보이지 않을 정도로 가늘고 작은 먼지 입자

② 원인

자연적 요인	흙먼지, 식물 꽃가루
인위적 요인	화석 연료 연소 시 생기는 매연, 자동차 배기가스, 건설 현장의 날림 먼지, 소각장 연기 등 └ 석탄을 사용하는 화력 발전소, 노후 경유차의 운행이 주요 원인으로 알려짐

③ 영향

• 각종 호흡기 질환, 심혈관 질환, 치매 등의 뇌 질환 유발
• 반도체 등 정밀 기기 불량률 증가
• 가시거리 확보가 어려워 비행기나 여객선 운항에 차질

집중탐구 미세 먼지의 이동 경로와 발생 원인

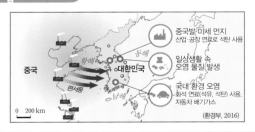

우리나라는 편서풍 지대에 있어 서쪽에 위치한 중국의 영향을 많이 받는다. 중국에서 발생한 미세 먼지가 우리나라로 유입되고, 여기에 국내 발생 미세 먼지가 합쳐질 경우 그 농도가 계속 높아진다. 미세 먼지는 공장의 매연, 자동차 배기가스, 화력 발전소 등에서 주로 발생한다.

(4) 쓰레기 문제

① 원인: 자원 소비 증가, 일회용품 및 포장재 사용 증가

② 내용: 쓰레기 처리 방법(매립 및 소각)을 둘러싼 갈등, 쓰레기 증가로 인한 오염 발생

③ 대책: 쓰레기 종량제, 자원 재활용, 쓰레기 분리배출 의무화

(5) 소음 공해

① 원인: 도시 면적 확대 및 공업 시설 증가로 주거지, 공장 등에서 발생하는 소음 증가

② 내용: 공동생활 주택에서 발생하는 층간 소음 등

③ 대책: 소음을 줄여주는 장비 설치

✚ 미세 먼지

입자 크기에 따라 지름 10μm 이하를 미세 먼지, 2.5μm 이하를 초미세 먼지로 구분한다.

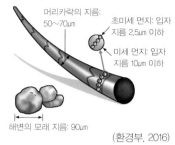

▲ 미세 먼지의 크기

✚ 미세 먼지에 대한 대책

화력 발전소와 공장에 대한 정부 규제, 중국과의 협조 체제 구축, 미세 먼지에 대한 정확한 예보 등이 필요하다.

✚ 쓰레기 종량제

쓰레기 배출량에 따라 처리 비용을 부담하는 제도

✚ 플라스틱 쓰레기 문제

플라스틱 쓰레기는 가볍고 튼튼해 바다로 흘러가면 썩지 않고 떠다니는데 잘게 쪼개진 플라스틱 쓰레기를 먹이로 착각해 먹고 죽는 물고기와 새가 늘어나고 있다.

개념 다지기

01 빈칸에 들어갈 알맞은 말을 쓰시오.

(1) 환경 문제 중 원인과 해결 방안이 입장에 따라 서로 다르게 나타나는 것을 (   )(이)라고 한다.

(2) 기존의 생물체에 다른 생물체의 유전자를 결합하여 만들어낸 새로운 식품을 (   ) 식품이라고 한다.

(3) (   ) 운동은 환경에 대한 관심이 높아지면서 지역에서 생산된 농산물을 그 지역에서 소비하자는 운동을 말한다.

(4) (   )은(는) 우리 눈에 보이지 않을 정도로 가늘고 작은 먼지 입자이다.

(5) 환경 쟁점을 해결하기 위해서는 집단 간에 서로 다른 의견을 검토하고 대안을 협의하는 (   ) 과정이 필요하다.

02 다음 글에 공통으로 들어갈 알맞은 단어를 쓰시오.

(   )은(는) 먹을거리가 생산되어 소비자의 식탁에 오르기까지의 이동 거리(km)에 식품 수송량(t)을 곱한 값으로 나타낸다. (   )이(가) 높을수록 이동 거리가 멀며 운송 과정에서 배출되는 온실가스의 양이 많다고 할 수 있다.

03 유전자 재조합 식품에 대한 찬성과 반대 입장을 〈보기〉에서 고르시오.

┤ 보기 ├
ㄱ. 특정 영양소를 강화할 수 있다.
ㄴ. 생태계의 다양성이 훼손될 수 있다.
ㄷ. 식량 부족 문제 해결에 기여할 수 있다.
ㄹ. 인체에 미치는 영향이 검증되지 않았다.

(1) 유전자 재조합 식품 찬성:

(2) 유전자 재조합 식품 반대:

04 다음 환경 이슈와 관련된 갈등을 바르게 연결하시오.

(1) 미세 먼지 •   • ㉠ 매립과 소각을 둘러싼 갈등

(2) 쓰레기 문제 •   • ㉡ 화력 발전소 유지 및 노후 경유차 운행을 둘러싼 갈등

(3) 소음 공해 •   • ㉢ 공동생활 주택의 층간 소음

05 괄호 안의 내용 중 알맞은 말에 ○표 하시오.

(1) 갯벌 간척, 쓰레기 소각장 건설 등은 (세계적, 국가 및 지역적) 수준의 환경 이슈이다.

(2) 유전자 재조합 식품은 병충해에 (약하고, 강하고) 수확량이 많은 편이다.

(3) 수입 농산물은 푸드 마일리지가 (높고, 낮고) 안전성 보장이 어려워 로컬 푸드에 대한 관심이 높아졌다.

(4) 화석 연료 연소 시 발생하는 매연, 자동차 배기가스 등은 (미세 먼지, 황사)의 인위적 요인에 해당한다.

(5) 미세 먼지로 인해 가시거리가 (길어져, 짧아져) 비행기 운항에 차질을 빚기도 한다.

06 다음 설명이 맞으면 ○표, 틀리면 ✕표 하시오.

(1) 환경 이슈는 시대와 공간적 규모에 따라 다양하게 나타날 수 있다. ··( )

(2) 유전자 재조합 식품은 특정 영양소를 강화하여 인체에 안전성이 충분히 검증되었다. ·····················( )

(3) 푸드 마일리지가 높을수록 안전하고 건강한 먹을거리라고 할 수 있다. ··( )

(4) 로컬 푸드를 이용하면 지구 온난화 방지에 도움이 되며, 지역 내 생산자에게도 안정적인 소득을 보장할 수 있다. ··( )

(5) 미세 먼지 배출을 규제하기 위해 원자력 발전소와 노후 경유차에 대한 정부 규제가 필요하다. ···········( )

07 밑줄 친 부분을 바르게 고쳐 쓰시오.

(1) 로컬 푸드는 병충해에 강하고 수확량이 많아 식량 부족 문제 해결에 기여할 수 있다는 장점이 있다.

(2) 유전자 재조합 식품은 재배 과정 중 생물 다양성을 보존해줄 수 있다.

(3) 푸드 마일리지는 일반적으로 소비지로부터 반경 50km 이내에서 생산된 농산물을 의미한다.

(4) 소음 공해는 반도체 등 정밀 기기 불량률을 높이고, 각종 호흡기 질환 및 심혈관 질환을 유발시키기도 한다.

중단원 실력 쌓기

01 환경 이슈에 대한 옳은 설명을 〈보기〉에서 고른 것은?

┤ 보기 ├
ㄱ. 시대와 장소에 따라 다양하게 나타난다.
ㄴ. 원인과 해결 방안에 대한 입장은 동일하게 나타난다.
ㄷ. 서로 다른 의견을 검토하고 협의하는 토의 과정을 통해 해결할 수 있다.
ㄹ. 쓰레기 소각장 건설이나 갯벌 간척은 세계적 수준의 환경 이슈에 해당한다.

① ㄱ, ㄴ ② ㄱ, ㄷ ③ ㄴ, ㄷ ④ ㄴ, ㄹ ⑤ ㄷ, ㄹ

02 다음 설명에 해당하는 농산물에 대한 설명으로 옳지 않은 것은?

생물체의 유용한 유전자를 다른 생물체의 유전자와 결합하여 특정 목적에 맞게 일부를 변형시킨 농산물로 잘 무르지 않는 토마토, 카페인이 제거된 커피 등이 대표적이다.

① 병충해에 강하고 수확량이 많은 편이다.
② 특정 영양소를 강화하여 생산할 수 있다.
③ 재배 과정에서 생물 다양성을 위협할 수 있다.
④ 인체에 미치는 안전성이 검증되어 수요가 늘고 있다.
⑤ 생산량 증가로 식량 부족 문제 해결에 기여할 수 있다.

03 그래프는 세계 농지 면적 중 유전자 재조합 농산물 재배 면적 비중을 나타낸 것이다. 이와 같은 상황에서 제기될 수 있는 문제점으로 옳은 것을 〈보기〉에서 고른 것은?

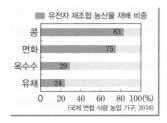

┤ 보기 ├
ㄱ. 병충해에 강해져 농약 사용이 감소한다.
ㄴ. 농산물의 가격이 하락해 농가 소득이 감소한다.
ㄷ. 인체에 미치는 안전성 여부가 확인되지 않았다.
ㄹ. 생태계가 교란되어 생물 다양성을 저해할 수 있다.

① ㄱ, ㄴ ② ㄱ, ㄷ ③ ㄴ, ㄷ ④ ㄴ, ㄹ ⑤ ㄷ, ㄹ

04 유전자 재조합 식품(GMO)에 대한 설명으로 옳은 것은?

① 생물 종의 다양성을 확보해 생태계가 안정된다.
② 재배 과정에서 농약 사용량이 증가하게 될 것이다.
③ 작물의 생산 비용이 증가해 농민들의 소득이 감소한다.
④ 오랜 기간에 걸쳐 섭취해도 인체에 미치는 영향이 적다.
⑤ 식량 생산량이 늘어나 식량 부족 문제 해결에 기여할 수 있다.

05 유전자 재조합 농산물과 관련된 자료를 보고 해석한 내용으로 옳은 것을 〈보기〉에서 고른 것은?

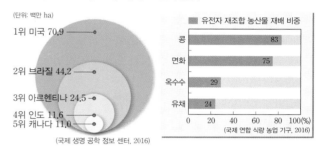

(단위: 백만 ha)
1위 미국 70.9
2위 브라질 44.2
3위 아르헨티나 24.5
4위 인도 11.6
5위 캐나다 11.0
(국제 생명 공학 정보 센터, 2016)

▲ 유전자 재조합 농산물 재배 면적 상위 5개국

▲ 세계 농지 면적 중 유전자 재조합 농산물 재배 면적 비중

┤ 보기 ├
ㄱ. 아시아 대륙에서는 재배되는 국가가 없다.
ㄴ. 아메리카 대륙의 국가들에서 주로 재배되고 있다.
ㄷ. 유전자 재조합 농산물 중 콩의 생산량이 가장 많다.
ㄹ. 콩과 면화는 유전자 재조합 농산물의 재배 비중이 더 높다.

① ㄱ, ㄴ ② ㄱ, ㄷ ③ ㄴ, ㄷ ④ ㄴ, ㄹ ⑤ ㄷ, ㄹ

06 다음과 같은 운동을 통해 얻을 수 있는 효과로 적절하지 않은 것은?

일반적으로 소비지로부터 반경 50km 이내에서 생산된 농산물을 소비하자는 운동으로, 캐나다의 100마일 다이어트 운동, 일본의 지산지소 운동 등이 대표적이다.

① 신선하고 안전한 먹을거리를 제공받을 수 있다.
② 생산자는 보다 안정적인 소득을 보장받을 수 있다.
③ 온실가스 배출량을 줄여 환경에 대한 부담을 줄여준다.
④ 푸드 마일리지가 높은 친환경 농산물을 소비할 수 있다.
⑤ 친환경 농업 발전이 가능해 지역 경제가 활성화될 수 있다.

07 지도는 주요 수입 먹을거리의 푸드 마일리지를 나타낸 것이다. 이에 대한 설명으로 옳은 것은? (단, 물품별 수송량은 동일하다고 가정함.)

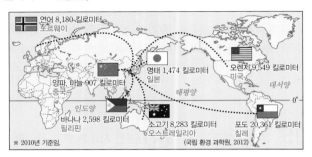

① 이동 거리가 길수록 환경에 미치는 부담이 작아진다.
② 이동 거리가 짧을수록 푸드 마일리지는 높게 나타난다.
③ 푸드 마일리지가 높을수록 식품의 안전성 보장이 어렵다.
④ 푸드 마일리지가 낮을수록 환경에 부정적인 영향을 미친다.
⑤ 이동 거리에 관계없이 푸드 마일리지는 동일하게 나타난다.

08 다음과 같은 상황에서 소비자들에게 예상되는 행동으로 가장 적절한 것은?

최근 '웰빙(참살이)'이 강조되면서 식품을 생산·운송·소비하는 과정에서 식품의 안전성을 확보하는 것은 물론 환경의 부담을 줄이려는 움직임이 나타나고 있다.

① 글로벌 푸드의 소비를 증가시킨다.
② 푸드 마일리지가 높은 식자재를 사용한다.
③ 유전자 재조합 식품을 자주 사용하고 있다.
④ 다국적 농업 기업이 생산한 수입 농산물을 애용한다.
⑤ 사는 곳으로부터 가까운 지역에서 키운 먹을거리를 소비한다.

09 미세 먼지 발생의 인위적 요인으로 옳은 것을 〈보기〉에서 고른 것은?

| 보기 |
ㄱ. 식물의 꽃가루 발생
ㄴ. 친환경 자동차의 보급 증가
ㄷ. 화력 발전소에서 발생하는 매연
ㄹ. 건설 현장에서 발생하는 날림 먼지

① ㄱ, ㄴ ② ㄱ, ㄷ ③ ㄴ, ㄷ ④ ㄴ, ㄹ ⑤ ㄷ, ㄹ

10 다음 글이 의미하는 것에 대한 설명으로 옳지 않은 것은?

우리 눈에 보이지 않을 정도로 가늘고 작은 먼지 입자를 의미하며, 보통 입자의 크기가 지름 $10\mu m$ 이하이다.

① 각종 호흡기 및 심혈관 질환을 유발한다.
② 반도체와 같은 정밀 기기 불량률을 높인다.
③ 비행기나 여객선의 운항에 지장을 줄 수 있다.
④ 주로 봄철에 바람이 많이 부는 날 피해가 크다.
⑤ 자연적 요인보다 인위적 요인이 발생에 큰 영향을 미친다.

11 선생님의 질문에 대한 학생의 대답으로 옳지 않은 것은?

미세 먼지의 피해를 줄이기 위한 대책에 대해 이야기해 볼까요?

① 화력 발전소의 규모를 확대시킵니다.
② 화석 연료의 사용을 점차 줄여나갑니다.
③ 정확한 미세 먼지 예보 체계를 구축합니다.
④ 이웃 국가인 중국과 협조 체제를 마련합니다.
⑤ 미세 먼지 방진용 마스크의 착용을 생활화합니다.

12 지도는 미세 먼지의 이동 경로와 발생 원인을 나타낸 것이다. 이에 대한 설명으로 옳은 것은?

① 이웃 국가인 일본의 영향을 많이 받는 편이다.
② 중국발 미세 먼지의 주된 원인은 주로 자동차 배기가스 때문이다.
③ 미세 먼지를 줄이기 위해서는 중국보다는 우리나라의 노력이 매우 중요하다.
④ 우리나라의 화력 발전소와 노후 경유차에서 발생하는 매연은 중국에 큰 영향을 미친다.
⑤ 중국발 미세 먼지와 국내 발생 미세 먼지가 합쳐질 경우 미세 먼지 농도가 높아지게 된다.

01 다음 글을 읽고 ㉠에 들어갈 알맞은 말을 쓰고, ㉡에 해당하는 사례를 두 가지 서술하시오.

> 환경 문제 중에서 원인과 해결 방안이 입장에 따라 서로 다른 것을 (㉠)(이)라 부른다. (㉠)은(는) 시대별로 다르며 ㉡지역적인 수준부터 세계적인 수준까지 다양한 규모에서 나타난다.

02 다음 설명에 해당하는 운동의 명칭을 쓰고, 이러한 운동을 통해 얻을 수 있는 효과를 두 가지만 서술하시오.

> 환경에 대한 관심이 커지고 안전하고 건강한 먹을거리를 찾는 소비자들이 늘어나면서 지역에서 생산된 농산물을 지역에서 소비하자는 운동이 펼쳐지고 있다.

03 다음 글을 읽고 ㉠, ㉡에 해당하는 적절한 내용을 각각 서술하시오.

> 일상생활에서 우리가 실천할 수 있는 환경 보전 활동으로는 ㉠ 대기 오염을 줄이기 위한 실천 방안, ㉡ 쓰레기 배출을 감소시킬 수 있는 실천 방안 등 매우 다양하다.

04 그림은 미세 먼지의 발생 원인을 나타낸 것이다. (가)에 들어갈 알맞은 내용을 쓰고, 이러한 미세 먼지가 일상생활에 미칠 수 있는 영향을 두 가지만 서술하시오.

05 다음 글을 읽고 유전자 재조합 식품(GMO)의 개발에 대한 찬성과 반대 입장 중 하나를 선택한 후 그 이유를 300자 이내로 논술하시오.

> 한 생명체의 유전자를 다른 생명체의 유전자와 결합해 원하는 특성을 갖게 하는 것이 유전자 재조합이다. 세계 최초의 유전자 재조합 식품은 '무르지 않는 토마토'이다. 이후 옥수수, 콩, 감자, 면화 등이 계속 개발되었다.

|핵심 개념| 유전자 재조합 식품에 대한 입장 차이
(1) 긍정적 측면 – 수확량, 영양적 측면
(2) 부정적 측면 – 인체에 미치는 영향, 생태학적 측면

01 그래프는 지구의 평균 기온 변화를 나타낸 것이다. 이에 대한 옳은 설명을 〈보기〉에서 고른 것은?

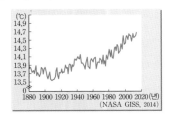

┤ 보기 ├
ㄱ. 지구의 평균 기온이 점차 상승하고 있다.
ㄴ. 대기 중의 이산화 탄소 농도가 낮아지면서 발생하는 현상이다.
ㄷ. 농경지 개발 및 열대림의 파괴가 변화에 영향을 미치기도 한다.
ㄹ. 이러한 변화로 해수면이 하강하거나 극지방의 빙하가 감소할 수 있다.

① ㄱ, ㄴ ② ㄱ, ㄷ ③ ㄴ, ㄷ ④ ㄴ, ㄹ ⑤ ㄷ, ㄹ

02 그림과 같은 현상이 과도하게 발생할 때 나타날 수 있는 변화로 옳지 않은 것은?

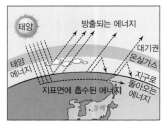

① 식물의 개화 시기가 빨라지게 될 것이다.
② 고산 식물의 분포 범위가 점차 확대될 것이다.
③ 해안 저지대의 침수 피해가 커지게 될 것이다.
④ 폭염과 열대야의 발생 일수가 증가하게 될 것이다.
⑤ 자연재해 발생 빈도와 피해 규모가 늘어나게 될 것이다.

03 지구 온난화로 인해 나타나는 변화 중 수치가 높아지고 있는 것을 〈보기〉에서 고른 것은?

┤ 보기 ├
ㄱ. 극지방 빙하의 양
ㄴ. 평균 해수면의 높이
ㄷ. 한류성 어족의 개체 수
ㄹ. 북극 항로의 항해 가능 일수

① ㄱ, ㄴ
② ㄱ, ㄷ
③ ㄴ, ㄷ
④ ㄴ, ㄹ
⑤ ㄷ, ㄹ

04 (가)~(다)는 기후 변화와 관련된 국제 협약이다. 이에 대한 옳은 설명을 〈보기〉에서 고른 것은?

(가) 교토 의정서　　　　(나) 기후 변화 협약
(다) 파리 협정

┤ 보기 ├
ㄱ. (가)는 온실가스 감축과 관련된 최초의 국제 협약이다.
ㄴ. (나)는 2020년 이후 (가)를 대체할 신기후 체제이다.
ㄷ. (다)는 선진국과 개발 도상국 모두 온실가스 배출 감축 의무를 규정하고 있다.
ㄹ. (가)~(다) 모두 온실가스 감축을 통해 지구 온난화를 방지하고자 하는 목적이 있다.

① ㄱ, ㄴ ② ㄱ, ㄷ ③ ㄴ, ㄷ ④ ㄴ, ㄹ ⑤ ㄷ, ㄹ

서술형
05 그림은 온실가스 감축에 대한 선진국과 개발 도상국의 주장을 나타낸 것이다. 개발 도상국의 입장을 서술하시오.

최근 개발 도상국의 온실가스 배출량이 급증하고 있으니 감축에 동참해 주시기 바랍니다.

06 다음 글의 밑줄 친 지역에서 나타날 수 있는 변화로 옳지 않은 것은?

가나의 아그보그블로시는 아프리카에서 가장 큰 쓰레기 처리장이 있는 곳으로 서부 유럽에서 발생한 전자 쓰레기의 상당수가 이곳으로 향한다.

① 주민들이 중금속에 쉽게 노출된다.
② 지역 주민들의 일자리가 늘어난다.
③ 재활용이 증가하면서 환경 오염 부담이 완화된다.
④ 금속 자원 채취를 통해 경제적 이익을 얻을 수 있다.
⑤ 유해 물질 배출로 생태계에 부정적 영향을 미칠 수 있다.

07 지도는 석면 공장의 이동을 나타낸 것이다. 이에 대한 옳은 설명을 〈보기〉에서 고른 것은?

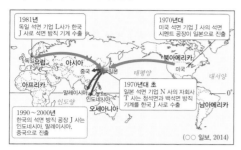

1981년
독일 석면 기업 L사가 한국 J사로 석면 방직 기계 수출

1970년대
미국 석면 기업 J 사의 석면 시멘트 공장이 일본으로 진출

독일유럽 아시아 북아메리카
아프리카 중국 일본 태평양 미국 대서양
말레이시아 인도네시아 0°
인도양 오세아니아 남아메리카

1970년대 초
일본 석면 기업 N 사의 자회사 T 사는 청석면과 백석면 방직 기계를 한국 J 사로 수출

1990~2000년
한국의 석면 방직 공장 J 사는 인도네시아, 말레이시아, 중국으로 진출.

(○○ 일보, 2014)

┤ 보기 ├
ㄱ. 일본, 우리나라는 환경 오염에 대한 사회적 인식이 높아졌다.
ㄴ. 경제 발전 수준이 낮은 국가에서 높은 국가로 이동하는 경향이 크다.
ㄷ. 중국, 말레이시아에서는 공장 이전으로 인한 환경 문제가 발생할 수 있다.
ㄹ. 석면 공장이 유입되는 지역은 경제 성장보다는 환경 보전을 우선시하는 편이다.

① ㄱ, ㄴ ② ㄱ, ㄷ ③ ㄴ, ㄷ ④ ㄴ, ㄹ ⑤ ㄷ, ㄹ

08 다음과 같은 산업이 유입되는 지역에서 나타날 수 있는 변화로 적절하지 않은 것은?

• 염색 산업 • 화학 공업 • 제철 공업 • 금속 공업

① 일자리가 늘어난다.
② 주민들의 건강이 위협을 받는다.
③ 유해 물질 배출로 환경이 오염된다.
④ 주민들의 소득 증가로 경제가 발전한다.
⑤ 기업에 대한 환경 규제가 점차 약화된다.

서술형
09 다음 글을 읽고 케냐에서 나타날 수 있는 변화를 긍정적인 측면과 부정적인 측면으로 구분하여 각각 한 가지씩 서술하시오.

유럽에서 팔리는 장미의 절반 이상은 아프리카 케냐에서 재배되고 있다. 장미를 재배하기 위해서는 인건비도 많이 들고 물도 많이 필요하기 때문이다. 이러한 이유로 유럽의 선진국들은 케냐의 호수 근처에 농장을 짓고 대규모로 장미를 재배하고 있다.

10 다음 글의 빈칸에 들어갈 ㉠이 갖는 장점으로 옳은 것을 〈보기〉에서 고른 것은?

우리가 자주 먹는 식품 중 빵, 과자, 간장, 두부 등에 (㉠)이(가) 원료로 들어가기도 한다. (㉠)은(는) 특정 목적에 맞게 유전자의 일부를 변형시킨 것이 특징이다. 최근 이것의 개발에 대한 찬반 의견이 팽팽하게 맞서고 있다.

┤ 보기 ├
ㄱ. 특정 영양소가 강화되어 안전성 확보가 가능하다.
ㄴ. 적은 비용과 노력으로 많은 양을 수확할 수 있다.
ㄷ. 대량 생산으로 식량 부족 문제 해결에 기여할 수 있다.
ㄹ. 운송 과정 중 온실가스 배출량을 줄여 환경에 대한 부담이 적다.

① ㄱ, ㄴ ② ㄱ, ㄷ ③ ㄴ, ㄷ ④ ㄴ, ㄹ ⑤ ㄷ, ㄹ

11 다음 글의 밑줄 친 상황과 관련된 대안으로 등장한 식품에 대한 설명으로 옳지 않은 것은?

푸드 마일리지는 먹을거리가 생산되어 소비자 식탁에 오르기까지의 이동 거리(km)에 식품 수송량(t)을 곱한 값으로 수입 농산물은 푸드 마일리지가 높고 안전성 보장이 어렵다.

① 지역 농민들의 안정적인 소득이 보장된다.
② 대량 생산이 가능해 가격이 저렴한 편이다.
③ 가까운 지역에서 생산되어 비교적 신선하다.
④ 운송 과정 중 온실가스 배출량을 줄일 수 있다.
⑤ 푸드 마일리지가 낮고 방부제를 사용하지 않는다.

12 그림과 같은 상황에서 나타날 수 있는 현상으로 옳은 것을 〈보기〉에서 고른 것은?

음!

┤ 보기 ├
ㄱ. 호흡기 질환의 환자 수가 늘어난다.
ㄴ. 반도체 등 정밀 기기 불량률이 낮아진다.
ㄷ. 비행기나 여객선의 운항에 어려움이 있다.
ㄹ. 중금속을 포함하고 있어 토양 오염의 주요 원인이 된다.

① ㄱ, ㄴ ② ㄱ, ㄷ ③ ㄴ, ㄷ ④ ㄴ, ㄹ ⑤ ㄷ, ㄹ

수행 평가 미리보기

선생님의 출제 의도 환경 신문 제작하기

10단원에서는 기후 변화의 원인과 대응 방안, 환경 문제를 유발하는 산업의 국제적 이동, 생활 속의 환경 이슈 등에 대해 살펴보았습니다. 이론적인 내용의 학습도 의미가 있지만 다양한 공간 규모에서 발생하는 환경 문제들을 이해하고 대응 방안을 탐색해 보며, 주변에서 경험할 수 있는 환경 이슈를 직접 찾아본 후 자신의 입장을 정리해 보는 것이 중요합니다.

모둠별로 협력하여 다양한 환경 문제와 환경 이슈에 대해 조사하고, 탐구한 내용을 재구성하여 다양한 형식을 활용한 환경 신문을 제작해 봄으로써 환경 문제에 대한 이해를 높이고 친환경적 생활 태도도 기를 수 있을 것입니다.

수행 평가 문제

우리 주변의 다양한 환경 문제 및 환경 이슈에 대해 탐구한 후, 이를 바탕으로 환경 신문을 제작해 보자.

A) 활동 계획 세우기

1 자유로운 토의를 통해 환경 신문의 주제와 구성 방향 등을 결정한다.
2 각자 조사한 내용을 신문 기사에 들어가는 다양한 형식들을 활용해 창의적으로 재구성한다.
3 개별 기사에 들어갈 내용을 충실하게 반영하고, 적절한 배치를 통해 신문의 완성도를 높여준다.

B) 활동 단계

1단계 모둠별 토의를 통해 환경 신문에 들어갈 세부 주제들을 선정하고, 구성 방향을 결정한다.
2단계 신문에 포함시킬 주제들을 나누어 맡은 후, 각자 관련 내용을 조사하여 탐구한다.
3단계 조사한 내용을 다양한 형식(기사문, 광고, 만화, 인터뷰, 논평 등)을 활용해 재구성한다.
4단계 작성한 기사들을 적절하게 배치하여 환경 신문을 완성한다.
5단계 모둠별로 완성된 환경 신문을 게시판을 통해 공유하고 동료 평가를 통해 우수작을 선정한다.

C) 활동하기

1 환경 신문에 포함시킬 세부 주제 선정 및 구성 방향을 위한 토의하기

[예시]

- 지구 온난화로 인한 세계 여러 지역의 변화
- 파리 협정의 내용과 한계 알아보기
- 지구촌 탐방! 가나의 전자 쓰레기 마을
- 의류 산업의 국가 간 이동
- 유전자 재조합 농산물 과연 안전한가? 등

2 각자 맡은 주제에 대해 자세히 조사하고 탐구하기

3 조사한 내용을 다양한 형식을 활용해 재구성하기

[예시]

(인터뷰 형식으로 구성)　　　　　**특집! 전문가에게 들어본다. '파리 협정이 갖는 의미와 한계'**

기자: 박사님, 2020년 이후 적용될 파리 협정은 어떤 의미가 있을까요?

김 박사(기후 전문가): 파리 협정은 선진국과 개발 도상국 모두에게 온실가스 감축 의무를 규정한 점에서 중요합니다. 이제는 개발 도상국의 경우에도 온실가스 배출량이 급증하고 있어 마냥 지켜볼 수만은 없게 되었죠.

기자: 파리 협정의 한계도 지적되고 있는데 어떤 내용인가요?

김 박사: 강제성도 부족하고 각국의 이해관계가 달라 합의가 쉽지 않습니다.

4 작성한 기사들을 적절하게 배치하여 환경 신문 완성하기

[예시]

우리들의 소중한 지구!
발행 기관: ○○모둠, 발행일: 20×× . △ . △ .

지구촌 탐방! 가나의 전자 쓰레기 마을
전자 제품의 수명이 다하면 가는 곳!

가나의 아그보그블로시는 아프리카에서 가장 큰 전자 쓰레기 처리장이 있는 곳이다. 이곳의 입구에 들어서니 전자 제품을 불에 태울 때 나오는 유독 가스가 가득했다. 서부 유럽에서 전자 제품의 수명이 다하면 이곳으로 향하게 된다. 〈이하 생략〉

○○○ 기자

의류 상품의 꼬리표에 담긴 의미

대형 의류 매장에 가서 의류 상품의 꼬리표를 보면 베트남, 방글라데시 등에서 만든 것을 볼 수 있다. 이것은 어떤 의미일까? 대형 의류 제품 공장들은 다른 나라로 이동하면서 많은 화학 약품을 사용해 수질을 오염시키고 있다. 〈이하 생략〉

□□□ 기자

특집! 전문가에게 들어본다,
- 파리 협정이 갖는 의미와 한계 -

김 박사(기후 전문가): 파리 협정은 선진국과 개발 도상국 모두에게 온실가스 감축 의무를 규정한 점에서 중요합니다. 이제는 개발 도상국의 경우에도 온실가스 배출량이 급증하고 있어 마냥 지켜볼 수만은 없게 되었죠. 〈이하 생략〉

△△△ 기자

만화로 보는 유전자 재조합 농산물의 진실!

유전자 재조합 농산물은 수확량이 많아 식량 부족 문제 해결에 도움이 된대.

그런데 아직 인체에 미치는 영향이 안전한지 알 수 없다고 해.

〈이하 생략〉

☆☆☆ 기자

채점 기준

평가 영역	채점 기준	배점
관련 자료 수집 및 탐구	관련 내용의 조사가 충실하게 이루어졌으며, 조사한 내용이 정확하다.	상
	관련 내용의 조사는 충실했으나, 자료의 정확성이 다소 부족하다.	중
	관련 내용을 조사했으나 타당성과 정확성이 미흡하다.	하
신문 구성 및 제작	다양한 형식을 활용해 신문 제작의 완성도가 높고, 내용의 구성이 창의적이다.	상
	다양한 형식을 활용해 신문을 구성했으나 완성도 및 창의성이 다소 부족하다.	중
	형식이 단순하고 신문의 완성도가 떨어지며, 구성에 있어 창의성이 미흡하다.	하
모둠 활동 참여도	모둠원들이 발표 및 과제 수행에 주도성을 갖고, 적극적으로 참여했다.	상
	모둠원들이 발표 및 과제 수행에 참여하는 정도가 보통 수준이다.	중
	모둠원 대부분이 발표 및 과제 수행에 소극적으로 참여했다.	하

XI

세계 속의 우리나라

01 우리나라의 영역과 독도의 중요성

01

❶ 우리나라의 영역

(1) 영역

① 의미: 한 나라의 주권이 미치는 범위로 영토, 영해, 영공으로 구성됨
└→ 국가의 의사를 최종적으로 결정하는 권력으로, 다른 국가의 간섭을 받지 않는 독립적인 권력

② 특징: 국가의 기본 조건이자 국민의 생활 공간이므로 보호해야 함
└→ 국가의 3요소는 국민, 주권, 영토임

③ 구성
- 영토: 국가에 속한 육지로 섬을 포함함, 영해와 영공을 설정하는 기준임
- 영해: 영토 주변의 바다로, 영해 설정의 기준선인 기선으로부터 12해리, 해안선의 형태와 가까운 국가와의 거리에 따라 범위가 조정될 수 있음, 내륙국은 영해가 없음
  └→ 바다를 항해할 때 사용하는 거리 단위로 1해리는 약 1,852m임
- 영공: 영토와 영해의 상공, 일반적으로 대기권 내로 그 범위를 제한함, 다른 국가의 비행기가 해당 국가의 허가 없이 비행하지 못함

(2) 우리나라 영역의 범위

영토	• 한반도와 그 주변의 섬들로 구성됨, 북한 지역도 포함됨 • 영토의 총면적은 약 22.3만 km²이며, 남한의 면적은 약 10만 km²임 • 갯벌을 메우는 간척 사업으로 영토가 조금씩 넓어짐
영해	• 대부분의 동해안, 제주도, 울릉도, 독도: 해안선이 단조롭기 때문에 최저 조위선인 통상 기선을 적용함 └→ 썰물로 바닷물이 가장 많이 쏠려나 갔을 때 육지와 바다가 만나는 선임 • 서해안과 남해안: 섬이 많고 해안선이 복잡하기 때문에 가장 외곽에 있는 섬을 연결한 직선 기선을 적용함 • 대한 해협: 일본과 거리가 가깝기 때문에 예외적으로 직선 기선에서 3해리까지만 영해로 설정함
영공	• 우리나라 영토와 영해의 상공임 • 최근 항공 교통과 우주 산업의 발달로 그 중요성이 커지고 있음

(3) 배타적 경제 수역(EEZ)

① 의미: 연안국이 바다에 대한 경제적 권리를 선포할 수 있는 수역

② 범위: 영해를 설정한 기선으로부터 200해리까지의 바다 중 영해를 제외한 수역

③ 특징
└→ 해당 바다에 인접해 있는 국가
- 수산·광물·에너지 자원 등의 해양 자원 활용, 시설물 설치 등에 대한 권리를 가짐
- 경제적 목적이 없다면 다른 국가의 선박이나 항공기의 통행, 케이블 설치 등은 가능

📝 더 알아 보기 ▶ 우리나라의 배타적 경제 수역과 어업 협정

범례
- ----- 대한민국 영해선
- ▨ 대한민국 배타적 경제 수역
- ▨ 한·일 중간 수역
- ▨ 한·중 잠정 조치 수역

(국토 교통부)

1995년 우리나라는 주변의 해양 자원을 확보하기 위해 배타적 경제 수역을 선포하였다. 그러나 우리나라는 중국, 일본과의 거리가 가까워서 배타적 경제 수역을 200해리로 설정하면 서로 겹치는 문제가 발생한다. 따라서 우리나라는 어업 질서의 혼란을 막기 위해 한·일 어업 협정과 한·중 어업 협정을 맺었다. 한·일 어업 협정에서는 양국의 배타적 경제 수역을 나눈 후, 수산 자원을 공동으로 관리하는 한·일 중간 수역을 설정하였다. 한·중 어업 협정에서는 양국의 배타적 경제 수역을 나눈 후, 수산 자원을 공동으로 관리하는 한·중 잠정 조치 수역을 설정하였다.

사이드바

+ 우리나라의 4극

최서단
평북 용천군 마안도(비단섬)
동경 124° 10′ 47″

최북단
함북 온성군 유원진
북위 43° 00′ 36″

최동단
경북 울릉군 독도
동경 131° 52′ 22″

최남단
제주특별자치도
서귀포시 마라도
북위 33° 06′ 45″

(대한민국 국가 지도집, 2014)

+ 이어도

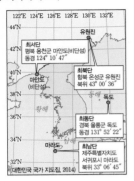

(국립 해양 조사원, 2016)

우리나라 최남단인 마라도에서 남서쪽으로 149km 정도 떨어진 곳에 위치한다. 이어도는 바다 표면으로부터 약 4.6m 아래에 잠겨 있는 수중 암초로, 가장 가깝게 위치한 육지가 우리나라의 마라도이므로 국제법상 우리나라의 배타적 경제 수역에 포함된다. 이어도에 설치한 종합 해양 과학 기지에서는 기상 및 해양 관측을 하고 있다.

+ 기선

영해의 기준이 되는 선으로, 통상 기선과 직선 기선이 있다. 통상 기선은 바닷물이 가장 많이 빠졌을 때의 해안선인 최저 조위선이다. 직선 기선은 섬이 많은 해안의 영해를 정할 때 주로 사용하는데, 최외곽 섬을 직선으로 연결한 선이다.

+ 영역과 배타적 경제 수역의 범위

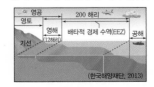

(한국해양재단, 2013)

배타적 경제 수역 안에 영해가 속하는 것이 아니다. 배타적 경제 수역의 상공은 영공이 아니다.

❷ 독도의 중요성

(1) 독도의 특징

① 위치: 경상북도 울릉군에 속하는 섬으로, 우리나라 가장 동쪽 끝에 위치 ┌→ 울릉도나 제주도보다 먼저 형성됨

② 자연환경 ┌→ 동도와 서도는 형성 초기에는 하나의 섬이었으나 ┌→ 우리나라에서 일출 시각이 가장 이르다.
        바닷물의 오랜 침식 작용으로 나뉘게 됨
- 해저에서 분출한 용암이 굳어져 형성된 화산섬 ┌→ 약 460만 년 전부터 생성되기 시작하여
        약 250만 년 전에 해수면 위로 솟아오름
- 동도와 서도 2개의 큰 섬과 89개의 작은 섬으로 이루어져 있음
- 동해의 영향으로 기후가 온화하고 기온의 연교차가 작으며 일 년 내내 강수가 고름

③ 512년 신라 장군 이사부가 우산국을 신라의 영토로 편입한 후 우리나라 영토로 관리

④ 독도 경비대원, 등대 관리원, 울릉군청 소속 직원 등이 생활하는 유인도임

(2) 독도의 가치

위치·영역적 가치	• 해상 교통과 항공 교통의 요충지 • 영해와 배타적 경제 수역 설정에 중요한 기준점 • 태평양을 향한 해상 전진 기지이자 군사적 요충지
경제적 가치	• 한류와 난류가 만나 조경 수역을 형성하여 어족 자원이 풍부함 • 메탄 하이드레이트와 해양 심층수 등 풍부한 자원 매장
환경·생태적 가치	• 독도 전체가 천연 보호 구역으로 지정될 만큼 다양한 동식물의 서식지 • 해저 화산의 형성과 진화 과정을 살펴볼 수 있는 세계적인 지질 유적

→ 북쪽에서 내려오는 차가운 해류와 남쪽에서 올라오는 따뜻한 해류가 만남

→ 생수, 식품, 의약품 개발에 활용 가능

(3) 독도는 우리 땅

① 우리 고지도와 고문헌 속의 독도
- 『세종실록지리지』(1454): "우산(독도)과 무릉(울릉도) 두 섬이 울진현의 정동쪽 바다에 있다. 두 섬은 거리가 멀지 않아 날씨가 맑으면 서로 바라볼 수 있다"라고 기록됨
- 『신증동국여지승람』(1531)의 「팔도총도」: 우산도(독도)가 표기됨, 현존하는 인쇄본 단독 지도 중 독도가 등장하는 최초의 지도임

② 독도를 지킨 사람들
- 안용복: 조선 후기의 어부로 울릉도와 독도에서 불법 조업을 하던 일본 어선에 대해 강력히 항의하고 울릉도와 독도가 조선의 영토임을 확인하는 문서를 받아옴
- 심흥택: 대한제국의 울릉군수로 시마네현 관리들이 독도를 일본 영토로 편입하려는 것을 강원도 관찰사에게 보고하고 일본 관리들에게 강력히 항의함
- 홍순칠: 독도 의용 수비대를 조직하였고, 한국령 표지석을 만들어 설치

③ 독도를 지키려는 다양한 노력 ┌→ 군인이 아닌 경찰이 독도를 지키는 것은 독도가
        분쟁 지역이 아닌 분명한 우리 영토이기 때문임
- 독도에는 경찰인 독도 경비대가 파견되어 있음
- 독도 문화 대축제는 많은 청소년이 참가하여 다양한 활동이 진행됨
        └→ 고종이 대한 제국 칙령으로 독도를 울릉도의 부속 섬이라고 명시한 것을 기념하는 행사

Q&A   **독도가 우리 땅이라는 일본의 고지도나 고문헌이 있나요?**

▲ 대삼국지도(1802)

1785년 일본인 학자가 만든 삼국접양지도에는 울릉도와 독도를 조선과 같은 색으로 표시하였으며, 울릉도에는 '조선의 것'이라고 적어 두었다. 1802년 일본에서 제작된 대삼국지도에는 조선은 노란색, 일본은 빨간색으로 구분하여 표시하였는데, 울릉도와 독도는 노란색으로 표시되어 있다. 또 1807년 일본 최고의 행정 기구인 태정관에서 발행한 문서에도 "울릉도와 독도는 일본과 관계가 없다."라고 기록되어 있다.

✛ 독도의 위치

독도는 울릉도에서 약 87km 떨어져 있으며, 울릉도에서 독도까지 가는 데는 배로 1시간 30분 정도 걸린다. 한편 일본의 영토인 오키섬에서 독도는 약 158km 떨어져 있다. 독도는 울릉도에서 날씨가 맑은 날에는 육안으로 보인다.

✛ 독도의 자연환경

✛ 독도 주변의 해양 자원

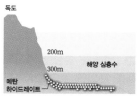

메탄 하이드레이트는 천연가스가 해저의 저온·고압의 상태에서 물 분자와 결합하여 형성된 고체 에너지로, 불을 붙이면 타는 성질을 가지고 있어 '불타는 얼음'이라고 부른다. 해양 심층수는 태양광이 미치지 못하는 수심 200m 아래의 바닷물이다.

✛ 팔도총도(1531)

✛ 독도의 명칭

독도는 예로부터 삼봉도, 가지도, 우산도, 자산도, 석도 등 여러 가지 명칭으로 불려왔다. 행정 지명으로서 독도라는 명칭은 1906년 울릉군수 심흥택이 만든 공문서에 처음으로 등장한다.

개념 다지기

01 빈칸에 들어갈 알맞은 말을 쓰시오.

(1) 영역은 한 나라의 (   )이(가) 미치는 범위로 영토, 영해, 영공으로 구성된다.

(2) 울릉도는 해안선이 단조롭기 때문에 영해 설정 시 최저 조위선을 기준으로 하는 (   )을(를) 적용한다.

(3) 우리나라는 중국, 일본과 거리가 가까워 배타적 경제 수역을 200해리로 설정하면 서로 겹치기 때문에 (   )을(를) 맺었다.

(4) 최근 항공 교통과 우주 산업의 발달로 영역 중에서 (   )의 중요성이 커지고 있다.

(5) 독도는 동해의 영향으로 기후가 온화하고 기온의 (   )이(가) 작은 편이며 일 년 내내 강수가 고르다.

02 우리나라 최남단인 마라도에서 남서쪽으로 약 149km 떨어진 곳에 위치한 수중 암초로, 우리나라의 종합 해양 과학 기지가 설치된 곳은 어디인가?

03 영해를 설정한 기선으로부터 200해리까지의 바다 중 영해를 제외한 수역으로, 연안국이 바다에 대한 경제적 권리를 주장할 수 있는 수역은?

04 조선 후기의 어부로 울릉도와 독도에서 불법 조업을 하던 일본 어선에 대해 강력히 항의하고 울릉도와 독도가 조선의 영토임을 확인하는 문서를 받아온 사람은 누구인가?

05 다음 설명이 맞으면 ○표, 틀리면 ×표 하시오.

(1) 우리나라의 영토는 한반도와 그 주변의 섬들로 구성된다. ·······························( )

(2) 우리나라 서해안에서는 간척 사업을 통해 영해를 확장한다. ·····························( )

(3) 영해는 영토와 영공을 설정하는 기준이다. ·······( )

(4) 모든 국가는 영해를 가지고 있다. ·····················( )

(5) A 국가의 비행기는 B 국가의 영공을 허가 없이 비행하지 못한다. ·····················( )

06 신증동국여지승람에 실린 지도로, 현존하는 인쇄본 단독 지도 중 독도가 등장하는 최초의 지도는 무엇인가?

07 우리나라 영토의 4극을 바르게 연결하시오.

(1) 평안북도 용천군 마안도(비단섬) •   • ㉠ 최동단

(2) 함경북도 온성군 유원진 •   • ㉡ 최서단

(3) 경상북도 울릉군 독도 •   • ㉢ 최남단

(4) 제주특별자치도 서귀포시 마라도 •   • ㉣ 최북단

08 빈칸 ㉠~㉢에 들어갈 알맞은 숫자를 각각 쓰시오.

> 영해는 기선으로부터 (㉠) 해리까지의 바다를 의미한다. 그러나 일본과 마주하는 대한 해협에서는 직선 기선으로부터 (㉡) 해리까지만 우리의 영해로 설정하고 있다. 배타적 경제 수역은 영해를 설정한 기선으로부터 (㉢) 해리까지의 바다 중 영해를 제외한 수역을 의미한다.

09 다음 글의 밑줄 친 부분을 바르게 고쳐 쓰시오.

(1) 독도는 남해 중심에 위치하고 있으며, 군사적 가치가 높다. (   )

(2) 현재 독도는 무인도이다. (   )

(3) 독도는 유네스코 세계 자연 유산으로 지정될 만큼 다양한 동식물의 서식지로 가치가 높다. (   )

(4) 독도는 대서양을 향한 해상 전진 기지이자 군사적 요충지이다. (   )

10 통상 기선을 적용하는 곳을 〈보기〉에서 모두 찾아 기호를 쓰시오.

┌ 보기 ├─────────────
ㄱ. 동해안   ㄴ. 서해안
ㄷ. 남해안   ㄹ. 제주도
└────────────────────

정답과 해설 | 76쪽

중단원 실력 쌓기

[01~02] 그림을 보고 물음에 답하시오.

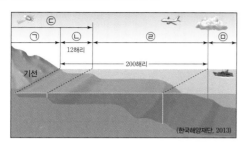

(한국해양재단, 2013)

01 다음 글에 해당하는 범위를 그림의 ㉠~㉤에서 고른 것은?

> 해당 국가의 주권이 미치는 공간이다. 이때 주권은 다른 국가의 간섭을 받지 않는 독립적인 권력을 의미한다.

① ㉠, ㉡, ㉢　　② ㉠, ㉣, ㉤　　③ ㉠, ㉢, ㉣
④ ㉡, ㉢, ㉤　　⑤ ㉡, ㉣, ㉤

02 ㉠~㉢에 대한 설명으로 옳은 것은?

① ㉠에 섬은 포함되지 않는다.
② ㉡은 배타적 경제 수역이다.
③ ㉡은 가까운 국가와의 거리에 따라 조정될 수 있다.
④ ㉢은 내륙국에 존재하지 않는다.
⑤ ㉢은 수직적으로 제한이 없다.

03 자료의 ㉠에 해당하는 지명으로 옳은 것은?

(국립 해양 조사원, 2016)

> (㉠)는 우리나라 최남단인 마라도에서 남서쪽으로 149km 정도 떨어진 곳에 위치한다. (㉠)는 바다 표면으로부터 약 4.6m 아래에 잠겨 있는 수중 암초로, 가장 가깝게 위치한 육지가 우리나라의 마라도이므로 국제 법상 우리나라의 배타적 경제 수역에 포함된다.

① 독도　　　② 진도　　　③ 울릉도
④ 이어도　　⑤ 제주도

04 교사의 질문에 옳은 답을 한 학생을 고른 것은?

지난 시간에 우리나라의 영역에 관해 학습하였습니다. 그 내용을 발표해 볼까요?

┤ 보기 ├
갑: 우리나라 영토에는 북한도 포함되요.
을: 우리나라 영해는 서해안 간척 사업으로 넓어졌어요.
병: 우리나라 영해를 설정하는 기준선은 지역에 따라 달라요.
정: 독도의 수직 상공은 모든 국가가 우리나라의 허가 없이 이용할 수 있는 하늘이에요.

① 갑, 을　　② 갑, 병　　③ 을, 병
④ 을, 정　　⑤ 병, 정

05 지도는 영해와 기선을 나타낸 것이다. 이에 대한 옳은 설명을 〈보기〉에서 고른 것은?

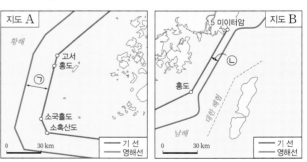

┤ 보기 ├
ㄱ. ㉠은 12해리이다.
ㄴ. ㉡은 6해리이다.
ㄷ. ㉡이 ㉠보다 좁은 이유는 일본과 거리가 가깝기 때문이다.
ㄹ. 울릉도에서는 A와 같은 방법으로 영해를 설정한다.

① ㄱ, ㄴ　　② ㄱ, ㄷ　　③ ㄴ, ㄷ
④ ㄴ, ㄹ　　⑤ ㄷ, ㄹ

06 지도에 표현된 섬에 대한 설명으로 옳은 것은?

① 사람이 살지 않는 무인도이다.
② 행정 구역상 강원특별자치도에 속한다.
③ 서울에 비해 기온의 연교차가 크다.
④ 용암이 굳어져 형성된 화산섬이다.
⑤ 우리나라 최남단에 위치한 섬이다.

07 지도에 표시된 ㉠에 대한 옳은 설명을 〈보기〉에서 고른 것은?

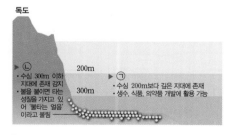

┤ 보기 ├
ㄱ. 제주도보다 늦게 형성되었다.
ㄴ. 오키섬보다 울릉도에 가깝다.
ㄷ. 우리나라에서 일출 시각이 가장 늦은 곳이다.
ㄹ. 날씨가 맑은 날에는 울릉도에서 육안으로도 볼 수 있다.

① ㄱ, ㄴ　　② ㄱ, ㄷ　　③ ㄴ, ㄷ
④ ㄴ, ㄹ　　⑤ ㄷ, ㄹ

08 그림의 ㉠, ㉡에 들어갈 용어를 바르게 연결한 것은?

독도

- ㉡
  - 수심 300m 이하 지대에 존재 감지
  - 불을 붙이면 타는 성질을 가지고 있어 '불타는 얼음'이라고 불림
- 200m
- 300m
- ㉠
  - 수심 200m보다 깊은 지대에 존재
  - 생수, 식품, 의약품 개발에 활용 가능

	㉠	㉡
①	조경 수역	천연가스
②	조경 수역	이산화 탄소
③	조경 수역	메탄 하이드레이트
④	해양 심층수	천연가스
⑤	해양 심층수	메탄 하이드레이트

09 ㉠에 대한 옳은 설명을 〈보기〉에서 고른 것은?

독도는 우리 땅입니다. 그냥 우리 땅이 아니라 통한의 역사가 새겨져 있는 땅이며, 완전한 국권 회복의 상징입니다. 또한 독도는 엄청난 ㉠ 가치를 가진 땅입니다.

┤ 보기 ├
ㄱ. 대서양을 향한 해상 전진 기지이다.
ㄴ. 동해를 지나가는 해상 교통 및 항공 교통의 요충지이다.
ㄷ. 다양한 동식물의 서식지로, 천연 보호 구역으로 지정되어 있다.
ㄹ. 카르스트 지형의 형성 과정을 살펴볼 수 있는 세계적인 지형 유적이다.

① ㄱ, ㄴ　　② ㄱ, ㄷ　　③ ㄴ, ㄷ
④ ㄴ, ㄹ　　⑤ ㄷ, ㄹ

10 자료의 ㉠, ㉡에 해당하는 용어를 바르게 연결한 것은?

㉠ 　㉡

(㉠)에는 "우산(독도)과 무릉(울릉도) 두 섬이 울진현의 정동쪽 바다에 있다. 두 섬은 거리가 멀지 않아 날씨가 맑으면 서로 바라볼 수 있다"라고 기록되어 있다. 『신증동국여지승람』(1531)의 (㉡)에는 우산도(독도)가 표기되어 있다. 현존하는 인쇄본 단독 지도 중 독도가 등장하는 최초의 지도이다.

	㉠	㉡
①	강계고	팔도총도
②	강계고	동국여지도
③	세종실록지리지	팔도총도
④	세종실록지리지	대동여지도
⑤	세종실록지리지	동국대지도

01 서술형 지도를 참고하여 우리나라 영해 설정에 적용된 두 가지 기선의 이름을 쓰고, 각 기선이 적용된 해안과 그 이유를 서술하시오.

(대한민국 영해 기선도, 2016)
—— 영해선

02 서술형 독도의 가치는 위치·영역적 가치, 경제적 가치, 환경·생태적 가치로 구분할 수 있다. 이 중에서 자료 A, B와 공통적으로 관련된 가치는 무엇인지 쓰고, 독도가 가진 해당 가치의 구체적인 내용을 서술하시오.

자료 A

▲ 괭이갈매기

자료 B

▲ 해저 화산 지형

03 논술형 자료 A는 자료 B의 ㉠에서 찍은 사진이다. ㉠이 속한 수역의 특징을 기반으로 자료 A에 대해 설명하시오. 그리고 자료 A의 상황이 지속될 경우 어떤 문제가 발생할 수 있을지 300자 이내로 논술하시오.

자료 A

▲ 우리나라 해경과 대치하고 있는 중국 어선

자료 B

(국토 교통부)

04 논술형 다음 인물 중 2명을 선정하여, 해당 인물이 독도를 지키기 위해 노력했던 활동을 설명하시오. 그리고 오늘날 독도를 지키기 위해 자신이 할 수 있는 활동을 300자 이내로 논술하시오.

> • 안용복   • 심흥택   • 홍순칠

02 세계화 시대의 지역화 전략

❶ 세계화 시대의 지역화

(1) **지역**: 다른 곳과 구분되는 지표상의 공간적 범위
(2) **지역성**: 지역의 자연환경과 그곳에서 거주해 온 주민이 오랜 시간에 걸쳐 상호 작용하며 형성된 것으로, 다른 지역과 구별되는 특성
(3) **지역화**: 특정 지역의 차별화된 지역성을 세계로 알리는 현상
　① 배경: 세계화로 지역 간 교류가 활발해지면서 경쟁이 치열해짐
　② 특징
　　• 해당 지역은 경쟁력 있는 지역성을 발굴하여 지역의 가치를 높이고자 함
　　• 국가가 아닌 특정 지역이 세계 정치·경제·사회·문화의 주체로 등장하기도 함
　　• 고유한 특성을 살리면서 보편적인 세계 문화와 조화를 이루어 지역 경쟁력을 높임

❷ 지역화 전략

(1) **의미**: 경제적·문화적 관점에서 지역의 경쟁력을 높이기 위해 해당 지역의 지역성을 상품화하고 홍보하는 전략
(2) **효과**
　① 지역의 긍정적 이미지를 강화하거나 부정적 이미지를 긍정적 이미지로 전환
　② 지역 주민들이 지역 정체성을 형성하고 자긍심을 증진함
　③ 관광 산업의 발달, 기업 유치로 인한 일자리 창출, 지역 상품과 서비스 판매량 증가 등으로 지역 경제 활성화
(3) **종류**
　① 지역 브랜드

개념	해당 지역을 상징하는 로고, 슬로건, 캐릭터 등을 만들어 지역 그 자체 또는 지역의 상품과 서비스 등을 소비자에게 특별한 브랜드로 인식시키는 전략	
효과	지역 브랜드 가치가 높아지면 브랜드가 기재된 상품 판매로 수익을 얻을 수 있고, 지역을 찾는 사람들이 늘면서 관광 산업이 발달함	
사례	HAPPY 700 평창	강원특별자치도 평창군은 해발 고도 700m에 위치한 지리적 특색을 내세움. 'Happy 700'은 사람과 동식물이 가장 건강하고 행복하게 지낼 수 있는 고지대의 특성을 나타냄
	사랑海요 영덕	경상북도 영덕군은 청정한 바다와 풍부한 해산물이 대표적인 지역으로, 특산물로는 대게가 유명함. 붓글씨체 속에 바다 해(海)와 대게의 형상을 자연스럽게 녹여 냄
	한바탕 전주 세계를 비빈다	전북특별자치도 전주시는 전주의 문화 자산을 전 세계에 퍼트리겠다는 의지와 역동성을 담아 지역 브랜드를 만들었으며, 지역의 대표 음식인 '비빔밥'을 활용함

💡 **집중탐구**　뉴욕의 'I♥NY' 지역 브랜드

I♥NY　1970년대 중반, 뉴욕은 경기 침체로 인한 실업과 범죄 등으로 몸살을 앓았다. 이에 뉴욕시 정부는 '범죄의 도시'라는 이미지에서 벗어나고, 도시에 대한 시민들의 애정을 되살리며, 관광 산업을 활성화하기 위해 지역 브랜드를 만들었다. 다양한 기념품에 브랜드를 활용하면서 뉴욕은 세계적인 명소로 성장하였다.

② 장소 마케팅

개념	• 특정 장소를 하나의 상품으로 인식하고, 상품의 가치를 높이는 전략
	• 특정 장소가 지닌 유형·무형의 자산이나 고유한 특성을 발굴한 뒤, 이를 해당 지역의 이미지로 만들어 홍보하고 판매함
	• 지역 축제를 개최하고 박물관을 개관하며, 랜드마크를 이용해 지역을 홍보하는 활동 등이 대표적임
	  → 경상북도 문경시는 폐광 시설에 석탄 박물관을 만들고
	    이를 지역의 자연환경 및 문화유산과 결합하였다.

사례	▲ 우리나라의 지역 축제 (문화 체육 관광부, 2016)	**보령 머드 축제** 해안선을 따라 갯벌이 있는 보령시는 천연 바다 진흙을 활용한 화장품을 개발하고 상품의 홍보와 판매를 촉진하기 위해 머드 축제를 개최함 **김제 지평선 축제** 김제 평야는 한반도에서 유일하게 하늘과 땅이 맞닿은 지평선을 바라볼 수 있음. 김제 지평선 축제는 곡창 지대를 배경으로 농촌 및 농업 체험을 할 수 있는 축제임 **진주 남강 유등 축제** 남강을 끼고 세워진 진주성은 임진왜란 당시 진주 대첩의 전적지임, 왜군을 막기 위한 통신 수단으로, 가족에게 안부를 전하는 수단으로 등을 띄웠던 것에서 유래함

③ 지리적 표시제
→ 지리적 표시제는 생산자에게 안정적인 생산 활동을 보장하고,
소비자에게는 믿을 수 있는 제품을 살 기회를 제공한다는 장점이 있음

개념	• 특산품의 품질과 특성이 근본적으로 해당 지역에서 비롯된 경우, 국가가 해당 지역의 이름을 상표권으로 인정해 주는 제도 • 지리적 표시제에 등록되면 다른 곳에서 상표권을 사용하지 못하는 법적 권리 발생
효과	특산품을 보호하고 지역 특화 산업으로 키워나갈 수 있음

사례	▲ 우리나라의 지리적 표시제 (국립 농산물 품질 관리원, 2016)	**여주 쌀** 한강 유역의 비옥한 벼농사 지대에서 생산되는 쌀로, 조선 시대 임금 수라상에 올랐을 정도로 유명함 **순창 고추장** 물과 공기가 맑고 다른 지역에 비해 안개가 많이 껴 고추장 발효에 도움이 되는 바실루스 균과 메주 곰팡이의 형성이 활발함 **보성 녹차** 바다, 산, 호수가 어우러져 기온과 강수량이 차나무가 자라기에 적합함, 2002년 우리나라의 지리적 표시제 제1호로 등록됨

✎ 더 알아 보기 ▶ 지역화 전략 개발 절차

1단계는 **지역성 정리하기** 단계이다. 지역의 활용 가능한 다양한 자원을 확인하고, 지역의 자연환경·인문 환경 등 지역 고유의 특성을 파악한다. 2단계는 **이미지 구축하기** 단계이다. 지역의 차별화된 장점과 잠재력을 분석하고, 경쟁력 있는 지역성을 바탕으로 매력적인 지역 이미지를 구축한다. 3단계는 **상품화하기** 단계이다. 지역 이미지에 적합한 특별한 상품을 개발하고, 이를 홍보하기 위한 전략을 수립한다.

→ 모든 과정에서 지역 주민과 지방 자치 단체는 주체가 되어 긴밀하게 협력해야 함

✚ 장소 자산

장소가 지닌 유형·무형의 자원을 가리킨다. 장소 자산은 자연적 요소, 문화적 요소, 인적 요소, 삶의 질 요소 등을 포함한다.

✚ 랜드마크와 장소 마케팅

랜드마크는 건축물이나 조형물 등 지역을 대표하는 상징물을 말한다. 랜드마크는 지역을 홍보하거나 지역 이미지를 개선하는 데도 활용된다. 대표적인 사례로는 프랑스 파리의 에펠 탑, 미국 뉴욕의 자유의 여신상, 영국 런던의 빅벤 등이 있다.

✚ 함평 나비 축제

함평군은 특별한 관광 자원이나 특산물이 별로 없던 벼농사 지역이었다. 1999년부터 매년 '나비'를 활용하여 축제를 개최하고 있는데, 연간 20만 명이 넘는 관광객이 방문한다. 생태 자원을 활용하여 성공을 거둔 대표적인 지역 축제로 꼽힌다.

✚ 지역의 이름을 바꾸는 장소 마케팅

우리나라 일부 지역에서는 기존의 지역명을 바꿔 지역 이미지 개선과 장소 마케팅 효과를 누리고 있다.

✚ 부산 국제 영화제

아시아와 한국 영화를 널리 알리기 위해 시작되었다. 국제 영화제 개최가 성공하면서 부산은 문화 예술을 대표하는 도시가 되었다. 부산은 영상 산업 유치 및 활성화를 통해 지역 경쟁력이 더욱 강화되고 있다.

개념 다지기

01 빈칸에 들어갈 알맞은 말을 쓰시오.

(1) ( )은(는) 다른 곳과 구분되는 지표상의 공간적 범위이다.

(2) 장소 마케팅은 특정 장소를 하나의 ( )(으)로 인식하고, 그 가치를 높이는 전략이다.

(3) ( ) 국제 영화제는 우리나라에서 열리는 가장 큰 국제 영화제로 한국 영화를 널리 알리기 위해 시작되었다.

(4) ( )은(는) 특산품의 품질과 특성이 근본적으로 해당 지역에서 비롯된 경우 국가가 해당 지역의 이름을 상표권으로 인정해 주는 제도이다.

(5) 제주 ( )은(는) 제주의 골목길, 산길, 들길, 해안 길, 오름 등을 걸으며 제주의 아름다운 자연 경관을 느낄 수 있도록 개발되었다.

02 지역의 자연환경과 그곳에서 거주해 온 주민이 오랜 시간에 걸쳐 상호 작용하여 형성된 것으로, 다른 지역과 구별되는 특성은?

03 해당 지역을 상징하는 로고, 슬로건, 캐릭터 등을 만들어 지역 그 자체 또는 지역의 상품과 서비스 등을 소비자에게 특별하게 인식시키는 전략은?

04 뉴욕시 정부는 '범죄의 도시'라는 이미지에서 벗어나고, 도시에 대한 시민들의 애정을 되살리며 관광 산업을 활성화하기 위해 지역 브랜드를 만들었다. 뉴욕의 지역 브랜드는?

05 다음 설명이 맞으면 ○표, 틀리면 ×표 하시오.

(1) 지역화를 통해 국가가 아닌 특정 지역이 세계 정치·경제에 주체로 등장하기도 한다. ....( )

(2) 지리적 표시제는 법적 권리를 가진다. ....( )

(3) 지역화 전략 개발 절차에서 1단계는 상품화하기 단계이다. ....( )

06 건축물이나 조형물 등 지역을 대표하는 상징물을 가리키는 용어로, 지역을 홍보하거나 지역 이미지를 개선하는 데도 활용이 되는 것은 무엇인가?

07 지역 축제와 축제가 개최되는 지역을 바르게 연결하시오.

(1) 머드 축제 • • ㉠ 경상남도 진주

(2) 나비 축제 • • ㉡ 전라남도 함평

(3) 지평선 축제 • • ㉢ 충청남도 보령

(4) 남강 유등 축제 • • ㉣ 전북특별자치도 김제

08 빈칸 ㉠, ㉡에 들어갈 알맞은 지역을 각각 쓰시오.

(㉠)은(는) 물과 공기가 맑고 다른 지역에 비해 안개가 많이 껴 고추장 발효에 도움이 되는 바실루스 균과 메주 곰팡이의 형성이 활발하다. (㉡)은(는) 바다, 산, 호수가 어우러져 기온과 강수량이 차나무가 자라기에 적합하여 녹차가 대표적인 특산물이 되었고, 2002년 우리나라의 지리적 표시제 제1호로 등록되었다.

09 다음 글의 밑줄 친 부분을 바르게 고쳐 쓰시오.

(1) 영덕군은 해발 고도 700m에 위치한 지리적 특색을 내세워 'Happy 700'이라는 지역 브랜드를 개발하였다. ( )

(2) 산업화 전략은 경제적·문화적 관점에서 지역의 경쟁력을 높이기 위해 해당 지역의 지역성을 상품화하고 홍보하는 전략이다. ( )

(3) 지리적 표시제에는 의성 버섯이 등록되어 있다. ( )

10 지역화 전략의 효과를 〈보기〉에서 모두 찾아 기호를 쓰시오.

┤ 보기 ├

ㄱ. 세금 감면 ㄴ. 일자리 창출

ㄷ. 지역 정체성 형성 ㄹ. 지역의 부정적 이미지 제고

중단원 실력 쌓기

01 다음 교사의 설명 중 ㉠에 들어갈 용어로 옳은 것은?

(㉠)은(는) 지역의 자연환경과 그곳에서 거주해 온 주민이 오랜 시간에 걸쳐 상호 작용하며 형성된 것으로 다른 지역과 구별되는 특성이에요.

① 지역
② 도시화
③ 지역성
④ 지역화
⑤ 장소 마케팅

02 지역화 전략의 효과로 옳은 것을 〈보기〉에서 고른 것은?

┤ 보기 ├
ㄱ. 국가 주도의 효율적인 경제 성장을 할 수 있다.
ㄴ. 지역의 부정적 이미지를 긍정적으로 전환할 수 있다.
ㄷ. 일자리를 창출하여 지역 경제를 활성화시킬 수 있다.
ㄹ. 각 지역들의 이미지가 비슷해져 주민들이 지역 정체성을 형성할 수 있다.

① ㄱ, ㄴ   ② ㄱ, ㄷ   ③ ㄴ, ㄷ
④ ㄴ, ㄹ   ⑤ ㄷ, ㄹ

03 ㉠의 사례로 적절하지 <u>않은</u> 것은?

(㉠)은(는) 경제적·문화적 관점에서 지역의 경쟁력을 높이기 위해 해당 지역의 지역성을 상품화하고 홍보하는 것이다.

① 제주는 올레를 개발하였다.
② 부산은 국제 영화제를 개최하였다.
③ 서울은 장애인 복지 정책을 시행하였다.
④ 성주는 참외를 지리적 표시제에 등록하였다.
⑤ 울산은 '해울이'를 지역 캐릭터로 개발하였다.

04 다음 지역 브랜드에 대한 설명으로 옳은 것은?

① 지역의 문화재를 소재로 하였다.
② 인구가 많은 지역의 지역 브랜드이다.
③ 지역이 위치한 해발 고도를 활용하였다.
④ 벼농사가 활발한 지역의 지역 브랜드이다.
⑤ 전라남도에 위치한 지역의 지역 브랜드이다.

05 다음 지역 브랜드에 대한 옳은 설명을 〈보기〉에서 고른 것은?

┤ 보기 ├
ㄱ. 지역의 매력적인 지역성을 상징한다.
ㄴ. 최근 유행하는 내용을 중심으로 개발한다.
ㄷ. 지역 브랜드 가치가 높아지면 지역 브랜드가 기재된 상품의 판매 수익도 높아질 수 있다.
ㄹ. 특정 장소를 하나의 상품으로 인식하고, 상품의 가치를 높이는 전략으로 지역 축제가 대표적이다.

① ㄱ, ㄴ   ② ㄱ, ㄷ   ③ ㄴ, ㄷ
④ ㄴ, ㄹ   ⑤ ㄷ, ㄹ

06 다음 글의 밑줄 친 ㉠~㉤ 중 옳지 **않은** 것은?

> ㉠ 장소 마케팅은 특정 장소를 하나의 상품으로 인식하고, 상품의 가치를 높이는 전략이다. ㉡ 특정 장소가 가진 고유한 특성을 발굴한 뒤, 이를 해당 지역의 이미지로 만들어 홍보하고 판매한다. ㉢ 지역 축제를 개최하는 것이 대표적인 장소 마케팅이다. ㉣ 장소 마케팅에 등록이 되면 인증 마크를 찍어 생산 활동을 보장한다. ㉤ 우리나라 일부 지역에서는 기존의 지역명을 바꿔 장소 마케팅 효과를 누리고 있다.

① ㉠ ② ㉡ ③ ㉢ ④ ㉣ ⑤ ㉤

07 ㉠, ㉡에 들어갈 지명을 바르게 연결한 것은?

> • (㉠)은(는) 한반도에서 유일하게 하늘과 땅이 맞닿은 지평선을 바라볼 수 있다. 그래서 (㉠) 지평선 축제는 곡창 지대를 배경으로 농촌 및 농업 체험을 할 수 있는 축제이다.
> • (㉡)을(를) 끼고 세워진 진주성은 임진왜란 당시 진주 대첩의 전적지이다. 진주 (㉡) 유등 축제는 왜군을 막기 위한 통신 수단으로, 가족에게 안부를 전하는 수단으로 등을 띄웠던 것에서 유래한다.

	㉠	㉡		㉠	㉡
①	고양	남강	②	김제	남강
③	담양	낙동강	④	김제	낙동강
⑤	태백산	낙동강			

08 다음 인증 마크를 사용하는 지역화 전략에 대한 설명으로 옳은 것을 〈보기〉에서 고른 것은?

> ┤ 보기 ├
> ㄱ. 소비자에게 높은 소득을 가져다준다.
> ㄴ. 생산자에게 안정적인 생산 환경을 제공한다.
> ㄷ. 인증 마크는 있지만 법적 권리가 있는 제도는 아니다.
> ㄹ. 국가가 해당 지역의 이름을 상표권으로 인정해 주는 제도이다.

① ㄱ, ㄴ ② ㄱ, ㄷ ③ ㄴ, ㄷ
④ ㄴ, ㄹ ⑤ ㄷ, ㄹ

09 다음은 학생이 작성한 보고서의 일부이다. 보고서의 주제로 가장 적절한 것은?

> • 주제: (   )
> • 소주제 1: 여주 쌀
> 한강 유역의 비옥한 벼농사 지대에서 생산되는 쌀로, 조선 시대 임금 수라상에 올랐을 정도로 유명함
> • 소주제 2: 순창 고추장
> 순창은 물과 공기가 맑고 다른 지역에 비해 안개가 많이 껴 고추장 발효에 도움이 되는 바실루스 균과 메주 곰팡이의 형성이 활발함

① 세계화와 지역화
② 지역 브랜드 현황
③ 지역 축제의 사례
④ 장소 마케팅 방법
⑤ 지리적 표시제 사례

10 다음 글을 참고한 효과적인 지역화 전략으로 가장 적절한 것은?

> 전주에는 우리나라에서 가장 규모가 큰 한옥 밀집 지역이 있다. 한옥 밀집 구역의 재개발이 논의되었을 때, 지역 주민들은 현대식 재개발 대신 한옥 마을의 전통과 멋을 보존하기로 하였다. 지역 주민들의 결정을 존중한 시에서는 한옥 마을을 중심으로 전주의 역사와 문화 자원을 활용한 각종 프로그램을 개발하였다. 이 과정에서 인류 무형 문화유산으로 지정된 판소리, 오랜 세월 이어져 온 한지, 전주를 대표하는 비빔밥과 한식 등이 전주를 알리는 데 활용되었다. 역사와 전통문화를 바탕으로 새롭게 변화된 전주는 젊은이들과 외국인들에게 인기가 많아지면서 매년 수십만 명의 국내외 관광객이 찾는 명소로 자리 잡게 되었다.
> − □□신문, 2016. 2. 4. −

① 역사적 자원은 제외하고 지역성을 선정해야 한다.
② 지역 주민과 지방 자치 단체가 긴밀하게 협력해야 한다.
③ 중앙 정부가 중심이 되어 지역화 전략을 추진해야 한다.
④ 전통문화보다는 대중문화를 적극적으로 반영해야 한다.
⑤ 선진국 대도시와 유사한 지역성을 기반으로 개발해야 한다.

01 ^{서술형} 다음 글의 ㉠에 해당하는 알맞은 용어를 쓰고, ㉠의 정의와 효과를 서술하시오.

> • 세계화로 지역 간 교류가 활발해지면서 경쟁이 치열해졌다. 세계 각 지역은 지역 경쟁력을 높이기 위해 (㉠)을(를) 활용하고 있다.
> • 최근 우리나라 각 지역은 (㉠)(으)로 지역 브랜드 구축, 장소 마케팅 시행, 지리적 표시제 등록 등을 활발하게 추진하고 있다.

----

02 ^{서술형} 자료 A와 자료 B를 지역 브랜드와 장소 마케팅으로 구분하고, 지역 브랜드와 장소 마케팅의 의미를 서술하시오.

자료 A

보령시는 해안선을 따라 갯벌이 펼쳐져 있다. 보령시는 천연 바다 진흙을 활용하여 화장품을 개발하고 상품의 홍보와 판매를 촉진하기 위해 머드 축제를 개최한다.

자료 B

보령시는 '천연 바다 진흙'이라는 지역성을 기반으로 '머돌이와 머순이'라는 지역 캐릭터를 만들었다. 이는 보령시의 이미지를 친근하고 자연스럽게 심어주기 위해 개발하게 된 것이다.

----

03 ^{논술형} 다음 자료의 밑줄 친 ㉠의 의미를 쓰고, ㉠을 활성화할 때 지역 생산자와 소비자는 어떤 이점을 얻을 수 있는지 300자 이내로 논술하시오.

고흥군에 따르면 2018년 고흥 지역에서는 1만 159ha에 설치된 10만 1천 590책에서 물김이 생산되고 있다. …(중략)… 전국 물김 생산량의 25%를 차지하는 고흥 김은 ㉠ 지리적 표시제로 등록되어 있어 맛과 향이 뛰어나 미국과 일본, 동남아시아 등지로 수출되고 있다.

– ○○뉴스, 2018. 12. 04.–

----

04 ^{논술형} 자료 A를 한 문장으로 요약하고, 이와 관련하여 자료 B의 지역화 전략 개발 단계를 순서대로 정리한 후, 각 단계별 활동을 400자 이내로 논술하시오.

자료 A

> 산업화 이후 인구 감소, 고령화, 지역 경쟁력 저하 등으로 어려움을 겪던 함평군은 친환경 지역이라는 장점을 효과적으로 홍보하기 위해 나비를 소재로 한 지역 축제를 기획하였다. 이와 함께 함평군은 '나비가 날다'의 의미를 지닌 지역 브랜드 '나르다'를 개발해 지역 특산물과 각종 문화 행사에 활용하고 있다. 나비의 더듬이를 안테나로 형상화하여 발전하는 함평을 표현한 로고를 제작하고, 나비 문양이 들어간 상품도 제작하여 판매한다. 나비 축제가 국제적으로 알려지면서 브랜드의 인지도가 높아졌으며, 함평은 '한국의 대표적 나비 고을', '꽃피고 나비가 나는 친환경 지역'의 이미지를 얻게 되었다.

자료 B

> • 상품화하기   • 이미지 구축하기
> • 지역성 정리하기

03 우리나라의 위치와 통일의 중요성

사이드바

+ **우리나라의 위치적 특징**

우리나라는 유라시아 대륙과 태평양을 연결하는 반도국으로, 대륙과 해양 양 방향으로의 인적·물적·문화적 교류에 유리하다.

+ **동아시아의 중심, 인천 국제공항**

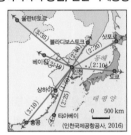

인천 국제공항은 동아시아의 주요 도시를 3시간대 비행 거리에 둔 항공 교통의 허브이다. 2015년 인천 국제공항은 홍콩의 첵랍콕 공항과 두바이 공항에 이어 세계에서 세 번째로 많은 화물을 처리하였다.

+ **세계 물동량 6위 부산항**

+ **우리나라와 주변국 간의 교역**

우리나라는 세계적으로 경제 규모가 큰 미국, 중국, 일본, 러시아 등과 쉽게 연결되는 자리에 위치하고 있으며, 이들 국가와 활발히 교역 중이다.

❶ 우리나라의 위치 특성

(1) 위치의 지리적 장점
① 북쪽으로는 유라시아 [대륙]과 남쪽으로는 태평양을 연결하는 반도국 (유럽과 아시아가 속한 거대한 대륙을 의미함 / 과거 주변 강대국들의 침략을 받기도 하였음)
② 성장 중인 동아시아의 교통의 요지에 위치하고 있어 여러 지역과의 교류에 유리함 (중국, 일본, 러시아를 연결하는 중심에 있음)

(2) 분단으로 인한 한계점
① 남북 분단으로 한반도의 위치적 장점을 활용하지 못함
② 국토 공간의 불균형 심화: 남한은 대륙 진출, 북한은 해양 진출에 어려움을 겪음

❷ 국토 통일의 필요성

(1) 분단의 문제점
① 국내 문제
- 과도한 군사비 지출
- 문화적 이질성 심화, 민족 동질성 약화 → 생활 모습, 언어, 정체성 등의 문화적 차이가 발생함
- 이산가족 및 실향민 발생
② 국제 문제
- 국가의 신용이 낮게 평가되어 경제 발전과 국가 위상에 부정적임
- 세계 평화와 국제 정세에 불안 요인

(2) 통일의 장점

위치적 측면	• 한반도 위치의 지리적 장점과 잠재력을 극대화할 수 있음 • 유라시아 대륙과 태평양을 연결하는 중계 무역의 핵심지로 성장 가능
경제적 측면	• 남한의 기술과 자본, 북한의 천연자원과 노동력을 결합하여 성장 • 소모적인 분단 비용이 경제 개발과 복지 비용으로 사용되면서 삶의 질 향상 • 시장 규모가 커지며 다양한 일자리가 창출되고 생산성이 높아짐
정치적 측면	• 동북아시아의 긴장감을 해소하여 세계 평화에 이바지 • 증가된 인구와 경제 규모로 국제 사회에서의 위상이 높아짐
사회·문화적 측면	• 이산가족과 북한 이탈 주민의 아픔 치유 • 북한의 기아와 인권 문제 해결 • 역사적 정체성 회복과 민족 공동체 건설

📝 더 알아 보기 ▶ 남북한 경제 지표 비교

2014년 기준 남북한의 명목 국민 총소득(GNI) 차이는 약 43배에 이르는 것으로 나타났다. 북한은 1970년대 중반까지는 일제 강점기에 건설된 기간산업을 바탕으로 경제가 성장하였지만, 1980년대 이후부터는 매우 낮은 성장률을 기록하면서 남한과의 경제적 격차가 점차 커지고 있다. 인구, 쌀 생산량, 무역 총액, 발전 설비 용량 등은 남한이 북한보다 우위를 보이고 있는 반면, 석탄 생산량과 철광석 생산량은 북한이 남한보다 우위를 보이고 있다.

Q&A 통일을 하려면 비용이 많이 들지 않나요?

단기적으로는 그럴 수 있지만, 장기적으로는 통일을 하는 것이 분단 상태로 남아 있는 것보다 이익이다. 통일 비용은 단기적으로 크게 발생하나 점차 줄어들 것이고, 통일 편익은 지속적으로 발생하기 때문이다. 통일 비용은 남한과 북한이 통일을 이룬 후 각 분야가 정상적인 기능을 하기까지 소모되는 비용을 의미한다. 여기에는 복지 증대 비용, 인프라 구축 비용, 이념 갈등 비용, 사회 문제 처리 비용 등이 포함된다. 반면, 통일 편익은 통일을 하면 얻을 수 있는 이익을 의미한다. 경제적·비경제적 이익을 모두 포함한 것으로 국방비 등의 분단 비용 절감, 일자리 창출, 천연자원 확보, 관광 기회 확대 등의 이익이 있다.

(3) 통일 이후의 변화

미리 만나 보는 통일 지도

(통일 연구원, 「행복한 통일」로 가는 길 리플릿, 2015)

- 거주·경제·여가의 생활권이 확대되며 개개인에게 더욱 풍요로운 기회 제공
- 분단으로 왜곡되었던 국토 공간의 균형 있는 개발 가능
- 통일 후 총인구는 약 7,500만 명 이상으로 증가하고, 면적도 현재의 남한보다 2배로 넓어짐
- 현재의 남한보다 65세 이상 인구 비중이 감소하고, 경제 활동 인구 비중이 증가하여 노동력 부족 문제 완화
- 남북 문화 통합 전문가, 광물 자원 전문가, 환경 컨설턴트 등 새로운 직업이 생기고 북한 지역 개발에 따른 일자리 증가
- 비무장 지대, 고구려 유적, 백두산, 금강산 등 국내 관광 자원 증대로 인한 경제 활성화
- 통일 한국 단일 스포츠팀, 공동 국어사전 편찬, 다양한 문화 이벤트 등을 통해 민족 공동체성 회복
- 육로를 이용하여 유라시아 대륙으로의 물자 수송 비용이 감소할 뿐만 아니라 육로를 통한 여행도 가능
- 육로가 열리면서 해상 무역도 보다 활성화되어 외국인 투자 증가와 경제 활성화

→ 분단된 세월 동안 커진 남한과 북한의 언어적·문화적 차이를 극복하는 데 도움을 주는 직업으로, 언어 통합, 정치 통합, 제도 통합 등의 역할을 할 수 있음

집중탐구 대륙과 해양을 연결하는 한반도

(국가 지도집, 2014)

아시아 국가 32개국을 연결하는 아시안 하이웨이 건설이 추진되고 있다. 우리나라의 아시안 하이웨이 구간은 '일본-부산-서울-평양-신의주-중국'으로 연결되는 1번 도로와 '부산-강릉-원산-러시아'로 이어지는 6번 도로가 있다. 우리 정부는 '실크로드 익스프레스'라는 이름으로 유라시아 대륙 횡단 운송망을 구축하려고 하고 있다. 경의선·경원선의 한반도 종단 철도(TKR)가 시베리아 횡단 철도(TSR), 중국 횡단 철도(TCR) 등 대륙 철도와 연결되면 우리나라와 유럽 간의 물자 수송 비용을 크게 줄일 수 있다. 삼면이 바다로 둘러싸인 우리나라는 세계 3대 간선 항로 중 하나인 북아메리카로 향하는 항로의 길목에 있어 세계 여러 지역과 활발하게 교류할 수 있다.

+ 통일의 경제적 편익

통일 이후 얻게 될 경제적 편익 규모를 추산한 바에 따르면, 통일 한국의 국내 총생산(GDP) 규모는 2013년 1,135조 원(세계 12위)에서 2060년 4,320조 원(세계 10위)으로 상승할 것으로 예측되었다.

+ 통일 후 발생할 수 있는 문제점

남북통일이 급격하게 이루어지면 남북한 경제 격차 문제, 사회 시스템이 다른 부분에서 오는 갈등이 나타날 수 있다. 따라서 지혜로운 통일 준비가 필요하다.

+ 북한의 주요 관광 자원

+ 남북한 자원 보유량 비교

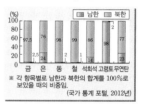

※ 각 항목별로 남한과 북한의 합계를 100%로 보았을 때의 비중임
(국가 통계 포털, 2012년)

+ 시베리아 횡단 철도(TSR)

러시아 블라디보스토크에서 모스크바까지 이어지는 세계에서 가장 긴 철도 노선이다. 유럽 철도와 만나 유럽의 주요 도시로 이어진다.

+ 비무장 지대(DMZ)

(대한민국 국가 지도집, 2015)

비무장 지대는 군사적 대립을 방지하기 위해 군사 분계선을 기준으로 남북으로 각각 2km 범위에 설정한 완충 지대이다. 이곳은 지난 60여 년 동안 일반인의 출입이 엄격히 통제되어 자연 생태계가 잘 보존되어 있다. 비무장 지대에는 하천과 습지가 발달하였고, 산양, 수달 등 다양한 멸종 위기 동물들이 서식하고 있다.

01 빈칸에 들어갈 알맞은 말을 쓰시오.

(1) 남북한의 분단으로 (   )가족과 실향민이 발생하였다.

(2) 통일이 되면 우리나라는 유라시아 대륙과 태평양을 연결하는 (   ) 무역의 핵심지로 성장이 가능하다.

(3) 세계에서 세 번째로 많은 화물을 처리하는 (   )은(는) 동아시아의 주요 도시를 3시간대 비행 거리에 둔 항공 교통의 허브이다.

(4) (   )이(가) 되면 동북아시아의 긴장감을 해소하여 세계 평화에 이바지할 수 있다.

02 러시아 블라디보스토크에서 모스크바까지 이어지는 세계에서 가장 긴 철도 노선으로, 통일이 되면 한반도 종단 철도로 이어져 이용 가능한 철도 노선은 무엇인가?

03 남북한의 군사적 대립을 방지하기 위해 군사 분계선을 기준으로 남북으로 각각 2km 범위에 설정한 완충 지대는 무엇인가?

04 아시아 국가 32개국을 연결하는 국제 도로로, 우리나라에는 1번 구간과 6번 구간이 지나가는 도로는 무엇인가?

05 다음 설명이 맞으면 ○표, 틀리면 ×표 하시오.

(1) 우리나라는 유라시아 대륙과 태평양을 연결하는 반도국이다. ·····················(   )

(2) 분단 이후 북한은 육로를 통해 중국으로 건너가지 못하고 있다. ·····················(   )

(3) 통일 이후 통일 한국의 경제는 장기적으로 침체될 것이다. ·····················(   )

(4) 분단으로 우리나라의 국가 신용은 높게 평가되고 있다. ·····················(   )

(5) 통일이 되면 지금의 남한보다 65세 이상 인구의 비중이 높아질 것이다. ·····················(   )

(6) 통일 이후 동아시아의 무역은 더욱 활발해질 것이다. ·····················(   )

06 분단된 세월 동안 커진 남한과 북한의 언어적·문화적 차이를 극복하는 데 도움을 주는 직업으로, 언어 통합, 정치 통합, 제도 통합 등의 역할을 할 것으로 기대되는 직업은?

07 통일의 장점을 해당 측면과 바르게 연결하시오.

(1) 대륙과 대양 연결 •　　　　• ㉠ 정치적 측면

(2) 다양한 일자리 창출 •　　　　• ㉡ 사회·문화적 측면

(3) 국제 사회에서의 위상 상승 •　　　　• ㉢ 경제적 측면

(4) 북한의 인권 문제 해결 •　　　　• ㉣ 위치적 측면

08 빈칸 ㉠, ㉡에 들어갈 알맞은 용어를 각각 쓰시오.

통일을 하면 장기적으로 이익이다. (㉠)은(는) 단기적으로 크게 발생하나 점차 줄어들 것이고, (㉡)은(는) 지속적으로 발생하기 때문이다. (㉠)은(는) 남한과 북한이 통일을 이룬 후 각 분야가 정상적인 기능을 하기까지 소모되는 비용을 의미한다. (㉡)은(는) 통일을 하면 얻을 수 있는 이익이다.

09 다음 글의 밑줄 친 부분을 바르게 고쳐 쓰시오.

(1) 우리나라는 <u>남부 아시아</u>의 교통의 요지에 위치하고 있어 여러 지역과의 교류에 유리하다. (   )

(2) 통일이 되면 <u>소모적인 통일 비용</u>이 경제 개발과 복지 비용으로 사용되면서 삶의 질이 향상될 수 있다. (   )

(3) 통일이 되면 남한의 기술과 북한의 풍부한 <u>자본</u> 및 노동력이 결합하여 성장할 수 있다. (   )

10 북한이 남한보다 높은 지표를 〈보기〉에서 모두 찾아 기호를 쓰시오.

┤ 보기 ├
ㄱ. 총인구　　　　　ㄴ. 쌀 생산량
ㄷ. 석탄 생산량　　　ㄹ. 철광석 생산량

중단원 실력 쌓기

01 ㉠, ㉡에 들어갈 용어를 바르게 연결한 것은?

우리나라는 (㉠) 대륙과 (㉡)을 연결하는 반도국이에요.

	㉠	㉡
①	아프리카	대서양
②	아프리카	태평양
③	유라시아	대서양
④	유라시아	인도양
⑤	유라시아	태평양

02 지도를 통해 알 수 있는 우리나라의 위치적 특징에 대한 설명으로 가장 적절한 것은?

▲ 인천 국제공항과 주요 도시 간의 비행시간

① 해양 자원이 풍부하다.
② 주변 지역과의 교류가 어렵다.
③ 동아시아의 중심에 위치하고 있다.
④ 남반구에 위치한 항공 교통의 요지이다.
⑤ 강대국들의 영향을 적게 받는 위치에 있다.

03 학생이 사회 시간에 필기한 내용으로 옳지 않은 것은?

> ※ 분단의 문제점
> ■ 국내적 문제
>   ㉠ 군사적 대립과 갈등으로 군사비 지출이 과도함
>   ㉡ 오랜 시간 교류가 단절되어 문화적 이질성이 심화됨
>   ㉢ 이산가족과 실향민이 발생하였고, 계속 증가 중임
> ■ 국제적 문제
>   ㉣ 국가의 신용이 낮게 평가되어 경제 발전에 부정적임
>   ㉤ 세계 평화와 국제 정세에 불안 요인

① ㉠   ② ㉡   ③ ㉢   ④ ㉣   ⑤ ㉤

04 다음 글에서 알 수 있는 분단의 문제점으로 가장 적절한 것은?

> 외국인들은 '대한민국' 하면 어떤 이미지를 떠올릴까? 정부가 2013년 전 세계 12개국 외국인 6천 명을 대상으로 실시한 설문 조사에서 '대한민국' 하면 떠오르는 이미지로 꼽힌 것은 기술, 전쟁 등이었다. 또한 "한국이 어떤 국가인가?"라는 질문에 외국인의 30.2%는 "한국과 북한을 쉽게 구분하지 못한다."라고 응답하였다. 핵 개발, 미사일 발사 등 북한 관련 뉴스를 한국 뉴스로 혼동하였기 때문이다. － ○○뉴스, 2015. 02. 22. －

① 일자리의 감소   ② 이산가족의 발생
③ 과도한 군사비 지출   ④ 민족 동질성의 약화
⑤ 부정적인 국제적 위상의 형성

05 자료의 ㉠은 어디인가?

> (㉠)은(는) 군사적 대립을 방지하기 위해 군사 분계선을 기준으로 남북으로 각각 2km 범위에 설정한 완충 지대이다.

① 휴전선   ② 비무장 지대
③ 군사 대립 지대   ④ 백두산 생태 공원
⑤ 남북 경제 협력 특구

06 그래프에 대한 옳은 설명을 〈보기〉에서 고른 것은?

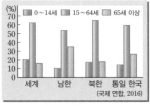

▲ 2050년의 예상 인구 구조

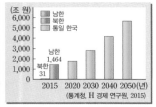

▲ 남북한의 국내 총생산 예상치

┤ 보기 ├
ㄱ. 북한은 남한보다 경제 규모가 크다.
ㄴ. 북한은 남한보다 65세 이상 인구의 비중이 높다.
ㄷ. 통일 한국의 국내 총생산은 지속적으로 증가할 것이다.
ㄹ. 통일 한국은 남한보다 15~65세의 인구 비중이 높을 것이다.

① ㄱ, ㄴ ② ㄱ, ㄷ ③ ㄴ, ㄷ ④ ㄴ, ㄹ ⑤ ㄷ, ㄹ

07 통일 이후 나타날 수 있는 변화 모습에 대한 학생들의 대화 중 옳지 <u>않은</u> 것은?

갑: 고구려 유적지로 관광을 갈 수 있어.
을: 통일 한국 단일 스포츠팀이 만들어질 거야.
병: 공동 국어 사전을 편찬하게 될 거야.
정: 지금은 없는 새로운 직업이 생겨날 거야.
무: 국가 안보를 지키기 위해 국민들의 생활권은 축소될 거야.

① 갑 ② 을 ③ 병 ④ 정 ⑤ 무

08 다음 글의 밑줄 친 ㉠~㉣ 중 옳지 <u>않은</u> 것은?

〈통일의 필요성〉
위치적 측면에서 통일은 ㉠ 한반도 위치의 지리적 장점과 잠재력을 극대화할 수 있고, 우리나라는 통일을 통해 ㉡ 유라시아 대륙과 태평양을 연결하는 핵심 지역으로 성장할 수 있다. 다음은 경제적 측면에서 ㉢ 통일은 소모적인 분단 비용을 복지 비용으로 사용할 수 있고, ㉣ 시장 규모가 줄어 다양한 일자리가 생겨나고 생산성이 높아진다. 사회·문화적 측면에서 ㉤ 통일은 무엇보다 역사적 정체성 회복과 민족 공동체 건설을 위해 필요하다.

① ㉠ ② ㉡ ③ ㉢ ④ ㉣ ⑤ ㉤

09 지도는 통일 이후 연결될 철도망을 나타낸 것이다. 이에 대한 옳은 설명을 〈보기〉에서 고른 것은?

┤ 보기 ├
ㄱ. 통일 이후 미국까지 철도 관광이 가능해질 것이다.
ㄴ. 통일 한국은 동아시아의 물류 중심지로 성장할 것이다.
ㄷ. 통일 한국과 유럽 간의 물자 수송 비용이 감소할 것이다.
ㄹ. 서울과 블라디보스토크의 여객 수송에서 비행기가 차지하는 비중이 높아질 것이다.

① ㄱ, ㄴ ② ㄱ, ㄷ ③ ㄴ, ㄷ
④ ㄴ, ㄹ ⑤ ㄷ, ㄹ

10 지도는 북한의 주요 관광 자원을 나타낸 것이다. ㉠, ㉡에 해당하는 지역을 바르게 연결한 것은?

• 갑: 나는 (㉠)에 가서 장군봉, 천지, 삼지연을 보고 올 거야.
• 을: 나는 (㉡)에 가서 왕건릉, 공민왕릉, 선죽교, 박연 폭포, 황진이 묘를 보고 올 거야.

	㉠	㉡
①	금강산	개성
②	금강산	평양
③	금강산	함흥
④	백두산	개성
⑤	백두산	평양

01 자료를 바탕으로 남한과 북한이 가진 각각의 장점을 쓰고, 남북 협력의 효과를 서술하시오.

인구 (만 명) ●북한 ●남한	명목 국민 총소득 (억 원)	쌀 생산량 (천 M/T)	무역 총액 (억 달러)	석탄 생산량 (천 M/T)	철광석 생산량 (천 M/T)	발전 설비 용량 (만 kW)
5,042 / 2,466	34조 236 / 1,441조 5,000	4,241 / 2,156	76 / 1조 981	27,090	5,471 / 1,748	725 / 9,322
					693	

(통계청, 2015)

---

02 자료의 내용을 활용하여 통일 이후 생활의 변화를 세 가지 서술하시오.

미리 만나 보는 통일 지도

시베리아·만주 횡단 철도
백두산 등반 원정대
중국·몽골 횡단 철도
국경 무역 관광 벨트
산업·인력 공단
고구려와 발해 유적
남북 경제 협력 특구
DMZ 세계 평화 공원
백두대간 관광 벨트
신성장·한류 문화 산업
역사 문화 사업 네트워크
환황해 경제 거점
동북 아시아 해양 무역 중심
남해안 경제 자유 구역
생태·평화 관광 벨트
동해
황해
남해

(통일 연구원, 「행복한 통일」로 가는 길 리플릿, 2015)

---

03 분단으로 인한 우리나라의 위치적 한계점을 쓰고, 지도와 같은 교통망이 건설될 경우 우리나라가 얻을 수 있는 효과를 400자 이내로 논술하시오.

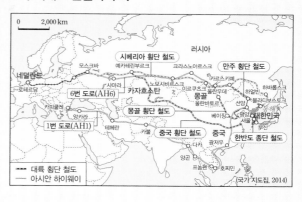

0   2,000 km
러시아
네덜란드
모스크바
예카테린부르크
크라스노야르스크
만주 횡단 철도
시베리아 횡단 철도
로테르담
사마라
노보시비르스크
이르쿠츠크 울란우데
카르스키에
하바롭스크
카피쿨레
6번 도로(AH6)
카자흐스탄
몽골
울란바토르
선양
블라디보스토크
앙카라
1번 도로(AH1)
테헤란
베이징
평양 대한민국 서울
중국 횡단 철도
카불
중국
한반도 종단 철도
부산
다카
광저우
양곤 프놈펜 호찌민

■■■ 대륙 횡단 철도
─── 아시안 하이웨이

(국가 지도집, 2014)

---

04 다음 글의 밑줄 친 ㉡, ㉢의 의미를 쓰고, 자료의 내용을 바탕으로 ㉠에 대해 반박하는 내용을 400자 이내로 논술하시오.

> 일부에서는 ㉠ 남한과 북한의 통일 비용이 막대하기 때문에 통일을 해서는 안 된다는 주장이 있습니다. 그러나 통일부에서 발간한 자료에 따르면, ㉡ 통일 편익이 ㉢ 통일 비용보다 클 것으로 나타납니다. 남북통일이 급격하게 이루어진다면 큰 사회적 혼란이 있겠지만, 점진적으로 남한과 북한이 통일을 향해 나아간다면 우리 한반도에 민족 공동체를 재건할 수 있을 것입니다.

대단원 마무리

XI. 세계 속의 우리나라

01 다음 글의 ㉠~㉢에 대한 설명으로 옳은 것은?

> • 우리나라의 (㉠)은(는) 한반도와 그 주변의 섬들로 구성된다.
> • 우리나라의 (㉡)은(는) (㉠)와(과) (㉢)의 상공이다.

① 우리나라의 ㉠은 남북보다 동서 방향으로 길다.
② ㉡은 일반적으로 대기권 내로 그 범위를 제한한다.
③ ㉡에는 배타적 경제 수역의 상공이 포함된다.
④ 제주도는 ㉡에 해당한다.
⑤ ㉢은 영공이다.

02 ㉠, ㉡에 들어갈 내용을 바르게 연결한 것은?

(대한민국 영해 직선 기선도, 2016)

> 서해안과 남해안에서는 영해를 설정할 때 (㉠)을 적용한다. 그 이유는 섬이 많고, 해안선이 (㉡) 때문이다.

	㉠	㉡
①	직선 기선	단조롭기
②	직선 기선	복잡하기
③	통상 기선	단조롭기
④	통상 기선	복잡하기
⑤	통상 기선	명확하기

서술형

03 다음 용어들을 모두 활용하여 독도의 위치·영역적 가치, 경제적 가치, 환경·생태적 가치에 대해 서술하시오.

> • 조경 수역　　• 해저 화산
> • 교통의 요충지　• 천연 보호 구역
> • 해상 전진 기지　• 메탄 하이드레이트

04 다음 글의 밑줄 친 지역의 특징으로 옳지 않은 것은?

> 올해 상반기 서해 북방 한계선 해상에서 불법 조업을 한 중국 어선 수가 지난해 같은 기간보다 크게 늘었다. … (중략)… 우리 측 배타적 경제 수역(EEZ)에서도 일부 무허가 중국 어선이 기상이 좋지 않을 때나 야간 시간 때 '치고 빠지기식'으로 불법 조업을 한 것으로 나타났다. 해경은 해양수산부 등 관계 기관 합동으로 특별 단속을 벌이는 등 우리 측 배타적 경제 수역(EEZ)에서 불법 조업 중국 어선 38척을 나포했다.
> – □□ 신문, 2019. 07. 16. –

① 관광 목적의 다른 국가 여객선은 진입할 수 없다.
② 경제적 목적이 없는 다른 국가의 케이블 설치는 가능하다.
③ 연안국이 바다에 대한 경제적 권리를 선포할 수 있는 수역이다.
④ 연안국이 해양 자원 활용, 시설물 설치 등에 대한 권리를 가진다.
⑤ 영해를 설정한 기선으로부터 200해리까지의 바다 중 영해를 제외한 수역이다.

05 독도에 대한 설명으로 옳은 것은?

① 동해에 위치해 있다.
② 울릉도보다 제주도에 가깝다.
③ 동도와 서도 두 섬으로만 구성되어 있다.
④ 유네스코 세계 자연 유산으로 선정되었다.
⑤ 우리나라 영토 중 가장 서쪽에 위치해 있다.

06 연설가의 내용과 관련된 설명으로 옳지 않은 것은?

> 독도는 예로부터 우리 땅으로 인식되어 왔습니다. 많은 고지도 및 고문헌들이 이를 증명하지요. 또한 과거와 현재에 걸쳐 독도를 지키는 다양한 사람들의 노력이 있었습니다.

① 독도에는 현재 군 부대가 위치해 있다.
② 홍순칠은 독도 의용 수비대를 조직했다.
③ 세종실록지리지에는 독도에 대한 기록이 있다.
④ 팔도총도는 인쇄본 단독 지도 중 독도가 등장하는 최초의 지도다.
⑤ 안용복은 독도가 조선의 영토임을 확인하는 문서를 일본에서 받아왔다.

07 사진과 같은 지역화 전략을 추진하는 이유로 옳지 <u>않은</u> 것은?

① 관광 산업을 발달시키기 위해서이다.
② 보편적인 세계 문화를 공유하기 위해서이다.
③ 지역의 긍정적 이미지를 강화하기 위해서이다.
④ 주민들의 지역 정체성을 형성하고 자긍심을 증진하기 위해서이다.
⑤ 지역의 상품 판매를 증가시켜 지역 경제를 활성화하기 위해서이다.

08 다음 두 그림의 공통된 지역화 전략은 무엇인가?

① 랜드마크
② 지역 축제
③ 장소 마케팅
④ 지역 브랜드
⑤ 지리적 표시제

09 통일의 필요성에 대한 학생들의 대화 중 옳지 <u>않은</u> 것은?

갑: 과도한 복지 비용을 군사 비용에 투자할 수 있어.
을: 동북아시아의 긴장감을 해소하여 세계 평화에 이바지할 수 있어.
병: 증가된 인구와 경제 규모로 국제 사회에서의 위상이 높아져.
정: 이산가족과 북한 이탈 주민의 아픔을 조금이나마 치유할 수 있어.
무: 남한의 기술과 자본, 북한의 천연자원을 결합하여 성장할 수 있어.

① 갑   ② 을   ③ 병   ④ 정   ⑤ 무

10 <u>논술형</u> 다음 글의 ㉠에 들어갈 알맞은 용어와 이에 해당하는 실제 사례를 두 가지 쓰고, ㉠이 장기적으로 성공을 이어가려면 어떤 노력이 필요할지 400자 이내로 논술하시오.

(㉠)은(는) 특정 장소를 하나의 상품으로 인식하고, 상품의 가치를 높이는 전략이다. 특정 장소가 지닌 유형·무형의 자산이나 고유한 특성을 발굴한 뒤, 이를 해당 지역의 이미지로 만들어 홍보하고 판매한다.

11 다음 자료의 ㉠~㉤ 중 옳지 <u>않은</u> 것은?

〈우리나라 위치의 지리적 장점〉

우리나라는 ㉠ 유라시아 대륙과 태평양을 연결하는 ㉡ 반도국이다. 세계 경제에 큰 영향을 미치는 ㉢ 남부 아시아의 ㉣ 교통의 요지에 위치하고 있어 여러 지역과의 ㉤ 교류에 유리하다.

① ㉠   ② ㉡   ③ ㉢   ④ ㉣   ⑤ ㉤

12 다음 자료에 대한 옳은 추론을 〈보기〉에서 고른 것은?

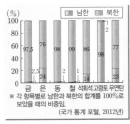 

※ 각 항목별로 남한과 북한의 합계를 100%로 보았을 때의 비중임.
(국가 통계 포털, 2012년)

▲ 남북한 자원 보유량 비교

┤ 보기 ├
ㄱ. 현재 남한과 북한을 철도로 오가는 사람이 많을 것이다.
ㄴ. 통일 한국은 남한보다 더 많은 자원을 보유할 수 있을 것이다.
ㄷ. 남북통일이 되면 유럽과 육로를 이용하여 교류가 가능해질 것이다.
ㄹ. 남한의 천연자원과 북한의 자본을 결합하여 한반도의 개발 잠재력이 신장될 수 있을 것이다.

① ㄱ, ㄴ   ② ㄱ, ㄷ   ③ ㄴ, ㄷ   ④ ㄴ, ㄹ   ⑤ ㄷ, ㄹ

수행 평가 미리보기

z

선생님의 출제 의도 **지역 축제 기획하기**

11단원에서는 우리나라의 영역을 지도에서 파악하고, 영역으로서 독도가 지닌 가치와 중요성을 학습하였습니다. 우리나라 여러 지역의 특징을 조사하고 지역의 특색을 살리는 지역화 전략도 알아보았습니다. 또한 세계 속에서 우리 국토의 위치가 갖는 중요성과 통일의 필요성을 이해하고, 통일 이후 우리 생활의 변화를 예측하였습니다. 그러므로 단원의 핵심 내용은 우리가 살고 있는 지역과 국토의 소중함을 깨닫는 것이라 할 수 있습니다. 따라서 이 단원의 수행 평가에서는 내가 살고 있는 지역에 대한 종합적 이해를 바탕으로 실제 지역의 발전 방향을 담고 있는 지역 축제를 개발하는 문제가 출제될 수 있습니다.

수행 평가 문제

모둠별로 내가 살고 있는 지역의 축제를 기획해 보자.

A 활동 계획 세우기

1 모둠을 구성하고, 지역 축제에 참여한 경험(간접 경험, 직접 경험)에 대해 이야기를 나눈다.
2 효과적인 지역 축제에 대해 토의하고, 해당 내용을 정리한다.

B 활동 단계

1단계 공공 기관 방문, 온라인 자료 조사 등을 바탕으로 우리 지역의 지역성을 조사한다.
2단계 지역의 차별화된 장점과 잠재력을 분석하여 경쟁력 있는 지역 축제 주제와 목적을 선정한다.
3단계 지역 축제의 시간별 활동, 공간 활용, 홍보 방법 등을 계획하여 발표 자료를 제작한다.
4단계 계획한 지역 축제에 대해 발표하고 전시한다.

C 활동하기

1 우리 동네 지역성 조사하기

[예시]

우리 동네 지역성	인문 환경	• 역사적 의미가 있는 다양한 건축물, 문화재들이 주변에 있음 • 전통 시장이 자리하고 있고, 주차 환경 등의 교통 환경은 편리한 편임 • 최근 예술인들이 지역에 유입되면서 다양한 예술품들이 산출되고 있음
	자연환경	• 동네 중앙에 커다란 호수가 있어 지역 주민들의 활용도가 높음 • 해발 고도가 높지 않은 고즈넉한 산으로 둘러싸인 아늑한 지역임

2 지역 축제 주제와 목적 선정하기

[예시]

지역 축제 주제	5월 밤, 지역의 역사적 배경을 테마로 한 상황 재연 축제를 개최하고, 참여한 주민들에게는 지역의 전통 시장에서 사용할 수 있는 쿠폰을 제공함
지역 축제 목적	• 주민들의 지역에 대한 자긍심을 고취하고, 공동체 의식을 형성함 • 관광객을 유치하여 직접적인 수익을 얻으며, 지역에 대한 긍정적인 이미지를 형성함 • 전통 시장 방문을 유도하여 전통 시장에 대한 이미지를 개선하고 지역 경제를 활성화함

3 지역 축제 계획하기

[예시]

시간 계획			공간 계획
1일	16:00 ~ 17:00	개막 행사	
	17:00 ~ 19:00	부스별 체험(1부) – 관람 중심	
	19:00 ~ 20:00	먹거리 행사 – 지역 전통 시장 지원	
	20:00 ~ 22:00	부스별 체험(2부) – 체험 중심	
2일	17:00 ~ 19:00	부스별 체험(1부) – 관람 중심	
	19:00 ~ 20:00	먹거리 행사 – 지역 전통 시장 지원	
	20:00 ~ 22:00	부스별 체험(2부) – 체험 중심	
	22:00 ~ 23:00	폐막 행사	

▲ 행사장 배치도

홍보 계획	• 반전이 있는 재미있는 홍보 영상을 제작하여 전파함 • 지역 출신 유명인들을 섭외하여 그들의 SNS를 통해 홍보함 • 학생들의 많은 참여를 위해 지역 학교 학생회에 적극적으로 홍보함

📖 **채점 기준**

평가 영역	채점 기준	상	중	하
종합적 이해도	지역 축제 개념을 명확하게 이해하고 있는가?			
	지역화 전략 개발 절차를 체계적으로 이해하고 있는가?			
사고력	독창적이고 창의적인 아이디어를 생성하였는가?			
	깊이 있게 생각하고 합리적으로 분석하였는가?			
정보 활용	다양한 도구로 정보를 수집하고 선별하였는가?			
	적절한 방법으로 아이디어를 분명하게 드러내었는가?			
과제 완성도	조건에 맞는 구체적인 산출물을 제작하였는가?			
	자기 주도적으로 성실하게 참여하였는가?			

XII 더불어 사는 세계

01 지구상의 다양한 지리적 문제

세계 곡물 유통 시장의 약 80%는 4대 곡물 대기업이 장악하고 있다. 곡물 대기업들은 이윤을 극대화하려고 유통량을 조절하는데, 이 과정에서 곡물 가격이 상승하면서 저개발국의 곡물 수입이 더욱 어려워지는 문제가 발생한다.

+ 생물 다양성 협약

생물 다양성 협약은 생물 다양성 보전과 생물 자원의 지속 가능한 이용, 이를 이용하여 얻는 이익을 공정하고 공평하게 분배할 것을 목적으로 1992년 브라질 리우 회의에서 채택되었다. 기후 변화 협약, 사막화 방지 협약과 더불어 세계 3대 환경 협약 중 하나이다.

+ 생물 다양성이 풍부한 지역

열대 우림은 전 세계 생물 종의 절반 이상이 분포하며 생물 종이 가장 풍부한 지역이다. 열대 우림 파괴는 생물 다양성 감소의 주요 원인이 된다.

+ 열대 우림 개발을 둘러싼 논쟁

• 찬성: 적도 주변에 위치한 저개발국들이 경제 발전을 이루려면 열대림을 개발할 수밖에 없다. 열대림을 벌목하여 조성된 토지는 다양한 용도로 사용할 수 있으며, 열대림은 수출용 목재로 가치가 높다.

• 반대: 열대림은 많은 생물의 서식처이자 많은 산소를 제공해 주는 지구의 허파이다. 열대림 파괴에 따른 생물 다양성 감소, 지구 온난화 등 환경 피해가 크므로 개발을 중단해야 한다.

❶ 지구상의 지리적 문제

(1) 지리적 문제의 의미와 원인

① 의미: 사람들이 살아가는 공간에서 발생하는 문제 **예** 기아 문제, 생물 다양성 감소 문제, 영토 분쟁, 영해 분쟁 등

② 원인: 지역 간 경제 격차의 심화, 서로 다른 문화 집단 간 충돌, 자원을 둘러싼 이해관계 대립, 환경 오염 물질의 이동 등

(2) 지리적 문제의 특징

① 공간에서 발생하는 문제이므로 해당 지역의 특징이 반영됨

② 경제, 정치, 문화, 환경 등 다양한 요인이 복합적으로 결합되어 나타남

③ 지역 간 상호 작용으로 특정 지역의 문제가 다른 지역의 문제와 연결됨

④ 특정 지역에 국한되어 발생하지 않기 때문에 여러 국가 간 공조와 협력이 요구됨

❷ 기아 문제와 생물 다양성 감소 문제

(1) 기아 문제
→ 기아는 면역력을 낮추어 전염병을 유행시키고, 노동 생산성을 떨어뜨려 사회 전체에 큰 타격을 주기 때문에 '소리 없는 쓰나미'라고도 불림

① 의미: 주민들이 식량 부족으로 충분한 영양을 섭취하지 못하는 문제

② 원인
• 자연적 요인: 이상 기후, 자연재해, 농작물 병충해로 인한 식량 생산량 감소
• 사회적 요인: 잦은 분쟁, 급격한 인구 증가, 곡물 대기업의 유통량 조절로 인한 식량 공급 및 분배 문제 발생

③ 주요 발생 지역: 아프리카, 남아메리카, 남부 아시아 등 저개발 지역

(2) 생물 다양성 감소 문제

① 의미: 생물 종이 멸종하고 유전자의 다양성과 생태계의 다양성이 감소하는 문제

② 원인
짐승이나 물고기 따위를 마구 잡음 → 다양한 생물은 식량, 의약품 등 인간의 삶에 유익한 물질을 제공함 → 다양한 생태계는 환경 오염 물질을 정화하고, 적절한 자연환경을 유지하는 데 결정적인 역할을 함

• 도시 개발 및 농경지 확대로 인한 동식물 서식지 파괴
생물 자원을 연료로 하여 생산한 에너지 → • 무분별한 남획, 환경 오염 및 기후 변화, 외래종의 침입으로 인한 개체 수의 감소
• 상품 작물 및 바이오 에너지 연료용 작물 재배로 인한 농작물 다양성 감소

③ 피해: 인간이 이용 가능한 생물 자원의 수 감소, 지구 생태계의 지속 가능성 감소

④ 주요 발생 지역: 남아메리카의 아마존강 유역과 아프리카의 콩고강 유역, 인도네시아 등 열대 우림 지역
→ 매년 2만 5천여 종 이상의 동식물이 지구상에서 사라져 가고 있음
→ 지구 표면의 약 12%였던 열대 우림이 현재는 약 5% 밖에 남지 않았음

🔍 집중탐구   기아 인구 비율

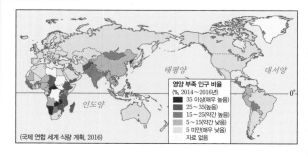

영양 부족 인구 비율은 사하라 이남의 아프리카와 남부 아시아 등에서 높게 나타나고, 유럽, 북아메리카, 오세아니아 등에서는 낮게 나타난다. 2018년 전 세계에서 기아로 고통 받는 사람들은 전 세계 인구의 10%가 넘는다. 기아로 인해 많은 초등학교 학생들이 굶주린 채 학교에 등교하고 있으며, 310만 명의 5세 미만 어린이들이 매년 영양 결핍으로 사망한다.

❸ 영역을 둘러싼 갈등

(1) 영역 갈등의 발생

① 의미: 영토, 영해, 영공의 주권을 두고 벌어지는 국가 사이의 분쟁
  → 국가의 통치권이 미치며 국제법으로 인정받는 토지의 범위

② 원인: 패권 경쟁, 역사적 배경, 모호한 경계, 자원 확보를 통한 경제적 이익 등

③ 피해: 난민 발생, 지구의 평화 위협
  → 힘이나 경제력으로 다른 나라를 압박하고 자기의 세력을 넓히려는 권력

＊ 분쟁 지역 (한국 국방 연구원, 2016)

(2) 영토 분쟁

지역	특징
카슈미르	• 분쟁국: 인도, 파키스탄 • 인도는 영국으로부터 독립할 때 종교에 따라 인도(힌두교)와 파키스탄(이슬람교)으로 분리 독립함. 카슈미르 지역은 이슬람교도가 많았으나, 이곳을 통치하던 힌두교 지도자가 인도에 통치권을 넘기면서 갈등이 나타남
이스라엘 –팔레스타인	• 분쟁국: 이스라엘, 팔레스타인 • 1948년 팔레스타인 지역에 유대교 국가인 이스라엘이 건국되며 갈등이 시작됨. 네 번에 걸친 전쟁으로 이스라엘이 팔레스타인 지역의 대부분을 차지함. 이슬람교를 믿는 팔레스타인 사람들이 영토를 회복하기 위해 저항하며 갈등이 지속되고 있음
수단–남수단	• 분쟁국: 수단, 남수단 • 수단의 북부 지역은 이슬람교를 믿는 아랍계 주민들이 살고 남부 지역은 크리스트교와 전통 종교를 믿는 아프리카계 주민들이 거주함. 유전 개발을 둘러싸고 대립이 심해짐. 수십 년간 내전 후 수단과 남수단으로 분리되었으나 여전히 갈등 중임

(3) 영해를 둘러싼 분쟁
→ 배타적 경제 수역(EEZ)의 확보를 통한 경제적 이익의 증대 및 해상 교통 및 군사적 요충지 확보와 관련이 깊음

지역	특징
난사 군도 (스프래틀리 군도)	• 분쟁국: 중국, 필리핀, 베트남, 말레이시아, 브루나이 등 • 100여 개의 작은 섬과 암초로 구성된 군도임. 인도양과 태평양을 잇는 해상 교통의 요충지이자 원유, 천연가스 등 천연자원이 풍부한 곳으로 여러 국가들 간 경제적 이권을 둘러싼 갈등이 나타남
쿠릴 열도 (지시마 열도)	• 분쟁국: 러시아, 일본 → 남중국해 분쟁이라고도 함 • 러·일 전쟁 후 일본이 차지하였으나, 제2차 세계 대전 후 소련이 차지함. 일본이 영유권을 주장하며 러시아에게 반환을 요구함. 풍부한 어족 자원과 많은 양의 석유와 천연가스가 매장되어 있음
센카쿠 열도 (댜오위다오)	• 분쟁국: 일본, 중국, 타이완 • 청·일 전쟁 이후 일본 영토로 편입되면서 일본이 실효적으로 지배함. 중국과 타이완이 불법 점령이라며 영유권을 주장함. 다량의 석유 매장, 해상 교통로 확보, 군사적 요충지 확보 등으로 갈등이 심화됨
카스피해	• 분쟁국: 러시아, 이란, 카자흐스탄, 투르크메니스탄, 아제르바이잔 • 카스피해를 바다로 볼지, 호수로 볼지에 따라 각 국가의 이익이 달라짐. 카스피해 연안 면적이 제일 좁은 이란은 카스피해를 호수로 보고 5등분으로 공평하게 나눠야 한다고 주장함

→ 2018년 8월 연안 5개국은 협정을 바탕으로 카스피해를 호수도 아니고 바다도 아닌 별도의 법적 지위를 가진 '내륙해'로 보기로 합의

✚ 아프리카의 잘못 그려진 경계

아프리카의 많은 나라들은 과거 유럽 강대국의 이해관계에 따라 국경선이 설정되었는데 독립 이후 국경과 부족 경계가 달라서 분쟁과 내전, 그리고 난민 발생이 끊이지 않고 있다.

✚ 난사 군도(스프래틀리 군도) 분쟁

✚ 센카쿠 열도(댜오위다오) 분쟁

✚ 한스섬 분쟁

한스섬은 덴마크령 그린란드와 캐나다령 엘즈미어섬 사이에 위치해 있다. 지구 온난화로 섬 주변의 빙하가 녹으며 가치가 상승하였고, 북극 항로의 중요 구간에 속한다. 2005년 덴마크와 캐나다는 '한스섬은 우리 영토'라는 인터넷 광고로 경쟁하기도 하였다.

✚ 지역 분쟁 해결 사례(진먼섬)

진먼섬은 타이완이 실효적으로 차지하고 있었으나 제2차 세계 대전 이후 중국이 섬에 포탄을 발사하는 등 극심하게 대립하였다. 1990년 이후 양국이 평화적인 해결 방법을 모색하여 섬에 있던 군사 시설이 박물관으로 바뀌었다. 현재 진먼섬은 많은 관광객들이 방문하는 평화의 섬이 되었다.

01 빈칸에 들어갈 알맞은 말을 쓰시오.

(1) ( )은(는) 사람들이 살아가는 공간에서 발생하는 문제이다.

(2) ( )은(는) 이윤을 극대화하려고 유통량을 조절하는데, 이 과정에서 곡물 가격이 상승하면서 저개발국의 곡물 수입이 더욱 어려워지는 문제가 발생한다.

(3) 햄버거용 고기를 얻기 위해 ( )이(가) 파괴되면서 지구의 온도가 높아지고 이상 기후가 나타난다.

(4) 상품 작물 및 ( ) 에너지 연료용 작물 재배로 인한 농작물 다양성 감소는 생물 다양성 감소 문제의 원인이다.

(5) 수단의 북부 지역은 ( )를 믿는 아랍계 주민들이 살고, 남부 지역은 크리스트교와 전통 종교를 믿는 아프리카계 주민들이 거주한다.

02 주민들이 식량 부족으로 충분한 영양을 섭취하지 못하는 문제는 무엇인가?

03 영토, 영해, 영공의 주권을 두고 벌어지는 국가 사이의 분쟁은 무엇인가?

04 1992년 브라질 리우 회의에서 채택되었으며, 기후 변화 협약, 사막화 방지 협약과 더불어 세계 3대 환경 협약 중 하나는?

05 다음 설명이 맞으면 ○표, 틀리면 ×표 하시오.

(1) 지리적 문제는 특정 지역에 국한되어 나타난다. ( )

(2) 서로 다른 문화 집단 간 충돌은 지리적 문제의 원인이다. ……………………………………………( )

(3) 기아 문제는 유럽에서 많이 발생한다. ………( )

(4) 이스라엘−팔레스타인 갈등의 당사국인 이스라엘의 주요 종교는 이슬람교이다. ………………………( )

(5) 생물 다양성 감소 문제는 생물 종이 멸종하고 유전자의 다양성과 생태계의 다양성이 감소하는 문제이다.··( )

06 다음 지도가 나타내는 분쟁 지역은 어디인지 쓰시오.

07 영해 분쟁 지역과 주요 분쟁 국가를 바르게 연결하시오.

(1) 난사 군도
(스프래틀리 군도) •

(2) 쿠릴 열도
(지시마 열도) •

(3) 센카쿠 열도
(댜오위다오) •

• ㉠ 중국, 일본

• ㉡ 중국, 필리핀, 베트남 등

• ㉢ 일본, 러시아

08 빈칸 ㉠~㉢에 들어갈 알맞은 용어를 각각 쓰시오.

중앙아시아에 있는 세계에서 가장 큰 내해인 (㉠)을(를) 둘러싼 분쟁의 핵심은 (㉠)을(를) (㉡)(으)로 볼지, (㉢)(으)로 볼지이다. 이에 따라 각 국가의 이익이 달라진다. (㉡)(으)로 보면 5개의 인접국들이 (㉠) 면적을 20%씩 공평히 차지하게 되고, (㉢)(으)로 보면 해안선의 길이에 비례해서 차지하게 된다. 연안 면적이 제일 좁은 이란은 (㉡)(으)로 보고 5등분으로 공평하게 나누어야 한다고 주장하는 등 5개 국가는 서로에게 유리한 방향으로 경계를 주장하였다.

09 다음 글의 밑줄 친 부분을 바르게 고쳐 쓰시오.

(1) 생물 다양성 감소 문제가 발생하는 주요 지역은 사막 지역이다. ( )

(2) 이상 기후, 자연재해, 농작물 병충해로 인한 식량 생산량 감소는 기아 문제의 사회적 요인이다. ( )

10 카슈미르 분쟁의 주요 당사국을 〈보기〉에서 모두 찾아 기호를 쓰시오.

┤보기├
ㄱ. 인도   ㄴ. 일본
ㄷ. 베트남   ㄹ. 파키스탄

중단원 실력 쌓기

정답과 해설 | 85쪽

01 학생의 발표 내용 중 ㉠의 원인으로 보기 어려운 것은?

(㉠)은(는) 사람들이 살아 가는 공간에서 발생하는 문제를 의미해요. 기아 문제, 생물 다양성 감소 문제, 영역 분쟁 등은 (㉠)에 포함되요.

① 환경 오염 물질의 이동
② 국제 비정부 기구의 노력
③ 지역 간 경제 격차의 심화
④ 서로 다른 문화 집단 간 충돌
⑤ 자원을 둘러싼 이해관계 대립

02 지리적 문제에 대한 옳은 설명을 〈보기〉에서 고른 것은?

┤ 보기 ├
ㄱ. 해당 지역의 특징이 반영된다.
ㄴ. 특정 지역에서 국한되어 나타난다.
ㄷ. 다양한 요인이 복합적으로 결합되어 나타난다.
ㄹ. 세계 경제가 발전하면서 중요성이 점차 감소하고 있다.

① ㄱ, ㄴ   ② ㄱ, ㄷ   ③ ㄴ, ㄷ
④ ㄴ, ㄹ   ⑤ ㄷ, ㄹ

03 생물 다양성 감소의 원인으로 옳지 않은 것은?

① 기후 변화
② 열대 우림의 파괴
③ 외래종의 유입 감소
④ 상품 작물 재배 확대
⑤ 바이오 에너지 연료용 작물 재배의 확대

04 다음 문제를 해결하기 위해 채택한 협약으로 가장 적절한 것은?

제1차 세계 대전 이후 미국으로 유입된 남부 지역의 불개미는 40여 년간 위협적이지 않은 존재였다. 그러나 불개미가 가축과 농작물에 피해를 주지 않는다는 연구 결과에도 불구하고 불개미는 인간에게 위협적인 존재로 묘사되었다. 결국 불개미를 퇴치하기 위한 캠페인이 벌어졌고 독성을 지닌 살충제를 살포하였다. 그 결과 막대한 농작물과 가축들은 사라졌지만 불개미의 수는 더 늘어났다. 또한 살충제는 새의 생존에도 치명적인 영향을 미쳤다. 새의 개체 수는 계속 줄어들었고, 봄이 왔지만 어떠한 새의 노랫소리도 들리지 않았다.
– 레이철 카슨, 『침묵의 봄』 –

① 기후 변화 협약
② 몬트리올 의정서
③ 사막화 방지 협약
④ 생물 다양성 협약
⑤ 핵 실험 금지 조약

05 기아 문제가 가장 심각한 지역을 지도의 A ~ E에서 고른 것은?

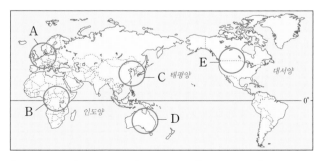

① A   ② B   ③ C   ④ D   ⑤ E

중단원 **실력 쌓기**

[06~08] 다음 지도를 보고 물음에 답하시오.

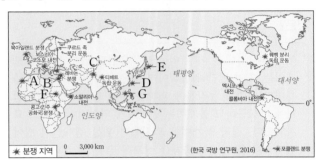

06 다음 글에서 설명하고 있는 영역 갈등 지역을 지도에서 고른 것은?

> 청·일 전쟁 이후 일본 영토로 편입되면서 일본이 실효적으로 지배하고 있다. 하지만 중국과 타이완은 일본의 불법 점령이라며 자신들의 영유권을 주장한다. 다량의 석유 매장, 해상 교통로 확보, 군사적 요충지 확보 등으로 이곳의 갈등은 심화되고 있다.

① A   ② B   ③ C   ④ D   ⑤ E

07 지도의 F 지역에 대한 옳은 설명을 〈보기〉에서 고른 것은?

┤ 보기 ├
ㄱ. 이슬람교와 불교 간의 갈등이 발생했다.
ㄴ. 유전 개발을 둘러싸고 갈등이 심해졌다.
ㄷ. 여전히 분리 독립하지 못하고 갈등 중이다.
ㄹ. 북부의 아랍계 주민과 남부의 아프리카계 주민이 대립했다.

① ㄱ, ㄴ   ② ㄱ, ㄷ   ③ ㄴ, ㄷ
④ ㄴ, ㄹ   ⑤ ㄷ, ㄹ

08 지도의 G 지역에서 영역 갈등이 발생한 이유로 적절한 것을 〈보기〉에서 고른 것은?

┤ 보기 ├
ㄱ. 북극 항로 확보
ㄴ. 서로 다른 종교 간 충돌
ㄷ. 천연가스 등의 해상 천연자원 확보
ㄹ. 인도양과 태평양을 연결하는 해상 교통의 요충지 확보

① ㄱ, ㄴ   ② ㄱ, ㄷ   ③ ㄴ, ㄷ
④ ㄴ, ㄹ   ⑤ ㄷ, ㄹ

09 다음 지도에 표시된 지역에서 발생하고 있는 분쟁에 대한 설명으로 옳지 <u>않은</u> 것은?

① 대규모의 원유와 천연가스가 매장된 지역이다.
② 카스피해를 바다로 볼지, 호수로 볼지에 대한 분쟁이다.
③ 2018년 5개국은 영유권 분쟁 해소를 위한 법적 토대를 마련하였다.
④ 유럽 강대국의 이해관계에 따라 그어진 국경선 때문에 발생한 분쟁이다.
⑤ 연안 면적이 제일 좁은 이란은 카스피해를 5등분으로 공평하게 나누어야 한다고 주장하였다.

10 ㉠, ㉡에 들어갈 지명을 바르게 연결한 것은?

> • (㉠)은(는) 타이완이 실효적으로 차지하고 있었으나 제2차 세계 대전 이후 중국이 섬에 포탄을 발사하는 등 극심하게 대립하였다. 1990년 이후 양국이 평화적인 해결 방법을 모색하여 섬에 있던 군사 시설이 박물관으로 바뀌었다. 현재는 많은 관광객들이 방문하는 평화의 섬이 되었다.
> • (㉡)은(는) 덴마크령 그린란드와 캐나다령 엘즈미어섬 사이에 위치해 있다. 지구 온난화로 섬 주변의 빙하가 녹으며 가치가 상승하였고, 북극 항로의 중요 구간에 속한다. 2005년 덴마크와 캐나다는 '(㉡)은(는) 우리 영토'라는 인터넷 광고로 경쟁하기도 하였다.

	㉠	㉡
①	진먼섬	로스섬
②	진먼섬	한스섬
③	스프래틀리 군도	로스섬
④	스프래틀리 군도	한스섬
⑤	스프래틀리 군도	난사 군도

01 [서술형] 자료 A와 자료 B를 통해 알 수 있는 지리적 문제를 정의하고, 해당 지리적 문제의 원인을 자연적 요인과 사회적 요인으로 구분하여 서술하시오.

자료 A

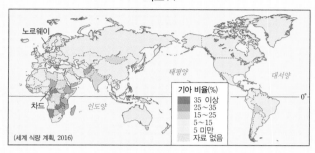

(세계 식량 계획, 2016)

기아 비율(%)
35 이상
25~35
15~25
5~15
5 미만
자료 없음

자료 B

노르웨이 가정은 일주일 식료품 구매에 약 732.7달러를 지출한다. 그러나 차드 가정은 일주일 식료품 구매에 1.2달러를 지출한다.

---

02 [서술형] 지도에 제시된 분쟁 지역의 주요 당사국인 ㉠, ㉡을 쓰고, 분쟁의 원인을 서술하시오.

(한국 국방 연구원, 2016)

---

03 [논술형] 자료 A와 자료 B의 관계를 쓰고, 자료 B가 생물 종 다양성 감소의 핵심적인 원인이 되는 이유를 300자 이내로 논술하시오.

자료 A

햄버거는 세계 120여 개국에서 판매되고 전 세계 인구의 1%가 매일 먹는다. 햄버거용 고기를 얻기 위한 소 사육 농가는 지속적으로 증가 중이다.

자료 B

▲ 아마존 열대 우림 파괴

---

04 [논술형] 지도에 표시된 영역 갈등 중 영해와 관련된 갈등을 1개 선택하여 설명하시오. 그리고 종합적인 관점에서 영역 갈등의 원인과 피해를 400자 이내로 논술하시오.

(한국 국방 연구원, 2016)

✱ 분쟁 지역

02 저개발국의 발전 노력

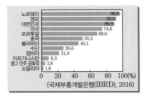

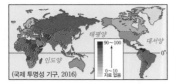

❶ 발전 수준의 지역 차

(1) 선진국과 저개발국
① 선진국: 생활 수준과 삶의 질이 높은 국가 ➡ 북서부 유럽, 앵글로아메리카, 동아시아 등
② 저개발국: 생활 수준과 삶의 질이 낮은 국가 ➡ 아프리카, 라틴 아메리카, 남부 아시아 등

(2) 발전 수준 차이의 원인
→ 선진국에 비해 의료 및 교육 수준, 여성의 권한과 노동 참여율도 낮은 편
① 산업화 시기의 차이: 선진국은 18세기 후반부터 산업화를 시작한 반면, 저개발국은 20세기 이후부터 지금까지 산업화가 진행 중임
② 인적·문화적 자원의 차이: 선진국은 저개발국에 비해 교육 수준이 높은 인적 자원이 풍부하고, 안정된 사회적·경제적 제도 등 문화적 자원이 풍부함
③ 선진국에게 유리한 무역 구조: 선진국은 주로 부가 가치가 높은 상품을 수출하고 저개발국은 주로 부가 가치가 낮은 상품을 수출함
→ 상품을 판매하였을 때 이윤이 많이 남는 상품으로, IT 상품, 지식 서비스 상품 등 높은 기술력이 필요한 상품

(3) 발전 수준을 보여주는 다양한 지표
→ 경제 지표뿐 아니라 사회, 문화, 정치, 환경, 교육, 의료 등의 비경제 지표를 포함하여 발전 수준을 파악해야 함
① 선진국이 높은 지표: 1인당 국내 총생산, 인간 개발 지수, 행복 지수, 기대 교육 연한, 인터넷 이용자 비율, 평균 수명 등
→ 어린이들이 교육을 받을 것으로 예상되는 기간
② 저개발국이 높은 지표: 성 불평등 지수, 영아 사망률, 교사 1인당 학생 수, 부패 지수 등

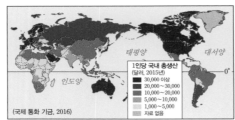

▲ 1인당 국내 총생산

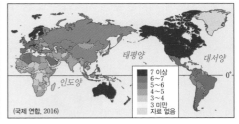

▲ 인간 개발 지수

▲ 영아 사망률

▲ 행복 지수

집중탐구 1인당 국내 총생산의 변화

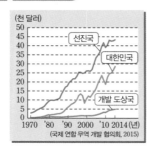

1인당 국내 총생산(GDP)은 일정 기간 동안 한 나라 안에서 새로이 생산된 최종 생산물의 시장 가치의 합인 국내 총생산을 총인구로 나눈 것이다. 세계화가 진행되면서 선진국과 개발 도상국 간의 격차는 지속적으로 벌어지고 있다. 우리나라는 지속적인 경제 발전으로 1인당 국내 총생산이 1953년 67달러에서 2018년 약 31,000 달러로 급격히 상승하였다.

❷ 저개발국의 빈곤을 극복하기 위한 자체적 노력

과거에는 선진국의 원조에 의존하는 경향이 있었지만
최근에는 자체적인 발전 노력을 강조하고 있음

(1) 저개발국의 빈곤 극복 노력

① 다양한 노력 ← 인간으로서 기본적인 욕구를 해소할 수 없을 정도로
물질적인 부족함이 장기간 지속되는 상태

- 자연환경과 노동력을 활용하여 관광 산업을 육성함
- 저개발국의 공동 발전을 위한 경제 협력 체제를 구축함 → 선진국들의 자본에 대응하기 위해서임
- 교육의 기회를 확대하고 교육 활동에 대한 투자를 증진함
- 기반 산업을 발전시켜 안정적인 일자리 창출을 위해 노력함
- 외국 자본의 유치를 적극적으로 추진하여 사회 기반 시설을 확충함 → 도로, 전력, 통신 등
- 일상생활에서 겪는 어려움을 해결하기 위해 적정 기술 제품을 도입함
- 관개 시설을 확충하고 수확량이 많은 품종을 개발해 식량 생산량을 증진함

② 사례 지역

르완다	종족 간의 학살로 인한 아픔을 극복하기 위해 공동체 교육을 강화하고, 종족 간 차별을 엄격하게 금지함. 공직 선거 후보자 중 30%를 여성에게 할당함
브라질 쿠리치바	주민들이 쓰레기를 수거해 오면 이를 버스표나 식품으로 교환해 줌. 이때 식품들은 지역 농가에서 구매하여 지역 경제를 활성화함
쿠바 아바나	도시 곳곳의 빈터와 버려진 공장 터를 농장으로 바꾸어 도시민들을 위한 농산물을 유기농법으로 재배함
부탄	자연환경의 훼손을 막고자 관광객 수를 일정 수준으로 제한하고, 비싼 관광 비용을 받아 벌어들인 소득은 다시 경제 발전에 투자함. 교육과 의료를 무상으로 함
볼리비아	천연자원을 국유화하여 국가의 재정을 늘렸으며, 이익을 저소득층에게 돌려주고 사회 복지 정책을 강화함
케냐	훼손된 삼림에 나무를 심어 척박한 땅을 되살리는 그린벨트 운동을 진행함. 이 과정에서 일자리 창출의 효과도 나타남
라오스	시장 개방에 이은 국가 성장 및 빈곤 퇴치 전략으로 최근 10년간 평균 7% 이상의 성장률을 기록하였고, 빈곤층 비율도 감소함

(2) 성과와 한계

① 성과: 신흥 공업국 등 수출 증대를 기반으로 경제 발전을 이룩한 국가들이 등장함. 2009~2013년 동안 저개발국의 연평균 경제 성장률이 선진국보다 높게 나타남

② 한계
- 경제 성장에 필요한 기본적인 자본과 기술이 부족함
- 최빈국의 수는 1971년 25개국에서 2014년 48개국으로 증가함
- 불평등한 세계 경제 체제 속에서 선진국의 다국적 기업에 의한 영향을 크게 받음
- 뒤늦은 산업화로 인해 과거 선진국들이 겪었던 각종 사회 문제를 급속히 경험함
- 정치적 불안정으로 지속적인 정책 수행이 어렵고, 인구 급증으로 식량이 부족함

📝 더 알아 보기 ▶ 보츠와나의 빈곤 해결을 위한 노력

중남부 아프리카에 있는 보츠와나의 1인당 국민 총생산은 1960년대 약 70달러 정도였지만, 2018년에는 약 8,000달러로 급격히 성장하였다. **보츠와나의 성장에는 정부와 민간의 협력으로 성공한 다이아몬드 광산 개발이 큰 역할을 하였다. 수출로 얻은 소득을 교육 시설, 도로 등의 사회 기반 시설에 투자하며** 눈부신 경제 발전을 이루었다. 현재 보츠와나는 교육, 보건 등의 투자를 늘리고 있으며, 지속적인 성장을 위해 고부가 가치 산업 유치에도 노력하고 있다.

✚ 관개 시설

농작물을 경작하기 위하여 논이나 밭 등에 필요한 물을 인근의 하천, 저수지 등에서 끌어오는 인공적인 시설이다.

✚ 에티오피아의 새마을 시범 마을

에티오피아 정부는 우리나라 사례를 모델로 5개의 새마을 시범 마을을 운영하고 있다. 새마을 교육을 받은 지도자와 마을 주민들이 힘을 모아 부엌, 화장실, 지붕 개량 등의 주거 환경 개선과 식수 개발, 마을 도로 정비, 마을 회관 건립 등 공동 환경 개선 사업을 한다.

✚ 적정 기술

해당 지역의 특별한 환경을 고려하여 만들어진 기술이다. 주로 저개발국의 열악한 환경을 극복하고, 해당 지역의 여건에 적용 가능한 기술을 뜻한다. 예를 들어, 물을 멀리서 길어 와야 하는 지역에서 머리에 물통을 얹고 나르는 대신 커다란 물통을 굴려서 오는 '히포 롤러 워터 프로젝트' 등이 있다.

✚ 신흥 공업국

1960~1970년대에 급속한 공업화를 바탕으로 눈에 띄게 발전한 대한민국, 싱가포르, 멕시코, 브라질 등의 국가를 일컫는다. 이 국가들은 수출 지향적 공업화 정책을 기반으로 선진국과의 격차를 줄였다.

✚ 최빈국

1971년 국제 연합(UN)에서 제안한 개념으로 1인당 국내 총생산이 900달러 미만인 나라 중에서 교육 수준, 평균 수명, 경제 발전 정도 등을 살펴 최빈국으로 분류한다.

개념 다지기

01 빈칸에 들어갈 알맞은 말을 쓰시오.

(1) 1971년 국제 연합(UN)에서 제안한 개념으로 1인당 국내 총생산이 900달러 미만인 나라 중에서 교육 수준, 평균 수명, 경제 발전 정도 등을 살펴 (   )(으)로 분류한다.

(2) 저개발국은 빈곤을 극복하기 위해 기반 산업을 발전시켜 안정적인 (   )을(를) 창출하기 위해 노력한다.

(3) 저개발국은 선진국 자본에 대응하기 위해 공동 발전을 위한 (   )을(를) 구축한다.

(4) 남아메리카의 (   )은(는) 천연자원을 국유화하여 국가의 재정을 늘렸으며 이익을 저소득층에게 돌려주고 사회 복지 정책을 강화하였다.

02 국제 연합 개발 계획(UNDP)이 매년 각국의 교육 수준, 국민 소득, 평균 수명 등을 기준으로 국가별 국민의 삶의 질을 평가한 지표는 무엇인가?

03 해당 지역의 특별한 환경을 고려하여 만들어진 기술로, 주로 저개발국의 열악한 환경을 극복하고 해당 지역의 여건에 적용 가능한 기술을 무엇이라고 하는가?

04 다음 설명이 맞으면 ○표, 틀리면 ×표 하시오.

(1) 저개발국은 선진국보다 산업화 시기가 이르다.
····································( )

(2) 선진국은 저개발국에 비해 교육 수준이 높은 인적 자원이 풍부하다. ····································( )

(3) 선진국은 저개발국에 비해 부가 가치가 높은 상품을 수출한다. ····································( )

05 다음 지도가 나타내는 지표가 무엇인지 쓰시오.

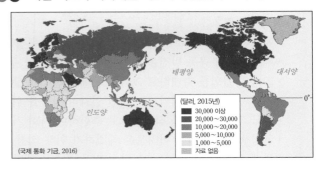

06 제시된 지표를 선진국이 높은 지표와 저개발국이 높은 지표로 구분하여 바르게 연결하시오.

(1) 기대 교육 연한 •

(2) 영아 사망률 •

(3) 성 불평등 지수 •

(4) 평균 수명 •

• ㉠ 선진국이 높은 지표

• ㉡ 저개발국이 높은 지표

07 빈칸 ㉠~㉢에 들어갈 알맞은 말을 각각 쓰시오.

중남부 아프리카에 있는 (㉠)의 1인당 국민 총생산은 1960년대 70달러 정도였지만, 2018년에는 약 8,000달러로 급격히 성장하였다. (㉠)의 성장에는 정부와 민간의 협력으로 성공한 (㉡) 광산업 개발이 큰 역할을 하였다. 수출로 얻은 소득을 교육 시설, 도로 등의 (㉢)에 투자하며 눈부신 경제 발전을 이루었다.

08 다음 글의 밑줄 친 부분을 바르게 고쳐 쓰시오.

(1) 세계 경제 격차로 인한 다양한 갈등을 <u>동서문제</u>라고 한다. (   )

(2) <u>인구 밀도</u>는 일정 기간 동안 한 나라 안에서 새로이 생산된 최종 생산물의 시장 가치의 합인 국내 총생산을 총인구로 나눈 것이다. (   )

09 선진국이 많이 분포하는 지역을 <보기>에서 모두 찾아 기호를 쓰시오.

┤ 보기 ├
ㄱ. 유럽   ㄴ. 아프리카
ㄷ. 라틴 아메리카   ㄹ. 앵글로아메리카

중단원 실력 쌓기

01 ㉠, ㉡에 대한 설명으로 옳은 것은?

경제 발전 수준이 높은 (㉠)들은 주로 북반구에 있고, 상대적으로 경제 발전 수준이 낮은 (㉡)들은 주로 적도 주변과 남반구에 위치한다. 그래서 과거에는 세계 경제 격차로 인한 다양한 갈등을 남북문제라고 하기도 했다.

① ㉠에는 남부 아시아가 포함된다.
② ㉠은 생활 수준과 삶의 질이 낮은 국가이다.
③ ㉡은 교육 및 의료 수준이 높다.
④ ㉡에는 라틴 아메리카의 많은 국가들이 포함된다.
⑤ ㉠과 ㉡의 격차는 빠르게 완화되고 있다.

02 지도를 분석한 내용으로 옳은 것은?

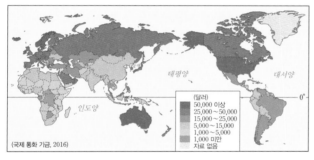

(국제 통화 기금, 2016)

(달러)
50,000 이상
25,000~50,000
15,000~25,000
5,000~15,000
1,000~5,000
1,000 미만
자료 없음

① 해당 지표는 1인당 해외 총생산이다.
② 지수가 50,000달러가 넘는 국가도 있다.
③ 아프리카가 북서부 유럽보다 지수가 높다.
④ 인간 개발 지수 지도와 분포가 반대로 나타난다.
⑤ 세계 여러 지역은 발전 수준의 차이가 크지 않다.

03 지도는 영아 사망률을 나타낸 것이다. 이 지도와 비슷한 분포를 나타내는 지표로 가장 적절한 것은?

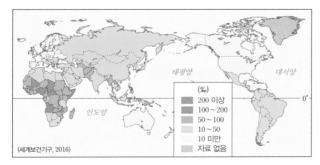

(세계보건기구, 2016)

(%)
200 이상
100~200
50~100
10~50
10 미만
자료 없음

① 평균 수명
② 행복 지수
③ 기대 교육 연한
④ 성 불평등 지수
⑤ 인터넷 이용자 비율

04 교사의 질문에 적절한 답을 한 학생을 고른 것은?

세계 각 지역은 발전 수준의 차이가 큽니다. 차이가 발생하는 직접적인 원인은 무엇인가요?

┤ 보기 ├

갑: 산업화 시기 때문입니다.
을: 종교의 차이 때문입니다.
병: 각 국가의 경도가 다르기 때문입니다.
정: 선진국에게 유리한 무역 구조 때문입니다.

① 갑, 을
② 갑, 병
③ 갑, 정
④ 을, 병
⑤ 을, 정

05 지도는 부패 지수를 나타낸 것이다. 이에 대한 옳은 설명을 〈보기〉에서 고른 것은?

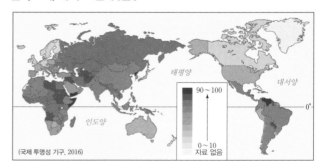

(국제 투명성 기구, 2016)

90~100
↑

0~10
자료 없음

┤ 보기 ├

ㄱ. 중국이 오스트레일리아보다 지수가 높다.
ㄴ. 지수가 높을수록 인터넷 이용자 비율이 높다.
ㄷ. 선진국이 저개발국보다 대체로 높게 나타난다.
ㄹ. 국제 투명성 기구에서 발표한 자료를 기반으로 제작되었다.

① ㄱ, ㄴ
② ㄱ, ㄷ
③ ㄱ, ㄹ
④ ㄴ, ㄹ
⑤ ㄷ, ㄹ

중단원 실력 쌓기

06 자료의 ㉠에 들어갈 알맞은 말은?

(㉠)은(는) 해당 지역의 특별한 환경을 고려하여 만든 것이다. 저개발국의 열악한 환경을 극복하고 해당 지역의 여건에 적용 가능한 것을 뜻한다. 예를 들어, 물을 멀리서 길어 와야 하는 지역에서 머리에 물통을 얹고 나르는 대신 커다란 물통을 굴려서 오는 '히포 롤러 워터 프로젝트(큐 드럼)' 등이 있다.

① 관개 시설   ② 기대 교육
③ 적정 기술   ④ 행복 지수
⑤ 지리적 문제

07 자료와 같이 보츠와나가 변화한 원인으로 적절한 것을 〈보기〉에서 고른 것은?

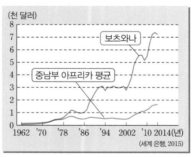

▲ 1인당 국민 총소득

┤ 보기 ├
ㄱ. 그린벨트 운동 진행
ㄴ. 여성 의원 절반 할당
ㄷ. 다이아몬드 광산 개발
ㄹ. 수출로 얻은 소득을 기반 시설에 투자

① ㄱ, ㄴ   ② ㄱ, ㄷ   ③ ㄴ, ㄷ
④ ㄴ, ㄹ   ⑤ ㄷ, ㄹ

08 저개발국의 자체적인 빈곤 극복 노력으로 옳은 것을 〈보기〉에서 고른 것은?

┤ 보기 ├
ㄱ. 식량 생산량 증가보다는 군사력 증강에 집중한다.
ㄴ. 교육의 기회 확대에 지출되는 비용을 최대한 줄인다.
ㄷ. 저개발국의 공동 발전을 위한 경제 협력 체제를 구축한다.
ㄹ. 기반 산업을 발전시켜 안정적인 일자리 창출을 위해 노력한다.

① ㄱ, ㄴ   ② ㄱ, ㄷ   ③ ㄴ, ㄷ
④ ㄴ, ㄹ   ⑤ ㄷ, ㄹ

09 ㉠, ㉡에 들어갈 내용을 바르게 연결한 것은?

• (㉠)은(는) 1971년 국제 연합(UN)에서 제안한 개념으로 1인당 국내 총생산이 900달러 미만인 나라 중에서 교육 수준, 평균 수명, 경제 발전 정도 등을 살펴 (㉠)(으)로 분류한다.
• (㉡)은(는) 1960~1970년대에 급속한 공업화를 바탕으로 눈에 띄게 발전한 대한민국, 싱가포르, 멕시코, 브라질 등의 국가를 일컫는다.

	㉠	㉡
①	빈곤국	신흥 공업국
②	빈곤국	개발 도상국
③	최빈국	선진국
④	최빈국	신흥 공업국
⑤	최빈국	개발 도상국

10 저개발국의 자체적인 빈곤 극복 노력의 한계점으로 옳지 않은 것은?

① 인구의 급증으로 식량이 부족하다.
② 글로벌 다국적 기업의 영향을 크게 받는다.
③ 정치적으로 불안정하여 지속적인 정책 수행이 어렵다.
④ 경제 성장에 필요한 기본적인 자본과 기술이 부족하다.
⑤ 기반 산업의 성장과 수출 증대로 경제 발전을 이룩한 국가들이 등장하고 있다.

01 지도에 나타난 지표를 정의하고, 선진국과 저개발국의 의미와 주로 위치하는 지역을 서술하시오.

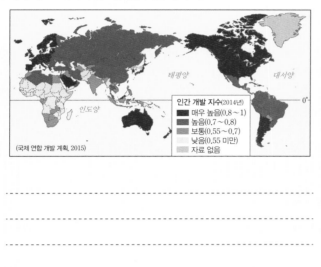

03 제시된 지표들 중에서 선진국에서 높게 나타나는 지표를 골라 쓰고, 좋은 국가의 조건에 대한 개인의 주장을 300자 이내로 논술하시오.

> 1인당 국내 총생산, 성 불평등 지수, 행복 지수, 영아 사망률, 기대 교육 연한, 인터넷 이용자 비율, 교사 1인당 학생 수, 평균 수명

02 제시된 글을 참고로 빈곤 퇴치를 위해 저개발국에서는 자체적으로 어떤 노력을 하고 있는지 세 가지 이상 서술하시오.

> 중남부 아프리카에 있는 보츠와나의 1인당 국민 총생산은 1960년대에 70달러 정도였지만, 2018년에는 약 8,000달러로 급격히 성장하였다. 보츠와나의 성장에는 정부와 민간의 협력으로 성공한 다이아몬드 광산 개발이 큰 역할을 하였다. 수출로 얻은 소득을 교육 시설, 도로 등의 사회 기반 시설에 투자하며 눈부신 경제 발전을 이루었다. 현재 보츠와나는 교육, 보건 등의 투자를 늘리고 있으며, 지속적인 성장을 위해 고부가 가치 산업의 유치에도 노력하고 있다.

04 그래프는 1인당 국내 총생산의 변화를 나타낸 것이다. ㉠, ㉡을 선진국과 저개발국으로 구분하고, ㉠, ㉡의 발전 수준 차이가 나타나는 이유를 300자 이내로 논술하시오.

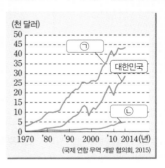

03 지역 간 불평등 완화 노력

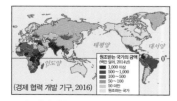
① 국제기구의 노력
→ 국제적인 목적을 달성하기 위해 두 국가 이상의 정부로 구성된 조직체임

(1) 국제적 협력의 필요성
① 오늘날 세계의 경제력은 모든 사람들의 기초 생활을 보장할 수 있으나, 여전히 빈곤한 지역이 많고 경제적 격차는 점차 심해짐
② 지역 간 불평등 문제는 소득·교육·노동·무역·보건·환경 등 다양한 문제와 연결되어 있으며, 한 국가의 노력만으로 해결하기 어려움

(2) 국제 연합(UN)의 노력 → 대표적인 정부 간 국제기구로 2019년 193개국이 가입되어 있음
① 역할: 국제 평화와 안전의 유지, 인권 및 자유 확보, 다양한 세계 문제에 개입, 새천년 개발 목표, 지속 가능 발전 목표 등을 수립

> 💡 **집중탐구** │ **지속 가능 발전 목표** │
>
>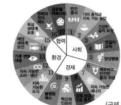
>
> 지속 가능 발전 목표(SDGs)는 새천년 개발 목표(MDGs)의 성과와 한계를 바탕으로 2016~2030년까지 추진할 목표로 수립되었다. 미래 세대의 필요를 충족시킬 수 있으면서도 오늘날의 필요도 충족시키는 지속 가능 발전의 개념을 기반으로 17개 분야에 관한 목표를 수립하였다.
>
> (국제 연합(UN), 2015)

② 국제 연합(UN) 산하 기구
→ 국제 연합 안에서 지구상의 다양한 문제를 해결하기 위한 전문 기구

세계 보건 기구 (WHO)	모든 인류에게 최고 수준의 건강 보장을 목적으로, 감염병 관리, 만성 질환 관리, 의약품과 식품 등의 안전성 기준 관리 등을 함
국제 연합 난민 기구 (UNHCR)	난민의 권리 보호와 복지 향상을 위해 난민에 대한 긴급 구조 활동, 안전한 피난처 제공 등의 활동을 함
세계 식량 계획 (WFP)	모든 사람이 식량 걱정 없이 살 수 있는 세계를 만들기 위해 기아와 빈곤 문제 해결을 목표로 활동함
국제 연합 평화 유지군(PKF)	분쟁 지역에 파견되어 질서를 유지하고 주민들의 안전을 지키며, 분쟁의 재발을 방지하기 위해 노력함
국제 연합 아동 기금 (UNICEF)	전 세계 빈곤 국가의 어린이들을 돕기 위해 영양, 보건, 위생, 기초 교육, 긴급 구호 등의 기본 사업을 진행함

(3) 공적 개발 원조(ODA)
→ 국제 연합에서는 각 국가들이 국민 총소득(GNI) 대비 0.7% 이상을 공적 개발 원조(ODA)로 집행할 것을 권고하고 있음
① 의미: 선진국의 정부를 비롯한 공공 기관이 저개발국의 경제 발전 및 복지 증진을 목적으로 저개발국이나 국제기구에 지원하는 제도
② 특징
→ 자금, 경험, 기술 등
• 저개발국에 지원하는 공적 개발 원조 총량은 지속적으로 증가하고 있음
• 과거 식량, 물품, 의료 등의 단기적 지원에서 사회 기반 시설 구축, 기술 교육 등의 장기적 지원으로 변해가고 있음
→ 산업 시설, 농경지, 에너지 공급 시설 등을 의미함
③ 한계
• 선진국의 원조에 의존하는 경향이 커지게 되어 지역의 자립성이 낮아질 수 있음
• 부정부패 및 정치적 불안정으로 구호 물품이 도달하지 않을 수 있음
• 국제적 이해관계, 자연재해 등에 의해 장기적·안정적 지원이 어려움

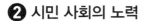

❷ 시민 사회의 노력

(1) 국제 비정부 기구(NGO)의 노력

① 국제 비정부 기구: 시민들의 자발적인 참여와 모금으로 구성된 비영리 시민 단체가 운영하는 비정부 조직
→ 국제 적십자사를 시작으로 국제 비정부 기구의 수는 약 4만 개에 이름

② 특징

- 저개발 지역의 현실을 시민들에게 알리고, 저개발 지역 주민들을 돕는 다양한 기회를 제공함
- 자체 활동을 하면서 국제기구를 보조하기도 하는데, 국가 간의 이해관계를 넘어 인도주의적 차원에서 지속적인 활동을 할 수 있음

③ 사례

국경 없는 의사회	국제 민간 인도주의적 의료 구호 단체로 인종, 종교, 성, 정치적 성향과 관계없이 도움이 필요한 사람들에게 의료 활동을 지원함
옥스팜	빈곤 해결과 불공정 무역에 대항하는 단체로 무상 교육 및 의료 투자, 빈곤층을 위한 사회 안전망 보장, 최저 임금 보장, 탈세 단속 등의 활동을 함
그린피스	지구의 환경을 보존하고 평화를 증진하기 위해 기후 변화 방지, 원시림 보호, 해양 보호, 고래잡이 방지, 유전자 조작 반대, 핵 위협 저지 등의 활동을 함
키바	국제적 비영리 소액 신용 대출 기관으로, 돈이 필요한 빈곤한 지역의 사람과 기부자를 연결해 무이자로 돈을 대여해 줌

(2) 공정 무역

① 의미: 기존 불공정한 무역 체제에 대한 대안으로, 저개발국 노동자에게 정당한 이익이 분배되도록 하는 윤리적인 무역 방식

② 상품: 플랜테이션 작물(커피, 차, 카카오, 바나나)과 수공예품 등이 주요 상품임

③ 성과

- 중간 유통 상인의 개입을 줄여 유통 비용을 낮춤
- 생산자의 건강한 노동 환경과 정당한 임금을 보장하고, 경제적 자립을 지원함
- 친환경 방식의 생산으로 지구 환경 보호에 기여하고 소비자에게 신뢰를 줌
- 공정 무역으로 인한 수익 중 일부는 기술 개발과 기반 시설 확충에 투자됨

④ 한계

- 다국적 기업의 상품에 밀려 시장 확보에 어려움을 겪음
- 선진국 소비자의 선심과 경제적 여력에 의존할 수밖에 없음
- 다양한 조건을 만족시키다 보니 가격이 다소 비싸고, 판매하는 상점이 부족함
- 일부 기업들이 부정적 이미지를 개선하기 위한 홍보 수단으로만 이용하는 경우도 있음

(3) 세계 시민의 자세

① 긴밀히 연결된 지구촌을 하나의 공동체로 인식하고, 세계에서 발생하는 다양한 지리적 문제에 관심을 두고 협력해야 함

② 지역 간 불평등을 완화하고 빈곤과 기아 문제를 해결하기 위한 봉사 활동이나 기부 등에 동참해야 함

③ 다양한 문화를 가진 사람들과 어울려 살면서 서로의 차이와 다양성을 존중하려는 자세를 갖추어야 함

④ 지구 환경의 소중함을 깨닫고, 일상생활 속에서 환경 보호를 실천해야 함

+ 아그로스 인터내셔널

농가와 농촌 공동체가 토지를 구매할 수 있도록 낮은 이자로 돈을 빌려주는 단체이다. 또한 작물 재배 방법, 생산성을 높이는 방법, 효과적인 지역 공동체 운영 방법 등을 교육하여 농촌의 지속 가능한 발전에 도움을 준다.

+ 공정 무역 커피의 수익 배분 구조

판매업자 93.8% / 농민 1% / 기타 5.2%

판매업자 50% / 농민 6% / 기타 44%

▲ 일반 커피 ▲ 공정 무역 커피

공정 무역 커피가 일반 커피에 비해 농민에게 돌아가는 이익이 크고, 판매업자의 이익은 작은 편이다.

+ 공정 무역 커피 판매 비중

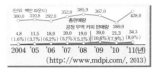

(단위: 백만 파운드)

	2004	'05	'06	'07	'08	'09	'10	'11(년)
총판매량	300.0	310.8	292.0	352.0	385.9	367.0	269.0	428.0
공정 무역 커피 판매량	4.8 (1.6%)	11.5 (3.7%)	18.0 (6.2%)	20.0 (5.7%)	19.0 (5.1%)	39.0 (10.6%)	21.3 (7.9%)	34.3 (8.0%)

(http://www.mdpi.com/, 2013)

공정 무역 커피의 판매 비중이 조금씩 증가하고 있지만, 여전히 일반 커피의 판매 비중보다 크게 낮다.

+ 공정 무역 제품 주요 생산 국가와 소비 국가

공정 무역 제품 생산 국가
공정 무역 제품 조비 국가 (BBC 누리집, 2016)

공정 무역 제품의 주요 생산 국가는 주로 저개발국이고, 공정 무역 제품의 주요 소비 국가는 주로 선진국이다.

+ 공정 무역 마크의 의미

FAIRTRADE

사람이 한쪽 팔을 치켜들고 환호하고 있는데, 이는 공정 무역 생산자들의 희망과 삶의 의지를 의미한다. 파란색은 가능성을 의미하고, 연두색은 성장을 의미한다. 공정 무역 마크가 부착된 제품은 약 32,000개로 다양하다.

01 빈칸에 들어갈 알맞은 말을 쓰시오.

(1) (　　　　　)은(는) 경제 협력 개발 기구(OECD)의 산하 기관으로, 저개발국에 대한 공적 개발 원조를 논의하는 기구이다.

(2) (　　　　　) 원조는 과거 식량, 물품, 의료 등의 단기적 지원에서 사회 기반 시설 구축 등의 장기적 지원으로 변해가고 있다.

(3) (　　　　　)은(는) 국제 연합(UN)의 전문 기구로서 전 세계 빈곤 국가들의 어린이들을 돕기 위해 영양, 보건, 위생, 기초 교육, 긴급 구호 등의 기본 사업을 진행한다.

(4) (　　　　　)은(는) 국제 민간 인도주의적 의료 구호 단체로 인종, 종교, 성, 정치적 성향과 관계없이 도움이 필요한 사람들에게 의료 활동을 지원한다.

02 1991년 우리나라 정부에서 설립한 해외 무상 원조 기관으로, 저개발국과 상호 협력 및 교류, 경제 · 사회 발전 지원 등을 통해 국제 협력 증진에 이바지하는 것을 목적으로 하는 기관은 무엇인가?

03 선진국의 정부를 비롯한 공공 기관이 저개발국의 경제 발전 및 복지 증진을 목적으로 저개발국이나 국제기구에 지원하는 제도는 무엇인가?

04 지구의 환경을 보존하고 평화를 증진하기 위해 기후 변화 방지, 원시림 보호, 해양 보호, 고래잡이 방지, 유전자 조작 반대, 핵 위협 저지 등의 활동을 하는 국제 비정부 기구는?

05 다음 설명이 맞으면 ○표, 틀리면 ×표 하시오.

(1) 지역 간 불평등 문제는 다양한 문제와 연결되어 있기 때문에 한 국가의 노력으로 해결해야 한다. ········(　　)

(2) 공정 무역은 중간 유통 상인의 개입을 줄여 유통 비용을 낮춘다. ································(　　)

(3) 세계 시민은 가장 좋은 하나의 문화를 선택하여 존중해야 한다. ····························(　　)

06 다음은 무엇의 인증 마크인지 쓰시오.

07 제시된 기구를 국제 연합 산하 기구와 국제 비정부 기구로 구분하여 바르게 연결하시오.

(1) 세계 보건 기구 •

(2) 옥스팜 •

(3) 키바 •

(4) 세계 식량 계획 •

• ㉠ 국제 연합 산하 기구

• ㉡ 국제 비정부 기구

08 빈칸 ㉠, ㉡에 들어갈 알맞은 용어를 각각 쓰시오.

(㉠)은(는) 2000년 국제 연합 본부에서 개최한 새천년 정상 회담에서 가입국의 합의로 채택된 세계적 운동이다. 목표는 8개 분야로 구성되었으며, 2015년 개발 목표 달성 시한이 마무리되었다. 큰 성과를 낸 분야도 있고, 새로운 과제를 남긴 분야도 있다. (㉡)은(는) (㉠)의 성과와 한계를 바탕으로 2030년까지 추진할 목표로 수립되었다. 미래 세대의 필요를 충족시킬 수 있으면서도 오늘날의 필요도 충족시키는 지속 가능 발전의 개념을 기반으로 17개 분야에 관한 목표를 수립하였다.

09 다음 글의 밑줄 친 부분을 바르게 고쳐 쓰시오.

(1) 공정 무역은 기존 불공정한 무역 체제에 대한 대안으로 선진국 노동자에게 정당한 이익이 분배되도록 하는 윤리적인 무역 방식이다. (　　　　)

(2) 공정 무역은 정치인들의 개입을 줄여 유통 비용을 낮춘다. (　　　　)

10 주요 공정 무역 상품을 〈보기〉에서 모두 찾아 기호를 쓰시오.

┤ 보기 ├

ㄱ. 식량 작물　　　　　ㄴ. 수공예품

ㄷ. 첨단 프로그램　　　ㄹ. 플랜테이션 작물

중단원 실력 쌓기

정답과 해설 | 89쪽

01 ㉠에 들어갈 말로 가장 적절한 것은?

> 오늘날 세계의 경제력은 모든 사람들의 기초 생활을 보장할 수 있으나, 여전히 빈곤한 지역이 많고 경제적 격차는 점차 심해지고 있다. 지역 간 불평등 문제는 소득·교육·노동·무역·보건·환경 등 다양한 문제와 연결되어 있으므로 (㉠)

① 문화 통합이 필요하다.
② 국제적 협력이 필요하다.
③ 공정 무역을 추진해야 한다.
④ 저개발국 스스로 노력해야 한다.
⑤ 경제 협력 개발 기구가 중심이 되어야 한다.

02 자료에 대한 옳은 설명을 〈보기〉에서 고른 것은?

 1 극심한 빈곤과 기아 탈출
 2 초등 교육 확대
 3 성 평등과 여성 권한 확대
 4 아동 사망 감소
 5 임산부의 건강 증진
 6 에이즈, 말라리아와 기타 질병 퇴치
 7 지속 가능한 환경 보장
 8 개발을 위한 국제적 협력 관계 구축

┤ 보기 ├
ㄱ. 비정부 기구가 추진하였다.
ㄴ. 지속 가능 발전 목표(SDGs)이다.
ㄷ. 국제 연합에서 가입국의 합의로 채택되었다.
ㄹ. 2000년 ~ 2015년까지 추진된 세계적 운동의 목표이다.

① ㄱ, ㄴ   ② ㄱ, ㄷ   ③ ㄴ, ㄷ
④ ㄴ, ㄹ   ⑤ ㄷ, ㄹ

03 ㉠, ㉡에 들어갈 기관을 바르게 연결한 것은?

> • (㉠)은(는) 경제 협력 개발 기구(OECD)의 산하 기관으로, 저개발국에 대한 공적 개발 원조를 논의하는 기구이다.
> • (㉡)은(는) 모든 인류에게 최고 수준의 건강 보장을 목적으로, 감염병 관리, 만성 질환 관리, 의약품과 식품 등의 안전성 기준 관리 등을 한다.

	㉠	㉡
①	옥스팜	세계 보건 기구
②	옥스팜	세계 식량 계획
③	개발 원조 위원회	세계 보건 기구
④	개발 원조 위원회	세계 식량 계획
⑤	개발 원조 위원회	국제 연합 아동 기금

04 공적 개발 원조에 대한 설명으로 옳은 것은?

① 원조 총량이 지속적으로 감소하고 있다.
② 저개발국이 선진국에 투자를 하는 제도이다.
③ 현재 우리나라는 공적 개발 원조 수혜국이다.
④ 한국 국제 협력단(KOICA) 활동은 공적 개발 원조에 포함된다.
⑤ 선진국의 비정부 기구가 저개발국의 경제 발전을 지원하는 제도이다.

05 교사의 질문에 적절한 답을 한 학생을 고른 것은?

> 지난 시간에는 공적 개발 원조에 대해 학습하였습니다. 공적 개발 원조는 어떤 한계점이 있었나요?

┤ 보기 ├
갑: 지역의 자립성이 높아질 수 있어요.
을: 가격이 비싸고 판매하는 상점이 부족해요.
병: 국제적 이해관계로 안정적인 지원이 어려워요.
정: 부정부패로 구호 물품이 도달하지 않을 수 있어요.

① 갑, 을   ② 갑, 병   ③ 을, 병
④ 을, 정   ⑤ 병, 정

06 국제 비정부 기구에 대한 옳은 설명을 〈보기〉에서 고른 것은?

┤ 보기 ├

ㄱ. 국제기구 산하에 소속되어 있다.
ㄴ. 저개발 지역의 현실을 시민들에게 알리는 역할을 한다.
ㄷ. 시민들의 자발적인 참여와 모금으로 구성된 영리 단체이다.
ㄹ. 국가 간의 이해관계를 넘어 인도주의적 차원에서 지속적인 활동을 할 수 있다는 것이 장점이다.

① ㄱ, ㄴ   ② ㄱ, ㄷ   ③ ㄴ, ㄷ
④ ㄴ, ㄹ   ⑤ ㄷ, ㄹ

07 ㉠에 해당하는 단체의 명칭으로 옳은 것은?

(㉠)은(는) 국제 비정부 기구로, 지구의 환경을 보존하고 평화를 증진하기 위해 기후 변화 방지, 원시림 보호, 해양 보호, 고래잡이 방지, 유전자 조작 반대, 핵 위협 저지 등의 활동을 한다.

① 키바   ② 옥스팜
③ 그린피스   ④ 세계 식량 계획
⑤ 국제 연합 난민 기구

08 다음 인증 마크가 부착된 상품에 대한 옳은 설명을 〈보기〉에서 고른 것은?

┤ 보기 ├

ㄱ. 주로 플랜테이션 상품이나 수공예품이 많다.
ㄴ. 구매할 경우 생산 지역 공동체 발전 기금을 지원하는 상품이다.
ㄷ. 다국적 기업의 상품과 비교해도 가격 경쟁력이 있는 상품이다.
ㄹ. 상품의 품질과 특성이 본질적으로 해당 지역의 특징에서 비롯된 상품이다.

① ㄱ, ㄴ   ② ㄱ, ㄷ   ③ ㄴ, ㄷ
④ ㄴ, ㄹ   ⑤ ㄷ, ㄹ

09 지도에 대한 옳은 설명을 〈보기〉에서 고른 것은?

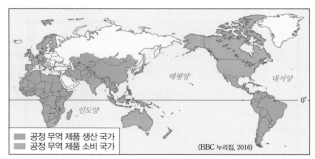

▲ 공정 무역 제품의 주요 생산 국가와 소비 국가

┤ 보기 ├

ㄱ. 공정 무역 제품 소비 국가는 저개발국이 많다.
ㄴ. 북서부 유럽은 주로 공정 무역 제품 생산 국가가 위치해 있다.
ㄷ. 공정 무역 제품 소비 국가는 윤리적인 소비를 할 수 있는 기회를 가진다.
ㄹ. 공정 무역 제품 생산 국가는 선진국 소비자의 선심과 경제적 여력에 의존할 수밖에 없다는 한계점이 있다.

① ㄱ, ㄴ   ② ㄱ, ㄷ   ③ ㄴ, ㄷ
④ ㄴ, ㄹ   ⑤ ㄷ, ㄹ

10 세계 시민의 자세에 대한 학생들의 대화 중 적절하지 않은 것은?

① 갑   ② 을   ③ 병   ④ 정   ⑤ 무

서술형·논술형

서술형

01 공적 개발 원조의 의미를 쓰고, 사진을 참고로 한국 국제 협력단(KOICA)의 역할을 서술하시오.

▲ 한국 국제 협력단(KOICA), 피지에 기증품 전달

서술형

02 사진을 참고하여 지역 간 불평등 완화를 위한 옥스팜과 국경 없는 의사회의 활동을 서술하시오.

▲ 옥스팜   ▲ 국경 없는 의사회

논술형

03 그림을 참고하여 공정 무역의 장점과 한계점을 400자 이내로 논술하시오.

판매업자 93.8%
농민 1%
기타 5.2%

판매업자 50%
농민 6%
기타 44%

논술형

04 제시된 자료에 대해 설명하고, 가장 중요하다고 생각하는 목표를 하나 선정하여 그 이유를 400자 이내로 논술하시오.

(국제 연합(UN), 2015)

▲ 지속 가능 발전 목표

01 지도를 보고 바르게 추론한 내용을 〈보기〉에서 고른 것은?

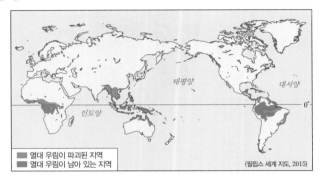

열대 우림이 파괴된 지역
열대 우림이 남아 있는 지역

(필립스 세계 지도, 2015)

┤ 보기 ├
ㄱ. 가축 사육이 증가하고 있다.
ㄴ. 생물 다양성이 감소하고 있다.
ㄷ. 곡물 대기업이 유통량을 조절하고 있다.
ㄹ. 우리나라에서도 열대 우림 파괴가 나타난다.

① ㄱ, ㄴ ② ㄱ, ㄷ ③ ㄴ, ㄷ
④ ㄴ, ㄹ ⑤ ㄷ, ㄹ

02 지도에 표시된 문제에 대한 설명으로 옳지 않은 것은?

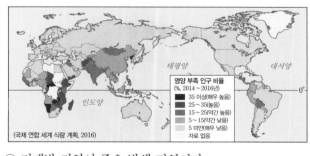

영양 부족 인구 비율
(%, 2014~2016년)
35 이상(매우 높음)
25~35(높음)
15~25(약간 높음)
5~15(약간 낮음)
5 미만(매우 낮음)
자료 없음

(국제 연합 세계 식량 계획, 2016)

① 저개발 지역이 주요 발생 지역이다.
② 농작물 병충해로 인해 발생하기도 한다.
③ 이상 기후 및 자연재해의 영향을 받는다.
④ 지역의 노동 생산성을 증가시킬 수 있다.
⑤ 곡물 대기업이 조절하는 유통량의 영향을 받는다.

서술형
03 '지리적 문제'를 정의하고, 이에 해당하는 사례를 제시하시오. 그리고 '지리적 문제'의 특징을 세 가지 서술하시오.

04 다음 글의 밑줄 친 ㉠~㉤ 중 옳지 않은 것은?

㉠ 영역 갈등은 영토, 영해, 영공의 주권을 두고 벌어지는 국가 사이의 분쟁이다. 예를 들어, ㉡ 카슈미르는 영해를 둘러싼 분쟁 지역이고, ㉢ 이스라엘–팔레스타인은 영토를 둘러싼 분쟁 지역이다. 영역 갈등은 패권 경쟁, 역사적 배경, 모호한 경계, ㉣ 자원 확보를 통한 경제적 이익이 주요 원인이다. 이로 인해 ㉤ 난민이 발생하고 지구의 평화가 위협받는다.

① ㉠ ② ㉡ ③ ㉢ ④ ㉣ ⑤ ㉤

05 이스라엘–팔레스타인 분쟁 지역에 대한 옳은 설명을 〈보기〉에서 고른 것은?

┤ 보기 ├
ㄱ. 이슬람교와 유대교의 갈등 지역이다.
ㄴ. 국제 사회의 중재로 지금은 분쟁이 해결되었다.
ㄷ. 석유 등의 천연자원을 차지하기 위한 분쟁이다.
ㄹ. 팔레스타인 지역에 이스라엘이 건국되면서 갈등이 발생하였다.

① ㄱ, ㄴ ② ㄱ, ㄹ ③ ㄴ, ㄷ
④ ㄴ, ㄹ ⑤ ㄷ, ㄹ

06 지도에 표시된 영역 갈등 지역에 대한 설명으로 옳은 것은?

① 동중국해 분쟁이라고도 한다.
② 종교적 갈등이 분쟁으로 확대되었다.
③ 중국과 베트남 두 나라 간의 분쟁이다.
④ 잘못 그어진 국경선 때문에 발생한 분쟁이다.
⑤ 원유, 천연가스 등의 해상 자원을 차지하기 위한 분쟁이다.

07 다음은 학생이 사회 시간에 필기한 내용이다. ㉠~㉤ 중 옳지 <u>않은</u> 것은?

> ※ 선진국과 저개발국의 발전 수준 차이의 원인
> • 산업화 시기의 차이: ㉠ 선진국은 18세기 후반부터 산업화를 시작한 반면, 저개발국은 20세기 이후부터 지금까지 산업화가 진행중임
> • 자원 보유량의 차이: ㉡ 선진국은 저개발국에 비해 교육 수준이 높은 인적 자원이 풍부하고, ㉢ 저개발국은 안정된 사회적·경제적 제도 등 문화적 자원이 풍부함
> • 선진국에게 유리한 무역 구조: ㉣ 선진국은 주로 부가 가치가 높은 상품을 수출하고 ㉤ 저개발국은 주로 부가 가치가 낮은 상품을 수출함

① ㉠   ② ㉡   ③ ㉢   ④ ㉣   ⑤ ㉤

08 지도에 대한 설명으로 옳은 것은?

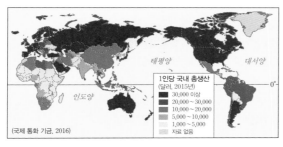

(국제 통화 기금, 2016)

1인당 국내 총생산
(달러, 2015년)
- 30,000 이상
- 20,000~30,000
- 10,000~20,000
- 5,000~10,000
- 1,000~5,000
- 자료 없음

① 북서부 유럽은 남부 아시아보다 수치가 높다.
② 미국은 10,000~20,000 달러 사이에 위치한다.
③ 발전 수준을 보여주는 비경제 지표를 반영하였다.
④ 라틴 아메리카는 앵글로아메리카보다 지수가 높다.
⑤ 각국의 교육 수준, 국민 소득, 평균 수명 등을 기본으로 국가별 국민의 삶의 질을 평가한 지표를 반영하였다.

09 다음 단체들에 대한 설명으로 옳은 것은?

> • 키바   • 옥스팜   • 그린피스

① 국제 비정부 기구이다.
② 정부 간 국제기구와는 협력하지 않는다.
③ 옥스팜은 국제적 비영리 소액 신용 대출 기관이다.
④ 그린피스는 빈곤 해결과 불공정 무역에 대항하는 단체이다.
⑤ 키바는 지구의 환경을 보존하고 평화를 증진하기 위한 단체이다.

10 교사의 질문에 바르게 답을 한 학생을 〈보기〉에서 고른 것은?

> 지난 시간에는 저개발국의 빈곤을 극복하기 위한 자체적인 노력들을 다양하게 살펴보았어요. 지속 가능한 노력들로 어떤 것들이 있었나요?

┤ 보기 ├
> 갑: 경제 체제의 대외 의존도를 높였어요.
> 을: 기술 발전에 방해가 되는 적정 기술은 배제하였어요.
> 병: 도로, 전력, 통신 등 사회 기반 시설을 확충하였어요.
> 정: 교육의 기회를 확대하고 교육 활동에 대한 투자를 확대했어요.

① 갑, 을   ② 갑, 병   ③ 을, 병
④ 을, 정   ⑤ 병, 정

11 ㉠, ㉡에 대한 옳은 설명을 〈보기〉에서 고른 것은?

> ㉠ 국제 연합(UN)은 2019년 193개국이 가입되어 있다. 국제 연합 안에는 ㉡ 국제 연합(UN) 산하 기구들이 활동하고 있다.

┤ 보기 ├
> ㄱ. ㉠은 지속 가능 발전 목표를 수립하였다.
> ㄴ. ㉠은 대표적인 비정부 기관들의 연합체이다.
> ㄷ. ㉡에는 세계 식량 계획이 있다.
> ㄹ. ㉡에는 국경 없는 의사회가 있다.

① ㄱ, ㄴ   ② ㄱ, ㄷ   ③ ㄴ, ㄷ
④ ㄴ, ㄹ   ⑤ ㄷ, ㄹ

[논술형]
12 국제 원조에 대한 찬성과 반대 입장 중 하나를 정해 자신의 생각을 300자 이내로 논술하시오.

수행 평가 미리보기

선생님의 출제 의도 지리적 문제를 탐사하는 다큐멘터리 기획하기

12단원에서는 지구상에서 발생하고 있는 다양한 지리적 문제들의 원인과 현황을 학습하였습니다. 다양한 지표를 통해 지역별로 발전 수준이 어떻게 다른지 파악하고, 저개발 지역의 빈곤 문제를 해결하기 위한 노력을 알아보았습니다. 지역 간 불평등을 완화하기 위한 저개발국 자체의 노력, 국제기구의 노력, 시민 사회의 노력을 살펴보았습니다. 그러므로 단원의 핵심 내용은 다양한 지리적 문제를 해결하기 위한 자세를 가지는 것이라 할 수 있습니다. 이 단원의 수행 평가에서는 조금 더 살기 좋은 사회를 만들기 위해 지리적 문제에 대한 종합적 이해를 바탕으로 실세계에 영향을 줄 수 있는 산출물을 제작하는 문제가 출제될 수 있습니다.

수행 평가 문제

모둠별로 지리적 문제를 탐사하는 다큐멘터리 기획안을 제작해 보자.

A 활동 계획 세우기

1 모둠을 구성하고, 기아 문제, 생물 다양성 감소 문제, 영역 분쟁 중 1개의 주제를 선택한다.
2 선택한 지리적 문제를 탐사하는 다큐멘터리 주제와 소재를 모둠 토의를 통해 구체화한다.

B 활동 단계

1단계 관련된 다양한 미디어, 텍스트 자료를 수집하고, 다큐멘터리의 제작 의도를 구체화한다.
2단계 개인별로 다큐멘터리 장면(비디오, 오디오, 메시지)을 여러 개 구상한다.
3단계 각자 생각한 다큐멘터리 장면을 공유하고, 상호 검토하며, 필요한 장면을 선정한다.
4단계 다큐멘터리 장면을 순서대로 배열하며, 더 필요한 장면을 함께 구상하고 보완한다.
5단계 모둠별로 완성된 다큐멘터리 기획안을 발표한 후 다른 모둠으로부터 의견을 받는다.
6단계 의견을 반영하여 최종 산출물을 제작한다.

C 활동하기

1 다큐멘터리 제작 의도 구체화하기(1단계)

[예시]

수집한 자료	주요 내용
게리 호겐의 TED 강연 영상	기아와 빈곤 문제를 해결하기 위해서는 해당 지역에서 발생하는 일상적인 폭력을 줄여야 함, 이를 위해서 그 지역의 법이 제대로 작동할 수 있도록 하는 지원이 필요함
신문 기사 (□□ 신문, 2019.07.15.)	먹을 것이 넘치는 데도 굶주리는 사람이 생기는 까닭에 대해 청소년의 시각에서 간결하게 정리함. 식량 생산보다는 식량 분배의 문제에 집중함
우리 다큐멘터리의 제작 의도	기아 문제가 지리적 문제임을 부각시키기 위해 우리의 행동이 기아 문제를 겪고 있는 지역에 어떤 영향을 주는지 알려주는 다큐멘터리를 제작함

2 다큐멘터리 장면 구상하여 토의하기(2~4단계)

[예시]

비디오	오디오	메시지
아프리카 레소토의 한 가정을 보여줌. 굶주리는 여러 명의 아이들의 모습을 촬영함	아이들이 얼마나 굶주리고 있는지, 왜 굶주리고 있는지를 잔잔한 배경 음악과 함께 설명함	어린이 기아 문제가 심각하게 발생하고 있는 지역의 실제 상황을 전달함
저개발국 기아 문제 영상을 보며 눈물짓는 중산층 선진국 사람을 촬영함	선진국 중산층 사람들의 평균적인 삶의 조건을 설명하며, 눈물이 어떤 도움이 되는지를 질문함	감정적인 공감은 기아 문제 해결에 크게 도움이 되지 않는다는 것을 전달함
카센터에서 열심히 차량을 수리하는 영상을 촬영함. 세차하고 도색하는 장면을 중심적으로 촬영함	엔진이 고장 났는데, 차량의 외부만 수리하는 것은 지속적인 해결 방법이 아님을 설명함	단편적인 방법보다는 해당 지역이 자생할 수 있는 근본적인 해결책의 필요성을 전달함

3 다른 모둠의 의견을 반영하여 최종 산출물 제작하기(5~6단계)

[예시]

발표 모둠	핵심 내용	인상 깊은 점	보완할 점
1모둠	저개발국에 대한 감정적인 공감보다는 지속 가능한 근본적인 도움을 제공하자.	다양한 비유를 사용하여 다큐멘터리를 기획한 점, 적절한 배경 음악을 고려한 점 등이 인상적임	선진국에서 기부한 돈이 저개발국에서 어떻게 활용되는지 알려주는 장면이 있으면 좋겠음
2모둠	기아 문제를 해결하기 위해 실행한 다양한 정책을 소개하고 명암을 분석하자.	많은 사례를 통해 최대한 객관적인 시각을 제공하려고 한 점이 인상적임	해당 정책이 나오게 된 배경에 대해서도 함께 설명이 되면 좋겠음

📑 채점 기준

평가 영역	채점 기준	상	중	하
종합적 이해도	지리적 문제의 개념을 명확하게 이해하고 있는가?			
	세계 시민의 자세를 충분하게 이해하고 있는가?			
사고력	독창적이고 창의적인 아이디어를 생성하였는가?			
	깊이 있게 생각하고 합리적으로 분석하였는가?			
정보 활용	다양한 도구로 정보를 수집하고 선별하였는가?			
	적절한 방법으로 아이디어를 분명하게 드러내었는가?			
참여 태도	조건에 맞는 구체적인 산출물을 제작하였는가?			
	자기 주도적으로 성실하게 참여하였는가?			

Memo

EBS 중학

뉴런

| 사회 ② |

실전책

| 기획 및 개발 |

이은희 박영민

| 집필 및 검토 |

강창식(전 원묵고) 김용걸(청담고) 김은희(은계중) 박의현(창덕여중) 조성호(중동고) 조수진(옥정중)

| 검토 |

김가경 김연주 박서연 박성윤 이현주 이호균 조수익 조영매

조철민 정다해 황미영 황미애 황태성

교재 정답지, 정오표 서비스 및 내용 문의 ⟩⟩ EBS 중학사이트 → 교재 검색 → 교재 선택

2022 개정 교육과정 적용

시작이 반!
제대로 시작하자

고등 예비과정
ENTER

고 등
입문서 **고등**
NO.1 **예비**
과정

o 모든 교과서를 한 권에 담아 단숨에!

o 고1 내신을 위한 교과 핵심 내용을 빠르고 쉽게!

o EBS 무료강의 & AI 푸리봇으로 학습 효율을 최대로!

▶ 공통국어/공통수학/공통영어/한국사/통합사회/통합과학 발간

EBS 중학

뉴런

| 사회 ② |

실전책

Application 이 책의 효과적인 **활용법**

'뉴런 개념책'으로 학교 진도에 따라 공부를 마쳤나요?
그렇다면 이제 '뉴런 실전책'으로 실력을 다질 차례입니다.

• 뉴런 실전책으로 공부하는 마무리 3단계 •

1단계 대단원 개념 채우기
대단원별 핵심이 정리된 표의 빈칸을 채우면서 중요한 개념은 꼭 암기까지 완료하세요.

2단계 대단원 종합 문제
앞서 공부한 핵심 개념을 바탕으로 대단원 종합 문제를 풀어 보면서 단원별 핵심 문제를 완벽히 대비해 보세요.

3단계 대단원 서술형 · 논술형 문제
중학교 시험에서 비중이 높은 서술형 · 논술형 문제는 연습이 필수! 서술형 · 논술형 문제 만큼은 확실히 다질 수 있도록 개념책에 이어 실전책에도 구성하였으니 활용해 보세요.

🗨 문제가 어렵게 느껴지거나 자신 없는 부분이 있다면?
　'뉴런 개념책'으로 돌아가 해당 부분은 다시 공부하기로 해요.

🗨 혼자 공부했는데도 잘 모르는 부분이 있다면?
　뉴런 강의가 있으니 걱정 마세요. EBS 중학 사이트에는 언제든지 만날 수 있는 강의가 준비되어 있습니다.

EBS 중학 홈페이지: mid.ebs.co.kr

Contents 이 책의 차례

교재 및 강의 내용에 대한 문의는 EBS 중학 홈페이지(mid.ebs.co.kr)의 Q&A 서비스를 활용하시기 바랍니다.

대단원 개념 채우기

01 인권 보장과 기본권

❶ 인권과 인권 보장

	의미	인간이라면 누구나 가지는 기본적인 권리
❶☐☐	특징	천부인권	인간이 태어나면서 하늘로부터 부여받은 권리
		❷☐☐☐	국가의 법으로 보장하기 전부터 인간에게 자연적으로 주어진 권리
		보편적 권리	인종, 성별 등과 관계없이 모든 사람이 동등하게 누릴 수 있는 권리
인권 보장의 중요성	• 인간의 존엄성 실현, 인간다운 삶의 보장 • ❸☐☐☐☐ 선언: 인권의 기준을 제시함		

제1조 모든 사람은 태어날 때부터 자유롭고, 존엄하며, 평등하다. 모든 사람은 이성과 양심을 가지고 있으므로 서로에게 형제애의 정신으로 대하여야 한다.

제2조 모든 사람은 인종, 피부색, 성, 언어, 종교 등 어떤 이유로도 차별받지 않으며, 이 선언에 나와 있는 모든 권리와 자유를 누릴 자격이 있다.

❷ 기본권

	의미	헌법에 보장된 기본적 인권
	특징	국가 권력으로부터 국민의 자유와 권리 보호
❹☐☐☐	종류	인간의 존엄성과 가치 및 행복 추구권	• 모든 기본권이 추구하는 궁극적 가치 • 다른 기본권의 토대
		❺☐☐☐	국가 권력의 간섭을 받지 않고 생활할 수 있는 권리
		평등권	인종, 성별, 종교 등에 의해 부당한 차별을 받지 않을 권리
		❻☐☐☐	정치 과정에 참여할 수 있는 권리
		❼☐☐☐	국가에 인간다운 생활을 요구할 수 있는 권리

	청구권	국가에 대하여 일정한 행위를 요구할 수 있는 권리
기본권의 제한	목적	기본권의 지나친 행사로 공익이나 타인의 기본권 침해 방지
	내용	• 국가 안전 보장: 국가의 존립 유지 • 질서 유지: 사회의 공공질서 등을 유지 • ❽☐☐☐☐: 사회 구성원 전체의 이익 추구
	한계	• 국회가 제정한 ❾☐☐에 의해서만 기본권을 제한할 수 있도록 규정 • 기본권을 제한하더라도 자유와 권리의 본질적인 내용을 침해할 수 없도록 명시

02 인권 침해와 구제

❶ 인권 침해의 의미와 유형

	의미	개인이나 국가 기관이 다른 사람의 인권을 해치거나 방해하는 행위
❿☐☐☐☐	발생 원인	• 사회 구성원의 편견과 고정 ⓫☐☐ • 사회 집단의 잘못된 관습이나 관행 • 국가의 불합리한 법률이나 제도
	유형	• 국가 기관에 의한 인권 침해 • 개인에 의한 인권 침해

❷ 인권 침해 시 구제 방법

	의미	사법권을 행사하는 인권 구제 기관
⓬☐☐	역할	재판을 통해 침해된 인권을 구제함
헌법 재판소	의미	헌법 재판을 통해 인권을 보호하고 헌법 질서를 유지하는 국가 기관
	역할	헌법 ⓭☐☐ 심판, ⓮☐☐ 법률 심판
국가 ⓯☐☐ 위원회	의미	인권의 전반적인 문제를 다루는 독립적인 국가 기관
	역할	인권 침해 사례 조사 및 개선 권고
국민 ⓰☐☐ 위원회	의미	행정 기관의 잘못된 법 집행으로 인해 침해된 권리를 구제하는 기관
	역할	불합리한 행정 제도 개선, 공직 사회 부패 예방

03 근로자의 권리와 보호

❶ 근로자의 의미와 권리

❶□□□	의미	사용자에게 근로를 제공하고 ❷□□을 받는 사람
	근로 조건	• 근로자의 임금, 근로 시간, 휴식 조건 등이 포함 • 인간다운 삶을 위해 법률로 근로 조건의 최저 기준 제시 • 근로자와 사용자는 근로 계약을 작성하여 근로 관계 형성

1. 만 15세 이상이어야 근로가 가능해요.
2. 부모님 동의서와 나이를 알 수 있는 증명서가 필요해요.
3. 근로 계약서를 반드시 작성해야 해요.
4. 청소년도 성인과 동일한 최저 임금을 적용받아요.
5. 하루 7시간, 일주일에 35시간을 초과하여 일할 수 없어요.
6. 휴일에 일하거나 초과 근무를 했을 때는 50%의 가산 임금을 받을 수 있어요.

– 고용 노동부, 〈청소년 알바 십계명〉 중 일부 –

▲ 청소년의 근로권 보장

근로자의 권리	의미	근로 의사와 능력을 가진 사람이 국가에 대해 근로의 기회를 요구할 수 있는 권리
	유형	• 최소한의 생활을 할 수 있는 최저 임금 제도 보장 • ❸□□ 기준법을 통해 근로자의 권리 보장 및 근로 조건 향상
	노동 ❹□□	• ❺□□□: 노동조합을 만들어 활동할 수 있는 권리 • 단체 ❻□□□: 근로자의 권리 향상을 위해 사용자와 협상할 수 있는 권리 • 단체 행동권: 파업 및 태업 등의 단체 행동을 할 수 있는 권리

▲ 단결권

▲ 단체 교섭권

▲ 단체 행동권

❷ 노동권 침해의 사례

❼□□ 해고	의미	정당한 사유 없이 근로자를 해고하는 행위
	구제 방법	• 노동 위원회에 구제 요청 • ❽□□에 소송 제기
부당 ❾□□ 행위	의미	사용자가 노동 삼권을 방해하는 행위
	내용	• 근로자가 노동조합에 가입하여 활동했다는 이유로 불이익을 주는 행위 • 노동조합의 가입 또는 탈퇴를 고용 조건으로 제시하는 행위 • 정당한 단체 행동에 참가한 것을 이유로 불이익을 주는 행위
	구제 방법	• ❿□□ □□□에 구제 요청 • 법원에 소송 제기
임금 체불	의미	마땅히 지급해야 할 것을 지급하지 않고 미루는 것
	구제 방법	• ⓫□□ 노동부에 진정서 제출 • 법원에 민사 소송 제기

▲ 부당 해고   ▲ 부당 노동 행위

피해 당사자
(근로자, 노동조합)

↓ 3개월 이내에 구제 신청

지방 노동 위원회

↓ 불복 시 재심 신청

중앙 노동 위원회

↓ 불복 시 행정 소송 제기

법원

▲ 노동 위원회의 구제 절차

대단원 종합 문제

01 인권에 대한 옳은 설명을 〈보기〉에서 고른 것은?

┤ 보기 ├
ㄱ. 성별, 인종, 나이 등에 따라 차등적으로 부여된다.
ㄴ. 정당한 사유가 있으면 대통령의 명령에 의해 제한될 수 있다.
ㄷ. 국가의 법으로 규정되기 이전에 자연적으로 부여된 권리이다.
ㄹ. 하늘로부터 부여받은 권리라는 의미에서 천부인권이라고 한다.

① ㄱ, ㄴ   ② ㄱ, ㄷ   ③ ㄴ, ㄷ
④ ㄴ, ㄹ   ⑤ ㄷ, ㄹ

02 다음에 제시된 기본권에 대한 설명으로 옳은 것은?

• 근로의 권리
• 교육을 받을 권리
• 사회 보장을 받을 권리

① 기회 균등과 법 앞에서의 평등을 의미한다.
② 공직을 맡을 수 있는 권리도 이에 해당한다.
③ 국가에 인간다운 생활을 요구할 수 있는 권리이다.
④ 다른 기본권 침해 시 구제를 요청할 수 있는 권리이다.
⑤ 개인의 자유를 최대한 침해하지 않기를 요구하는 권리이다.

03 다음 헌법에 보장된 기본권이 침해된 사례를 〈보기〉에서 고른 것은?

제11조 ① 모든 국민은 … 누구든지 성별·종교 또는 사회적 신분에 의하여 정치적·경제적·사회적·문화적 생활의 모든 영역에서 차별을 받지 아니한다.

┤ 보기 ├
ㄱ. 임신을 했다는 이유로 승진 대상자에서 제외되었다.
ㄴ. 선거일에 회사가 근무를 강요하여 투표권을 행사하지 못했다.
ㄷ. 공기업의 신입 사원 선발 과정에서 만 40세 이하로 나이를 제한하였다.
ㄹ. ○○중학교는 학생들에게 특정한 종교 의식에 참여하도록 강요하였다.

① ㄱ, ㄴ   ② ㄱ, ㄷ   ③ ㄴ, ㄷ
④ ㄴ, ㄹ   ⑤ ㄷ, ㄹ

04 그림에서 제한된 기본권과 제한 사유를 옳게 연결한 것은?

이곳은 군사 시설 보호 구역으로 사진 촬영을 할 수 없습니다.

	제한된 기본권	제한 사유
①	자유권	공공복리
②	평등권	국가 안전 보장
③	사회권	질서 유지
④	자유권	국가 안전 보장
⑤	평등권	공공복리

05 참정권에 해당하는 권리를 〈보기〉에서 고른 것은?

┤ 보기 ├
ㄱ. 청원권   ㄴ. 선거권
ㄷ. 근로권   ㄹ. 공무담임권
ㅁ. 국민 투표권   ㅂ. 재판 청구권

① ㄱ, ㄴ, ㄷ   ② ㄱ, ㄴ, ㄹ   ③ ㄱ, ㄷ, ㅂ
④ ㄴ, ㄹ, ㅁ   ⑤ ㄷ, ㄹ, ㅂ

06 빈칸 (가)에 들어갈 내용으로 적절하지 않은 것은?

헌법 제10조
모든 국민은 인간으로서의 존엄성과 가치 및 행복 추구권을 가진다.

다음의 기본권에 대해 설명해 볼까요?

(가)

① 세계 인권 선언에도 나타나 있어요.
② 인권을 제한할 수 있는 근거에 해당해요.
③ 모든 기본권이 추구하는 근본이념이에요.
④ 헌법의 최고 가치로 기본권 보장의 바탕이에요.
⑤ 실질적 보장을 위해 우리나라 헌법에 규정되어 있어요.

07 다음 설명에 해당하는 인권 구제 기관으로 옳은 것은?

국가 권력이나 법률에 의해 기본권이 침해된 국민이 권리 구제를 요청하면 이를 심판하며, 기본권을 침해한 법률에 대한 위헌 여부를 심판하는 국가 기관이다.

① 법원 ② 헌법 재판소 ③ 국가 인권 위원회 ④ 국민 권익 위원회 ⑤ 대한 법률 구조 공단

08 다음 사례에서 침해된 권리의 구제 방법으로 가장 적절한 것은?

저는 제과점을 운영하고 있습니다. 얼마 전 유통 기한이 지난 제품을 판매했다는 이유로 시청으로부터 영업 정지 처분을 받았습니다. 재료에는 아무 문제가 없었고 생일날 친구에게 받은 케이크를 방치해 두었던 게 문제였습니다. 영업 정지 처분이 억울한데 구제받을 수 없을까요?

① 법원에 민사 재판을 청구한다.
② 한국 소비자원의 도움을 받는다.
③ 국가 인권 위원회에 진정을 낸다.
④ 헌법 재판소에 헌법 소원을 제기한다.
⑤ 국가 기관을 상대로 행정 재판을 신청한다.

09 다음은 학생이 작성한 수행 평가 답안지이다. 답이 옳게 작성된 항목은?

※ 다음 사례에서 침해된 기본권의 구제 방법을 쓰시오.

항목	사례	학생 답안
(가)	건설사의 고층 빌딩 건설로 일조권을 침해당했다.	헌법 소원 심판
(나)	재외 국민이라는 이유로 국회의원 선거에 참여하지 못했다.	민사 소송
(다)	장애인 편의 시설이 부족하여 등·하교에 어려움을 겪고 있다.	위헌 법률 심판
(라)	버스가 급정거하는 바람에 넘어지면서 팔이 부러지고 말았다.	형사 재판
(마)	경찰이 체포 과정에서 변호사 선임권을 알려 주지 않았다.	행정 심판

① (가) ② (나) ③ (다) ④ (라) ⑤ (마)

10 빈칸 ㉠에 대한 옳은 설명을 〈보기〉에서 고른 것은?

개인 사정으로 고등학교에 진학하지 않았던 A는 대중교통을 이용할 때 학생증이 없어서 청소년 할인을 받지 못하고 있다. A는 학교에 다니지 않는다는 이유로 할인을 받지 못하는 것은 부당하다고 생각하여 인권 독립 기구인 (㉠)에 진정을 제기하였다.

┤보기├
ㄱ. 차별 행위를 조사하여 구제하는 역할을 한다.
ㄴ. 인권의 전반적인 문제를 다루는 국가 기관이다.
ㄷ. 행정 기관으로 인한 피해를 중앙 행정 심판 위원회를 통해 구제한다.
ㄹ. 인권 침해 사례를 조사하여 시정을 요구하는 강제력을 지닌 기구이다.

① ㄱ, ㄴ ② ㄱ, ㄷ ③ ㄴ, ㄷ ④ ㄴ, ㄹ ⑤ ㄷ, ㄹ

11 빈칸 ㉠에 들어갈 기관에 대한 설명으로 옳지 않은 것은?

국민의 권리와 이익을 위한 정책을 추진하는 기관이다. 국민의 억울하고 힘든 일을 한 곳에서 처리할 수 있도록 국민의 권리 구제 창구인 행정 심판 위원회, 국민 고충 처리 위원회, 국가 청렴 위원회가 (㉠)(으)로 통합되었다.

① 독립적인 국가 기관이다.
② 불합리한 행정 제도를 개선한다.
③ 행정 심판 업무를 담당하고 있다.
④ 국민의 고충 처리를 위해 제도를 개선한다.
⑤ 행정 기관의 잘못된 법 집행으로 침해된 권리를 구제한다.

12 다음 국가 기관이 공통적으로 추구하는 목적으로 가장 적절한 것은?

• 법원 • 헌법 재판소
• 국가 인권 위원회 • 국민 권익 위원회

① 침해된 인권의 구제
② 공정한 재판의 실현
③ 공직 사회의 부패 예방
④ 행정 심판으로 권력 남용 방지
⑤ 범죄 예방을 통한 사회 질서 유지

I. 인권과 헌법 • 7

13 밑줄 친 ㉠에 해당하지 <u>않는</u> 사람은?

> 임금을 목적으로 사업이나 사업장에 근로를 제공하는 사람을 ㉠ <u>근로자</u>라고 한다.

① 놀이공원의 아르바이트 대학생
② 커피 전문점을 운영하는 사장님
③ 자동차 공장에서 일하는 기술자
④ 편의점에 근무하는 만 16세의 고등학생
⑤ 1년이라는 기간만 근무하기로 계약한 회사원

14 다음 사례들을 종합할 수 있는 주제를 적절하게 선택하지 <u>못한</u> 모둠은?

> 주제: _____
> • 최소한의 인간다운 생활이 가능하도록 최저 임금 이상을 지급해야 한다.
> • 근로자를 해고하려면 적어도 30일 전에 통보해야 한다.
> • 근로 시간은 1일 8시간, 1주 40시간을 기준으로 한다.

① 1모둠: 노동 삼권의 보장
② 2모둠: 최소한의 근로 조건
③ 3모둠: 근로 기준법의 내용
④ 4모둠: 근로자의 권리와 보호
⑤ 5모둠: 헌법에 보장된 노동법

15 빈칸 ㉠, ㉡에 들어갈 근로자의 권리를 바르게 연결한 것은?

> 교사: 근로자의 권익을 보장하는 권리로 어떤 것이 있는지 발표해 볼까요?
> 갑: 근로자가 노동조합을 결성하여 활동할 수 있는 (㉠)이 있어요.
> 을: 맞아요. 근로자가 임금 수준을 사용자와 협의할 수 있는 (㉡)도 노동법을 통해 보호받아요. 사용자는 정당한 사유 없이 이를 거부할 수 없어요.

	㉠	㉡
①	단결권	단체 행동권
②	단체 교섭권	단결권
③	단체 행동권	단체 교섭권
④	단결권	단체 교섭권
⑤	단체 행동권	단결권

16 밑줄 친 ㉠의 적절한 대응 방법을 〈보기〉에서 고른 것은?

> ㉠ ○○회사의 근로자들은 임금 수준이 현재 물가 수준을 반영하여 인상되기를 원한다. 이에 근로자들은 노동조합을 통해 사용자와의 협상을 요구하였으나 ○○회사 사장은 이를 거절하고 노동조합에 가입하는 직원은 모두 해고하겠다고 통보하였다.

┤ 보기 ├
ㄱ. 행정 소송을 통해 침해된 권리를 구제받는다.
ㄴ. 사용자에게 단결권과 단체 교섭권의 보장을 요구한다.
ㄷ. 노동 위원회에 구제를 신청하여 침해된 권리를 보장받는다.
ㄹ. 부당 노동 행위를 막기 위해 헌법 재판소에 재판을 신청한다.

① ㄱ, ㄴ ② ㄱ, ㄷ ③ ㄴ, ㄷ
④ ㄴ, ㄹ ⑤ ㄷ, ㄹ

17 게시판의 질문에 대한 답변으로 적절하지 <u>않은</u> 것은?

> 월급이 석 달이나 밀렸는데 이번 달에도 회사 사정 때문에 월급을 줄 수 없다고 합니다. 저는 이제 어떻게 해야 할까요?
> ↳ (가) 민사 소송을 제기하세요.
> ↳ (나) 행정 심판을 청구하세요.
> ↳ (다) 고용 노동부에 신고하세요.
> ↳ (라) 사용자와의 대화를 요구하세요.
> ↳ (마) 노동 위원회에 구제를 요청하세요.

① (가) ② (나) ③ (다)
④ (라) ⑤ (마)

18 다음에 해당하는 기관에 대한 설명으로 옳은 것은?

> • 근로자와 사용자 사이의 분쟁 조정
> • 부당 노동 행위 및 부당 해고 구제
> • 근로자, 사용자, 공익 위원으로 구성

① 독립된 국가 기관에 해당한다.
② 근로 기준법을 제정하고 개정한다.
③ 노동 삼권을 보장하기 위한 기관이다.
④ 재판을 통해 침해된 권리를 구제한다.
⑤ 무료로 법률을 상담하고 소송 절차를 도와준다.

대단원 서술형·논술형 문제

정답과 해설 | 97쪽

서술형
01 밑줄 친 (가)에 해당하는 기본권을 쓰고, 그 의미를 구체적으로 서술하시오.

> 경찰이나 검찰이 피의자를 구속하거나 자백을 받기 전에 변호사를 선임할 수 있고 자신에게 불리한 진술을 거부할 수 있음을 반드시 알려야 한다. 이는 우리나라 헌법 제12조에서 "누구든지 체포 또는 구속의 이유와 변호인의 조력을 받을 권리가 있음을 고지 받지 아니하고는 체포 또는 구속을 당하지 아니한다."라고 규정하여 국민의 기본권인 ___(가)___ 을(를) 보장하기 위해서이다.

서술형
02 다음은 국민의 인권 향상을 위한 토론회 모습이다. 토론 내용을 토대로 유추할 수 있는 밑줄 친 (가) 기관의 역할과 한계점을 서술하시오.

인권 향상을 위한 국가 기관의 역할에 대한 토론을 진행하겠습니다.

인권 문제를 전담하고 있는 (가) 기관의 역할이 매우 중요합니다.

독립된 기구로 많은 책임을 가지고 있지만 어려운 점이 많습니다.

논술형
03 기사에 나타난 부당 노동 행위가 무엇인지 서술하고, 이를 구제하기 위한 방법에 대해 300자 내외로 논술하시오.

> ○○일보   20○○년 ○월 ○○일
>
> ○○회사의 직원 일부가 고용 안정과 임금 보장을 위해 최근 노동조합을 결성하고 활동했다는 이유로 해고를 통보받았다. ○○회사는 직원 채용 과정에서 임금 동결과 노동조합을 결성하거나 활동하지 않겠다는 근로 조건을 제시한 것으로 알려져 논란이 되고 있다.

대단원 개념 채우기

01 국회

❶ 국회의 의미와 위상

❶□□	의미	국민이 직접 선출한 대표로 구성된 국민의 대표 기관
	지위	국민의 대표, 입법 기관, 국정 통제 기관

❷ 국회의 구성과 주요 기관

❷□□□□	임기	임기는 4년이고, 국민이 직접 선출
	구성	지역구 국회의원(지역구 내 최다 득표자)+비례 대표 의원(각 정당이 전국에서 받은 득표율)
주요 기관	의장	국회의장 1명, 부의장 2명
	본회의	국회의 최종적 의사 결정 회의
	의결 방식	재적 의원 과반수의 출석과 출석 의원 과반수의 찬성
	위원회 상임위	전문 분야별로 조직
	특별위	특별한 사안에 임시 구성
	❸□□□□	국회 의사 진행에 필요한 중요 안건을 협의

❸ 국회의 기능

❹□□ 기능	법률 제정 및 개정, 조약의 체결·비준에 대한 동의권, 헌법 개정안 제안 및 의결
재정 기능	조세의 종목 및 세율 결정권, 예산안 심의·확정, 예산의 결산 심사
국정 감시 및 통제	❺□□ □□·국정 조사, 국무총리·감사원장·헌법재판소장·대법관 임명 동의권, 탄핵 소추 의결권

❹ 법률 제·개정 절차

발의	국회의원 ❻□□인 이상 또는 정부
↓	
국회의장	각 상임 위원회로 발의된 법률안 회부

❼□□□□□	전문 분야별로 법률안 사전 심사
↓	
본회의	재적 의원 과반수 출석과 출석 의원 과반수 찬성으로 의결, 모든 법률안·예산안 최종 결정
↓	
대통령	15일 이내에 공포하거나, 국회로 환부 거부
↓	
❽□□	20일 경과 후 법률의 효력이 발생

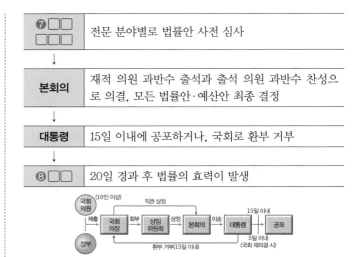

* 환부 거부된 법안이 재의결되려면 재적 의원 과반수 출석과 출석 의원 2/3 이상의 찬성이 필요함

02 행정부와 대통령

❶ 행정부의 의미와 주요 조직

	행정	법률에 따라 정책을 만들고 집행하는 국가의 활동
❾□□□	행정부	행정을 담당하는 국가 기관
	기능	• 국회에서 만든 법률을 현실에서 구체적으로 집행함 • 정책을 만들어 공익 실현·복지 증진·국민 보호 등을 위한 행정 업무를 수행
주요 조직	대통령	행정에 관한 최종적 책임과 권한을 가짐
	❿□□□□	• 국회의 동의를 얻어 대통령이 임명 • 대통령을 도와 행정 각부를 통할
	국무 회의	• 대통령 – 의장, 국무총리 – 부의장 • 주요 정책을 논의하는 행정부 최고 심의 기관
	행정 각부	• 구체적인 행정 사무 집행 • 행정 각부의 장(장관): 국무위원 중 대통령이 임명
	⓫□□□	대통령 직속의 독립적 헌법 기관, 세입·세출 검사, 공무원 직무 감찰

정답 ❶ 국회 ❷ 국회의원 ❸ 교섭 단체 ❹ 입법 ❺ 국정 감사 ❻ 10 ❼ 상임 위원회 ❽ 공포 ❾ 행정부 ❿ 국무총리 ⓫ 감사원

❷ 대통령

대통령	선출	국민이 보통·평등·직접·비밀 선거를 통해 선출함
	임기	임기 5년, 단임(중임 금지)
	지위	**❶**□□ □□ — 대외적으로 우리나라를 대표할 자격
		❷□□□ □□ — 대내적으로 행정부를 지휘·감독
국가 원수로서의 권한	대외적 국가 대표	외국과 조약 체결 및 비준권, 선전 포고와 강화권 등
	헌법 기관 구성	대법원장, 헌법 재판소장, 대법관 등에 대한 임명권
	국가와 헌법 수호	긴급 처분 및 명령권, 계엄 선포권
	국정 조정	국회 임시회 소집 요구, 국회에 출석하여 발언, 헌법 개정안 제안 등
행정부 수반으로서의 권한	행정부 지휘·감독	행정부를 구성하고 지휘·감독할 권한
	❸□□□□권	국군을 통솔하고 최종 결정을 내림
	공무원 **❹**□□권	공무원에 대한 임명과 파면 권한
	대통령령 발포권	법률 시행 및 법률 집행을 위한 대통령령의 제정 및 시행
	법률안 거부권	국회에서 최초 이송된 법률안에 이의를 제기하여 국회로 되돌려 재의를 요구할 수 있음

---

03 법원과 헌법 재판소

❶ 사법권의 독립

의미	법원이 다른 국가 기관의 간섭 없이 재판하는 것	
목적	공정한 **❺**□□의 실현을 통한 국민의 권리 보장	
방법	법원의 독립	법원의 조직과 권한을 헌법과 법률에 의해 독자적으로 구성함
	법관의 독립	법관의 신분을 보장하고, 재판에 있어 오직 **❻**□□과 법률 그리고 **❼**□□에 따라 독립하여 심판함

---

❷ 법원의 주요 조직과 심급 제도

❽□□□	사법부 최고 기관, 대법원장과 대법관으로 구성, 하급 법원의 최종심을 담당, 명령·규칙·처분 심사권의 최종 결정	
고등 법원	1심 판결에 대한 항소 사건(2심) 담당	
❾□□ □□	일반적으로 1심 담당, 지방 법원 단독 판사의 판결에 대한 항소 사건 담당	
기타	가정 법원	가사 사건, 소년 보호 사건 담당
	특허 법원	특허 업무와 관련된 분쟁을 해결
	행정 법원	잘못된 행정 작용에 관한 소송 담당

❸ 헌법 재판소

위상	헌법 수호	헌법 해석과 관련된 분쟁 해결
	기본권 보장	기본권을 침해당한 국민을 구제
구성	헌법 재판소장	헌법 재판관 중에서 국회의 동의를 얻어 **❿**□□□이 임명
	헌법 재판관	• 국회, 대통령, 대법원장이 각각 3인 지명 • 총 9명의 재판관 → 대통령이 임명
권한	**⓫**□□□□ 심판	법원이 청구, 법률의 헌법 위배 여부 심판
	⓬□□ 심판	국회가 청구, 고위 공직자의 파면 여부 결정
	정당 해산 심판	정부가 청구, 정당의 해산 여부 결정
	권한 쟁의 심판	국가 기관이 신청, 국가 기관 사이의 권한 관련 분쟁을 심판
	⓭□□□□ 심판	국민이 청구, 기본권을 침해당한 국민의 최종적 구제 방법

---

04 권력 분립의 원리

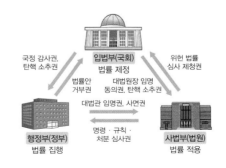

II. 헌법과 국가 기관 • 11

01 밑줄 친 ㉠~㉢에 해당하는 국가 기관을 옳게 연결한 것은?

민주 국가는 법에 의한 통치가 이루어진다. 국민의 대표 기관으로 구성된 ___㉠___ 에서 국민의 의견을 모아 법을 만들고, 만들어진 법을 구체적으로 실현하여 공익을 증진하기 위한 정책 집행은 ___㉡___ 에서 담당한다. 또한 ___㉢___ 에서는 법을 적용하고 해석하는 재판을 통해 분쟁이 발생했을 때 해결해 주는 기준을 제시한다.

	㉠	㉡	㉢
①	사법부	입법부	행정부
②	행정부	사법부	입법부
③	입법부	행정부	사법부
④	사법부	행정부	입법부
⑤	입법부	사법부	행정부

02 우리나라 국회의원의 임기와 선출 방식에 대한 옳은 설명을 〈보기〉에서 고른 것은?

┤ 보기 ├
ㄱ. 국회의원의 임기는 5년이고, 중임은 불가능하다.
ㄴ. 각 지역구에서 최다 득표자 1명을 지역구 국회의원으로 선출한다.
ㄷ. 국회의원은 국민이 직접 국정을 운영할 수 있도록 돕는 대리자이다.
ㄹ. 비례 대표 의원 수는 각 정당이 전국에서 받은 득표율에 비례한다.

① ㄱ, ㄴ   ② ㄱ, ㄷ   ③ ㄴ, ㄷ
④ ㄴ, ㄹ   ⑤ ㄷ, ㄹ

03 국회의 주요 기관에 대한 설명으로 옳은 것은?

① 국회의장과 부의장을 각각 1명씩 둔다.
② 본회의는 비공개를 원칙으로 하고, 특별한 경우에 한해 공개한다.
③ 상임 위원회에서 법률안·예산안·청원을 최종적으로 심의·결정한다.
④ 교섭 단체를 통해 국회 의사 진행에 필요한 중요 안건을 사전 협의한다.
⑤ 특별한 규정이 없는 한 재적 의원 과반수 찬성으로 본회의 안건이 의결된다.

04 (가), (나)에 나타난 국회의 기능에 대한 설명으로 옳은 것은?

(가)   (나)

▲ 국정 감사   ▲ 예산안 심의·의결

① (가)는 매년 정기적으로 개최되어 국정 전반을 다룬다.
② (가)를 통해 고위 공직자에 대한 탄핵 소추가 의결된다.
③ (가)와 달리 (나)는 국정을 통제하는 기능에 해당한다.
④ (나)의 의결을 위해 재적 의원 과반수 출석과 출석 의원 2/3 이상의 찬성이 필요하다.
⑤ (가)와 (나) 모두 국회 재정에 대한 기능에 속한다.

05 그림은 법률의 제·개정 절차이다. 이에 대한 설명으로 옳은 것은?

① ㉠은 국회를 대표하는 국무총리이다.
② ㉡에서 법률안의 내용·형식 및 자구 체계를 가다듬는 기구는 법제 사법 위원회이다.
③ ㉢에는 정기회만 있고, 임시회는 개최되지 않는다.
④ 대통령에 의해 ㉣의 과정을 거쳐 돌아온 법률안은 재의결될 수 없다.
⑤ 특별한 규정이 없으면 ㉤으로부터 7일 경과 후부터 법률의 효력이 발생한다.

06 국가 기관 상호 간의 견제 기능으로 A, B에 해당하는 권한을 바르게 연결한 것은?

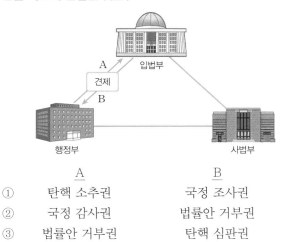

	A	B
①	탄핵 소추권	국정 조사권
②	국정 감사권	법률안 거부권
③	법률안 거부권	탄핵 심판권
④	위헌 법률 심사 제청권	국정 감사권
⑤	법률안 거부권	탄핵 소추권

07 (가), (나)에 대한 옳은 설명을 〈보기〉에서 고른 것은?

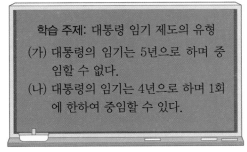

학습 주제: 대통령 임기 제도의 유형
(가) 대통령의 임기는 5년으로 하며 중임할 수 없다.
(나) 대통령의 임기는 4년으로 하며 1회에 한하여 중임할 수 있다.

┤ 보기 ├
ㄱ. (가) – 국가의 장기적인 정책 실현에 유리하다.
ㄴ. (가) – 장기 집권으로 인한 독재 예방에 적합하다.
ㄷ. (나) – 대통령에 대한 국민의 통제 능력이 높아진다.
ㄹ. (나) – 대통령이 외국으로부터 받는 신뢰가 높아진다.

① ㄱ, ㄴ   ② ㄱ, ㄷ   ③ ㄴ, ㄷ
④ ㄴ, ㄹ   ⑤ ㄷ, ㄹ

08 다음에 제시된 우리나라 대통령 권한의 공통점으로 가장 적절한 것은?

- 청와대 비서실장이었던 A씨를 법무부 장관에 임명하였다.
- 국방부 장관으로부터 연합 훈련에 대한 진행 상황을 보고 받았다.
- 대통령령을 발포하여 ○○법 집행을 위해 필요한 사항을 규정하였다.

① 국회를 통제하는 수단이다.
② 국회의 동의를 필요로 하는 권한이다.
③ 대외적으로 국가를 대표하는 권한이다.
④ 국가와 헌법을 수호할 의무와 관계가 깊다.
⑤ 행정부 수반으로서의 지위에 따른 권한이다.

09 밑줄 친 '권한'에 대한 설명으로 옳은 것은?

대통령은 전시 또는 사변 등 국가 비상 상태 등 군사상 필요나 공공의 안녕을 유지할 필요가 있을 때 일정한 지역이나 전국에 걸쳐 군사령관이 행정권과 사법권의 일부 또는 전부를 맡을 수 있도록 조치하는 권한을 행사할 수 있다.

① 국회의 사전 동의를 필요로 한다.
② 국군을 통수하는 권한에 해당한다.
③ 대통령령을 제정·발포함으로써 시행된다.
④ 국가와 헌법을 수호하기 위한 목적을 갖는다.
⑤ 행정부 수반으로서의 지위에 따른 권한에 해당한다.

10 다음의 권한과 특성을 갖는 행정부 소속 기관은?

- 행정부 최고 심의 기관
- 정부의 주요 정책을 논의
- 의장은 대통령, 부의장은 국무총리
- 대통령 긴급 명령 및 계엄 선포의 사전 심의

① 감사원   ② 국방부   ③ 법무부
④ 국무 회의   ⑤ 행정 안전부

11 다음 A씨가 수행하게 될 역할에 해당하지 <u>않는</u> 것은?

> 대법원장은 대법관 후보로 A씨를 추천하였다. 대통령은 대법원장이 제청한 A씨의 임명 동의를 국회에 요청하였다. 국회는 임명안에 동의하였고, A씨는 대법관으로서의 역할을 수행하게 되었다.

① 위헌 법률의 심판을 제청한다.
② 상고심 재판의 판결을 내린다.
③ 선거 소송 재판의 판결을 내린다.
④ 위헌 법률에 대한 심판을 담당한다.
⑤ 명령 · 규칙의 위법 여부를 심사한다.

12 그림과 같은 제도를 실시하는 목적으로 적절한 것을 〈보기〉에서 고른 것은?

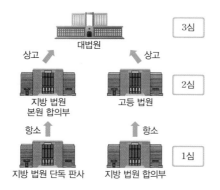

| 보기 |
> ㄱ. 신속한 재판을 보장한다.
> ㄴ. 재판의 공정성을 높인다.
> ㄷ. 재판에 대한 국민의 참여도를 높인다.
> ㄹ. 잘못된 판결을 바로잡을 수 있는 구조를 만든다.

① ㄱ, ㄴ   ② ㄱ, ㄷ   ③ ㄴ, ㄷ
④ ㄴ, ㄹ   ⑤ ㄷ, ㄹ

13 빈칸 (가)에 들어갈 용어로 옳은 것은?

> ┌─────────────────────┐
> │   (가) 심판 청구서   │
> │   │
> │ **청구인**   김○○   │
> │ **청구 취지** "…△△법 제□□조는 헌법에 위배된다." │
> │   라는 결정을 구합니다. │
> │ **침해 권리** 헌법 제11조 평등권, 제31조 교육받을 권리 │
> │   ……(이하 생략)……   │
> │   │
> │   수신처: 헌법 재판소 │
> └─────────────────────┘

① 상고심   ② 항소심   ③ 행정 재판
④ 위헌 법률   ⑤ 헌법 소원

14 헌법 재판소의 권한과 결정에 대한 옳은 설명을 〈보기〉에서 고른 것은?

| 보기 |
> ㄱ. 법원의 제청에 의해 탄핵 심판을 결정한다.
> ㄴ. 법원에 법률의 위헌 여부에 대한 심사를 제청한다.
> ㄷ. 정부 제소에 의한 정당의 해산 심판 판결을 내린다.
> ㄹ. 법률의 위헌 결정을 위해서는 재판관 6인 이상의 찬성이 필요하다.

① ㄱ, ㄴ   ② ㄱ, ㄷ   ③ ㄴ, ㄷ
④ ㄴ, ㄹ   ⑤ ㄷ, ㄹ

15 밑줄 친 (가), (나)에 들어갈 헌법 재판을 바르게 연결한 것은?

> __(가)__ 은 지방 자치 단체 상호 간의 권한에 관한 다툼이 생긴 경우 이를 심판하는 것이다. 한편, __(나)__ 은 법률의 위헌 여부가 재판의 전제가 될 때 법원이 헌법 재판소에 청구하는 것이다.

	(가)	(나)
①	권한 쟁의 심판	위헌 법률 심판
②	정당 해산 심판	권한 쟁의 심판
③	위헌 법률 심판	탄핵 심판
④	권한 쟁의 심판	정당 해산 심판
⑤	정당 해산 심판	위헌 법률 심판

대단원 서술형·논술형 문제

정답과 해설 | 100쪽

서술형

01 ㉠에서 법률안이 의결될 수 있는 요건과 가결된 법률안의 효력 발생 과정을 서술하시오.

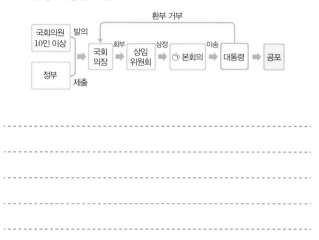

논술형

03 다음의 주장이 위험한 이유를 제시하고, 그러한 위험을 예방하기 위해 바람직하다고 생각하는 국가 기관의 권력 구조를 500자 이내로 논술하시오.

> 단결력이 더 강한 힘을 이끌어 내듯이 국가 기구의 권력도 하나로 합쳐질 때 더 강한 국력을 가질 수 있다. 국가 권력이 여기저기 분산되면 일을 처리하는 데 드는 시간과 비용이 증가하기 때문에 효율적이지 못하다. 자고로 국가의 힘이 강하지 못하면 주변 국가로부터 침략을 받아 고통을 받기 마련이다. 강한 국력을 위해 국가의 정치 권력을 하나로 모아야 한다고 생각한다.

서술형

02 다음과 같은 역할을 담당하는 국가 기관 구성원 및 장(長)의 선출 방식을 서술하시오.

▲ 위헌 법률 심판

▲ 헌법 소원 심판

대단원 개념 채우기

01 경제 활동과 경제 체제

❶ 경제 활동

의미	사람이 생활에 필요한 재화나 서비스를 생산하고 분배하며 소비하는 활동	
대상	❶☐☐	인간의 필요와 욕구를 충족해 주는 구체적인 형태가 있는 물건
	❷☐☐☐	인간의 필요와 욕구를 충족해 주는 인간의 가치 있는 활동
종류	생산	생활에 필요한 재화와 서비스를 만들거나 그 가치를 높이는 활동
	❸☐☐	재화나 서비스를 구입하여 사용하는 활동
	분배	생산 과정에 참여한 대가를 나누어 가지는 활동
주체	❹☐☐	재화와 서비스를 소비하는 경제 주체로 생산 요소를 제공
	기업	생산 활동을 하는 경제 주체로서 재화나 서비스를 공급
	정부	세금을 바탕으로 사회 간접 자본과 공공 서비스를 제공

❷ 합리적인 선택

자원의 ❺☐☐☐	의미	인간의 욕구에 비해 이를 충족해 줄 수 있는 자원의 양이 상대적으로 부족한 상태
	특징	• 상대성: 인간의 욕구에 따라 달라짐 • 가변성: 시대와 장소에 따라 달라짐
	선택의 문제	자원이 한정되어 있어 개인과 사회의 선택 문제 발생
❻☐☐ ☐☐	의미	어떤 것을 선택함으로써 포기하는 가치 중에 가장 큰 것
합리적 선택	의미	가장 적은 ❼☐☐으로 가장 큰 편익을 얻을 수 있는 대안을 선택하는 것
	방법	• 최소 비용으로 최대 편익을 얻는 대안을 선택 • 비용이 같다면 편익이 가장 큰 것을 선택 • 편익이 같다면 비용이 가장 적은 것을 선택

❸ 경제 문제와 경제 체제

기본적인 경제 문제	의미	여러 경제 문제 중에서 모든 사회에서 공통으로 해결해야 할 경제 문제	
	종류	• 무엇을 얼마나 생산할 것인가(생산물의 종류와 수량)	
		• 어떻게 생산할 것인가(생산 방법)	
		• 누구를 위하여 생산할 것인가(생산물의 ❽☐☐)	
경제 체제	의미	기본적인 경제 문제를 해결하는 제도나 방식	
	❾☐☐ 경제 체제	의미	시장 가격을 통해 기본적인 경제 문제를 해결하는 경제 체제
		특징	사유 재산의 소유와 사익 추구 인정, 자유로운 경제 활동 보장 등
	❿☐☐ 경제 체제	의미	정부의 계획이나 명령에 의해 기본적인 경제 문제 해결하는 경제 체제
		특징	생산 수단의 국유화, 경제 활동의 자유 제한, 사회의 공동 목표 추구 등
	⓫☐☐ 경제 체제	의미	시장 경제 체제와 계획 경제 체제의 특성이 혼합된 경제 체제
		특징	오늘날 대부분 국가에서 채택하는 경제 체제

02 기업의 역할과 사회적 책임

❶ 기업의 의미와 역할

의미	생산을 통해 ⓬☐☐의 극대화를 추구하는 경제 주체	
역할	생산 활동	상품을 생산하여 시장에 공급
	⓭☐☐과 소득 창출	노동자에게 일자리를 제공하고 임금, 지대, 이자 등을 지급하여 가계의 소득 창출
	소비자 만족 증진	기업이 생산한 제품을 구입하여 사용함으로써 소비자의 만족감 증진
	국가 재정 기여	정부에 세금을 납부함으로써 국가 재정에 기여
	경제 성장 촉진	기술 혁신을 위한 연구 개발 투자를 통해 경제 성장 촉진

정답 ❶ 재화 ❷ 서비스 ❸ 소비 ❹ 가계 ❺ 희소성 ❻ 기회비용 ❼ 비용 ❽ 대상 ❾ 시장 ❿ 계획 ⓫ 혼합 ⓬ 이윤 ⓭ 고용

❷ 기업의 사회적 책임과 기업가 정신

기업의 ❶□□□ 책임	의미	사회 구성원으로서의 역할을 다해야 한다는 윤리적 책임 의식
	역할	• 공정한 경쟁과 투명한 기업 경영 추구 • 소비자의 권익 보호 • 노동자의 권리 보호 • 사회 복지 사업 지원 • 생태계 보호 및 환경 오염의 최소화
❷□□□ □□	의미	미래의 위험을 무릅쓰고 이윤을 창출하며, 혁신과 창의성을 바탕으로 한 도전 정신
	역할	• 혁신적인 사고 • 새로운 시장 개척 • 고부가 가치를 창출하는 신상품 개발 • 생산비 절감을 통한 새로운 수익 창출

03 금융 생활의 중요성

❶ 생애 주기에 따른 경제생활

생애 주기	의미		시간의 흐름에 따른 개인이나 가족의 삶의 변화를 단계로 나타낸 것
	단계	유소년기	경제적 자립이 어려워 부모의 소득에 의존하여 소비 생활을 하는 시기
		❸□□□	취업과 함께 소득이 발생하나 소득과 소비가 모두 적은 시기
		중·장년기	소득이 증가하나 자녀 교육, 주택 마련으로 소비가 증가하는 시기
		❹□□□	은퇴 이후 소득이 크게 줄거나 없어져 연금으로 생활하는 시기

▲ 생애 주기에 따른 소득과 소비

❷ 자산 관리

의미		자신의 소득과 재산으로 언제, 얼마만큼 소비할지, 어떻게 자산을 모으고 처분할지 미리 계획하는 것
필요성		지속 가능한 경제생활을 위한 자산 운영 필요
종류	❺□□	금융 기관에 일정 금액의 돈을 예치하여 이자를 받는 상품
	적금	계약 기간 동안 일정 금액을 납입하여 이자를 받는 상품
	채권	정부나 기업 등이 자금 마련을 위해 이자 지급을 약속하고 발행하는 차용 증서
	❻□□	기업이 사업 자금을 마련하기 위해 회사 소유권의 일부를 투자자에게 주는 증권
	펀드	금융 기관이 투자자의 자금으로 투자한 수익을 투자자에게 나누어 주는 상품
	❼□□	사고나 질병에 대비하여 보험료를 납부하고 발생하면 일정 금액을 받는 상품
	❽□□	청년기 또는 중·장년기에 벌어들인 소득의 일부를 저축하여 노후에 일정 금액을 받는 상품
방법		• 소득이나 재산, 미래의 지출 규모 등을 고려해 투자 • 저축이나 투자의 목적과 기간, 규모 등 확인 • 수익성, 안전성, 유동성 등을 고려하여 금융 상품 선택

예금·적금 / 안전성은 높으나 수익성이 낮음

채권 / 안전성과 수익성이 주식과 예·적금의 중간 수준임

주식 / 수익성은 높지만 투자 위험이 있어 안전성이 낮음

보험 / 자산을 늘리는 것보다는 큰 손해를 막는 것을 목적으로 함

❸ 신용 거래와 신용 관리

❾□□		미래에 돈을 갚을 것을 약속하고 상품이나 돈을 빌려 쓸 수 있는 능력
❿□□ □□	장점	• 현금 없이 상품 구매 가능 • 미래의 소득을 앞당겨 더 많은 소비 가능
	단점	• 충동구매나 과소비 우려 • 신용은 빚으로 미래의 경제생활에 큰 부담이 될 수 있음

01 〈보기〉의 경제 활동 중 같은 것으로만 짝지어진 것은?

┤ 보기 ├
ㄱ. 목재를 공장까지 운반하였다.
ㄴ. 요리사가 피자를 만들어 주었다.
ㄷ. 학교에 가기 위해 지하철을 탔다.
ㄹ. 땅을 빌려준 대가로 지대를 받았다.

① ㄱ, ㄴ   ② ㄱ, ㄷ   ③ ㄴ, ㄷ
④ ㄴ, ㄹ   ⑤ ㄷ, ㄹ

02 그림에 대한 설명으로 옳은 것은?

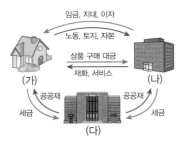

① (가)는 생산 활동의 주체이다.
② (나)는 생산 요소를 제공한다.
③ (다)는 시장 경제 질서를 유지한다.
④ (가)는 가계, (나)는 정부, (다)는 기업이다.
⑤ 경제 주체 간의 독립적인 관계가 나타나 있다.

03 다음 사례와 관련된 경제 개념에 대한 옳은 설명을 〈보기〉에서 고른 것은?

• 추운 극지방에서는 에어컨의 수가 적더라도 그것을 원하는 사람이 적어 에어컨의 가치는 낮다.
• 과거에는 깨끗한 물을 돈을 들이지 않고 얻을 수 있었지만 오늘날은 환경 오염으로 그 가치가 높아졌다.

┤ 보기 ├
ㄱ. 시장 가격의 결정에 중요한 요인이 된다.
ㄴ. 경제 문제가 발생하는 근본적인 원인이다.
ㄷ. 희소성은 시대와 장소에 관계없이 일정하다.
ㄹ. 인간의 욕구는 유한한데, 자원은 무한하기 때문에 나타난다.

① ㄱ, ㄴ   ② ㄱ, ㄷ   ③ ㄴ, ㄷ
④ ㄴ, ㄹ   ⑤ ㄷ, ㄹ

04 다음 사례에서 영주의 선택에 따른 기회비용은?

영주는 주유소에서 일을 하면 하루에 70,000원을 받을 수 있고, 편의점에서 일을 하면 하루에 50,000원을 받을 수 있는 기회가 생겼다. 어떤 것을 선택할지 고민하던 영주는 엄마가 아프시다는 연락을 받고 이틀 동안 엄마를 간호하기로 결정하였다.

① 50,000원   ② 70,000원   ③ 100,000원
④ 130,000원   ⑤ 140,000원

05 (가)~(다)에 대한 설명으로 옳지 않은 것은?

(가) 어떻게 생산할 것인가?
(나) 무엇을 생산할 것인가?
(다) 누구를 위하여 생산할 것인가?

① (가)는 생산 방법에 대한 문제이다.
② (나)는 생산물의 수량에 관한 문제이다.
③ (다)는 생산물의 분배에 대한 문제이다.
④ (가)~(다)는 기본적인 경제 문제에 해당한다.
⑤ (가)~(다)는 자원의 희소성으로 인해 발생한다.

06 다음에서 설명하고 있는 경제 체제의 특성을 〈보기〉에서 고른 것은?

국가의 계획과 통제에 따라 경제 문제를 해결하는 경제 체제이다. 경제 활동의 자유가 제한되고, 기업이 생산할 제품의 종류와 수량을 국가가 결정한다.

┤ 보기 ├
ㄱ. 시장 가격에 의해 경제 문제를 결정한다.
ㄴ. 사유 재산의 소유와 사익 추구를 인정한다.
ㄷ. 생산 수단을 국가나 집단이 소유하고 있다.
ㄹ. 국가의 개입으로 개인의 자유로운 경제 활동이 제한된다.

① ㄱ, ㄴ   ② ㄱ, ㄷ   ③ ㄴ, ㄷ
④ ㄴ, ㄹ   ⑤ ㄷ, ㄹ

07 합리적인 선택에 해당하는 것을 〈보기〉에서 고른 것은?

┤ 보기 ├
ㄱ. 가격이 같은 떡볶이와 어묵 중 평소 만족감이 큰 떡볶이를 선택하였다.
ㄴ. 옷을 사러 백화점에 갔다가 50% 할인된 가격의 운동화를 구입하였다.
ㄷ. 공부를 할까, 축구를 할까 고민하다가 기회비용이 작은 공부를 선택하였다.
ㄹ. 우유를 사러 가게에 갔다가 1+1 행사를 하여 계획보다 많은 양을 구입하였다.

① ㄱ, ㄴ   ② ㄱ, ㄷ   ③ ㄴ, ㄷ
④ ㄴ, ㄹ   ⑤ ㄷ, ㄹ

08 다음 내용에 나타난 기업의 역할로 가장 적절한 것은?

기업은 상품 생산을 위해서 토지와 건물을 임대하고, 자본을 투자하여 생산 설비를 갖추며 노동자를 고용한다. 이 과정에서 기업은 임대료, 이자, 임금 등을 지급한다.

① 생산에 필요한 생산 요소를 제공한다.
② 기술 혁신을 위한 연구 개발에 투자한다.
③ 상품 생산을 통해 일자리와 소득을 창출한다.
④ 세금 납부를 통해 국가 재정 활동에 기여한다.
⑤ 좋은 품질의 제품을 제공하여 소비자의 만족을 높인다.

09 기사에서 자동차 회사가 앞으로 가져야 하는 바람직한 자세로 적절하지 않은 것은?

해외 유명 자동차 회사가 배기가스 배출량을 조작하여 막대한 수익을 올려 왔다. 오염 물질을 적게 배출하면서 성능이 우수하다는 회사의 홍보를 믿고 자동차를 구매한 소비자들은 기대한 만큼 성능이 뛰어나지 않다는 것을 알게 되었다. 또한 이 자동차들은 환경 기준을 초과하는 배기가스를 뿜어내 환경을 훼손하였다.   – ○○신문, 2015. 9. 11 –

① 환경 오염을 최소화시키는 생산 활동을 한다.
② 기업의 사회적 책임을 다하기 위해 노력한다.
③ 판매량을 늘리기 위해 광고 제작에 더 투자한다.
④ 윤리적 회복을 통해 소비자들의 신뢰를 되찾는다.
⑤ 소비자에게 좋은 품질의 상품을 제공하여 만족을 증진시킨다.

10 A회사의 기업 활동에 대한 설명으로 적절하지 않은 것은?

A회사는 자연 친화적인 상품을 만들기 위해 연구 개발비의 투자 비율을 늘리고 있다. 또한 판매 수익금의 일부를 가정 형편이 어려운 대학생에게 장학금으로 지원하는 사업을 매년 이어가고 있다.

① 사회적 기업의 역할을 하고 있다.
② 사회 복지 사업을 적극적으로 지원하고 있다.
③ 이윤 추구를 넘어 사회에 대한 책임을 다하고 있다.
④ 경제적 효율성 추구를 위해 사회적 책임을 무시하고 있다.
⑤ 기업의 긍정적인 이미지를 향상시키기 위해 노력하고 있다.

11 기업가 정신에 해당하는 내용을 〈보기〉에서 고른 것은?

┤ 보기 ├
ㄱ. 불확실한 미래에는 도전하지 않는다.
ㄴ. 기존의 기업 경영 방식만을 고집한다.
ㄷ. 급속히 변화하는 사회에 빠르게 대처한다.
ㄹ. 위험을 무릅쓰고 성공 기회를 잡기 위해 노력한다.

① ㄱ, ㄴ   ② ㄱ, ㄷ   ③ ㄴ, ㄷ
④ ㄴ, ㄹ   ⑤ ㄷ, ㄹ

12 그림의 ㉠ 영역에 대한 설명으로 옳지 않은 것은?

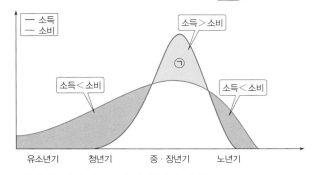

① 소득이 가장 높은 시기에 나타난다.
② 결혼, 자녀 교육 등으로 소비도 증가한다.
③ 사고, 질병 등으로 인한 지출에 대비해야 한다.
④ 미래의 소비를 대비하여 저축에 힘써야 하는 시기이다.
⑤ 경제적 자립이 어려워 부모의 소득에 의존하는 시기이다.

13 다음 대화에서 갑과 을이 투자한 금융 상품에 대한 설명으로 옳은 것은?

얼마전 여유 자금으로 ○○회사의 일정 소유권을 매입했어.

나는 정부에 돈을 빌려주고 이자를 받는 상품에 가입하고 증서를 받았어.

갑   을

① 갑은 채권, 을은 주식에 투자하였다.
② 갑은 투자한 회사로부터 배당금을 받을 수 있다.
③ 갑은 을보다 안전성이 높은 상품을 선택하였다.
④ 을은 갑보다 수익성이 높은 상품에 가입하였다.
⑤ 을은 원금 보장이 매우 어려운 상품을 선택하였다.

14 다음 내용을 통해 유추할 수 있는 합리적인 자산 관리 방법으로 가장 적절한 것은?

- 달걀을 한 바구니에 담지 말라.
- 주식이 하락하였으나 예금에도 자산을 투자하고 있어 큰 손실을 막을 수 있었다.

① 자산을 단기적으로 운영하여 손실을 줄인다.
② 투자의 위험성을 낮추기 위해 분산 투자한다.
③ 안전성이 높은 금융 상품에만 자산을 투자한다.
④ 손해를 보더라도 원금이 보장되는 상품에 가입한다.
⑤ 한 가지 유형의 자산에만 투자하여 수익률을 높인다.

15 밑줄 친 부분과 같은 노력이 필요한 이유로 적절하지 **않은** 것은?

우리의 생애 주기 동안 소득과 소비가 일정하지 않기 때문에 경제적으로 지속 가능한 생활을 위해서 자산을 효율적으로 운영해야 한다.

① 안정적인 노후 생활을 위해서
② 불확실한 미래를 준비하기 위해서
③ 목돈이 필요한 상황을 대비하기 위해서
④ 예기치 않은 사고와 질병에 대비하기 위해서
⑤ 소득이 소비보다 많은 시기를 준비하기 위해서

16 그림은 금융 상품의 안전성과 수익성의 정도를 나타낸 것이다. 이에 대한 옳은 내용을 〈보기〉에서 고른 것은?

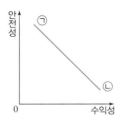

┤ 보기 ├
ㄱ. 예금은 ⓛ보다 ㉠에 가깝다.
ㄴ. ⓛ은 ㉠에 비해 수익성이 높다.
ㄷ. 안전성과 수익성은 비례 관계에 있다.
ㄹ. ㉠에 해당하는 상품은 수익성이 높아 투자 위험이 높은 편이다.

① ㄱ, ㄴ   ② ㄱ, ㄷ   ③ ㄴ, ㄷ
④ ㄴ, ㄹ   ⑤ ㄷ, ㄹ

17 신용 거래에 해당하는 사례를 〈보기〉에서 고른 것은?

┤ 보기 ├
ㄱ. 예금을 찾아 유럽으로 여행을 다녀왔다.
ㄴ. 주택 구입을 위해 은행에서 대출을 받았다.
ㄷ. 미용실에서 머리를 하고 현금으로 계산하였다.
ㄹ. 신용 카드를 사용하여 자동차를 할부로 구입하였다.

① ㄱ, ㄴ   ② ㄱ, ㄷ   ③ ㄴ, ㄷ
④ ㄴ, ㄹ   ⑤ ㄷ, ㄹ

18 밑줄 친 '(가)의 자세'로 적절하지 **않은** 것은?

최근 신용 카드 대금 연체로 인한 가계 부채율이 증가하고 있는데 앞으로의 대책을 말씀해 주십시오.

가계 부채를 줄이기 위해 가계는 (가)의 자세를 지녀야 하겠습니다.

① 계획적인 소비 습관을 형성한다.
② 평소 자신의 신용 정보를 관리한다.
③ 충동적인 구매와 과소비를 하지 않는다.
④ 현재와 미래의 지불 능력을 고려하여 소비한다.
⑤ 신용 카드 대금을 갚기 위해 다른 신용 카드로 계산한다.

대단원 서술형·논술형 문제

정답과 해설 | 102쪽

01 <u>서술형</u> 사례에서 도현이가 얻을 편익을 고려할 때, 가장 합리적인 선택과 그 이유를 서술하시오. (단, 비용과 편익의 측면에서 비교하여 설명한다.)

> 도현이는 용돈 1만 원으로 이번 주말에 여가 활동을 하려고 한다. 1만 원으로 영화도 보고 싶고, 미술관에 가보고도 싶고 음악 콘서트에도 가고 싶다. 그러나 용돈이 한정되어 원하는 대로 다 할 수는 없다. 선택에 따른 여가 활동의 비용과 편익은 다음과 같다.
>
> | 여가 활동 | 비용 | 편익 |
> |---|---|---|
> | 영화 관람하기 | 1만 원 | 80 |
> | 미술관 관람하기 | 1만 원 | 70 |
> | 음악 콘서트 가기 | 1만 원 | 90 |

02 <u>서술형</u> (가), (나)에 해당하는 경제 체제의 의미를 비교하여 서술하시오.

(가) 시장의 반응이 좋으니 이 디자인의 상품을 더 생산해야겠어.
▲ 의류 업계 사장

(나) 제품이 많이 필요하니 해당 업체에 생산을 늘리라고 지시해야겠군.
▲ 정부 관계자

03 <u>논술형</u> 밑줄 친 부분에 해당하는 경제 활동의 장단점을 서술하고, 바람직한 경제 활동을 위해 필요한 자세를 300자 내외로 논술하시오.

> 경제생활에 있어 필요한 상품을 구매할 때 이를 살 만큼의 돈이 부족하거나, 한 번에 많은 돈을 지출해야 하는 경우가 있다. 이때 <u>필요한 만큼의 돈을 빌려 쓰고 정해진 기한까지 갚을 수 있는 능력을 바탕으로 돈을 빌리고 갚는 경제 활동</u>이 이루어지기도 한다. 정보 통신 기술이 발달한 현대 사회에서 현금 거래보다 더 활발하게 이루어지는 경제 활동으로 휴대 전화, 인터넷 서비스 등을 미리 이용한 후 나중에 요금을 낼 수 있다. 또한 한 번에 물건 값을 지불할 수 없을 경우에는 일정 기간 동안에 나누어 내고 구입하는 할부 거래도 가능하다.

대단원 개념 채우기

01 시장의 의미와 종류

❶ 시장의 발달과 기능

❶□□	의미	수요자와 공급자가 만나 거래가 이루어지는 곳
	발달	자급자족 경제 → 물물 교환 → 분업의 발생 → 시장 형성 → ❷□□ 출현 → 시장의 활성화
	기능	• 수요와 공급의 연결 • 상품의 ❸□□□□ 감소 • 상품에 대한 정보 제공 • 사회 전체의 생산성 증대

물품 화폐　금속 화폐　지폐　신용 카드　전자 화폐

▲ 화폐의 발달 과정

❷ 시장의 종류

거래 형태	• 보이는 시장: 거래 모습이 드러나는 시장 • 보이지 않는 시장: 거래 모습이 드러나지 않는 시장
상품 종류	• ❹□□□ 시장: 생활에 필요한 상품이 거래되는 시장 • ❺□□ □□ 시장: 생산에 필요한 요소가 거래되는 시장
기타	• 개설 주기: ❻□□ □□, 정기 시장 • 판매 대상: 도매 시장, 소매 시장

농산물 직거래 장터

온라인 쇼핑몰

취업 박람회

치과

▲ 다양한 시장

02 시장 가격의 결정

❶ 수요와 공급

❼□□	상품을 사고자 하는 욕구
수요량	수요자가 사려는 상품의 양
❽□□	상품을 팔고자 하는 욕구
공급량	공급자가 팔려는 상품의 양

❷ 수요 법칙과 공급 법칙

❾□□ □□	가격과 수요량이 반대 방향으로 움직이는 현상
공급 법칙	가격과 공급량이 같은 방향으로 움직이는 현상

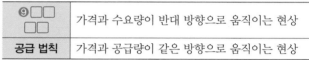

▲ 수요 곡선　　▲ 공급 곡선

❸ 시장 가격의 결정 과정

시장의 균형	❿□□□□ (시장 가격)	수요량과 공급량이 일치하여 균형을 이루는 지점의 가격
	균형 거래량	수요량과 공급량이 일치할 때의 거래량
시장의 불균형	⓫□□□	수요량>공급량 → 수요자 간 경쟁 발생 → 가격 상승
	⓬□□□	수요량<공급량 → 공급자 간 경쟁 발생 → 가격 하락

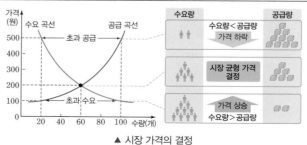

▲ 시장 가격의 결정

④ 시장 가격의 기능

경제 활동의 ❶□□□	경제 주체들에게 경제 활동을 어떻게 조절해야 할지 알려 줌
자원의 효율적 배분	합리적인 경제 활동을 유도하여 자원을 효율적으로 배분함

03 시장 가격의 변동

❶ 수요 변동과 공급 변동

❷□□ □□	가격 이외의 요인이 변하여 구매 계획이 변동하는 것
공급 변동	가격 이외의 요인이 변하여 판매 계획이 변동하는 것

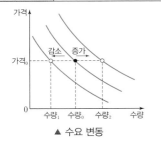

▲ 수요 변동

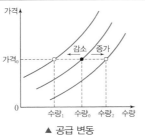

▲ 공급 변동

❷ 수요 변동 요인

❸□□□□ 변화	소득이 늘어나면 수요가 증가하고, 소득이 줄어들면 수요가 감소함
소비자 기호 변화	어떤 상품에 대한 기호가 커지면 수요가 증가하고, 기호가 줄어들면 수요가 감소함
연관 상품 가격 변화	• ❹□□□ 관계의 상품 가격이 오르면 다른 상품의 수요가 증가함 • ❺□□ 관계의 상품 가격이 오르면 다른 상품의 수요가 감소함
인구수 변화	인구가 늘어나면 수요는 증가하고, 인구가 줄어들면 수요는 감소함

▲ 대체재

▲ 보완재

❸ 공급 변동 요인

❻□□□□ 가격 변화	생산 요소 가격이 하락하면 공급이 늘고, 생산 요소 가격이 상승하면 공급이 감소함
❼□□□□ 발달	어떤 상품을 생산하는 기술이 발달하여 생산성이 높아지면 상품의 공급이 증가함
공급자 수 변화	공급자 수가 늘어나면 공급이 증가하고, 공급자 수가 줄어들면 공급이 감소함

❹ 수요 변동에 따른 가격 변화

수요 변동 요인	수요 변동	가격 변화
• 소득, 인구, 기호의 증가 • ❽□□□의 가격 상승 • 보완재의 가격 하락	증가	❾□□
• 소득, 인구, 기호의 감소 • 대체재의 가격 하락 • ❿□□□의 가격 상승	감소	⓫□□

❺ 공급 변동에 따른 가격 변화

공급 변동 요인	공급 변동	가격 변화
• 생산 요소의 가격 하락 • 생산 기술의 발달 • 공급자 수의 증가	⓬□□	하락
• 생산 요소의 가격 상승 • 공급자 수의 감소	⓭□□	상승

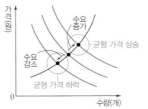

▲ 수요 변동에 따른 가격 변화

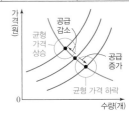

▲ 공급 변동에 따른 가격 변화

정답 ❶ 신호등 ❷ 수요 변동 ❸ 가격 ❹ 대체재 ❺ 보완 ❻ 생산 요소 ❼ 생산 기술 ❽ 보완재 ❾ 상승 ❿ 대체재 ⓫ 하락 ⓬ 증가 ⓭ 감소

01 빈칸 ㉠에 들어갈 개념에 대해 옳게 설명한 학생은?

> 상품을 팔고자 하는 사람과 사고자 하는 사람이 만나 거래를 하는 곳을 (㉠)(이)라고 한다.

① 갑: 자급자족을 하던 과거에도 존재하였습니다.
② 을: 상품을 사고파는 구체적인 장소가 있어야 합니다.
③ 병: 수요만 있거나 공급만 있어도 형성될 수 있습니다.
④ 정: 생산 과정에 필요한 노동, 토지, 자본 등은 거래되지 않습니다.
⑤ 무: 현대 사회에는 전자 상거래와 같은 새로운 형태가 등장하고 있습니다.

02 그림은 화폐의 발달 과정을 나타낸 것이다. 이에 대해 옳게 말한 사람을 〈보기〉에서 고른 것은?

┤ 보기 ├
갑: 화폐가 거래에 편리하도록 진화하고 있어.
을: 오늘날에는 금속 화폐나 지폐는 사용하지 않아.
병: 특정한 상품이 교환의 매개 수단으로 사용된 적도 있네.
정: 신용 화폐를 사용하면 현금을 가지고 다녀야 하는 불편함이 있겠는데.

① 갑, 을   ② 갑, 병   ③ 을, 병
④ 을, 정   ⑤ 병, 정

03 밑줄 친 (가)에 들어갈 내용으로 적절하지 <u>않은</u> 것은?

> 전통시장, 대형 마트, 극장 매표소, 인터넷 쇼핑몰, 증권 거래소 등 우리 주변에는 매우 다양한 형태의 시장이 존재한다. 이처럼 시장의 형태는 저마다 다양하지만 모든 시장은 _____(가)_____ 역할을 한다.

① 물물 교환을 촉진하는
② 거래 비용을 줄여 주는
③ 수요와 공급을 연결하는
④ 상품에 대한 정보를 제공하는
⑤ 사회 전체의 생산량을 증대하는

04 빈칸 ㉠, ㉡에 해당하는 시장의 종류를 바르게 연결한 것은?

> 눈에 보이는 시장은 (㉠)와(과) 같이 상품과 거래 장소가 구체적으로 드러나는 시장이다. 눈에 보이지 않는 시장은 (㉡)와(과) 같이 상품이나 거래 장소 등이 구체적으로 드러나지 않는 시장이다.

	㉠	㉡
①	백화점	전통시장
②	전통시장	대형 마트
③	대형 마트	주식 시장
④	주식 시장	외환 시장
⑤	외환 시장	전자 상거래

05 다음과 같은 시장의 공통점으로 가장 적절한 것은?

> • 주식이 거래되는 증권 시장
> • 식료품이 사고 팔리는 인터넷 쇼핑몰

① 눈에 보이는 시장이다.
② 생산 요소가 거래된다.
③ 구체적인 장소가 존재한다.
④ 거래의 모습이 확실히 드러나지 않는다.
⑤ 편의점, 대형 마트와 같은 종류의 시장에 속한다.

06 그림에서 점 A에서 점 B로의 이동에 해당하는 사례로 옳은 것은?

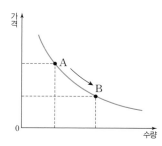

① 커피의 가격이 내려 설탕의 수요가 증가하였다.
② 배추가 비싸져 배추를 구입하는 손님이 감소하였다.
③ 컴퓨터의 가격이 하락하여 그에 대한 소비가 늘었다.
④ 반도체의 가격이 하락하여 반도체 회사에서 생산량을 줄였다.
⑤ 과자의 가격이 상승하여 제과 업체에서는 과자를 더 많이 생산하였다.

07 자료는 어떤 재화의 수요·공급 곡선을 조사하여 분석한 것이다. 빈칸 ㉠, ㉡에 들어갈 내용으로 옳은 것은?

가격(원)	2,000	3,000	4,000
수요량(개)	70	50	30
공급량(개)	30	50	70

시장의 균형은 수요량과 공급량이 일치할 때 이루어진다. 따라서 이 재화의 균형 가격은 (㉠)에서 형성되며, 균형 거래량은 (㉡)에서 결정될 것이다.

	㉠	㉡		㉠	㉡
①	2,000원	30개	②	2,000원	50개
③	3,000원	50개	④	3,000원	70개
⑤	4,000원	70개			

08 그림에서 가격이 300원일 때 나타나는 시장의 상황으로 옳은 것은?

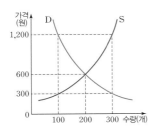

① 초과 공급 상태가 발생한다.
② 시장에 300개의 상품이 부족하다.
③ 수요량은 100개, 공급량은 300개이다.
④ 상품의 희소성이 커져 가격 상승 압력이 나타난다.
⑤ 공급자 간에 상품을 먼저 판매하기 위한 경쟁이 나타난다.

09 신문 기사에 공통적으로 나타난 시장 가격의 기능으로 가장 적절한 것은?

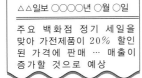

△△일보 ○○○○년 ○월 ○일	△△일보 ○○○○년 ○월 ○일
주요 백화점 정기 세일을 맞아 가전제품이 20% 할인된 가격에 판매 … 매출이 증가할 것으로 예상	반도체 가격이 지속적으로 하락 … 반도체 생산 기업들이 내년도 생산량을 축소할 예정

① 소득 불균형을 완화한다.
② 경제 활동의 신호등 역할을 한다.
③ 소비자의 무한한 욕구를 충족해 준다.
④ 자원을 형평성 있게 골고루 배분한다.
⑤ 공급자가 생산 기술을 혁신하는 데 기여한다.

10 그림 (가), (나)에 대한 옳은 설명을 〈보기〉에서 고른 것은?

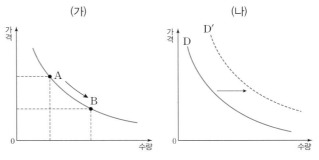

| 보기 |

ㄱ. (가)는 상품 가격의 변화에 따른 수요량의 변동을 나타낸다.
ㄴ. (가)와 같은 변화에는 대체재의 가격 하락이 영향을 미쳤다.
ㄷ. (나)는 국민 소득이 증가하거나 인구수가 증가할 때 나타나는 현상이다.
ㄹ. (나)는 상품 가격 이외의 요인이 변화할 경우 발생하는 공급 변동을 나타낸다.

① ㄱ, ㄴ   ② ㄱ, ㄷ   ③ ㄴ, ㄷ
④ ㄴ, ㄹ   ⑤ ㄷ, ㄹ

11 그림과 같은 시장의 변화에 영향을 미친 요인과 그에 해당하는 상품으로 옳은 것은?

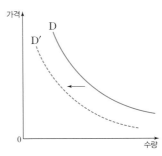

	변화 요인	상품
①	태풍 발생	과일
②	휴가철 성수기	항공권
③	밀가루 가격 인상	라면
④	서구식 식생활 확산	쌀
⑤	스마트폰 가격 인하	스마트폰 케이스

12 밑줄 친 (가), (나)에 대한 설명으로 옳은 것은?

○○ 편의점은 고객의 편의를 위해 일정한 원칙에 따라 판매 상품을 진열하고 있다. 예를 들어, (가) '컵라면'과 함께 먹기 좋은 '꼬마 김치'를 컵라면 판매대 바로 옆에 진열한다. 또한 (나) '핫도그'와 '햄버거'를 같은 판매대에 진열하여 소비자들의 다양한 선택권을 보장한다.

① (가)의 두 재화는 용도가 비슷하여 경쟁 관계에 있다.
② (가)에서 컵라면의 수요량이 증가하면 꼬마 김치의 소비는 감소한다.
③ (나)에서 핫도그 가격이 상승하면 햄버거의 수요는 증가한다.
④ (나)의 두 재화는 빵과 우유처럼 함께 소비될 때 더 큰 만족을 줄 수 있다.
⑤ (가)의 두 재화는 대체재 관계, (나)의 두 재화는 보완재 관계에 있다.

13 그림의 밑줄 친 (가)에 들어갈 내용으로 가장 적절한 것은?

최근 휴대 전화 배터리의 원료인 콜탄 가격이 많이 올랐어요.

(가)

① 휴대 전화의 생산량을 늘려야겠어요.
② 휴대 전화의 생산비가 많이 들겠군요.
③ 휴대 전화 액세서리도 많이 팔리겠어요.
④ 휴대 전화를 찾는 소비자가 증가하겠군요.
⑤ 새로운 기업이 휴대 전화 시장에 진입하겠군요.

14 다음은 블루베리 연구 결과가 시장에 미칠 영향을 분석한 내용이다. (가)~(마) 중 옳지 않은 것은?

블루베리가 노화 방지와 눈 건강에 도움이 된다는 연구 결과가 발표되었다.

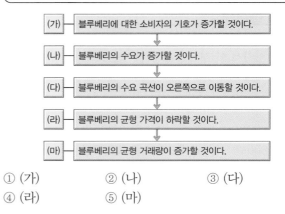

(가) 블루베리에 대한 소비자의 기호가 증가할 것이다.
(나) 블루베리의 수요가 증가할 것이다.
(다) 블루베리의 수요 곡선이 오른쪽으로 이동할 것이다.
(라) 블루베리의 균형 가격이 하락할 것이다.
(마) 블루베리의 균형 거래량이 증가할 것이다.

① (가)　　② (나)　　③ (다)
④ (라)　　⑤ (마)

15 다음과 같은 변화가 찹쌀떡 시장에 미치는 영향을 그림으로 옳게 나타낸 것은?

• 찹쌀떡의 재료인 찹쌀가루의 가격이 내렸다.
• 수능을 앞두고 찹쌀떡을 찾는 소비자들이 늘었다.

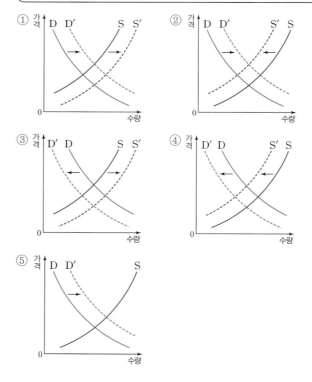

대단원 서술형·논술형 문제

정답과 해설 | 105쪽

서술형

01 사진에 나타난 시장이 어떤 유형에 속하는지 구분 기준을 두 가지로 정하여 서술하시오.

서술형

02 다음의 상황에 따라 나타날 '바나나 맛 초콜릿 과자' 시장의 변화를 '균형 가격과 균형 거래량'의 변동을 중심으로 서술하시오.

> 바나나 맛 초콜릿 과자가 품귀 현상을 빚을 정도로 큰 인기를 끌고 있다. ○○ 데이에도 기존의 초콜릿이나 사탕 대신 바나나 맛 초콜릿 과자를 선물하겠다는 사람들이 늘고 있을 정도이다. 이러한 경향은 앞으로도 지속될 것으로 보인다.

논술형

03 자료를 참고하여 시장에서 치킨의 균형 가격이 결정되는 과정을 조건에 맞추어 논술하시오.

▲ 치킨 가격이 15,000원일 때

▲ 치킨 가격이 5,000원일 때

조건

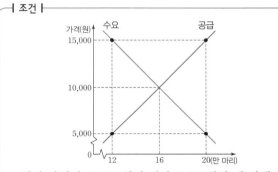

- 치킨 가격이 15,000원일 때와 5,000원일 때 발생하는 시장 상황을 포함할 것
- 그림에서 치킨의 균형 가격과 균형 거래량을 찾아 제시할 것

대단원 개념 채우기

(01) 국내 총생산과 경제 성장

❶ 국내 총생산의 의미와 의의

의미	일정 기간 동안 한 나라 안에서 새롭게 생산된 모든 ❶□□□□□의 시장 가치를 합한 것
내용	• 일정 기간: 보통 1년을 기준으로 함 • 한 나라 안에서: 한 국가의 영토 안에서 생산된 것만을 포함함 → 국외에서 생산된 것 제외 • 새롭게: 그 해에 새롭게 생산된 것의 가치만을 계산함 → ❷□□□ 제외 • 최종 생산물: 최종적으로 생산된 재화나 서비스의 가치만을 측정함 → ❸□□□ 제외 • 시장 가치: 시장에서 거래된 생산물만을 대상으로 함 → 시장에서 거래되지 않는 것 제외
의의	한 나라의 경제 규모와 생산 능력, 국민 전체의 소득을 파악하기에 유용함

국내 | 새로 만듦 | 중간(X) 중간(X) 중간(X) | 시장에서 거래

▲ 국내 총생산의 의미

❷ 국내 총생산의 한계

시장 가치만 거래	삶의 만족도를 높이는 활동이라도 ❹□□에서 거래되지 않은 것은 포함되지 않음
삶의 질 저하 요소 미반영	생산 과정에서 발생한 환경 오염, 교통사고 등으로 인한 피해 등은 반영되지 않음
여가 시간 가치 미측정	삶의 질이 향상되는 여가 시간의 가치는 측정되지 않음
지하 경제 활동 미포함	밀수나 사채 등을 통해 거래되는 상품의 거래 과정을 정부가 파악하기 힘듦
❺□□□□ 상황 파악 불가능	한 나라의 소득 분배 상태나 빈부 격차의 정도를 나타내지 못함

❸ 1인당 국내 총생산

의미	❻□□ □□□을 그 나라의 총인구수로 나눈 수치
의의	국민의 평균 소득 수준을 파악할 수 있는 지표임

❹ 경제 성장

의미	한 나라 경제 규모가 지속적으로 커지고 생산 능력이 향상되는 것
표현	경제 성장률(❼□□ □□ □□□의 증가율)을 통해 나타남
영향	• 긍정적 측면: 국민의 소득 증가, 의료 및 문화 시설 보급, 삶의 질 향상 등 • 부정적 측면: 자원 고갈, 환경 오염, 빈부 격차 및 계층 간 갈등 확대 등

(02) 물가와 실업

❶ 물가 상승

물가	시장에서 거래되는 여러 상품의 가격을 종합하여 평균한 값	
❽□□□□□	물가가 지속적으로 오르는 현상	
물가 상승	원인	• 총수요가 총공급보다 많은 경우 • ❾□□□이 증가한 경우 • 생산비가 상승한 경우
	영향	• 화폐 가치 하락, 실물 자산 가치 상승 • 소득의 불공평한 재분배 • 가계의 저축 감소 • 기업의 투자 활동 위축 • 수출 감소, 수입 증가
물가 안정 노력	정부	재정 지출 축소, 조세 증가, 생필품 가격 및 공공요금 인상 억제 등
	❿□□□□	이자율 인상으로 저축 유도, 통화량 감소 정책 실시 등
	기업	기술 개발, 경영 혁신을 통한 생산성 향상 등
	근로자	과도한 임금 인상 자제, 생산성 향상 노력 등
	가계	과소비 자제, 합리적인 소비 생활 등

❷ 실업

❶□□	일할 능력과 의사가 있는데도 일자리를 갖지 못한 상태
실업자	경제 활동 인구 중 일을 하지 않는 사람
실업률	한 나라의 ❷□□ □□ □□ 중 실업자가 차지하는 비율을 측정한 것
실업의 유형	❸□□□ □□	경제 상황이 나빠지면서 기업이 고용을 줄이면서 발생함
	구조적 실업	산업 구조 변화나 기술 발달로 관련 부문의 일자리가 사라지면서 발생함
	계절적 실업	특정 업종에서 계절의 변화에 따라 고용 기회가 줄어들어 발생함
	마찰적 실업	새로운 일자리를 구하기 위해 직장을 그만두면서 일시적으로 발생함
고용 안정 노력	정부	• 경기적 실업 → 경기 회복 정책, 공공 사업 확대를 통한 일자리 창출 등 • ❹□□□ □□ → 체계적인 직업 교육 실시, 인력 개발 프로그램 마련 등 • 계절적·마찰적 실업 → 취업 정보 제공, 고용 지원 센터 운영, 일자리 탐색 지원 등
	기업	고용 안정과 일자리 창출을 위한 경영 방안 모색 등
	근로자	생산성과 업무 처리 능력의 향상을 위한 자기 계발 등

---

03 국제 거래와 환율

❶ 국제 거래의 의미와 특징

의미	국가 간에 상품이나 생산 요소 등이 국경을 넘어 거래되는 것
특징	통관 절차 및 ❺□□ 납부, 상품 거래 및 생산 요소 이동의 제약, 환율 문제 발생 등

❷ 국제 거래의 필요성과 양상

필요성	국가 간 생산 조건이 달라 ❻□□□ 차이가 발생하기 때문에 교역을 통한 이익이 발생함
양상	국제 거래의 규모와 대상이 확대되고, 국가 간 경제 협력이 강화되고 있음

❸ 환율의 의미와 결정

의미	두 나라의 화폐가 교환되는 비율 → 외국 화폐의 가치	
결정	결정 원리	외환 시장에서 외화의 수요와 공급에 의해 결정됨
	외화의 ❼□□	수입, 자국민의 해외여행, 해외 투자 등 → 외화가 해외로 나가는 경우에 발생
	외화의 ❽□□	수출, 외국인의 국내 관광, 국내 투자 등 → 외화가 국내로 들어오는 경우에 발생

❹ 환율 변동의 영향

구분	환율 상승	환율 하락
수출	증가	감소
수입	감소	증가
국내 물가	❾□□	❿□□
자국민의 해외여행	감소	증가
외국인의 국내 여행	증가	감소
외채 상환 부담	⓫□□	⓬□□

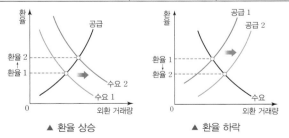

▲ 환율 상승　　　　▲ 환율 하락

01 국내 총생산(GDP)에 대한 설명으로 옳은 것은?

① 시장에서 거래되지 않은 활동도 포함된다.
② 영토가 아닌 국적을 중심으로 한 경제 지표이다.
③ 국민의 평균적인 생활 수준을 파악하는 데 유용하다.
④ 생산 과정에서 발생한 부가가치를 모두 합하여 구할 수 있다.
⑤ 한 나라의 빈부 격차나 소득 분배 상태에 대한 정보를 제공한다.

02 우리나라의 국내 총생산에 포함되는 내용을 〈보기〉에서 고른 것은?

┤ 보기 ├
ㄱ. 국내에서 근무하고 있는 원어민 교사의 월급
ㄴ. 우리나라 디자이너가 미국에서 벌어들인 수익
ㄷ. 한국 무역 회사에 취업한 외국인 회사원의 수입
ㄹ. 인도 현지 공장에서 우리나라 기업이 생산한 노트북의 판매액

① ㄱ, ㄴ   ② ㄱ, ㄷ   ③ ㄴ, ㄷ
④ ㄴ, ㄹ   ⑤ ㄷ, ㄹ

03 그림을 통해 알 수 있는 내용으로 적절한 것은?

〈국내 총생산〉

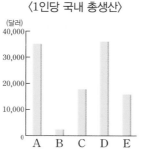
〈1인당 국내 총생산〉

① A국의 경제 규모가 가장 작다.
② B국은 C국에 비해 경제 규모는 크지만 국민들의 평균 소득은 낮다.
③ C국의 인구가 D국의 인구보다 적다.
④ D국은 E국에 비해 교육 및 의료 시설 등을 갖출 수 있는 능력이 작다.
⑤ E국은 평균적인 생활 수준이 가장 낮은 나라이다.

04 다음은 갑국에서 1년 동안 발생한 경제 활동이다. 이에 대한 설명으로 옳지 <u>않은</u> 것은?

임업자가 중간 생산물의 투입 없이 나무를 심고 가꾸어 150만 원에 목재업자에게 판매하였다. 목재업자는 나무를 가공하여 생산한 목재를 가구업자에게 280만 원을 받고 팔았다. 가구업자는 그 목재를 사용하여 책상을 만들어 400만 원에 소비자에게 판매하였다. 갑국에서는 다른 생산 활동은 이루어지지 않는다.

① 국내 총생산은 400만 원이다.
② 목재업자는 280만 원의 부가가치를 생산하였다.
③ 책상의 가치에는 나무와 목재의 가치가 포함되어 있다.
④ 가구업자의 부가가치가 목재업자의 부가가치보다 작다.
⑤ 생산 과정에서 발생한 부가가치를 모두 더하면 국내 총생산과 같다.

05 그림은 갑국의 경제 지표를 나타낸 것이다. 이를 통해 유추할 수 있는 갑국의 경제 상황 변화를 <u>잘못</u> 말한 사람은?

① 갑: 빈부 격차가 완화되었을 것입니다.
② 을: 교육 기회가 확대되었을 것입니다.
③ 병: 영·유아 사망률이 낮아졌을 것입니다.
④ 정: 국민들의 평균 수명이 높아졌을 것입니다.
⑤ 무: 문화 시설 및 기관의 수가 증가하였을 것입니다.

06 그림은 어떤 나라의 소비자 물가 지수를 나타낸 것이다. 이와 같은 현상이 지속될 경우 경제적으로 가장 유리한 사람은?

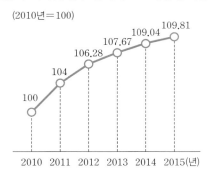

(2010년＝100)

① 미국에 자동차를 수출하는 갑
② 중소기업의 임금 근로자인 을
③ 친구에게 거액의 돈을 빌려 준 병
④ 상가 건물을 여러 채 가지고 있는 정
⑤ 은행 예금 이자로만 생활하고 있는 무

07 밑줄 친 '정책'에 대한 옳은 설명을 〈보기〉에서 고른 것은?

○○신문

인플레이션 종합 대책 마련해야

… 경제 전문가 ○○○은 세계적으로 인플레이션 우려가 커지고 있다는 전망과 관련하여 물가 상승을 막기 위한 정책이 필요하다고 주장…

┤ 보기 ├
ㄱ. 정부의 세율 인하
ㄴ. 정부의 재정 지출 축소
ㄷ. 중앙은행의 이자율 인상
ㄹ. 중앙은행의 통화량 증가

① ㄱ, ㄴ   ② ㄱ, ㄷ   ③ ㄴ, ㄷ
④ ㄴ, ㄹ   ⑤ ㄷ, ㄹ

08 다음은 인구의 구성을 나타낸 것이다. 이에 대한 옳은 설명을 〈보기〉에서 고른 것은?

┤ 보기 ├
ㄱ. 실업률은 $\dfrac{A}{C} \times 100$이다.
ㄴ. 구직 단념자가 늘어나면 A가 증가한다.
ㄷ. 일할 의사나 능력이 없는 사람은 B에 속한다.
ㄹ. B와 C의 구분 기준은 15세를 기준으로 한 연령이다.

① ㄱ, ㄴ   ② ㄱ, ㄷ   ③ ㄴ, ㄷ
④ ㄴ, ㄹ   ⑤ ㄷ, ㄹ

09 다음 대화의 갑과 을에 대한 설명으로 옳은 것은?

갑: 스키장에서 일하는데, 겨울에는 일이 많아 수입이 좋지만 여름에는 수입이 거의 없는 실업자 신세가 돼요.
을: 최근 경제 상황이 좋지 않아 제가 근무하던 은행에서 구조 조정을 했어요. 은행의 권유에 따라 명예퇴직을 하게 되었고, 지금은 재취업을 준비 중이죠.

① 갑은 자발적 실업자이다.
② 을이 처한 실업의 유형은 구조적 실업이다.
③ 갑과 을은 모두 비경제 활동 인구에 속한다.
④ 경기 활성화 정책은 갑보다 을에게 더욱 효과적이다.
⑤ 계절의 영향을 많이 받는 업종에서 일했던 사람은 을이다.

10 밑줄 친 (가)에 들어갈 내용으로 가장 적절한 것은?

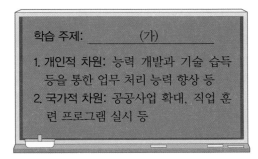

학습 주제: ＿＿＿＿＿＿(가)＿＿＿＿＿＿
1. 개인적 차원: 능력 개발과 기술 습득 등을 통한 업무 처리 능력 향상 등
2. 국가적 차원: 공공사업 확대, 직업 훈련 프로그램 실시 등

① 실업의 원인   ② 실업의 영향
③ 물가 안정 대책   ④ 고용 안정 대책
⑤ 경기 활성화 대책

11 국제 거래에 대한 설명으로 옳은 것은?

① 국내 거래에 비해 시장의 규모가 작다.
② 오늘날에는 재화 위주로만 이루어지고 있다.
③ 국가마다 처한 경제적 여건이 다르기 때문에 발생한다.
④ 동일한 상품을 생산하는 비용은 어느 나라든지 똑같다.
⑤ 국제 거래의 대상 품목이나 내용이 점차 축소되고 있다.

12 밑줄 친 ㉠~㉣에 대한 옳은 설명을 〈보기〉에서 고른 것은?

〈국제 거래의 특징〉

• 같은 상품이라도 국가마다 ㉠ 생산비의 차이가 나타난다.
• ㉡ 생산 요소의 이동이 자유롭지 못하다.
• ㉢ 화폐 간의 교환 비율을 고려해야 한다.
• 상품의 수출입 과정에서 ㉣ 관세를 지불해야 한다.

┤ 보기 ├
ㄱ. ㉠은 나라마다 생산 조건이 다르기 때문에 나타난다.
ㄴ. ㉡에는 공연, 의료, 관광 등의 이동을 들 수 있다.
ㄷ. ㉢은 환율을 말한다.
ㄹ. ㉣은 자유 무역을 활성화시키는 요인이다.

① ㄱ, ㄴ   ② ㄱ, ㄷ   ③ ㄴ, ㄷ
④ ㄴ, ㄹ   ⑤ ㄷ, ㄹ

13 다음 사례를 종합하여 알 수 있는 국제 거래의 특징으로 옳은 것은?

• 이슬람 지역에 라면을 공급하는 ○○ 식품 업체는 소고기 대신 콩을 원료로 수프를 만들었다. 이슬람 지역에서는 율법에 따라 도축하지 않는 소고기를 먹는 것을 금기시하고 있기 때문이다.
• 국내 은행에서 근무하고 있는 △△ 씨는 영국의 금융업으로 진출하기 위해 어학 학원에서 열심히 영어를 공부하고 있다. 영국의 취업 비자를 허가 받기 위한 구비 서류 중에 공인 영어 성적 증명서가 필요하기 때문이다.

① 화폐 간의 교환 비율을 고려해야 한다.
② 수출입 과정에서 관세라는 세금이 부과된다.
③ 환율이 바뀌면 거래 상품의 가격이 달라진다.
④ 교역 상대국의 제도나 문화가 국제 이동에 영향을 끼친다.
⑤ 재화나 서비스에 비해 생산 요소의 거래가 자유롭지 못하다.

14 그림은 외화의 수요 또는 공급 변동을 나타낸 것이다. 이와 같은 외환 시장의 변화를 가져온 요인으로 옳은 것은?

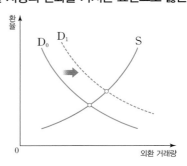

① 해외 차관을 상환하였다.
② 국내 상품의 수출이 증가하였다.
③ 외국인의 국내 투자가 증가하였다.
④ 국내로 유학을 오는 외국인이 늘었다.
⑤ 국내를 여행하는 외국인 관광객 수가 늘었다.

15 환율 변동에 따른 경제 상황을 정리한 내용으로 옳지 않은 것은?

구분		환율 상승	환율 하락
①	원화 가치	하락	상승
②	수출	증가	감소
③	국내 물가	상승	안정
④	외채 상환 부담	증가	감소
⑤	자국민의 해외여행	유리	불리

16 다음은 환율 상승에 따른 경제 현상을 알아보기 위해 작성한 역할극 대본이다. 적절하지 않은 것은?

(가) 주부: 물가가 많이 올라서 장바구니가 너무 가벼워졌어.
(나) 수입업자: 외국 기업에 결제해야 할 대금 액수가 크게 늘었네.
(다) 기러기 아빠: 아내와 아이에게 더 많이 송금할 수 있게 되어 좋아.
(라) 기업인: 우리 제품의 수출 가격이 하락해서 해외 판매량이 더 늘겠군.
(마) 외국인 관광객: 여행 경비 부담이 줄었으니 한국에 머무는 기간을 더 늘려야겠어.

① (가)   ② (나)   ③ (다)
④ (라)   ⑤ (마)

대단원 서술형·논술형 문제

정답과 해설 | 107쪽

서술형

01 신문 기사 제목과 같은 경제 상황이 지속될 경우 나타날 수 있는 현상을 세 가지 서술하시오.

- '먹거리 가격' 줄줄이 인상 … 서민들 장보기, 외식 두렵다.　　　　　　　　　　　　　　　　　－ ○○ 일보 －
- "월급 빼고 다 올라", 주류값, 대중교통 요금, 생필품 가격 껑충　　　　　　　　　　　　　　－ △△ 일보 －

서술형

02 그림에 나타난 실업의 유형과 그 대책을 서술하시오.

이번에 공장에서 자동화 시스템을 도입했는데 저 같은 숙련공들은 그만둘 수밖에 없습니다. 어휴, 이제 뭘 하고 살아야 할지….

논술형

03 밑줄 친 부분을 뒷받침할 근거를 두 가지 들어 논술하시오.

교사: 국내 총생산을 통해서 우리는 한 나라의 전체적인 생산 수준을 파악할 수 있어요.

학생: 그럼, 한 나라의 국내 총생산이 높을수록 그 나라 국민들의 복지 수준도 높겠네요.

교사: 반드시 그렇지만은 않아요. <u>국내 총생산은 국민들의 생활 수준이나 삶의 질을 완벽하게 반영하지는 못해요.</u>

논술형

04 다음에 제시된 경제 주체 중 한 명을 선택하여, 원/달러 환율 변동에 따른 반응과 그 이유를 조건에 맞게 논술하시오.

- 미국 여행을 계획 중인 우리나라 대학생
- 미국에서 오렌지를 수입하는 국내 유통업자
- 미국 은행에서 빌린 자금을 갚으려는 국내 기업가
- 우리나라에서 번 돈을 미국으로 송금하려는 미국인

┤ 조건 ├
- 자신이 선택한 경제 주체를 먼저 제시할 것
- 환율 상승과 하락의 경우를 모두 포함할 것
- 150자 내외로 서술할 것

대단원 개념 채우기

01 국제 사회의 이해

❶ 국제 사회의 성립과 변천

국제 사회	❶□□을 가진 여러 나라가 교류하며 공존하는 사회	
변천	베스트팔렌 체제(1648~)	군주가 교황보다 우위에 서게 되면서 민족 국가의 개념이 등장
	냉전 체제 (1945~)	제2차 세계 대전 종전 후 성립, 이념 대 립, 양극 체제
	다극 체제 (1960년대~)	제3세계 등장, 탈냉전
	신국제 질서 (1980년대 말~)	사회주의권 붕괴, 이념 대립 종식, 지구 촌 시대 개막

❷ 국제 사회의 특성

국가 중심	국제 사회의 기초 단위
중앙 정부의 부재	강제력을 갖춘 조직화된 ❷□□□□가 없음
❸□□의 이익 최우선	이념보다 정치·경제적 실리 추구
힘의 논리	표면적으로 각국은 동등하지만, 실제로는 ❹□□□□가 작용함
상호 의존과 국제 협력	전 지구적 차원의 문제 증가로 국제 협력의 필요성·범위가 증가

❺□	❻□	❼□
BREXIT	파리협정(2015)	
㉠ 상호 의존과 협력	㉡ 힘의 논리가 작용	㉢ 자국의 이익을 최우선

❸ 국제 사회의 행위 주체

국가	• 가장 기본적·전형적인 행위 주체 • 공식적인 외교 활동 등을 수행		
국제 기구	정부 간 국제기구	자격	각국 정부
		특징	협상을 통해 자국의 이익과 회원 국 전체의 이익의 조화 추구
		예	국제 연합(UN), 국제 통화 기금 (IMF), 세계 무역 기구(WTO) 등
	국제 비정부 기구 (❽□□□)	자격	국경을 초월한 개인 및 민간단체
		특징	환경, 의료, 노동, 인권, 평화 등 인류 전체를 위해 활동
		예	그린피스, 국경 없는 의사회, 세 이브 더 칠드런 등
❾□□□ 기업	• 세계 여러 나라에 회사와 공장을 설립 • 세계화의 확산과 더불어 성장 • 삼성, 구글, LG, 마이크로소프트 등		
영향력 있는 개인	세계 종교 지도자, 전임 국제기구 수장, 전임 국가 원수, 세계적 예술가 등		

❿□□□□(UN) 제2차 세계 대전 후 에 설립된 정부 간 국제기구로 국제 평 화와 안전 보장을 위 해 노력함	⓫□□ 없는 □□□ 전쟁, 기아, 자연재 해 등으로 고통받는 사람들을 구호하고 자 설립한 국제 민간 의료 구호 단체	⓬□□□□ 핵무기 반대와 환경 보호를 목표로 국제 적인 활동을 하는 국 제 비정부 기구
⓭□□□□ 기구 국제 경제 질서를 유 지하기 위해 국제 규 범을 준수하도록 함	⓮국제 □□ 위원회 세계 인권 침해 사례 를 국제 사회에 알리 는 등 인권 실현을 목적으로 활동함	⓯□□□ 기업 세계화로 인해 전 세 계를 무대로 활동하 는 기업

02 국제 사회의 모습과 공존 노력

❶ 국제 사회의 다양한 모습

시기별 갈등 양상	❶□□ 체제	• 제2차 세계 대전 이후 자본주의 진영과 사회주의 진영 대립 → 양극화 사회 • 전 세계가 ❷□□을 중심으로 대립
	냉전의 완화	제3세계 등장, 미·중 관계 개선 등으로 화해 분위기 형성
	❸□□□ 시대	• 구소련의 해체로 냉전 종식 • 양극 체제 → 다극 체제 • 이념보다 ❹□□ 중시 • 국지적 분쟁은 오히려 증가

❷ 국제 사회의 다양한 갈등

원인	• 각국은 ❺□□의 □□을 우선시 • 자원, 시장, 환경 등을 둘러싼 갈등 • 복잡한 역사적·종교적·민족적 갈등 • 국제 사회의 무정부성
사례	• 인종과 민족: 이스라엘과 팔레스타인 등 • 종교: 인도 카슈미르 지역 등 • ❻□□: 나일강 물 분쟁, 남중국해 영유권 등 • 환경: 그린피스와 개발도상국 간 갈등 등 • 최근: 다국적 기업들 간 시장 확보 경쟁 심화

❸ 국제 사회의 갈등 해결을 위한 노력

❼□□	의미	자국의 이익을 평화적 방법으로 달성하려는 국가의 대외적 활동
	중요성	국가의 대외적 위상과 이미지 제고, 자원 및 시장의 평화적 확보 등
	유형	• 공식적: 외교 사절, 국가 원수 등 • 민간: 스포츠, 문화 교류 등
	우리 나라	국제 ❽□□ 유지, 국제 사회 공존에 이바지
양상	결의안	인권 선언, 국제 환경 협약 등
	❾□□ 가능 발전 목표	국제 연합이 제시한 국제 사회 최대의 공동 목표(SDGs)

03 우리나라와 주변국의 갈등과 해결 노력

❶ 우리나라를 둘러싼 국제 갈등

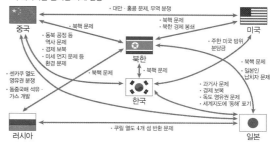

**우리나라를 둘러싼 국제 갈등

❷ 독도 영유권 및 동북 공정 문제

❿□□	관련국	일본
	역사적 사실	• 신라 지증왕 이사부의 우산국 정벌 • 식민지 시절 일본이 잠시 강탈 • 제2차 세계 대전 후 우리 영토로 반환 • 현재까지 ⓫□□적 □□ 중
	일본의 의도	• 해양 기지 및 해양 자원 확보 • 국제 사법 재판소에 재판 청구를 통해 분쟁화하려 함
	대응 방안	• 사료 발굴 및 홍보를 통한 합리적 주장 • 실효적 지배 상태를 굳건히 유지 • 국제 사회에 꾸준한 홍보
⓬□□ □□	관련국	중국
	역사적 사실	간도와 만주 지역은 현재 중국 영토이지만 우리 선조들의 활동 무대였음
	중국의 의도	• 중국 내 소수 민족 독립 방지 • 한반도 통일 후 영토 문제 개입
	대응 방안	• 국가적 차원에서 고대사 연구 • 고구려·발해사에 대한 꾸준한 관심 • 통일 후 영토 분쟁 가능성 대비 • 국제 사회에 홍보

❸ 국제 갈등의 해결 방안

전략적 대응	감정적 대응 지양, 합리적·논리적 대응
능동적 태도	정부의 외교, 민간의 참여와 관심
홍보 강화	국제 사회에 우리 주장의 정당성 홍보
상호 협력	다양한 국제 주체들과 상호 교류 및 협력

정답 ❶ 양극 ❷ 이념 ❸ 탈냉전 ❹ 실리 ❺ 자국(의) 이익 ❻ 자원 ❼ 외교 ❽ 평화 ❾ 지속 ❿ 독도 ⓫ 실효(적) 지배 ⓬ 동북 공정

01 그림은 국내 사회와 국제 사회를 나타낸 것이다. A~C에 해당하는 특징을 〈보기〉에서 옳게 연결한 것은?

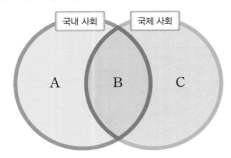

┤ 보기 ├
ㄱ. 강제력을 갖춘 중앙 정부의 통제를 받는다.
ㄴ. 국내법과 국제법의 영향을 동시에 받는다.
ㄷ. 주권 국가를 가장 기본적인 단위로 구성한다.

	A	B	C
①	ㄱ	ㄴ	ㄷ
②	ㄱ	ㄷ	ㄴ
③	ㄴ	ㄱ	ㄷ
④	ㄴ	ㄷ	ㄱ
⑤	ㄷ	ㄴ	ㄱ

02 다음에서 설명하고 있는 국제 사회의 행위 주체는?

• 여러 국제기구에 참여하여 공식적인 활동을 한다.
• 국제 사회에서 법적 지위를 가지고 외교 활동을 수행한다.
• 국민의 수, 영토, 크기에 상관없이 독립적인 주권을 행사한다.

① 국가
② 국제 연합
③ 다국적 기업
④ 국제 비정부 기구
⑤ 정부 간 국제기구

03 그림은 국제 사회의 문제와 관련된 다양한 행위 주체들을 나타낸 것이다. ㉠~㉤에 대한 설명으로 옳은 것은?

➡ 는 영향력 행사를 의미함

┤ 보기 ├
ㄱ. ㉠은 세계화 시대에서 경제적 영역의 국가 간 경계를 약화시킨다.
ㄴ. ㉡이 ㉢의 안전 보장 이사회 상임 이사국이라면, ㉢의 모든 회원국들과 동등한 영향력을 행사한다.
ㄷ. ㉣은 ㉢과 달리 국제 비정부 기구(NGO)에 속한다.
ㄹ. ㉤의 회원 자격은 환경·인권·의료 등에 헌신하는 민간단체에 한정된다.

① ㄱ, ㄴ　② ㄱ, ㄷ　③ ㄴ, ㄷ
④ ㄴ, ㄹ　⑤ ㄷ, ㄹ

04 국제기구 중 회원 자격이 다른 하나는?
① 국제 적십자사
② 국제 통화 기금
③ 국제 사면 위원회
④ 국경 없는 의사회
⑤ 세이브 더 칠드런

05 다국적 기업에 대한 설명으로 옳은 것은?
① 일정한 영토와 국민, 주권에 완전히 속한다.
② 세계화로 인해 규모와 영향력이 축소되고 있다.
③ 각 나라의 상호 의존성을 약화시키는 역할을 한다.
④ 본사는 자국에 두고 세계 여러 나라에 자회사를 세운다.
⑤ 환경, 의료, 인권 등 비영리 활동을 하는 국제적 기업이다.

06 그림에서 교사의 질문에 대한 학생의 답변으로 옳은 것은?

> 밑줄 친 ㉠~㉢에 대해 말해 볼까요?
>
> 학습 주제: 국제 사회의 행위 주체
> 학습 내용
> • ㉠ 국제기구의 의미
> • 국제기구의 유형
>   ┌ ㉡ 정부 간 국제기구
>   └ ㉢ 국제 비정부 기구

① ㉠은 개인과 민간단체는 가입할 수 없고, 정부만 회원 자격을 가져요.
② ㉡의 예로는 국제 연합과 국제 적십자사가 있어요.
③ ㉢의 예로 환경·의료·빈곤 퇴치 등을 목적으로 하는 민간단체가 있어요.
④ ㉡은 ㉢보다 자국의 이익을 중요시 하지 않아요.
⑤ ㉢은 ㉡과 달리 이윤 추구를 목적으로 해요.

07 그림에 나타난 국제 사회의 갈등 사례에 대한 설명으로 옳은 것은?

▲ 카스피해 영유권 분쟁

▲ 나일강 물 분쟁

① 상품 수출 시장을 선점하기 위한 경쟁이다.
② 민족·인종 간 불화에서 비롯된 국제 갈등이다.
③ 서로 대립하는 종교적 역사에서 발생하는 갈등이다.
④ 환경 오염과 경제 개발을 사이에 둔 행위 주체들 간 갈등이다.
⑤ 경제 가치가 높은 주요 자원의 확보를 둘러싼 국가 간 갈등이다.

08 다음 사례를 통해 추론할 수 있는 국제 사회의 특성으로 가장 적절한 것은?

> • 미국과 중국은 온실가스 감축에 대한 합의를 이루었다. 탄소 감축 계획에 부정적이던 중국과 교토 의정서 불참국인 미국의 합의로 기후 변화의 대응에 힘이 실릴 것으로 기대된다.
> • 미국이 중국을 환율 조작국으로 지정하면서 양국 간 갈등이 고조되었다. 중국 역시 미국의 결정에 대응하기 위한 무역 조치를 취하겠다고 밝히면서 갈등이 장기화될 전망이다.

① 국제 사회는 국제법에 따라 분쟁이 해결된다.
② 국제기구를 통해 국가 간 이해관계를 조정한다.
③ 국제 행위 주체 간 협력과 갈등 관계가 공존한다.
④ 구속력 있는 국제 규범을 집행할 중앙 정부가 있다.
⑤ 각국은 자국의 이익보다 국제 규범의 준수를 중시한다.

09 국제 사회의 갈등이 쉽게 해결되지 않는 이유를 〈보기〉에서 고른 것은?

> ┤ 보기 ├
> ㄱ. 국제 질서의 형성에 관여하는 국제기구가 없다.
> ㄴ. 국제 규범을 위반한 국가를 제재할 중앙 정부가 없다.
> ㄷ. 국제법의 빈번한 내용 변경으로 규범을 공유하기가 어렵다.
> ㄹ. 지구상에 자원은 한정되어 있는데, 각국은 자국의 이익을 최우선한다.

① ㄱ, ㄴ ② ㄱ, ㄷ ③ ㄴ, ㄷ
④ ㄴ, ㄹ ⑤ ㄷ, ㄹ

10 다음에서 설명하는 개념으로 적절한 것은?

> • 스포츠 경기·합동 문화 공연 등 다양한 교류
> • 국가의 대외적 위상과 이미지를 제고하는 방법
> • 자국의 이익을 평화적 방법으로 달성하려는 국가의 대외적 활동

① 외교 ② 주권 ③ 협정
④ 국제법 ⑤ 탈냉전

11 다음 사례에 공통적으로 나타난 국제 사회의 특성으로 가장 적절한 것은?

> • ○○국과 □□국 간 영토 분쟁에서 A국은 ○○국의 편을 들기로 했다. ○○국은 □□국보다 강대국인데다가, A국과 인접한 곳에 있고, 교역에서 차지하는 비중이 높았기 때문이다.
> • B국은 ★★국이 실시한 ▲▲국에 대한 군사적 제재 조치에 동참하기로 하였다. 최강대국 중 하나인 ★★의 요구를 무시할 경우 입게 될 피해가 클 것이라 판단했기 때문이다. 단, 의료 부대만 파견하기로 하면서 국내 시민 단체의 반대가 거세다며 양해를 구하였다.

① 강력한 통제력을 발휘하는 중앙 정부가 존재한다.
② 각국은 이념을 공유하는 동맹과의 의리를 중시한다.
③ 국제적 협력 관계의 형성에 대한 공감대가 존재한다.
④ 국제 사회 주체들의 결정에는 힘의 논리가 작용한다.
⑤ 국제 질서는 각국의 국내 정치 상황에 의해 결정된다.

12 우리나라와 주변국과의 갈등 중 지도에 ○표시된 지역과 관련된 문제는?

① 동북 공정
② 독도 영유권
③ 세계 지도 동해 표기
④ 부품 소재 수출 규제
⑤ 강제 징용공 사과 및 배상

13 우리나라와 다음과 같은 분쟁을 겪고 있는 나라는?

> • 독도 영유권 문제
> • 역사 교과서 왜곡 문제
> • 부품 소재 수출 제재 문제
> • 위안부 동원 사과 및 배상 문제

① 중국　　　② 북한　　　③ 일본
④ 미국　　　⑤ 러시아

14 사진에 나타난 지역과 관련하여 일본이 만들려고 하는 분쟁에 대한 옳은 대비책을 〈보기〉에서 고른 것은?

| 보기 |
> ㄱ. 실효적 지배를 굳건히 한다.
> ㄴ. 국제 연합(UN)에 결정을 부탁한다.
> ㄷ. 우리 영토라는 역사적 자료를 홍보한다.
> ㄹ. 국제 사법 재판소에 제소하여 판결을 받는다.

① ㄱ, ㄴ　　　② ㄱ, ㄷ　　　③ ㄴ, ㄷ
④ ㄴ, ㄹ　　　⑤ ㄷ, ㄹ

15 중국과 일본이 (가), (나)와 같은 주장을 하는 이유를 바르게 연결한 것은?

> (가) 동북 공정
> (나) 독도 영유권 주장

	(가)	(나)
①	해양 기지 및 자원 확보	한반도 통일 이후 대비
②	중국 어선의 어장 확대	소수 민족 독립 방지
③	역사적 진실 파악	한국과 상호 협력 강화
④	소수 민족 독립 방지	해양 기지 및 자원 확보
⑤	한반도 통일 이후 대비	경제적 우위 확보

대단원 서술형·논술형 문제

정답과 해설 | 110쪽

서술형

01 다음 자료를 통해 알 수 있는 국제 사회의 특성을 서술하시오.

> 유엔 안전 보장 이사회의 중요한 결의안은 상임 이사국이 모두 찬성해야 의결된다. 상임 이사국 중 한 나라라도 거부권을 행사하면 안건은 무산된다.

....

....

....

....

서술형

02 그림에 나타난 국제 갈등의 공통적인 이유를 쓰고, 국제 갈등이 발생하는 근본적인 원인을 서술하시오.

▲ 카스피해 영유권 분쟁

▲ 나일강 물 분쟁

....

....

....

....

논술형

03 다음을 읽고, 일본이 독도 영유권 주장을 대하는 전략과 그에 대한 우리의 대응 전략을 500자 내외로 논술하시오.

> 일본은 역사 교과서의 왜곡을 통해 자국민들에게 독도의 영유권이 일본에 있음을 교육하고 있다. 종종 독도 영유권을 주장하기 위해 다케시마의 날을 개최하여 우리를 도발하고, 국제 사법 재판소에 제소하여 문제를 해결하려는 방안을 검토 중이라고 한다.

....

....

....

....

....

....

....

....

....

....

....

....

....

....

....

....

....

....

대단원 개념 채우기

01 인구 분포

❶ 세계의 인구 분포

(1) 인구 분포의 특징

밀집 지역	육지 면적이 넓은 ❶□□□, 평야나 해안 지역, 북위 20°~40°의 ❷□□□ 기후 지역, 중국과 인도에 세계 인구의 3분의 1 이상이 거주
희박 지역	적도 부근과 극지방, 사막, 산악 지역, 오세아니아

(2) 인구 분포에 영향을 주는 요인

① 자연적 요인: 기후, 지형, 식생 등의 요인

인구 밀집 지역	기후가 온화한 지역, 평야가 넓은 지역, 물을 얻기 쉬운 지역 ⓓ 아시아의 벼농사 지역
인구 희박 지역	• ❸□□ 기후 지역 ⓓ 사하라 사막, 오스트레일리아 내륙 지역 등 • 한대 기후 지역 ⓓ 스칸디나비아 반도, 캐나다 북부 등 • ❹□□ 기후 지역 ⓓ 아마존 일대 • 산악 지역 ⓓ 알프스산맥, 히말라야산맥

② 인문·사회적 요인: 경제, 교통, 산업 등의 요인

인구 밀집 지역	• 경제가 발달하고 일자리가 풍부한 지역 • 교육 여건과 문화 시설이 잘 갖추어진 지역 • 교통이 ❺□□한 지역
인구 희박 지역	• 교통이 ❻□□한 지역 • 각종 산업 시설과 일자리가 부족한 지역 • 전쟁과 분쟁이 자주 발생하는 지역

❷ 우리나라의 인구 분포

산업화 이전	• 농업 중심 국가였기 때문에 기후와 지형 등 ❼□□□ 요인의 영향을 크게 받음 • 평야가 넓고 기후가 온화하여 ❽□□□에 유리한 지역에 인구가 많이 분포 • 남서부 지역에 인구 밀집
산업화 이후	• 산업이 발달하면서 ❾□□·□□□ 요인의 영향을 크게 받음 • 일자리가 풍부한 지역에 인구가 많이 분포 • 서울, 부산, 대구, 대전, 광주 등 대도시에 인구 밀집 • 농어촌 지역과 산지 지역은 인구 밀도가 낮아짐

02 인구 이동

❶ 인구 이동의 의미와 유형

(1) 인구 이동의 요인

❿□□ 요인	낮은 임금, 열악한 주거 환경, 빈곤, 교육 및 문화 시설 부족, 전쟁, 자연재해 등
⓫□□ 요인	높은 임금, 풍부한 일자리, 쾌적한 주거 환경, 다양한 교육·문화·의료 시설 등

(2) 인구 이동의 유형

이동 ⓬□□에 따라	국제 이동, 국내 이동
이동 ⓭□□에 따라	자발적 이동, 강제적 이동
머무르는 기간에 따라	일시적 이동, 영구적 이동

❷ 세계의 인구 이동

(1) 국제 이동

신항로 개척 이후	• 많은 유럽인이 아메리카와 오스트레일리아 등지로 이동 • 유럽인들이 아프리카 흑인들을 강제로 이주 • 영국 청교도들은 ⓮□□□ □□를 찾아 미국으로 이동 • 중국인들은 경제적 어려움을 해결하고자 동남아시아로 이동
오늘날	• ⓯□□□ 목적의 이동: 개발 도상국에서 선진국으로 이동 – 개발 도상국: 실업률 저하, 외화 유입으로 인한 경제 발전 – 선진국: 저임금 노동력 확보, 원주민과 이주민 간의 갈등 발생 • ⓰□□□ 이유에 의한 이동 – 아프리카와 서남아시아 등지 – 민족 탄압, 내전, 분쟁 등으로 난민 발생

(2) 국내 이동

이유	경제적 이유로 인한 이동이 많음
선진국	일부 선진국에서는 도시 인구가 주변 지역이나 농촌으로 이동하는 ⓱□□ 현상이 나타남
개발 도상국	개발 도상국에서는 ⓲□□□□ 현상이 활발함

정답 ❶ 북반구 ❷ 온대기후 ❸ 건조 ❹ 열대 ❺ 편리 ❻ 불편 ❼ 자연적 ❽ 벼농사 ❾ 인문·사회 ❿ 배출 ⓫ 흡인 ⓬ 범위 ⓭ 동기 ⓮ 종교의 자유 ⓯ 경제적 ⓰ 정치적 ⓱ 역도시화(U−turn) ⓲ 이촌 향도

40 ● EBS 중학 뉴런 **사회 ②** | **실전책**

❸ 우리나라의 인구 이동

(1) 국제 이동

일제 강점기	중국 만주 지역과 구소련의 연해주 지역으로 이동
광복 후	국외로 나갔던 동포들이 귀국하면서 대규모 이동
1960년대	미국, 독일 등지로 ❶□□□ 목적의 인구 이동
1970년대	서남아시아, 북부 아프리카 지역으로 건설 기술자들이 이동
1980년대	❷□□ □□이 높아지면서 외국 유학이나 고급 인력들의 해외 취업, 이민 증가
최근	우리나라로 유입하는 외국인 증가

(2) 국내 이동

일제 강점기	북부 지방에 ❸□□□이 발달하면서 함경도 지방으로 이주
6·25 전쟁	북한에서 월남한 동포들이 남부 지방으로 대규모 인구 이동
1960년대 이후	• 산업화가 시작되면서 농촌의 인구가 도시로 이동 • 서울을 중심으로 한 ❹□□□과 부산, 대구 등의 대도시 및 울산, 포항 등 ❺□□□□ □□로 많은 인구 이동
1990년대 이후	• 대도시 주변 지역이나 농촌으로 이동하는 현상이 나타나기도 함 • 대도시의 인구 밀집으로 교통 혼잡, 집값 상승, 환경 오염 발생 ➡ 대도시 주변에 ❻□□□ 건설

03 인구 문제

❶ 선진국의 인구 문제와 대책

저출산 및 고령화 현상	• 여성의 사회 활동이 증가하면서 ❼□□□ 저하 • 경제 수준의 향상과 ❽□□ □□의 발달로 평균 수명이 늘어나고 노인 인구가 증가함
인구 문제	• ❾□□□이 부족하여 생산성이 떨어짐 • 청장년층의 노인 인구 부양 부담 증가
대책	• ❿□□□□ 정책: 출산 지원 제도 • ⓫□□□□ 정책 강화: 재취업 기회 제공, 정년 연장, 연금 제도 개선 등 • 외국인 근로자 확대

❷ 개발 도상국의 인구 문제와 대책

인구의 빠른 증가	• 제2차 세계 대전 이후 근대화와 산업화가 진행됨 • 출생률은 높지만, 사망률이 낮아짐
인구 문제	• 기아와 빈곤: 경제 성장 속도가 인구 증가 속도를 따라가지 못함 • 도시 인구의 급격한 증가: 주택 부족, 교통 혼잡, 환경 오염 등의 문제 발생 • 성비 불균형: 일부 국가의 ⓬□□ □□ □□으로 인해 남자아이의 출생률이 높음
대책	• ⓭□□□□□ 추진 • ⓮□□ □□□을 높이기 위한 정책: 농업의 기계화, 산업화 정책 시행 • 도시 인구 유입 억제: 농촌 지역의 생활 환경 개선 • 양성평등 문화 정착

❸ 우리나라의 인구 문제와 대책

(1) 저출산·고령화 현상의 과정

6·25 전쟁 이후	사회가 안정되면서, 출생률이 높아지고 사망률이 낮아짐 ➡ 인구 급증
1990년대 이후	• 여성의 사회 참여 증가, 결혼 연령 상승, 출산 기피 ➡ 출생률이 더욱 낮아짐 • 주택 마련 비용 증가, 육아와 가사 노동에 대한 부담 등 ➡ ⓯□□□ 현상이 더욱 뚜렷해짐
2000년대	경제 발전과 의학 기술의 발달로 평균 수명이 늘어나면서 노인 인구 급증 ➡ 2018년에 이미 ⓰□□ 사회로 진입, 2020년대에 총인구 감소 전망

(2) 저출산·고령화 현상의 영향

국가 경쟁력 약화	경제 활동이 가능한 인구 감소
노인 인구 부양 부담 증가	청장년층의 근로 의욕 감소
노인 문제	질병, 빈곤, 소외 등

(3) 저출산·고령화 현상의 대책

출산율을 높이기 위한 정책	• 여성들이 사회 활동과 육아를 함께 할 수 있는 사회 분위기 조성 • 보육 시설 확충, 공공 교육 서비스 제공 • ⓱□□□ □□에 대한 지원 대책
고령화 사회에 대비한 정책	• 국민 연금 제도 및 ⓲□□□□ □□□ 정비 • 여가, 요양 등 노인에게 필요한 복지 시설 확충 • 노인 관련 산업 발전 • 노인 일자리 개발, 노년층에 취업 훈련 기회 제공 등

정답 ❶ 유학 ❷ 경제 수준 ❸ 중화학 공업 ❹ 수도권 ❺ 신흥 공업 도시 ❻ 위성 도시 ❼ 출생률 ❽ 의학 기술 ❾ 노동력 ❿ 출산 장려 ⓫ 노인 복지 ⓬ 남아 선호 사상 ⓭ 가족계획 ⓮ 경제 수준 ⓯ 저출산 ⓰ 고령 ⓱ 육아 시설 ⓲ 사회 복지 제도

01 세계의 인구 분포에 대한 설명으로 옳지 <u>않은</u> 것은?

① 적도 부근이나 극지방은 인구 밀도가 낮다.
② 남반구보다 북반구에 거주하는 인구가 더 많다.
③ 전체 인구 중 아시아 대륙 거주 인구의 비중은 50%를 넘는다.
④ 평야나 해안보다는 산지와 고원 지역에 거주하는 인구가 많다.
⑤ 위도별로 보면 북위 20°~40° 지역에 가장 많은 인구가 거주한다.

02 인구 분포에 영향을 주는 요인에 대한 옳은 설명을 〈보기〉에서 고른 것은?

┤ 보기 ├
ㄱ. 인구 분포에 영향을 주는 자연적 요인으로는 기후나 지형 등이 있다.
ㄴ. 산업화와 도시화가 진행되면서 사회·경제적 요인보다 자연적 요인의 영향이 더 커졌다.
ㄷ. 2·3차 산업 발달, 편리한 교통, 풍부한 교육·문화 시설 등은 사회·경제적 요인에 해당한다.
ㄹ. 서부 유럽과 미국 북동부 대서양 연안 등은 자연적 요인의 영향을 많이 받아 인구가 적게 분포한다.

① ㄱ, ㄴ   ② ㄱ, ㄷ   ③ ㄴ, ㄷ
④ ㄴ, ㄹ   ⑤ ㄷ, ㄹ

03 지도는 우리나라의 인구 분포를 나타낸 것이다. 이에 대한 설명으로 옳지 <u>않은</u> 것은?

① A~D 중 인구 밀도가 가장 높은 곳은 A이다.
② B는 산지 비중이 높아 인구 밀도가 낮다.
③ A와 D는 산업의 발달, 편리한 교통 등의 영향으로 인구 밀도가 높다.
④ C는 자연적 요인보다 사회·경제적 요인의 영향을 받아 인구 밀도가 낮다.
⑤ 자연적 요인과 사회·경제적 요인에 따라 인구가 전국적으로 고르게 분포한다.

04 다음 글의 ㉠~㉣에 대한 옳은 설명을 〈보기〉에서 고른 것은?

오늘날 인구의 국제 이동은 주로 아시아, 아프리카, 라틴 아메리카의 ㉠개발 도상국에서 서부 유럽, 앵글로아메리카 등지의 선진국으로 이동하는 사례의 비중이 높다. 이로 인해 개발 도상국에서는 ㉡경제 발전에 도움이 되지만, 청장년층 인구와 고급 기술 인력이 줄어드는 문제점이 나타나기도 한다. 선진국에서는 저임금 노동력을 확보할 수 있지만, ㉢원주민과 이주민 간의 경제적·문화적 차이에 따른 갈등이 발생하기도 한다. 또한 정치적인 이유로 다른 국가로 이동하기도 한다. 아프리카와 서남아시아 등지에서 민족 탄압, (㉣) 등으로 발생하는 난민이 대표적인 사례이다.

┤ 보기 ├
ㄱ. ㉠ – 주로 종교적인 목적의 이주가 대부분이다.
ㄴ. ㉡ – 실업률이 낮아지고 외국 자본이 유입되기 때문이다.
ㄷ. ㉢ – 이주에 따른 긍정적인 효과에 해당한다.
ㄹ. ㉣에는 '내전'이나 '분쟁'이 들어갈 수 있다.

① ㄱ, ㄴ   ② ㄱ, ㄷ   ③ ㄴ, ㄷ   ④ ㄴ, ㄹ   ⑤ ㄷ, ㄹ

05 지도는 세계의 주요 인구 이동을 나타낸 것이다. 이에 대한 옳은 설명을 〈보기〉에서 고른 것은?

(디르케 세계 지도, 2015)

┤ 보기 ├
ㄱ. '가'는 인구 유출국이고 '나'는 인구 유입국이다.
ㄴ. A는 정치적 이동, B는 경제적 이동의 사례를 보여준다.
ㄷ. 인구 이동은 주로 개발 도상국에서 선진국으로 이루어진다.
ㄹ. 아프리카 대륙은 주로 대륙 외부로, 남아메리카 대륙은 주로 대륙 내부에서 인구 이동이 이루어진다.

① ㄱ, ㄴ   ② ㄱ, ㄷ   ③ ㄴ, ㄷ   ④ ㄴ, ㄹ   ⑤ ㄷ, ㄹ

06 다음 글은 시대별 우리나라의 인구 이동 사례를 나타낸 것이다. (가)~(다)를 시대 순으로 바르게 배열한 것은?

> (가) 산업화로 경제가 빠르게 성장하면서 농촌의 인구가 일자리를 찾아 도시로 이동하는 현상이 나타났다.
>
> (나) 북한에서 월남한 동포들이 전쟁을 피해 남부 지방으로 대규모로 이동하였다.
>
> (다) 서울이나 부산과 같은 대도시 주변에 신도시가 건설되면서 대도시의 인구가 주변 지역으로 이동하였다.

① (가) → (나) → (다)　② (가) → (다) → (나)
③ (나) → (가) → (다)　④ (나) → (다) → (가)
⑤ (다) → (가) → (나)

07 지도의 (가), (나)는 인구 이동 사례를 나타낸 것이다. 이에 대한 옳은 설명을 〈보기〉에서 고른 것은?

(가)

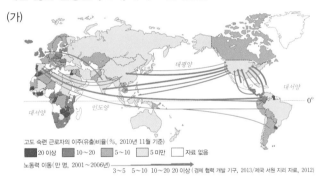

고도 숙련 근로자의 이주(유출)비율(%, 2010년 11월 기준)
■ 20 이상　■ 10~20　■ 5~10　□ 5 미만　□ 자료 없음
노동력 이동(만 명, 2001~2006년)
3~5　5~10　10~20　20 이상 (경제 협력 개발 기구, 2013/제국 서원 지리 자료, 2012)

(나)

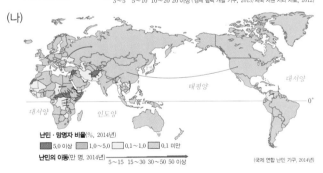

난민·망명자 비율(%, 2014년)
■ 5.0 이상　■ 1.0~5.0　■ 0.1~1.0　□ 0.1 미만
난민의 이동(만 명, 2014년)
5~15　15~30　30~50　50 이상 (국제 연합 난민 기구, 2014년)

┤ 보기 ├
ㄱ. 이동자 수는 (가)보다 (나)가 더 많다.
ㄴ. (가)는 경제적 이동, (나)는 정치적 이동이다.
ㄷ. (가)에서 인구 유출국의 배출 요인은 낮은 임금, 부족한 일자리 등이다.
ㄹ. (나)에서 인구 유입국의 흡인 요인은 쾌적한 거주 환경, 풍부한 사회·문화 시설 등이다.

① ㄱ, ㄴ　② ㄱ, ㄷ　③ ㄴ, ㄷ　④ ㄴ, ㄹ　⑤ ㄷ, ㄹ

08 지도에 표시된 A~E 인구 이동 사례로 옳지 않은 것은?

① A - 우리 가족은 여름이면 남부 프랑스로 떠나요. 영국은 흐린 날이 많은데 프랑스의 니스 해변은 경치도 좋아요.
② B - 독일은 튀르키예보다 일자리가 많습니다. 독일까지 오는 길이 쉽지만은 않았어요. 저는 공사 현장에서 일하고 있어요.
③ C - 우리 가족은 내전 때문에 살던 곳을 잃어버리고 어쩔 수 없이 소말리아에서 도망쳐 나왔어요. 가까운 케냐에 임시로 정착했어요.
④ D - 대한민국은 종교의 자유가 있어요. 가족과 함께 종교의 자유를 찾아 대한민국으로 왔어요. 더 이상 박해를 받고 싶지 않아요.
⑤ E - 우리 부모님은 오래전에 멕시코를 떠나 미국으로 일자리를 구하러 오셨어요. 미국에는 우리처럼 이민 온 사람들이 많아요.

09 다음 글의 밑줄 친 부분에 들어갈 내용으로 가장 적절한 것은?

> 경기도 안산시 단원구 원곡동에서는 외국인들을 거리에서 쉽게 볼 수 있다. 안산시는 수도권의 주요 공업 도시로, ＿＿＿＿＿＿＿＿. 이 때문에 외국인 근로자가 많이 거주한다. 2009년 '안산 다문화 마을 특구'로 지정된 이곳은 '국경 없는 마을'이라는 이름으로 더 유명하다.

① 외국인 노동력이 필요한 기업이 많다.
② 외국인이 거주하기에 집값이 가장 저렴하다.
③ 외국인 노동자와의 결혼 시 가장 많은 혜택이 있다.
④ 안산시만 종교가 다른 사람들에게도 신앙의 자유를 허용한다.
⑤ 우리나라에서 유일하게 안산시가 외국인 노동력의 취업을 허용했다.

10 다음 자료의 (가), (나) 국가군에 대한 설명으로 옳지 <u>않은</u> 것은?

(가)

순위	국가	인구 1,000명당 출생아 수(명)	인구 1,000명당 사망자 수(명)	인구 증가율(%)
1	니제르	49.8	9.6	40.2
2	앙골라	46.2	14.2	32.0
3	차드	45.9	14.5	31.4
4	말리	44.4	11.0	33.4
5	부룬디	44.2	11.7	32.5

▲ 인구 1,000명당 출생아 수 상위 5개국

(나)

순위	국가	인구 1,000명당 출생아 수(명)	인구 1,000명당 사망자 수(명)	인구 증가율(%)
1	일본	8.3	10.0	-1.7
1	독일	8.3	10.8	-2.5
3	포르투갈	8.5	10.3	-1.8
4	이탈리아	8.6	9.7	-1.1
5	그리스	8.9	10.5	-1.6

▲ 인구 1,000명당 출생아 수 하위 5개국

* 인구 증가율: 인구 1,000명당 출생아 수와 사망자 수의 차를 계산한 것임.

(국제 연합, 2015)

① 출산 억제 정책은 (가)보다 (나)에서 필요하다.
② 국가 전체의 인구 부양 능력은 (가)보다 (나)가 높다.
③ 노인 인구에 대한 대책은 (가)보다 (나)에서 필요하다.
④ 전체 인구 중 노인 인구 비율은 (가)보다 (나)가 높다.
⑤ 기아와 빈곤, 실업 등의 문제는 (나)보다 (가)가 심각하다.

11 자료를 보고 추론한 인도의 인구 문제로 옳은 것을 〈보기〉에서 고른 것은?

기차역에 사람이 정말 많네. 어느 나라야??

세계에서 두 번째로 인구가 많은 인도야. 인구 증가율이 높아서 조만간 중국의 인구를 넘어설지도 몰라.

┤ 보기 ├

ㄱ. 여성의 사회적 참여가 늘어나면서 출산율이 낮아졌다.
ㄴ. 농업, 종교 등의 영향으로 인구가 폭발적으로 증가한다.
ㄷ. 일부 도시에서는 인구 급증에 따른 과밀 문제가 나타난다.
ㄹ. 부족한 노동력 보충을 위해 외국인 근로자를 고용하면서 문화적 갈등이 나타난다.

① ㄱ, ㄴ   ② ㄱ, ㄷ   ③ ㄴ, ㄷ
④ ㄴ, ㄹ   ⑤ ㄷ, ㄹ

12 다음 자료를 통해 파악할 수 있는 인구 문제로 옳은 것은?

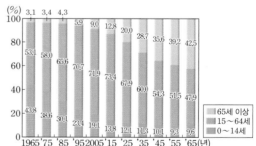

일본에서는 생필품을 사러 나가기 어려운 노인을 위한 이동 슈퍼마켓이 인기몰이 중입니다.

걸음이 느려 도로를 건너기 어렵고 가파른 언덕을 오르내리기 힘들어 일주일에 두 번씩 오는 이동 슈퍼마켓을 기다려요.

미니 트럭 2대로 시작한 이 사업이 고령자의 수요가 폭발적으로 늘어나면서 전국 27개 지역에서 100여 대의 차량을 운영할 만큼 급성장했습니다.

① 젊은 노동력이 줄어들어 경제 성장이 어려워졌다.
② 증가하는 인구에 비해 인구 부양 능력이 못 미치고 있다.
③ 남아 선호 사상으로 인해 성비 불균형이 심각해지고 있다.
④ 노인 인구 비중이 증가하여 고령화 현상이 심화되고 있다.
⑤ 이촌 향도 현상으로 도시에서는 인구 과밀 문제가 나타난다.

13 그래프는 우리나라의 인구 구성 비율 변화를 나타낸 것이다. 이에 대한 옳은 설명을 〈보기〉에서 고른 것은?

(%)
100 3.1 3.4 4.3 5.9 9.0 12.8 20.0 28.7 35.6 39.2 42.5
53.1 58.0 65.6 70.7 71.9 73.4 67.9 60.0 54.3 51.5 47.9
43.8 38.6 30.1 23.4 19.1 13.8 12.1 11.3 10.1 9.3 9.6
1965 '75 '85 '95 2005 '15 '25 '35 '45 '55 '65(년)

65세 이상 / 15~64세 / 0~14세

* 2016년 이후는 추정치임.
** 유소년 부양비는 '(0~14세 인구/15~64세 인구)×100', 노년 부양비는 '(65세 이상 인구/15~64세 인구)×100', 총 부양비는 '유소년 부양비+노년 부양비'임.

┤ 보기 ├

ㄱ. 2015년 총 부양비는 100에 미치지 못한다.
ㄴ. 2015년 노년 부양비는 유소년 부양비보다 높다.
ㄷ. 2015년 이후 노년 부양비는 지속적으로 증가한다.
ㄹ. 2015년 이후 노년 부양비보다 유소년 부양비의 변화가 크다.

① ㄱ, ㄴ   ② ㄱ, ㄷ   ③ ㄴ, ㄷ
④ ㄴ, ㄹ   ⑤ ㄷ, ㄹ

01 다음 글의 빈칸에 들어갈 내용을 서술하시오.

> 개발 도상국에서는 의료 기술의 발달로 사망률은 감소했지만 출산율은 여전히 높아 오늘날 세계 인구의 성장을 주도하고 있다. 그러나 경제 발전 속도에 비해 인구가 증가하는 속도가 빠르기 때문에 식량 부족 문제, 일자리 부족으로 인한 빈곤 및 실업 문제 등이 발생하고 있다. 또한 이촌 향도로 도시 인구가 급격히 증가하면서 _____
> _____.

02 그래프는 어느 두 국가의 인구 피라미드이다. (가), (나) 국가를 쓰고, 각각의 국가에서 나타나는 인구 문제를 한 가지씩 서술하시오. (단, 두 국가는 잠비아와 일본 중 하나임.)

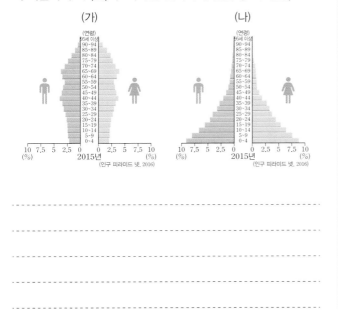

03 그래프는 우리나라 노년 부양비의 변화를 예측하여 나타낸 것이다. 이와 같은 상황에 대비하여 우리는 어떤 준비를 해야 하는지 300자 이내로 논술하시오.

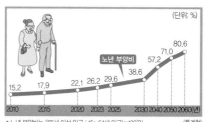

(단위: %)

노년 부양비

15.2 / 17.9 / 22.1 / 26.2 / 29.6 / 38.6 / 57.2 / 71.0 / 80.6

2010 2015 2020 2023 2025 2030 2040 2050 2060(년)

* 노년 부양비는 '(65세 이상 인구÷15~64세 인구)×100'임.
** 2015년 이후는 예상치임.

(통계청)

대단원 개념 채우기

01 도시의 형성과 내부 구조

❶ 도시의 형성

(1) 도시의 특징

높은 인구 밀도	상대적으로 좁은 지역에 많은 사람이 모여 있음
❶☐☐☐ 토지 이용	한정된 공간을 효율적으로 활용
2, 3차 산업 발달	공업 및 서비스업에 종사하는 사람이 많음
❷☐☐☐ 역할	주변 지역에 다양한 상품과 서비스를 제공함

(2) 도시의 형성과 발달

기원전 3,500년 무렵	티그리스강과 유프라테스강 등지에서 최초의 도시 발달
중세	❸☐☐을 중심으로 상업 도시 발달
근대	18세기 후반 산업 혁명이 전개되면서 ❹☐☐☐☐를 중심으로 공업 도시 발달
20세기 이후	공업 및 첨단 산업, 서비스업, 교육, 문화 등 여러 기능을 수행하는 도시 발달

❷ 유명하거나 매력적인 도시

세계 도시	• ❺☐☐☐ ☐☐의 본사가 많고, 주변 국가와 도시에 미치는 영향력이 매우 큰 도시 • 미국의 뉴욕, 영국의 런던, 일본의 도쿄 등
생태 환경이 우수한 도시	• 자연과 인간이 공존하는 방법을 찾기 위해 노력, ❻☐☐ ☐☐과 관련하여 다른 도시들이 나아가야 할 방법을 제시 • 독일의 프라이부르크, 브라질의 쿠리치바 등
관광 산업이 발달한 도시	• 오랜 세월에 걸쳐 형성된 역사 유적이 많은 도시 예 이탈리아의 로마, 그리스의 아테네 등 • 매력적인 문화를 지닌 도시 예 에스파냐의 바르셀로나, 브라질의 리우데자네이루 등 • 아름다운 항구로 유명한 도시 예 오스트레일리아의 시드니, 이탈리아의 나폴리 등
자연환경이 독특한 도시	• 오로라를 감상할 수 있는 도시 예 아이슬란드의 레이캬비크 등 • 연중 온화한 기후의 ❼☐☐ 도시 예 에콰도르의 키토 등

❸ 도시 내부의 다양한 경관

(1) 도시 내부의 지역 분화
① 분화의 원인: 접근성, ❽☐☐, 지역 개발 정책 등
② 분화의 과정

❾☐☐ 현상	중심 업무 기능이나 상업 기능이 도시 중심부로 집중되는 현상
❿☐☐ 현상	주택, 학교, 공장 등이 외곽으로 빠져나가는 현상

(2) 도시 내부 구조

도심	• 도시의 중심부 – ⓫☐☐☐☐☐ • 교통이 편리하며 고층 건물이 밀집함 • 중추 관리 기능과 전문 상업 기능을 수행함 • ⓬☐☐ ☐☐☐ 현상: 주거 기능의 약화로 낮과 밤의 인구 밀도 차이가 큼
부도심	• 도심에 집중된 상업 기능과 서비스 기능을 분담 • 도심과 주변 지역을 연결하는 교통이 편리한 지역에 발달함
중간 지역	• 오래된 주택, 상가, 공장 등이 혼재한 지역 • 도심과 가까운 곳은 주택과 상가가 함께 나타나며, 도심에서 멀어질수록 신흥 주거 단지와 공장이 섞여 있음
주변 지역	• 대규모 ⓭☐☐☐ ☐☐가 조성됨 • 공장, 상가, 농경지, 과수원 등 도시와 농촌의 모습이 혼재 • ⓮☐☐ ☐☐ ☐☐: 도시의 무분별한 팽창을 막고 녹지 공간을 확보하기 위해 설정

02 선진국과 개발 도상국의 도시화

❶ 도시화

(1) 도시화의 의미와 도시화율

⓯☐☐☐	• 도시 수의 증가 • 도시에 거주하는 인구의 비중 증가 • 2, 3차 산업의 비중이 높아짐 • 도시적 생활 양식의 확대
도시화율	전체 인구 중 ⓰☐☐에 거주하는 인구 비율

정답 ❶ 집약적인 ❷ 중심지 ❸ 시장 ❹ 시장 ❹ 공장 ❺ 다국적 기업 ❻ 환경 문제 ❼ 고산 ❽ 지대 ❾ 집심 ❿ 이심 ⓫ 중심 업무 지구(CBD) ⓬ 인구 공동화 ⓭ 주거 단지 ⓮ 개발 제한 구역(green belt) ⓯ 도시화 ⓰ 도시

46 • EBS 중학 뉴런 사회 ② | 실전책

(2) 도시화 과정

초기 단계	• 대부분의 인구가 촌락에 분포하며, 1차 산업에 종사 • 도시화율이 매우 낮고 완만한 상승을 보임
가속화 단계	• 본격적으로 ❶□□□가 진행 – 도시에 제조업과 서비스업 발달 • ❷□□□□ 현상과 함께 도시화율이 급격하게 상승
종착 단계	• 도시화율이 80%를 넘어서면서 도시 성장이 둔화됨 • 도시 간 인구 이동 활발, ❸□□□ 현상이 나타남

❷ 선진국과 개발 도상국의 도시화

(1) 선진국의 도시화

시기	❹□□□□ 이후 공업의 발달과 함께 도시화 진행
과정	• 제조업이 발달한 도시에서는 많은 노동력이 필요함 • 농업 기술의 발달로 농촌에서 일자리를 구하기 어려운 사람들이 도시로 집중함
특징	• 200여 년에 걸쳐 서서히 진행 • 현재 선진국의 도시화율은 완만하게 증가하거나 정체됨 ➡ ❺□□ 단계 • 도시의 인구가 도시 주변으로 이동하거나 농촌으로 이동함 ➡ ❻□□□□ 현상

(2) 개발 도상국의 도시화

시기	❼□□□□□□□ 이후 본격적으로 시작됨
과정	• 도시 지역을 중심으로 산업화가 진행됨 • 촌락의 주민들이 일자리를 찾아 도시로 이동함
특징	• 이촌 향도와 함께 인구의 자연 증가가 계속되어 도시화가 급격하게 진행됨 • 오늘날 도시화는 ❽□□□□□에서 활발히 이루어짐

03 살기 좋은 도시

❶ 도시 문제

(1) 선진국의 도시 문제와 해결 노력

문제점	• 도심 부근에는 오래되어 낙후된 지역이 나타남 ➡ 슬럼 형성, 높은 범죄율, 노숙자 문제 등 • 오래된 도심의 도로는 좁고 복잡함 ➡ 교통 체증 • 제조업 쇠퇴로 도시 침체 ➡ 인구 감소, 시설 노후화
해결 노력	• 도시 ❾□□ 사업: 노후된 시설을 주민들을 위한 문화 공간으로 조성함 • 산업 구조 개편: 첨단 산업과 관광 산업을 중심으로 도시 내의 일자리 창출 촉진

(2) 개발 도상국의 도시 문제와 해결 노력

문제점	• 무허가 주택과 불량 주거 지역이 대규모로 형성 • 도로 정비가 불량하여 교통 혼잡 • 도시 내 빈부 격차, 환경 문제, 실업, 범죄 등 • 식민지 시대에 만들어진 건축물과 도로망 ➡ 도시의 자연스러운 발전에 걸림돌
해결 노력	• 선진국의 ❿□□□□□□ 수용 ➡ 일자리 창출 • 주거 환경 개선, 부족한 도시 기반 시설 확충 노력

❷ 살기 좋은 도시

삶의 질	• 거주민이 도시에서 느끼는 행복감이나 생활의 편리성과 같은 주관적 경험을 통해 평가 • 소득이나 경제적 발전과 같은 양적인 측면과 함께 질적인 측면을 고려해야 함
도시 문제의 해결	• 도시 ⓫□□□: 도시에 집중된 기능과 인구를 주변으로 분산하기 위해 노력함 • 도시 ⓬□□□: 도심 주변의 노후화된 경관을 개선하고자 함 • 교통 혼잡 – 도심에 진입하는 차량에 대해 혼잡 통행료 부과 – 대중교통과 자전거 이용을 장려하는 정책 추진 • 환경 문제 – 쓰레기 분리수거와 재활용 정책을 통해 쓰레기를 줄이고자 함 – ⓭□·□□ □□□에 대한 이용률을 높여 친환경적 도시를 만들고자 함
살기 좋은 도시의 조건	• 절대적인 기준을 세우기는 어려움 • 살기 좋은 도시로 주목받는 도시들은 일반적으로 ⓮□□□□이 높은 선진국에 있음 – 자연환경이 쾌적함 – 도로 및 각종 기반 시설이 잘 구축되어 있음 – 범죄율이 낮고 정치적으로 안정되어 있음 – 교육, 의료, 보건, 문화, 주거 환경, 행정 서비스 등이 잘 갖추어짐 – 사회·문화적 ⓯□□□을 인정하고 포용성을 갖추어야 함 – 사회적 약자가 자립할 수 있는 기회 제공

01 도시에 대한 설명으로 옳지 않은 것은?

① 촌락에 비해 인구 밀도가 높다.
② 촌락과 더불어 사람들이 거주하는 공간이다.
③ 촌락에 비해 조방적인 토지 이용이 이루어진다.
④ 2, 3차 산업에 종사하는 사람들의 비중이 높다.
⑤ 주변 지역에 다양한 상품과 서비스를 제공한다.

02 다음 두 도시의 매력을 〈보기〉에서 골라 바르게 연결한 것은?

(가)
▲ 로마(이탈리아)

(나)
▲ 프라이부르크(독일)

┤ 보기 ├
ㄱ. 고대, 중세, 르네상스 시대의 유산을 잘 간직하고 있다.
ㄴ. 인간과 자연이 공존할 수 있는 생태 환경을 보존하고 있다.
ㄷ. 세계 경제, 문화, 금융의 중심지로 국제 연합의 본부가 있다.

	(가)	(나)		(가)	(나)
①	ㄱ	ㄴ	②	ㄱ	ㄷ
③	ㄴ	ㄱ	④	ㄴ	ㄷ
⑤	ㄷ	ㄴ			

03 사진에 나타난 도시의 특징으로 옳지 않은 것은?

▲ 중국의 베이징

① 중국의 수도인 도시이다.
② 원, 명, 청대에 걸친 역사 도시이다.
③ 중국의 정치와 문화의 중심지이다.
④ 네모난 성곽 안에 넓은 궁궐을 갖추었다.
⑤ 세계 제1위의 항만 능력을 갖춘 도시이다.

04 다음 자료에 나타난 도시의 특징을 〈보기〉에서 고른 것은?

▲ 19세기

▲ 현재

미국의 한 경제 전문지는 기업 본사 집중도, 항공 연결성, 기술과 미디어의 영향력 등을 기준으로 2010년 세계에서 가장 영향력 있는 도시로 이 도시를 선정하였다.

┤ 보기 ├
ㄱ. 세계에서 가장 규모가 큰 금융 시장이 있다.
ㄴ. 미디어, 광고, 패션 산업을 주도하는 도시이다.
ㄷ. 중세 시대부터 지중해를 통한 동서양 교역을 담당했다.
ㄹ. 인도양과 태평양을 잇는 해상 교통의 길목에 위치한다.

① ㄱ, ㄴ   ② ㄱ, ㄷ   ③ ㄴ, ㄷ
④ ㄴ, ㄹ   ⑤ ㄷ, ㄹ

05 다음은 사회 수업 장면이다. 교사의 질문에 옳게 답한 학생을 고른 것은?

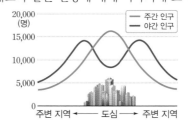
▲ 주간 및 야간 인구 밀도의 변화

교사: 그래프와 같은 현상에 대해 이야기해 보세요.

갑: 도심에는 주택이 적고 업무용 건물이 많기 때문에 나타나는 현상입니다.
을: 주택이 도심으로 집심 현상을 일으켰기 때문에 나타나는 현상입니다.
병: 이러한 현상을 '인구 공동화 현상'이라고 합니다.
정: 도심에 거주하는 인구가 아침에 주변 지역으로 빠져나가는 것이 특징입니다.

① 갑, 을   ② 갑, 병   ③ 을, 병
④ 을, 정   ⑤ 병, 정

[06~07] 그림은 도시 내부 구조의 모식도이다. 이를 보고 물음에 답하시오.

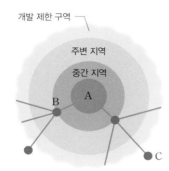

06 도시 내부 구조가 위의 그림과 같이 분화되는 원인을 〈보기〉에서 고른 것은?

┤ 보기 ├
ㄱ. 지가   ㄴ. 지형
ㄷ. 접근성   ㄹ. 쾌적한 환경

① ㄱ, ㄴ   ② ㄱ, ㄷ   ③ ㄴ, ㄷ
④ ㄴ, ㄹ   ⑤ ㄷ, ㄹ

07 위 그림의 A~C에 들어갈 말을 바르게 연결한 것은?

	A	B	C
①	도심	부도심	위성 도시
②	도심	위성 도시	부도심
③	부도심	도심	위성 도시
④	부도심	위성 도시	도심
⑤	위성 도시	도심	부도심

08 (가), (나) 지역에 대한 설명으로 옳지 <u>않은</u> 것은?

(가)   (나)

① 지가와 지대는 (가)보다 (나)가 높다.
② 주간 유동 인구는 (나)보다 (가)가 많다.
③ (가)는 (나)보다 접근성이 높은 지역이다.
④ 상업 및 업무용 건물은 (나)보다 (가)에 많다.
⑤ (가)는 (나)보다 교통이 편리한 곳에 입지한다.

09 A, B 지역에 대한 옳은 설명을 〈보기〉에서 고른 것은?

┤ 보기 ├
ㄱ. 접근성은 B가 A보다 높다.
ㄴ. 평균 지가는 A가 B보다 높다.
ㄷ. 주간 유동 인구는 B가 A보다 많다.
ㄹ. A는 업무 기능, B는 주거 기능이 강하다.

① ㄱ, ㄴ   ② ㄱ, ㄷ   ③ ㄴ, ㄷ
④ ㄴ, ㄹ   ⑤ ㄷ, ㄹ

10 다음 글의 ㉠~㉤에 대한 설명으로 옳지 <u>않은</u> 것은?

㉠도시 경관은 눈으로 파악할 수 있는 도시의 겉모습이다. 일반적으로 ㉡도시 중심부는 건물의 높이가 높고, 주변으로 갈수록 높이가 낮아진다. 이는 중심부와 주변 지역이 수행하는 기능이 각기 다르다는 것을 의미한다. 즉 도시는 규모가 커짐에 따라 ㉢특정 지역에 같은 종류의 기능은 모이고 다른 기능들이 서로 분리되는 현상이 발생하는데, 그 결과 도시 내부 구조는 도시의 중심 지역인 ㉣도심, 도심의 기능을 분담하는 (㉤), 주거 기능이 발달한 주변 지역, 개발 제한 구역으로 구분된다.

① ㉠ - 자연 경관과 인문 경관이 혼재되어 나타난다.
② ㉡ - 건물의 높이와 집약적인 토지 이용은 반비례 관계에 있다.
③ ㉢ - '도시 내부 지역의 분화'라고 부른다.
④ ㉣ - 도시 내에서 접근성과 지가가 가장 높은 곳이다.
⑤ ㉤ - '부도심'이 들어갈 수 있다.

11 다음 그림의 (가), (나) 기능에 대한 옳은 설명을 〈보기〉에서 고른 것은?

(가)
우리는 사람들이 많이 찾을 수 있는 곳이 좋아.

(나)
우리는 접근성의 영향을 덜 받아. 쾌적한 환경이 더 중요해.

┤ 보기 ├

ㄱ. (가), (나)는 모두 집심 현상을 유발한다.
ㄴ. (가)는 상업 기능, (나)는 주거 기능이다.
ㄷ. (가)는 (나)보다 접근성이 높은 곳에 입지한다.
ㄹ. 각각의 도시에는 (가), (나) 중 한 가지 기능만 입지한다.

① ㄱ, ㄴ   ② ㄱ, ㄷ   ③ ㄴ, ㄷ
④ ㄴ, ㄹ   ⑤ ㄷ, ㄹ

12 다음의 인구 이동 과정을 도시화 단계에 맞게 나열한 것은?

(가) 쾌적한 거주 환경을 찾아 도시 주변으로 인구가 이동하는 현상이 나타남
(나) 집과 일터가 가깝기 때문에 인구 이동이 잘 일어나지 않음
(다) 촌락의 주민들이 일자리를 찾아 도시로 이동하는 현상이 나타남

① (가) → (나) → (다)   ② (가) → (다) → (나)
③ (나) → (가) → (다)   ④ (나) → (다) → (가)
⑤ (다) → (가) → (나)

13 다음 글의 ㉠～㉤ 중 옳지 않은 것은?

우리나라는 ㉠1960년대 중반 서울과 부산, 대구 등 대도시와 공업 도시를 중심으로 산업화가 시작되면서 ㉡이촌 향도에 따른 도시화가 빠른 속도로 진행되었다. 1970년대부터 우리나라 인구의 절반 이상이 도시에 거주하면서 ㉢도시에는 주택 부족과 환경 악화 등의 도시 문제가 나타났다. 1990년대에는 ㉣서울과 부산 등 대도시 주변에 성남, 고양, 양산 등의 위성 도시가 발달하였다. 오늘날 우리나라는 ㉤전체 인구 중 50% 정도가 도시에 살고 있다.

① ㉠   ② ㉡   ③ ㉢   ④ ㉣   ⑤ ㉤

14 그래프에 대한 옳은 설명을 〈보기〉에서 고른 것은?

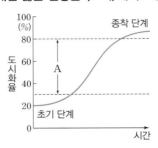

┤ 보기 ├

ㄱ. A에는 '가속화 단계'가 들어갈 수 있다.
ㄴ. 전체 인구 중 도시에 거주하는 인구의 비율 변화를 나타낸 것이다.
ㄷ. 초기 단계에서 종착 단계에 이르기까지의 시간은 국가마다 동일하다.
ㄹ. 초기 단계에 비해 종착 단계에서는 2·3차 산업 종사자 비중이 감소한다.

① ㄱ, ㄴ   ② ㄱ, ㄷ   ③ ㄴ, ㄷ
④ ㄴ, ㄹ   ⑤ ㄷ, ㄹ

15 그래프는 주요 국가의 도시화 곡선이다. 이에 대한 설명으로 옳지 않은 것은?

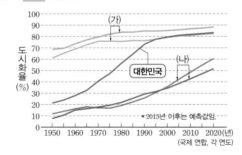

① 우리나라는 현재 종착 단계에 속해 있다.
② (가) 국가군은 선진국, (나) 국가군은 개발 도상국이다.
③ (나) 국가군의 국가들은 현재 가속화 단계에 속해 있다.
④ (가), (나) 국가군 모두 2020년에는 종착 단계에 도달한다.
⑤ 우리나라는 (가) 국가들보다 늦은 시기에 가속화 단계가 시작되었다.

대단원 서술형·논술형 문제

정답과 해설 | 114쪽

01 그림과 같은 현상이 나타나게 된 이유를 아래에 제시된 용어를 모두 사용하여 서술하시오.

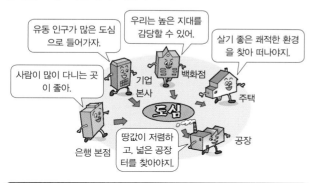

- 지가
- 접근성

02 다음 글의 밑줄 친 ㉠, ㉡에 해당하는 조건을 각각 한 가지씩 쓰시오.

살기 좋은 도시는 거주민의 삶의 질이 높은 도시라고 할 수 있다. 삶의 질은 거주민이 도시에서 느끼는 행복감이나 생활의 편리성과 같은 주관적인 경험을 통해서 평가할 수 있다. 살기 좋은 도시가 되기 위해서는 ㉠양적인 측면과 함께 ㉡질적인 측면을 고려해야 한다.

03 다음 자료를 보고 우리나라의 수도권이 참살이(웰빙) 여건을 개선하기 위해 어떤 노력을 기울여야 할지 한 가지 분야를 골라 200자 이내로 논술하시오.

경제 협력 개발 기구(OECD)는 세계 여러 지역의 삶의 질을 비교하기 위하여 회원국을 대상으로 300여 곳의 참살이(웰빙) 여건을 평가하고 있다. 참살이 여건은 소득, 건강, 안전, 주거, 삶의 만족도, 서비스 접근성, 시민 참여, 교육, 일자리, 공동체, 환경에 대한 총 11개 분야에 점수를 부여하여 평가한다.

▲ 오스트레일리아 캔버라의 점수   ▲ 우리나라 수도권의 점수

VIII. 사람이 만든 삶터, 도시 ● 51

대단원 개념 채우기

01 농업 생산의 기업화와 세계화

❶ 농업 생산의 세계화 및 기업화

(1) 농업 생산 방식의 변화

과거		오늘날
자급적 농업	→	❶□□□ 농업 (낙농업, 원예 농업 등)

(2) 농업 생산의 ❷□□□

의미	전 세계를 대상으로 농축산물의 생산과 소비가 이루어지는 현상
배경	• 교통과 통신의 발달 • 세계 무역 기구(WTO) 체제 출범 • 자유 무역 확대 • 다국적 농업 기업 등장 • 생활 수준 향상
영향	• 농산물의 유통 범위 확대 및 국제적 이동 활발 • 일상생활에서 소비하는 먹거리의 원산지 다양화

(3) 농업 생산의 ❸□□□

의미	기업이 많은 자본과 기술을 투입하여 농장을 운영하는 현상
특징	• 농기계 및 화학 비료 사용, 품종 개량 • 농산물의 생산, 가공, 상품화의 전 과정 관리 → 농산물 가격, 생산 구조, 소비 구조에 큰 영향
농업 방식	• 기업적 곡물 농업 및 목축: 미국, 캐나다 등 • ❹□□□□□: 아시아, 아프리카의 개발 도상국 예 커피, 바나나, 카카오 등

▲ 세계의 기업적 곡물 농업 및 목축 분포 (구드 세계 지도, 2015)

2 농업 생산의 세계화 및 기업화로 인한 지역 변화

생산 지역 변화	생산 구조	• 농작물의 ❺□□ 생산 • 상업적 농업 확대 (곡물 재배 → 원예 및 기호 작물 등의 상품 작물)
	토지 이용	• 상품 작물의 재배 확대 → 플랜테이션 발달, 식량 작물 재배 면적 감소 • 육류 소비 증가 → ❻□□ 작물 재배 확대
	문제점	• 환경 문제: 농약 및 비료 사용에 따른 토양 오염, 열대 우림 파괴 등 • 개발 도상국의 전통 농업 쇠퇴 → ❼□□□ 감소, 식량 부족 문제 제기 등
소비 지역 변화		• 식단의 서구화: 육류, 채소, 과일 등의 소비량 ❽□□, 곡물 소비 ❾□□ • 외국산 농산물의 소비 증가: 다양한 농산물을 저렴하게 구입, 수입 곡물 의존도가 높은 지역에서 식량 부족 문제 발생, 수입 농산물의 ❿□□□ 문제 제기 등

02 다국적 기업과 생산 공간의 변화

❶ ⓫□□□□□의 성장

의미	전 세계를 대상으로 기획, 생산, 판매 활동을 하는 기업
배경	교통과 통신의 발달, 세계 무역 기구 등장, ⓬□□ 무역 협정 확대 등
성장 과정	단일 기업 단계 → 국내 확장 단계 → 해외 진출 단계 → 다국적 기업 단계
최근 변화	• 다국적 기업의 역할과 범위 확대 • 세계 경제에서 차지하는 비중과 영향력 확대 • 개발 도상국(중국, 인도 등)의 기업도 다국적 기업으로 성장

▲ 다국적 기업의 성장 과정

❷ 다국적 기업의 공간적 분업

의미	기업의 의사 결정, 연구·개발, 생산 기능 등이 각각을 수행하는 데 적합한 지역에 입지하는 것	
목적	경영의 효율성과 이익의 극대화를 위함	
입지	본사	• 의사 결정 기능 • 정보 수집과 자본 확보에 유리한 ❶▢▢▢에 입지
	연구소	• 연구·개발 기능 • 기술 수준이 높고 고급 인력이 풍부한 선진국에 입지
	생산 공장	• ❷▢▢ ▢▢▢: 지가가 낮고, 저렴한 노동력이 풍부 • 선진국: 시장 확보, ❸▢▢▢▢ 극복

❸ 다국적 기업의 입지에 따른 지역 변화

본국		공장 이전에 의한 ❹▢▢▢▢▢ 현상 발생 ➡ 실업자 증가, 지역 경제 침체
진출 지역	긍정적 영향	• 자본 유입 및 ❺▢▢▢ 증가 • ❻▢▢ 이전으로 인한 관련 산업 발달
	부정적 영향	• 유사 제품을 생산하는 기존 국내 기업의 어려움 • 발생한 이윤의 상당 부분이 해외로 유출 • 생산 공장이 철수할 경우 실업 및 경기 침체

03 서비스업의 세계화와 주민 생활 변화

❶ 서비스 산업의 의미와 특성

의미	인간이 필요로 하는 재화나 용역을 공급하는 산업
유형	• 소비자 서비스업: 음식업, 숙박업 등 • ❼▢▢▢ 서비스업: 금융, 법률, 광고 등
특성	• ❽▢▢▢가 어렵고 고용 창출 효과가 큼 • 경제 성장, 소득 수준 향상에 따라 다양한 서비스업에 대한 수요 증가

❷ 서비스 산업의 성장과 세계화

❾▢▢▢▢ 현상	제조업(2차 산업)보다 서비스 산업(3차 산업)이 경제 성장을 이끎

배경·입지

배경	• 교통과 통신 발달 → 시·공간적 제약 감소 • 다국적 기업의 활동 확대
입지	• 공간적 집중: 접근성이 좋고 정보가 풍부한 곳에 전문화된 서비스업이 집중하여 발달 예 의료, 광고, 금융 등 • 공간적 ❿▢▢: 비용 절감, 업무 효율성을 높이기 위해 개발 도상국으로 분산 예 다국적 기업의 콜센터 해외 이전, 온라인 예약 서비스 등

❸ 서비스 산업의 세계화와 지역 변화

유통의 세계화	배경	• 교통과 통신 발달 • 다국적 유통 업체의 활동 증가 • ⓫▢▢ ▢▢▢(인터넷 정보 통신망을 이용한 거래)발달
	긍정적 영향	• 상품 구매의 시·공간적 제약 극복 • 전자 상거래 발달로 ⓬▢▢▢▢ 감소 • ⓭▢▢ 산업, 물류 창고업 발달
	부정적 영향	• 재래시장, 오프라인 상점 쇠퇴 • 중소 상인, 영세한 유통 업체 피해 • 유통 업체의 지점이 다른 곳으로 이동 시 기존 지역의 경제 혼란

▲ 기존 상거래(왼쪽)와 전자 상거래(오른쪽)의 유통 구조

관광의 세계화	배경	• 교통과 통신의 발달 → 정보 획득 용이 • 소득 수준 향상 및 여가 시간 증가
	긍정적 영향	• 지역 일자리 창출, 주민 ⓮▢▢ 증가 • 교통 및 숙박 등 연관 산업 발달 • 기반 시설 개선
	부정적 영향	• 무리한 개발로 ⓯▢▢▢▢ 파괴 • 지나친 상업화로 고유문화 쇠퇴 • 현지 주민보다 선진국의 여행사에 더 많은 이윤이 돌아감
	대안	• ⓰▢▢▢▢의 등장

01 (가), (나)와 같은 농업의 특징으로 옳은 것을 〈보기〉에서 고른 것은?

(가)

(나)

┤보기├
ㄱ. (가)는 농산물을 대량으로 생산하여 가격 경쟁력을 확보한다.
ㄴ. (나)는 주로 아시아와 아프리카 개발 도상국에서 이루어지는 목축업의 형태이다.
ㄷ. (가), (나) 모두 많은 자본과 기술이 투입된다는 공통점이 있다.
ㄹ. (가)는 자급적 목적, (나)는 상업적 목적으로 행해지는 농업의 형태이다.

① ㄱ, ㄴ   ② ㄱ, ㄷ   ③ ㄴ, ㄷ
④ ㄴ, ㄹ   ⑤ ㄷ, ㄹ

02 지도는 어느 작물의 주요 생산국과 소비국을 나타낸 것이다. 이에 대한 설명으로 옳지 않은 것은?

(국제 연합 식량 농업 기구, 2016)

① 가족 노동력을 활용해 소규모로 생산되고 있다.
② 이 작물은 플랜테이션 방식으로 재배되고 있다.
③ 열대 지역의 개발 도상국에서 주로 생산되고 있다.
④ 다국적 기업의 활동을 통해 전 세계로 수출되고 있다.
⑤ 주요 생산국에서는 식량 작물의 재배 면적이 감소할 수 있다.

03 그래프는 우리나라 농산물의 수출입 변화를 나타낸 것이다. 이에 대한 옳은 설명만을 〈보기〉에서 있는 대로 고른 것은?

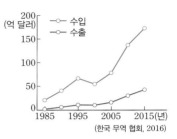
(한국 무역 협회, 2016)

┤보기├
ㄱ. 세계 각지에서 생산된 농산물로 먹거리가 다양해졌다.
ㄴ. 농산물의 수출이 늘어나면서 자급적 농업이 발달하게 되었다.
ㄷ. 값싼 외국산 곡물을 수입하여 국제 가격 변동의 영향력이 줄어들었다.
ㄹ. 운송 과정 중 화학 약품 사용으로 수입 농산물의 안전성 문제가 제기될 수 있다.

① ㄱ, ㄷ   ② ㄱ, ㄹ   ③ ㄴ, ㄷ
④ ㄱ, ㄴ, ㄹ   ⑤ ㄴ, ㄷ, ㄹ

04 지도는 인도네시아 보르네오섬의 열대 우림 면적의 변화를 나타낸 것이다. 이에 대한 설명으로 옳지 않은 것은?

1985년   2005년   2010년
■ 열대 우림 지역
(James F. Luhr, Earth, 2013)

① 원주민의 삶의 터전이 훼손되고 있다.
② 팜유 생산을 위한 농장이 계속 확대되고 있다.
③ 이동식 화전 농업이 확대되면서 자영농이 발달한다.
④ 다국적 기업에 의한 상업적 농업의 확대와 관련 있다.
⑤ 열대 우림 축소로 인한 생태계 파괴가 나타날 수 있다.

05 농업 생산의 기업화가 생산 지역에 미치는 영향으로 옳지 않은 것은?

① 단일 작물을 대규모로 재배하는 경우가 많다.
② 곡물 재배가 늘고 기호 작물의 생산이 감소했다.
③ 자급적 농업이 쇠퇴하고 기업농의 비중이 증가한다.
④ 농약의 사용이 증가하면서 환경 오염이 발생하고 있다.
⑤ 가축 사육을 위한 콩, 옥수수 등의 재배 면적이 늘어난다.

06 그림은 일상생활에서 볼 수 있는 상품 정보를 나타낸 것이다. 이와 관련된 내용으로 옳지 <u>않은</u> 것은?

① 생산 요소 간의 국제적 이동이 매우 활발해졌다.
② 다국적 기업의 활동은 제조업 분야에 한정되어 있다.
③ 교통과 통신의 발달로 국가 간 교류가 증가하고 있다.
④ 일상생활에서 다양한 다국적 기업 제품이 사용되고 있다.
⑤ 자유 무역의 확대로 국가 간 무역 장벽이 낮아지고 있다.

07 다음 글의 ㉠~㉢에 들어갈 내용을 바르게 연결한 것은?

다국적 기업의 (㉠)은(는) 정보 수집과 자본 확보에 유리한 선진국에 입지한다. (㉡)은(는) 노동비가 저렴하거나 넓은 소비 시장을 확보할 수 있는 지역에 입지하는 것이 유리하다. 또한 (㉢)은(는) 교육 수준이 높고 전문 인력이 많은 선진국에 주로 분포한다.

	㉠	㉡	㉢
①	본사	연구소	생산 공장
②	본사	연구소	판매 지점
③	본사	생산 공장	연구소
④	연구소	판매 지점	생산 공장
⑤	연구소	생산 공장	본사

08 다음 글을 읽고 폴란드에 나타날 수 있는 지역 변화로 옳은 것을 〈보기〉에서 고른 것은?

폴란드의 바르샤바는 글로벌 IT 기업들의 연구 및 개발 센터가 입지해 유럽의 실리콘 밸리로 부상하고 있다. 글로벌 IT 기업들이 폴란드로 모이는 가장 큰 원인은 유럽의 중심부에 위치한 지리적 이점 때문이다.

┤ 보기 ├
ㄱ. 산업 공동화 현상 발생
ㄴ. 일자리 창출로 지역 경제 발전
ㄷ. 사회 간접 시설인 교통과 통신망 발달
ㄹ. 임금이 상승해 제조업의 경쟁력이 높아짐

① ㄱ, ㄴ
② ㄱ, ㄷ
③ ㄴ, ㄷ
④ ㄴ, ㄹ
⑤ ㄷ, ㄹ

09 지도는 어느 다국적 기업의 공간적 분업 체계를 나타낸 것이다. 이에 대한 설명으로 옳은 것은?

① 제품의 핵심 기술 연구는 미국에서 이루진다.
② 유통은 개발 도상국을 중심으로 이루어지고 있다.
③ 베트남은 다양한 정보 수집 및 자본 확보에 유리하다.
④ 원료는 주로 선진국에서 개발 도상국으로 이동하고 있다.
⑤ 무역 장벽을 극복하기 위해 생산 공장은 선진국에 위치한다.

10 지도는 어느 신발, 의류 기업의 공장 이전 과정을 나타낸 것이다. 1990년대 이후 중국에서 나타날 수 있는 변화로 가장 적절한 것은?

① 산업 공동화 현상이 나타난다.
② 고용이 늘고 소득이 증가한다.
③ 기술이 이전되어 관련 산업이 발달한다.
④ 유해 물질에 의한 환경 오염이 심화된다.
⑤ 동남아시아에서 발생한 이윤의 상당 부분이 유입된다.

11 지도는 국가별로 국내 총생산에서 서비스업이 차지하는 비중을 나타낸 것이다. 이에 대한 옳은 설명을 〈보기〉에서 고른 것은?

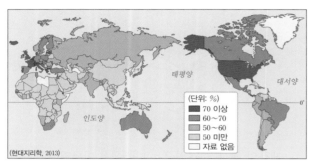

| 보기 |

ㄱ. 서부 유럽은 서비스업의 비중이 대체로 낮은 편이다.
ㄴ. 개발 도상국에 비해 선진국의 탈공업화 현상이 두드러진다.
ㄷ. 아프리카는 다른 대륙에 비해 서비스업의 비중이 낮은 편이다.
ㄹ. 경제 발전 정도와 서비스업의 비중은 대체로 반비례하고 있다.

① ㄱ, ㄴ   ② ㄱ, ㄷ   ③ ㄴ, ㄷ
④ ㄴ, ㄹ   ⑤ ㄷ, ㄹ

12 그래프는 필리핀의 콜센터 매출액 변화를 나타낸 것이다. 이러한 변화가 가능했던 원인으로 옳은 것을 〈보기〉에서 고른 것은?

| 보기 |

ㄱ. 자연환경이 쾌적하기 때문
ㄴ. 첨단 산업이 발달했기 때문
ㄷ. 영어를 사용하는 인구가 많기 때문
ㄹ. 인건비가 상대적으로 저렴하기 때문

① ㄱ, ㄴ   ② ㄱ, ㄷ   ③ ㄴ, ㄷ
④ ㄴ, ㄹ   ⑤ ㄷ, ㄹ

13 그래프는 연도별 해외 직접 구매 건수를 나타낸 것이다. 이러한 현상에 대한 설명으로 옳지 않은 것은?

① 전자 상거래의 보편화와 관련 있다.
② 택배업과 물류 창고업이 발달하게 된다.
③ 소비 활동의 범위가 점차 확대되고 있다.
④ 유통 거리가 길어져 물품 구매 가격이 비싸졌다.
⑤ 유사한 상품을 파는 국내 기업이 피해를 볼 수 있다.

14 관광의 세계화와 관련된 설명으로 옳지 않은 것은?

① 관광 지역이 점차 다변화되고 있다.
② 주민들의 일자리가 늘어나고 소득이 증가한다.
③ 정보 통신의 발달로 관광 정보를 얻기가 쉬워졌다.
④ 상업화로 지역의 고유문화를 그대로 유지할 수 있다.
⑤ 소득 수준이 향상되면서 관광에 대한 관심이 증가한다.

15 다음 설명에 해당하는 여행 방식이 지역에 가져올 수 있는 긍정적인 영향을 〈보기〉에서 고른 것은?

> 현지의 문화를 존중하고 해당 지역에서만 경험할 수 있는 체험을 강조하는 여행

| 보기 |

ㄱ. 여행 관련 다국적 기업의 활동 범위를 확대시킨다.
ㄴ. 여행 비용을 줄이고 운영의 효율성을 높일 수 있다.
ㄷ. 지역의 자연환경에 미치는 영향을 최소화할 수 있다.
ㄹ. 현지 주민에게 더 많은 경제적 이익이 돌아가게 한다.

① ㄱ, ㄴ   ② ㄱ, ㄷ   ③ ㄴ, ㄷ
④ ㄴ, ㄹ   ⑤ ㄷ, ㄹ

대단원 서술형·논술형 문제

정답과 해설 | 116쪽

01 다음 그래프를 보고 물음에 답하시오.

(가) 우리나라 1인당 쌀 소비량의 변화

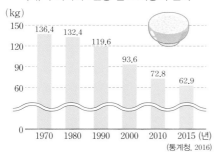

(통계청, 2016)

(나) 우리나라 식량 자급률의 변화

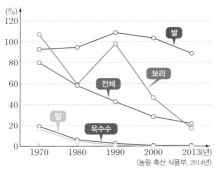

(농림 축산 식품부, 2014년)

(1) (가)와 같은 변화가 나타나게 된 가장 큰 원인을 서술하시오.

(2) (나)와 같은 변화가 가져올 수 있는 문제점을 서술하시오.

02 지도는 다국적 기업 생산 기지의 이동을 나타낸 것이다. 중국과 베트남에서 나타날 수 있는 문제점을 비교하여 서술하시오.

(대한 무역 투자 진흥 공사, 2016.)

03 그림은 상품의 유통 구조를 나타낸 것이다. (가)와 (나)의 유통 단계를 비교하여 설명하고, (나)의 방식이 확대되었을 때 우리 생활에 미치는 긍정적인 영향과 부정적인 영향을 구분하여 350자 이내로 논술하시오.

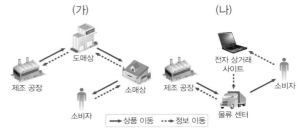

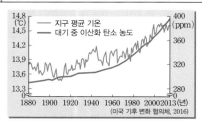

❷ 환경 문제의 공간적 불평등

선진국	• 환경 문제 유발 산업의 유출로 쾌적한 환경 조성 • 환경 오염의 부담 없이 개발 도상국에서 생산된 제품 소비 가능	
개발 도상국	**긍정적 영향**	**부정적 영향**
	• 일자리 창출 • 지역 경제 활성화	• ❶☐☐ ☐☐ 심화 • 주민 생활 및 건강 위협
해결 노력	• 선진국의 기업: 환경 오염 최소화, 안전한 생산 환경 조성을 위한 노력 • 개발 도상국: 기업에 대한 환경 규제 및 감시 강화 • 국제 사회: 유해 폐기물과 공해 산업의 불법 확산 방지(❷☐☐ ☐☐ 체결)	

❸ 농업의 이전과 지역 변화

이전 원인	선진국의 농장이 임금과 땅값이 상대적으로 저렴한 개발 도상국으로 이전 예 네덜란드에서 케냐로의 화훼 산업 이전
긍정적 영향	외화 수입 증가, ❸☐☐☐ 창출 → 지역 경제 활성화
부정적 영향	• 토양 황폐화 • 관개용수 남용에 따른 ❹☐ 부족 문제 • 화학 비료와 농약 사용으로 인한 ❺☐☐ 및 식수 오염 등

03 생활 속의 환경 이슈

❶ ❻☐☐☐☐(=환경 쟁점)

의미	환경 문제 중 원인과 해결 방안이 입장에 따라 서로 다른 것
특징	• 시대별, 공간적 규모에 따라 다양하게 발생 • 일상생활과 사회 활동 전반에 영향을 미침
사례	• 세계적 수준: 기후 변화 문제, 열대림 개발 등 • 국가 및 지역적 수준: 쓰레기 소각장 건설, 갯벌 간척, 국립 공원 케이블카 설치 등
해결	토론과 토의 과정 필요

❷ 일상생활 속의 환경 이슈

❼☐☐ ☐☐ ☐☐ 식품	의미	생물체의 유용한 유전자를 다른 생물체의 유전자와 결합하여 변형시킨 식품
	사례	잡초에 강한 옥수수, 잘 무르지 않는 토마토 등
	긍정적 측면	• 병충해에 강하고 생산성이 높음 → ❽☐☐ ☐☐ 문제 해결에 기여 • 특정 영양소 강화
	부정적 측면	• 인체에 미치는 ❾☐☐☐ 미검증 • 재배 과정 중 환경과 생물 다양성 위협
❿☐☐ ☐☐ 운동	의미	• 지역에서 생산된 농산물을 그 지역에서 소비하자는 운동 • ⓫☐☐ ☐☐☐☐가 높은 수입산 농산물에 대한 대안으로 확대되고 있음
	배경	식품 운송 과정 중 많은 ⓬☐☐☐☐ 배출, 방부제 과다 사용 → 환경 및 안전한 먹을거리에 대한 관심 증가
	효과	• 생산자: 안정적인 소득 보장 • 소비자: 신선하고 안전한 먹을거리를 제공받음 • 지역: 친환경 농업 발전을 통한 지역 경제 활성화
⓭☐☐ ☐☐ ☐☐	의미	우리 눈에 보이지 않을 정도로 가늘고 작은 먼지 입자(10㎛ 이하)
	원인	• 자연적 요인: 흙먼지, 식물 꽃가루 등 • 인위적 요인: ⓮☐☐ ☐☐ 사용 증가, 자동차 배기가스, 건설 현장의 날림 먼지 등
	영향	• ⓯☐☐☐ 질환, 심혈관 질환 유발 • 정밀 기기 불량률 증가 • 비행기 및 여객선 운항에 차질
⓰☐☐ ☐ 문제	원인	자원 소비 증가, 일회용품 및 포장재 사용 증가
	내용	쓰레기 처리 방법(매립 및 소각)을 둘러싼 갈등, 쓰레기 증가로 인한 환경 오염 발생
	대책	쓰레기 종량제, 자원 재활용, 쓰레기 분리배출 의무화 등

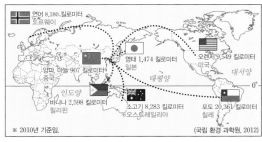

▲ 주요 수입 먹을거리의 푸드 마일리지

01 다음 현상에 대한 옳은 설명을 〈보기〉에서 고른 것은?

> 일정한 지역에서 장기간에 걸쳐 나타나는 기후의 평균적인 상태가 변화하는 현상

┤ 보기 ├
ㄱ. 화산 분화와 같은 인위적 요인이 영향을 미친다.
ㄴ. 산업화와 도시화의 진행이 중요한 영향을 미치고 있다.
ㄷ. 화석 연료의 사용이 증가하는 것도 중요한 원인이다.
ㄹ. 최근 인위적 요인보다 자연적 요인이 더 큰 영향을 미치고 있다.

① ㄱ, ㄴ ② ㄱ, ㄷ ③ ㄴ, ㄷ
④ ㄴ, ㄹ ⑤ ㄷ, ㄹ

02 그래프는 온실 효과를 일으키는 기체들을 나타낸 것이다. 이에 대한 설명으로 옳지 <u>않은</u> 것은?

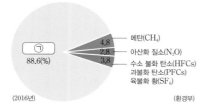

메탄(CH_4) 4.8
아산화 질소(N_2O) 2.8
수소 불화 탄소(HFCs) 3.8
과불화 탄소(PFCs)
육불화 황(SF_6)
㉠ 88.6(%)
(2016년) (환경부)

① ㉠에 들어갈 기체는 이산화 탄소이다.
② 지구 온난화의 원인이 되는 기체들이다.
③ 인간의 활동이 기체들의 발생에 영향을 미쳤다.
④ 지구의 복사열이 지구 밖으로 방출되는 것을 막는다.
⑤ 화석 연료의 사용 증가로 대기 중 ㉠의 농도가 낮아진다.

03 교사의 질문에 대한 학생의 대답으로 옳지 <u>않은</u> 것은?

최근 기후 변화로 인해 지구촌 곳곳에서 발생하고 있는 현상들을 이야기해 볼까요?

① 북극 항로의 항해 일수가 감소하고 있습니다.
② 농작물의 재배 가능 범위가 변화하고 있습니다.
③ 태풍의 발생 빈도와 피해 규모가 커지고 있습니다.
④ 극지방의 빙하가 녹아 해수면이 상승하고 있습니다.
⑤ 멸종 위기에 처한 동식물의 수가 늘어나고 있습니다.

04 지도와 같은 현상이 발생하는 가장 큰 원인은 무엇인가?

① 오존층 파괴 ② 지구 온난화
③ 사막화 현상 ④ 잦은 자연재해
⑤ 생물 다양성 감소

05 (가), (나)에 해당하는 국제 협약을 바르게 연결한 것은?

> (가) 온실가스를 줄이기 위한 구체적인 이행 방안으로 채택되었으며 선진국의 온실가스 감축 목표를 규정했다.
> (나) 2020년 이후의 신기후 체제로 기후 변화 당사국 모두가 자국이 정한 방식에 따라 온실가스 감축 목표를 지켜야 한다.

	(가)	(나)
①	파리 협정	교토 의정서
②	파리 협정	기후 변화 협약
③	교토 의정서	파리 협정
④	교토 의정서	기후 변화 협약
⑤	기후 변화 협약	파리 협정

06 온실가스 감축에 대한 주장 중 개발 도상국의 입장에 해당하는 것을 〈보기〉에서 고른 것은?

┤ 보기 ├
ㄱ. 온실가스 감축 기술을 개발할 수 있도록 재정적 지원을 하겠다.
ㄴ. 산업화로 인해 일찍부터 온실가스를 배출한 국가들의 책임이 크다.
ㄷ. 산업화를 통한 개발이 시급하므로 일방적 감축을 강요해서는 안 된다.
ㄹ. 최근 온실가스 배출량이 급증하고 있어 모든 국가가 감축에 동참해야 한다.

① ㄱ, ㄴ ② ㄱ, ㄷ ③ ㄴ, ㄷ
④ ㄴ, ㄹ ⑤ ㄷ, ㄹ

07 사진과 같은 상황을 가져오는 환경 문제에 대응하고자 하는 노력으로 옳지 <u>않은</u> 것은?

▲ 1913년　　　　▲ 2012년

① 탄소 배출권 거래 제도를 실시한다.
② 쓰레기 분리배출 및 재활용을 실천해 나간다.
③ 환경 의식을 개선하기 위한 캠페인을 실시한다.
④ 화석 연료를 대체할 수 있는 에너지를 개발한다.
⑤ 전기 절약을 위해 에너지 효율 등급이 낮은 제품을 쓴다.

08 다음 글에서 설명하는 제도를 실시하는 목적으로 가장 적절한 것은?

> 탄소 배출권 거래 제도는 온실가스 감축을 유도하기 위해 온실가스 배출 권리를 사고팔 수 있도록 한 제도이다. 온실가스 배출 할당량은 국가별로 부여되지만 탄소 배출권 거래는 대부분 기업 사이에서 이루어진다.

① 화석 연료의 사용을 확대하기 위해서
② 지구 온난화 현상을 완화하기 위해서
③ 주민들의 환경 의식을 개선하기 위해서
④ 거래를 통해 국가의 경제를 성장시키기 위해서
⑤ 유해 폐기물의 국제적 이동을 제한시키기 위해서

09 여학생의 질문에 대한 남학생의 대답으로 옳지 <u>않은</u> 것은?

① 경제 수준이 낮은 편이야.
② 기술 수준이 낮은 편이야.
③ 환경에 대한 규제가 느슨한 편이야.
④ 환경 문제에 대한 주민들의 저항이 높은 편이야.
⑤ 성장 위주의 경제 정책을 추진하는 경우가 많아.

10 지도는 석면 공장의 이동을 나타낸 것이다. 이에 대한 설명으로 적절한 것을 〈보기〉에서 고른 것은?

보기

ㄱ. 최근 우리나라는 석면 사용과 생산이 금지되었다.
ㄴ. 미국과 독일에는 낙후된 제조 설비가 그대로 있다.
ㄷ. 말레이시아는 일자리가 창출되는 효과가 나타난다.
ㄹ. 중국과 인도네시아에서는 석면 공장 설립에 대한 저항이 커서 어려움을 겪고 있다.

① ㄱ, ㄴ　　② ㄱ, ㄷ　　③ ㄴ, ㄷ
④ ㄴ, ㄹ　　⑤ ㄷ, ㄹ

11 그림의 ㉠과 관련된 설명으로 옳지 <u>않은</u> 것은?

① 대부분 선진국에서 배출되는 경우가 많다.
② 금속 자원을 채취해 경제적 이익을 얻을 수 있다.
③ 유독 물질이 배출되어 주민들의 건강을 위협한다.
④ 전자 제품의 사용 주기가 짧아지면서 배출이 늘어났다.
⑤ 이동을 통해 개발 도상국의 환경 오염 부담을 감소시킨다.

12 다음 글에 해당하는 국제 협약으로 옳은 것은?

> 유해 폐기물에 대한 국제적 이동의 통제와 규제를 목적으로 1989년 체결되었다. 이후 각국은 유해 폐기물이 발생한 장소와 가까운 곳에서 이를 처리해야 한다.

① 바젤 협약　　② 람사르 협약
③ 교토 의정서　　④ 사막화 방지 협약
⑤ 기후 변화 협약

13 다음 현상과 관련된 옳은 설명을 〈보기〉에서 고른 것은?

> 과거 유럽에서 소비되던 장미는 대부분 네덜란드에서 재배되었으나, 여러 가지 이유로 최근 아프리카 케냐 등지로 생산지가 이동했다. 케냐 남서부 나이바샤 호수 근처에는 대규모 장미 농장이 들어서 있다.

┤ 보기 ├
ㄱ. 값싼 노동력 확보를 위해 많은 농장들이 케냐로 이전했다.
ㄴ. 케냐는 화훼 농장의 일자리가 감소해 주민 소득이 줄어들 수 있다.
ㄷ. 케냐 나이바샤 호수 근처는 수질 오염과 토양 오염이 발생할 수 있다.
ㄹ. 케냐는 환경 기준이 강화되어 지속 가능한 농업의 실천이 가능해졌다.

① ㄱ, ㄴ ② ㄱ, ㄷ ③ ㄴ, ㄷ
④ ㄴ, ㄹ ⑤ ㄷ, ㄹ

14 다음과 같은 사례들의 공통점으로 가장 적절한 것은?

> • 아마존 열대림 개발 문제
> • 원자력 발전소 건설 문제
> • 국립 공원 케이블카 설치를 둘러싼 문제

① 기후 변화로 나타나는 지역 문제이다.
② 자연적 원인에 의해 발생한 환경 문제이다.
③ 자기 지역의 이익과 행복만을 추구하고 있다.
④ 원인과 해결 방안에 대한 견해가 서로 다르다.
⑤ 선진국과 개발 도상국 간에 발생하는 문제이다.

15 다음과 같은 농산물에 대한 설명으로 옳지 <u>않은</u> 것은?

> • 잡초에 강한 옥수수
> • 카페인이 제거된 커피
> • 잘 무르지 않는 토마토

① 적은 비용으로 많은 농산물을 얻을 수 있다.
② 재배 과정에서 생물 다양성을 훼손할 수 있다.
③ 인체의 유해성 여부가 명확하게 밝혀지지 않았다.
④ 농약 사용량이 늘어나 환경에 나쁜 영향을 미칠 수 있다.
⑤ 수확량이 많아져 식량 부족 문제 해결에 기여할 수 있다.

16 로컬 푸드 운동의 효과로 적절한 것을 〈보기〉에서 고른 것은?

┤ 보기 ├
ㄱ. 먹을거리의 신선도와 안전성이 확보된다.
ㄴ. 특정 영양소가 강화되어 품질이 우수하다.
ㄷ. 생산자들도 안정적인 소득을 보장받을 수 있다.
ㄹ. 푸드 마일리지가 높아 환경에 대한 부담을 줄여준다.

① ㄱ, ㄴ ② ㄱ, ㄷ ③ ㄴ, ㄷ
④ ㄴ, ㄹ ⑤ ㄷ, ㄹ

17 다음 생활 수칙과 관련 있는 환경 문제의 원인으로 보기 <u>어려운</u> 것은?

〈주의보 발령 시 생활 수칙〉

▲ 장시간 실외 활동 자제   ▲ 외출 시 마스크 착용

① 건설 현장의 날림 먼지
② 노후 경유차의 배기가스
③ 갯벌 매립을 통한 간척 사업
④ 흙먼지와 식물 꽃가루의 영향
⑤ 화력 발전소에서 배출되는 매연

18 교사의 질문에 대한 학생의 대답으로 옳지 <u>않은</u> 것은?

쓰레기 문제를 해결할 수 있는 대책으로 무엇이 있을까요?

① 쓰레기 종량제를 실시합니다.
② 쓰레기 소각장을 증가시킵니다.
③ 쓰레기 분리배출을 의무화합니다.
④ 쓰레기를 친환경적으로 처리합니다.
⑤ 일회용품과 포장재의 사용을 줄여 나갑니다.

01 그래프는 지구의 평균 기온 변화를 나타낸 것이다. 이와 같은 현상을 부르는 명칭을 쓰고, 이로 인해 예상되는 문제점을 기상 이변과 생태계의 변화 측면에서 서술하시오.

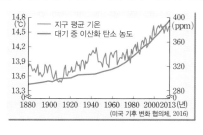

02 지도는 전자 쓰레기의 국제 이동을 나타낸 것이다. 전자 쓰레기의 주된 이동 방향과 그 원인을 선진국과 개발 도상국 측면에서 쓰고, 유입 지역에서 나타날 수 있는 문제점을 서술하시오.

03 유전자 재조합 농산물에 대해 각자의 입장에서 서로 다른 의견을 제시할 수 있다. 기업가, 환경 단체 회원, 생산자, 소비자의 입장에서 제시할 수 있는 의견을 각각 비교하여 서술하고, 유전자 재조합 농산물에 대한 본인의 생각을 150자 이내로 논술하시오.

▲기업가 ▲환경 단체 회원 ▲생산자 ▲소비자

대단원 개념 채우기

01 우리나라의 영역과 독도의 중요성

❶ 우리나라의 영역

영역	의미	한 나라의 주권이 미치는 범위로 영토, 영해, 영공으로 구성됨
	특성	국가의 기본 조건이자 국민의 생활 공간이므로 보호해야 함
	구성	• ❶□□: 국가에 속한 육지로 섬을 포함함, 영해와 영공을 설정하는 기준임 • 영해: 영토 주변의 바다로, 영해 설정의 기준선인 기선으로부터 ❷□□해리임, 내륙국은 영해가 없음 • ❸□□: 영토와 영해의 상공, 일반적으로 대기권 내로 그 범위를 제한함
우리나라 영역의 범위	영토	• 한반도와 그 주변의 섬들로 구성됨 • 우리나라 영토의 총면적은 약 22.3만 km²이며, 남한의 면적은 약 10만 km²임 • 갯벌을 메우는 간척 사업으로 영토가 조금씩 넓어짐
	영해	• 동해안, 제주도, 울릉도, 독도 등은 인접한 섬이 없고 해안선이 단조롭기 때문에 최저 조위선을 기준으로 하는 ❹□□ □□을 적용함 • 서해안과 남해안은 섬이 많고 해안선이 복잡하기 때문에 가장 외곽에 있는 섬을 연결한 ❺□□ □□을 적용함 • 대한 해협은 일본과 거리가 가깝기 때문에 예외적으로 직선 기선에서 3해리까지만 영해로 설정됨
	영공	• 우리나라 영토와 영해의 상공임 • 최근 항공 교통과 우주 산업의 발달로 그 중요성이 커지고 있음
배타적 경제 수역	의미	연안국이 바다에 대한 ❻□□적 권리를 갖는 수역임
	범위	영해를 설정한 기선으로부터 200해리까지의 바다 중 ❼□□를 제외한 수역
	특징	• 수산·광물·에너지 자원 등의 해양 자원 활용, 시설물 설치 등에 관한 권리를 가짐 • 경제적 목적이 없다면 다른 국가의 선박이나 항공기의 통행, 케이블 설치 등은 가능

❷ 독도의 중요성

독도의 특징	위치	경상북도 울릉군에 속하는 섬으로, 우리나라 가장 ❽□쪽 끝에 위치
	자연 환경	• 해저 용암 분출로 형성된 화산섬 • 동도와 서도 등 2개의 큰 섬과 89개의 작은 섬으로 이루어져 있음
독도의 가치	위치· 영역적 가치	• 해상 교통과 항공 교통의 ❾□□□ • 영해와 배타적 경제 수역 설정에 중요한 기준점 • 태평양을 향한 해상 전진 기지이자 군사적 요충지
	경제적 가치	• 한류와 난류가 만나 ❿□□ □□을 형성하여 어족 자원이 풍부함 • 메탄 하이드레이트와 해양 ⓫□□□ 등 풍부한 자원 매장
	환경· 생태적 가치	• 독도 전체가 ⓬□□ □□ 구역으로 지정될 만큼 다양한 동식물의 서식지 • 해저 ⓭□□의 형성과 진화 과정을 살펴볼 수 있는 세계적인 지질 유적
독도는 우리땅	고지도 와 고문헌 속 독도	•『세종실록지리지』(1454)에 "우산(독도)과 무릉(울릉도) 두 섬이 울진현의 정동쪽 바다에 있다. 두 섬은 거리가 멀지 않아 날씨가 맑으면 서로 바라볼 수 있다"라고 기록됨 •『신증동국여지승람』(1531)의 ⓮「□□□□」에 우산도(독도)가 표기됨

02 세계화 시대의 지역화 전략

❶ 세계화 시대의 지역화

지역과 지역성	지역	다른 곳과 구분되는 지표상의 공간적 범위
	지역성	지역의 자연환경과 그곳에서 거주해 온 주민이 오랜 시간에 걸쳐 상호 작용하며 형성된 것으로, 다른 지역과 구별되는 특성
지역화	의미	특정 지역의 차별화된 ⓯□□□을 세계로 알리는 현상
	배경	세계화로 지역 간 교류가 활발해지면서 경쟁이 치열해짐

❷ 지역화 전략

지역화 전략	의미	경제적·문화적 관점에서 지역의 경쟁력을 높이기 위해 해당 지역의 지역성을 상품화하고 홍보하는 전략
	효과	• 지역의 긍정적 이미지를 강화하거나 부정적 이미지를 긍정적 이미지로 전환 • 지역 주민들이 지역 정체성을 형성하고 자긍심을 증진함 • 관광 산업의 발달, 기업 유치로 인한 일자리 창출, 지역 상품과 서비스의 판매량 증가 등으로 ❶□□ □□ 활성화
지역화 전략의 종류	❷□□□□	해당 지역을 상징하는 로고, 슬로건, 캐릭터 등을 만들어 지역 그 자체 또는 지역의 상품과 서비스 등을 소비자에게 특별한 브랜드로 인식시키는 전략
	장소 마케팅	• 특정 장소를 하나의 상품으로 인식하고, 상품의 가치를 높이는 전략 • 특정 장소가 지닌 유형·무형의 자산이나 고유한 특성을 발굴한 뒤, 이를 해당 지역의 이미지로 만들어 홍보하고 판매함 • 지역 ❸□□를 개최하고 박물관을 개관하며, ❹□□□□를 이용해 지역을 홍보하는 활동 등이 대표적임
	지리적 표시제	특산품의 품질과 특성이 근본적으로 해당 지역에서 비롯된 경우, 국가가 해당 지역의 이름을 ❺□□□으로 인정해 주는 제도

03 우리나라의 위치와 통일의 중요성

❶ 우리나라의 위치 특성

위치의 지리적 장점	• 유라시아 대륙과 태평양을 연결하는 ❻□□□ • 성장 중인 동아시아의 교통의 요지에 위치하고 있어 여러 지역과의 교류에 유리함
분단으로 인한 한계점	• 남북 분단으로 한반도의 위치적 장점을 활용하지 못함 • 분단 이후 남한은 대륙 진출에 어려움, 북한은 해양 진출에 어려움을 겪음, 국토 공간의 ❼□□□이 심화되고 있음

❷ 국토 통일의 필요성

분단의 문제점	국내 문제	• 군사적 대립과 갈등으로 군사비 지출이 과도함 • 오랜 시간 교류가 단절되어 문화적 ❽□□□이 심화되고 민족 동질성이 약화됨 • ❾□□□□과 실향민이 발생하였고, 고령화로 생존자가 감소하고 있음
	국제 문제	• 국가의 신용이 낮게 평가되어 경제 발전과 국가 위상에 부정적임 • 세계 ❿□□와 국제 정세에 불안 요인
통일의 장점	위치 측면	• 한반도 위치의 지리적 장점과 잠재력을 극대화할 수 있음 • 유라시아 대륙과 태평양을 연결하는 ⓫□□□□의 핵심지로 성장 가능함
	경제 측면	• 남한의 기술과 자본, 북한의 천연자원과 노동력을 결합하여 성장 • 소모적인 ⓬□□ □□이 경제 개발과 복지 비용으로 사용되면서 삶의 질 향상 • 시장 규모가 커지며 다양한 일자리가 창출되고 생산성이 높아짐
	정치 측면	• 동북아시아의 긴장감을 해소하여 세계 평화에 이바지 • 증가된 인구와 경제 규모로 국제 사회에서의 위상이 높아짐
	사회 문화 측면	• 이산가족과 북한 이탈 주민의 아픔 치유 • 북한의 기아와 인권 문제 해결 • 역사적 정체성 회복과 ⓭□□ 공동체 건설
통일 이후의 변화		• 거주·경제·여가의 생활권이 확대되며 개개인에게 보다 풍요로운 기회 제공 • 분단으로 인해 왜곡되었던 국토 공간의 균형 있는 개발 가능 • 통일 후 총인구는 약 7,500만 명 이상으로 증가하고, 면적도 2배로 넓어짐 • 65세 이상 인구 비중 감소, 경제 활동 인구 비중 증가 ➡ 저출산·고령화로 인한 노동력 부족 문제 완화 • 남북 문화 통합 전문가, 광물 자원 전문가, 환경 컨설턴트 등 새로운 직업들이 생겨나고 북한 지역 개발에 따른 일자리 증가 • 비무장 지대, 고구려 유적, 백두산, 금강산 등 국내 ⓮□□ 자원 증대로 인한 경제 활성화 • 통일 한국 단일 스포츠팀, 공동 국어사전 편찬, 다양한 문화 이벤트 등을 통해 민족 공동체성 회복 • 육로를 이용해 ⓯□□□□□ 대륙으로의 물자 수송 비용이 감소할 뿐만 아니라 육로를 통한 여행도 가능

01 그림에 표시된 ㉠~㉣에 대한 옳은 설명을 〈보기〉에서 고른 것은?

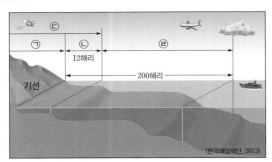

(한국해양재단, 2013)

┤ 보기 ├
ㄱ. ㉠은 ㉡, ㉢의 범위를 설정하는 기준이 된다.
ㄴ. ㉡은 배타적 경제 수역이다.
ㄷ. ㉢은 우주 산업과 항공 교통의 발달로 점차 중요해지고 있다.
ㄹ. ㉣은 연안국의 허가 없이 모든 국가가 어업 활동을 할 수 있는 수역이다.

① ㄱ, ㄴ   ② ㄱ, ㄷ   ③ ㄴ, ㄷ
④ ㄴ, ㄹ   ⑤ ㄷ, ㄹ

02 ㉠, ㉡에 대한 옳은 설명을 〈보기〉에서 고른 것은?

(㉠)은(는) 한 나라의 주권이 미치는 범위로, 영토, (㉡), 영공으로 구성된다.

┤ 보기 ├
ㄱ. ㉠은 영해이다.
ㄴ. ㉠은 국민의 생활 공간이다.
ㄷ. ㉡은 배타적 경제 수역을 포함하지 않는다.
ㄹ. ㉡은 한반도와 그 주변의 섬들로 구성된다.

① ㄱ, ㄴ   ② ㄱ, ㄷ   ③ ㄴ, ㄷ
④ ㄴ, ㄹ   ⑤ ㄷ, ㄹ

03 우리나라 영해를 설정하는 기선에 대한 설명으로 옳은 것은?
① 제주도는 직선 기선을 적용한다.
② 서해안은 통상 기선을 적용한다.
③ 동해안의 기선은 최저 조위선이다.
④ 독도의 영해는 200해리로 설정한다.
⑤ 대한 해협의 영해는 12해리로 설정한다.

04 ㉠, ㉡에 들어갈 용어를 바르게 연결한 것은?

• (㉠)는 울릉도에서 동남쪽으로 87.4km 떨어진 곳에 위치한 섬으로, 512년 신라 장군 이사부가 우산국을 신라의 영토로 편입한 후 우리나라 영토로 관리되고 있다.
• (㉡)는 우리나라 최남단인 마라도에서 남서쪽으로 149km 정도 떨어진 곳에 위치한다. (㉡)는 바다 표면으로부터 약 4.6m 아래에 잠겨 있는 수중 암초로, 가장 가까운 섬(유인도)은 우리나라의 마라도이므로 국제법상 우리나라의 배타적 경제 수역에 포함된다.

	㉠	㉡
①	독도	거제도
②	독도	이어도
③	독도	제주도
④	마안도	이어도
⑤	마안도	제주도

05 지도에 대한 옳은 설명을 〈보기〉에서 고른 것은?

(국토 교통부)

┤ 보기 ├
ㄱ. 우리나라는 배타적 경제 수역을 선포하고 있다.
ㄴ. 대한민국 배타적 경제 수역은 우리나라 영해에 해당한다.
ㄷ. 한·일 중간 수역은 한국과 일본이 수산 자원을 공동으로 관리한다.
ㄹ. 한·중 잠정 조치 수역은 수산 자원을 보호하기 위해 어업 활동이 금지되어 있다.

① ㄱ, ㄴ   ② ㄱ, ㄷ   ③ ㄴ, ㄷ
④ ㄴ, ㄹ   ⑤ ㄷ, ㄹ

06 지도에 표시된 ㉠~㉣에 대한 옳은 설명을 〈보기〉에서 고른 것은?

| 보기 |
ㄱ. ㉠은 우리나라 최북단이다.
ㄴ. ㉡은 함경북도 온성군 유원진이다.
ㄷ. ㉢은 울릉도다.
ㄹ. ㉣의 상공은 우리나라 영공이다.

① ㄱ, ㄴ
② ㄱ, ㄷ
③ ㄴ, ㄷ
④ ㄴ, ㄹ
⑤ ㄷ, ㄹ

07 ㉠에 들어갈 말로 가장 적절한 것은?

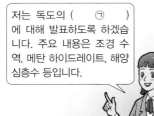

저는 독도의 (㉠)에 대해 발표하도록 하겠습니다. 주요 내용은 조경 수역, 메탄 하이드레이트, 해양 심층수 등입니다.

① 경제적 가치　　② 문화적 가치　　③ 생태적 가치
④ 영역적 가치　　⑤ 정치적 가치

08 ㉠에 들어갈 용어로 옳은 것은?

(㉠)은(는) 지역 축제를 개최하고 박물관을 개관하며, 랜드마크를 이용해 지역을 홍보하는 활동 등이 대표적이다.

① 슬로건　　　　　　② 장소 마케팅
③ 지역 브랜드　　　　④ 지리적 표시제
⑤ 기초 지방 자치 단체

09 ㉠에 대한 옳은 설명을 〈보기〉에서 고른 것은?

지역성은 지역의 자연환경과 그곳에서 거주해 온 주민이 오랜 시간에 걸쳐 상호 작용하며 형성된 것으로, 다른 지역과 구별되는 특성이다. (㉠)은(는) 특정 지역의 차별화된 지역성을 세계로 알리는 현상이다.

| 보기 |
ㄱ. 각 지역들의 개성이 사라지고 있다.
ㄴ. 지역이 아닌 국가가 세계 정치·경제의 주체가 되고 있다.
ㄷ. 각 지역은 경쟁력 있는 지역성을 발굴하여 지역의 가치를 높이려고 한다.
ㄹ. 고유한 특성을 살리면서 보편적인 세계 문화와 조화를 이루어 지역 경쟁력을 높이려고 한다.

① ㄱ, ㄴ　　　　② ㄱ, ㄷ　　　　③ ㄴ, ㄷ
④ ㄴ, ㄹ　　　　⑤ ㄷ, ㄹ

10 지도는 우리나라의 지역 축제를 나타낸 것이다. 지역 축제가 포함된 지역화 전략에 대한 옳은 설명을 〈보기〉에서 고른 것은?

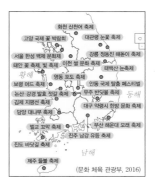

| 보기 |
ㄱ. 보성에서 가장 먼저 시작하였다.
ㄴ. 지역 주민들에게 자긍심을 갖게 한다.
ㄷ. 다양한 지역 문화를 획일화하려는 데 목적이 있다.
ㄹ. 지역의 자연환경과 인문 환경을 기반으로 구축한 지역성을 홍보한다.

① ㄱ, ㄴ　　　　② ㄱ, ㄷ　　　　③ ㄴ, ㄷ
④ ㄴ, ㄹ　　　　⑤ ㄷ, ㄹ

11 다음과 같은 지역화 전략에 대한 설명으로 가장 적절한 것은?

① 다른 지역에서도 같은 이름의 제품을 생산할 수 있다.
② 소비자와 생산자 간의 온라인을 통한 직거래를 추구한다.
③ 환경 정비와 벽화 사업을 통해 관광 명소가 되기도 한다.
④ 지방 자치 단체에서는 지역 특화 산업으로의 육성을 피한다.
⑤ 특산품의 품질과 특성이 근본적으로 해당 지역에서 비롯된 경우 등록될 수 있다.

12 지도에 표시된 A 지역에 대한 옳은 설명을 〈보기〉에서 고른 것은?

┤ 보기 ├
ㄱ. 남한의 자본과 북한의 노동력을 결합한 공업 지대가 위치해 있다.
ㄴ. 군사 분계선을 기준으로 남북으로 각각 2km 범위에 설정한 완충 지대이다.
ㄷ. 남한 주민들과 북한 주민들이 함께 거주하며 특별한 지역 문화가 형성되어 있다.
ㄹ. 60여 년 동안 일반인의 출입이 엄격히 통제되어 자연 생태계가 잘 보존되어 있다.

① ㄱ, ㄴ   ② ㄱ, ㄷ   ③ ㄴ, ㄷ
④ ㄴ, ㄹ   ⑤ ㄷ, ㄹ

13 지도를 통해 알 수 있는 우리나라 위치의 지리적 장점에 대한 옳은 설명을 〈보기〉에서 고른 것은?

┤ 보기 ├
ㄱ. 인도양으로의 진출에 유리하다.
ㄴ. 유라시아 대륙에 연결된 반도국이다.
ㄷ. 주변 국가들에 비해 경제 규모가 크다.
ㄹ. 동아시아의 교통 요지에 위치하고 있다.

① ㄱ, ㄴ   ② ㄱ, ㄷ   ③ ㄴ, ㄷ
④ ㄴ, ㄹ   ⑤ ㄷ, ㄹ

14 통일 이후의 변화에 대한 옳은 설명을 〈보기〉에서 고른 것은?

┤ 보기 ├
ㄱ. 다양한 직업들이 새롭게 생겨날 것이다.
ㄴ. 국토의 효율적인 이용이 가능해질 것이다.
ㄷ. 통일 한국의 국내 총생산은 남한보다 감소할 것이다.
ㄹ. 통일 한국의 인구는 남한보다 2배 이상 증가할 것이다.

① ㄱ, ㄴ   ② ㄱ, ㄷ   ③ ㄴ, ㄷ
④ ㄴ, ㄹ   ⑤ ㄷ, ㄹ

15 지도를 보고 추론한 내용으로 옳은 것은?

◀ 통일 이후 연결될 교통망

① 통일 한국은 해양으로의 진출이 어려워질 것이다.
② 통일 한국은 중계 무역의 핵심지로 성장할 것이다.
③ 통일 한국은 주변 국가와의 교류가 축소될 것이다.
④ 통일 한국은 항공 교통 이용이 크게 증가할 것이다.
⑤ 통일 한국과 러시아 간의 화물 수송에서 선박이 차지하는 비중이 높아질 것이다.

대단원 서술형·논술형 문제

정답과 해설 | 121쪽

01 자료 A를 활용하여 독도의 위치적 특성을 서술하고, 자료 B를 활용하여 독도의 자연환경을 서술하시오.

자료 A

자료 B

----

02 지역 브랜드의 의미를 쓰고, 자료 A · 자료 B와 관련된 해당 지역의 특징을 서술하시오.

자료 A

자료 B

----

03 자료 A의 ㉠에 들어갈 대답을 자료 B와 자료 C를 참고하여 300자 이내로 논술하시오.

자료 A

- 갑: 독도는 명백한 우리나라의 영토입니다. 세종실록지리지, 신증동국여지승람의 팔도총도, 대한 제국 칙령 41조 등 우리나라의 많은 고지도나 고문헌들이 이를 증명하고 있습니다.
- 을: 하지만 독도가 우리나라 영토라는 증거는 우리나라 고문헌이나 고지도에만 나와 있는 것 아닙니까?
- 갑:(㉠)

자료 B

▲ 삼국접양지도(1785)

자료 C

▲ 대삼국지도(1802)

----

04 다음 용어들을 활용하여 위치적 측면, 경제적 측면, 정치적 측면, 사회·문화적 측면에서 통일의 필요성을 400자 이내로 논술하시오.

- 한반도
- 중계 무역
- 역사적 정체성
- 소모적인 분단 비용
- 이산가족
- 세계 평화
- 북한의 천연자원
- 국제 사회에서의 위상

대단원 개념 채우기

01 지구상의 다양한 지리적 문제

❶ 지구상의 지리적 문제

지리적 문제	의미	사람들이 살아가는 ❶□□에서 발생하는 문제
	원인	• 지역 간 경제 격차의 심화 • 서로 다른 문화 집단 간 충돌 • ❷□□을 둘러싼 이해관계 대립 • 환경 오염 물질의 이동

❷ 기아 문제와 생물 다양성 감소 문제

기아 문제	의미		주민들이 ❸□□ 부족으로 충분한 영양을 섭취하지 못하는 문제
	원인	자연적 요인	이상 기후, 자연재해, 농작물 병충해로 인한 식량 생산량 감소
		사회적 요인	잦은 분쟁, 급격한 인구 증가, ❹□□□□□의 유통량 조절로 인한 식량 공급 및 분배 문제 발생
	주요 지역		아프리카, 남아메리카, 남부 아시아 등 저개발 지역
생물 다양성 감소 문제	의미		생물 종이 멸종하고 유전자의 다양성과 생태계의 다양성이 감소하는 문제
	원인		• 도시 개발 및 농경지 확대로 인한 동식물 서식지 파괴 • 무분별한 남획, 환경 오염 및 기후 변화, 외래종의 침입으로 인한 개체 수의 감소 • 상품 작물 및 ❺□□□ 에너지 연료용 작물 재배로 인한 농작물 다양성 감소
	주요 지역		남아메리카의 아마존강 유역과 아프리카의 콩고강 유역, 인도네시아 등 ❻□□ □□ 지역

❸ 영역을 둘러싼 갈등

영역 갈등 발생	의미	영토, ❼□□, 영공의 주권을 두고 벌어지는 국가 사이의 분쟁
	원인	패권 경쟁, 역사적 배경, 모호한 ❽□□, 자원 확보를 통한 경제적 이익 등

영토 분쟁	카슈미르	인도는 영국으로부터 독립할 때 종교에 따라 인도(힌두교)와 파키스탄(이슬람교)으로 분리 독립함. 이슬람교 신자가 많은 카슈미르 지역이 인도에 포함되면서 갈등이 나타남
	이스라엘-팔레스타인	1948년 팔레스타인 지역에 유대교 국가인 이스라엘이 건국됨. ❾□□□교를 믿는 팔레스타인 사람들은 영토를 회복하기 위해 저항하며 갈등이 나타남
영해 갈등	❿□□ 군도	해상 교통의 요충지이자 천연자원이 풍부한 곳으로 중국, 필리핀, 베트남 등 여러 국가들 간 경제적 이권을 둘러싼 갈등이 나타남
	⓫□□ 열도	러시아가 실효적 지배 중이나, 일본이 영유권을 주장하며 러시아에게 반환을 요구함. 풍부한 어족 자원과 많은 양의 석유와 천연가스가 매장되어 있음
	⓬□□□ 열도	청·일 전쟁 이후 일본이 실효적으로 지배 중이나, 중국과 타이완이 불법 점령이라며 영유권을 주장함. 다량의 석유 매장, 해상 교통로 확보, 군사적 요충지 확보 등으로 갈등이 심화됨

02 저개발국의 발전 노력

❶ 발전 수준의 지역 차

선진국과 저개발국	선진국	의미	생활 수준과 삶의 질이 높은 국가
		지역	북서부 ⓭□□, 앵글로아메리카, 동아시아 등
	저개발국	의미	생활 수준과 삶의 질이 낮은 국가
		지역	아프리카, 라틴 아메리카, 남부 아시아 등
발전 수준 차이의 원인			• 산업화 시기의 차이 • 자원 보유량의 차이 • 선진국에게 유리한 ⓮□□ 구조
발전 수준 지표	선진국이 높은 지표		1인당 국내 ⓯□□□, 인간 개발 지수, 행복 지수, 기대 교육 연한, 인터넷 이용자 비율, 평균 수명 등
	저개발국이 높은 지표		성 불평등 지수, 영아 사망률, 교사 1인당 학생 수, 부패 지수 등

❷ 저개발국의 빈곤을 극복하기 위한 자체적 노력

다양한 노력	• 교육의 기회를 확대하고 교육 활동에 대한 투자 증진 • 자연환경과 노동력을 활용하여 관광 산업을 육성함 • 기반 산업을 발전시켜 안정적인 일자리 창출을 위해 노력함 • 관개 시설을 확충하고 수확량이 많은 품종을 개발해 식량 생산량을 증진함 • 일상생활에서 겪는 어려움을 해결하기 위해 지역 특성에 맞는 ❶□□ □□ 제품을 도입함 • 외국 자본의 유치를 적극적으로 추진하여 도로, 전력, 통신 등 ❷□□ □□ 시설을 확충함 • 선진국들의 자본에 대응하기 위해 저개발국의 공동 발전을 위한 경제 ❸□□ 체제를 구축함

성과와 한계	성과	• 신흥 공업국 등 기반 산업의 성장과 수출 증대로 경제 발전을 이룩한 국가들이 등장함 • 2009 ~ 2013년 동안 저개발국의 연평균 경제 성장률이 선진국보다 다소 높게 나타남
	한계	• 경제 성장에 필요한 기본적인 자본과 기술이 부족함 • ❹□□□의 수는 1971년 25개국에서 2014년 48개국으로 증가함 • 불평등한 세계 경제 체제 속에서 선진국의 다국적 기업의 영향을 크게 받음 • 뒤늦게 산업화가 이루어지면서 과거 선진국들이 겪었던 각종 사회 문제를 급속히 경험함 • 정치적으로 불안정하여 지속적인 정책 수행이 어려우며, 인구의 급증으로 식량이 부족함

---

03 지역 간 불평등 완화 노력

❶ 국제기구의 노력

국제 연합	역할	• 국제 평화와 안전의 유지, 인권 및 자유 확보 • 다양한 세계 문제에 개입, ❺□□□ 개발 목표, ❻□□ □□ 발전 목표 등을 수립함
	산하 기구	세계 보건 기구(WHO) 국제 연합 난민 기구(UNHCR) 세계 식량 계획(WFP) 국제 연합 평화 유지군(PKF) 국제 연합 ❼□□ 기금(UNICEF)

공적 개발 원조	의미	선진국의 정부를 비롯한 공공 기관이 저개발국의 ❽□□ 발전 및 복지 증진을 목적으로 저개발국이나 국제기구에 지원하는 제도
	특징	• 자금, 경험, 기술 등 저개발국에 지원하는 공적 개발 원조 총량은 지속적으로 증가하고 있음 • 과거 식량, 물품, 의료 등의 단기적 지원에서 사회 기반 시설 구축 등의 장기적 지원으로 변해가고 있음
	한계	• 선진국의 원조에 ❾□□하는 경향이 커지게 되어 지역의 자립성이 낮아질 수 있음 • ❿□□□□ 및 정치적 불안정으로 구호 물품이 도달하지 않을 수 있음 • 국제적 이해관계, 자연재해 등에 의해 장기적·안정적 지원이 어려움

❷ 시민 사회의 노력

국제 비정부 기구의 노력	의미	시민들의 자발적인 참여와 모금으로 구성된 비영리 ⓫□□ □□가 운영하는 비정부 조직
	특징	• 저개발 지역의 현실을 시민들에게 알리고, 저개발 지역 주민들을 돕는 다양한 기회를 제공함 • 국가 간의 이해관계를 넘어 인도주의적 차원에서 지속적인 활동을 할 수 있음
	사례	국경 없는 의사회, 옥스팜, 그린피스, 키바 등

공정 무역	의미	기존 ⓬□□□한 무역 체제에 대한 대안으로, 저개발국 노동자에게 정당한 이익이 분배되도록 하는 윤리적인 무역 방식
	특징	• 플랜테이션 작물, 수공예품 등 • ⓭□□ 유통 상인의 개입을 줄여 유통 비용을 낮춤 • 생산자의 건강한 노동 환경과 정당한 임금을 보장하고, 경제적 자립을 지원함 • ⓮□□□ 방식의 생산으로 지구 환경 보호에 기여하고 소비자에게 신뢰를 줌 • 공정 무역으로 인한 수익 중 일부는 기술 개발과 기반 시설 확충에 투자됨
	한계	• 다국적 기업의 상품에 밀려 시장 확보에 어려움을 겪음 • 가격이 다소 비싸고, 판매하는 상점이 부족함 • 선진국 소비자의 선심과 경제적 여력에 의존할 수밖에 없음

대단원 종합 문제

XII. 더불어 사는 세계

01 ㉠에 대한 설명으로 옳지 않은 것은?

> 지구상에서는 크고 작은 문제가 끊임없이 발생한다. 인류 번영을 가로막고, 인류가 함께 고민해야 하는 ㉠지리적 문제로는 기아 문제, 생물 다양성 감소 문제 등이 있다.

① 영역 분쟁이 포함된다.
② 지역 간 경제 격차 완화도 하나의 원인이다.
③ 사람들이 살아가는 공간에서 발생하는 문제이다.
④ 공간에서 발생하는 문제이므로 해당 지역의 특징이 반영된다.
⑤ 지역 간 상호 작용으로 특정 지역의 문제가 다른 지역의 문제와 연결된다.

02 지도에 대한 옳은 설명을 〈보기〉에서 고른 것은?

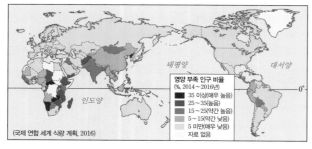

영양 부족 인구 비율
(%, 2014~2016년)
■ 35 이상(매우 높음)
■ 25~35(높음)
■ 15~25(약간 높음)
□ 5~15(약간 낮음)
□ 5 미만(매우 낮음)
□ 자료 없음

(국제 연합 세계 식량 계획, 2016)

| 보기 |
ㄱ. 선진국의 비율이 높다.
ㄴ. 남부 아시아의 비율이 높은 편이다.
ㄷ. 지역 분쟁이 적은 지역의 비율이 높다.
ㄹ. 인구가 빠르게 증가하는 지역의 비율이 높다.

① ㄱ, ㄴ   ② ㄱ, ㄷ   ③ ㄴ, ㄷ
④ ㄴ, ㄹ   ⑤ ㄷ, ㄹ

03 그림에 제시된 문제에 대한 설명으로 옳은 것은?

2050년
현 추세 유지 시 추가적으로 약 10% 감소
2010년
생물 종 11% 감소
1970년

① 고위도 지역이 주요 발생 지역이다.
② 농경지가 확대되면 문제가 완화된다.
③ 인간이 이용 가능한 생물 자원의 수가 증가한다.
④ 열대 우림 개발은 문제 해결에 긍정적인 영향을 미친다.
⑤ 유전자의 다양성과 생태계의 다양성이 감소하는 문제다.

[04~05] 다음 지도를 보고 물음에 답하시오.

★ 분쟁 지역

(한국 국방 연구원, 2016)   ★ 포클랜드 분쟁

04 다음 글에서 설명하고 있는 영역 갈등 지역을 지도에서 고른 것은?

> 러·일 전쟁 후 일본이 차지하였으나, 제2차 세계 대전 후 소련이 차지하였다. 그 후 일본이 영유권을 주장하며 러시아에 반환을 요구하고 있다. 이곳에는 풍부한 어족 자원과 많은 양의 석유와 천연가스가 매장되어 있다.

① A   ② B   ③ C   ④ D   ⑤ E

05 지도의 F 지역에 대한 설명으로 옳은 것은?

① 해상 자원을 둘러싼 갈등이다.
② 유전 개발을 둘러싸고 대립이 심해졌다.
③ 유대교 주민과 이슬람교 주민 간의 갈등이다.
④ 파키스탄과 아프가니스탄 간의 갈등 지역이다.
⑤ 영국으로부터 분리 독립하는 과정에서 갈등이 발생하였다.

06 영역 갈등이 발생하는 원인으로 적절한 것을 〈보기〉에서 고른 것은?

┤보기├
ㄱ. 패권 경쟁
ㄴ. 자원의 확보
ㄷ. 종교의 유사성
ㄹ. 생물 다양성 감소

① ㄱ, ㄴ   ② ㄱ, ㄷ   ③ ㄴ, ㄷ
④ ㄴ, ㄹ   ⑤ ㄷ, ㄹ

07 지도에서 주로 저개발국이 위치한 지역은?

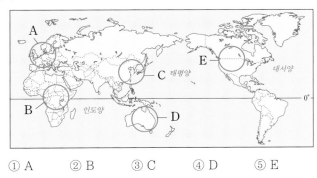

① A   ② B   ③ C   ④ D   ⑤ E

08 다음은 학생이 작성한 보고서의 일부이다. 보고서의 주제로 가장 적절한 것은?

• 주제: (   )
• 사례 지역 1: 르완다
종족 간의 학살로 인한 아픔을 극복하기 위해 공동체 교육을 강화하고, 종족 간 차별을 엄격하게 금지함, 공직 선거 후보자 중 30%를 여성에게 할당함
• 사례 지역: 볼리비아
천연자원을 국유화하여 국가의 재정을 늘렸으며, 이익을 저소득층에게 돌려주고 사회 복지 정책을 강화함

① 국제 비정부 기구의 저개발국 지원
② 아프리카 국가들의 빈곤 극복 노력
③ 기아 문제 해결을 위한 선진국의 원조
④ 빈곤 극복을 위한 저개발국의 자체적 노력
⑤ 불평등 문제 해결을 위한 국제기구의 노력

[09~10] 다음 지도를 보고 물음에 답하시오.

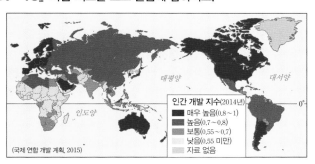

09 지도에 대한 옳은 설명을 〈보기〉에서 고른 것은?

┤보기├
ㄱ. 아프리카는 수치가 낮은 국가가 비교적 많다.
ㄴ. 수치가 낮을수록 1인당 국내 총생산은 높다.
ㄷ. 국제 연합 개발 계획에서 매년 측정하여 발표한다.
ㄹ. 수치가 높은 지역은 영아 사망률이 높게 나타난다.

① ㄱ, ㄴ   ② ㄱ, ㄷ   ③ ㄴ, ㄷ
④ ㄴ, ㄹ   ⑤ ㄷ, ㄹ

10 지도와 비슷한 분포를 보이는 지표를 〈보기〉에서 고른 것은?

┤보기├
ㄱ. 부패 지수
ㄴ. 평균 수명
ㄷ. 성 불평등 지수
ㄹ. 1인당 국내 총생산

① ㄱ, ㄴ   ② ㄱ, ㄷ   ③ ㄴ, ㄷ
④ ㄴ, ㄹ   ⑤ ㄷ, ㄹ

11 저개발국의 빈곤 극복 노력에 대한 옳은 설명을 〈보기〉에서 고른 것은?

┤보기├
ㄱ. 1971년보다 2014년에 최빈국이 감소하였다.
ㄴ. 자연환경을 바탕으로 관광 산업을 육성하기도 한다.
ㄷ. 저출산을 극복하기 위한 출산 장려 정책을 추진한다.
ㄹ. 불평등한 세계 경제 체제 속에서 선진국의 영향을 크게 받는다는 한계점이 있다.

① ㄱ, ㄴ   ② ㄱ, ㄷ   ③ ㄴ, ㄷ
④ ㄴ, ㄹ   ⑤ ㄷ, ㄹ

12 학생의 발표 내용 중 옳지 않은 것은?

저는 국제 연합(UN)에 대해 발표하도록 하겠습니다. 국제 연합(UN)은 대표적인 ㉠ 정부 간 국제기구로, 2019년 193개국이 가입되어 있습니다. 국제 연합은 국제 평화와 안전의 유지, ㉡ 인권 및 자유 확보를 목적으로 합니다. 국제 연합은 다양한 세계 문제에 개입하며 ㉢ 지속 가능 발전 목표 등을 수립하였습니다. 국제 연합 ㉣ 산하에는 다양한 전문 기구들이 있습니다. 저개발국을 위해 소액 신용 대출을 해주는 ㉤ 키바도 국제 연합의 전문 기구에 포함됩니다.

① ㉠   ② ㉡   ③ ㉢   ④ ㉣   ⑤ ㉤

13 ㉠, ㉡에 들어갈 학생의 대답으로 적절하지 않은 것은?

• 교사: 공정 무역의 장점은 무엇인가요?
• 학생: (㉠   )
• 교사: 공정 무역의 한계점은 무엇인가요?
• 학생: (㉡   )

① ㉠: 지역 간 불평등을 완화할 수 있어요.
② ㉠: 일반 무역보다 중간 유통 상인의 더 많은 이익을 보장해요.
③ ㉠: 수익 중 일부는 저개발국의 기술 개발과 기반 시설 확충에 투자될 수 있어요.
④ ㉡: 다양한 조건을 만족시키다 보니 가격이 다소 비싸고, 판매하는 상점이 부족해요.
⑤ ㉡: 일부 기업들이 부정적 이미지를 개선하기 위한 홍보 수단으로만 이용하는 경우도 있어요.

14 지도는 공적 개발 원조를 하는 국가와 받는 국가를 나타낸 것이다. 공적 개발 원조에 대한 옳은 설명을 〈보기〉에서 고른 것은?

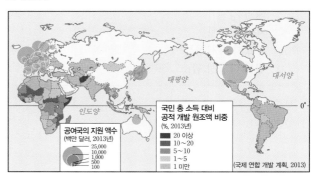

┤보기├
ㄱ. 현재 우리나라는 공적 개발 원조 수혜국이다.
ㄴ. 선진국이 지원하고 저개발국이 지원을 받는다.
ㄷ. 국제 발전 원조 총량은 지속적으로 감소하고 있다.
ㄹ. 식량, 물품 등의 단기적 지원에서 사회 기반 시설 구축, 기술 교육 등의 장기적 지원으로 변해가고 있다.

① ㄱ, ㄴ   ② ㄱ, ㄷ   ③ ㄴ, ㄷ
④ ㄴ, ㄹ   ⑤ ㄷ, ㄹ

15 ㉠, ㉡에 들어갈 기관을 바르게 연결한 것은?

• (㉠   )은(는) 개방된 시장 경제와 다원적 민주주의라는 가치관을 공유하는 국가 간 경제·사회 정책 협의체이다. 주로 선진국이 가입되어 있다.
• (㉡   )은(는) 농가와 농촌 공동체가 토지를 구매할 수 있도록 낮은 이자로 돈을 빌려주는 단체이다. 또한 작물 재배 방법, 생산성을 높이는 방법, 효과적인 지역 공동체 운영 방법 등을 교육하여 농촌의 지속 가능한 발전에 도움을 준다.

	㉠	㉡
①	개발 원조 위원회(DAC)	옥스팜
②	개발 원조 위원회(DAC)	아그로스 인터내셔널
③	한국 국제 협력단(KOICA)	옥스팜
④	경제 협력 개발 기구(OECD)	아그로스 인터내셔널
⑤	경제 협력 개발 기구(OECD)	국경 없는 의사회

대단원 서술형·논술형 문제

정답과 해설 | 124쪽

01 생물 다양성 감소 문제를 정의하고, 원인을 서술하시오. 그리고 지도를 바탕으로 생물 다양성 감소 문제의 주요 발생 지역을 서술하시오.

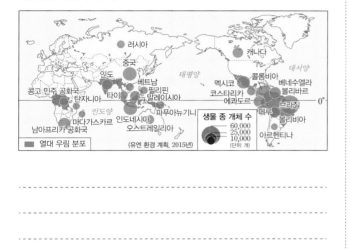

03 공정 무역을 정의하고, 지도를 참고로 공정 무역 제품의 생산 국가와 소비 국가의 특징을 분석하시오. 또한, 공정 무역이 생산자와 소비자에게 주는 효과를 400자 이내로 논술하시오.

▲ 공정 무역 제품의 주요 생산 국가와 소비 국가

02 지도의 지표를 정의하고, 지도와 관련된 지리적 문제를 해결하기 위한 저개발국의 노력 사례를 한 가지만 서술하시오.

04 ㉠에 해당하는 내용을 쓰고, 일상생활 속 실천 방안 두 가지를 300자 이내로 논술하시오.

> 오늘날 우리의 삶의 공간이 전 지구로 확대되고 국가 간·지역 간 상호 의존성이 높아지고 있다. 기아 문제, 생물 다양성 감소 문제, 영역 분쟁, 환경 문제 등 지구의 모든 시민들이 함께 협력해야 할 문제들이 많아지고 있다. 이러한 문제를 해결하기 위해서는 ㉠세계 시민의 자세가 필요하다.

XII. 더불어 사는 세계 ● **75**

Memo

Memo

Memo

Memo

Memo

EBS 중학

뉴런

| 사회 ② |

정답과 해설 [개념책]

I. 인권과 헌법

01 인권 보장과 기본권

개념 다지기　본문 10쪽

01 (1) 인권 (2) 헌법 (3) 천부인권 (4) 청구권 (5) 공무담임권
02 (1) × (2) ○ (3) × (4) ○
03 (1) ⓔ (2) ⓜ (3) ⓒ (4) ⓘ (5) ⓛ　　**04** ㄴ, ㄹ　　**05** 법률
06 자유권　　**07** (1) 보편적 (2) 헌법 (3) 평등권 (4) 청원권
08 기본권

중단원 실력 쌓기　본문 11~12쪽

01 ③	**02** ②	**03** ③	**04** ②	**05** ④
06 ③	**07** ①	**08** ⑤	**09** ⑤	**10** ②
11 ②	**12** ④			

01 인권이란 태어나면서부터 인간이 갖게 되는 권리로 자연권이며, 하늘로부터 부여받았다하여 천부인권이라고 한다. 또한 인권은 모든 사람에게 차별 없이 동등하게 부여되는 보편적 권리이면서 국가나 타인에 의해 침해될 수 없는 불가침의 권리이다.

02 인권을 보호하기 위해서는 실질적으로 인권을 보장해 줄 수 있는 법과 제도가 필요하다. 대부분의 민주주의 국가에서는 헌법에 국민의 기본적인 인권, 즉 기본권을 규정하고 있으며, 이에 따라 국가는 국민의 인권을 보장할 의무를 갖게 된다.
　오답 피하기 ㄴ. 인권은 특정한 계층이 아닌 모든 사람에게 부여된 권리로 헌법에 의해 보장받는다.
ㄹ. 기본권은 국가 권력에 의해 임의로 제한될 수 없다. 국가 안전 보장, 질서 유지, 공공복리를 위해 기본권을 제한할 수 있으며, 제한하는 경우에는 국회에서 제정한 법률에 의해야 한다.

03 민주주의 국가는 국민의 사회권을 보장하기 위해 최소한의 인간다운 생활을 위한 공공 부조 및 사회 보험 등과 같은 사회 보장 제도를 실시하고 있다. 사회권에는

③과 같이 국민이 '쾌적한 환경에서 생활할 권리'도 포함하고 있다.
　오답 피하기 ①, ④ 성별에 의한 차별을 받지 않고 동등하게 대우받을 평등권에 해당하는 사례이다.
② 국가 기관에 대하여 일정한 행위를 요구할 수 있는 청구권에 해당하는 사례이다.
⑤ 국가의 의사 결정과 정치 과정에 참여할 수 있는 참정권에 해당하는 사례이다.

04 ② 기본권을 제한하더라도 자유와 권리의 본질적인 내용은 침해할 수 없다.
　오답 피하기 ③, ④ 모든 기본권이 궁극적으로 추구하는 가치로 다른 기본권의 토대가 되는 인간의 존엄과 가치 및 행복 추구권이다.
⑤ 자신의 기본권뿐만 아니라 다른 사람의 권리도 함께 존중받아야 한다.

05 제시된 기본권은 국가 권력의 간섭을 받지 않고 자유롭게 생활할 자유권에 해당한다. 언론·출판의 자유는 정신적 자유에 해당한다.
　오답 피하기 ㄱ. 평등권에 해당하는 설명이다.
ㄷ. 사회권에 해당하는 설명이다.

06 국가 최상위의 법에 해당하는 헌법에 대한 설명이다. 법률은 헌법의 정신에 위배되지 않는 범위 내에서 국회가 제정한 하위의 법이다.
　오답 피하기 ②, ④ 헌법은 국민의 기본권을 보장함으로써 인권 침해를 예방하며, 침해된 인권을 구제하는 근거가 된다.
⑤ 인권을 실질적으로 보장하기 위해 헌법에 국민의 기본권을 규정하는 것이 필요하다.

07 제시된 기본권은 청구권으로 국민이 국가 기관에 대한 의견을 문서로 청하고 원할 수 있는 청원권, 모든 국민이 법률에 의한 재판을 청구할 수 있는 재판 청구권이 대표적인 예이다.
　오답 피하기 ② 공직을 맡을 수 있는 공무담임권은 국가의 의사 결정과 정치 과정에 참여할 수 있는 참정권에 해당한다.
③ 국가의 간섭을 받지 않을 자유권에 해당한다.
④ 국가의 의사 결정 과정에 참여할 수 있는 참정권에 해당한다.
⑤ 모든 기본권이 궁극적으로 추구하는 가치는 인간의 존엄과 가치 및 행복 추구권이다.

08 (가) 국민이 국가나 지방 자치 단체 기관의 구성원이 되어 공무를 담당할 수 있는 공무담임권으로, 참정권에 의해 보장받는다. (나) 국민이 국가 기관에 대하여 문서로써 어떤 희망사항을 청원할 수 있는 청원권으로, 청구권에 해당한다.

09 ⑤ 기본권의 지나친 행사로 공익이나 타인의 기본권이 침해되지 않도록 국가는 필요한 경우에 한해서 법률로써 국민의 기본권을 제한할 수 있다.

> **오답 피하기** ①, ④ 자신의 권리뿐만 아니라 다른 사람의 권리도 소중하다는 것을 인식하고, 인권 침해에 민감하게 반응하는 인권 감수성을 높이는 것이 필요하다.
> ②, ③ 국민의 기본권을 보장받기 위해서는 인권 침해 시 이를 구제하는 인권 기관이 확충되어야 하며, 국가는 법과 제도를 통해 기본권을 보장하기 위해 노력해야 한다.

10 국가는 국가 안전 보장, 질서 유지, 공공복리를 추구하기 위해 국민의 기본권을 제한할 수 있다.
② 사회 구성원의 공통된 이익과 복지를 위해 개발 제한 구역에서 개인의 토지 사용을 제한하여 삼림과 녹지를 보호하고 있다.

> **오답 피하기** ① 국가의 안전 보장을 위해 군사 시설 보호 구역에서 개인의 통행이나 사진 촬영 등을 제한한다.
> ③, ④ 적은 비용이나 노력을 통해 효과를 극대화하려는 효율성보다는 형평성을 추구하는 사례에 해당한다.
> ⑤ 개인의 이익을 추구하는 과정에서 공익이나 타인의 기본권이 침해될 수 있기 때문에 필요한 경우 기본권을 제한하고 있다.

11 성별의 차이로 차별받지 않고 동등한 대우를 받을 평등권에 해당하는 헌법 조항이다.
② 남성이라는 성별을 이유로 취업에서 차별을 받은 사례이다.

> **오답 피하기** ①, ④, ⑤ 미성년자의 경우 유해하고 안전을 위협하는 환경으로부터 보호받기 위해 개인의 자유가 제한되거나 성인과 같은 동등한 대우를 받지 못할 수 있다.
> ③ 시각 장애인에게 점자로 된 시험지를 제공하여 실질적인 평등권을 보장하였다.

12 **오답 피하기** ㄹ 나이에 차별을 두어 사원을 채용하는 것은 국민의 평등권에 위배된다.

서술형·논술형 본문 13쪽

01 | 예시 답안 | 평등권, 인권이 헌법에 규정(반영)되어 국가가 인권을 보장해야 할 의무를 갖게 되는 계기를 마련하였다.
| 필수 키워드 | 평등권, 인권, 헌법, 규정(반영)
| 평가 기준 |

상	평등권이라고 쓰고, 세계 인권 선언문의 역사적 의의를 바르게 서술한 경우
중	평등권이라고 쓰고, 세계 인권 선언문의 역사적 의의를 서술하였으나 내용이 미흡한 경우
하	평등권이라고 쓰고, 세계 인권 선언문의 역사적 의의를 서술하지 못한 경우

02 | 예시 답안 | 참정권, 국가의 정치 과정(의사 결정 과정)에 참여할 수 있는 권리이다.
| 필수 키워드 | 참정권, 국가, 정치 과정(의사 결정 과정), 참여, 권리
| 평가 기준 |

상	참정권이라고 쓰고, 그 의미를 바르게 서술한 경우
중	참정권이라고 쓰고, 그 의미를 서술하였으나 내용이 미흡한 경우
하	참정권이라고 쓰고, 그 의미를 서술하지 못한 경우

03 | 예시 답안 | 국가는 국민의 자유와 기본권을 최대한 보장하기 위해 노력하지만 국가의 안전 보장과 사회 질서 유지, 공공복리를 위하여 필요한 경우 법률에 의해 제한할 수 있다. 예를 들면, 군사 시설 보호 구역에서는 개인의 통행이나 사진 촬영을 제한하여 국가의 안전을 보장하며, 교통질서를 유지하기 위해 무단 횡단 및 과속, 음주 운전 등을 단속하여 개인의 자유를 제한하기도 한다. 또한 개발 제한 구역에서는 무질서한 도시 팽창을 막아 환경을 보호하는 등 사회 전체의 이익을 위해 개인의 토지 이용을 제한할 수 있다.
| 평가 기준 |

평가 항목	평가 내용
평가 충실도	정해진 분량 기준을 충족시킴(단, 제시된 질문과 전혀 상관없는 내용으로 답변했을 시에는 분량 기준을 충족시키지 못한 것으로 간주함)
문제 해결력	기본권을 제한하는 사유와 그 대표적인 사례를 구체적으로 제시하여 서술함
논리성과 타당성	전체적인 글의 구성과 짜임새가 매끄러우며, 주장과 근거의 연결이 자연스러움

02 인권 침해와 구제

개념 다지기 ┃ 본문 16쪽

01 (1) 인권 침해 (2) 재판 (3) 형사
02 (1) × (2) × (3) ○ (4) × (5) ○ (6) ×
03 국민 권익 위원회　　　**04** ㄹ
05 (1) 개인 (2) 평등권 (3) 진정 (4) 행정
06 (1) ㄱ (2) ㄴ (3) ㄹ (4) ㄷ
07 (1) 사회권 (2) 헌법 소원 (3) 국가 인권 위원회

중단원 실력 쌓기 ┃ 본문 17~18쪽

01 ⑤　　**02** ④　　**03** ⑤　　**04** ④　　**05** ③
06 ③　　**07** ⑤　　**08** ①　　**09** ①　　**10** ⑤
11 ②　　**12** ④

01 국민 권익 위원회의 행정 심판은 행정 기관의 잘못된 처분 등으로 권리나 이익이 침해된 국민이 제기하는 권리 구제 절차이다.
오답 피하기 ①, ②, ③, ④ 개인에 의해 기본권이 침해되었을 때 구제받을 수 있는 방법에 해당한다.

02 ㄴ. 성별의 차이로 인한 차별 현상이 개선되면서 직업을 자유롭게 선택할 수 있는 범위가 확대되었다.
ㄹ. 인권 침해는 사회 구성원의 고정관념과 편견, 사회 집단의 잘못된 관습이나 관행, 국가의 불합리한 법률이나 제도에 의해 나타나기도 한다.
오답 피하기 ㄱ. ⑤은 성별에 따른 직업이 존재한다는 고정관념과 편견으로 인해 나타난 평등권 침해 사례에 해당한다.
ㄷ. 인권 감수성이란 다른 사람이 가지는 권리의 소중함을 인식하고 인권 침해에 민감하게 반응하는 것을 말한다.

03 국민은 쾌적한 환경에서 살 권리에 해당하는 일조권을 사회권에 의해 보장받고 있다.
⑤ 형사 재판은 사회 질서를 어지럽히는 범죄 행위를 처벌하기 위한 재판이다.

04 ㄴ. 국가 인권 위원회는 인권 침해 행위를 조사하고 시정할 사항을 해당 기관에 권고함으로써 인권 보장을

위해 노력하는 인권 전담 기관이다.
ㄹ. 인권을 보장받기 위해서는 인권 침해 시 구제받을 수 있는 방법과 절차를 정확하게 알아야 한다.
오답 피하기 ㄱ. 국민의 기본권을 직접 구제받기 위해 신청하는 헌법 소원 심판은 헌법 재판소의 고유한 권한이다.
ㄷ. 구청과 같은 행정 기관의 잘못된 처분에 의한 인권 침해는 국민 권익 위원회에 행정 심판을 신청하여 구제받을 수 있다.

05 우리나라 헌법은 언론·출판의 자유를 기본권으로 보장하고 있다. 따라서 기본권인 자유권이 침해당했으므로 헌법 재판소의 헌법 소원 심판을 통해 구제받을 수 있다.
오답 피하기 ① 행정 소송은 행정 기관의 잘잘못을 따지기 위해 행정 법원에 재판을 청구하는 것이다.
② 위헌 법률 심판은 재판의 전제가 된 법률이 헌법에 위배된다고 판단될 경우 법원이 헌법 재판소에 제청하여 이루어진다.
④ 형사 재판은 사회 질서를 해치는 범죄 행위를 처벌하기 위한 재판이다.
⑤ 민사 재판은 개인 간에 발생하는 문제를 해결하기 위한 재판이다.

06 (가) 헌법 재판소에 위헌 법률 심판을 신청하여 위헌 여부를 알 수 있다. (나) 국가 행정 기관의 부당한 처분으로 인한 인권 침해는 행정 소송 및 행정 재판이라는 절차를 통해 구제받을 수 있다.

07 헌법 재판소는 국가 권력에 의해 침해된 기본권을 헌법 소원 심판을 통해 구제하며, 헌법의 정신에 위배된 법률은 위헌 법률 심판을 통해 법적인 효력을 상실하게 한다.
오답 피하기 ㄱ. 국민 권익 위원회는 국가 기관의 잘못된 법 집행으로 인한 고충 민원을 처리하고 행정 기관의 잘못된 처분을 조사하는 행정 재판을 담당한다.
ㄴ. 법원은 민사 재판을 통해 개인 간의 분쟁과 다툼을 해결한다.

08 자신의 인권을 보장받기 위해서는 인권 침해 시 구제받을 수 있는 인권 구제 기관의 종류와 특징, 방법 및 절차를 바르게 이해해야 한다. 또한 자신의 인권뿐만 아니라 타인의 인권도 존중하고 소중하다는 인식을 가져야 한다.

09 국가 인권 위원회의 역할에 대한 설명이다. 국가 인권 위원회는 인권에 관한 문제를 전담하는 독립된 국가

기관으로 인권 침해 사례를 조사하고 해당 기관에 시정을 권고한다.

오답 피하기 ㄷ. 민사 재판을 통해 개인에 의한 인권 침해를 구제하는 기관은 법원이다.
ㄹ. 국민 권익 위원회의 역할에 대한 설명이다.

10 헌법 재판소와 국가 인권 위원회는 국민의 자유와 권리를 보장하고자 하는 헌법 정신을 수호하여 인간다운 생활을 보장하고 인간 존엄성을 실현하고자 한다.

오답 피하기 (가) 국가 인권 위원회는 재판을 통해 사회 정의를 실현하는 사법 기관에 해당되지 않는다.
(나) 개인 간의 분쟁을 해결하는 국가 기관은 법원이다.

11 헌법 재판소는 법률이 헌법에 위배된다고 판단될 때 위헌 법률 심판을 통해 법률로 인해 침해된 국민의 인권을 구제해 준다.

12 제시된 사례에서 학생들은 쾌적한 환경에서 생활할 수 있는 사회권을 보장받지 못하였다.
④ 국민 권익 위원회를 통한 행정 심판은 국가 기관에 의한 부당한 처분이 있을 때 구제를 신청할 수 있는 방법이다.

오답 피하기 ①, ②, ⑤ 관할 행정 기관에 민원을 넣거나 법원에 민사 소송을 신청하여 손해 배상을 받을 수 있다.
③ 무료로 법률 상담을 해 주고 소송 절차를 도와주는 대한 법률 구조 공단의 도움을 받을 수 있다.

서술형·논술형

본문 19쪽

01 | 예시 답안 | (가) 국가 인권 위원회, (나) 평등권, 국가 인권 위원회는 인권 침해 사례를 조사하고 시정을 권고한다.
| 필수 키워드 | 국가 인권 위원회, 평등권, 인권 침해, 조사, 시정 권고

| 평가 기준 |

상	국가 인권 위원회와 평등권을 모두 쓰고, 국가 인권 위원회의 역할을 바르게 서술한 경우
중	국가 인권 위원회와 평등권 중 한 가지 이상을 쓰고, 국가 인권 위원회의 역할을 미흡하게 서술한 경우
하	국가 인권 위원회와 평등권 중 한 가지만 쓰고, 국가 인권 위원회의 역할을 서술하지 못한 경우

02 | 예시 답안 | 헌법 재판소, 헌법 소원 심판으로 침해된 국민의 기본권을 구제하며, 위헌 법률 심판을 통해 헌법에 위배된 법률에 의한 기본권 침해를 구제한다.
| 필수 키워드 | 헌법 재판소, 헌법 소원 심판, 위헌 법률 심판, 기본권, 구제

| 평가 기준 |

상	헌법 재판소를 쓰고, 헌법 소원 심판과 위헌 법률 심판을 통해 기본권을 구제한다는 내용을 모두 바르게 서술한 경우
중	헌법 재판소를 쓰고, 헌법 소원 심판 또는 위헌 법률 심판을 통해 기본권을 구제한다는 내용 중 하나만 바르게 서술한 경우
하	헌법 재판소를 쓰고, 헌법 소원 심판 또는 위헌 법률 심판의 내용을 서술하지 못한 경우

03 | 예시 답안 | 민주주의 국가는 개인의 권리를 보장하기 위해 노력하지만 필요한 경우 국민의 기본권을 제한하기도 한다. 교통 법규를 지키지 않는 과속 운전을 단속하는 것은 국민의 안전이 무엇보다 중요하기 때문이다. 또한 청소년을 폭력적이고 선정적인 유해 영상물로부터 보호하기 위해 영상물의 관람 등급을 정하여 관람을 제한하고 있다. (가), (나)는 국민의 안전과 청소년의 건전한 가치관 형성을 위해 개인의 인권을 제한하는 것으로 인권 침해에 해당하는 사례로 볼 수 없다.

| 평가 기준 |

평가 항목	평가 내용
평가 충실도	정해진 분량 기준을 충족시킴(단, 제시된 질문과 전혀 상관없는 내용으로 답변했을 시에는 분량 기준을 충족시키지 못한 것으로 간주함)
문제 해결력	(가), (나) 사례가 모두 인권 침해에 해당하지 않는다는 것을 이해하여, 인권을 제한하는 이유를 구체적으로 제시하여 서술함
논리성과 타당성	전체적인 글의 구성과 짜임새가 매끄러우며, 주장과 근거의 연결이 자연스러움

03 근로자의 권리와 보호

개념 다지기
본문 22쪽

01 노동권(근로권)
02 (1) 근로자 (2) 노동조합 (3) 근로 계약 (4) 단결권
03 (1) ○ (2) × (3) × (4) × (5) ○   **04** 최저 임금 제도
05 ㄴ, ㄷ   **06** (1) ㄷ (2) ㄱ (3) ㄴ
07 (1) 최저 임금 (2) 단체 행동권 (3) 민사 소송 (4) 법원
08 파업

중단원 실력 쌓기
본문 23~24쪽

01 ② **02** ⑤ **03** ⑤ **04** ④ **05** ①
06 ① **07** ⑤ **08** ④ **09** ③ **10** ⑤
11 ②

01 사용자에게 근로를 제공하고 임금을 받는 사람을 근로자라고 한다.
오답 피하기 ㄴ. 자영업자는 임금을 받는 근로자에 해당하지 않는다.
ㅁ. 주부는 노동력을 제공하지만 임금을 받지 않으므로 근로자에 해당하지 않는다.

02 노동권에 대한 설명이다. ⑤ 근로자는 사용자보다 약자이기 때문에 헌법에 의해 노동권을 보장받는다.
오답 피하기 ①, ②, ④ 노동권은 사회권에 해당하며, 근로자의 생활 안정과 삶의 질 향상을 위해 헌법에 의해 보장받는다.
③ 단결권, 단체 교섭권, 단체 행동권은 노동 삼권으로 노동권에 해당한다.

03 근로자의 권리와 이익 향상을 목적으로 임금, 근로 시간, 휴가 등의 최소한의 근로 조건을 근로 기준법으로 보호하고 있다.
오답 피하기 ㄱ. 근로 기준법은 근로자의 안정된 생활을 보장하기 위해 근로의 최저 기준을 설정하였다.
ㄴ. 제시문은 근로 기준법에 대한 내용으로 노동 삼권의 구체적인 내용은 나타나 있지 않다.

04 단결권, 단체 교섭권, 단체 행동권으로 노동 삼권에 대한 설명이다.

④ 상대적으로 약자인 근로자의 권리를 보호하기 위해 노동 삼권을 보장하고 있다.

05 (가)에서는 노동조합을 결성하여 활동할 수 있는 단결권이 보장되었으며, 단체 교섭권을 통해 근로자와 사용자의 임금 협상이 원만하게 이루어졌다. (나)에서는 근로 기준법에 명시되어 있는 근로 시간이 보장되었다.
오답 피하기 ㄹ. 단체 행동권은 단체 교섭이 원만하게 이루어지지 않아 근로자가 파업 및 태업 등 노동 쟁의를 하는 것을 말한다.

06 ㄱ. 사용자가 정당한 이유 없이 노동자의 노동 삼권을 침해한 경우는 부당 노동 행위에 해당한다.
ㄴ. 노동자의 해고가 불가피한 경우라 할지라도 30일 전에 해고 계획을 알려야 부당 해고에 해당하지 않는다.
오답 피하기 ㄷ. 청소년은 야간 10시 이후로는 근로를 할 수 없도록 노동법에 의해 보호받는다.
ㄹ. 근로 기준법에서 정하는 노동 시간을 초과하였으나, 근로자와 협의가 이루어졌으므로 노동권 침해라고 볼 수 없다.

07 도표는 부당한 노동 행위에 의해 침해된 근로권을 구제하는 노동 위원회의 구제 절차를 나타내고 있다.
⑤ 헌법 재판소의 특징에 해당한다.
오답 피하기 ①, ②, ③, ④ 노동 위원회는 근로자와 사용자 사이에 발생하는 노동 분쟁을 조정하고, 부당 노동 행위 및 부당 해고를 구제하는 행정 기관이다.

08 (가), (나)는 모두 노동 삼권에 의해 보장되어 있는 단결권이 침해된 사례이다.
오답 피하기 ① (가), (나)는 노동조합의 활동을 이유로 부당하게 대우하여 단결권을 침해한 부당 노동 행위 사례이다.
② 부당 해고는 노동 위원회에 권리 구제를 요청하거나 법원에 소송을 제기하여 구제를 신청할 수 있다.
③ 노동조합원들은 파업, 태업 등의 단체 행동보다는 사용자와의 대화로 문제를 해결하려고 하였다.
⑤ 노동 분쟁을 법적 절차를 통해 해결하기 전에 사용자와 대화를 통해 노동 문제를 처리하는 것도 노사 갈등의 바람직한 해결 방법이다.

09 출산·육아를 이유로 부당하게 대우하는 행위, 근로자의 노동 삼권인 단체 교섭권을 정당한 사유 없이 거절하는 행위, 근로 계약서를 작성하지 않는 행위, 근로 계약서의 근로 조건 불이행 등이 모두 노동권 침해 사례에 해당한다.

10 제시된 사례는 노동조합에 가입할 수 있는 근로자의 노동 삼권을 침해한 부당 노동 행위에 해당한다.
⑤ 자신의 노동권이 침해되었을 때 구제받을 수 있는 방법을 찾고 적극적으로 대처하는 자세가 필요하다.
오답 피하기 ①, ②, ③ 부당 해고는 고용 노동부, 노동 위원회, 법원을 통해 구제를 신청할 수 있다.
④ 근로권은 헌법에서 보장하는 사회권에 해당하므로 국가 인권 위원회에 진정을 제기할 수 있다.

11 청소년 근로자의 노동권은 제시된 헌법 조항에 의해 보호받는다. 청소년 근로자가 미성년자라 할지라도 성인 근로자와 마찬가지로 근로 기준법에 의해 노동권을 보호받으며, 노동권 침해 시 구제를 요청할 수 있다.
오답 피하기 ㄴ. 청소년 근로자도 보호자가 아닌 본인이 직접 근로 계약을 체결할 수 있다.
ㄹ. 청소년 근로자도 근로 기준법에 의해 최저 임금 이상의 임금을 지급받아야 한다.

서술형·논술형
본문 25쪽

01 | **예시 답안** | (가)의 임금 체불은 고용 노동부에 신고하여 권리를 구제받을 수 있고, (나)의 부당 해고는 노동 위원회에 진정을 내어 구제받을 수 있다. (가), (나) 모두 법원의 소송을 통해 침해된 노동권을 구제받을 수도 있다.
| **필수 키워드** | 고용 노동부, 노동 위원회, 법원의 소송
| **평가 기준** |

상	(가), (나)의 권리 구제 방법을 모두 바르게 서술한 경우
하	(가), (나) 중 한 가지의 구제 방법을 바르게 서술한 경우

02 | **예시 답안** | 단체 행동권, 단체 교섭(사용자와의 협의)이 원만하게 이루어지지 않을 경우 파업, 태업 등을 할 수 있는 권리이다.
| **필수 키워드** | 단체 행동권, 단체 교섭, 사용자, 협의, 파업, 태업
| **평가 기준** |

상	단체 행동권이라고 쓰고, 그 의미를 바르게 서술한 경우
중	단체 행동권이라고 쓰고, 그 의미를 서술하였으나 내용이 미흡한 경우, 단체 행동권이라고 쓰지 못했으나 그 의미를 바르게 서술한 경우
하	단체 행동권이라고 쓰고, 그 의미를 서술하지 못한 경우

03 | **예시 답안** | 노동권 침해 사례에 해당한다. 청소년 근로자도 성인 근로자와 마찬가지로 헌법과 근로 기준법에 의해 노동권을 보호받는다. 청소년 A가 작성한 근로 계약서에는 근로 기준법에서 보장하는 최저 임금 이상의 월급을 보장하지 않았다. 또한 독자적으로 임금을 청구할 수 있는 권리를 침해당했다. 청소년 근로자는 자신의 권리를 보장받기 위해 헌법에서 보호하는 노동권의 내용을 이해하고, 근로를 제공할 때 우선적으로 근로 계약을 직접 작성하여 구체적인 근로 조건을 확인해야 한다. 또한 자신의 인권이 침해되었을 경우 구제 기관과 방법을 구체적으로 알고 있어야 한다.
| **평가 기준** |

평가 항목	평가 내용
평가 충실도	정해진 분량 기준을 충족시킴(단, 제시된 질문과 전혀 상관없는 내용으로 답변했을 시에는 분량 기준을 충족시키지 못한 것으로 간주함)
문제 해결력	노동권 침해에 해당하는 사례임을 구체적인 이유를 제시하여 서술함
논리성과 타당성	전체적인 글의 구성과 짜임새가 매끄러우며, 주장과 근거의 연결이 자연스러움

대단원 마무리
본문 26~27쪽

01 ⑤	**02** ③	**03** ③	**04** 예시 답안 참조
05 ①	**06** ④	**07** ①	**08** ①
09 ⑤	**10** 예시 답안 참조	**11** ②	**12** ⑤

01 인권은 모든 인간이 태어나면서 가지는 것으로 특정 계층에게만 주어지는 것이 아니다.
오답 피하기 ① 인간이 태어나면서 하늘로부터 인권을 부여받았다는 사상이다.
②, ③ 세계 인권 선언은 인권의 기준을 제시하여 세계 여러 나라의 헌법에 그 내용이 반영되어 있다.
④ 인권은 다른 사람이 함부로 침해할 수 없는 '불가침의 권리'이다.

02 국민의 기본권인 청구권에 대한 설명이다. 청구권은 다른 기본권이 침해되었을 때 구제를 요구할 수 있는 권리로 청원권, 재판 청구권, 국가 배상 청구권이 이에 해당한다.
오답 피하기 ㄱ. 모든 기본권의 궁극적인 가치이며, 다른 기본권의 토대가 되는 기본권은 '인간의 존엄과 가치 및 행복 추구권'이다.

ㄹ. 헌법에 보장된 기본권을 국가가 제한할 때는 법률에 의거하여 이루어져야 하며, 본질적인 내용을 침해할 수 없다.

03 제시문은 건설 회사의 공사로 인해 쾌적한 환경에서 살 권리인 사회권이 침해된 사례이다.

04 |예시 답안| 국가 인권 위원회는 인권 침해 사례를 조사하고 개선을 권고하는 역할을 담당한다.
|필수 키워드| 국가 인권 위원회, 인권 침해 사례, 조사, 개선, 권고
|평가 기준|

상	국가 인권 위원회라고 쓰고, 국가 인권 위원회의 역할을 바르게 서술한 경우
중	국가 인권 위원회라고 쓰고, 국가 인권 위원회의 역할을 미흡하게 서술한 경우
하	국가 인권 위원회라고 쓰고, 국가 인권 위원회의 역할을 서술하지 못한 경우

05 나이로 인해 부당한 차별을 받아 평등권이 침해된 사례에 해당한다. 헌법에 보장된 기본권이 침해된 경우 권리를 구제받기 위해 헌법 재판소에 헌법 소원 심판을 신청할 수 있다.

06 ④ 민사 소송만이 개인 간의 분쟁을 해결하는 법적 절차이다.
오답 피하기 ①, ②, ③, ⑤ 제시된 제도들은 국민의 자유와 권리를 보장하여 인간의 존엄성을 실현하고 기본권이 침해되었을 때 이를 구제하여 인간다운 삶을 실현하는 데 그 목적이 있다.

07 법원은 재판을 통해 개인 간에 발생하는 다툼이나 분쟁을 해결하는 사법 기관이다. 국가 인권 위원회는 인권을 침해할 우려가 있는 법이나 제도의 문제점을 찾아 시정 권고하는 기관으로 강제력을 가지고 있지 않다. 반면, 헌법 재판소는 법적 강제력을 지니고 있는 사법 기관이다.
오답 피하기 ㄷ. 국가 인권 위원회는 독립된 국가 기관이다.
ㄹ. 법원, 국가 인권 위원회, 헌법 재판소 모두 침해된 인권을 구제하는 국가 기관이다.

08 국가 행정 기관인 국토 교통부가 관리하는 도로를 이용하던 중에 피해를 입었다면 법원의 행정 재판을 통해 피해를 보상받을 수 있다. 잘못된 언론 보도로 초상권이 침해되었을 경우, 언론 중재 위원회를 통해 구제받을 수 있다.
오답 피하기 한국 소비자원은 소비자의 권리가 침해되었을 때 도움을 주는 기관이다.

09 ⑤ 단체 교섭권은 노동조합을 통해 근로 조건에 관하여 사용자와 협의할 수 있는 권리이다.
오답 피하기 (가)는 단결권, (나)는 단체 행동권으로 노동 삼권에 의해 보호받는 근로자의 권리이다. 단체 행동권은 법의 절차에 따라 일을 중단하는 파업, 불완전하게 업무를 수행하는 태업 등의 노동 쟁의를 할 수 있다는 권리이다. (가), (나)는 근로자가 사용자보다 약자의 위치에 있기 때문에 근로자들이 근로 조건의 개선을 요구할 수 있도록 헌법으로 보장하고 있다.

10 |예시 답안| 근로 기준법, 최저 임금제는 국가가 임금의 최저 수준을 정하여 그 이상의 임금을 지급하도록 하는 제도이고, 근로자는 사용자에게 근로를 제공하고 임금을 받는 사람을 말한다.
|필수 키워드| 근로 기준법, 임금, 최저 수준, 사용자, 근로 제공
|평가 기준|

상	근로 기준법을 쓰고, 최저 임금제와 근로자의 의미를 모두 바르게 서술한 경우
중	근로 기준법을 쓰고, 최저 임금제와 근로자의 의미를 한 가지만 바르게 서술한 경우
하	근로 기준법을 쓰고, 최저 임금제와 근로자의 의미를 서술하지 못한 경우

11 신문 기사의 사례는 노동 삼권 중 단결권을 침해한 부당 노동 행위에 해당한다. 이는 노동 위원회와 고용 노동부에 진정을 내어 침해된 근로권을 구제받을 수 있다.
오답 피하기 ㄹ. 신문에는 부당 해고에 대한 내용은 제시되어 있지 않다.

12 ⑤ 청소년 근로자가 성인 근로자와 같은 시간 동안 같은 일의 강도에 종사한다면 성인 근로자와 동일한 임금을 지급받아야 한다.
오답 피하기 ①, ②, ③ 미성년자인 청소년의 근로권을 침해한 사례에 해당한다. 이는 민사 소송을 통해 구제받을 수 있다.
④ 청소년 근로자도 성인 근로자와 마찬가지로 근로 기준법에 의해 근로권을 보호받는다.

Ⅱ. 헌법과 국가 기관

01 국회

개념 다지기
본문 34쪽

01 (1) 국회 (2) 법률 (3) 대의제 (4) 지역구 (5) 국회의장 (6) 과반수
02 (1) 국 (2) 입 (3) 재 (4) 국 (5) 입
03 (1) 국회 (2) 4년 (3) 입법부 (4) 제정 (5) 지역구, 비례 대표
　(6) 국정 감사, 국정 조사
04 (1) ㉢ (2) ㉠ (3) ㉡　　**05** (1) ○ (2) ○ (3) × (4) × (5) ○
06 ㄱ, ㄷ, ㄹ
07 (1) 국회 (2) 개정 (3) (상임) 위원회 (4) 2/3

중단원 실력 쌓기
본문 35~37쪽

01 ①	**02** ③	**03** ④	**04** ②	**05** ⑤
06 ②	**07** ④	**08** ⑤	**09** ③	**10** ②
11 ②	**12** ⑤	**13** ③	**14** ④	

01 국민의 대표가 모여서 법을 만드는 입법 기관은 국회이다.

02 국회는 국민이 뽑은 의원들이 모여 국민의 의견을 모으고 반영하여 법률을 제정하거나 개정하는 기관으로 입법부라고 불린다.
오답 피하기 ㄱ. 현대 사회에서 국민은 직접 정치를 담당하는 것이 아니라, 선거를 통해 정치인을 직접 선택하고 평가한다. 국민이 직접 정치를 담당했던 기관으로는 고대 아테네의 민회가 있다.
ㄹ. 법을 바탕으로 정책을 만들고 집행하는 국가 기관은 행정부이다. 국회는 정부 정책의 바탕이 되는 법을 만드는 기관이다.

03 지역구 국회의원은 정당의 공천 과정을 통해 출마하거나 정당에 소속되지 않고 무소속으로 출마할 수 있다.
오답 피하기 ㉠ 국회의원 선거는 4년에 한 번씩 실시한다.
㉡ 비례 대표 국회의원은 각 정당이 전국에서 받은 득표율에 비례하여 선출된다.
㉢ 지역구 국회의원은 각 지역구에서 최고 득표자로 선출된다.
㉣ 국회의원 선거는 대리가 아닌 대표를 뽑는 과정이다. 국회의원은 국민의 대표로서 자신의 소신에 따라 정치적 결정을 내리고, 그에 대한 평가는 다음 선거 결과를 통해 국민으로부터 받게 된다.

04 국회는 효율적인 의결 진행을 위해 상임 위원회를 두어 본회의에 앞서 결정할 안건을 미리 조사하고 심의한다. 상임 위원회는 외교·국방·통일·보건·복지 등 전문 분야별로 조직하여, 본회의에 앞서 해당 분야에 속하는 법률안 예산안, 청원 등을 심사한다.
오답 피하기 ① 국회 본회의 정기회는 1년에 1회 개최되고, 필요한 경우 임시회를 개최한다.
③ 국회 의사 진행에 필요한 안건은 교섭 단체를 통해 결정한다. 특별 위원회는 기존 상임 위원회에서 다룰 수 없는 특별 사안 처리를 위해 임시적으로 구성된다.
④ 국회의 회의는 공개하는 것을 원칙으로 한다.
⑤ 일반적인 의결 정족수는 재적 의원 과반수 출석과 출석 의원 과반수 찬성이지만, 특별한 경우는 의결 정족수가 달라질 수 있다. 예를 들어 대통령에 의해 거부권이 행사되어 되돌아온 법률안의 재의결일 경우 재적 의원 과반수 출석과 출석 의원 2/3 이상의 찬성이 필요하다. 또한 헌법 개정안의 국회 의결을 위해서는 재적 의원 2/3 이상의 찬성이 필요하다.

05 국회 의사 진행에 관한 중요 안건을 협의하는 교섭 단체는 소속 국회의원들의 의사를 사전에 조정하는 창구 구실을 함으로써 국회가 원활하게 운영되도록 돕는다. 일반적으로 20명 이상의 소속 의원을 가진 정당은 하나의 교섭 단체를 만든다. 반드시 정당이 같지 않아도 20명 이상의 의원이 모이면 교섭 단체를 구성할 수 있다.
오답 피하기 ㄱ. 교섭 단체는 국회의 의사 진행을 돕기 위한 기관일 뿐, 국회를 대표하거나 정부와의 협상을 담당하지 않는다.

06 입법(立法)이란 법을 만든다는 의미이고, 법을 만들 수 있는 권한을 뜻하는 입법권(立法權)은 국민의 대표인 국회의원에게 있다. 국회의원은 국민의 보통·평등·직접·비밀 선거를 통해 선출되어 국회를 구성하게 된다.

07 제시된 자료는 ○○대 국회의 법률안 제·개정 처리율이 낮다는 사실을 전달하고 있다. 법률 제정과 법률 개정은 국회가 가진 입법에 관한 중요한 기능이다. 입법 기능은 국회가 수행해야 할 가장 기본적인 기능이고 중요한 권한이기 때문에 자료와 같이 소홀히 하는 일이 발생해서는 안 될 것이다.

08 (가)는 국회의원의 면책 특권, (나)는 불체포 특권에 대한 설명이다. 국회의원의 면책 특권과 불체포 특권은 국회의원의 독립성과 자율성을 보장함으로써 국회의

원이 국민의 대표로 국정 통제 등과 같은 기능을 제대로 수행하기 위한 수단이다. 국회 내에서 정부 정책에 대해 비판을 하거나, 국회 밖에서 국민을 보호하고 의견을 경청하는 과정에서 민·형사상 책임을 면제함으로써 소신 있는 활동을 수행할 수 있게 된다.

09-10 그림은 우리나라의 법률 제·개정 절차를 나타낸다. 우리나라의 경우 ㉠ 국회의원 10인 이상 또는 정부에서 법률안을 제출할 수 있다. 제출된 법률안은 ㉡ 국회의장에 의해 해당 상임 위원회로 회부된다. 상임 위원회 심의를 거쳐 본회의에 상정된 법률안은 재적 의원 과반수 출석과 출석 의원 과반수 찬성으로 가결되며, 가부동수인 경우는 부결된 것으로 여긴다. 정부로 이송된 법률안에 대해 ㉢ 대통령은 공포를 하거나, 거부권을 행사하여 국회에 재의결을 요청할 수 있다. 이를 환부 거부라고 한다. 환부 거부된 법률안은 재적 의원 과반수의 출석과 출석 의원 2/3 이상의 찬성으로 의결되면 법률로서 확정되고, 그렇지 못하면 폐기된다. 국회를 통과한 법률은 15일 이내에 공포되어야 하고, 특별한 규정이 없으면 공포된 지 20일 경과 후 법률 효력이 발생한다.

11 국회의 국가 기관 구성 방식은 임명에 대한 동의와 직접 선출하는 방식으로 구분된다. 국무총리, 감사원장, 대법원장, 헌법 재판소장, 대법관의 경우 임명에 대한 국회의 동의가 필요하다. 헌법 재판소 재판관 중 3명, 중앙 선거 관리 위원 중 3명은 국회에서 결정한다.

오답 피하기 ㄴ. 국무위원과 국무총리는 다르다. 국무위원은 정부의 중요한 일을 결정하는 국무 회의의 위원들이며, 국무총리의 제청으로 대통령이 임명한다.
ㄹ. 헌법 재판관은 대통령이 3명, 국회에서 3명, 사법부에서 3명을 각각 결정한다. 그중 헌법 재판소장은 국회의 동의를 얻어 대통령이 임명한다.

12 정부가 공권력을 행사하기 위해 국민으로부터 걷을 세금과 세금을 사용하기 위해 마련한 계획을 예산(안)이라고 한다. 정부가 편성한 예산안은 국회로부터 심의를 받은 후 사용할 수 있고, 사용한 이후에는 내용의 적절성에 대해 국회로부터 결산 심사를 받게 된다.
ㄷ, ㄹ. 국회는 정부가 편성한 예산안에 대한 심의 확정 및 정부가 집행한 예산에 대한 결산 심사를 담당한다.
오답 피하기 ㄱ, ㄴ. 예산 집행과 예산안 편성은 정부가 담당한다.

13 국회가 갖는 입법에 관한 기능은 법률의 제·개정, 헌법 개정 제안 및 의결, 조약 체결에 대한 동의권 행사 등이 있다. 우리 정부가 외국 정부와 공식적으로 맺은 합의인 조약이 효력을 얻기 위해서는 입법 기관으로부터 동의가 필요하다. 국회의 동의를 받은 조약은 국내법과 동일한 지위를 누린다.

오답 피하기 ①, ② 법률 제정은 새로운 법을 만드는 것이고, 법률 개정은 기존의 법을 수정하거나 바꾸는 것이다.
④ 헌법 개정안은 국회의원 과반수 이상이 모여 제안할 수 있다.
⑤ 헌법 개정안의 의결은 국회 재적 의원 2/3 이상의 찬성이 있어야 가능하다.

14 국회의 국정 통제 및 감시·견제 기능에는 국정 감사와 국정 조사, 국가 기관 구성, 탄핵 소추 의결 등이 있다. 국회는 대통령, 국무총리, 국무 위원 등 고위 공직자가 법률을 위반하였을 때 헌법 재판소에 심판(파면)을 요구할 수 있는데, 이를 탄핵 소추 의결권이라고 한다.

서술형·논술형 본문 37쪽

01 **| 예시 답안 |** (가)는 매년 정기적으로 국정 전반에 대해 검토하고, (나)는 특정 사안에 대하여 기간에 관계없이 검토하고 바로잡는다.
| 필수 키워드 | 정기적, 국정 전반, 특정 사안, 기간에 관계없이
| 평가 기준 |

상	(가), (나)의 시기와 범위를 모두 정확하게 비교하여 서술한 경우
중	(가), (나)의 범위만 정확하게 비교하여 서술한 경우
하	(가), (나)의 시기만 정확하게 비교하여 서술한 경우

02 **| 예시 답안 |** (가)의 지역구 국회의원 선거는 각 지역구에서 최다 득표자 1명을 선출하고, (나)의 비례 대표 국회의원 선거는 각 정당이 전국에서 받은 득표율에 비례하여 의석수를 배분받는다.
| 필수 키워드 | 지역구, 비례 대표, 최다 득표자 1명, 전국에서 받은 득표율
| 평가 기준 |

상	(가), (나)의 명칭과 선출 방식을 모두 정확하게 비교하여 서술한 경우
중	(가), (나)의 선출 방식만 정확하게 비교하여 서술한 경우
하	(가), (나)의 명칭만 정확하게 비교하여 서술한 경우

02 행정부와 대통령

개념 다지기
본문 40쪽

01 대통령 **02** (1) × (2) ○ (3) × (4) ○

03 (1) 행정부 (2) 단임 (3) 높아지고 (4) 국가 원수, 행정부 수반
(5) 넓은 (6) 국무 회의

04 (1) ㉡, ㉣ (2) ㉠, ㉢

05 (1) 행정 (2) 5 (3) 감사원 (4) 대통령 (5) 국무 위원 (6) 대통령,
국무총리

06 (1) ㉤ (2) ㉠ (3) ㉡ (4) ㉢ (5) ㉣

07 (1) 행 (2) 국 (3) 행 (4) 국 (5) 행 (6) 국

중단원 실력 쌓기
본문 41~43쪽

01 ⑤	**02** ⑤	**03** ④	**04** ①	**05** ③
06 ②	**07** ②	**08** ③	**09** ③	**10** ⑤
11 ④	**12** ④	**13** ③	**14** ②	**15** ④

01 제시된 그림은 넓은 의미의 정부를 표현하고 있고, 그 중 (가)는 행정부이다. 행정부는 국회에서 만든 법률을 실제로 집행하고, 정책을 만들어 공익 실현·복지 증진·국민 보호 등을 위한 행정 서비스를 제공한다.
오답 피하기 ㄱ. 법률의 내용을 해석·적용하여 재판을 진행하는 것은 사법부의 역할이다.
ㄴ. 정책 집행을 위한 예산안의 심의·확정은 입법부가 담당한다. 행정부는 정책 집행을 위한 예산안을 편성하여 국회에 제출하고, 국회가 승인한 예산을 정책 집행을 위해 사용한다.

02 대통령과 국무총리는 행정부에서 가장 높은 직책에 해당하고, 감사원은 대통령 직속의 감찰 기구이며, 국무 회의는 대통령과 국무총리의 주재로 정책을 심의하는 회의 기구이다.
⑤ 행정 법원은 사법부에 소속된 기관이다. 행정 법원은 행정 기관의 잘못된 처분이나 작용으로 인해 침해된 국민의 권리를 구제하는 재판 등을 담당한다.

03 행정 각부는 국민의 이익을 보호하고 증진시키기 위해 다양한 행정 작용을 한다. 국방부는 국방에 관련된 정책 및 명령과 그밖의 군사에 관한 업무를 담당한다. 외교부는 외교 정책의 수립 및 시행을 담당하고 여권 발급 및 재외 교포 정책 수립과 관련된 업무를 한다. 교육부는 학교 교육, 평생 교육 및 학술에 관한 일과 인적 재원을 개발한다. 행정 안전부는 일반 행정을 비롯하여 안전 및 재난에 관한 정책을 수립하는 업무 등을 담당한다.
④ 국정 감사를 실시해 국정 전반을 검토하고 바로잡는 일은 입법부(국회)가 담당한다. 감사와 관련된 행정 각부의 작용은 감사원을 통한 세입·세출 검사 및 공무원 직무 감찰이 있다.

04 (가) 국무 회의는 행정부 최고 심의 기관으로 정부의 주요 정책을 논의한다. 의장은 대통령이고 부의장은 국무총리이다. 15인 이상 30인 이하의 국무위원으로 구성되고, 행정 각부의 업무 보고를 비롯하여 정부의 정책과 발의할 법률안 등을 검토하고 논의한다.
(나) 감사원은 대통령 직속의 독립된 헌법 기관으로 국민으로부터 세금을 제대로 걷고 썼는지에 대한 세입·세출 검사, 행정 기관의 사무에 대한 감사, 공무원의 직무 준수 여부에 대한 감찰 등을 담당한다.

05 (가)는 감사원, (나)는 국무총리, (다)는 행정 각부이다.
③ 국무총리와 마찬가지로 감사원장의 임명에도 국회의 동의가 필요하다. 이밖에도 헌법 재판소장, 대법원장 등의 임명에 국회의 동의가 필요하다.
오답 피하기 ① 일반적으로 행정 각부의 장은 국무위원 중에서 임명하기 때문에 (다)의 장은 국무 회의에 참여할 수 있다.
② (가)~(다) 중 독립된 헌법 기관은 감사원이고, 국무총리와 행정 각부는 대통령이 임명하는 행정 기구이다.
④ 국무총리는 행정 각부를 총괄 지휘·감독하지만, 국무 회의에서 부의장을 맡는다. 국무 회의의 의장은 대통령이다.
⑤ 행정 각부의 장은 국무총리의 제청으로 대통령이 임명한다.

06 현대 민주 국가의 정치 체제는 크게 대통령제와 의원 내각제로 구분할 수 있는데, 우리나라는 대통령제 국가이다. 대통령제 국가는 대통령이 국가 원수와 행정부 수반의 지위를 모두 갖는다. 의원 내각제에서는 의회에서 내각을 구성하고 총리가 정치적 실권을 행사하므로 국가 원수와 행정부 수반이 같지 않다.

07 신문 기사에서 가장 두드러지는 행정부의 기능은 개정

된 법률을 현실에서 구체적으로 실행에 옮기는 행정부의 집행 작용이다.

오답 피하기 ①은 감사원의 감찰 기능, ③은 권력 분립을 위한 견제 기능, ④는 국회의 재정에 관한 기능, ⑤는 국회의 법률 제·개정 기능으로 주어진 신문 기사와는 직접적인 관련이 없다.

08 ㄴ. 우리나라 대통령직은 단임제이기 때문에 중임은 불가능하다. 헌법 개정을 통해 대통령 중임 제한을 철폐하고 장기 집권을 추구했던 반민주적 역사에 대한 반성으로 우리 현행 헌법에서는 대통령의 중임을 엄격히 제한하고 있다.

ㄷ. 대통령은 국민이 보통·평등·직접·비밀 선거를 통해 선출한다.

오답 피하기 ㄱ. 대통령의 임기는 5년이다.

ㄹ. 헌법 제128조 ②항에 따르면 대통령의 임기 연장 또는 중임 변경을 위한 헌법 개정은 그 헌법 개정 제안 당시의 대통령에 대하여는 효력이 없다. 즉, 현재 대통령이 대통령 중임이 가능하도록 헌법을 개정한다고 해도, 그 효력은 다음 대통령부터 시작된다. 따라서 재임 중인 대통령이 중임할 수 있는 합법적인 방법은 없다.

09 ③ 국회의장은 국회에서 선출하는 직위로 대통령의 임명과는 무관하다.

오답 피하기 ① 대통령은 헌법 기관 구성권을 통해 대법관을 비롯하여 감사원장, 국무총리, 헌법 재판소장 등을 국회의 동의를 얻어 임명할 수 있다.

② 법률 집행이나 정책 실행을 위해 대통령령을 제정하여 발할 수 있다.

④, ⑤ 대통령은 국가 원수로서 외국과 조약 체결 및 비준을 통해 관계를 강화하거나 전쟁을 시작하기 위해 선전 포고를 내릴 권한을 갖는다.

10 우리나라의 대통령은 대내적으로 행정부의 수반으로서 행정부의 일을 최종적으로 결정할 권한과 책임을 가지며, 대외적으로 국가 원수로서 국가를 대표하여 외국과의 관계를 형성할 수 있다. 국가의 주요 정책을 결정하는 국무 회의의 의장이 되어 행정부를 지휘·감독하며, 공무원을 임명하고 해임할 수 있는 공무원 임면권을 갖는다.

오답 피하기 ㄱ. 우리나라는 엄격한 권력 분립을 추구하는 대통령제 국가이기 때문에 대통령이라 하더라도 사법부의 재판에 대해 관여하거나 지시를 내릴 수 없다.

11 대통령은 국가 원수로서 헌법 개정과 같이 중요 정책에 대해 국민 투표를 제안할 수 있다. 또한 국가가 초비상 사태에 직면할 시 군사령관이 강력한 권한을 행사하는 계엄 선포권을 행사하여 위기 극복을 위한 비상 대책을 추진할 수 있다.

12 제시된 내용은 대통령의 권한을 통제하기 위한 다양한 방법이다. 행정부 스스로 국법상 행위를 반드시 문서로 하고, 중요한 정책 결정은 국무 회의의 심의를 거치도록 하여 대통령의 독단을 견제한다. 입법부는 조약이나 헌법 기관 구성 등에 대하여 동의권을 행사하여 대통령 및 행정부를 견제한다. 만약 대통령이 헌법이나 법률을 위반할 시 국회는 탄핵 소추 의결을 할 수 있고, 헌법 재판소는 탄핵 심판을 통해 탄핵 여부를 결정할 수 있다. 우리나라는 대통령의 권한이 매우 강한 편으로, 국민의 기본권 보장을 위해 대통령의 권한을 통제할 다양한 장치를 마련하고 있다.

오답 피하기 ① 제시된 사례는 국민이 직접 대통령의 권한을 통제하는 방법은 아니다. 국민은 여론이나 총선 등 간접적인 방법을 통해 대통령에게 정치적 압력을 행사할 수 있다.

②, ③ 제시된 사례와 일부분은 일치하지만, 전체를 포괄하는 주제로 볼 수 없다.

13 제시된 그림은 대통령이 외국 정상(외국 대통령·총리·국왕 등)과 회담을 하는 장면이다. 외국 정상과의 회담은 국가를 대표하는 국가 원수로서의 역할 수행에 해당한다. 대통령은 국가 원수로서 외국과의 조약 체결 및 비준권, 선전 포고와 강화권 등을 행사한다.

14 대통령의 권한은 국가 원수로서의 권한과 행정부 수반으로서의 권한으로 구분할 수 있다. 행정부 수반으로서의 권한은 행정부 구성 및 지휘·감독권, 국군 통수권, 공무원 임면권, 대통령령 제정권, 국무 회의 주재 등이 있다.

오답 피하기 ㄴ, ㄹ. 긴급 명령권과 대법원장 임명권은 국가 원수로서의 권한에 해당한다.

15 모두 행정부 수반으로서 대통령의 권한에 대한 설명이다.

오답 피하기 ① 국회의 승인은 헌법 기관 구성이나 조약 체결 등 주로 국가 원수로서의 권한을 행사할 때 요구된다.

②, ③, ⑤ 국가 원수로서의 권한에 해당한다.

서술형·논술형

본문 43쪽

01 | **예시 답안** | 국민이 직접 선거를 통해 선출하며, 임기는 5년이고 단임제이다.

| **필수 키워드** | 직접 선거, 5년, 단임(중임 불가)

| **평가 기준** |

상	대통령의 선출 방법과 임기, 단임제를 모두 정확하게 서술한 경우
중	대통령의 임기와 단임제만 정확하게 서술한 경우
하	선거를 통한 선출만 정확하게 서술한 경우

02 | **예시 답안** | ㉠ – 대통령은 행정부 수반으로서 행정부를 지휘·감독하고, 국군을 통솔한다. 또 행정 각부의 장을 비롯한 행정부의 고위 공무원을 임명하며, 국무 회의의 의장이 되어 행정부의 주요 업무를 심의한다. ㉡ – 대통령은 국가 원수로서 외국과의 조약을 체결하는 등 외교권을 행사하고, 국회의 동의를 얻어 대법원장·헌법 재판소장, 감사원장 등을 임명하여 헌법 기관을 구성하며, 긴급 명령이나 계엄 선포 등을 통해 국가와 헌법을 수호한다.

| **필수 키워드** | 행정부 수반, 국군 통수, 공무원 임면, 대통령령 제정, 국무 회의, 국가 원수, 외교, 헌법 기관 구성, 헌법 수호

| **평가 기준** |

상	행정부 수반과 국가 원수로서의 권한을 각각 정확하게 연결하여 서술한 경우
중	행정부 수반과 국가 원수로서의 권한을 하나만 정확하게 연결하여 서술한 경우
하	행정부 수반과 국가 원수로서의 권한을 부정확하게 서술한 경우

⑱ 법원과 헌법 재판소

개념 다지기

본문 46쪽

01 (1) 사법 (2) 사법권 (3) 행정부 (4) 항소 (5) 대법원 (6) 항소, 상고 (7) 위헌 법률 **02** (1) ㉣ (2) ㉠ (3) ㉡ (4) ㉢
03 (1) × (2) ○ (3) × (4) × (5) × (6) ○
04 (1) 법원 (2) 대법원 (3) 법률 (4) 대통령 (5) 헌법 소원 (6) 탄핵
05 ㄱ, ㄷ, ㄹ **06** (1) ㉢ (2) ㉣ (3) ㉡ (4) ㉠

중단원 실력 쌓기

본문 47~49쪽

01 ④	02 ①	03 ③	04 ②	05 ①
06 ④	07 ④	08 ⑤	09 ④	10 ④
11 ③	12 ②	13 ③		

01 사법(司法)이란 법을 해석하고 적용하여 분쟁을 해결하는 국가 작용을 뜻한다.
오답 피하기 ① 사법(私法)은 개인 간의 재산, 신분 등에 관한 권리를 규정한 법이다.
② 조약 체결은 대통령의 권한이다.
③ 법률의 제정 및 개정은 국회가 담당한다.
⑤ 법률의 집행과 정책 실현은 행정부의 역할이다.

02 공정한 재판을 위해서는 사법권의 독립과 심급 제도를 통한 신중한 판단 등이 필요하다. 사법권의 독립을 위해 법원의 조직을 외부의 간섭 없이 헌법과 법률에 의해 독자적으로 구성하는 법원의 독립이 필요하고, 법관이 재판에서 다른 국가 권력의 간섭 없이 판결할 수 있는 법관의 독립이 필요하다.
오답 피하기 ㄷ. 법률 집행권은 행정부의 권한으로, 법원과 관련이 없다.
ㄹ. 우리나라는 심급 제도를 통해 여러 번 재판을 받을 수 있도록 보장하고 있다.

03 가정 법원은 가사 사건, 소년 보호 사건을 담당한다.
오답 피하기 ① 상고 사건이란 2심 판결에 불복하여 3심을 신청한 것이고, 대법원이 담당한다.
② 하급 법원의 최종심은 대법원이 내린다.
④ 특허 관련 분쟁은 특허 법원을 따로 두어 관리한다.
⑤ 명령·규칙이란 행정부가 정책 집행을 위해 제정한 것으로, 이에 대한 최종 심사권은 대법원이 갖는다.

04 법원이 다른 국가 기관의 간섭 없이 독립하여 재판하는 것을 사법권의 독립이라 한다. 헌법 제102조 ③항과 제103조는 사법권의 독립을 규정하는 대표적인 헌법 조항이다. 공정한 재판을 위해 사법권의 독립은 필수이며, 이를 통해 국민의 기본권을 보장할 수 있다.

05 ㉠은 상고, ㉡은 고등 법원, ㉢은 지방 법원 본원 합의부 또는 고등 법원, ㉣은 항소이다. ㉠ 상고와 ㉣ 항소를 합쳐 상소라고 한다. 우리나라는 공정한 재판을 위해 여러 번 재판을 받을 수 있는 심급 제도를 두고 있

다. 일반적인 재판에서 심급은 3심제로 구성된다. 1심은 중대한 사안일 경우 지방 법원 및 지원 합의부에서 담당하고, 경한 사안일 경우 지방 법원 및 지원 단독 판사가 담당한다. 1심 판결에 불복하여 2심 판결을 신청하는 것을 항소라고 한다. 항소 사건의 경우 일반적으로 고등 법원에서 담당하는데, 1심 판결을 지방 법원 및 지원 단독 판사가 담당한 경우에는 지방 법원 본원 합의부가 2심을 담당하기도 한다. 대법원은 사법부 최고 법원으로 3심 재판의 최종심을 담당하게 된다.

06 (가)의 상속 관련 분쟁은 가정 및 가사 사건의 하나로써 가정 법원이 담당한다. (나)는 국가 기관의 잘못된 행정으로 인해 피해를 보게 된 상황이다. 이에 대한 손해 배상 청구는 행정 법원 또는 지방일 경우 지방 법원에서 담당한다.

07 행정 법원은 잘못된 행정 작용에 대한 소송 사건을 담당하며, 지방 법원과 동급의 법원이다. 서울에만 행정 법원이 설치되어 있기 때문에 지방의 경우 지방 법원에서 행정 소송을 다루기도 한다.
　오답 피하기　ㄱ. 특허권 분쟁은 특허 법원에서 담당한다.
ㄷ. 가사 사건과 소년 보호 사건은 가정 법원에서 담당한다.

08 사법부는 명령·규칙·처분 심사권을 통해 행정부의 정책 집행에 대한 적법성 여부를 판단함으로써 행정부를 견제할 수 있다. 또한 국회에서 제정한 법률에 대해 위헌 법률 심사를 헌법 재판소에 제청함으로써 입법부를 견제할 수 있다.
　오답 피하기　ㄱ. 대법관 임명권은 대통령의 권한으로 행정부가 사법부를 견제하는 수단이다.
ㄴ. 대법원장 임명 동의권은 국회의 권한으로 입법부가 사법부를 견제하는 수단이다.

09 헌법 재판소는 공권력이나 제도에 의해 국민의 기본권이 침해당했는지 판단한다.
　오답 피하기　① 헌법 재판관의 임기는 6년이고, 중임을 포함한 연임이 가능하다.
② 헌법 재판소는 헌법을 수호하는 기관이지만, 헌법 개정 절차에는 관여하지 않는다.
③ 헌법 재판관은 9명으로 구성되는데, 모두 자격을 갖춘 법관으로 구성된다.
⑤ 헌법 재판소장은 대통령이 임명하는데, 국회의 동의를 필요로 한다.

10 헌법 재판소는 헌법의 해석과 관련된 분쟁을 해결하고, 법률의 위헌 여부를 판단하는 헌법 수호 기관이다. 또한 공권력 행사의 남용이나 불행사로 인해 침해된 국민의 기본권을 구제하는 최종적인 사법 기구이다.
　오답 피하기　ㄱ. 사법권 독립 실현을 목적으로 구성된 기관으로 볼 수 없다.
ㄷ. 국민의 정치 참여와 민주주의의 발전은 우리 사회의 중요한 과업이지만, 헌법 재판소를 두는 직접적인 목적으로 볼 수 없다.

11 위헌 법률 심판은 재판의 전제인 법률이 헌법에 위배되는지에 대한 판결로 법원의 제청에 의해 이루어진다.
　오답 피하기　① 탄핵 심판은 헌법과 법률을 위반한 고위 공직자에 대해 국회의 소추 의결이 있을 경우 진행된다.
② 권한 쟁의란 행정 기관들이 서로 자신의 권한이 우선한다고 다투는 것이다. 해당 기관이 헌법 재판소에 요청할 경우 재판이 이루어진다.
④ 정당 해산 심판은 정당의 활동이 민주적 기본 질서에 어긋남을 이유로 정부가 청구할 수 있다.
⑤ 헌법 소원 심판은 제도나 공권력에 의해 기본권을 침해당한 국민이 청구한다.

12 헌법 재판소는 헌법 재판의 권한을 통해 위상을 실현한다.
(가) 헌법이나 법률을 어긴 고위 공직자의 파면 여부를 심판하는 것은 탄핵 심판이다. 헌법 제65조 ①항에 의하면 대통령·국무총리·국무 위원·행정 각부의 장·헌법 재판소 재판관·법관·중앙 선거 관리 위원회 위원·감사원장·감사 위원 및 기타 법률이 정한 공무원은 국회의 의결에 의해 탄핵 소추의 대상이 된다. 탄핵 심판은 탄핵 소추된 고위 공무원에 대한 파면 여부를 결정하는 재판이다.
(나) 헌법 소원 심판은 법률이나 국가 권력이 국민의 기본권을 침해하고 있는지 심판하는 제도이다. 기본권을 침해당한 국민이 직접 헌법 재판소에 헌법 소원을 요청한다.

13 신문 기사는 재판 중 법률의 위헌 여부를 가려야 한다는 판단을 내린 법원이 헌법 재판소에 위헌 법률 심판을 제청한 내용을 담고 있다.
　오답 피하기　① ㉠은 법을 해석하고 적용하는 재판을 담당하는 법원이고, 헌법 수호 기관이자 기본권 보장 기관은 헌법 재판소이다.

② ⓒ은 국민의 대표인 국회에서 제정된 법률이다.

④ ⓔ은 법원이 제청한 위헌 법률 심판에 대한 판결을 내리는 기관이다.

⑤ ⓜ은 헌법 재판관 6인 이상의 찬성이 있을 때 위헌 결정이 내려진다.

서술형·논술형

01 | 예시 답안 | 법원이 다른 국가 기관의 간섭 없이 독립하여 재판하는 것을 의미한다. 이를 위해 헌법과 법률에 의해 법원의 조직을 구성하는 법원의 독립이 필요하고, 재판은 오직 헌법과 법률에 의해 양심에 따라 판결할 수 있는 법관의 독립이 보장되어야 한다.

| 필수 키워드 | 헌법, 법률, 법원의 독립, 양심, 법관의 독립

| 평가 기준 |

상	사법권 독립의 의미와 실현 방법 두 가지를 모두 바르게 서술한 경우
중	사법권 독립의 실현 방법만을 바르게 서술한 경우
하	사법권 독립의 의미만을 바르게 서술한 경우

02 | 예시 답안 | (가)는 헌법 소원 심판으로 국가 권력이나 제도에 의해 침해된 국민의 기본권을 구제해 준다.

| 필수 키워드 | 헌법 소원, 침해된 기본권 구제

| 평가 기준 |

상	헌법 소원 심판의 명칭과 내용을 모두 바르게 서술한 경우
중	헌법 소원 심판의 내용만을 바르게 서술한 경우
하	헌법 소원 심판의 명칭만을 바르게 서술한 경우

대단원 마무리

01 ④	**02** ①	**03** 예시 답안 참조	**04** ①
05 ⑤	**06** ①	**07** ⑤	**08** ④	**09** ⑤
10 예시 답안 참조	**11** ②	**12** ④	

01 우리나라 국회의원 선출은 지역구 국회의원과 비례 대표 국회의원을 각각 뽑는 방식으로 구성된다. 주어진 사례에서 기표 가능한 지역구 국회의원 – 비례 대표 국

회의원 조합은 '김이박 – 갑자당', '김이박 – 을축당', '안정최 – 갑자당', '안정최 – 을축당', '손호청 – 갑자당', '손호청 – 을축당'의 총 6개이다.

02 국회의 주요 조직에는 본회의, 위원회, 교섭 단체 등이 있다. 이 중 상임 위원회와 교섭 단체는 모두 국회의 효율성을 높인다는 측면에서 공통점을 갖는다.

(가) 상임 위원회는 법률안·예산안·청원 등에 대하여 본회의 전에 사전 심사함으로써 법률안 제·개정 및 예산안 심의·의결에 대한 전문성과 효율성을 높인다.

(나) 교섭 단체는 20인 이상의 의원으로 구성되는데, 회의 진행 일정이나 방법 논의, 소속 의원 의사의 사전 조정 등을 통해 국회 의사 진행의 효율성을 높인다.

03 | 예시 답안 | 국회는 다음과 같은 방법 또는 권한을 통해 행정부를 견제할 수 있다. 첫째, 국정 감사 또는 국정 조사를 실시한다. 둘째, 국무총리·감사원장의 임명에 대한 동의권을 갖는다. 셋째, 헌법과 법률을 위반한 고위 공직자에 대하여 탄핵 소추를 의결한다.

| 필수 키워드 | 국정 감사·국정 조사, 임명 동의, 탄핵 소추 의결

| 평가 기준 |

상	국회의 행정부 견제 방법 또는 권한 세 가지를 옳게 서술한 경우
중	국회의 행정부 견제 방법 또는 권한 두 가지만 옳게 서술한 경우
하	국회의 행정부 견제 방법 또는 권한 한 가지만 옳게 서술한 경우

04 법률안은 국회의원 10명 또는 정부가 발의할 수 있다.

오답 피하기 ㉡ 우리나라의 경우 정부도 법률안을 제출할 수 있다. 이는 우리나라 대통령 제도의 특이한 점이다. 법원은 법률안을 제출할 수 없고, 법률을 해석하고 적용하는 재판을 담당한다.

㉢ 국회의장은 발의 또는 제출된 모든 법률 제·개정안을 상임 위원회에 회부한다.

㉣ 상임 위원회에서 상정된 법률 제·개정안은 국회 본회의를 통해 최종적으로 심의·의결된다.

㉤ 제·개정된 법률안을 널리 알리는 것은 공표가 아닌 공포이다.

05 헌법 제40조는 국회의 입법에 관한 기능을 규정하고 있다. 국회는 새로운 법을 만드는 법률 제정 및 기존의 법을 수정하거나 바꾸는 법률 개정을 할 수 있고, 헌법 개정안을 제안하며 국민 투표에 부칠지를 의결할 수

정답과 해설 ● **15**

있다. 조약 체결에 대한 동의권도 입법과 관련된 기능이다. 국회의 동의를 얻은 국제 조약은 국내법과 동일한 효력을 갖기 때문에 입법에 관한 기능으로 본다.

오답 피하기 ㄱ. 탄핵 소추 의결권은 국회가 고위 공직자에 대한 파면을 헌법 재판소에 요청하는 것으로써 국정 통제 및 감시·견제 기능에 속한다.

06 대통령은 국가를 대표하는 국가 원수로서의 권한과 행정부의 일을 최종적으로 결정할 행정부 수반으로서의 권한을 가진다.

오답 피하기 ② 행정 각부의 세입·세출 결산을 검사하는 기관은 감사원이다.
③ 정부의 주요 정책을 심의하는 회의 기구는 국무 회의이다. 행정 각부는 국무 회의에서 결정된 정책을 실질적으로 처리하는 각 부서이다.
④ 행정부의 일을 최종적으로 결정하는 수반은 대통령이다. 국무총리는 대통령을 도와 행정 각부를 통할한다.
⑤ 감사원은 독립된 헌법 기관으로 국무총리의 지시를 받지 않는다.

07 대통령은 행정부 수반으로서 국무 회의에 참석하여 정책을 심의하고, 고위 공무원을 임면한다. 또한 국가 원수로서 외교 사절단을 접견한다. 국무총리에 대한 탄핵 소추 의결은 국회의 권한이고, 권한 쟁의 심판은 헌법 재판소의 권한이기 때문에 대통령의 업무 일지에 기록될 수 없다.

08 대통령이 갖는 국가 원수로서의 권한은 외국과의 조약 체결 및 비준권, 선전 포고와 강화권, 대법원장·헌법 재판소장·감사원장 등을 임명할 수 있는 헌법 기관 구성권, 긴급 명령권·계엄 선포권과 같은 국가와 헌법 수호, 국회 임시회 소집 요구 및 중요한 정책 결정을 위해 국민 투표를 제안할 권한 등이 있다.

오답 피하기 ㄱ, ㄷ. 국군 통수권과 국무 회의 주재권은 행정부 수반으로서의 권한에 해당한다.

09 공정한 재판을 통한 국민의 기본권 보장을 위해 사법권의 독립은 매우 중요하다. 실질적 법치주의를 추구하는 모든 국가에서는 헌법을 통해 사법부를 독립적으로 운영한다. 우리나라 역시 헌법을 통해 사법부의 독립을 보장하고 있으며, 제101조~제106조에 걸쳐 법관의 자격과 법원의 조직 등을 규정하고 있다.

10 | 예시 답안 | (가)는 헌법 소원 심판으로, 제도나 공권력에 의해 기본권을 침해당한 국민을 최종적으로 구제하는 것을 목적으로 한다.
| 필수 키워드 | 헌법 소원 심판, 기본권 침해, 최종적으로 구제
| 평가 기준 |

상	헌법 소원 심판의 명칭과 목적을 모두 옳게 서술한 경우
중	헌법 소원 심판의 목적만을 옳게 서술한 경우
하	헌법 소원 심판의 명칭만을 옳게 서술한 경우

11 심급 제도란 공정한 재판을 위해 법원에 급을 두어 여러 번 재판을 받을 수 있도록 하는 제도이다. 일반적으로는 3심제를 운영하고 있고, 일부 예외를 두고 있다. 재판 판결에 불복해 상급 법원에 다시 재판해 줄 것을 요청하는 것을 상소라고 하는데, 1심 판결에 불복해 2심 재판을 청구하는 것을 항소라고 하고, 2심 판결에 불복해 3심 재판을 청구하는 것을 상고라고 한다.

오답 피하기 ㄴ. 특허 관련 분쟁(2심)이나 대통령·국회의원의 선거 소송(1심) 등은 3번의 재판을 허용하지 않는다.
ㄹ. 1심 재판을 지방 법원 단독 판사가 내린 경우 지방 법원 본원 합의부에서 2심 재판을 진행할 수 있다.

12 주인공은 특허를 낸 상품을 다른 회사에서 무단으로 도용하여 사용하고 있는 것에 대해 판매 금지 가처분 신청을 내고자 한다. 이 경우 주인공은 특허 법원에 소송을 제기할 수 있다. 특허 법원은 특허 관련 분쟁을 담당하는 법원이다. 특허 관련 재판은 2심제이기 때문에 특허 법원은 고등 법원과 동급이다.

Ⅲ. 경제생활과 선택

01 경제 활동과 경제 체제

개념 다지기
본문 58쪽

01 (1) 경제 활동 (2) 희소성 (3) 편익 (4) 경제 체제 (5) 가격 (6) 혼합
02 (1) 소비 (2) 생산 (3) 분배
03 (1) × (2) ○ (3) ○ (4) × (5) ×   **04** 기회비용
05 ㄴ   **06** (1) 서비스 (2) 분배 (3) 가계 (4) 시장
07 (1) ㄱ, ㄹ (2) ㄴ, ㄷ   **08** ㄱ - ㄷ - ㄹ - ㄴ - ㅁ

중단원 실력 쌓기
본문 59~60쪽

01 ②	**02** ②	**03** ③	**04** ⑤	**05** ②
06 ③	**07** ③	**08** ②	**09** ②	**10** ④
11 ②	**12** ⑤			

01 제시문은 경제 활동의 대상 중 서비스에 대한 설명이다.
오답 피하기 ㄴ, ㄹ. 의사가 사용하는 청진기, 농부가 재배한 사과는 인간의 필요와 욕구를 충족해 주는 구체적인 형태가 있는 물건으로 재화에 해당한다.

02 저축에 대한 대가로 이자를 받는 것은 경제 활동의 종류 중 분배에 해당한다.
② 주식에 투자하여 배당금을 받는 것은 분배 활동에 해당한다.
오답 피하기 ③, ④, ⑤ 재화 또는 서비스를 소비하는 경제 활동에 해당한다.

03 가계는 노동, 자본, 토지와 같은 생산 요소를 기업이나 정부에 제공하는 경제 주체이다. 또한 생산 요소의 대가로 임금, 이자, 지대를 받는다.
오답 피하기 ① 정부는 대가를 지불하지 않아도 이용이 가능하며, 막대한 생산 비용이 들어가지만 이익을 얻기 어려운 공공재와 사회 간접 자본을 생산한다.
② 정부는 국가 경제를 전반적으로 조정하고 관리한다.
④, ⑤ 기업은 소비자에게 필요한 재화와 서비스를 생산하여 시장에 공급하며, 가계가 제공하는 생산 요소에 대해 임금, 이자, 지대를 지급한다.

04 (가) 깨끗한 물이 풍부했던 과거에는 돈을 들이지 않고도 물을 마음껏 마실 수 있었다. 하지만 오늘날 환경 오염으로 깨끗한 물의 가치가 높아졌다. (나) 열대 지방에서는 에어컨이 많더라도 그것을 원하는 사람들이 더 많기 때문에 에어컨이 희소한 자원이다. 하지만 추운 극지방에서는 에어컨의 수가 적더라도 그것을 원하는 사람은 많지 않기 때문에 에어컨은 상대적으로 열대 지방에 비해 덜 희소하다.

05 ② 기회비용은 어떤 것을 선택함으로써 포기하는 것 중 가장 가치가 큰 것이다.
오답 피하기 ③, ⑤ 기회비용은 어떤 선택에 따른 활동을 하는 데 직접 지출되는 비용뿐만 아니라 선택으로 인해 포기한 가치도 포함한다.
④ 사람마다 선호하거나 필요한 것이 다르기 때문에 기회비용이 각기 다르게 나타날 수 있다.

06 합리적인 선택이란 기회비용을 최소화하는 선택을 말하며, 최소의 비용으로 최대의 만족감, 즉 편익을 얻는 것을 말한다.
오답 피하기 ㄱ. 비용보다 편익이 큰 것을 선택하는 것이 합리적이다.
ㄹ. 선택한 것의 가치가 포기한 것의 가치보다 커야 합리적인 선택이다.

07 기회비용은 어떤 것을 선택함으로써 포기하는 것 중 가장 가치가 큰 것이다. 도윤이가 두 시간의 공연 관람을 선택한다면 두 시간 아르바이트를 하여 얻을 수 있는 수익인 18,000원을 포기하게 되는 것이다.

08 합리적인 의사 결정의 과정은 문제를 인식하고 대안을 탐색하여 평가한 후 최적의 대안을 선택하는 것이다. 대안을 선택한 후에는 선택에 대한 평가 및 반성이 이루어진다.

09 제시문의 기계 설비에 대한 투자는 '어떻게 생산할 것인가?'에 해당하는 것으로 생산 방법에 대한 문제이다.
오답 피하기 ① '무엇을 생산할 것인가?'는 생산물의 종류와 수량에 관한 문제이다.
③ '얼마나 생산할 것인가?'는 한정된 자원으로 어떤 재화나 서비스를 얼마나 생산할 것인지를 선택해야 하는 문제이다.
⑤ '누구를 위하여 생산할 것인가?'는 생산물 분배에 관한 문제

로 생산 활동을 통해 얻은 이익을 누구에게 얼마나 나누어 줄 것인지에 관한 것이다.

10 우리나라는 헌법상 자유로운 경제 활동을 인정하지만, 필요한 경우에 정부가 시장에 개입하여 경제에 관한 규제와 조정을 할 수 있도록 하는 혼합 경제 체제를 채택하고 있다.

오답 피하기 ① 시장 경제 체제를 기본으로 한다.
②, ⑤ 계획 경제 체제의 요소를 일부 도입하여 시장 경제 체제에 따른 문제점을 해결한다.
③ 계획 경제 체제의 특징에 해당한다.

11 제시문은 시장 경제 체제의 특징에 해당한다.
② 계획 경제 체제의 특징으로 시장 경제 체제에서는 경제적 효율성을 추구한다.

오답 피하기 ①, ⑤ 시장 경제 체제는 자유로운 경제 활동을 보장하여 개인의 창의력을 최대한 발휘하도록 한다.
③, ④ 경제 주체들이 자신의 이익을 추구하기 위해 경쟁하고, 그 과정에서 보다 적은 비용으로 최대 생산을 함으로써 자원이 효율적으로 배분된다.

12 A국가는 계획 경제 체제를 채택하고 있었던 구(舊)소련이다.
ㄷ. 개인의 재산 소유가 제한되어 이윤을 추구하려는 동기가 부족하다.
ㄹ. 계획 경제 체제는 소득 분배의 형평성을 추구한다.

오답 피하기 ㄱ. 오늘날 대부분의 국가는 시장 경제 체제를 기본으로 계획 경제 체제의 일부를 도입한 혼합 경제 체제를 채택하고 있다.
ㄴ. 시장 경제 체제의 장점에 해당한다.

서술형·논술형
본문 61쪽

01 | 예시 답안 | 분배, 분배는 생산 과정(생산 활동)에 참여한 대가를 나누어 가지는 활동이다.
| 필수 키워드 | 분배, 생산 과정(생산 활동), 참여, 대가
| 평가 기준 |

상	분배라고 쓰고, 그 의미를 바르게 서술한 경우
중	분배라고 쓰고, 그 의미를 미흡하게 서술한 경우
하	분배라고만 쓴 경우

02 | 예시 답안 | 수민이는 떡볶이를 선택해야 합리적인 소비를 한 것이다. 떡볶이를 먹을 때 수민이가 느끼는 만족감(편익)이 가장 크기 때문이다.
| 필수 키워드 | 떡볶이, 만족감(편익), 크다
| 평가 기준 |

상	떡볶이를 선택한다고 쓰고, 그 이유를 바르게 서술한 경우
하	떡볶이를 선택한다고 쓰고, 그 이유를 바르게 서술하지 못한 경우

03 | 예시 답안 | 우리나라는 개인의 자유로운 경제 활동을 인정하고 시장 가격을 통해 기본적인 경제 문제를 해결한다. 그러나 시장 가격으로 해결할 수 없는 환경 오염이나 빈부 격차와 같은 사회 문제를 해결하기 위해 정부의 개입을 인정한다. 이처럼 우리나라는 시장 경제 체제를 기본으로 계획 경제 체제의 요소를 일부 받아들인 혼합 경제 체제를 채택하고 있다.
| 평가 기준 |

평가 항목	평가 내용
평가 충실도	정해진 분량 기준을 충족시킴(단, 제시된 질문과 전혀 상관없는 내용으로 답변했을 시에는 분량 기준을 충족시키지 못한 것으로 간주함)
고차적 인지 능력	헌법 조항을 통해 우리나라가 혼합 경제 체제를 채택하고 있음을 이해함
글의 타당성	자기 주장과 그에 대한 근거가 타당하게 연결되어 있음
글의 논리성	전체적인 글의 구성과 짜임새가 매끄러우며, 주장과 근거의 연결이 자연스러움

(02) 기업의 역할과 사회적 책임

개념 다지기
본문 64쪽

01 (1) 이윤 (2) 임금 (3) 사회적 (4) 혁신
02 (1) × (2) ○ (3) × (4) ○
03 (1) ㄴ (2) ㄱ (3) ㄷ (4) ㄹ   **04** 기업가 정신
05 (1) 생산 (2) 이자 (3) 근로자 (4) 기업가
06 사회적 책임   **07** ㄱ, ㄴ

01 ①	**02** ⑤	**03** ③	**04** ③	**05** ⑤
06 ⑤	**07** ⑤	**08** ③	**09** ⑤	**10** ④
11 ④				

01 기업은 재화와 서비스를 생산하는 경제 주체로 이윤 추구를 목표로 한다.

> **오답 피하기** ②, ③ 가계는 생산 요소인 노동, 토지, 자본을 기업에 제공하고 그에 대한 대가로 임금, 지대, 이자를 지급받는다.
> ④ 기업의 수입 중 일부를 세금으로 납부하여 국가 운영의 재원을 조달한다.
> ⑤ 기업은 가계로부터 노동력을 제공받아 생산 활동을 함으로써 일자리를 창출한다.

02 기업은 품질 좋은 상품을 판매하여 소비자를 만족시키고 기술 혁신을 위한 연구 개발, 투자를 통해 경제 성장을 촉진하는 역할을 한다.

> **오답 피하기** ㄱ. 기업은 가계로부터 생산 요소를 제공받아 재화와 서비스를 생산하고, 가계는 생산 요소에 대한 대가를 지급받아 소득을 얻는다.
> ㄴ. 기업은 생산 활동으로 벌어들인 수입 중 일부를 세금으로 납부하여 국가의 재정 활동에 이바지한다.

03 그림에는 한 기업이 신입 사원을 채용했다는 내용이 나타나 있다. 기업은 재화와 서비스를 생산하기 위해 근로자를 고용하여 일자리를 제공한다.

04 ○○전자는 저소득층을 위해 컴퓨터 교육을 지원하는 공익사업을 하여 기업의 사회적 책임을 다하고 있다.

05 ⑤ 기업은 생산 과정에서 생태계를 보호하고 환경 오염을 최소화해야 한다.

> **오답 피하기** ①, ②, ③, ④ 기업은 질 좋은 상품을 생산하여 소비자를 만족시키고, 생산 과정에서 일자리를 만들어 고용을 창출한다. 또한 기업의 수입 중 일부를 정부에 세금으로 납부하며, 기술 혁신을 통해 국가 경제의 성장을 촉진하는 역할을 담당한다.

06 기업은 사회 구성원으로서 소비자, 근로자 등의 권익을 보호하고 공익사업을 통해 사회적 약자를 보호해야 한다.

> **오답 피하기** ㄱ. 기업은 경제적 효율성 추구와 함께 사회적 기업으로서의 역할을 담당하여 경제적 형평성을 지향해야 한다.
> ㄴ. 기업은 이윤 추구와 함께 사회 전체의 이익을 고려하여 사회적 책임을 다해야 한다.

07 한국 소비자원은 소비자의 피해를 구제하는 기관이다. 자료에는 국민의 건강을 위협하는 유해 물질의 검출로 소비자의 권리가 보호받지 못한 사례가 나타나 있다. 이는 A기업이 소비자를 위해 안전한 제품을 생산하고 소비자의 권익을 침해하지 않아야 한다는 사회적 책임을 다하지 못한 사례에 해당한다.

08 기업가 정신은 불확실성과 위험을 무릅쓰고 혁신과 창의성을 바탕으로 생산 활동을 통해 기업을 성장시키려는 도전 정신을 말한다.

> **오답 피하기** ㄱ, ㄹ. 기업가 정신은 새로운 변화에 도전하고 변화의 흐름에 적극적으로 대처하는 자세이다.

09 신발 제조 회사는 '일대일 기부'라는 판매 방식을 통해 공익을 추구하여 사회적 책임을 수행하는 사회적 기업의 모습을 보여 준다.

> **오답 피하기** ② 기업가 정신에 대한 설명이다.

10 (가)에 해당하는 경제 용어는 기업가 정신이다.
④ 기업가 정신은 사회 변화에 적응하기 위해 새로운 가치에 유연하게 대처하는 자세이다.

11 제시문에서 영유아 미디어 개발 회사는 치열한 경쟁이 있는 국내 시장에서 벗어나 해외의 새로운 시장을 개척함으로써 변화를 기회로 이용하는 기업가 정신을 발휘하였다.

서술형·논술형 | 본문 67쪽

01 **| 예시 답안 |** 기업은 생산 과정에서 일자리를 만들어 고용을 창출하고, 생산에 참여한 사람들에게 그 대가를 지급하여 소득을 창출한다.

| 필수 키워드 | 고용 창출(일자리 창출), 소득 창출

| 평가 기준 |

상	고용과 소득 창출이라고 두 가지 모두 서술한 경우
하	고용과 소득 창출 중 한 가지만 서술한 경우

02 **| 예시 답안 |** 기업가 정신. 기업가 정신은 미래의 불확실성과 위험을 무릅쓰고 이윤을 창출하며, 혁신과 창의성을 바탕으로 기업을 성장시키려는 도전 정신이다.

| 필수 키워드 | 기업가 정신, 혁신, 창의성, 도전
| 평가 기준 |

상	기업가 정신이라고 쓰고, 그 의미를 바르게 서술한 경우
중	기업가 정신이라고 쓰고, 그 의미를 미흡하게 서술한 경우
하	기업가 정신이라고만 쓴 경우

03 | 예시 답안 | 오늘날에는 기업이 국가 경제에서 차지하는 비중과 역할이 커지면서 기업의 사회적 책임 또한 늘어나고 있다. 기업은 사회 구성원의 기대와 가치 등에 부합하는 행동을 해야 할 책임이 있다. 제시된 사례에서 기업은 이윤의 극대화를 위해 아동의 노동력을 정당한 대가를 지불하지 않고 착취하였다. 기업은 제품 생산 과정에서 생산비를 절감하기 위해 아동 노동력을 불법적으로 사용하는 반(反) 인권적인 행동을 해서는 안 된다. 이처럼 기업은 이윤 추구뿐만 아니라 사회 구성원으로서 역할을 성실히 수행하는 사회적 책임을 다하기 위해 노력해야 한다.

| 평가 기준 |

평가 항목	평가 내용
평가 충실도	정해진 분량 기준을 충족시킴(단, 제시된 질문과 전혀 상관없는 내용으로 답변했을 시에는 분량 기준을 충족시키지 못한 것으로 간주함)
고차적 인지 능력	제시된 상황에 나타난 근로자의 권리 침해를 파악하고 기업의 사회적 책임에 대해 구체적으로 서술함
글의 타당성	자기 주장과 그에 대한 근거가 타당하게 연결되어 있음
글의 논리성	전체적인 글의 구성과 짜임새가 매끄러우며, 주장과 근거의 연결이 자연스러움

03 금융 생활의 중요성

개념 다지기
본문 70쪽

01 (1) 생애 주기 (2) 자산 (3) 수익성 (4) 고령 (5) 신용
02 (1) ○ (2) × (3) ○ (4) ×
03 (1) ㄷ (2) ㄱ (3) ㄴ (4) ㄹ **04** (1) ㉠ (2) ㉢ (3) ㉡
05 (1) 안전성 (2) 예금 (3) 분산
06 (1) ㄱ (2) ㄹ (3) ㄷ (4) ㅁ (5) ㄴ (6) ㅂ
07 신용 **08** 주식

중단원 실력 쌓기
본문 71~72쪽

01 ③	02 ②	03 ④	04 ③	05 ②
06 ⑤	07 ①	08 ③	09 ⑤	10 ③
11 ①	12 ②			

01 (나)는 소비보다 소득이 많은 상태로 미래를 위한 저축이 가능하다.
오답 피하기 ① ㉠은 소득 곡선이고, ㉡은 소비 곡선이다.
② (가)는 수입보다 지출이 많은 부분이다.
④ 노년기에는 건강 관리나 병원비의 지출이 증가한다.
⑤ 인간의 소비 생활은 평생 이루어지지만, 소득을 얻을 수 있는 기간은 한정되어 있다.

02 취업을 통해 소득을 형성하는 청년기에 대한 설명이다.
오답 피하기 ① 유소년기에는 경제적 자립이 어려워 부모의 소득에 의존한 소비 생활을 한다.
③, ④ 중·장년기는 소득이 가장 높은 시기이지만 주택 마련, 자녀 양육, 노후 준비 자금 마련으로 소비도 증가한다.
⑤ 노년기는 은퇴 이후 소득이 크게 줄거나 없어지는 시기로 이전에 마련해 둔 자금으로 노후를 보내야 한다.

03 제시문은 자산 관리에 대한 설명이다. 자산 관리는 미래에 예상되는 지출뿐만 아니라 예상하지 못한 사고나 질병에 대비하고, 평균 수명의 연장에 따른 은퇴 이후의 노후 생활에 대비하는 것이다.

04 (가)는 안전성으로 투자한 원금이 보장되는 정도, (나)는 유동성으로 쉽고 빠르게 현금으로 전환할 수 있는 정도, (다)는 수익성으로 투자를 통해 수익을 볼 수 있는 정도를 말한다.

05 (가)는 예금, (나)는 주식에 해당하는 설명이다.
ㄱ. 실물 자산은 귀금속, 자동차, 부동산 등이며 현금, 예금, 적금, 주식, 채권, 보험, 연금 등은 금융 자산에 해당한다.
ㄷ. (가)는 예금으로 원금이 보장되어 안전성은 높으나 정해진 이자 외에는 수익을 올리기가 힘들어 수익성이 낮다.
오답 피하기 ㄹ. (나)는 주식으로 주식회사가 자금을 마련하기 위해 투자자에게 돈을 받고 발행한 증서이다.

06 우리나라는 평균 수명의 연장으로 고령 사회로 진입하

였다. 또한 평균 퇴직 연령은 크게 앞당겨져 소득 없이 지내야 하는 노년기가 길어지게 되었다. 노년기에 경제적 어려움을 겪지 않기 위해서는 청·장년기에 합리적인 재무 계획을 세워 노년기를 미리 준비해야 한다.
⑤ 안전성과 수익성을 균형 있게 고려하여 자산 관리 계획을 세운다.

오답 피하기 ①, ②, ③, ④ 은퇴 이후의 노년기를 준비하기 위해서는 소비를 줄이고 저축에 힘써 목돈을 마련하고, 연금에 가입하여 미래의 소비에 대비해야 한다.

07 A는 예금으로 원금이 보장되어 안전성은 높으나, 정해진 이자 이외에는 수익을 올리기가 힘들어 수익성이 낮은 금융 상품이다.

08 적금은 계약 기간 동안 일정 금액을 납입하여 이자를 받는 상품으로 수익성은 낮으나 안전성은 높다.

오답 피하기 ① 수익성은 높으나 투자의 위험성으로 인해 안전성이 낮은 주식에 대한 설명이다.
② 미래에 발생할 수 있는 사고나 질병 등과 같은 위험에 대비하기 위해 일정한 비용을 납부하고 사고나 질병 발생 시 일정 금액을 받는 보험에 대한 설명이다.
④ 정부나 기업에 돈을 빌려주는 대가로 일정한 이자를 지급받는 채권에 대한 설명이다.
⑤ 청년기 또는 중·장년기에 벌어들인 소득의 일부를 저축하여 노후에 일정 금액을 받는 연금에 대한 설명이다.

09 자산 관리를 할 때 저축이나 투자의 목적과 기간 등을 살펴보고, 안전성, 수익성, 유동성을 고려하여 금융 상품을 선택해야 한다.
⑤ 주식은 수익성이 높으나 투자의 위험률도 높아 안전성이 낮은 금융 상품이다. 따라서 원금 손실을 막고 안전하게 자산을 관리하려면 안전성이 높은 예·적금 상품에 가입하는 것이 바람직하다.

오답 피하기 ① 자산을 한 곳에 집중하여 투자하면 위험성이 높기 때문에 다양한 형태의 금융 상품에 분산하여 가입하는 것이 바람직하다.
② 소득이 적거나 없는 시기인 노년기 또는 자녀 양육, 주택 마련 등 지출의 비중이 높은 청·장년기를 대비하여 저축하는 습관을 갖도록 한다.
③ 안전성, 수익성, 유동성을 고려하여 수익을 얻는 동시에 투자 위험을 줄이는 자산 관리가 요구된다.
④ 소득이 소비보다 적은 노년기를 대비하여 노후에 일정 금액을 받는 연금에 가입하는 것도 합리적인 자산 관리 방법이다.

10 ㄴ. 자산을 합리적으로 운영하기 위해서는 안전성, 수익성, 유동성을 모두 고려해야 한다.
ㄷ. 자산을 여러 군데 나누어 투자하지 않아 원금 손실이 컸다.

오답 피하기 ㄱ. 안전성보다는 수익성을 고려하여 자산을 투자하였다.
ㄹ. 예·적금, 주식, 채권 등의 금융 자산에 투자하되 안전성과 수익성을 모두 고려하여 적절하게 분산 투자해야 한다.

11 제시문은 신용 거래의 의미를 설명하고 있다.
① 현금 없이도 신용을 바탕으로 미래의 소득을 앞당겨 상품을 구매할 수 있다.

오답 피하기 ② 현재와 미래의 소득을 고려하지 않고 충동구매나 과소비를 할 수 있으므로 자신의 소득 수준을 정확하게 파악하는 것이 필요하다.
③ 미래의 소득을 앞당겨 쓸 수 있기 때문에 현재의 소득보다 더 많이 소비할 수 있다.
④ 정보 통신 기술을 이용한 서비스 신용, 신용 카드 등이 보편화되면서 그 비중이 증가하고 있다.
⑤ 신용 거래는 신용을 바탕으로 상품을 먼저 받고 비용을 나중에 지불하는 방식이다.

12 ② 신용 거래는 현금 없이도 상품을 구매할 수 있다.

오답 피하기 ①, ④, ⑤ 신용 거래는 미래의 소득을 앞당겨 사용할 수 있기 때문에 현재의 소득 수준과 지불 능력을 초과하는 과소비를 할 우려가 있다.
③ 신용 카드 대금은 언젠가는 갚아야 할 빚이기 때문에 미래의 경제생활에 큰 부담이 되며, 대금을 지불하지 못할 시 신용 불량자가 될 수 있다.

서술형·논술형
본문 73쪽

01 | **예시 답안** | 주식, 수익성이 높다는 장점이 있지만 투자 위험이 있어 안전성이 낮은 편이다.
| **필수 키워드** | 주식, 수익성, 안전성, 위험
| **평가 기준** |

상	주식이라고 쓰고, 장점과 단점 두 가지 모두 바르게 서술한 경우
중	주식이라고 쓰고, 장점과 단점 중 한 가지만 바르게 서술한 경우
하	주식이라고만 쓴 경우

02 | **예시 답안** | 신용 거래, 현금 없이도 상품을 구매할 수 있으며 미래의 소득을 앞당겨 쓸 수 있다.

| **필수 키워드** | 신용 거래, 현금, 미래, 소득

| **평가 기준** |

상	신용 거래라고 쓰고, 장점을 바르게 서술한 경우
하	신용 거래라고 쓰고, 장점을 바르게 서술하지 못한 경우

03 | **예시 답안** | 유소년기는 부모의 소득에 의존하여 생활하는 시기로 생산 활동보다 소비 활동이 이루어지는 시기이다. 청년기는 직장 생활을 시작하면서 본격적인 생산 활동에 참여하여 소득이 발생하는 시기로 소득과 함께 소비도 적다. 청·장년기는 소득이 크게 증가하지만 결혼과 출산, 자녀 양육, 주택 마련 등으로 소비도 많은 시기이다. 또한 은퇴 이후의 경제생활을 준비해야 하는 시기이기도 하다. 노년기는 은퇴 이후 소득이 적거나 줄어드는 시기로 청·장년기에 모아둔 자금이나 연금으로 경제생활을 하는 시기이다. 소비에 비해 소득이 적은 시기로 고령화 시대가 되면서 이 시기의 중요성이 증가하고 있다.

| **평가 기준** |

평가 항목	평가 내용
평가 충실도	정해진 분량 기준을 충족시킴(단, 제시된 질문과 전혀 상관없는 내용으로 답변했을 시에는 분량 기준을 충족시키지 못한 것으로 간주함)
고차적 인지 능력	생애 주기 단계의 특징을 소득과 소비의 관계를 중심으로 명확하게 서술함
글의 타당성	자기 주장과 그에 대한 근거가 타당하게 연결되어 있음
글의 논리성	전체적인 글의 구성과 짜임새가 매끄러우며, 주장과 근거의 연결이 자연스러움

대단원 마무리
본문 74~75쪽

01 ②	**02** ①	**03** ①	**04** 예시 답안 참조
05 ⑤	**06** ④	**07** ⑤	**08** ④	**09** ⑤
10 예시 답안 참조	**11** ②	**12** ③	

01 ㉠, ㉢ 인간의 필요와 욕구를 충족해 주는 인간의 가치 있는 활동으로 서비스에 해당한다.

오답 피하기 ㉡, ㉣ 인간의 필요와 욕구를 충족시켜 주는 구체적인 형태가 있는 물건으로 재화에 해당한다.

02 (가)는 재화나 서비스를 만들거나 그 가치를 높이는 생산 활동, (나)는 생활에 필요한 상품이나 서비스를 구입하는 소비 활동에 해당한다.

ㄱ. 상품의 운반, 저장, 판매 활동도 생산 활동에 속한다.
ㄷ, ㄹ. 생활에 도움이 되는 인간의 가치 있는 활동에 해당하는 서비스를 소비하였다.

03 인간의 욕구에 비해 이를 충족해 줄 자원의 양이 상대적으로 부족한 상태를 말한다.

① 자원의 양이 매우 적더라도 그것을 원하는 사람이 없다면 그 자원은 희소하지 않다. 반면에 자원의 양이 풍부하더라도 그것을 원하는 사람이 많다면 그 자원은 희소한 것이다. 이처럼 자원의 희소성은 절대적인 양에 의해 결정되는 것이 아니라, 그것을 사용하고자 하는 인간의 욕구 정도에 따라 달라진다.

04 | **예시 답안** | 인간에 욕구에 비해 이를 충족시켜 줄 자원의 양이 상대적으로 부족하기 때문이다(자원의 희소성 때문이다). 피자를 선택했을 때 기회비용이 최소화된다(피자를 선택했을 때 비용에 비해 편익이 크다).

| **필수 키워드** | 자원의 희소성, 기회비용, 만족, 편익

| **평가 기준** |

상	자원의 희소성의 의미를 쓰고, 합리적인 선택의 조건을 바르게 서술한 경우
하	자원의 희소성의 의미를 쓰고, 합리적인 선택의 조건을 바르게 서술하지 못한 경우

05 제시문은 국가가 경제 주체의 경제 활동에 대해 계획하고 명령함으로써 기본적인 경제 문제를 해결하는 계획 경제 체제에 대해 설명하고 있다.

오답 피하기 ㄱ, ㄴ. 시장 경제 체제의 특징에 해당한다.

06 기업은 재화와 서비스를 생산하는 경제 주체로 적은 비용으로 최대의 이윤을 목적으로 한다.

오답 피하기 ㄱ. 소득을 얻기 위해 기업에 생산 요소를 제공하는 가계에 해당한다.

ㄷ. 가계와 기업으로부터 거두어들인 세금을 바탕으로 재정 활동을 관리하는 정부에 해당한다.

07 국민은 기업이 사회 구성원으로서의 역할을 책임감 있게 수행하기를 바라고 있으며, 근로자의 복지 향상에 힘써야 한다고 생각하고 있다. 특히 기업의 이익과 함

께 사회 공헌을 통한 공익 추구를 기대하고 있다.
⑤ 그래프에서 국민이 기업에 바라는 역할의 비율이 가장 높은 것은 44.6%로 일자리 창출이다.

08 (가)는 혁신과 창의성을 바탕으로 기업을 성장시키려는 기업가 정신에 해당한다.

오답 피하기 ① 고부가 가치란 생산 과정에서 새롭게 부가된 높은 가치로 혁신과 창의성을 바탕으로 한다.

09 노년기는 소득이 크게 줄어들거나 없어져 노후 대비 자금이나 연금으로 생활하는 시기로, 고령화 시대를 맞아 자금 마련 계획을 지혜롭게 수립해야 한다.

10 | 예시 답안 | (가)는 예금으로 원금이 보장되어 안전성은 높으나, 정해진 이자 외에는 수익을 기대하기 어려워 수익성이 낮다. (나)는 주식으로 높은 수익성을 기대할 수 있지만, 안전성이 낮아 원금을 잃을 위험성이 있다.
| 필수 키워드 | 예금, 주식, 안전성, 수익성
| 평가 기준 |

상	예금과 주식의 특징을 안전성과 수익성의 측면에서 바르게 서술한 경우
하	예금과 주식의 특징 중 한 가지만 안전성과 수익성의 측면에서 바르게 서술한 경우

11 안전성, 수익성, 유동성은 합리적인 자산 관리를 위해 반드시 고려해야 하는 원칙이다.
② 주식은 예금에 비해 배당금을 받거나 주식을 사고파는 과정에서 이익을 얻을 수 있는 수익성이 높은 상품이다.

오답 피하기 ① 안전성은 주식<채권<예금 순서로 높다.
③ 안전성이 높으면 수익성은 낮은 편이다.
④ (가)는 안전성, (나)는 유동성, (다)는 수익성에 해당한다.
⑤ 현명한 자산 관리를 위해서는 안전성, 수익성, 유동성을 모두 고려해야 한다.

12 신용이 낮을 경우 금융 기관과의 거래가 어렵거나 대출 시 높은 이자를 부담하는 등 불이익을 받을 수 있으므로 평소 자신의 신용을 관리하는 데 주의를 기울여야 한다.

오답 피하기 ㄱ. 자신의 소득과 지불 능력을 고려하여 소비하는 자세가 필요하다.
ㄹ. 현재와 미래의 소득을 예측하여 소비해야 한다.

Ⅳ. 시장 경제와 가격

01 시장의 의미와 종류

01 ② 시장이 반드시 구체적인 장소와 시설을 갖추어야 하는 것은 아니다. 특정 장소 없이 상품에 대한 수요와 공급이 모여 거래가 이루어지는 눈에 보이지 않는 시장도 존재한다.

02 과거 원시 사회나 농경 사회는 자급자족 경제였으나 잉여 생산물의 발생으로 교환 경제가 시작되면서 보다 손쉽고 원활한 교환을 위해서 시장이 형성되었다.

03 ㄱ. 시장에서 화폐를 통해 물건을 간접적으로 교환하게 되면서 상품 거래가 보다 수월해졌다.
ㄴ. 초기의 화폐는 쌀, 소금, 조개껍데기 등과 같은 물품의 형태였다.

오답 피하기 ㄷ. 금속 화폐는 대규모의 거래를 하거나 화폐를 운반하는 데 불편하였기 때문에 지폐를 사용하게 되었다.
ㄹ. 오늘날에는 정보 통신 기술의 발달로 스마트폰을 사용한 전자 결제가 보편화되고 있다.

04 화폐는 쌀, 소금, 조개껍데기 등과 같은 특정한 상품이 교환의 매개물로 사용되는 물품 화폐로부터 시작되었다. 이후 물품을 보관하거나 운반하는 데 불편함을 없애기 위해 금화, 은화와 같은 금속 화폐가 나타났다.

금속 화폐 역시 대규모 거래를 하거나 운반하는 데 불편하였기 때문에 지폐를 사용하게 되었다. 오늘날에는 은행에 돈을 맡겨 두고 대신 돈이 있다는 표시로 수표나 신용 카드와 같은 신용 화폐나 전자적인 방법으로 지불하는 전자 화폐를 사용하기도 한다.

05 ㄷ. 시장에는 많은 사람과 상품이 모이기 때문에 품질, 가격 등과 같은 상품에 대한 정보가 많다.
ㄹ. 시장은 거래 상대방을 찾는 데 필요한 시간과 비용, 즉 거래 비용을 줄이는 기능을 한다.
오답 피하기 ㄱ. 시장을 통한 교환은 생산자와 소비자 모두에게 이익을 가져다주고, 잉여 생산물을 교환함으로써 자원의 희소성을 감소시킨다.

06 시장이 자원을 효율적으로 배분하는 데 기여하지만 빈부 격차 문제를 해결해 주지는 못한다.

07 시장은 거래하는 모습이 보이는지의 여부에 따라 눈에 보이는 시장과 눈에 보이지 않는 시장으로 구분된다. 또한 거래되는 상품의 종류에 따라 생산물 시장과 생산 요소 시장으로 구분되기도 한다.
오답 피하기 ㄷ. 농수산물 시장은 눈에 보이는 시장이면서 생산물 시장에 속한다.
ㄹ. 시장에 존재하는 기업의 수에 따라 독점 시장, 과점 시장, 경쟁 시장 등으로 구분된다.

08 눈에 보이는 시장은 우리가 쉽게 떠올릴 수 있는 전통 시장, 백화점, 대형 마트와 같이 상품과 거래 장소가 확실히 드러나는 시장이다. 눈에 보이지 않는 시장은 주식 시장이나 외환 시장, 전자 상거래와 같이 상품과 거래가 이루어지는 장소가 드러나지 않는 시장이다.

09 제시문은 생산 요소 시장에 대한 설명이다.
② 전자 상가는 생활에 필요한 전자 제품이 거래되는 곳이므로 생산물 시장이다.
오답 피하기 ①, ③ 주식 시장과 외환 시장에서는 자본이 거래된다.
④ 취업 박람회에서는 노동이 거래된다.
⑤ 부동산 중개업소에서는 토지 등이 거래된다.

10 ㄱ, ㄷ. 생활에 필요한 재화가 거래되는 상품 시장이다.
ㄴ, ㄹ. 생산 과정에 필요한 요소가 거래되는 생산 요소 시장이다.

11 제시된 자료는 보이지 않는 시장인 인터넷 쇼핑몰을 나타내고 있다.
ㄴ. 전자 상거래는 거래 형태를 기준으로 구분할 때 거래 장소나 모습이 구체적으로 드러나지 않으므로 보이지 않는 시장에 속한다.
ㄹ. 오늘날에는 정보 통신 기술의 발달에 따라 전자 상거래가 새롭게 등장하여 활발해지고 있다.
오답 피하기 ㄱ. 재화가 거래되고 있으므로 생산물 시장에 해당한다.
ㄷ. 눈에 보이지 않는 시장이라고 해서 수요자와 공급자의 구분이 모호한 것은 아니다.

12 제시된 조건을 모두 만족하는 시장은 생산물 시장이면서 눈에 보이지 않는 시장이어야 한다.
오답 피하기 ① 생산 요소 시장이다.
② 눈에 보이는 시장이다.
③ 생산에 필요한 노동이 거래된다.
④ 거래하는 모습이 구체적으로 드러난다.

13 생산물 시장은 우리가 생활하면서 이용하는 각종 재화나 서비스가 거래되는 곳이다. 생산물 시장은 농수산물 시장, 전자 상가, 꽃 시장처럼 우리 주변에서 쉽게 찾아볼 수 있다. 반면, 생산 요소 시장이란 상품을 생산하는 데 필요한 노동, 토지, 자본 등의 생산 요소가 거래되는 시장을 말한다. 생산물 시장에는 부동산 중개업소, 취업 박람회, 주식 시장 등이 있다.

14 ㉠은 생산물 시장, ㉡은 생산 요소 시장에 해당한다.
ㄱ. ㉠에 해당하는 생산물 시장은 생활에 필요한 상품이 거래되는 시장을 말한다.
ㄷ. 생산물 시장과 생산 요소 시장 등을 통해 상품을 쉽게 구입할 수 있으므로 거래 비용을 줄일 수 있다.
오답 피하기 ㄴ. ㉡ 생산 요소 시장에서는 노동, 자본, 토지 등을 제공하는 경제 주체가 가계이므로, 가계가 공급자가 된다. 한편 가계가 제공한 생산 요소를 기업이 소비하므로, 기업이 수요자가 된다.
ㄹ. ㉠ 생산물 시장과 ㉡ 생산 요소 시장은 거래되는 상품의 종류에 따라 구분한 시장이다.

15 제시된 자료는 편의점이다.
② 편의점에서는 일상생활에서 이용할 수 있는 다양한 상품을 팔고 있으므로 편의점은 생산물 시장에 해당한다.

오답 피하기 ① 편의점은 거래 모습이 구체적으로 드러나므로 보이는 시장에 해당한다.
③ 편의점은 매일 영업을 하므로 정기 시장에 해당하지 않는다.
④ 편의점은 소비자를 대상으로 하여 상품을 낱개로 판매한다.
⑤ 편의점은 다수 존재하므로 독점 시장에 해당하지 않는다.

서술형·논술형
본문 85쪽

01 |예시 답안| (가)는 생활에 필요한 농수산물이 거래되는 생산물 시장에 해당하고, (나)는 상품을 생산하는 과정에 필요한 노동이 거래되는 생산 요소 시장에 해당한다.
|필수 키워드| 농수산물, 생산물 시장, 노동, 생산 요소 시장
|평가 기준|

상	(가), (나)에 해당하는 시장의 유형을 제대로 구분하고, 각 시장에서 거래되는 상품을 모두 명확히 서술한 경우
중	(가), (나) 시장의 유형을 모두 제시하였으나, (가), (나) 시장에서 거래되는 상품을 명확히 서술하지 못한 경우
하	(가), (나) 중 하나의 시장 유형만을 정확히 제시한 경우

02 |예시 답안| 농부는 자신이 원하는 물건을 가진 사람을 일일이 찾아다녀야 하는 불편함을 겪었다. 더욱이 상대방과 서로가 원하는 물품의 종류와 수량이 일치하지 않아 쉽게 교환을 하지 못했다. 또한 거래가 이루어질 때까지 무거운 쌀을 가지고 다녀야 했다. 이와 같이 거래 비용을 줄이고, 편리한 교환을 위해 일정한 시간과 장소에 모여 거래를 하면서 시장이 자연스럽게 형성되었다. 또한 보다 원활한 교환을 위해 화폐를 사용하게 되었다.
|평가 기준|

평가 항목	평가 내용
평가 충실도	정해진 분량 기준을 충족시킴(단, 제시된 질문과 전혀 상관없는 내용으로 답변했을 시에는 분량 기준을 충족시키지 못한 것으로 간주함)
문제 해결력	자료에 나타난 물물 교환의 문제점을 파악하고 그것을 해결하기 위해 마련된 경제 제도를 제시함
논리성과 타당성	전체적인 글의 구성과 흐름이 매끄러우며, 주장과 그에 대한 근거가 타당함

(02) 시장 가격의 결정

개념 다지기
본문 88쪽

01 (1) 수요 (2) 증가, 감소 (3) 공급량 (4) 시장 가격
02 (가) 수요 법칙 (나) 공급 법칙   **03** (1) × (2) ○ (3) ×
04 (1) 우하향 (2) 비례 (3) 증가 (4) 초과 수요
05 (1) 100, 20 (2) 40 (3) 1,500 (4) 초과 공급 (5) 1,500, 60
06 (1) ㄴ, ㄷ, ㅂ (2) ㄱ, ㄹ, ㅁ   **07** 시장 가격(균형 가격)

중단원 실력 쌓기
본문 89~90쪽

01 ⑤	02 ④	03 ⑤	04 ⑤	05 ④
06 ②	07 ③	08 ⑤	09 ③	10 ④
11 ①	12 ③			

01 ⑤ 명품 가방의 가격이 상승함에도 불구하고 수요량이 늘어나는 것은 수요 법칙으로 설명할 수 없다. 이는 주위 사람들에게 부를 과시하고 허영심을 채우기 위해 값비싼 물건을 구입하는 사람들이 있기 때문이다.
오답 피하기 ①, ③ 수요 법칙에 따라 가격이 상승하여 상품의 수요량이 감소한 사례이다.
②, ④ 수요 법칙에 따라 가격이 하락하여 상품의 수요량이 증가한 사례이다.

02 제시된 그래프는 수요 곡선이다. 상품의 가격과 수요량 간에는 반비례 관계가 나타나는데, 이를 수요 법칙이라고 한다. 이러한 수요 법칙을 그래프로 나타낸 것이 수요 곡선이다.
오답 피하기 ① 수요 곡선이다.
② 수요 법칙을 나타낸 그래프이다.
③ 가격과 수요량 간에는 반비례 관계가 나타난다.
⑤ 가격과 반대 방향으로 움직이는 수요량의 움직임을 알려준다.

03 어떤 재화의 가격이 상승하면 그 재화의 공급량이 증가하는 것을 공급 법칙이라고 한다.
오답 피하기 ㄱ. 공급 법칙을 나타내는 공급 곡선은 우상향하는 모습을 띤다.
ㄴ. 가격과 공급량 간에는 비례 관계가 나타난다.

04 균형 가격(시장 가격)은 시장에서 수요자와 공급자 간의 자유로운 경쟁을 통해 형성된 가격이며, 시장의 수요량과 공급량이 일치하는 점에서 결정된다.
⑤ 시장의 균형은 초과 수요보다 높고, 초과 공급보다 낮은 가격 수준에서 결정된다.

05 시장 가격은 수요량과 공급량이 일치하는 지점에서 결정된다. 따라서 수요량과 공급량이 모두 600개로 일치하는 2,000원에서 시장 가격이 결정된다.

06 초과 수요란 상품 가격이 균형 가격보다 낮아 수요량이 공급량보다 많은 상태를 말하다. 초과 수요 상태에서는 수요자 간의 경쟁이 발생하여 가격이 상승한다.
오답 피하기 ㄴ. 공급량이 수요량보다 많은 상태는 초과 공급이다.
ㄹ. 초과 수요 상태에서는 시장에 상품이 모자라 가격 상승 압력이 나타난다.

07 ③ 붕어빵의 가격이 300원일 때 수요량은 300개, 공급량은 100개로 초과 수요량이 200개 발생한다. 따라서 시장에는 수요자가 원하는 양에 비해 200개의 붕어빵이 부족해진다.
오답 피하기 ① 초과 수요 상태에서는 재화의 희소성이 커져 가격이 상승하게 된다.
② 200개의 초과 수요량이 발생한다.
④ 시장에 상품이 부족한 상태이므로 수요자는 원하는 상품을 모두 살 수 없다.
⑤ 초과 수요 상태에서는 수요자 간에 물건을 구입하기 위한 경쟁이 나타난다.

08 어떤 재화의 공급량이 수요량보다 많은 상태를 초과 공급이라고 한다. 초과 공급이 발생하는 경우 시장에 상품이 남기 때문에 공급자들은 가격을 낮춰서라도 상품을 판매하게 된다.
⑤ 시장에 상품이 남게 되므로 공급자는 원하는 양만큼 물건을 팔 수 없다.

09 ㄴ. 가격이 700원일 때 수요량은 200개, 공급량은 400개로 초과 공급량이 200개 발생한다.
ㄷ. 가격이 700원일 때 초과 공급 상태가 나타난다. 초과 공급 상태에서는 팔려는 양만큼 판매하지 못한 공급자는 상품을 팔기 위해 가격을 내릴 것이다.

오답 피하기 ㄱ. 수요량과 공급량이 300개로 일치하는 지점에서 시장은 균형을 이루며, 이때의 균형 가격은 500원이다.
ㄹ. 가격이 700원일 때 수요량은 200개, 공급량은 400개이다. 가격이 400원일 때 수요자는 400개를 사려고 하고, 공급자는 200개를 팔고자 한다.

10 가격이 15,000원일 때 수요량과 공급량이 3,000개로 일치한다. 이때 상품이 더 모자라거나 남지 않으므로 시장은 균형을 이룬다.
오답 피하기 ① ㄱ은 수요 곡선이다.
② ㄴ은 가격과 공급량의 관계를 나타낸 공급 곡선이다.
③ 가격이 10,000원일 때, 수요량은 4,000개, 공급량은 2,000개로 2,000개의 초과 수요가 발생한다.
⑤ 가격이 30,000원일 때 상품을 판매하기 위한 공급자들 간의 경쟁으로 가격은 하락한다.

11 시장 가격은 경제 주체들에게 어떠한 의사 결정을 해야 하는지를 알려 주는 안내자 역할을 한다. 또한 사회에서 필요로 하는 상품을 남지도, 모자라지도 않는 수준으로 생산할 수 있게 하여 한정된 자원을 효율적으로 이용하게 한다.

12 시장 가격은 거리의 신호등과 같아서 가격이 상승하면 소비자는 소비량을 줄이고 생산자는 생산량을 늘리게 된다.
오답 피하기 ㄱ. 가격이 상승하면 소비자는 물건의 구입량을 줄인다.
ㄹ. 가격이 상승하면 더 많은 생산자들이 해당 상품을 공급하기 위해 시장에 진입할 것이다.

서술형·논술형
본문 91쪽

01 | 예시 답안 | 수요 법칙, 어떤 상품의 가격이 상승하면 수요량은 감소하고, 가격이 하락하면 수요량이 증가하는 현상이다.
| 필수 키워드 | 수요 법칙, 가격, 수요량
| 평가 기준 |

상	수요 법칙이라고 쓰고, 그 의미도 제대로 서술한 경우
중	수요 법칙이라고 쓰지는 못하고, 그 의미만을 서술한 경우
하	수요 법칙이라고만 쓴 경우

02 | 예시 답안 | 시장 가격, 경제 주체들의 경제 활동을 안내하고, 사회의 한정된 자원을 효율적으로 배분한다.
| 필수 키워드 | 시장 가격, 경제 활동 안내, 자원의 효율적 배분
| 평가 기준 |

상	시장 가격이라고 쓰고, 그 기능을 두 가지로 서술한 경우
중	시장 가격이라고 쓰고, 그 기능을 한 가지만 서술한 경우
하	시장 가격이라고만 쓴 경우

03 | 예시 답안 | 가격이 1,000원일 경우 수요량은 50개, 공급량은 10개로 40개의 초과 수요량이 발생한다. 이때 소비자들은 더 높은 가격을 주고서라도 상품을 사고자 하므로 가격이 상승하게 된다. 한편, 가격이 5,000원일 경우 수요량은 10개, 공급량은 50개로 40개의 초과 공급량이 발생한다. 이때 공급자들은 가격을 내려서라도 남은 상품을 팔려고 하므로 가격이 하락한다.
| 평가 기준 |

평가 항목	평가 내용
평가 충실도	제시된 조건 기준을 충족시킴(단, 제시된 질문과 전혀 상관없는 내용으로 답변했을 시에는 분량 기준을 충족시키지 못한 것으로 간주함)
자료 분석력	제시된 그래프를 토대로, 초과 수요 및 초과 공급 상태에 나타날 현상을 분석할 수 있음
논리성과 타당성	전체적인 글의 구성과 흐름이 매끄러우며, 주장과 그에 대한 근거가 타당함

03 시장 가격의 변동

개념 다지기　　　　　　　　　　본문 94쪽

01 (1) 수요 (2) 보완재 (3) 대체재 (4) 왼쪽
02 (1) ㄱ, ㄷ, ㄹ, ㅁ (2) ㄴ, ㅂ　　**03** (가) 보완재 (나) 대체재
04 (1) ○ (2) × (3) ○ (4) ×
05 (1) 수요, 증가 (2) 소비자의 기호 (3) 수요 곡선, 오른쪽
06 (1) ○ (2) × (3) ○　　**07** (1) 증 (2) 증 (3) 증 (4) 감 (5) 감
08 (1) ㉠ (2) ㉡ (3) ㉡ (4) ㉠

중단원 실력 쌓기　　　　　　　본문 95~96쪽

01 ②	**02** ③	**03** ①	**04** ②	**05** ④
06 ⑤	**07** ①	**08** ①	**09** ⑤	**10** ④
11 ③	**12** ②			

01 밑줄 친 내용은 수요 변동의 요인을 말한다. ② 생산 비용은 공급 변동의 요인에 해당한다.
오답 피하기 ①, ③, ④, ⑤ 인구수, 가계의 소득, 대체재의 가격, 소비자의 기호는 수요 변동의 요인에 해당한다.

02 제시문은 보완재에 대한 설명이다.
ㄴ, ㄷ. 커피와 설탕, 배드민턴과 셔틀콕은 함께 소비될 때 만족감이 더욱 큰 보완재 관계에 있는 재화이다.
오답 피하기 ㄱ, ㄹ. 용도가 비슷해서 서로 대신하여 사용할 수 있는 대체재 관계에 있는 재화이다.

03 삼겹살과 소고기는 대체재 관계에 있으므로 삼겹살의 가격이 하락하면 소고기의 수요는 감소하고, 삼겹살의 가격이 상승하면 소고기의 수요는 증가한다. 삼겹살과 상추는 보완재 관계에 있으므로 삼겹살의 가격이 상승하면 상추의 수요는 감소하고, 삼겹살의 가격이 하락하면 상추의 수요는 증가한다.

04 ② 콜라의 가격이 오르면 보완재인 팝콘의 수는 감소한다.
오답 피하기 ① 팝콘 자체의 가격이 할인되면 수요량이 증가하는데, 이는 수요 곡선상의 점의 이동으로 표현된다.
③, ④ 팝콘의 공급 감소 요인에 해당한다.
⑤ 팝콘의 수요 증가 요인에 해당한다.

05 식빵의 가격이 상승하면 식빵의 보완재인 딸기잼의 수요는 감소한다.
오답 피하기 ① 노인들은 건강에 대한 관심이 많으므로, 노인 인구가 증가하면 건강식품에 대한 수요가 증가한다.
② 특정 과일이 건강에 좋다는 기사가 보도되면 그 과일에 대한 소비자의 기호가 증가하고, 그에 따라 수요도 늘어난다.
③ 가계의 소득이 늘어나면 상품에 대한 수요가 증가한다.
⑤ 어떤 상품의 가격이 오를 것으로 예상되면 그 상품의 가격이 오르기 전에 구입하려 하므로 수요가 증가한다. 반대로 상품의 가격이 내릴 것으로 예상되면 그 상품의 가격이 내릴 때까지 기다리기 때문에 수요가 감소한다.

06 초콜릿의 수요 곡선이 오른쪽으로 이동하였으므로, 초콜릿의 수요가 증가한 것이다.

오답 피하기 ① 초콜릿의 대체재인 사탕의 가격이 하락하면 초콜릿보다 상대적으로 저렴한 사탕의 수요가 늘어나므로, 초콜릿의 수요는 감소할 것이다.
② 초콜릿의 공급 감소 요인에 해당한다.
③ 초콜릿의 공급 증가 요인에 해당한다.
④ 초콜릿이 비만을 유발한다는 뉴스 보도로 초콜릿에 대한 소비자들의 선호가 낮아져 초콜릿의 수요가 감소한다.

07 ㄱ. 식빵의 가격이 하락하면 샌드위치의 생산비가 줄어들게 되므로 공급자는 이윤을 늘리기 위해 상품을 더 많이 공급하려고 한다.
ㄴ. 샌드위치를 파는 가게가 늘어나면 샌드위치의 공급은 증가한다.

오답 피하기 ㄷ. 삼각 김밥의 가격이 하락하면 사람들은 샌드위치 대신 삼각 김밥을 구입하려고 할 것이다. 이는 샌드위치의 수요 감소 요인에 해당한다.
ㄹ. 샌드위치를 구입하는 직장인이 증가하는 것은 샌드위치의 수요 증가 요인에 해당한다.

08 제시문은 반도체의 공급을 감소시키는 요인에 해당한다. 첫 번째는 반도체의 공급자 수 감소, 두 번째는 반도체의 생산 비용 증가에 해당한다. 반도체의 공급이 감소하면 공급 곡선이 왼쪽으로 이동한다.

오답 피하기 ② 공급 곡선이 오른쪽으로 이동하였으므로 공급 증가를 나타낸다.
③ 수요 곡선이 오른쪽으로 이동하였으므로 수요 증가를 나타낸다.
④ 수요 곡선이 왼쪽으로 이동하였으므로 수요 감소를 나타낸다.
⑤ 수량은 일정한 상태에서 가격만 하락한 것을 나타낸다.

09 그림에서 배추 가격이 상승하였으므로 균형 가격의 상승 요인을 찾으면 된다. 균형 가격이 상승하는 데에는 수요가 증가하거나, 공급이 감소해야 한다.
ㄷ. 오랜 장마와 폭염 등으로 배추 생산량이 줄어들면 배추의 공급 곡선은 왼쪽으로 이동하고 균형 가격은 상승한다.
ㄹ. 김장을 위해 배추를 찾는 사람들이 늘어나면 배추의 수요 곡선은 오른쪽으로 이동하고 균형 가격은 상승한다.

오답 피하기 ㄱ. 배추를 재배하는 농법이 개발되면 배추의 공급은 증가한다. 이에 따라 공급 곡선은 오른쪽으로 이동하고 균형 가격은 하락한다.

ㄴ. 배추의 보완재인 고추의 가격이 상승하면 배추의 수요가 감소한다. 이에 따라 수요 곡선은 왼쪽으로 이동하고 균형 가격은 하락한다.

10 ㄴ. 소득이 증가하면 자가용 승용차의 수요가 증가할 수 있다.
ㄹ. 자가용 승용차의 생산비가 상승하면 자가용 승용차의 공급이 감소한다.

오답 피하기 ㄱ. (가)는 자가용 승용차의 수요 감소 요인에 해당한다.
ㄷ. (다)에 따라 자가용 승용차의 공급이 증가하므로, 공급 곡선이 오른쪽으로 이동한다.

11 돼지 사육 기술이 발달하고, 돼지 사료의 가격이 하락하면 돼지고기의 공급이 증가한다. 이에 따라 공급 곡선은 오른쪽으로 이동하며, 균형 가격은 하락하고 균형 거래량은 증가한다.

12 아이스크림의 가격이 상승하면 사람들은 아이스크림 대신 팥빙수를 구입하고자 할 것이다. 이에 따라 팥빙수의 수요는 증가한다. 한편, 팥빙수의 원료인 단팥의 가격이 크게 상승하면 팥빙수의 생산비가 증가하여 팥빙수의 공급이 감소한다. 따라서 (가), (나)가 동시에 발생할 경우 팥빙수의 수요 곡선은 오른쪽으로 이동하고, 공급 곡선은 왼쪽으로 이동하여 새로운 균형점은 B로 이동한다.

서술형·논술형 본문 97쪽

01 | 예시 답안 | (가) 대체재, 용도(사용)가 서로 비슷해서 대신(대체)하여 사용할 수 있는 경쟁 관계의 재화
| 필수 키워드 | 대체재, 용도(사용), 대신(대체), 경쟁 관계
| 평가 기준 |

상	대체재라고 쓰고, 그 의미도 제대로 서술한 경우
중	대체재라고 쓰지 못하고, 그 의미만을 서술한 경우
하	대체재라고만 쓴 경우

02 | 예시 답안 | 그래프는 공급 증가를 나타낸다. 공급 증가 요인에는 생산 요소의 가격 하락, 생산 기술의 발달, 공급자 수의 증가 등이 있다.

| 필수 키워드 | 생산 요소의 가격 하락(생산비 감소), 생산 기술의 발달, 공급자 수의 증가

| 평가 기준 |

상	공급 증가에 영향을 미치는 요인 세 가지를 바르게 서술한 경우
중	공급 증가에 영향을 미치는 요인을 두 가지만 서술한 경우
하	공급 증가에 영향을 미치는 요인을 한 가지만 서술한 경우

03 (1)

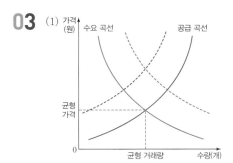

(2) | 예시 답안 | 우유에 대한 소비자 기호가 상승하고 우유의 생산비가 인상되면 우유의 수요는 증가하고, 공급은 감소한다. 이에 따라 수요 곡선은 오른쪽으로 이동하고 공급 곡선은 왼쪽으로 이동하여 우유의 새로운 균형 가격은 상승한다.

| 평가 기준 |

평가 항목	평가 내용
평가 충실도	제시된 조건 기준을 충족시킴(단, 제시된 질문과 전혀 상관없는 내용으로 답변했을 시에는 분량 기준을 충족시키지 못한 것으로 간주함)
자료 분석력	제시된 그래프를 토대로, 수요 변동 요인과 공급 변동 요인을 분석할 수 있음
논리성과 타당성	전체적인 글의 구성과 흐름이 매끄러우며, 주장과 그에 대한 근거가 타당함

대단원 마무리

01 ①	02 ⑤	03 ⑤	04 ④
05 예시 답안 참조	06 ⑤	07 ⑤	08 ①
09 ③	10 예시 답안 참조	11 ③	12 ④

01 그림의 상황은 초기의 교환 형태인 물건과 물건을 서로 바꾸는 물물 교환이 이루어지던 사회의 모습이다. ① 생선은 쉽게 상하기 때문에 물품 화폐로 사용되기 어렵다. 물품 화폐가 되려면 어느 정도 저장 가능해야 하며, 운반하기 쉬워야 하기 때문이다.

02 ⑤ 어학원은 강의 서비스가 거래되는 생산물 시장이다. 따라서 자료에 나타난 시장의 종류 중에서 (마)가 아닌 (나)에 해당하는 사례이다. 노동이 거래되는 시장은 인력 시장, 취업 박람회 등이 있다.

오답 피하기 ① 채소나 과일 등은 눈에 보이는 물건인 재화에 해당하므로 청과물 시장은 재화가 거래되는 시장이다.

② 공연은 인간의 가치 있는 행위인 서비스에 해당하므로 공연 티켓을 파는 매표소는 서비스가 거래되는 시장이다.

③ 주식은 생산 요소 중 자본에 해당하므로 증권 거래소는 자본 시장으로 구분된다.

④ 농경지는 토지에 해당하므로 부동산 중개업소는 토지가 거래되는 시장이다.

03 ⑤ 식빵을 공급하는 제빵업자가 식빵 가격이 상승하자 공급량을 늘린 것이므로 공급 법칙에 해당하는 사례이다.

오답 피하기 ① 사과의 가격 상승에 따른 사과 수요량 감소를 나타낸다.

② 담배의 가격 인상에 따른 담배 수요량 감소를 나타낸다.

③ 금값 하락에 따른 금의 수요량 증가를 나타낸다.

④ 스마트폰 기기의 가격 인하에 따른 수요량 증가를 나타낸다.

04 (가)는 가격과 공급량의 비례 관계를 나타낸 공급 곡선이고, (나)는 가격과 수요량의 반비례 관계를 나타낸 수요 곡선이다.

오답 피하기 ㄱ. (가)는 우상향하는 공급 곡선으로 공급 법칙을 나타낸다.

ㄷ. (나)는 우하향하는 수요 곡선으로 수요 법칙을 나타낸다.

05 | 예시 답안 | 2,000원, 균형 가격은 수요량과 공급량이 일치할 때 형성되므로 두부의 수요량과 공급량이 500모로 일치하는 2,000원이 균형 가격이 된다.

| 필수 키워드 | 2,000원, 수요량과 공급량, 500모, 일치하는(같은)

| 평가 기준 |

상	균형 가격을 쓰고, 그 이유도 제대로 서술한 경우
하	균형 가격만을 쓴 경우

06 ⑤ 가격이 700원일 경우 수요량은 200개, 공급량은 400개로 초과 공급이 발생한다.

오답 피하기 ① (가)는 수요 곡선, (나)는 공급 곡선이다.

② 균형 가격은 500원이고, 균형 거래량은 300개이다.

③ 가격이 400원일 경우 수요자 간 경쟁이 나타난다.

④ 가격이 600원일 경우 공급자 간 경쟁이 나타난다.

정답과 해설 ● **29**

07 시장 가격은 자원을 효율적으로 배분하며, 경제 주체에게 신호등과 같은 역할을 한다.

오답 피하기 ㄱ. 시장 가격을 통해 경제 문제를 해결하는 경제 체제에서는 자유로운 경쟁을 추구하기 때문에 소득 불균형 문제가 발생할 수 있다는 한계가 있다.
ㄴ. 시장 가격은 경제 주체에게 합리적인 경제 활동의 방향을 알려 주어 희소한 자원을 효율적으로 배분하는 역할을 한다.

08 그래프는 국산 호두의 수요 감소를 나타낸다. ① 가계의 소득이 감소하면 호두의 수요가 줄어든다.

오답 피하기 ② 호두의 생산 비용이 감소하면 호두의 공급이 증가한다.
③ 국산 호두의 대체재인 중국산 호두의 가격이 상승하면 국산 호두를 찾는 사람이 많아지므로 국산 호두의 수요는 증가한다.
④ 국내 호두의 재배지가 줄어들면 호두의 공급이 감소한다.
⑤ 부럼이란 정월 보름날 아침에 먹는 잣, 날밤, 호두, 땅콩 등의 견과류를 가리킨다. 부럼을 찾는 사람들이 증가하면 호두의 수요가 늘어난다.

09 대체재란 녹차와 홍차, 우유와 두유, 버터와 마가린, 안경과 콘택트렌즈, 노트북과 태블릿 PC 등과 같이 용도가 비슷하여 서로 대신하여 사용할 수 있는 관계에 있는 상품을 말한다. 식빵과 잼, 연필과 지우개, 햄버거와 콜라, 휴대 전화와 충전기 등은 함께 사용할 때 만족도가 더욱 커지는 보완재 관계에 있는 재화이다.

10 | 예시 답안 | (가)와 (나)는 함께 사용할 때 만족감이 더욱 커지는 보완재 관계에 있다. 보완재 관계에 있는 한 재화의 가격이 상승하면 다른 재화의 수요는 감소하고, 가격이 하락하면 다른 재화의 수요는 증가한다.
| 필수 키워드 | 보완재, 가격 상승(하락), 수요 감소(증가)
| 평가 기준 |

상	(가), (나)가 보완재 관계에 있고, 한 재화의 가격 상승과 하락에 따른 다른 재화의 수요 변동을 모두 바르게 서술한 경우
중	(가), (나)의 관계를 명확하게 제시하지는 못하였으나 한 재화의 가격 변화에 따른 다른 재화의 수요 변동은 서술한 경우
하	(가), (나)가 보완재 관계에 있다는 내용만 쓴 경우

11 명절 차례상에 올릴 시금치를 구입하려는 소비자가 늘면 시금치의 수요가 증가한다. 폭염과 가뭄으로 시금치의 작황이 나빠지면 시금치의 공급이 줄어든다. 이에 따라 수요 곡선은 오른쪽으로, 공급 곡선은 왼쪽으로 이동하여 균형 가격은 상승한다.

12 아이스크림을 찾는 사람들이 늘어나는 것은 아이스크림의 수요가 증가한다는 의미이다. 아이스크림의 원료인 우유 가격이 상승하면 아이스크림의 공급은 감소한다.
ㄴ. 아이스크림의 수요 곡선이 오른쪽으로 이동하고, 공급 곡선이 왼쪽으로 이동하면 균형 가격은 상승한다.
ㄹ. 아이스크림의 수요가 증가하면 수요 곡선은 오른쪽으로 이동한다.

오답 피하기 ㄱ. 아이스크림의 원료인 우유 가격이 상승하면 생산비가 증가하므로 아이스크림의 공급은 줄어든다.
ㄷ. 아이스크림의 수요가 증가하고 공급이 감소하면 균형 가격은 상승하지만 균형 거래량은 불분명하다.

Ⅴ. 국민 경제와 국제 거래

01 국내 총생산과 경제 성장

개념 다지기   본문 106쪽

01 국내 총생산(GDP)   **02** ㄱ, ㅅ, ㅇ
03 (1) 2,000만 원 (2) 중간재 (3) 빵 (4) 5,000만 원
04 (1) ○ (2) ○ (3) ×   **05** (1) 국내 총생산 (2) 중고품
(3) 최종 생산물 (4) 1인당 국내 총생산   **06** ㄴ, ㄹ
07 (1) 1인당 국내 총생산 (2) 경기 변동 (3) 경제 성장

중단원 실력 쌓기   본문 107~108쪽

01 ④	**02** ②	**03** ⑤	**04** ②	**05** ②
06 ③	**07** ②	**08** ④	**09** ③	**10** ②
11 ④	**12** ⑤			

01 국내 총생산(GDP)은 일정 기간 동안 한 나라 안에서 새롭게 생산된 모든 최종 생산물의 시장 가치를 합한 것이다.
[오답 피하기] ① 두 나라의 화폐가 교환되는 비율을 말한다.
② 한 나라의 경제 활동 인구 중에서 실업자가 차지하는 비율을 말한다.
③ 생산 지역에 관계없이 일정 기간 동안 한 나라의 국민들이 생산한 최종 생산물의 시장 가치를 합한 것이다.

02 ㄱ. 국내 총생산은 국적이 아닌 영토를 중심으로 한 경제 지표이므로 외국 기업이 우리나라에서 생산한 것은 국내 총생산에 포함되지만, 외국에 진출한 우리나라 기업이 생산한 것은 국내 총생산에 포함되지 않는다.
ㄷ. 국내 총생산은 최종 생산물의 시장 가치를 합하거나 부가가치의 합을 계산하여 구할 수 있다.
[오답 피하기] ㄴ. 국내 총생산은 삶의 질을 완벽하게 반영하지 못하므로, 국내 총생산을 통해 각 나라 국민의 삶의 질을 비교하기 어렵다.
ㄹ. 국내 총생산은 재화뿐만 아니라 서비스의 가치도 포함된다.

03 국내 총생산에는 국외에서 생산된 것, 중고품, 중간재, 시장에서 거래되지 않는 것은 포함되지 않는다.

[오답 피하기] ㄴ. 국내 총생산은 그 해에 새롭게 생산된 것의 가치만을 포함한다.

04 국내 총생산에는 중간재나 중고품, 시장에서 거래되지 않는 생산물의 가치는 포함되지 않는다.
[오답 피하기] ① 중고품은 국내 총생산에 포함되지 않는다.
③ 시장에서 거래되는 것이 아니다.
④ 최종 생산물이 아니다.
⑤ 우리나라 국경 안에서 생산된 것이 아니다.

05 ㄱ. 국내 총생산은 일반적으로 1년을 기준으로 계산되므로 5년 전에 생산된 중고차의 가격은 제외된다.
ㄷ. 텃밭에서 기른 상추는 시장에서 거래되지 않으므로 국내 총생산에 포함되지 않는다.
[오답 피하기] ㄴ. 과일 주스는 최종 생산물에 해당하므로 국내 총생산에 포함된다.
ㄹ. 국내 총생산은 생산된 지역을 중시하는 개념이므로 국내에 있는 외국 기업이 생산한 것은 국내 총생산에 포함된다.

06 국내 총생산은 한 나라에서 1년 동안 생산된 최종 생산물의 가치, 또는 부가가치의 총합을 계산하면 구할 수 있다. 표에서 최종 생산물은 빵이므로, 빵의 판매액인 2,400만 원이 국내 총생산이 된다.

07 갑. A국은 B국보다 국내 총생산은 큰데 1인당 국내 총생산이 작으므로 A국이 B국보다 인구가 더 많다.
병. B국이 A국보다 1인당 국내 총생산이 크므로 B국이 A국보다 국민의 평균적인 경제 생활 수준은 높다.
[오답 피하기] 을. A국이 B국보다 국내 총생산이 크므로 A국이 B국보다 경제 규모가 크다.
정. A국이 B국보다 1인당 국내 총생산이 작으므로 A국이 B국보다 국민의 생활 수준이 낮다.

08 ④ 국내 총생산은 시장에서 거래된 생산물의 가치만 집계되므로 삶의 질을 높이는 여가의 가치는 제대로 반영되지 않는다.
[오답 피하기] ① 중고품은 그것이 생산된 해의 국내 총생산에 이미 포함되어 있다.
② 중간 생산물의 가치는 최종 생산물의 가치에 포함되므로, 국내 총생산을 계산할 때에는 중복 계산이 되지 않도록 이를 제외해야 한다.
③ 국내 총생산은 생산 요소의 이동이 활발한 세계화 시대에 적합한 경제 지표이다.

⑤ 국내 총생산은 영토를 기준으로 하는 개념이므로 외국인이 국내에서 벌어들인 수입을 측정한다.

09 ㄴ. 국내 총생산은 국가 전체의 생산 총량이므로 빈부 격차에 관한 정보를 제공하지 못한다.
ㄷ. 환경 오염의 정화나 교통사고 처리에 들어가는 비용은 국내 총생산으로 집계되므로. 삶을 고통스럽게 하는 행위가 오히려 국내 총생산을 높여 경제 규모가 커지는 것으로 측정된다.
[오답 피하기] ㄱ. 국내 총생산에는 재화의 가치뿐만 아니라 서비스의 가치도 포함된다.
ㄹ. 국내 총생산은 한 국가의 영토 안에서 생산된 것만 포함한다.

10 경제 성장이란 한 나라가 생산하는 재화와 서비스의 총량, 즉 국민 경제의 생산 능력이 커지는 것을 의미한다. 경제 성장의 원동력으로 자원, 노동, 자본, 기술 혁신, 기업가 정신, 합리적인 경제 정책, 경제 주체의 의지 등을 들 수 있다.
[오답 피하기] ㄴ. 경제 성장률은 물가의 변동을 제거한 실질 국내 총생산의 증가율로 측정한다.
ㄹ. 삶의 질이 반드시 경제 성장의 정도에 비례하여 높아지는 것은 아니다.

11 경제 성장은 물가의 변동을 제거한 실질 국내 총생산의 증가율로 측정한다. 경제가 성장하면 물질적으로 풍요로운 생활을 할 수 있고 복지 수준이나 삶의 질이 향상될 가능성도 높아진다.
④ 국내 총생산이 증가하는 과정에서 빈부 격차가 확대될 가능성이 높다.

12 대체로 1인당 국내 총생산이 높을수록 평균 수명이 높고 평균 교육 연수도 길게 나타난다. 이를 통해 경제 성장이 삶의 질을 향상하는 데 기본적인 전제 조건임을 알 수 있다. 그러나 국내 총생산이 크다고 해서 반드시 그 나라 국민들의 평균적인 소득이 높다고 할 수 없다. 중국은 독일에 비해 국내 총생산은 크지만 인구가 많아 1인당 국내 총생산은 작기 때문이다.
병. 예멘은 1인당 국내 총생산이 가장 작기 때문에 국민들의 평균적인 소득이 중국이나 독일에 비해 낮다.
정. 1인당 국내 총생산은 예멘, 중국, 독일의 순서로 큰데, 기대 수명도 예멘, 중국, 독일의 순서로 높다.

[오답 피하기] 갑. 독일은 중국에 비해 국내 총생산이 작지만 평균 교육 연수는 중국에 비해 길기 때문에 옳지 않다.
을. 중국은 독일에 비해 국내 총생산이 크기 때문에 국가의 경제 규모도 독일에 비해 크다.

서술형·논술형
본문 109쪽

01 | 예시 답안 | 일정 기간 동안 한 나라 안에서 새롭게 생산된 모든 최종 생산물의 시장 가치를 합한 것이다.
| 필수 키워드 | 한 나라 안, 새롭게, 최종 생산물, 시장 가치
| 평가 기준 |

상	'일정 기간 동안(1년 동안)', '한 나라 영토 안(국내)', '새롭게 생산된', '최종 생산물', '시장 가치' 중 핵심어를 모두 포함하여 서술한 경우
중	'일정 기간 동안(1년 동안)', '한 나라 영토 안(국내)', '새롭게 생산된', '최종 생산물', '시장 가치' 중 핵심어를 세 가지만 포함하여 서술한 경우
하	'일정 기간 동안(1년 동안)', '한 나라 영토 안(국내)', '새롭게 생산된', '최종 생산물', '시장 가치' 중 핵심어를 한 가지만 포함하여 서술한 경우

02 | 예시 답안 | 환경 오염이나 교통사고와 같이 인간의 삶의 질을 떨어뜨리지만 그에 따른 피해 정도는 국내 총생산에 반영되지 않는다. 오히려 환경 오염을 정화하거나 교통사고를 처리하는 비용은 국내 총생산에 포함되어 국내 총생산을 증가시킨다. 이처럼 국내 총생산은 국민의 복지 수준이나 삶의 질을 정확히 반영하지 못한다는 한계가 있다.
| 필수 키워드 | 국내 총생산, 복지 수준, 삶의 질
| 평가 기준 |

상	제시된 자료를 활용하여 환경 오염이나 교통사고 등에 따른 피해는 국내 총생산에 반영되지 않기 때문에 국내 총생산이 사람들의 삶의 질을 정확하게 반영하지 않는다는 맥락으로 바르게 서술한 경우
중	제시된 자료를 활용하였으나 환경 오염이나 교통사고는 국내 총생산에 포함되지 않는다는 내용만을 서술한 경우
하	제시된 자료에 나타난 정보를 활용하지 못하고 단순히 국내 총생산이 국민의 삶의 질을 반영하지 못한다는 내용만을 제시한 경우

03 | 예시 답안 | 국내 총생산이란 일정 기간 동안 한 나라 안에서 새롭게 생산된 모든 최종 생산물의 시장 가치

를 합한 것이다. 갑의 활동은 국내 총생산에 영향을 미치지 못한다. 국내 총생산은 시장 가격으로 측정하기 때문에 시장에서 거래된 것만을 대상으로 한다. 따라서 갑이 생산한 황토 집, 채소, 옷 등의 가치는 시장에서 거래되지 않기 때문에 국내 총생산에 포함되지 않는다.

| 평가 기준 |

평가 항목	평가 내용
평가 충실도	정해진 조건을 충족시킴(단, 제시된 질문과 전혀 상관없는 내용으로 답변했을 시에는 조건을 충족시키지 못한 것으로 간주함)
비판적 사고력	국내 총생산의 의미를 바탕으로 자료에 나타난 '갑'의 활동을 분석하여 국내 총생산에 영향을 미치지 않는 이유를 제시할 수 있음
논리성과 타당성	전체적인 글의 구성과 흐름이 매끄러우며, 주장과 그에 대한 근거가 타당함

04 | 예시 답안 | 빈칸에 공통적으로 들어갈 개념은 경제 성장이다. 경제가 성장하면 일반적으로 일자리가 늘어나고 국민의 평균 소득이 높아진다. 이뿐만 아니라 의료 서비스의 수준이 높아지고 교육 기회가 확대되며, 다양한 문화 시설이 보급되어 한층 풍요로운 삶을 누릴 수 있다. 하지만 경제 활동이 급격히 증가하면 자원이 고갈되고 환경이 오염될 수 있다. 또한 경제 활동 시간이 늘어남에 따라 여가가 부족해져 삶의 균형이 깨질 수 있으며, 경제 성장의 혜택이 적절하게 분배되지 않으면 빈부 격차와 계층 간 갈등도 나타날 수 있다.

| 평가 기준 |

평가 항목	평가 내용
평가 충실도	문두에 나타난 조건을 충족시킴(단, 제시된 질문과 전혀 상관없는 내용으로 답변했을 시에는 조건을 충족시키지 못한 것으로 간주함)
문제 해결력	빈칸에 들어갈 개념이 경제 성장임을 알고, 경제 성장의 긍정적 측면과 부정적 측면을 고루 제시함
논리성과 타당성	전체적인 글의 구성과 흐름이 매끄러우며, 주장과 그에 대한 근거가 타당함

02 물가와 실업

개념 다지기 본문 112쪽

01 (1) 물가 (2) 인플레이션 (3) 실업
02 (1) ㄱ, ㄹ, ㅂ, ㅅ (2) ㄴ, ㄷ, ㅁ, ㅇ **03** (1) × (2) ○ (3) ○
04 (1) 금융 자산 소유자 (2) 수출, 수입 (3) 중앙은행
05 (가) 비경제 활동 인구 (나) 실업자 **06** (1) ㉠, ㉣ (2) ㉡, ㉢
07 (1) 경기적 실업 (2) 구조적 실업 (3) 계절적 실업 (4) 마찰적 실업
08 (1) 경제 활동 인구 (2) 계절적 실업 (3) 경기적 실업

중단원 실력 쌓기 본문 113~114쪽

01 ④	**02** ②	**03** ③	**04** ①	**05** ⑤
06 ②	**07** ④	**08** ⑤	**09** ③	**10** ③
11 ②	**12** ⑤			

01 ㄴ. 물가의 변동이 우리의 경제생활에 미치는 영향은 매우 크다. 따라서 정부는 국민 경제에 도움이 되는 적절한 경제 정책을 수립하기 위해 물가 지수를 작성하고 있다.
ㄹ. 물가가 상승하면 화폐의 가치가 상승하여 살 수 있는 물건의 수량과 질이 감소하게 된다.
(오답 피하기) ㄱ. 시장에서 거래되는 개별 상품의 가치를 화폐 단위로 나타낸 것을 가격이라고 한다. 물가는 여러 상품의 가격을 종합하여 평균한 값으로 나타낸다.
ㄷ. 한 나라의 경제 규모가 성장하면 일반적으로 물가는 상승하는 경향이 있다.

02 ㄱ. 2017년의 물가 수준이 100이므로, 물가 지수의 기준이 되는 해는 2017년이다.
ㄷ. 2018년의 물가 지수는 110이므로 기준 연도인 2017년에 비해 10% 오른 것이다.
(오답 피하기) ㄴ. 2019년의 물가 지수는 95인데, 이는 기준 연도인 2017년에 비해 5% 내린 것이다.
ㄹ. 2018년의 물가 지수는 110이므로 2017년에 비해 물가가 상승했다는 의미이므로, 2017년부터 물가가 계속해서 하락한 것은 아니다.

03 물가가 지속적으로 상승하면 사람들이 가지고 있는 화

폐의 가치가 떨어지기 때문에 상대적으로 부동산이나 금과 같이 형체가 있는 실물 자산의 가치가 올라가게 된다.

04 독일 정부가 화폐를 지나치게 많이 발행하여 시중에 통화량이 증가하여 물가가 상승하였다. 시중에 공급되는 돈의 양이 많아지면 화폐의 가치가 하락하고 상품과 서비스의 가격이 올라 물가가 상승하게 된다.

05 인플레이션이 발생하면 화폐 가치가 하락하고 상대적으로 실물 자산의 가치가 상승한다. 이에 따라 채무자, 실물 자산 소유자, 수입업자는 유리해지지만 채권자, 금융 자산 소유자, 수출업자는 불리해진다.

오답 피하기 ㄱ. 물가가 상승하면 금융 자산에 비해 실물 자산의 가치가 상승하므로 예술품이나 골동품 수집가는 유리해진다.
ㄴ. 부동산 투자자는 실물 자산 소유자이므로 인플레이션 발생 시 유리해진다.

06 물가가 상승한 경우 정부는 세율을 인상하고 재정 지출을 축소하여 가계의 소비나 기업의 투자가 줄어들도록 해야 한다.

오답 피하기 ① 물가 안정을 위해 소비자는 자신의 소득 수준에 맞지 않는 과소비를 줄여야 한다. 과소비는 가계의 재정 상태를 악화시킬 뿐만 아니라 물가 상승도 유발하기 때문이다.
④ 인플레이션이 예상되면 중앙은행은 이자율을 높여 사람들이 저축을 많이 하도록 유도한다. 저축이 증가하면 시중에 유통되는 화폐가 줄어들어 물가가 상승하는 것을 막을 수 있다.

07 ㄴ. 현재의 임금이나 근무 조건이 맞지 않아 더 나은 일자리를 찾기 위해 자발적으로 직장을 그만두는 사람들도 있다.
ㄹ. 실업률은 $\dfrac{\text{실업자 수}}{\text{경제 활동 인구}} \times 100$으로 나타낸다.

오답 피하기 ㄱ. 경기가 좋아 생산 활동이 활발할 때에는 고용이 늘어 실업이 감소하지만, 경기가 나쁠 때에는 기업이 생산한 상품이 잘 팔리지 않아 재고가 증가하거나 생산이 중단되어 기업이 고용을 줄이면서 실업이 증가한다. 따라서 일반적으로 경제 성장과 실업 사이에는 음(-)의 관계가 존재한다.
ㄷ. 실업이란 일할 능력과 의사가 있는데도 일자리를 갖지 못한 상태를 말한다.

08 경제적 의미에서 실업자란 경제 활동 인구 중 취업자가 아닌 사람을 말한다.

오답 피하기 ① 일할 능력이 없는 사람에 해당하므로 실업자가 아니다.
② 15세 미만으로 노동 가능 인구에 속하지 않는다.
③, ④ 일할 의사가 없는 사람에 해당하므로 실업자가 아니다.

09 총인구는 15세 미만 인구와 15세 이상 인구로 구성되므로 15세 이상 인구는 총인구 5,000만 명에서 15세 미만 인구 2,000만 명을 제외한 3,000만 명이다. 경제 활동 인구는 15세 이상 인구 중 일할 능력과 의사를 가진 사람이므로, 15세 이상 인구 3,000만 명 중 비경제 활동 인구 1,000만 명을 제외한 2,000만 명이다. 실업자 수는 경제 활동 인구에서 취업자 수를 뺀 200만 명이다. 따라서 갑국의 실업률은 10%

$\left(= \dfrac{200\text{만 명}}{2{,}000\text{만 명}} \times 100\right)$이다.

10 그림은 계절의 영향을 많이 받는 특정 업종에서 계절 변화에 따라 고용 기회가 줄어들어 발생하는 계절적 실업을 나타낸다. 계절적 실업의 대표적인 예로는 겨울철 농가나 여름철 스키장 등을 들 수 있다.

11 정부가 실업 문제를 해결하는 과정에서 재정 지출이 증가하여 국민의 세금 부담이 커진다.

오답 피하기 ① 실업자가 증가하면 사회적으로 일할 능력이 있는 사람이 경제 활동에 참여하지 못하므로 인적 자원이 낭비된다.
④ 실업에 처하면 직업을 통해 얻을 수 있는 자아실현의 기회를 잃고, 자아 존중감이나 사회적 소속감 등을 느낄 수 없다.
⑤ 사회에 실업자가 많아지면 가족 해체, 빈곤층 확산, 생계형 범죄 증가 등으로 사회 불안이 심화된다.

12 갑은 구직 단념자로 실업자로 분류되지 않고, 을은 마찰적 실업 상태에 놓인 실업자에 해당한다.
⑤ 정부는 마찰적 실업을 줄이기 위해서 고용 지원 센터 등을 운영하여 취업 정보를 효율적으로 제공하려는 노력을 한다.

오답 피하기 ① 갑은 구직 활동을 포기하였으므로 비경제 활동 인구에 속한다.
② 갑이 구직을 단념하기로 하면서 경제 활동 인구에서 비경제 활동 인구로 옮겨 간 것이므로 갑의 결정은 실업률을 하락시키는 요인이 될 수 있다.
③ 을은 경제 활동 인구에 속하는 실업자이다.
④ 경기가 좋다고 하더라도 마찰적 실업은 존재할 수 있다.

서술형·논술형

본문 115쪽

01 | **예시 답안** | 밑줄 친 부분으로 발생한 실업은 구조적 실업이다. MP3 플레이어, 휴대용 동영상 재생기 PMP, 전자 사전 등의 기능이 모두 탑재된 스마트폰이 개발되면서 MP3 산업이 쇠퇴하게 되었다. 이러한 산업 구조의 변화나 기술 발달을 따라 가지 못한 △△전자가 인원 감축을 실시하면서 실업이 발생하였기 때문이다.

| **필수 키워드** | 구조적 실업, 스마트폰 개발, MP3 산업 쇠퇴

| **평가 기준** |

상	구조적 실업이라고 쓰고, 제시된 자료의 내용을 토대로 구조적 실업의 발생 이유를 정확하게 서술한 경우
중	구조적 실업이라고 쓰고, 제시된 자료의 내용을 활용하지 못하고 구조적 실업의 발생 이유만을 서술한 경우
하	구조적 실업이라고만 쓴 경우

02 | **예시 답안** | B, 물가가 상승하면 화폐의 가치가 하락하므로 상대적으로 부동산의 가치가 상승한다. 따라서 매월 고정된 연금을 받고 있는 A에 비해 건물을 여러 채 소유한 B가 상대적으로 유리하다.

| **필수 키워드** | 물가 상승, 화폐의 가치 하락, 부동산 가치 상승

| **평가 기준** |

상	물가 상승으로 유리한 사람은 B라고 쓰고, 물가 상승으로 화폐에 비해 실물 자산의 가치가 상승한다는 내용으로 그 이유를 정확하게 서술한 경우
중	물가 상승으로 유리한 사람은 B라고 쓰고, 건물을 여러 채 소유하기 때문이라는 내용만으로 그 이유를 서술한 경우
하	물가 상승으로 유리한 사람이 B라고만 쓴 경우

03 | **예시 답안** | 자료에는 경기 침체가 장기화되면서 실업 급여 신청이 크게 늘었다고 나타나 있다. 따라서 밑줄 친 부분으로 발생한 실업의 유형은 경기 침체로 기업이 고용을 줄이면서 나타난 경기적 실업이다. 정부는 경기적 실업을 줄이기 위해 경기 회복 정책을 실시한다. 즉, 재정 지출을 확대하여 투자와 소비를 활성화하고, 공공사업을 확대하여 새로운 일자리를 만들기 위해 노력한다.

| **평가 기준** |

평가 항목	평가 내용
평가 충실도	제시된 조건 기준을 충족시킴(단, 제시된 질문과 전혀 상관없는 내용으로 답변했을 시에는 분량 기준을 충족시키지 못한 것으로 간주함)
자료 분석력	제시된 신문의 내용을 바탕으로 자료에 나타난 실업의 유형이 경기적 실업임을 분석할 수 있음
문제 해결력	경기적 실업을 줄이기 위한 정부의 다양한 정책을 제시할 수 있음
논리성과 타당성	전체적인 글의 구성과 흐름이 매끄러우며, 주장과 그에 대한 근거가 타당함

03 국제 거래와 환율

개념 다지기

본문 118쪽

01 (1) 국제 거래 (2) 관세 (3) 비교 우위 　　**02** 환율

03 (1) ○ (2) × (3) × (4) ○

04 (1) 수출, 수입 (2) 자유 무역 (3) 1,000원/달러 (4) 수요 (5) 하락

05 (1) ㄱ, ㄹ, ㅁ (2) ㄴ, ㄷ, ㅂ　　**06** (1) ㉠, ㉢, ㉣ (2) ㉡, ㉣, ㉣

07 (1) ㄴ, ㄷ, ㅁ (2) ㄱ, ㄹ, ㅂ

중단원 실력 쌓기

본문 119~120쪽

01 ②	**02** ①	**03** ④	**04** ⑤	**05** ②
06 ③	**07** ①	**08** ②	**09** ②	**10** ②
11 ⑤	**12** ②			

01 ② 국내 거래와 국제 거래는 거래 당사자가 이익을 기대하고 재화와 서비스를 사고판다는 점에서 동일한 목적을 지닌다.

오답 피하기 ① 국제 거래에서는 국가 간의 상품 및 생산 요소의 이동이 국가 안에서의 이동만큼 자유롭지 못하다.

③, ④ 문화나 관습, 제도의 차이, 관세나 통관 절차 등의 무역 장벽이 존재하기 때문이다.

⑤ 각 나라마다 사용하는 화폐가 다르기 때문에 자국 화폐와 외국 화폐의 교환 비율인 환율을 고려해야 한다.

02 국가 간에 거래가 이루어지는 이유는 각 나라가 처한 조건, 즉 자연환경, 자원의 종류, 생산 요소의 양과 질 등이 서로 다르기 때문이다.

오답 피하기 ㄷ. 각국이 거래를 통해 반드시 동일한 이득을 얻을 수 있는 것은 아니다. 경제적 기반이 약한 나라는 오히려 국제 경쟁에서 뒤처질 수 있다.
ㄹ. 각국이 다른 나라에 비해 상대적으로 생산비가 적게 드는 제품을 특화하여 생산해서 교역하면 서로 경제적 이득을 얻을 수 있다.

03 ④ 국제 거래를 통해 가격과 품질이 우수한 외국 상품이 수입되면 경쟁력이 약한 국내 산업은 뒤처질 수 있다.

04 ⑤ 교통수단과 정보 통신 기술의 발달로 국가 간의 시간적·공간적 거리가 줄어들게 되었고, 국경의 의미도 점차 약화되었다.

05 ② 지역주의는 회원국과는 여러 가지 경제적 혜택을 공유하면서 자유 무역을 하지만, 비회원국에 대해서는 배타적인 경향을 보이기 때문에 보호 무역주의의 문제점을 일으켜 무역 마찰을 초래할 수 있다.
오답 피하기 ① 지역 경제 협력체는 세계화에 따른 자유 무역주의에 따라 형성되었다.
③ 지역주의의 확산은 세계화와 함께 전개되는 세계 경제의 또 다른 흐름이다.
④ 유럽 연합(EU)에만 해당하는 내용이다.
⑤ 유럽 연합(EU)은 유럽의 정치·경제적 통합을 실현하고 세계 시장에서 경쟁력을 확보하기 위해 출범한 연합 기구이다.

06 ㄴ. 환율이 상승하면 수출 상품의 외화 표시 가격이 하락하여 수출은 증가하고, 수입 상품의 원화 표시 가격은 상승하여 수입은 감소하게 된다.
ㄷ. 환율은 외국 화폐 한 단위를 사기 위해 필요한 우리나라 화폐의 가격으로 표시한다.
오답 피하기 ㄱ. 외화의 수요가 감소하면 수요 곡선이 왼쪽으로 이동하므로 환율은 하락한다.
ㄹ. 환율이 하락하면 외국 화폐 한 단위를 사기 위한 원화의 양이 적어지므로 자국 화폐의 가치가 상승한다.

07 ① 외화가 해외로 나가는 것이므로 수요 변동의 요인에 해당한다.
오답 피하기 ② 수출 대금이 국내로 유입되므로 공급 증가 요인에 해당한다.
③ 외국인의 국내 투자로 외화가 국내로 공급되므로 공급 증가 요인에 해당한다.
④ 외국인들의 유학비가 국내로 유입되므로 공급 증가 요인에 해당한다.

⑤ 외국인들의 국내 관광비가 국내로 유입되므로 공급 증가 요인에 해당한다.

08 (가), (나), (다)는 외화 공급 요인이며, (라), (마)는 외화 수요 요인이다.
② 외국인의 국내 투자가 감소하면 외화 공급이 감소하여 환율이 상승한다.
오답 피하기 ① 상품을 수출할 때 그 대금이 국내로 들어오므로 외화 공급 요인에 해당한다.
③ 차관 도입은 외화 공급 증가 요인이다.
④ 자국민의 해외 유학 증가는 외화 수요 증가 요인으로 외화가 해외로 나가는 데 영향을 미친다.
⑤ 자국민의 해외여행이 감소하면 외화의 수요 곡선이 왼쪽으로 이동하여 환율이 하락하게 된다. 환율이 하락하면 외화 가치는 하락하지만 원화 가치는 상승하게 된다.

09 상품의 수입 증가는 외화 수요 증가 요인에 해당하고, 외국인의 국내 여행 감소는 외화 공급 감소 요인에 해당한다. 따라서 외화의 수요 곡선이 오른쪽으로 이동하고, 외화의 공급 곡선은 왼쪽으로 이동해 환율 균형점 E는 B 방향으로 이동할 것이다.

10 수출 증가, 외국인 국내 여행 증가, 해외 차관 도입 증가 등은 외화의 국내 공급을 늘려 환율을 내려가게 만든다. 수입 감소, 해외 투자 감소 등은 외화의 국내 수요를 줄여 환율을 내려가게 만든다.

11 ㄷ. 환율이 하락하면 수입 원자재의 국내 가격이 저렴해진다.
ㄹ. 환율이 하락하면 외화로 표시된 우리나라 상품의 가격은 상대적으로 상승하고, 외국 상품의 가격은 하락하는 효과를 가져와 수출이 감소하고 수입은 증가한다.
오답 피하기 ㄱ. 환율이 하락하면 수입 상품이나 원자재 가격이 하락하여 물가 안정에 도움이 된다.
ㄴ. 환율이 하락하면 외국에 갚아야 할 돈에 대한 부담을 덜어 주기 때문에 외채 상환 부담이 줄어드는 효과가 있다.

12 환율 상승 시 유리한 사람은 ㄱ. 수출업자와 ㄹ. 국내를 관광 중인 외국인이며, 불리한 사람은 ㄴ. 외국에 빚을 진 기업과 ㄷ. 유학생 자녀를 둔 부모이다. 환율 하락 시 유리한 사람은 ㄴ. 외국에 빚을 진 기업과 ㄷ. 유학생 자녀를 둔 부모이며, 불리한 사람은 ㄱ. 수출업자와 ㄹ. 국내를 관광 중인 외국인이다.

서술형·논술형
본문 121쪽

01 | 예시 답안 | 환율이 상승하기 위해서는 외화의 수요가 증가하거나 외화의 공급이 감소해야 한다. 수입이 증가하거나 자국민의 해외여행이 늘어나는 경우에 외화의 수요가 증가한다. 수출이 감소하거나 외국인의 국내 여행이 줄어드는 경우에 외화의 공급이 감소한다.

| 필수 키워드 | 환율 상승, 외화의 수요 증가, 외화의 공급 감소

| 평가 기준 |

상	환율 상승의 이유를 수요 측면과 공급 측면에서 각각 한 가지로 바르게 서술한 경우
중	환율 상승의 이유를 수요 측면 또는 공급 측면에서 한 가지만 서술한 경우
하	환율이 상승하는 이유를 단순히 수요가 증가했거나, 공급이 감소했다고만 쓴 경우

02 | 예시 답안 | 그림의 표시된 부분을 보면 환율이 하락하고 있다. 환율이 하락하면 우리나라 상품의 가격이 상대적으로 높아지므로 수출이 감소하고, 상대적으로 외국 상품의 가격이 낮아져 수입이 증가한다. 해외 경비 부담이 줄어들어 자국민의 해외여행이 증가한다. 또한 외국에 빚을 졌을 경우 외채 상환 부담이 줄어든다.

| 필수 키워드 | 환율 하락, 수출 감소 및 수입 증가, 국내 물가 안정, 자국민의 해외여행 증가, 외국인 관광객 감소, 외채 상환 부담 감소 등

| 평가 기준 |

상	수출 감소 및 수입 증가, 국내 물가 안정, 자국민의 해외여행 증가, 외국인 관광객 감소, 외채 상환 부담 감소 등에서 세 가지 이상 서술한 경우
중	수출 감소 및 수입 증가, 국내 물가 안정, 자국민의 해외여행 증가, 외국인 관광객 감소, 외채 상환 부담 감소 등에서 두 가지만 서술한 경우
하	수출 감소 및 수입 증가, 국내 물가 안정, 자국민의 해외여행 증가, 외국인 관광객 감소, 외채 상환 부담 감소 등에서 하나만 서술한 경우

03 | 예시 답안 | 외국인들의 송금 수요가 증가하면서 외화의 수요 곡선이 오른쪽으로 이동하여 환율이 상승하였다. 이에 따라 원화의 가치가 하락하면서 달러로 표시된 우리나라 상품의 가격이 상대적으로 저렴해져서 수출은 증가하고 수입은 감소한다. 따라서 국내 수출업체들은 유리해지지만, 수입 업체들은 불리해진다. 그

리고 해외로 달러를 송금하기 위해 더 많은 원화를 지불해야 하므로 해외에 달러를 송금하는 사람들의 부담이 커지게 된다.

| 평가 기준 |

평가 항목	평가 내용
평가 충실도	제시된 조건 기준을 충족시킴(단, 제시된 질문과 전혀 상관없는 내용으로 답변했을 시에는 분량 기준을 충족시키지 못한 것으로 간주함)
자료 분석력	제시된 자료를 토대로 환율이 상승한 요인을 외화의 수요 또는 공급 측면에서 분석함
논리성과 타당성	전체적인 글의 구성과 흐름이 매끄러우며, 주장과 그에 대한 근거가 타당함

대단원 마무리
본문 122~123쪽

01 ②	**02** ③	**03** 예시 답안 참조	**04** ④
05 ③	**06** ④	**07** 예시 답안 참조	**08** ④
09 ④	**10** ④	**11** 예시 답안 참조	**12** ⑤

01 ② 대학생이 커피 전문점에서 일을 한 것은 생산 활동이므로 그에 따른 소득은 국내 총생산에 포함된다.

오답 피하기 ① 중고 세탁기의 가치는 처음 생산된 해의 국내 총생산에 이미 포함되었으므로 해당하는 연도의 국내 총생산에 중복 계산되지 않도록 제외시켜야 한다.
③ 원단은 청바지를 만들기 위한 중간재이므로 국내 총생산에 포함되지 않는다.
④ 우리나라 국민이라고 하더라도 해외에서 번 소득은 국내 총생산에 포함되지 않는다.
⑤ 주부가 가족을 위해 만든 음식은 시장에서 거래되지 않으므로 국내 총생산에서 제외된다.

02 국내 총생산은 최종 생산물의 가치이다. 제시된 사례에서 최종 생산물은 배추김치 생산업자가 소비자에게 판매한 250만 원어치의 배추김치이다. 국내 총생산은 부가가치의 합을 계산하여 구할 수도 있는데, 제시된 사례에서 30만 원(씨앗 값)+50만 원(농부가 재배한 배추의 부가가치)+70만 원(도매상이 판매한 배추의 부가가치)+100만 원(배추김치의 부가가치)=250만 원이 된다.

03 | 예시 답안 | 중고품은 그것이 생산된 해의 국내 총생산에 이미 계산되었고, 중간재의 가치는 최종 생산물의 가치에 포함되었기 때문이다.

| 필수 키워드 | 중고품, 중간재, 최종 생산물, 국내 총생산

| 평가 기준 |

상	중고품과 중간재가 국내 총생산의 계산에 포함되지 않는 이유를 바르게 서술한 경우
중	국내 총생산의 계산에서 제외되는 이유로 중고품이나 중간재 중 하나만을 서술한 경우
하	중고품은 그 해에 생산되지 않았기 때문이고, 중간재는 최종 생산물의 가치가 아니기 때문이라고만 서술한 경우

04 교통사고나 질병의 증가는 국민의 삶의 질을 떨어뜨리지만, 이로 인해 오히려 국내 총생산은 증가하였다. 즉, 국내 총생산이 증가한다고 해서 국민의 삶의 질 수준이 항상 향상되는 것은 아니다.

오답 피하기 ⑤ 교통사고 처리 비용이나 질병 치료비 등은 모두 시장에서 거래되기 때문에 국내 총생산에 포함된다.

05 1970년대 우리나라에서 겪은 물가 상승은 석유 파동으로 원유 가격이 상승하면서 발생한 것이다. 원자재 가격이 상승함에 따라 생산 원가가 높아지자 대다수 기업이 상품의 공급을 줄임으로써 물가가 상승한 것이다.

06 ④ 인플레이션이 발생하면 국산품의 가격이 수입품에 비해 상대적으로 비싸지므로 수출은 감소하고 수입은 증가한다.

07 | 예시 답안 | 실업은 인적 자원의 낭비를 가져와 경제 성장에 악영향을 미친다. 가족 해체와 생계형 범죄 등의 사회 문제를 유발한다. 가계의 소득을 감소시켜 사회 전체의 소비를 줄이기 때문에 기업의 생산과 투자를 위축시킨다. 실업 문제를 해소하기 위한 정부의 지출이 증가하여 국민들의 부담이 커진다.

| 필수 키워드 | 인적 자원 낭비, 사회 문제 유발, 기업의 생산과 투자 위축, 정부 지출 증가 등

| 평가 기준 |

상	실업이 사회에 미치는 부정적인 영향으로 인적 자원의 낭비, 사회 문제 유발, 기업의 생산 위축, 정부 지출 증가 등에서 두 가지를 바르게 서술한 경우
하	실업이 사회에 미치는 부정적인 영향으로 인적 자원의 낭비, 사회 문제 유발, 기업의 생산 위축, 정부 지출 증가 등에서 한 가지만 서술한 경우

08 그림의 (가)는 실업자이다.
오답 피하기 ① 일할 능력이 없는 사람이다.
②, ③, ⑤ 일할 의사가 없는 사람이다.

09 제시문은 경제 상황이 좋지 않아 기업이 비용을 절감하기 위해 고용을 줄이는 과정에서 발생한 경기적 실업에 해당하는 내용이다. 경기적 실업을 해결하기 위해서는 세율 및 금리 인하, 공공사업 확대, 보조금 지급 등의 경기 회복 정책을 펼쳐야 한다.
오답 피하기 ① 구조적 실업에 대한 대책이다.
②, ⑤ 마찰적 실업에 대한 대책이다.
③ 계절적 실업에 대한 대책이다.

10 국제 거래에서는 국가 간의 상품 및 생산 요소의 이동이 국가 안에서의 이동만큼 자유롭지 못하다. 문화나 관습 및 제도의 차이, 관세나 통관 절차 등의 무역 장벽이 존재하기 때문이다. 또한 각 나라마다 사용하는 화폐가 다르기 때문에 자국 화폐와 외국 화폐의 교환 비율인 환율을 고려해야 한다.
오답 피하기 ㄱ. 국제 거래에서 상품의 이동은 자유롭지 못하다.
ㄷ. 국내 거래와 국제 거래는 거래 당사자가 이익을 기대하고 재화와 서비스를 사고판다는 점에서 동일한 목적을 지닌다.

11 | 예시 답안 | 그림을 보면 외화의 공급 감소로 환율이 상승한 상황이 나타나 있다. 우리나라 상품의 수출이 감소할 때, 외국인의 국내 여행이 줄어들 때, 외국인의 국내 투자가 줄어들 때 외화의 공급이 감소한다.

| 필수 키워드 | 외화의 공급 감소, 환율 상승, 수출 감소, 외국인의 국내 여행 감소, 외국인의 국내 투자 감소 등

| 평가 기준 |

상	외화 공급의 감소 요인 세 가지를 바르게 서술한 경우
중	외화 공급의 감소 요인 두 가지를 서술한 경우
하	외화 공급의 감소 요인을 한 가지만 서술한 경우

12 1달러가 1,100원에서 1,000원으로 인하된 것은 환율이 하락했다는 의미이다. 환율이 하락하면 외국 화폐로 표시되는 수출품의 가격이 상승해서 수출이 줄어들고, 자국 화폐로 표시되는 수입품의 가격이 하락해서 수입이 늘어난다. 또한 수입에 의존하는 원유나 원자재 등의 가격 하락으로 국내 물가가 안정된다. 또한 환율이 하락한 만큼 외국에 갚아야 할 원화 금액이 줄어들어 외채 상환 부담이 감소한다.

VI. 국제 사회와 국제 정치

01 국제 사회의 이해

개념 다지기
본문 130쪽

01 (1) 국제 사회 (2) 자국 (3) 국가 (4) 다국적 (5) 국제 비정부 기구 (6) 증가

02 (1) ○ (2) × (3) × (4) × (5) ○ (6) ×

03 (1) ㉢ (2) ㉣ (3) ㉤ (4) ㉠

04 (1) 주권 (2) 국제 비정부 기구(NGO) (3) 다국적 기업 (4) 국제 연합(UN)

05 (1) 정 (2) 비 (3) 비 (4) 정 (5) 정 (6) 비 (7) 정

06 ㄱ, ㄴ, ㄷ, ㄹ, ㅁ

중단원 실력 쌓기
본문 131~133쪽

01 ③	**02** ②	**03** ④	**04** ①	**05** ⑤
06 ③	**07** ②	**08** ⑤	**09** ⑤	**10** ③
11 ③	**12** ①	**13** ⑤	**14** ⑤	

01 제시된 내용은 국제 사회에 대한 설명이다.
【오답 피하기】 ① 공동 사회는 소속 의사와 상관없이 가입되는 사회이다.
⑤ 이익 사회는 합리적 의지에 의해 일시적 관계를 맺는 사람들이 모인 사회이다.

02 전통적으로 국제 사회의 기본적 행위 주체는 주권을 가진 것은 국가이다. 국가는 국제 사회를 구성하는 기초 단위이고, 이들 간의 관계가 국제 관계의 기본이 된다.
【오답 피하기】 ㄴ. 아무리 작은 국가라도 주권 국가로 인정해야 한다. 하지만 실질적으로 국제 사회에서 각 국가의 영향력은 차이가 난다.
ㄹ. 국제 사회에서는 국제 사회 내의 행위 주체를 강제할 수 있는 중앙 정부가 없다.

03 오늘날 국제 사회에서는 개별 국가를 비롯하여 국제기구, 다국적 기업 등의 다양한 국제 행위 주체가 증가하고 있다.

【오답 피하기】 ① 국제 사회는 국내 정치와 달리 규범을 제정하고 갈등을 해결할 수 있는 강제력을 갖춘 중앙 정부가 부재하다.
② 국제 사회 전체의 이익보다는 자국의 이익을 무엇보다도 우선시한다.
③ 개별 주권 국가의 독립성을 인정하면서도 강대국이 더 큰 영향력을 행사하는 것을 모두가 인정한다.
⑤ 보편적 윤리에 대한 공감대가 형성되어 있으나, 힘의 논리가 우선하는 일이 종종 발생한다.

04 영국은 난민 문제로 자국이 불이익을 초래할 것이다고 판단해 유럽 연합(EU)의 결정에 반대하며 탈퇴하기로 하였다. 우리나라는 중국과 국교를 수립하면서, 오랜 우방국이었던 대만과 국교를 단절하였다. 이러한 사례들은 국제 사회에서 각국이 자국의 이익을 최우선의 가치에 두고 행동함을 보여 준다.

05 국제 사회의 행위 주체로서 세계 여러 나라에 자회사와 공장을 설립하여 국제적 규모로 상품을 생산하고 판매하는 조직을 다국적 기업이라고 한다.
【오답 피하기】 ㄱ. 다국적 기업은 국경(영토, 국민, 주권)을 초월하여 전 세계에 걸쳐 활동을 한다.
ㄴ. 다국적 기업은 영리 추구를 목적으로 한다.

06 국제기구는 정부, 민간단체, 개인을 회원으로 하여 초국가적인 활동을 한다.
【오답 피하기】 ① 국제기구는 국제 사회가 형성된 이후 등장했기 때문에 베스트팔렌 조약 이전에는 존재할 수 없다.
② 현재까지 공식적인 국제 정부가 없기 때문에 별다른 소속이 없다.
④ 소수 인종이나 민족, 노동조합은 국내 사회의 행위 주체들이다.
⑤ 국제 사회의 주체는 정부뿐만 아니라 개인과 민간단체도 조직을 만들어 구성할 수 있다.

07 국제 연합(UN) 안전 보장 이사회는 기관 최고의 의결 기관이지만, 실질적인 결정권은 5개 상임 이사국이 갖는다. 하나의 상임 이사국이라도 거부권을 행사하면 안건이 무산되기 때문이다. 이는 표면적으로는 각국의 주권을 평등한 것으로 간주하지만, 실제로는 힘의 논리가 적용되는 국제 사회의 특성을 보여 준다.

08 국제 사회의 행위 주체 중 국제 비정부 기구(NGO, Non Governmental Organization)는 정부와 관계없

이 자발적으로 조직된 민간단체이다. 공익성과 비영리성을 목적으로 활동하며 자국의 이익을 고려하느라 국제 문제를 해결하는 데 소극적인 정부 간 국제기구를 보완하는 역할을 한다.

09 신문 기사에 의하면 각 국가들과 국제기구가 해양 오염 사고, 해양 쓰레기 처리와 같은 공동의 문제 해결에 협력하고 있다. 이를 통해 국제 사회는 한 국가의 힘으로 해결할 수 없는 전 지구적 차원의 문제가 발생했을 때 상호 의존하며 국제 협력을 하고 있음을 알 수 있다.

10 그림은 국제 연합의 조직도를 나타낸 것이다.
③ 국제 연합은 오늘날 가장 영향력 있는 국제기구 중 하나이지만 공식적인 국제 정부는 아니다.
오답 피하기 ① 국제 연합은 제2차 세계 대전을 계기로 세계 평화와 안전을 목표로 창설되었다.
② 소속 구성원은 주권을 가진 국가로 한다.
④ 전신인 국제 연맹의 한계를 넘기 위해 분쟁을 해결하는 군사력을 확보하였다.
⑤ 미국, 영국, 프랑스, 러시아, 중국 5개 상임 이사국이 강한 영향력을 행사한다.

11 주권이란 한 나라의 의사를 결정할 권리이다. 대내적으로는 스스로를 다스릴 최고의 권력을 본인들이 갖는 것이고, 대외적으로는 국가의 판단에 있어 독립성을 갖는 것이다. 국제 사회는 주권을 갖는 국가를 기본 단위로 하여 구성된다.

12 (가)는 정부 간 국제기구이고, (나)는 국제 비정부 기구이다. (가)에 해당하는 기구로는 세계 무역 기구, 유럽 연합, 국제 연합, 경제 협력 개발 기구, 국제 통화 기금 등이 있고, (나)에 해당하는 기구로는 그린피스, 국제 적십자사, 국경 없는 의사회, 세이브 더 칠드런, 국제 사면 위원회 등이 있다.

13 국경 없는 의사회는 국제 비정부 기구, 국제 통화 기금과 경제 협력 개발 기구는 정부 간 국제 기구, 전 국제 연합 총재는 영향력 있는 개인이다. 이들의 공통점은 국제 사회의 주체로 활발히 교류하며 전 지구적 문제를 해결하기 위해 함께 노력하고 있다는 것이다.

14 제시문은 경제 협력 개발 기구(OECD)에 대한 설명이다. 흔히, 이 국제기구에 가입한 국가를 선진국으로 분류하며, 우리나라는 1996년 12월에 29번째로 회원국이 되었다.

서술형·논술형
본문 133쪽

01 | 예시 답안 | ㉠을 통해 국제 사회가 공동으로 대처해야 할 전 지구적 문제의 등장으로 국가 간 상호 의존성이 깊어지는 것을 알 수 있다. 반면, ㉡을 통해 여전히 국제 사회는 자국의 이익을 최우선으로 하며, 강대국에 의한 힘의 원리가 우선함을 알 수 있다.
| 필수 키워드 | 전 지구적 문제, 상호 의존성, 자국의 이익
| 평가 기준 |

상	㉠, ㉡으로부터 국제 사회의 특성을 모두 옳게 도출하여 서술한 경우
중	㉡으로부터 도출되는 국제 사회의 특성만 옳게 서술한 경우
하	㉠으로부터 도출되는 국제 사회의 특성만 옳게 서술한 경우

02 | 예시 답안 | (가)는 각국 정부를 회원국으로 하는 정부 간 국제기구이고, (나)는 환경, 의료, 빈곤 퇴치, 인권 등을 목표로 개인과 민간단체가 중심이 되어 조직한 국제 비정부 기구이다. (가)와 (나)는 모두 국경을 초월하여 활동하는 국제 사회의 행위 주체라는 공통점이 있다.
| 필수 키워드 | 정부 간 국제기구, 비정부 간 국제기구, 국제 사회의 행위 주체
| 평가 기준 |

상	(가), (나)의 차이점 비교와 공통점을 모두 정확하게 서술한 경우
중	(가), (나)의 차이점만 정확하게 비교하여 서술한 경우
하	(가), (나)의 공통점만 정확하게 서술한 경우

국제 사회의 모습과 공존 노력 ~우리나라와 주변국의 갈등과 해결 노력

개념 다지기
본문 136쪽

01 (1) 외교 (2) 동북 공정 (3) 독도 (4) 지속 가능 발전 목표
(5) 영유권 (6) 국제 사법 재판소
02 (1) ○ (2) × (3) × (4) ○ (5) × (6) ○ (7) × (8) × (9) ○
03 (1) 갈등, 협력 (2) 냉전, 탈냉전 (3) 공존 (4) 자국 (5) 일본, 중국
(6) 민간 (7) 배타적 (8) 개발도상국
04 (1) ㉡, ㉢, ㉺ (2) ㉠, ㉣, ㉻
05 (1) 공 (2) 민 (3) 민 (4) 공 (5) 공

중단원 실력 쌓기
본문 137~139쪽

01 ③	**02** ①	**03** ③	**04** ⑤	**05** ④
06 ②	**07** ②	**08** ①	**09** ③	**10** ③
11 ⑤	**12** ⑤	**13** ⑤	**14** ④	

01 제2차 세계 대전 이후 국제 사회는 미국 중심의 자유 진영과 소련 중심의 공산 진영이 대립하는 냉전 시대가 전개되었다. 이후 제3세계가 등장하면서 양극화 시대가 완화되기 시작하였고, 독일의 통일과 구소련의 해체가 이어지면서 냉전이 종식되었다. 냉전 종식 후 각국은 다극화 시대로 접어들게 되면서 이전과 달리 정치적 이념 대립보다는 경제적 실리를 중시하는 경향이 강화되었다.

02 국제 사회의 갈등 양상은 다양하게 나타난다.
오답 피하기 ② 이스라엘과 팔레스타인의 갈등은 인종과 민족 그리고 종교가 종합적으로 얽혀 있다.
③ 나일강 상류와 하류의 국가 분쟁은 물 자원과 관련된 분쟁이다.
④ 카스피해 연안 인접국들의 영유권 분쟁은 석유 및 지하자원과 관련된 분쟁이다.
⑤ 개발도상국과 국제 환경 단체는 경제 개발과 환경 보존을 두고 대립한다.

03 국제 사회에서 자국의 이익을 위해 평화적 방법으로 목적을 달성하려는 국가 활동을 외교라고 한다. 외교 활동을 잘 수행할 때 국가 위상을 높이고, 해외 시장의 확대 및 자원의 확보 등 다양한 이익을 실현할 수 있다.

04 우리나라와 일본과의 갈등으로는 독도 영유권 문제, 역사 교과서 왜곡 문제, 위안부 및 일제 징용공 배상 및 사과 문제, 세계지도에 동해 표기 문제, 부품 소재 수출 규제 갈등 등이 있다. 중국과의 갈등으로는 역사 왜곡 및 동북 공정 문제, 미세 먼지 및 환경 문제, 사드 경제 보복 문제, 중국 어선의 배타적 경제 수역 침범 및 불법 조업 문제 등이 있다.

05 중국은 현재 자국 영토 안에서 전개된 모든 역사를 중국의 역사로 편입시키는 작업을 진행 중이다. 중국의 동북쪽 지방은 우리나라와 인접해 있으며 역사적으로도 관련이 깊은데 이 지역에 대한 중국의 역사 왜곡 작업을 동북 공정이라고 한다.
④ 다문화 사회는 영토 내에 있는 다양한 문화적 배경의 사람들을 존중하며 어우러져 살 수 있는 사회이다. 중국의 동북 공정은 다양한 문화적 배경에 대한 인정과는 반대로 중앙 정부에서 주장하는 역사를 강조하여 중국 사회를 하나로 통일시키려는 의도가 강하다.
오답 피하기 ① 중국은 동북 공정을 통해 중국 내 소수 민족의 독립을 방지하여 현재의 영토를 확고히 하려고 한다.
② 한반도 통일 이후 발생할 수 있는 영토 분쟁에 대비하려는 정치적인 목적도 보인다.
③, ⑤ 중국은 자국 영토 안에서 전개된 모든 역사를 자국 역사라고 주장하며 고조선·고구려·발해를 중국의 지방 정권으로 주장하고 있다.

06 오늘날 국제 사회에서 경쟁과 갈등이 발생하는 가장 근본적인 원인은 각국이 자국의 이익을 최우선하려는 국제 사회의 특성 때문이다. 한정된 자원과 영토, 대립하는 종교와 민족 등 많은 갈등 요인에 대해 자국의 이익을 최우선적으로 확보하려는 국가 간 경쟁이 갈등을 불러일으키는 것이다.

07 독도는 신라 지증왕 때 장군 이사부의 우산국 정벌 이래로 우리 민족의 영토였다. 일본의 식민 지배를 받았던 시기에 잠시 일방적으로 일본이 소유권을 침탈한 적은 있으나, 제2차 세계 대전 이후 연합군에 의해 다시 우리 영토로 귀속되었다.
오답 피하기 ㄴ. 국제 사법 재판소를 통한 분쟁 해결은 일본이 원하는 것이다. 억지 주장을 국제 재판소로 끌고 간 후 경제력을 이용해 힘의 논리를 악용하려는 속셈이다. 우리는 이미 독도를 실효적 지배 중이기 때문에 굳이 분쟁을 인정할 필요가 없다.

ㄹ. 일본의 고문서나 고지도 등에서도 독도를 조선의 영토로 인정하는 내용이 종종 발견된다.

08 (가)는 자원 개발과 송유관 건설을 두고 카스피해 연안의 국가들이 갈등하는 상황이고, (나)는 경제 성장 과정에서 환경을 오염시키는 개발도상국에 대해 국제 비정부 기구(NGO) 중 하나인 그린피스가 시위하고 있는 상황이다.
ㄱ. 남중국해의 영유권 분쟁 역시 자원을 둘러싼 갈등이기 때문에 서로 발생 원인이 같다.
오답 피하기 ㄷ. 개별 국가와 국제 비정부 기구(그린피스)와의 다툼으로, 국가가 행동 주체인 외교를 통한 문제 해결이 성립하지 않는다. 오히려 (가)의 경우 외교를 통한 해결 가능성이 있다.
ㄹ. (나)는 정부 간 국제기구인 개발도상국과 국제 비정부 기구인 그린피스와의 갈등 상황이다.

09 외교의 유형에는 공식적 외교인 국가를 대표하는 공식적 외교 사절이나 국가 원수 간 회담 등이 있고, 민간 외교인 스포츠·문화 등 다양한 영역을 통한 교류가 있다.

10 오늘날 국제 사회에서 경쟁과 갈등이 발생하는 요인은 다양하다. 자원을 둘러싼 갈등, 인종과 종교의 차이에 따른 갈등, 국가 간 빈부 격차에 따른 갈등, 자국의 이익을 최우선으로 하는 각국 간의 갈등 등이 있다.
③ 자유 진영과 공산 진영으로 양극화된 이념 대립은 냉전과 함께 종식되었다. 지금은 이념보다는 국가의 실리를 추구하는 국제 사회의 특성이 강하고, 이와 관련된 경쟁과 갈등이 주를 이룬다.

11 지속 가능 발전 목표(SDGs, Sustainable Development Goals) 혹은 지속 가능 개발 목표는 국제 연합(UN)이 제시한 국제 사회 최대의 공동 목표이다. 인류의 보편적 문제인 빈곤·질병, 교육 문제, 성불평등을 비롯해 기후 변화·환경 오염·생물 다양성 약화 등 17개 영역의 문제 해결을 목표로 한다.

12 탈냉전으로 인한 국제 사회의 변화는 '양극화 → 다극화', '이념 중심 → 실리 중심', '양분된 분쟁 양상 → 다양한 갈등의 표출'의 방향으로 진행되었다.
오답 피하기 ㄱ. 양극화된 국제 질서는 다극화의 방향으로 변화하였다.
ㄴ. 이념 갈등에 따른 치열한 군비 경쟁의 양상이 완화되었다.

13 우리나라는 반도국의 지리적 특성상 주변국들과 교류도 많은 반면, 갈등도 많이 발생한다. 독도 영유권을 놓고 국제 사법 재판소에서 재판을 받자며 분쟁을 유발하는 일본과의 갈등, 동북 공정을 통해 역사를 왜곡하고 우리나라의 통일 이후 영토 분쟁까지 염두하고 있는 중국과의 갈등과 같이 해결해야 할 여러 가지 과제가 있다.

14 국제적 갈등을 해결하기 위해서는 감정적 대응보다는 논리적·합리적 자세로 사태를 진단하고 대응해야 하고, 정부의 적극적인 대응과 더불어 국민들 또한 꾸준히 관심을 가지고 참여해야 한다. 또한 우리 주장의 정당성을 국제 사회에 알리기 위한 홍보를 게을리해서는 안 되고, 국제 사회 속에서 다양한 행위 주체들과 교류하며 상호 의존성을 높여 나가야 한다.

서술형·논술형
본문 139쪽

01 |예시 답안| 자국의 대외적 위상을 제고하고, 국가의 이미지를 높일 수 있다. 갈등으로 인해 발생하는 손실을 사전에 예방하고, 자원 및 해외 시장을 평화적으로 확보할 수 있으며, 지구촌 공동의 문제를 해결하는 데 도움이 된다.
|필수 키워드| 대외적 위상, 손실 예방, 자원 확보
|평가 기준|

상	외교의 중요성 세 가지를 옳게 서술한 경우
중	외교의 중요성 두 가지를 옳게 서술한 경우
하	외교의 중요성 한 가지를 옳게 서술한 경우

02 |예시 답안| 일본은 일제 강점기 시절 식민지로써 잠시 독도를 점유한 사실만으로 아직까지도 독도를 자신들의 영토로 주장하고 있다. 국제 사법 재판소에 제소하여 재판을 받자고 하는 것은 힘의 논리가 작용하는 국제 사회의 특성을 악용하려는 것이다.
이에 대해 우리가 취해야 할 전략은 첫째, 수많은 고지도와 고문서 등의 역사적 사실과 증거를 토대로 독도가 대한민국의 영토임을 합리적으로 국제 사회에 홍보

해야 한다. 둘째, 일본이 국제 사법 재판소에 제소한다는 속임수에 넘어가서는 안 된다. 국제 사법 재판소는 해당국 모두가 동의할 때만 재판이 진행되기 때문에, 굳이 이 문제를 분쟁화시킬 필요는 없다. 셋째, 독도에 대한 실효적 지배를 굳건히 유지해야 한다. 독도를 아끼고 가꾸며, 강한 군사력을 통해 도발을 응징하는 가운데 함부로 우리의 영토를 넘볼 수 없도록 철저히 지켜가야 할 것이다.

| 평가 기준 |

평가 항목	평가 내용
평가 충실도	정해진 분량 기준을 충족시킴(단, 제시된 질문과 전혀 상관없는 내용으로 답변했을 시에는 분량 기준을 충족시키지 못한 것으로 간주함)
고차적 인지 능력	일본의 속셈을 간파하고 그것을 이겨 낼 방안을 제시하였음
글의 타당성	독도 영유권 문제를 주도할 수 있는 구체적이고 적실성 있는 방안을 제시함
글의 논리성	전체적인 글의 구성과 짜임새가 매끄러우며, 주장과 근거의 연결이 자연스러움

대단원 마무리
본문 140~141쪽

01 ④	**02** ①	**03** 예시 답안 참조	**04** ③
05 ③	**06** ①	**07** ④	**08** ①	**09** ⑤
10 예시 답안 참조		**11** ⑤	**12** ②

01 국제 사회의 기초 단위는 개별적인 주권 국가이고, 이들 간의 관계를 토대로 국제 관계의 기본 골격이 형성된다. 국가는 대내적으로 스스로를 다스릴 주권을 갖고, 국제 사회의 특성인 힘의 논리에 따라 자국의 이익을 추구한다.
④ 국제 사회의 특성 중 하나는 중앙 정부의 부재이다. 국제기구나 국제법에 의한 영향을 받기는 하지만, 국가를 통제할 세계 정부는 존재하지 않는다.

02 (가) 사례는 영국이 자국의 이익을 위해 국제기구에서 탈퇴하려는 내용이고, (나) 사례는 가장 강력한 국제기구인 국제 연합(UN)의 의사 결정에서 세계 최강대국의 영향력이 막강함을 보여 주는 사례이다.

오답 피하기 ㄷ. (가)보다 (나)의 사례가 국제 사회에서의 힘의 논리가 우선함을 잘 보여 준다.
ㄹ. (가), (나)는 모두 국제 사회에서 협력이 증가하고 있음을 보여 주는 사례와는 거리가 멀다.

03 | 예시 답안 | 국제 사회는 세계 여러 국가가 서로 교류하고 의존하면서 공동생활을 영위하는 사회이다. 유럽에서 교황의 영향력이 약화되며 민족 국가가 수립되는 과정에서 체결된 베스트팔렌 조약을 계기로 독자적 주권을 가진 국가들이 등장하면서 국제 사회가 형성되었다.
| 필수 키워드 | 여러 국가, 교류, 주권, 베스트팔렌 조약, 개별 국가
| 평가 기준 |

상	국제 사회의 의미와 형성 배경을 모두 옳게 서술한 경우
중	국제 사회의 형성 배경만 옳게 서술한 경우
하	국제 사회의 의미만 옳게 서술한 경우

04 A집단은 정부 간 국제기구이고, B집단은 국제 비정부 기구(NGO)이다. 이 둘을 구분하는 기준은 국가 또는 개인이나 민간단체인지에 대한 회원 자격이다. 국가나 정부는 B집단에 가입할 자격이 없고, 개인이나 민간단체는 A집단에 가입할 수 없다.

05 다국적 기업에 대한 설명이다. 다국적 기업은 세계 여러 나라에 자회사와 공장을 설립하여 국제적 규모로 상품을 생산·판매하는 기업이다. 세계화와 밀접한 관련이 있으며, 최근 세계화의 확대는 다국적 기업의 영향력 및 규모 확대와 비례한다.

06 그림은 다국적 기업을 표현한 것이다. 다국적 기업은 본국에 본사(모회사)를 두고, 세계 각국에 자회사, 공장 등을 설립하여 생산 및 판매 활동을 한다. 다국적 기업의 활동으로 국경의 의미가 무색해지고 국가 간의 상호 의존성은 증대된다.

오답 피하기 ②, ④, ⑤ 정부 간 국제기구에 대한 설명이다.
③ 세계화의 확산은 다국적 기업의 영향력 증대로 이어진다.

07 (가) 그린피스는 지구 환경 보존과 평화 유지를 목적으로 활동하는 국제 비정부 기구이다. (나) 국경 없는 의사회는 자연재해, 질병, 전쟁 등으로 고통받는 세계 각지의 사람들을 대상으로 긴급 구호 활동을 하는 국제 민간 의료 구호 단체이다.

08 국제 사회는 자국의 이익 실현을 최우선으로 하는 개별 주권 국가를 기본 단위로 구성된다.

오답 피하기 ② 국제 사회는 힘의 논리가 주도하지만, 아무리 약한 국가라 할지라도 주권을 인정하는 주권 평등의 원칙이 존재한다.

③ 탈냉전 다극화 사회로 접어들면서 냉전 갈등은 완화되었지만, 국지적 분쟁과 갈등은 오히려 증가하였다.

④ 국제 사회는 중앙 정부가 부재한 상황이기는 하지만 국제법이나 국제 여론조차 존재하지 않는 완전한 무정부적 상태는 아니다.

⑤ 보편적 도덕 규범이 완전히 무시되는 사회는 아니지만, 힘의 논리가 더 인정되고 있는 것은 사실이다.

09 국제 사회의 갈등을 감소시키기 위한 방안으로는 스포츠 교류나 합동 문화 공연과 같은 민간 외교를 강화하고, 함께 공존하며 살아가야 할 운명을 공유하는 세계 시민 의식의 함양이 필요하다.

오답 피하기 ㄱ. 무력을 통한 분쟁 해결보다는 외교를 통한 평화적 접근이 현명하다.

ㄷ. 개별 주권 국가를 기본 단위로 하는 국제 사회에서 특정 국제기구에 모든 권한을 위임하는 것은 갈등 해결을 위한 방법이 될 수 없다.

10 | **예시 답안** | 우리나라의 외교 정책의 방향은 국제 평화 유지와 국제 사회의 공존에 이바지하고, 국제법이나 국제 조약과 같은 국제 사회의 질서에 순응하며, 외국인의 지위를 보장하는 것과 같이 인류 공영의 보편적 가치를 존중하는 것이다.

| **필수 키워드** | 국제 평화 유지, 국제 사회 공존에 이바지, 국제법 준수, 인류의 보편적 가치 존중

| **평가 기준** |

상	헌법 조항에 나타난 외교 정책의 방향 세 가지를 옳게 서술한 경우
중	헌법 조항에 나타난 외교 정책의 방향 두 가지를 옳게 서술한 경우
하	헌법 조항에 나타난 외교 정책의 방향 한 가지를 옳게 서술한 경우

11 중국의 아시아 공정은 북방 공정을 통한 몽골 역사 왜곡, 남방 공정을 통한 베트남 역사 왜곡, 서북·서남 공정을 통한 위구르와 티베트 역사 왜곡과 더불어 우리나라의 고조선·고구려·발해의 역사를 왜곡하는 동북 공정이 있다. 이러한 아시아 공정의 목적은 중국이 통일된 다민족 국가라는 점을 내세워 중국 내 소수 민족의 독립을 막겠다는 정치적 의도가 있고, 향후 우리나라의 통일에 대비하여 동북 지역 영토 문제에 있어 우위를 차지할 목적을 갖는다.

12 우리나라는 일본과 독도 영유권, 역사 교과서 왜곡, 일본 총리의 야스쿠니 신사 참배, 위안부와 강제 징용공에 대한 사과와 배상, 세계지도에 동해 표기, 부품 소재 수출에 대한 일본 정부의 보복성 제재 등으로 갈등을 겪고 있다.

오답 피하기 ㄴ. 센카쿠 열도 영유권 분쟁은 일본과 중국 간 갈등이다.

ㅁ. 불법 조업 어선의 배타적 경제 수역 침범은 우리나라와 중국 간의 갈등이다.

VII. 인구 변화와 인구 문제

01 인구 분포

개념 다지기
본문 148쪽

01 (1) 인구 밀도 (2) 자연적 요인 (3) 인문·사회적 요인
(4) 농업 (5) 남서부 (6) 도시 (7) 대도시

02 (1) ○ (2) × (3) ○ (4) ×

03 (1) 중위도 (2) 해안 지역 (3) 남서부 (4) 도시 (5) 인문·사회적 요인

04 (1) 인구 밀집 지역 (2) 인구 희박 지역 (3) 인구 밀집 지역 (4) 인구 밀집 지역 (5) 인구 희박 지역

05 (1) 고온 건조 (2) 계절풍의 영향으로 벼농사가 발달하여 (3) 고온 다습하고 밀림이 우거져 있어

06 (1) ㉠, ㉡ (2) ㉢, ㉣   **07** (1) 이촌 향도 (2) 수도권

중단원 실력 쌓기
본문 149~151쪽

01 ③	**02** ②	**03** ①	**04** ③	**05** ②
06 ④	**07** ⑤	**08** ②	**09** ④	**10** ④
11 ①				

01 전 세계 약 74억 명의 인구는 지구상에 불균등하게 분포한다. 대륙 중에서는 중국과 인도가 있는 아시아 대륙의 인구가 약 60%를 차지한다.
① 적도 부근은 매우 무덥고 극지방은 매우 춥다.
② 북반구는 남반구보다 대륙의 면적이 훨씬 넓다.
④ 온화한 온대 기후 지역은 인간이 거주하기에 유리하다.
⑤ 산지는 주거 공간이나 농경지가 좁아 인간이 거주하기에 불리하다.

02 인구가 가장 많은 국가인 중국과 인도가 포함되어 있는 아시아의 인구 비중이 가장 높다. 그다음으로 인구가 많은 대륙은 아프리카이고 그다음은 유럽이다.

03 인구 분포에 영향을 주는 요인 중 제시된 글은 인문·사회적 요인에 해당하는 내용이다. 조건의 내용을 충족하는 A 지역은 서부 유럽과 미국 북동부, 일본의 태평양 연안 등이다.
오답 피하기 ㄷ. 인구 밀집 지역이기는 하지만 인문·사회적 요

인이 잘 갖추어진 지역이 아니다.
ㄹ. 인구 밀집 지역이 아니며 인문·사회적 요인이 잘 갖추어진 지역이 아니다.

04 제시된 조건 중 온화한 기후 조건과 평야라는 지형 조건을 갖춘 곳은 유럽(A)과 아시아(C)이다. 계절풍 기후는 주로 대륙의 동쪽 지역에서 나타나는데 이러한 조건을 모두 갖춘 곳은 C이다. 이 지역은 벼농사가 활발하게 이루어지는 지역으로 인구 밀집 지역이다.
오답 피하기 ① 계절풍 기후가 나타나지 않으며 강수량이 적어 벼농사가 활발하게 이루어지지 않는다.
② 계절풍 기후가 나타나지 않는다.
④ 벼농사가 이루어지기에는 강수량이 적다.
⑤ 인구 밀집 지역이 아니다.

05 A는 서부 유럽으로 교통과 통신이 발달한 지역이다. C는 인도 북부 지역으로 기후가 온화하고 평야가 넓어 인구가 밀집한 지역이다.
오답 피하기 ㄴ. B는 북부 아프리카의 건조 기후 지역으로 강수량이 적기 때문에 인구가 희박한 지역이다.
ㄹ. D는 북아메리카의 북부 지역으로 기온이 낮아 거주에 불리하기 때문에 인구가 희박한 지역이다.

06 제시된 지도에서 A는 서울과 그 주변 지역, B는 호남평야 지역으로 인구 밀집 지역이다. A는 교통이 편리하고 다양한 산업이 발달하여 일찍부터 인구가 많이 분포하던 지역이다. B는 평야가 넓어 인구 부양 능력이 높기 때문에 인구가 밀집한 지역이다.
오답 피하기 ㄷ. 우리나라는 지하자원이 부족한 편이다. A, B 모두 지하자원이 풍부하여 인구가 밀집한 지역이 아니다.

07 (나)는 2015년의 시·군별 인구 밀도를 나타낸 것이다. (가)의 1940년 당시 인구 밀도와 비교해 볼 때 일부 지역에서 인구 밀도가 낮아진 것을 볼 수 있다. 이는 이 기간 동안 인구가 감소했기 때문이다.
① 서울과 부산 등 대도시들은 인구가 크게 증가하였다.
② 산업화 및 도시화로 농어촌 인구가 대도시로 이주하면서 기존의 농어촌 인구가 감소하였다.
③ 과거에 비해 자연적 요인이 인구 분포에 미치는 영향은 줄어들었다.
④ 대도시의 인구는 크게 늘어나고 상대적으로 농어촌에서는 인구가 줄어들었기 때문에 인구 분포의 지역 차는 더 커졌다고 볼 수 있다.

08 B 지역은 북부 아프리카로 세계 최대의 사막인 사하라 사막이 분포하는 지역이다. 강수량이 적어 사막이 형성된 지역으로 농업과 목축에 불리하기 때문에 인구가 희박한 지역이다.

오답 피하기 ① 연중 기후가 온화한 지역이며 인문·사회적 요인도 잘 갖추어져 있어 인구 밀집 지역이다.
③ 동아시아 지역으로 벼농사가 발달하여 인구가 밀집해 있다.
④ 북아메리카 북부 지역으로 연중 기온이 낮아 농업에 불리하여 인구가 희박하다.
⑤ 아마존강 유역으로 연중 고온 다습하고 빽빽한 밀림이 있어 거주에 불리하다.

09 1975년의 경우 수도권의 인구는 비수도권 인구의 절반에도 미치지 못했으나 2015년에는 수도권과 비수도권 인구가 거의 같아졌다.
ㄴ. 전국 인구의 절반 정도가 수도권에 거주한다고 볼 수 있다.
ㄹ. 비수도권 인구는 크게 늘어나지 않았으나 수도권 인구는 빠르게 증가하였다. 따라서 전체 인구에서 수도권 인구가 차지하는 비중이 커졌다고 볼 수 있다.
오답 피하기 ㄱ. 1975년의 인구는 3천 5백만 명 정도이고 2015년의 인구는 5천만 명을 조금 넘는다. 따라서 두 배에 미치지 못한다.
ㄷ. 비수도권 인구는 이 기간에 약간 증가했다.

10 (가)는 좁은 면적에 인구 밀도가 매우 높은 국가로 방글라데시(B)에 해당한다. 방글라데시는 계절풍의 영향으로 벼농사가 활발하여 인구 부양 능력이 높다. (나)는 캐나다(D)에 관한 설명이다. 캐나다는 냉대 기후 지역이 넓으며 국토 면적에 비해 인구가 매우 적다.
오답 피하기 A는 네덜란드로 한반도의 약 5분의 1 정도 되는 면적에 1천 7백만 명 정도의 인구가 거주한다. C는 몽골이다. 몽골의 국토 면적은 한반도의 7배 이상이지만 인구는 약 3백만 명으로 인구 밀도가 낮다.

11 인구가 가장 많은 지역은 경기이지만 인구 밀도는 서울이 더 높다. 이는 인구 규모에 비해 서울의 면적이 작기 때문이다.
② 수도권은 우리나라에서 인구가 가장 많은 지역이다. 그다음으로 영남권, 충청권 순으로 인구가 많다.
③ 인구가 가장 많은 시·도는 경기이고 그다음이 서울, 부산 순이다.
④ 인구 밀도가 100명/km² 미만으로 나타난 지역은 강원이 유일하다.

⑤ 6대 광역시의 인구 밀도는 모두 1,000~5,000명/km²이다.

서술형·논술형 본문 151쪽

01 **| 예시 답안 |** A – 인구 밀집 지역, 기후가 온화하고 2, 3차 산업이 발달하였다.
B – 인구 희박 지역, 건조한 기후 지역으로 농경에 불리하다.
C – 인구 밀집 지역, 기후가 온화하고 벼농가 발달하였다.
D – 인구 밀집 지역, 2, 3차 산업이 발달하여 일자리가 풍부하고 교통이 편리하며 교육과 문화 시설이 잘 갖추어져 있다.
E – 인구 희박 지역, 덥고 습한 기후가 나타나며 밀림이 발달하여 농경에 불리하다.
| 필수 키워드 | 인구 밀집 지역, 인구 희박 지역
| 평가 기준 |

상	인구 밀집 지역과 인구 희박 지역을 한 곳씩 정확하게 제시하고, 그 요인을 명확하게 서술한 경우
중	인구 밀집 지역과 인구 희박 지역을 한 곳씩 정확하게 제시하였으나, 그 요인 중 하나가 명확하게 서술되지 않은 경우
하	인구 밀집 지역과 인구 희박 지역만을 제시한 경우

02 **| 예시 답안 |** (가)는 도시로 인구 밀집 지역이고, (나)는 유목을 하는 건조 기후 지역으로 인구 희박 지역이다. 도시는 산업과 교통, 문화, 정치 등 사회·경제적 요인이 유리하여 많은 인구가 거주할 수 있는 환경이 조성되어 인구가 많다. 건조 기후가 나타나는 유목 지역은 자연적 요인에 의해 농업에 불리하고 가축 사육에 넓은 면적의 초원이 필요하기 때문에 인구가 적다.
| 평가 기준 |

평가 항목	평가 내용
평가 충실도	정해진 분량 기준을 충족시킴 (단, 제시된 질문과 전혀 상관없는 내용을 쓴 경우는 분량 기준을 충족시키지 못한 것으로 간주함)
고차적 인지 능력	사진을 통해 인구의 밀집 정도를 파악하고 그 차이가 나타나게 된 이유를 이해하고 있음
글의 타당성	자기주장과 그에 대한 근거가 타당하게 연결되어 있음
글의 논리성	전체적인 글의 구성과 짜임새가 매끄러우며, 주장과 근거의 연결이 자연스러움

02 인구 이동

개념 다지기
본문 154쪽

01 (1) 인구 이동 (2) 배출 요인, 흡인 요인 (3) 유턴 현상 (4) 이동 범위 (5) 강제적 (6) 남부 (7) 경제적

02 (1) × (2) ○ (3) × (4) ○

03 (1) 배출 요인 (2) 흡인 요인 (3) 흡인 요인 (4) 배출 요인

04 ㄱ, ㄴ, ㄷ, ㄹ

05 A(국제, 자발적, 관광), B(국제, 강제적, 정치), C(국제, 강제적, 경제), D(국내, 자발적, 교육), E(국제, 자발적, 경제), F(국제, 강제적, 종교)

06 ㄱ, ㄴ **07** ㉠ 이슬람교, ㉡ 크리스트교

중단원 실력 쌓기
본문 155~157쪽

01 ⑤　　**02** ①　　**03** ①　　**04** ⑤　　**05** ③
06 ①　　**07** ④　　**08** ①　　**09** ②　　**10** ①
11 ④

01 사람들이 원래 살던 지역을 떠나 다른 지역으로 옮겨 가는 것을 인구 이동이라고 한다.
ㄷ. 이주자의 의지에 따라 자발적 이동과 강제적 이동으로 구분한다.
ㄹ. 이동 목적에 따라 경제적·정치적·종교적 이동 등으로 구분한다.
오답 피하기 ㄱ. 인구 이동을 국내 이동과 국제 이동으로 구분하는 것은 이동 범위에 따른 구분이다.
ㄴ. 인구 이동을 일시적 이동과 영구적 이동으로 구분하는 기준은 이동 기간이다.

02 유럽은 크리스트교의 전통이 강한데 인접 지역인 북부 아프리카와 서남아시아에서 이주해 오는 사람들이 많아 종교 갈등을 비롯한 다양한 사회적 갈등이 나타난다.
오답 피하기 ② 거리가 멀리 떨어져 있고 자연환경이 열악하여 이주민이 많지 않은 지역이다.
③ 거리가 다소 멀리 떨어져 있는 동아시아 지역으로 이주하는 아프리카인이나 서남아시아인은 많지 않다.
④, ⑤ 오스트레일리아와 브라질은 북부 아프리카나 서남아시아로부터 거리가 멀어 많은 사람이 이동해 오지는 않는다.

03 2005년에 30만 명에 미치지 않던 외국인이 빠른 속도로 증가하여 2015년에는 120만 명 이상으로 늘어났다. 이는 취업과 결혼을 목적으로 국내에 유입되는 외국인이 늘어났기 때문이다.
오답 피하기 ㄷ, ㄹ. 우리나라는 종교나 정치적인 목적으로 난민 신청을 하는 외국인에 대해서 비교적 엄격하게 대처하고 있는 편이다. 종교나 정치적인 목적으로 입국하는 외국인의 수가 최근 증가하는 추세이지만, 전체 외국인의 수에 비하면 아직 적은 편이다.

04 인구가 이동하는 것은 두 지역 간의 흡인 요인과 배출 요인에 의해서 발생한다. 제시된 그림에서 4가지 상황 모두 인구의 배출 요인에 해당한다. 배출 요인 중에서도 C는 환경적 요인, D는 정치적 요인이라고 볼 수 있다. 인구 이동에 있어서 다양한 요인들이 복합적으로 작용하는 경우도 많다.
오답 피하기 ㄱ. 생활 환경이 조금 더 나은 곳으로 이동하려는 것은 경제적 요인, 종교의 박해를 피해 종교의 자유가 있는 곳으로 이동하는 것은 종교적 요인에 의한 인구 이동이다.

05 정치적 요인에 의한 국제적 이동이 자주 발생하는 지역은 아프리카와 서남아시아 지역이다. 지도의 B와 C에 해당한다.
오답 피하기 A는 유럽, D는 동아시아, E는 미국 북동부 지역으로, 이들 지역은 인구 흡인 요인이 많아 외국인이 유입되는 지역이다.

06 프랑스는 모로코에 비해 경제 발전 수준이 높아 매년 많은 수의 모로코인이 프랑스로 유입되고 있다.
오답 피하기 ㄷ. 프랑스에서는 낮은 임금의 노동력을 확보할 수 있다는 점에서 긍정적인 영향이 있으나 종교의 차이에 따른 갈등과 같은 부정적인 영향도 나타난다.
ㄹ. 이와 같은 인구 이동은 영구적 이동에 해당한다.

07 과거에 인구가 밀집했던 북동부 해안 지역에서 기후가 온화하고 환경이 쾌적한 남부 지역과 태평양 연안으로 많은 사람이 이동하였다. 이는 산업 발달의 차이와 거주 환경의 차이가 그 원인이다.
오답 피하기 ㄱ. 미국 내에서 종교적 차이는 인구 이동 유발 효과가 작다.
ㄷ. 건국 초기에는 원주민과 이주민 사이에 갈등이 있었으나 지금은 그런 갈등이 인구 이동을 유발하지 않는다.

08 제시된 자료는 부족한 노동력을 채우기 위해 외국인 근로자를 받아들이면서 새로운 문화적 갈등과 사회 문

제를 겪고 있는 프랑스의 인구 문제에 대한 것이다. 특히 이슬람교를 믿는 이주민이 많아지면서 종교의 차이에 따른 문화적 갈등이 나타나고 있다.

오답 피하기 ② 프랑스에 거주를 목적으로 입국한 사람들과 관련된 문제이다.
③ 난민촌과 관련된 내용은 제시되지 않았다.
④ 프랑스 외에 다른 국가들도 비슷한 문제를 겪고 있다.
⑤ 이슬람교를 믿는 사람들이 입국하면서 나타난 문제이다.

09 인구 이동 시기를 비교하면 (가) → (나) → (다) 순으로 나타났다고 볼 수 있다. 신항로 개척과 관련한 인구 이동은 서부 유럽에서 아메리카 대륙으로 이동한 A이다. (나)의 아프리카 노예들의 이동은 아프리카에서 아메리카 대륙으로 이동한 C에 해당한다. (다)의 인구 이동은 아시아 내에서 이루어진 것으로 B에 해당한다.

10 미국은 세계에서 인구 유입이 가장 활발한 국가이다. 특히 지리적으로 가까운 라틴 아메리카 출신의 이주민이 많으며, 아시아 출신 이주민도 증가하고 있다. 이들은 주로 일자리를 찾아 미국으로 이주하는 것이므로 경제적인 목적의 인구 이동이라고 할 수 있다.

오답 피하기 ㄷ. 외국인의 유입이 늘어난다는 것은 문화적 다양성이 더욱 커지는 것이라고 볼 수 있다.
ㄹ. 미국은 배출 요인보다 흡인 요인이 더 많기 때문에 외국인의 유입이 늘어나고 있다.

11 (가)는 1960년대 이후 이촌 향도 현상이 나타나던 시기의 인구 이동을 보여준다. (나)는 1990년대 이후 대도시에서 그 주변 지역으로 인구가 빠져나가는 현상을 보여주는 것이다. 도시 간 인구 이동은 이미 많은 사람이 도시에 거주하고 있는 (나) 단계에서 활발하게 나타난다.
① 이촌 향도는 산업화와 맞물려 나타난 인구 이동 현상이다.
② (가)는 1960년대 이후, (나)는 1990년대 이후의 인구 이동 현상이다.
③ (가)는 산업화에 따른 이촌 향도 현상과 관련이 깊고, (나)는 쾌적한 주거 환경 추구와 같은 비경제적 요인의 영향도 함께 반영된 것이다.
⑤ 대도시에서 주변 지역으로 인구가 이동하게 되는 이유 중 하나는 대도시보다 쾌적한 주변 지역의 주거 환경 때문이다.

서술형·논술형 본문 157쪽

01 | 예시 답안 | 인구 유입이 많은 지역은 노동력이 풍부해져서 경제가 활성화되고 문화적 다양성이 증가하는 등의 긍정적인 효과가 나타난다. 그러나 이주민과 현지인 간의 문화적 차이에 의한 갈등과 같이 부정적인 효과도 나타난다.
| 필수 키워드 | 노동력, 문화적 다양성, 문화적 차이, 갈등
| 평가 기준 |

상	긍정적인 효과와 부정적인 효과를 정확하게 서술한 경우
중	긍정적인 효과와 부정적인 효과 중 한 가지만 정확하게 서술한 경우
하	네 개의 키워드 중 두 가지 이하를 사용하여 서술한 경우

02 | 예시 답안 | 모로코는 북부 아프리카에 속한 국가로 지중해를 사이에 두고 유럽의 여러 나라들과 마주 보고 있다. 모로코는 에스파냐, 프랑스, 이탈리아 등에 비해 경제 발전 수준이 낮고 1인당 국내 총생산(GDP)도 낮다. 따라서 높은 임금과 안정적인 일자리를 원하는 많은 모로코인들이 다양한 방법을 통해 유럽으로 이주하고 있는 것이다. 이러한 이동은 경제적이면서 자발적인 인구 이동에 해당한다.
| 평가 기준 |

평가 항목	평가 내용
평가 충실도	정해진 분량 기준을 충족시킴(단, 제시된 질문과 전혀 상관없는 내용으로 답변했을 시에는 분량 기준을 충족시키지 못한 것으로 간주함)
고차적 인지 능력	제시된 상황에 나타난 인구 이동의 특징을 정확하게 이해하였음
지도 도해력	지도에 나타난 국가들의 위치와 특징을 정확하게 파악하였음
글의 논리성	전체적인 글의 구성과 짜임새가 매끄러우며, 인구 이동을 유발하는 배출 요인과 흡인 요인을 비교하여 잘 설명하였음

03 인구 문제

개념 다지기
본문 160쪽

01 (1) 합계 출산율 (2) 산업 혁명 (3) 완만하거나 정체되어 있다.
(4) 증가 (5) 고령화 (6) 성비 불균형 (7) 인구 부양력 (8) 고령
사회

02 (1) ○ (2) × (3) ○ (4) ○ (5) ×

03 (1) 선진국 (2) 선진국 (3) 개발 도상국 (4) 개발 도상국

04 ㉠ 낮다 ㉡ 낮다 ㉢ 높다 ㉣ 낮다 ㉤ 짧다

05 (1) × (2) ○ (3) ○ (4) ×　　**06** (1) ㉢, ㉣ (2) ㉠, ㉡

07 (1) 사망률은 감소했지만 출산율은 여전히 높기 때문에
(2) 저출산 현상

08 노인 일자리 개발, 노년층에 취업 훈련 기회 제공 등

중단원 실력 쌓기
본문 161~163쪽

01 ⑤	**02** ①	**03** ⑤	**04** ②	**05** ①
06 ①	**07** ①	**08** ③	**09** ②	**10** ①
11 ②	**12** ②			

01 과거에는 개발 도상국과 선진국의 인구 차이가 크지 않았으나 20세기를 지나면서 인구 차이가 크게 벌어졌고 다가올 미래에는 그 격차가 더 커질 것으로 예상된다. 현재 이루어지고 있는 인구 증가에서 개발 도상국이 차지하는 비중은 매우 크다.
오답 피하기 ㄱ. 향후 개발 도상국과 선진국의 인구 격차는 더욱 커질 것으로 예상된다.
ㄴ. 2015년 이후에도 개발 도상국의 인구는 증가하거나 유지될 것으로 예상된다.

02 (가)는 개발 도상국형, (나)는 선진국형 인구 구조이다. 출산율은 유소년층 인구 비중이 높은 개발 도상국에서 높게 나타나고 선진국은 낮다. 평균 수명은 의료 기술이 발달한 선진국에서 길고 개발 도상국은 상대적으로 짧다.
오답 피하기 ㉢ 인구 증가율은 개발 도상국에서 높게 나타난다.
㉣ 노년 인구 비율은 선진국이 높다.

03 경제가 성장하면서 한 사회가 겪는 인구 문제는 과거와 다르게 변화되어 나타나기도 한다. 개발 도상국 단

계에서는 출생 성비 불균형 문제, 높은 출산율 문제 등이 주로 발생한다.
오답 피하기 ㄱ. 저출산 현상은 주로 선진국에서 나타나는 인구 문제이다.
ㄴ. 의료 기술의 발달, 영양 상태의 호전 등에 따른 인구의 고령화 현상은 주로 선진국의 인구 문제이다.

04 프랑스가 이와 같은 정책을 펼치게 된 이유는 출산율이 낮아져 인구 성장률 둔화, 인구 감소 우려 등의 문제가 제기되었기 때문이다.
오답 피하기 ① 신생아의 성비와 관련된 내용을 찾아볼 수 없다.
③ 인구 감소가 우려되어 출산 장려 정책을 실시한 것이다.
④ 산업화에 따른 인구의 도시 집중에 관한 내용을 찾아볼 수 없다.
⑤ 노인 인구 증가에 따른 문제와 관련된 내용을 찾아볼 수 없다.

05 우리나라는 1970~80년대를 거치면서 출생률이 급격히 낮아졌고, 2000년대에는 초저출산 사회로 진입하였다. 1970년대에는 합계 출산율이 감소하기는 하였지만 2~4명 정도를 유지하고 있었으므로 저출산 문제가 발생했다고 보기는 어렵다.
② 결혼 연령의 상승, 미혼 인구의 증가 등은 저출산을 유발하는 사회·경제적 요인이다.
③ 합계 출산율이 2.1명을 유지하지 못하면 인구는 장기적으로 감소하게 된다.
④ 1980년대 중반부터 2.1명 미만의 합계 출산율을 보이고 있다.
⑤ 저출산이 지속되면 총인구 감소와 더불어 노동력 부족, 경제 침체 등과 같은 사회·경제적 문제가 심화될 수 있다.

06 (가)는 아이를 둘만 낳아 잘 기르자는 내용이고, (나)는 한 가정에 한 아이를 갖자고 하는 내용이다. (다)는 가장 최근에 사용된 것으로 아이를 2~3명씩 갖자는 내용이므로, 이를 시대순으로 바르게 나열한 것은 (가) → (나) → (다)이다.

07 포스터는 출산을 장려하는 내용이므로 우리나라가 저출산 문제를 겪고 있음을 알 수 있다.
오답 피하기 ②, ⑤ 모두 우리나라가 겪고 있는 인구 문제이기는 하지만 제시된 포스터의 내용으로는 파악할 수 없다.
③ 외국인 입국자가 늘어나는 것 자체가 인구 문제는 아니지만 외국인 유입으로 인해 다양한 문제가 나타날 수는 있다.

개념책

08 1975년에 전체 인구 중 3.5%에 불과했으나 2035년에 28.4%까지 그 비중이 증가할 것으로 예상되는 인구 집단은 65세 이상 노년층이다.

오답 피하기 ① 유소년층 인구 비율은 지속적으로 감소하고 있다. ② 청장년층 비중은 아직까지는 증가하고 있으나 향후 감소할 것으로 예상되고 있다. ④ 여성 인구는 전체 인구의 약 50% 정도이다. ⑤ 도시 거주 인구 비율은 현재 90%를 넘고 있다.

09 유소년층 인구 비중은 감소하고, 노년층 인구 비중은 증가하고 있다. 2005년에 노년층 인구 비중이 20%를 넘어 초고령 사회에 진입한 국가임을 알 수 있다. 청장년층 인구 비중은 1995년까지는 증가하였지만 그 이후에 감소하면서 노인 인구 부양 부담은 더욱 커지게 되었다. 저출산 현상이 지속되면 노동력 부족 문제가 심화될 가능성이 크고, 장기적으로는 인구가 감소할 수 있다.

오답 피하기 ㄴ. 저출산이 문제가 나타나고 있으므로 출산 장려 정책이 필요하다.
ㄹ. 선진국형 인구 구조를 갖고 있으므로 식량과 일자리가 부족한 것이 아니라 노동력이 부족한 것이 문제가 될 가능성이 높다.

10 고령화 현상이 지속되면 노인 인구를 부양하기 위한 세금과 복지 부담이 커지게 된다. 고령화로 인한 부담을 줄이기 위해서는 출생률을 높이는 것과 함께 정년 연장, 노인 일자리 증대 등의 노력을 기울여야 한다.

오답 피하기 ㄷ. 여성의 사회적 참여 자체를 억제하는 것은 인구 문제를 해결할 수 있는 방안으로 적절하지 않다.
ㄹ. 외국인 근로자의 유입을 확대하는 것으로는 노인 인구 부양 부담 문제를 해결하기 어렵다.

11 노르웨이는 우리나라보다 먼저 합계 출산율이 감소했지만 현재는 2명에 약간 못 미치는 수준이다. 우리나라는 노르웨이에 비해 늦게 합계 출산율이 감소하기 시작하였지만 현재는 1명을 약간 넘는 수준이다. 두 나라 모두 인구 유지 수준인 2.1명에 미치지 못하므로 자연 증가율은 감소할 것이다.

오답 피하기 ㄴ. 1980년 대한민국의 합계 출산율은 약 3명 정도이고 노르웨이는 2명에 약간 미치지 못하므로 2배 이상이 되지는 않는다.
ㄹ. 2000년 이후 노르웨이의 합계 출산율은 거의 변화가 없는데 반해 우리나라는 2000년 이후에도 합계 출산율이 감소하였다.

12 A 국가군은 합계 출산율이 1.4~1.9명 정도인 국가들로 세계 평균인 2.51명보다 낮은 국가들이다. 반면에 B 국가군은 합계 출산율이 3.0~6.6명 정도인 국가들로 세계 평균보다 훨씬 높은 국가들이다. 일반적으로 선진국일수록 합계 출산율이 낮고 경제 발전 정도가 낮은 국가들일수록 합계 출산율이 높은 편이다. 개발 도상국은 선진국에 비해 빈곤 문제, 식량 부족 문제, 높은 영유아 사망률 문제 등을 겪는 경우가 많다.

오답 피하기 ㄴ, ㄷ. 주로 선진국에서 겪는 문제들이다. 개발 도상국은 노동력 부족보다는 일자리 부족 문제가 더 심각하다.

서술형·논술형
본문 163쪽

01 | 예시 답안 | 중국은 인구가 급격히 증가하면서 극심한 식량난을 겪게 되었고, 이로 인해 출산 억제 정책을 실시하였다. 그러나 한 자녀 정책으로 인해 노동 가능 인구가 일정 기준 이하로 감소하게 되자 이를 완화하여 두 자녀 정책으로 변화하게 되었다.
| 필수 키워드 | 출산 억제 정책, 한 자녀 정책, 두 자녀 정책
| 평가 기준 |

상	정책의 변화 과정을 일관성 있게 설명하고 필수 키워드를 두 가지 이상 사용하여 서술한 경우
중	한 자녀 정책에서 두 자녀 정책으로의 변화만을 언급하여 서술한 경우
하	인구 정책의 변화만을 언급한 경우

02 | 예시 답안 | 스웨덴과 프랑스는 경제 발전 수준이 높은 국가로 저출산 문제를 겪어 왔다. 저출산으로 인해 인구가 감소할 것으로 예상됨에 따라 이를 극복하기 위한 다양한 노력을 기울여왔다. 출산 시점에서의 휴직 제도를 포함한 다양한 출산 지원 정책, 아동 수당 등을 파격적으로 제시하면서 국민들의 출산을 적극 지원하였다. 이를 통해 합계 출산율이 높아지고 출생아 수가 증가하는 효과를 거둘 수 있었다.
| 평가 기준 |

평가 항목	평가 내용
평가 충실도	정해진 분량 기준을 충족시킴(단, 제시된 질문과 전혀 상관없는 내용은 분량에서 제외함)
고차적 인지 능력	다양한 대책을 통해 얻을 수 있었던 효과를 명확하게 인식하였음
글의 타당성	자기주장과 근거가 타당하게 연결되어 있음
글의 논리성	전체적인 글의 구성과 짜임새가 매끄러움

대단원 마무리

본문 164~165쪽

01 ⑤	02 ④	03 ①	04 ②	05 ②
06 ②	07 예시 답안 참조		08 ⑤	09 ②

01 인구 1, 2위 국가인 중국과 인도의 인구를 합하면 전체 인구의 1/3 정도에 해당한다.
② 농업과 어업 활동에 유리하기 때문이다.
③ 인간이 거주하기에 적합하다.
④ 적도 부근은 너무 무덥고 극지방은 너무 춥기 때문이다.

02 (가)는 1960년대 중반의 인구 분포를 나타낸 것이고 (나)는 2015년의 인구 분포를 나타낸 것이다.
① (가)는 1960년대 중반, (나)는 2015년의 인구 분포이다. 우리나라의 인구 분포는 과거에 비해 지역 간 차이가 더 심해졌다. 이는 농촌 인구가 도시로 밀집되면서 나타난 현상이다.
② 농어촌 지역에서는 이 기간 동안 인구가 감소한 지역도 많다.
③ 과거에 비해 농업이 인구 분포에 미치는 영향이 줄어들었다.
④ (가) 시기에 비해 (나) 시기에 대도시에서는 인구 밀도가 높아지고 농어촌 지역에서는 낮아져서 그 차이가 더욱 커진 모습을 볼 수 있다.
⑤ 1960년대 이후 산업화와 도시화 과정을 거치면서 도시 인구는 크게 늘어나고 농어촌 인구는 감소하였다.

03 세계의 국가들 중에서 가장 인구가 많은 국가는 중국이다. 그 뒤를 이어 인도, 미국 순으로 인구가 많다.

04 인구 이동을 유발하는 요인 중 (가)는 배출 요인에 해당하고 (나)는 흡인 요인에 해당한다. 인구 이동에는 국제 이동만 있는 것이 아니라 국내 이동도 있다.
③ 인구는 배출 요인이 많은 곳을 떠나 흡인 요인이 많은 곳으로 유입된다.
④ 내전, 분쟁, 종교 박해 등은 인구의 배출 요인이다.
⑤ 일자리 부족은 배출 요인이며 사람들은 일자리가 풍부한 곳으로 이동할 수 있다.

05 (가)는 경제적이면서 자발적인 이동, (나)는 강제적 이동의 사례이다. (다)는 경제적인 이동이면서 일시적인 이동이다. (라)는 정치적 이동의 사례에 해당한다.
오답 피하기 ㄴ. (나)는 강제적 이동에 해당한다.
ㄹ. (라)는 경제적 이동의 사례로 보기 어렵다.

06 제시된 지도는 고도 숙련 근로자의 이주(유출) 비율을 나타낸 것이다. 아시아와 남아메리카 등에서 미국이나 유럽 등으로 이주하는 비율이 매우 높음을 알 수 있다.
① 주로 선진국에서 고도 숙련 노동자에 대한 수요가 많다.
③ 인구 유출국의 경우 부족한 일자리와 낮은 임금 등이 배출 요인으로 작용한다.
④ 선진국은 일자리가 많고 임금 수준이 높다. 이러한 요인이 흡인 요인으로 작용한다.
⑤ 지도를 보면 우리나라의 경우 고도 숙련 근로자가 유입되기도 하고 유출되기도 하는 것으로 표현되어 있다.

07 | **예시 답안** | 우리나라는 일본과 미국에 비해 늦게 고령화 사회에 진입하였지만 고령화 사회에서 고령 사회, 초고령 사회로 진입하는 속도는 더 빠를 것으로 예상된다.
| **필수 키워드** | 고령화 사회, 고령 사회, 초고령 사회
| **평가 기준** |

상	세 가지 키워드를 모두 사용하고 진입 시기와 속도 등을 모두 정확하게 서술한 경우
중	세 가지 키워드를 모두 사용하였지만 진입 시기와 속도 중 한 가지만 정확하게 서술한 경우
하	세 가지 키워드 중 일부만 사용하고 진입 시기와 속도 중 한 가지만을 서술한 경우

08 인도는 중국에 이어 두 번째로 인구가 많은 국가로 지금도 매우 빠른 속도로 인구가 증가하고 있다. 인구의 흡인 요인이 많지 않은 까닭에 인구의 유입보다는 출생에 의한 자연적인 증가가 이루어지고 있다.

09 ① 합계 출산율이 인구 유지 수준인 2.1명 이하로 내려갔으므로 인구는 점차 감소하게 된다.
② 출생아 수가 줄어들면 유소년층 인구에 대한 부양 부담은 줄어들게 되며, 증가하더라도 큰 폭으로 증가하지는 않는다.
③, ④ 출산율이 낮아지면 학령 인구, 노동 가능 인구 등도 점진적으로 감소하게 된다.
⑤ 유소년층 인구 비중이 줄어들게 되면 상대적으로 노년층 인구 비중이 늘어나게 되고 이에 따라 노년 부양비도 증가하게 된다.

VIII. 사람이 만든 삶터, 도시

01 도시의 형성과 내부 구조

개념 다지기
본문 172쪽

01 (1) 인구 밀도 (2) 집약적 (3) 2, 3차 산업 (4) 중심지
02 ㉠ 높다 ㉡ 높다 ㉢ 동질적 ㉣ 2, 3차 산업 중심 ㉤ 집약적
03 (1) ㉣ (2) ㉤ (3) ㉡ (4) ㉢ (5) ㉠ (6) ㉡
04 (1) 자연 (2) 인문
05 (1) 지역 분화 (2) 접근성, 지가(땅값) (3) 도심 (4) 중심 업무 지구(CBD) (5) 주거 단지
06 (1) ○ (2) ○ (3) × (4) ○ (5) ○
07 (1) 부도심 (2) 중간 지역 (3) 주변 지역 (4) 도심

중단원 실력 쌓기
본문 173~175쪽

01 ①	**02** ④	**03** ⑤	**04** ①	**05** ③
06 ①	**07** ③	**08** ③	**09** ④	**10** ①
11 ⑤	**12** ③	**13** ④	**14** ⑤	**15** ③

01 ① 도시는 좁은 공간에 많은 사람들이 모여 사는 것이 특징이며 인구 밀도가 촌락에 비해 매우 높게 나타난다.
②, ④ 도시에 거주하는 사람들은 대부분 2, 3차 산업에 종사하며 직업 구성이 매우 다양한 것이 특징이다.
③ 도시는 사람들이 정착해서 살아가는 공간으로 촌락과 더불어 인간의 대표적인 거주 공간이다.
⑤ 도시에는 병원, 상가, 관공서 등의 생활 편의 시설과 각종 기능이 집중되어 있다. 따라서 주변 지역에 다양한 상품과 서비스를 제공하는 중심지 역할을 한다.

02 (가)는 농촌, (나)는 도시의 경관이다. 도시에 사는 사람은 대부분 2, 3차 산업에 종사하며 직업 구성이 매우 다양하다.
① 도시는 상대적으로 좁은 지역에 많은 사람들이 모여살기 때문에 인구 밀도가 높다.
② 도시에서는 토지에 대한 수요가 공급보다 많기 때문에 건물을 고층으로 지어 활용한다.
③ 도시에서는 주거지와 직장이 떨어져 있는 경우가 많기 때문에 출퇴근 시 이동하는 인구가 많다.

⑤ 도시에서는 농사를 짓지 않는 토지의 비중이 높다.

03 (가)는 국제 연합 본부가 있으며 미국은 물론 세계의 정치와 경제, 문화 등에 큰 영향을 미치는 도시임을 알 수 있다. 이 도시는 미국의 뉴욕으로 지도의 E에 해당한다. (나)는 태평양과 인도양을 잇는 관문에 위치한 싱가포르이다. 싱가포르는 지도의 C에 해당한다.
오답 피하기 A는 벨기에의 브뤼셀로 북대서양 조약 기구와 유럽 연합의 본부가 있는 도시이다. B는 나일강 하류에 위치한 이집트의 수도 카이로이며, 아프리카 최대의 도시이다. D는 일본의 수도인 도쿄이다. 증권 거래소를 비롯한 각종 금융 기관이 밀집하여 아시아 최대의 금융 중심지를 이루고 있다.

04 세계 도시는 다국적 기업의 본사가 많고 자본과 정보가 집중하여 주변 국가와 도시들에 미치는 영향력이 매우 큰 도시들이다. 미국의 뉴욕, 영국의 런던, 일본의 도쿄 등이 대표적이다.
오답 피하기 ② 고산 도시는 열대 기후의 고산 지역에 위치한 도시로 연중 온화한 기후가 나타나는 것이 특징이다.
③ 역사 도시는 오랜 역사를 바탕으로 다양한 역사 문화 유적을 갖고 있는 도시들이다.
④ 관문 도시는 대규모의 항구나 공항을 끼고 발달한 도시이다.
⑤ 생태 도시는 뛰어난 생태 환경을 갖고 있어 주민들의 삶의 질이 매우 높은 도시를 의미한다.

05 로마와 아테네는 역사 유적이 많은 역사 도시이고 바르셀로나와 리우데자네이루는 매력적인 문화를 갖고 있는 도시이다. 나폴리와 시드니는 아름다운 항구 도시이다. 이러한 도시들은 관광객이 많이 찾는 세계적인 관광지이기도 하다.
오답 피하기 ① 제시된 도시들의 공통적인 특징이라고 보기 어렵다.
② 문명의 발상지였던 곳은 나일강 유역, 티그리스와 유프라테스강 유역, 황하 유역, 인더스강 유역이다.
④ 역사 도시와 문화 도시는 자연환경보다는 인문·사회적 요인 때문에 유명한 도시이다.
⑤ 세계 도시에 대한 설명이다.

06 에펠 탑은 1889년에 세워진 높이 320m 정도의 철탑으로 탑의 이름은 이 탑을 세운 건축가의 이름에서 유래했다. 파리는 프랑스의 수도로 개선문, 루브르 박물관 등 다양한 관광 자원을 갖고 있는 도시이다.
오답 피하기 ② 오스트레일리아의 시드니에 대한 설명이다.

③ 열대 기후의 고산 도시에 대한 설명이다.
④ 생태 도시에 대한 설명이다.
⑤ 중국의 상하이에 대한 설명이다.

07 도시가 성장하게 되면 도시의 내부 기능이 나뉘게 되면서 도심과 부도심, 주변 지역 등으로 분화된다. 도심은 도시 내에서 접근성이 가장 높은 곳으로 주로 중추 관리 기능과 상업 기능 등이 발달한다.
① 도심은 지가와 지대가 높기 때문에 고층 건물이 밀집되어 있는 것이 특징이다.
③ 주거 기능과 공업 기능 등은 주로 주변 지역에 입지한다.
④ 도심은 중추 관리 기능과 상업 기능이 발달하여 낮에는 유동 인구가 많지만 밤에는 인구가 썰물처럼 빠져나간다.

08 ① 도시 중심부는 토지 수요가 많기 때문에 고층 빌딩이 밀집한다.
② 주변 지역으로 갈수록 건물의 높이는 낮아진다.
③ 중심부에서는 중추 관리 기능과 상업 기능이 발달하고 주변 지역에서는 주거 기능과 공업 기능 등이 나타나게 된다.
④, ⑤ 도시 내부 지역이 분화되는 과정을 나타낸 것이다.

09 중심 업무 기능은 높은 지대를 감당할 수 있는 기능이고 상업 기능도 접근성이 높은 곳에 입지하는 것이 일반적이다. 주거 기능은 상대적으로 접근성의 영향을 적게 받는 기능이다. 이와 같이 도시 내부 구조가 형성되는 데 가장 크게 영향을 미친 요인은 접근성과 지대의 차이이다.
오답 피하기 ㄱ. 주거 기능은 주로 주변 지역에 입지한다. 상업 기능은 접근성이 높은 곳에 입지하는 것이 일반적이다.
ㄷ. 상업 기능보다 주거 기능이 접근성이 낮은 곳에 입지한다.

10 도시 내부 구조가 복잡하게 분화하는 것은 도시가 그만큼 성장하기 때문에 나타나는 현상이다. 도시의 규모가 작으면 기능의 분화가 잘 나타나지 않는다.
② 접근성은 교통이 편리한 지역일수록 높게 나타난다.
③ 지대는 토지를 사용한 대가로 지불하는 금액을 의미한다. 접근성이 높을수록 지가와 지대가 높다.
④ 중심 업무 기능이나 상업 기능은 높은 지대를 지불할 수 있는 기능으로 접근성이 높은 곳에 입지한다.

⑤ 이심 현상은 지대 지불 능력이 낮은 기능이 도심에서 주변 지역으로 빠져나가는 현상이다.

11 (가)는 고층 건물이 밀집되어 있는 서울의 도심이고 (나)는 아파트가 들어서 있는 주거 지역이다.
① 인구 공동화 현상은 도심에서 주거 기능이 약화되면서 나타나는 현상으로 낮과 밤의 인구 밀도 차이가 크게 나타나는 것이다.
② 도심은 다양한 업무 기능과 상업 기능 등이 밀집해 있기 때문에 출근 시간대에 유입 인구가 많다.
③ 아파트 단지는 주거 기능이 발달했음을 보여주는 것이고 거주자가 많으면 교육 기능도 발달하게 된다.
④, ⑤ 도심은 주변 지역에 비해 접근성과 지가, 지대가 모두 높다.

12 지대 지불 능력이 높은 업무 기능과 상업 기능이 도심으로 집중하는 현상을 집심 현상이라고 한다. 지대 지불 능력이 낮은 주거 기능이나 공업 기능 등이 도심에서 주변 지역으로 분산되는 현상을 이심 현상이라고 한다.
오답 피하기 인구 공동화 현상은 도심에서 주간 인구와 야간 인구의 차이가 크게 나타나는 것을 의미한다.

13 도시 내부는 접근성과 지가, 지대 등의 차이로 인해 다양한 기능을 갖는 공간으로 나뉘게 된다.
① 도심은 도시 내에서 접근성, 지가, 지대 등이 일반적으로 가장 높다.
② 개발 제한 구역은 도시의 무질서한 팽창을 억제하기 위해 설치하는 곳으로 도시의 최외곽 지역에 위치하는 것이 일반적이다.
③ 부도심은 도심의 기능을 일부 분담하는 곳으로 도시 내부에 입지하며, 위성 도시는 대도시의 기능을 일부 분담하는 도시로 대도시 외부에 입지한다.
④ 부도심은 도심의 기능을 일부 나누어 수행하며 주변 지역이나 중간 지역에 비해 접근성이 높은 곳이다.
⑤ 도시 내부의 다양한 기능들은 접근성과 지가, 지대의 차이에 따른 집심 현상과 이심 현상의 결과로 나뉘어 분포하게 된다.

14 도시의 무질서한 팽창을 억제하기 위하여 도시 외곽에 설치하는 구역은 개발 제한 구역이다.
오답 피하기 ① 도시에서 접근성이 가장 높은 곳에 입지한다. 일반적으로 도시 중심부에 위치하는 경우가 많다.

② 도심 주변에 위치하며 주택, 상가, 공장 등이 혼재하는 지역이다.

③ 대규모 주거 단지가 조성되며 도시와 농촌의 모습이 혼재되어 나타나는 지역이다.

④ 대도시 주변에 위치하며 대도시의 기능을 일부 분담한다.

15 그래프는 도시 내부의 지가 변화를 나타낸 것이다.

①, ⑤ 부도심은 도심보다는 못하지만 주변 지역에 비해 접근성이 높은 곳으로 지가와 지대도 높게 나타난다.

② 지가의 차이는 접근성의 차이에 큰 영향을 받는다.

③ 지가는 도심에서 가장 높고 주변 지역으로 갈수록 낮아지는데 부도심에서는 다시 상승하는 모습을 보여준다.

④ 지대 지불 능력이 높은 기능은 도심이나 부도심에 입지하고 지대 지불 능력이 낮은 기능은 중간 지역이나 주변 지역에 입지한다.

서술형·논술형
본문 175쪽

01 | 예시 답안 | (가)는 고층 빌딩이 밀집되어 있고, (나)는 주택이 밀집되어 있다.

| 필수 키워드 | 고층 빌딩, 주택

| 평가 기준 |

상	(가)와 (나)에 나타난 경관의 차이를 정확하게 쓰고 키워드 두 가지를 모두 사용하여 서술한 경우
하	(가)와 (나)에 나타난 경관의 차이를 설명했으나 키워드를 한 가지만 사용하여 서술한 경우

02 | 예시 답안 | 종로구는 서울의 한복판에 위치한 지역으로 도심에 해당한다. 과거에는 도심에도 많은 사람이 살았었지만 서울이 점점 성장하고 인구와 기능이 늘어나면서 도심에는 상업·업무 기능이 집중되고 주거 기능은 도심 바깥쪽으로 밀려나게 되었다. 이로 인해 도심에 있는 학교들은 학생 수가 줄어들게 되었다.

| 평가 기준 |

평가 항목	평가 내용
평가 충실도	정해진 분량 기준을 충족시킴(단, 제시된 질문과 전혀 상관없는 내용으로 답변했을 시에는 분량 기준을 충족시키지 못한 것으로 간주함)
고차적 인지 능력	제시문을 통해 문제 상황을 정확하게 이해하였음
글의 타당성	자기주장과 근거가 타당하게 연결되어 있음
글의 논리성	전체적인 글의 구성과 짜임새가 매끄러우며, 주장과 근거의 연결이 자연스러움

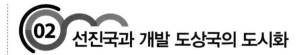

02 선진국과 개발 도상국의 도시화

개념 다지기
본문 178쪽

01 ㄴ, ㄷ, ㄹ

02 (1) 도시화율 (2) 도시화 곡선 (3) 산업 혁명 (4) 제2차 세계 대전 (5) 출산율

03 (1) × (2) ○ (3) ×

04 (1) 초기 (2) 가속화 (3) 초기 (4) 종착 (5) 종착

05 ㉠ 산업 혁명 이후, ㉡ 제2차 세계 대전 이후, ㉢ 급하다, ㉣ 서서히 진행

06 (1) 도시화 (2) 이촌 향도 (3) 초기 단계 (4) 가속화 단계 (5) 종착 단계

07 ㄱ → ㄷ → ㄴ → ㄹ   **08** ㉠ 종착 단계, ㉡ 가속화 단계

중단원 실력 쌓기
본문 179~181쪽

01 ①	02 ④	03 ③	04 ④	05 ①
06 ④	07 ③	08 ②	09 ②	10 ③
11 ②				

01 도시화는 도시의 수가 증가하거나 도시에 거주하는 인구 비율이 높아지고, 도시적인 생활 양식이 확산되는 현상을 의미한다.

오답 피하기 병: 전원적인 생활 양식이 아니라 도시적인 생활 양식이 보편화되는 것이 도시화이다.

정: 도시에 거주하던 인구가 주변의 농촌 지역으로 빠져나가게 되면 도시화율이 낮아질 수도 있다. 이와 같은 현상은 도시화에 역행하는 현상이라고 해서 역도시화라 한다.

02 도시화 과정 중 가속화 단계에서는 이촌 향도와 같은 인구 이동이 나타나면서 도시 인구가 급격히 증가한다. 따라서 도시화율이 빠르게 높아진다. 종착 단계는 대체로 도시화율이 80%를 넘는 단계이다. 전체 인구 중 도시 거주 인구 비율이 80%를 넘는다는 의미이므로 도시 거주 인구는 농촌 거주 인구의 두 배 이상이다.

오답 피하기 ㄱ. 초기 단계는 대체로 도시화율이 30% 이하인 시기를 의미한다. 따라서 이 시기에는 도시에 거주하는 인구보다 농촌에 거주하는 인구가 더 많다.

ㄷ. 이촌 향도 현상은 주로 가속화 단계에서 나타난다.

03 가속화 단계에서는 도시에 각종 산업이 발달하면서 농촌 인구를 끌어들이는 이촌 향도 현상이 활발하게 일어난다. 종착 단계에서는 농촌에서 도시로 인구가 이동하는 현상보다는 도시 간 인구 이동 현상이 활발하게 나타난다. 또한 중심 도시에서 주변 도시나 농촌으로 인구가 이주하는 현상이 활발하게 나타나는 데 이를 교외화 현상이라고 한다.

오답 피하기 ②, ④, ⑤ 인구 공동화 현상은 주간에 업무 기능과 상업 기능 때문에 도심에서 활동하던 사람들이 야간에 주변의 주거 지역으로 귀가하면서 도심의 사람들이 급격히 줄어드는 현상을 말한다.

04 선진국의 도시화는 18세기 산업 혁명 이후 200여 년 동안 산업화와 함께 점진적으로 진행되었으며, 주로 촌락에서 도시로 인구가 이동하면서 이루어졌다. 이에 반해 개발 도상국의 도시화는 20세기 중반 이후 30~40년 정도의 단기간에 매우 급속하게 진행되었다. 이 과정에서 촌락의 많은 인구가 도시로 유입되었을 뿐만 아니라 청장년층 중심의 이동으로 인해 자연적 증가도 함께 급속하게 이루어졌다.
① A는 B보다 가속화 단계에 진입한 시기가 이르다.
② A는 도시화 과정이 길게 진행된 국가로 선진국에 해당한다. 도시화 과정이 짧은 B는 개발 도상국에 해당한다.
③ 종착 단계는 도시화율이 약 80%에 도달한 것을 의미하며 두 국가 모두 2000년대에는 종착 단계에 위치한다.
④ 초기 단계에서 종착 단계까지 걸린 기간은 A가 B보다 길다.

05 그래프는 영국, 한국, 인도의 도시화 곡선을 나타낸 것이다. 세 국가는 경제 발전 수준과 경제 발전 속도 등이 각기 다른 국가들이다. 그래프에서 영국은 1950년대 이전부터 종착 단계 수준에 도달한 A이고, 1990년대 이후 종착 단계에 도달한 B가 우리나라이다. 인도는 아직 경제 발전 수준이 높지 않고 도시화율도 세계 평균보다 낮은 수준이다. 따라서 그래프에서 C가 인도에 해당한다.

06 A는 영국, B는 한국, C는 인도의 도시화 곡선이다. 영국은 세 국가 중 가장 먼저 도시화의 가속화 단계를 경험한 국가이다. 인도는 경제 발전 수준이 개발 도상국 단계이며 아직 도시화율이 세계 평균에 미치지 못하고 있다.

오답 피하기 ㄱ. 경제 발전 수준은 영국(A)이 가장 높고 인도(C)가 가장 낮다.
ㄷ. 인도는 아직 종착 단계에 도달하지 못하였다.

07 이촌 향도 현상으로 도시화율이 급격히 상승하는 단계인 (가)는 가속화 단계이다. 대부분의 인구가 촌락에 분포하는 단계인 (나)는 초기 단계이다. 도시 간 인구 이동이 활발한 단계인 (다)는 종착 단계이다. 이를 순서대로 나열하면 (나) → (가) → (다)가 된다.

08 ①, ② 선진국은 18세기 산업 혁명 이후 가속화 단계에 접어들기 시작했고 개발 도상국은 20세기 중반 이후에 산업 혁명이 시작되면서 가속화 단계에 진입하였다.
③ 선진국의 경우 대도시에서 주변 지역으로 인구가 빠져나가면서 교외화 현상이 나타난다. 하지만 개발 도상국은 짧은 시간에 도시화가 진행되면서 도시 기반 시설이 채 갖추어지지 않은 상태에서 도시 인구가 과도하게 증가하면서 다양한 도시 문제가 나타나기도 한다.
④ 도시화의 가속화 단계에서는 선진국이나 개발 도상국 모두 이촌 향도 현상을 경험하였다.
⑤ 선진국은 20세기 중반 이후 도시화의 종착 단계에 도달하였으나 개발 도상국은 아직 종착 단계에 도달하지 못한 경우도 많다.

09 그래프는 우리나라의 시기별 인구 순위 10대 도시의 변화를 나타낸 것이다. 서울과 부산이 1위와 2위의 자리를 유지하고 있지만 3위부터는 많은 변화가 있었다. 부산을 포함하여 인천, 대구, 대전, 광주, 울산의 6대 광역시는 모두 인구 순위 10위 안에 포함되어 있다.

오답 피하기 ㄴ. 2015년 서울의 인구는 1,000만 명 정도인데 부산의 인구는 400만 명을 넘지 않는다. 따라서 서울 인구가 부산 인구의 2배를 넘는다고 볼 수 있다.
ㄹ. 1985년 대구는 인천보다 인구가 많았지만 2015년에는 인천이 대구보다 인구가 많아졌다.

10 선진국은 개발 도상국보다 도시화가 먼저 이루어졌으며 개발 도상국 중 일부는 아직 종착 단계에 도달하지 못한 국가들도 있다. 아프리카 대륙은 개발 도상국이 대부분으로 다른 대륙에 비해 도시화율이 낮은 편이다.

오답 피하기 ㄱ. 도시화율은 국토 면적이 아니라 경제 발전 수준에 대체로 비례한다.
ㄹ. 도시화율은 유럽과 북아메리카가 아시아보다 높게 나타난다.

11 우리나라는 1960년대에 들어와서 본격적인 산업화가 시작되었고 도시를 중심으로 제조업이 빠르게 성장하기 시작했다. 이로 인해 도시에는 많은 일자리들이 생겨났으며 이는 농촌 인구를 도시로 끌어들이는 흡인 요인으로 작용했다.
① 1960년대 이전은 도시화율이 매우 낮았다.
② ㉡은 농촌 인구를 도시로 끌어들이는 흡인 요인으로 작용했다.
③ 1960년대에 우리나라는 도시화율이 급속히 높아지는 가속화 단계를 경험하였다.
④ 1990년대 이후에는 도시화율이 이미 매우 높아져 거의 변화가 없는 종착 단계에 도달하였다.
⑤ 도시화율이 90%라는 것은 전체 인구 10명 중 9명이 도시에 거주하는 상황이라는 것을 의미한다.

서술형·논술형
본문 181쪽

01 | 예시 답안 | 가속화 단계에서는 인구의 이촌 향도 현상이 활발하게 일어난다. 이는 도시 지역을 중심으로 산업화가 진행되면서 촌락의 주민들이 일자리를 찾아 도시로 이동하는 현상이다.
| 필수 키워드 | 이촌 향도, 일자리
| 평가 기준 |

상	가속화 단계에서 나타나는 인구 이동의 특징과 배경을 정확하게 서술한 경우
중	가속화 단계에서 나타나는 인구 이동의 특징과 배경 중 한 가지만 정확하게 서술한 경우
하	이촌 향도 현상만을 서술한 경우

02 | 예시 답안 | 벨기에는 20세기 중반 이전에 이미 도시화율이 90%를 넘는 종착 단계에 도달하였다. 우리나라는 1960년대 이후 급격하게 도시화율이 높아졌고 1990년대에 종착 단계에 도달하였다. 인도네시아는 1960년대 이후 도시화율이 급격하게 높아졌으나 아직 종착 단계에는 도달하지 못하였다. 선진국에서는 산업 혁명 이후 공업의 발달과 함께 도시화가 진행되었고 약 200여 년에 걸쳐 서서히 진행되었으며, 20세기 중반 이후 종착 단계에 이르렀다. 개발 도상국은 20세기 중반 이후 급속한 산업화와 함께 도시화가 빠른 속도로 진행되었다. 우리나라는 종착 단계에 도달하였지만 인도네시아와 같이 아직 종착 단계에 도달하지 못한 국가들도 있다.

| 평가 기준 |

평가 항목	평가 내용
평가 충실도	정해진 분량 기준을 충족시킴(단, 제시된 질문과 전혀 상관없는 내용으로 답변했을 시에는 분량 기준을 충족시키지 못한 것으로 간주함)
자료 이해 능력	제시된 자료를 통해 선진국과 개발 도상국의 차이점과 공통점을 정확하게 파악했음
글의 타당성	선진국과 개발 도상국의 도시화 과정의 차이를 비교하여 타당하게 설명했음
글의 논리성	전체적인 글의 구성과 짜임새가 매끄러우며, 주장과 근거의 연결이 자연스러움

03 살기 좋은 도시

개념 다지기
본문 184쪽

01 (1) 도시 (2) 개발 도상국 (3) 선진국 (4) 선진국 (5) 슬럼
02 (1) ○ (2) ○ (3) × (4) × (5) ○   **03** 도시 재생
04 (1) 선진국 (2) 선진국 (3) 개발 도상국 (4) 선진국 (5) 개발 도상국
05 ㄱ, ㄴ, ㄷ, ㄹ, ㅁ   **06** (1) ㄴ (2) ㄷ (3) ㄱ (4) ㄹ
07 (1) 경제력 (2) 삶의 질 (3) 혼잡 통행료 (4) 신·재생 에너지

중단원 실력 쌓기
본문 185~187쪽

01 ⑤	**02** ①	**03** ⑤	**04** ①	**05** ①
06 ①	**07** ⑤	**08** ③	**09** ④	**10** ④
11 ①	**12** ③			

01 도시화가 먼저 진행된 선진국의 도시들은 개발 도상국과는 다른 형태의 도시 문제가 나타난다.
① 도시화가 진행된 지 오래되었기 때문에 나타나는 현상이다.
② 도시 내부에 있던 기능이 외부로 빠져나가게 되면 그 지역은 정체 현상이 나타날 수 있다.
③ 산업 구조의 변화와 함께 나타날 수 있는 현상이다.
④ 이주민의 유입이 많은 도시에서 나타날 수 있는 현상이다.
⑤ 주택과 각종 시설 및 일자리 부족, 열악한 위생, 환경 오염 등의 문제는 주로 개발 도상국의 도시에서 나타나는 문제이다.

02 (가)는 자동차 산업으로 번영을 이루었다가 자동차 회사가 문을 닫으면서 인구도 줄어들게 된 디트로이트의 사례이다. (나)는 이촌 향도로 인구가 급증하고 있고, 인구의 22 % 이상이 슬럼에 거주하는 것으로 보아 빠르게 성장하고 있는 리우데자네이루의 특징이다. 디트로이트는 리우데자네이루보다 먼저 20세기 초에 가속화 단계를 거쳤다.

오답 피하기 ㄷ. 급속한 도시화에 따른 문제를 겪고 있는 도시는 리우데자네이루이다.
ㄹ. 제조업의 쇠퇴로 실업률이 상승하는 문제를 안고 있는 도시는 디트로이트이다.

03 ①, ②, ③, ④ 개발 도상국은 도시화가 짧은 시간에 급격하게 진행되었기 때문에 무허가 불량 주택 문제, 도시 내 빈부 격차 문제, 도시 기반 시설의 부족 문제, 열악한 위생 및 환경 오염 문제 등이 나타난다.
⑤ 선진국의 경우 각종 시설의 노후화에 따른 문제와 성장의 정체 같은 문제를 겪고 있다.

04 도시에서 다양한 도시 문제가 발생한다. (가)는 쓰레기를 처리하고 있는 모습으로 환경 오염 문제, (나)는 혼잡한 교통 상황을 보여주는 것으로 교통 체증 문제, (다)는 무허가 주택 밀집 지역을 보여주는 것으로 열악한 주거 환경 문제와 연결될 수 있다.

05 ㉮ 도시는 오래된 건물과 노후화된 도시 시설로 인한 문제가 나타나고 있으며 과거에 발달했던 공업 기능이 쇠퇴한 도시임을 알 수 있다. 이는 주로 선진국의 도시들에서 나타나는 현상이다. ㉯는 주택 부족 문제, 무허가 주택 문제, 환경 오염 문제 등의 도시 문제를 겪고 있는 개발 도상국의 도시이다.
① 도시화는 ㉮ 도시가 ㉯ 도시보다 먼저 이루어졌을 것이다.
② ㉮는 선진국의 도시이고 제시된 ㉮ 도시의 문제는 선진국형 도시 문제에 해당한다.
③ ㉮ 도시도 도시화 초기에는 지금의 ㉯ 도시가 겪고 있는 도시 문제를 겪었을 가능성이 높다.
④ ㉮ 도시의 경우 공업의 쇠퇴, 도시 기반 시설의 낙후 등으로 인해 인구 감소와 같은 문제를 겪을 가능성이 높다. ㉯ 도시는 제시된 자료를 통해 인구가 빠르게 늘어나고 있는 도시임을 알 수 있다.
⑤ ㉯ 도시는 도시 기반 시설이 부족할 가능성이 크다.

㉮ 도시는 노후화된 것이 문제가 된다.

06 (가)는 개발 도상국의 불량 주거 지역이고, (나)는 선진국의 불량 주거 지역이다. 선진국의 불량 주거 지역은 주로 노후화에 따른 문제이지만 개발 도상국은 기반 시설의 부족, 위생과 환경의 불량 등의 문제가 있다.

오답 피하기 ㄷ. 도심의 주거 기능 약화, 경기 침체에 따른 인구 유출 등은 선진국의 도시들에서 나타나는 문제이다.
ㄹ. 주택 부족, 교통 혼잡 등의 문제는 주로 개발 도상국의 도시들에서 나타나는 문제이다.

07 살기 좋은 도시에 대해 절대적인 기준을 세우기는 어렵지만 세계적으로 살기 좋은 도시들로 주목받는 도시들이 갖는 공통적인 특징들이 있다. ⑤ 살기 좋은 도시로 알려진 도시들이 대부분 선진국에 있기는 하지만 질적인 측면을 고려하지 않고 양적인 측면인 경제적 발전 수준이 높다고 해서 반드시 살기 좋은 도시라고 보기는 어렵다.

08 도시민들의 생활 수준과 삶의 질에 대한 기대가 높아지면서 세계의 여러 도시는 도시의 경제적 성장과 동시에 도시민들의 삶의 질을 향상시키기 위해 노력하고 있다.
③ 과거에 제조업이 발달했던 도시에서 제조업이 쇠퇴하게 되는 경우가 있다. 이런 경우 공장을 새롭게 증설하는 것보다는 도시 재생 사업 등의 방법을 통해 살기 좋은 도시로 만드는 방법을 찾아야 한다.

09 브라질의 쿠리치바, 에스파냐의 빌바오, 인도의 벵갈루루 등은 각 도시별로 다양한 노력을 기울여 도시 문제를 해결하고 살기 좋은 도시로 거듭난 도시들이다.

오답 피하기 ① 생태 도시에 대한 설명이다. 쿠리치바는 생태 도시의 사례로 볼 수 있다.
② 세계 도시에 대한 설명이다. 제시된 도시들은 세계에 영향을 미치는 세계 도시라고 보기 어렵다.
③ 제시된 자료를 통해서는 파악할 수 없는 내용이다.
⑤ 인구 감소 등과 관련된 내용을 제시된 자료에서는 파악하기 어렵다.

10 순천시는 시민들의 적극적인 동참으로 생태 도시를 만들었으며 이를 통해 삶의 질이 개선되었다. 순천시는 여러 발전 방안 중에서 생태 도시로의 변화를 선택한 것이며 결과적으로 큰 성과를 거두게 된 것이다.

11 빈은 다양한 문화 시설은 물론 아름다운 생태 환경을 갖춘 도시이기도 하다. 교통 문제를 해결하기 위한 다양한 노력을 기울인 점도 제시되어 있다.

오답 피하기 ㄷ. 제시된 내용을 통해서 파악할 수 없는 내용이다.

ㄹ. 세계 도시에 대한 설명이다. 빈은 세계 도시의 범주에 포함되지는 않는다.

12 쿠리치바는 인구가 급격히 늘어나는 과정에서 교통 체증을 비롯한 다양한 교통 문제가 나타났으나, 다양한 방안을 도입하여 이를 해결함으로써 살기 좋은 도시로 발돋움한 사례가 되었다.

서술형·논술형
본문 187쪽

01 | 예시 답안 | 도심에 진입하는 차량에 대해서 혼잡 통행료를 부과하거나 대중교통과 자전거의 이용을 장려하는 정책을 추진한다.

| 필수 키워드 | 혼잡 통행료, 대중교통, 자전거

| 평가 기준 |

상	필수 키워드를 두 가지 이상 사용하여 교통 문제의 해결 방안을 서술한 경우
하	필수 키워드를 한 가지만 사용하여 교통 문제의 해결 방안을 서술한 경우

02 | 예시 답안 | 삶의 질이 높은 도시가 되기 위해서는 경제 수준이 비교적 높아야 하고 적정 규모의 인구가 거주해야 한다. 자연환경이 쾌적하며 도로를 비롯한 각종 기반 시설이 잘 구축되어 사람들이 생활하기에 편리해야 한다. 범죄율이 낮고 정치적으로도 안정되어 사회적 안정성이 높아야 한다. 그 밖에 교육, 의료, 보건, 문화, 주거 환경, 행정 서비스 등도 잘 갖추어져 있어야 한다.

| 평가 기준 |

평가 항목	평가 내용
평가 충실도	정해진 분량 기준을 충족시킴(단, 제시된 질문과 전혀 상관없는 내용으로 답변했을 시에는 분량 기준을 충족시키지 못한 것으로 간주함)
고차적 인지 능력	제시된 자료를 정확하게 파악하고 그 내용을 기준으로 답안을 작성했음
글의 타당성	자기주장과 그에 대한 근거가 타당하게 연결되어 있음
글의 논리성	전체적인 글의 구성과 짜임새가 매끄러움

대단원 마무리
본문 188~189쪽

01 ②	02 ②	03 ①	04 예시 답안 참조
05 ①	06 ⑤	07 ①	08 ①	09 ①
10 예시 답안 참조		11 ④	

01 도시와 촌락은 사람들이 정착해서 거주하는 공간이다. 도시는 촌락에 비해 건축물, 도로와 같은 인문 경관이 많다. 촌락은 산지나 하천, 평야와 같은 자연 경관이 도시보다 많다.

오답 피하기 ① 인구 밀도는 도시가 촌락보다 높다.

③ 도시에 거주하는 주민들은 주로 2, 3차 산업에 종사하며 직업 구성이 다양하다.

④ 도시에서의 토지 이용은 매우 집약적이다.

⑤ 건물의 높이는 도시가 높고 촌락은 낮다.

02 제시된 도시들은 세계적으로 영향력을 미치고 있는 세계 도시이다. 이들 도시는 다국적 기업의 본사가 많고 자본과 정보가 집중하여 주변 국가와 도시들에 미치는 영향력이 매우 큰 도시이다.

오답 피하기 ① 열대 기후 지역의 고산 지역에 위치한 도시이다.

③ 뉴욕은 미국의 수도가 아니다.

④ 뉴욕은 역사가 오래된 도시라고 보기 어렵다.

⑤ 제시된 도시들이 환경·생태 도시로 이름을 얻었다고 보기 어렵다.

03 제시된 자료는 종로구, 영등포구, 구로구의 위치와 지가를 보여주는 것이다. 종로구는 접근성과 지가가 높아 도심의 특성이 잘 나타나는 지역이다.

오답 피하기 ㄷ. 주거 기능은 종로구보다 구로구가 더 발달했다.

ㄹ. 상업 기능은 종로구>영등포구>구로구 순으로 발달했다.

04 | 예시 답안 | 도심은 주간에는 이동해 온 인구가 많지만, 야간에는 유동 인구가 주거 지역으로 빠져나가기 때문에 나타나는 현상이다.

| 필수 키워드 | 도심, 유동 인구, 주간, 야간

| 평가 기준 |

상	인구 공동화의 의미를 정확하게 이해하고 주간과 야간의 인구 차이를 서술한 경우
중	주간과 야간의 인구 차이만을 서술한 경우
하	인구 공동화 현상의 의미만 서술한 경우

05 제시된 그림은 도시 내의 다양한 기능들이 접근성과 지가, 지대의 차이에 따라 집심 현상과 이심 현상을 나

타내는 과정을 보여주는 것이다.

① 지대 지불 능력이 상대적으로 낮은 주거 기능(주택)은 이심 현상을 나타낸다.

② 도시 내부 구조는 다양한 기능들의 집심 현상과 이심 현상에 의해 분화된다.

④ 기업 본사는 도심으로 집심하려는 경향을 보이므로 지대 지불 능력이 큰 기능임을 알 수 있다.

⑤ 은행 본점은 집심 현상, 공장은 이심 현상을 보이고 있다. 따라서 은행 본점이 공장보다 접근성이 높은 곳을 선호한다.

06 제시된 그림에서 A는 고층 빌딩이 밀집된 곳으로 도심에 해당한다. B는 주택들이 밀집한 곳으로 주변 지역에 해당한다.

① 주거 기능은 주변 지역에 입지한다.

② 도심은 도시 내에서 접근성과 지대가 가장 높은 곳이다.

③ 건물의 평균 높이는 토지에 대한 수요가 많은 도심에서 가장 높게 나타난다.

④ 상업 및 업무 기능은 지대 지불 능력이 큰 기능이므로 접근성이 높은 도심에 집중된다.

⑤ 인구 공동화 현상은 주로 도심에서 나타나는 현상이다.

07 도심은 도시 내에서 접근성과 지대가 가장 높은 곳이다. 부도심은 도심보다는 상대적으로 접근성이 낮지만 교통이 편리한 곳에 위치하며 도심의 기능을 일부 분담하는 것이 특징이다.

오답 피하기 ㄷ. 인구 공동화 현상은 주간 인구와 야간 인구의 차이가 큰 것을 의미하는 것으로 주로 상업 및 업무 기능이 발달한 도심에서 나타나는 현상이다.

ㄹ. (가) 방향은 도시 외곽으로 나가는 방향이므로 접근성과 지가가 점점 낮아지게 된다.

08 도시화는 도시 수의 증가와 도시에 거주하는 인구의 비중 증가, 도시적 생활 양식의 확대 등을 의미한다. 초기 단계는 산업화 이전의 농업 중심 사회에서 나타나는 단계로 도시에 거주하는 인구의 비중이 낮을 뿐 아니라 도시 수 자체도 상대적으로 적다.

① 도시의 수는 초기 단계에서 종착 단계로 갈수록 증가한다.

② 초기 단계의 경우 대체로 도시화율이 30% 이하인 상황을 의미하므로 전체 인구 중 농촌 거주 인구가 도

시 거주 인구보다 많다.

③ 가속화 단계에서 도시 인구의 급증을 유발하는 가장 큰 요인은 이촌 향도 현상이다.

④ 도시화율이 빠른 속도로 증가하게 된다.

⑤ 종착 단계에서의 인구 이동은 주로 도시와 도시 사이에서 이루어진다.

09 제시된 자료는 브라질의 리우데자네이루에서 볼 수 있는 불량 주거 지역으로, 이는 도시 인구가 급격하게 늘어나면서 형성된 것이다. 인구 수용 능력 이상으로 인구가 급격히 늘어나는 도시들에서 볼 수 있는 현상으로, 도시의 기반 시설이 부족할 가능성이 크다.

오답 피하기 ㄷ, ㄹ. 선진국의 도시들이 겪고 있는 문제이다. 선진국의 도시들은 도시화가 오래 전에 이루어졌기 때문에 각종 도시 기반 시설의 낙후화 문제, 제조업의 쇠퇴로 인한 문제 등이 나타나고 있다.

10 |**예시 답안**| • 교통 문제를 해결하기 위한 방안에는 도로 환경 개선, 대중교통 이용 장려, 혼잡 통행료 부과 등이 있다.

• 환경 문제를 해결하기 위한 방안에는 쓰레기 분리수거, 친환경 에너지 사용 등이 있다.

• 지역 불균형 문제를 해결하기 위한 방안에는 지역 균형 발전 정책 추진 등이 있다.

• 불량 주택 문제를 해결하기 위한 방안에는 주거 환경 개선, 공공 주택 건설 등이 있다.

|**필수 키워드**| 교통, 환경, 지역 불균형, 불량 주택

|**평가 기준**|

상	도시 문제를 정확하게 제시하고 해결 방안이 이에 부합하도록 서술한 경우
중	도시 문제를 제시했으나 해결 방안이 이에 부합하지 않는 경우
하	도시 문제만 나열한 경우

11 인도의 뭄바이는 20세기 중반 이후 빠르게 성장하고 있는 도시로 주택과 각종 시설 부족, 열악한 위생, 환경 오염, 극심한 교통난 등의 문제를 겪고 있다. ④ 노동력은 풍부하지만 상대적으로 양질의 일자리가 부족하다.

IX. 글로벌 경제 활동과 지역 변화

01 농업 생산의 기업화와 세계화

개념 다지기
본문 196쪽

01 (1) 상업적 (2) 대규모 (3) 식량 작물 (4) 낮아지는
02 (1) 세계화 (2) 기업화 (3) 상업적 (4) 자영농 (5) 로컬 푸드
03 플랜테이션　　**04** (1) ㉠ (2) ㉡
05 (1) × (2) × (3) ○ (4) × (5) × (6) ○ (7) ○
06 (1) 상업적 농업 (2) 자유 무역 (3) 기호 작물 (4) 로컬 푸드
　　(5) 쌀
07 베트남

중단원 실력 쌓기
본문 197~198쪽

01 ③　**02** ⑤　**03** ④　**04** ③　**05** ④
06 ③　**07** ④　**08** ④　**09** ③　**10** ⑤
11 ④　**12** ③

01 제시된 자료는 농업 생산의 세계화와 관련 있다. 교통과 통신의 발달로 인한 지역 간 교류 증가, 세계 무역 기구(WTO) 출범 및 이로 인한 자유 무역의 확대, 다국적 농업 기업의 확대, 생활 수준 향상으로 인한 다양한 농산물의 수요 증가가 농업 생산의 세계화를 가져왔다. ③ 자급적 농업은 과거의 농업 생산 방식으로 곡물을 소규모로 재배하여 농가에서 직접 소비하는 것을 목적으로 한다.

02 사진은 기계를 이용해 대규모로 밀을 생산하고 있는 모습으로 농업 생산의 기업화와 관련 있다. 농업 생산의 기업화는 기업이 많은 자본과 기술을 투입하여 농장을 운영하는 것을 의미한다. ⑤ 농업 생산의 기업화 현상이 확대되면서 많은 다국적 농업 기업들은 농약 및 화학 비료를 사용하여 대량으로 농산물을 재배하고 있다.

03 지도는 세계의 기업적 농목업 지역 분포를 나타낸 것이다. 미국, 캐나다, 오스트레일리아 등의 넓은 지역에서는 기업이 대량으로 곡물을 재배하거나 가축을 기르는 기업적 농목업이 발달했다.

오답 피하기 ① 기호 작물을 재배하는 플랜테이션은 주로 아시아와 아프리카의 개발 도상국에서 이루어진다.
② 기업적 농업이 보편화되면서 수익성이 높은 단일 작물을 대량으로 생산하고 있다.
③ 시장에 판매할 목적으로 대량 생산되고 있다.
⑤ 대형 농기계를 이용해 대규모로 작물을 생산한다.

04 지도에 표시된 농업 회사는 열대 기후 지역의 개발 도상국을 중심으로 농장을 운영하고 있으며, 생산 공장에서 포장 및 가공 처리를 한 후 이를 세계 각지의 소비자들에게 제공하고 있다. 이러한 기업들은 농산물의 생산에서부터 유통에 이르기까지 전 과정을 담당하여 관리하는 경우가 많다.
오답 피하기 ㄱ. 대부분의 농장은 열대 기후 지역의 개발 도상국에 있다.
ㄹ. 다국적 농업 기업들은 대량으로 농산물을 생산하여 가격 경쟁력을 확보하고 있다.

05 플랜테이션은 열대 기후 지역에서 선진국의 자본과 기술, 개발 도상국 원주민의 노동력을 결합하여 카카오, 바나나, 커피, 차 등의 상품 작물을 대규모로 재배하는 농업 방식으로 주로 아프리카와 아시아의 개발 도상국에 농장이 위치한다.

06 미국, 캐나다, 오스트레일리아에서는 다국적 농업 기업들이 농기계를 활용하여 밀, 옥수수 등을 대량으로 재배하는 기업적 곡물 농업이 이루어진다. 또한 넓은 목초지에서 가축을 길러서 육류를 생산하는 기업적 목축업이 활발하다.
오답 피하기 ㄱ. 이동식 화전 농업은 열대 기후 지역에서 행해지는 전통적인 농업 방식이다.
ㄹ. 플랜테이션 농장은 아프리카, 아시아의 개발 도상국에 많이 위치한다. 세계적인 다국적 농업 기업들이 진출하여 곡물 생산지를 상품 작물 재배지로 바꾸고 있다.

07 농업 생산의 세계화 및 기업화는 농산물의 생산 지역과 소비 지역에 많은 변화를 가져왔다. 상품성이 높은 작물(원예 작물, 기호 작물 등)을 대규모로 재배하면서 식량 작물의 재배 면적이 감소하고 있다. 또한 육류 소비가 증가하면서 콩, 옥수수 등의 사료 작물 재배 면적도 점차 확대되고 있다. ④ 개발 도상국의 전통 농업이 쇠퇴하면서 소규모 자영농은 상대적으로 타격을 입어 감소하게 되었다.

08 농업 생산의 기업화로 세계적인 다국적 농업 기업들이 개발 도상국에 진출하여 식량 작물 생산지를 상품 작물의 재배지로 바꾸고 있다.

오답 피하기 ㄱ. 베트남에서는 세계적으로 기호 작물의 수요가 증가하면서 벼농사 지역을 커피 재배 지역으로 바꾸고 있다.

ㄷ. 대규모 기업적 곡물 농업은 미국, 캐나다, 오스트레일리아의 넓은 농업 지역에서 행해지고 있다.

09 농업 생산의 기업화가 확대되면서 생산 지역에서는 수익성이 있는 단일 작물을 대규모로 재배하면서 가격 경쟁력을 높이고 있다. 또한 다국적 농업 기업들이 개발 도상국에 진출하여 식량 작물 생산지를 상품 작물의 재배지로 바꾸고 있다. ③ 전통 농업의 쇠퇴로 식량 작물의 재배 면적이 감소하면서 일부 국가에서는 식량 자급률이 낮아지고 있다.

10 필리핀에 진출한 다국적 농업 기업이 쌀을 재배하던 곳에 수익성이 높은 바나나를 재배하면서 쌀의 생산량은 감소하게 되었다. 이후 필리핀은 쌀의 수입 의존도가 높아짐에 따라 국제 가격 상승 시 식량 부족 문제를 겪을 가능성이 있다.

오답 피하기 ㄱ. 상품 작물인 바나나를 재배하는 면적이 늘어나고 있다.

ㄴ. 전통 농업의 쇠퇴로 자영농들이 감소하고, 다국적 농업 기업의 농장에 고용되어 일하는 경우가 많아졌다.

11 농업의 세계화는 농산물 소비 지역에도 영향을 미쳤다. 식단의 서구화로 인해 외국에서 수입된 육류, 채소, 과일 등의 소비가 증가하고 있다. 하지만 수입 농산물의 유통 과정에서 화학 약품의 사용이 증가하여 로컬 푸드에 대한 관심이 높아졌다. ㉣ 수입 곡물의 의존도가 높은 지역에서는 국제 가격이 급등함에 따라 식량 부족 문제가 나타날 수 있다.

12 우리나라의 식량 자급률은 계속해서 감소하고 있으며 밀, 옥수수 등 대부분의 곡물은 수입에 의존하고 있음을 알 수 있다. 우리나라에서 쌀은 다른 작물에 비해 자급률이 높은 편이다.

오답 피하기 ①, ④ 그래프를 통해서 쌀의 재배 면적을 정확히 파악할 수는 없으나, 식생활이 서구화되고 패스트푸드의 소비가 증가하면서 쌀의 소비는 감소하고 있다.

서술형·논술형

본문 199쪽

01 |예시 답안| 교통과 통신의 발달로 지역 간 교류가 증가했고, 생활 수준의 향상으로 다양한 농산물에 대한 수요가 증가했다.

|필수 키워드| 교통과 통신의 발달, 농산물 수요 증가

|평가 기준|

상	농업의 세계화가 이루어진 배경을 두 가지 모두 정확하게 서술한 경우
하	농업의 세계화가 이루어진 배경을 한 가지만 정확하게 서술한 경우

02 |예시 답안| 대형 농기계 및 화학 비료를 사용하여 대량으로 농산물을 생산한다. 발달한 기술을 이용해 농산물의 품종을 개량한다.

|필수 키워드| 농기계, 화학 비료, 대량 생산, 품종 개량

|평가 기준|

상	기계 사용, 대량 생산, 화학 비료 사용, 품종 개량 중 두 가지 이상을 포함하여 서술한 경우
하	기계 사용, 대량 생산, 화학 비료 사용, 품종 개량 중 한 가지만 포함하여 서술한 경우

03 |예시 답안| 팜유 생산을 위한 농장을 확대하기 위해 열대 우림을 파괴했기 때문이다. 이렇게 열대 우림이 감소하면서 원주민의 삶의 터전이 훼손되고, 희귀 동식물이 멸종 위기에 놓이게 되었다.

|필수 키워드| 팜유 생산, 삶의 터전 훼손, 희귀 동식물 멸종

|평가 기준|

상	열대 우림 파괴의 원인을 쓰고, 이 지역에서 발생할 수 있는 문제점을 두 가지 모두 정확하게 서술한 경우
중	• 열대 우림 파괴의 원인을 쓰고, 이 지역에서 발생할 수 있는 문제점을 한 가지만 서술한 경우 • 열대 우림 파괴의 원인은 쓰지 못했으나, 이 지역에서 발생할 수 있는 문제점을 두 가지 모두 서술한 경우
하	열대 우림 파괴의 원인만 쓰거나, 이 지역에서 발생할 수 있는 문제점을 한 가지만 서술한 경우

04 |예시 답안| 기호 작물에 대한 수요가 증가했기 때문에 커피 생산을 늘리게 되면서 커피 재배 면적이 확대되었다. 이로 인해 쌀 재배 면적이 줄고 쌀의 생산량이 감소했으며, 커피 재배 과정에서 화학 비료 및 농약을 사용함으로써 환경 오염이 발생하고 있다.

|필수 키워드| 기호 작물 수요 증가, 쌀 생산량 감소, 환경 오염 발생

|평가 기준|

상	커피 재배 면적이 증가한 원인과 이로 인한 문제점을 바르게 서술한 경우
중	커피 재배 면적이 증가한 원인을 쓰고 이로 인한 문제점을 서술했으나, 내용이 미흡한 경우
하	커피 재배 면적이 증가한 원인만 쓰거나, 이로 인한 문제점만을 서술한 경우

05 |예시 답안| (가)는 농업 생산의 세계화, (나)는 농업 생산의 기업화를 의미한다. 기업적 농업이 보편화되면서 농기계, 화학 비료, 농약 등을 사용해 농작물을 대량으로 생산하게 되었다. 또한 곡물보다는 상품성이 높은 작물을 대규모로 재배함으로써 상업적 농업이 점차 확대되었다. 육류 소비가 증가하여 콩, 옥수수 등의 사료 작물 재배 면적이 확대되고 있다. 특히 개발 도상국에서는 식량 작물의 재배 면적이 감소하고 전통 농업이 쇠퇴하게 되었다. 이러한 현상은 자영농을 감소시키고 곡물의 수입 의존도를 높여 식량 부족 문제를 가져오게 되었다. 또한 농약과 비료의 사용이 증가함에 따라 토양이 오염되는 등의 환경 문제를 일으키기도 한다.

|평가 기준|

평가 항목	평가 내용
평가 충실도	정해진 분량 기준을 충족시킴(단, 제시된 질문과 전혀 상관없는 내용으로 서술했을 시에는 분량 기준을 충족시키지 못한 것으로 간주함)
논제의 이해	농업 생산의 세계화 및 농업 생산의 기업화가 농업 생산 구조, 토지 이용 변화에 미친 영향과 개발 도상국에 가져올 수 있는 문제점을 논리적으로 설명했음
설명의 타당성	생산 방식의 특징과 변화, 재배 작물의 변화, 전통 농업의 쇠퇴 등을 토대로 이를 뒷받침하는 내용이 논리적이고 정확하게 연결되어 있음
글의 논리성	전체적인 글의 구성과 짜임새가 매끄럽고 설명과 뒷받침 내용의 연결이 논리적이며 자연스러움

02 다국적 기업과 생산 공간의 변화

개념 다지기
본문 202쪽

01 (1) 다국적 기업 (2) 자유 무역 협정 (3) 공간적 분업 (4) 산업 공동화

02 (1) ㄴ (2) ㄷ (3) ㄱ (4) ㄹ

03 (1) ⓒ (2) ㉠ (3) ⓒ   **04** 무역 장벽

05 (1) 확대 (2) 의사 결정 (3) 침체 (4) 증가 (5) 이전

06 (1) ○ (2) × (3) × (4) × (5) ○

07 (1) 국내 확장 단계 – 해외 진출 단계 (2) 선진국 (3) 유입, 증가 (4) 상승

중단원 실력 쌓기
본문 203~204쪽

01 ②	02 ④	03 ②	04 ④	05 ①
06 ⑤	07 ⑤	08 ④	09 ②	10 ②
11 ④	12 ④			

01 다국적 기업은 교통 및 통신의 발달로 국가 간 교류가 증가하고 세계 무역 기구(WTO)의 등장과 함께 자유 무역 협정이 확대되면서 성장하였다.

오답 피하기 ㄴ. 보호 무역이 강화되면 상품과 서비스의 국제적 이동에 제약이 있다.
ㄹ. 경제 활동의 세계화로 지역 간 경제적 상호 의존도는 높아지고 있다.

02 B 전자 회사와 같은 기업은 전 세계를 대상으로 생산과 판매 활동을 하는 다국적 기업에 해당한다. 경제 활동의 세계화가 확대되면서 다국적 기업이 세계 경제에서 차지하는 비중과 영향력이 커지고 있다. 오늘날 다국적 기업들은 다양한 분야로 진출하면서 역할과 범위가 확대되고 있다. ④ 다국적 기업들은 전 세계의 생산 요소를 활용해 제품을 생산한다.

03 다국적 기업은 일반적으로 (가) 단일 기업 단계, (라) 국내 확장 단계, (나) 해외 진출 단계, (다) 다국적 기업의 단계를 거쳐서 성장한다.

04 그래프를 통해 일부 다국적 기업의 연 매출액이 한 국

가의 국내 총생산과 거의 비슷할 정도로 세계 경제에서 차지하는 비중과 영향력이 크다는 것을 알 수 있다.

오답 피하기 ㄱ. 오늘날은 중국. 인도 등의 개발 도상국에 위치한 기업도 다국적 기업으로 성장하고 있다.

ㄷ. 다국적 기업은 제조업. 유통업, 금융 등 다양한 분야로 진출하고 있다.

05 일반적으로 본사는 의사 결정 기능을 담당하며 다양한 정보 수집과 자본 확보에 유리한 선진국에 입지하고 있다. 연구소는 연구 및 개발 기능을 담당하며 기술 수준이 높고 고급 인력이 풍부한 선진국에 입지하고 있다. 생산 공장은 생산 기능을 담당하며 지가가 낮고 저렴한 노동력이 풍부한 개발 도상국에 입지하는 경우가 많다.

06 다국적 기업의 생산 공장은 지가가 낮고 저렴한 노동력의 확보가 용이한 개발 도상국에 입지하는 경우가 많다. 또한 시장을 확보하고 관세 등의 무역 장벽을 극복하기 위해 선진국에 입지하기도 한다.

07 지도에 나타난 우리나라의 자동차 기업은 세계 여러 국가에 진출하여 생산과 판매를 하는 다국적 기업이다. 일반적으로 연구소는 고급 인력 확보에 유리한 선진국에 주로 입지한다. ⑤ 생산 공장은 저임금 노동력의 확보가 쉬운 개발 도상국에 입지하거나, 제품 수출에 대한 무역 장벽을 극복하기 위해 선진국에도 일부 입지하고 있다.

08 다국적 기업의 생산 공장이 입지하게 되면 외부로부터 자본이 유입되고 일자리가 증가하는 등 지역 경제가 활성화될 수 있다. 하지만 유사 제품을 생산하던 경쟁력이 약한 기존의 국내 기업들은 어려움을 겪을 수 있으며, 발생한 이윤의 상당 부분이 다국적 기업의 본국으로 유출되어 지역 발전에 미치는 영향이 미흡할 수도 있다.

09 다국적 기업의 생산 공장이 해외로 이전하게 됨으로써 산업 공동화 현상이 나타난다. 이로 인해 실업자가 증가하고 지역 경제가 침체될 수 있다.

오답 피하기 ①. ③. ④. ⑤는 다국적 기업의 생산 공장이 진출한 지역에서 나타날 수 있는 변화이다.

10 스포츠 용품을 생산하는 다국적 기업은 생산 비용을 절감시키기 위해 저임금 노동력의 확보가 유리한 지역을 찾아 생산 공장을 계속 이전시키고 있다.

오답 피하기 ①은 다국적 기업의 본사 입지 조건과 관련된 내용이다.

③은 다국적 기업의 생산 공장이 선진국에 입지하는 경우와 관련된 내용이다.

④는 다국적 기업의 연구소 입지 조건과 관련된 내용이다.

11 지도를 통해서 최근 많은 다국적 기업의 생산 기지들이 중국에서 유출되고 있음을 확인할 수 있다. 중국의 인건비가 상승하여 경쟁력이 낮아지자 상대적으로 인건비가 저렴한 베트남으로 생산 공장들이 이전하고 있다.

오답 피하기 ㄱ. 베트남으로 유입되는 기업의 수가 많다.

ㄷ. 생산 공장이 철수하는 중국에서는 산업 공동화 현상이 발생할 가능성이 크다.

12 생산 공장이 진출하게 된 베트남에서는 지역 경제가 활성화되고 있다. 하지만 생산 공장이 유입됨으로써 공장에서 발생하는 유해 물질에 의해 환경이 오염될 수 있다. ④ 생산 공장이 이전하더라도 기업의 핵심 기술 이전은 대부분 제외되며, 오늘날 첨단 산업은 주로 선진국에서 발달하고 있다.

서술형·논술형
본문 205쪽

01 | **예시 답안** | 표의 빈칸에 들어갈 내용은 본사, 생산 공장, 영업 지점 등이 여러 국가에 입지하게 된다는 것이다. 교통과 통신의 발달로 국가 간 교류가 증가했으며, 세계 무역 기구(WTO)가 등장하고 자유 무역이 확대되면서 다국적 기업이 성장하게 되었다.

| **필수 키워드** | 교통과 통신의 발달, 세계 무역 기구 등장, 자유 무역 확대

| **평가 기준** |

상	표의 빈칸에 들어갈 내용을 쓰고, 다국적 기업의 성장 배경을 두 가지 모두 바르게 서술한 경우
중	• 표의 빈칸에 들어갈 내용을 쓰고, 다국적 기업의 성장 배경을 한 가지만 바르게 서술한 경우 • 표의 빈칸에 들어갈 내용을 쓰지 않았으나, 다국적 기업의 성장 배경 두 가지를 모두 바르게 서술한 경우
하	표의 빈칸에 들어갈 내용만 쓰거나, 다국적 기업이 성장하게 된 배경을 한 가지만 서술한 경우

02 | 예시 답안 | 생산 공장이 진출한 가장 큰 이유는 저임금 노동력의 확보를 위해서이다. 다국적 기업의 생산 공장이 진출한 지역은 외부로부터 자본이 유입되고, 일자리가 증가하여 지역 경제가 활성화될 수 있으며 기술 이전으로 관련 산업이 발달할 수 있다. 하지만 유사한 제품을 생산하는 경쟁력이 약한 기존의 국내 기업이 어려움을 겪을 수 있다. 또한 이윤의 상당 부분이 해외 본사로 유출될 경우 경제 발전 효과가 미약하게 나타날 수 있다.

| 필수 키워드 | • 긍정적 영향 – 일자리 증가, 자본 유입, 지역 경제 활성화, 기술 이전, 관련 산업 발달
• 부정적 영향 – 국내 기업의 어려움, 이윤의 상당 부분이 해외 본사로 유출 등

| 평가 기준 |

상	생산 공장이 진출한 이유를 쓰고, 생산 공장이 진출한 지역에서 나타날 수 있는 긍정적인 영향과 부정적인 영향을 각각 두 가지씩 바르게 서술한 경우
중	• 생산 공장이 진출한 이유를 쓰고, 생산 공장이 진출한 지역에서 나타날 수 있는 긍정적인 영향 혹은 부정적인 영향 중 두 가지만 바르게 서술한 경우
• 생산 공장이 진출한 이유는 쓰지 않았으나, 생산 공장이 진출한 지역에서 나타날 수 있는 긍정적인 영향과 부정적인 영향을 각각 두 가지씩 바르게 서술한 경우
하	생산 공장이 진출한 이유를 쓰거나, 생산 공장이 진출한 지역에서 나타날 수 있는 긍정적인 영향 혹은 부정적인 영향을 각각 한 가지씩만 바르게 서술한 경우

03 | 예시 답안 | 생산 비용을 절감하기 위해 저임금 노동력 확보가 유리한 개발 도상국으로 생산 공장이 이전했다. 생산 공장이 철수함으로써 실업자가 증가하고 지역 경제가 침체되는 등 산업 공동화 현상이 나타났다.

| 필수 키워드 | 생산 비용 절감, 실업자 증가, 지역 경제 침체, 산업 공동화

| 평가 기준 |

상	자동차 생산 공장이 이동한 원인을 쓰고, 디트로이트시에 나타날 수 있는 문제점을 모두 바르게 서술한 경우
중	자동차 생산 공장이 이동한 원인을 쓰고, 디트로이트시에 나타날 수 있는 문제점을 서술했으나 내용이 미흡한 경우
하	자동차 생산 공장이 이동한 원인만 서술하거나, 디트로이트시에 나타날 수 있는 문제점만 서술한 경우

04 | 예시 답안 | 기업의 경영 효율성을 높이거나, 생산비 절감 등을 통해 이익을 극대화하기 위해 다국적 기업

의 공간적 분업이 이루어진다. 본사는 다양한 정보 수집과 자본 확보에 유리한 선진국에 입지하는 것이 유리하다. 연구소는 기술 수준이 높고 고급 인력이 풍부한 선진국에 입지하는 것이 유리하다. 생산 공장은 생산 기능을 담당하는 곳으로 A는 지가가 낮고 저렴한 노동력의 확보가 유리한 개발 도상국에 생산 공장이 입지하는 경우이고, B는 시장을 확보하거나 제품 수출에 대한 무역 장벽을 극복하기 위해 선진국에 생산 공장이 입지하는 경우이다.

| 평가 기준 |

평가 항목	평가 내용
평가 충실도	정해진 분량 기준을 충족시킴(단, 제시된 질문과 전혀 상관없는 내용으로 서술했을 시에는 분량 기준을 충족시키지 못한 것으로 간주함)
논제의 이해	공간적 분업의 목적을 이해하며 지도에서 본사, 연구소, 생산 공장의 입지 지역을 확인하고 각 기능별로 유리한 입지 조건을 연결 지어 설명할 수 있음
설명의 타당성	각 기능별 유리한 입지 조건과 그 이유가 논리적이면서도 타당하게 연결되어 있음
글의 논리성	전체적인 글의 구성과 짜임새가 매끄럽고 설명과 뒷받침 내용의 연결이 논리적이며 자연스러움

03 서비스업의 세계화와 주민 생활 변화

개념 다지기 본문 208쪽

01 (1) 서비스 (2) 탈공업화 (3) 세계화 (4) 전자 상거래 (5) 택배
02 공정 여행 **03** (1) ㄱ, ㄹ (2) ㄴ, ㄷ, ㅁ
04 (1) ㉠ (2) ㉡ (3) ㉠ (4) ㉡
05 (1) 선진국 (2) 집중 (3) 낮기 (4) 감소 (5) 쇠퇴 (6) 쇠퇴
06 (1) × (2) × (3) × (4) ○ (5) ○
07 (1) 소비자 서비스업 (2) 감소하고(축소되고) (3) 쇠퇴하고 (4) 공정 여행

중단원 실력 쌓기 본문 209~210쪽

01 ③	**02** ④	**03** ④	**04** ③	**05** ③
06 ⑤	**07** ④	**08** ③	**09** ⑤	**10** ①
11 ④				

01 소비자 서비스업은 일반 소비자에게 제공하는 것으로 음식업, 숙박업, 소매업 등이 있다. 생산자 서비스업은 기업 활동에 도움을 주는 것으로 금융, 법률, 광고, 시장 조사 등이 있다. 따라서 ㄱ, ㄹ은 소비자 서비스업, ㄴ, ㄷ은 생산자 서비스업에 해당한다.

02 서비스업은 소비자의 기호와 요구가 매우 다양하므로 표준화가 어렵다. 또한 기계가 대신할 수 없는 일들이 많기 때문에 고용 창출의 효과가 크다. 일반적으로 경제가 성장하고 소득 수준이 향상됨에 따라 다양한 서비스업에 대한 수요가 늘어난다.

오답 피하기 ㄱ. 서비스업은 소비자의 기호와 요구가 다양해 표준화가 쉽지 않다.
ㄷ. 탈공업화 현상으로 서비스업의 비중이 높아져 서비스업의 종사자 비중이 증가하고 있다.

03 서비스 산업의 세계화는 서비스업이 국가의 경계를 넘어 세계 여러 지역으로 확대되는 현상을 말한다. 다국적 기업의 활동이 증가하고 교통과 통신의 발달로 경제 활동의 시·공간적 제약이 감소하게 되면서 서비스 산업이 세계화되었다.

04 앵글로아메리카와 유럽에 위치한 선진국들의 경우 서비스 산업(3차 산업)의 비중이 높은 반면, 아프리카에 위치한 대부분의 개발 도상국들은 상대적으로 서비스 산업이 차지하는 비중이 낮은 것을 알 수 있다.

오답 피하기 ㄱ. 탈공업화 현상은 주로 선진국에서 나타나는 현상으로 제조업 비중이 감소하고 서비스업 비중이 증가하는 현상을 말한다.
ㄹ. 개발 도상국보다 선진국에서 3차 산업의 비중이 높게 나타난다.

05 서비스 산업이 세계화되면서 전문화된 서비스업(의료, 광고, 금융 등)은 접근성이 좋고 정보가 풍부한 특정 지역에 공간적으로 집중하게 되며, 콜센터 및 온라인 예약 서비스 등은 비용을 절감하고 업무 효율성을 높이기 위해 개발 도상국으로 분산되기도 한다. ③ 전자 상거래가 발달하면서 상품 구매의 시·공간적 제약을 극복할 수 있게 됨으로써 재래시장이나 오프라인 상점이 쇠퇴하고 있다.

06 인도와 필리핀에는 다국적 기업의 콜센터가 많이 분포하고 있는데 두 국가 모두 영어를 사용하는 인구가 많

고 인건비가 저렴하기 때문이다. 특히 인도에 있던 미국 기업들의 콜센터는 인도에 비해 임금 수준이 낮고, 미국식 영어를 구사하는 직원들이 많은 필리핀으로 옮겨가고 있다.

07 전자 상거래의 발달로 유통 산업이 성장하게 됨으로써 택배 산업과 물류 창고업이 발달하게 되고, 상품의 유통 단계가 감소하는 등 유통 구조에도 변화가 나타나고 있다.

오답 피하기 ㄱ. 중소 상인 및 영세한 유통 업체들은 피해를 보게 된다.
ㄷ. 전자 상거래의 발달로 해외 직접 구매 등이 이루어지면서 상품 구매 및 소비 활동의 범위는 확대되고 있다.

08 상품 구매의 시·공간적 제약을 극복하게 됨으로써 해외 직접 구매가 증가하고, 전자 상거래의 발달로 택배 산업 등의 유통 산업도 함께 성장하게 되었다. ③ 전자 상거래의 발달과 다국적 유통 업체의 영향으로 재래시장과 오프라인 상점이 쇠퇴하게 된다.

09 (가)는 기존 상거래, (나)는 전자 상거래의 방식을 나타낸 것이다.

오답 피하기 ① 정보 통신망의 발달로 성장하게 된 것은 (나) 전자 상거래 방식이다.
② (가)가 (나)에 비해 상품의 거래 품목도 단순하고 이동에도 제약이 있다.
③ (나)는 (가)에 비해 상품의 유통 단계가 줄어들었다.
④ 정보 통신의 발달로 등장하게 된 (나)가 (가)에 비해 시·공간에 대한 제약이 적은 편이다.

10 관광의 세계화로 관광업이 발달하게 되면서 지역의 일자리가 창출되고 주민들의 소득이 증가했으며 교통과 숙박 등 연관 산업이 성장하게 된다. 반면 무리한 관광지 개발로 자연환경이 파괴될 수 있으며 상업화가 지나칠 경우 지역의 고유문화가 쇠퇴하게 된다.

오답 피하기 ㄷ. 관광 지역은 점차 다변화되고 있다.

11 공정 여행은 관광 지역의 환경에 미치는 영향을 최소화하고 현지 주민에게 더 많은 혜택이 돌아가게 하며, 현지의 문화를 존중하는 여행 방식이다. ④ 현지 주민이 운영하는 숙소, 음식점, 교통편 등을 이용함으로써 현지 주민에게 더 많은 혜택이 돌아가게 하는 여행이다.

서술형·논술형

본문 211쪽

01 | **예시 답안** | 필리핀의 인건비가 저렴하며, 영어를 사용하는 사람들이 많기 때문이다.

| **필수 키워드** | 저렴한 인건비, 영어 사용 등

| **평가 기준** |

상	필리핀에 콜센터가 발달하게 된 원인을 두 가지 모두 바르게 서술한 경우
하	필리핀에 콜센터가 발달하게 된 원인을 한 가지만 바르게 서술한 경우

02 | **예시 답안** | 제시된 그림은 전자 상거래 방식으로, 소비자의 입장에서 상품의 유통 단계가 감소해 상점을 방문하지 않고도 물건을 구매할 수 있게 되었다. 또한 택배 산업과 물류 창고업 등의 유통 산업이 함께 성장하게 된다. 반면, 재래시장과 오프라인 상점이 쇠퇴하고 영세한 유통 업체들이 피해를 볼 수 있다.

| **필수 키워드** | 유통 단계 감소, 택배 산업 성장, 오프라인 상점 쇠퇴, 영세 업체 피해 등

| **평가 기준** |

상	전자 상거래의 확대가 가져오는 긍정적인 측면과 부정적인 측면을 모두 바르게 서술한 경우
하	전자 상거래의 확대가 가져오는 긍정적인 측면과 부정적인 측면 중 한 가지만 바르게 서술한 경우

03 | **예시 답안** | 오프라인에 비해 상품을 보다 저렴하게 구매할 수 있다. 소비 활동의 범위가 확대되어 국내에서 살 수 없는 물건을 구매할 수 있게 된다.

| **필수 키워드** | 저렴한 구매, 소비 활동 범위 확대 등

| **평가 기준** |

상	해외 직접 구매가 소비자에게 가져오는 장점을 두 가지 모두 바르게 서술한 경우
하	해외 직접 구매가 소비자에게 가져오는 장점을 한 가지만 바르게 서술한 경우

04 | **예시 답안** | 공정 여행의 조건으로 다음과 같은 것들이 있다. 첫째, 현지 주민이 운영하는 숙소, 음식점, 교통편 등을 이용한다. 둘째, 여행지의 생활 방식과 종교 등을 존중하고 현지 문화를 직접 체험해 본다. 공정 여행이 발달하게 되면 지역의 환경에 미치는 영향을 최소화하고, 현지 주민에게 더 많은 혜택이 돌아가게 되는 장점이 있다.

| **필수 키워드** | 조건 – 현지 주민 운영, 현지 문화 체험 / 긍정적인 영향 – 환경에 미치는 영향 최소화, 현지 주민 혜택 등

상	공정 여행의 조건을 두 가지 쓰고, 공정 여행이 지역에 미칠 수 있는 긍정적인 영향을 모두 서술한 경우
중	• 공정 여행의 조건만 두 가지 서술한 경우 • 공정 여행의 조건을 한 가지만 쓰고, 공정 여행이 지역에 미칠 수 있는 긍정적인 영향을 서술한 경우
하	공정 여행이 지역에 미칠 수 있는 긍정적인 영향만을 쓰거나, 공정 여행의 조건을 한 가지만 서술한 경우

05 | **예시 답안** | 교통과 통신이 발달하고, 소득 수준이 향상되며 여가 시간이 증가함에 따라 관광의 세계화가 진행되었다. 이로 인해 관광 지역 주민들은 일자리가 늘어나고 소득이 증가할 수 있다. 또한 교통 및 숙박 등 연관 산업이 발달하게 되며 기반 시설이 개선되는 긍정적인 효과가 나타난다. 반면 무리한 관광지 개발로 지역의 자연환경이 훼손되거나 파괴될 수 있으며, 지나친 상업화로 지역의 고유문화가 쇠퇴하는 부정적인 영향이 나타나기도 한다.

| **평가 기준** |

평가 항목	평가 내용
평가 충실도	정해진 분량 기준을 충족시킴(단, 제시된 질문과 전혀 상관없는 내용으로 서술했을 시에는 분량 기준을 충족시키지 못한 것으로 간주함)
논제의 이해	그래프의 변화를 통해 관광의 세계화가 가능해진 배경을 파악하고, 관광의 세계화가 관광지에 미친 긍정적인 영향과 부정적인 영향을 구분하여 정리할 수 있음
설명의 타당성	관광의 세계화가 가능해진 배경을 정확하게 설명하고, 이러한 변화가 지역에 미친 긍정적·부정적 영향에 대한 관련 내용을 타당하게 제시하여 비교함
글의 논리성	전체적인 글의 구성과 짜임새가 매끄러우며, 설명과 이를 뒷받침하는 내용의 연결이 논리적이며 자연스러움

대단원 마무리

본문 212~213쪽

01 ③　　02 ③　　03 ①　　04 ⑤
05 예시 답안 참조　　06 ③　　07 ④　　08 ①
09 ②　　10 예시 답안 참조　　11 ③　　12 ①

| 평가 기준 |

상	농업의 세계화가 소비자에게 미칠 수 있는 긍정적인 영향과 부정적인 영향을 모두 바르게 서술한 경우
하	농업의 세계화가 소비자에게 미칠 수 있는 긍정적인 영향과 부정적인 영향 중 한 가지만 바르게 서술한 경우

01 기업적 농업 생산 방식이 이루어지면서 농기계, 화학 비료 등을 사용하여 대량으로 농산물을 재배하고 있다.

오답 피하기 ㄱ. 농약 및 화학 비료의 사용이 증가하게 된다.
ㄹ. 가족 노동력이 아니라 대부분 기업농에 의해 재배되고 있다.

02 농업의 세계화 및 기업화로 인한 생산 구조의 변화는 농작물의 대량 생산과 상업적 농업의 확대로 정리할 수 있다. 농업의 세계화과 기업화가 진행되면서 개발 도상국의 전통 농업은 점차 쇠퇴하고 자영농의 비중이 감소하고 있으며 여러 가지 환경 문제도 나타났다. ③ 가축 사육의 증가로 사료 작물의 재배 범위가 확대되었다.

03 베트남은 대표적인 쌀 수출국이었으나 세계적으로 기호 작물의 수요가 증가함에 따라 수출용 작물인 커피 재배가 늘어나고 있다.

오답 피하기 ② 커피 재배 면적이 늘어나게 됨으로써 식량 작물의 재배 면적은 상대적으로 감소하게 된다.
④ 전통 농업의 쇠퇴로 자영농이었던 사람들은 다국적 농업 기업에 취업해 커피 농장에서 일하는 경우가 많다.
⑤ 기호 작물의 재배가 증가하면서 곡물 재배가 감소하고 전통 농업이 쇠퇴할 수 있다.

04 식단이 서구화되면서 육류, 채소, 과일 등에 대한 소비가 증가한 반면 곡물의 소비는 감소하고 있다. 특히 우리나라는 패스트푸드의 소비가 증가하면서 식량 작물인 쌀의 소비가 감소하고 있다. 수입 곡물의 의존도가 높아진 지역에서는 곡물의 국제 가격 상승에 의해 식량 부족 문제가 발생할 가능성이 높아지고 있다.

05 **| 예시 답안 |** 세계 여러 지역에서 생산된 농산물을 저렴하게 구매할 수 있게 되어 식탁의 먹을거리가 다양해질 수 있다는 장점이 있다. 하지만 장거리 이동에서 방부제나 화학 약품을 쓰는 경우가 많아 수입 농산물에 대한 안전성 문제가 제기될 수 있다.
| 필수 키워드 | 먹을거리의 다양화, 안전성 문제 등

06 대화 속 의류를 생산하는 기업은 전 세계를 대상으로 생산과 판매를 하고 있어 다국적 기업에 해당한다. 다국적 기업은 성장하면서 경영의 효율을 높이고 이익을 극대화하기 위해 공간적 분업 현상이 나타난다.

오답 피하기 ㄱ. 다국적 기업의 진출 분야가 다양해지고 세계 경제에서 차지하는 비중과 영향력이 커지고 있다.
ㄹ. 자유 무역의 발달로 다국적 기업의 수도 증가하고 활동 범위도 확대될 수 있었다.

07 지도에 나타난 자동차 기업은 세계 여러 국가에 진출하여 생산과 판매를 하는 다국적 기업이다. 연구소는 고급 인력 확보에 유리한 선진국에 주로 입지한다. 생산 공장은 저임금 노동력의 확보가 쉬운 개발 도상국에 많이 입지하나, 제품 수출에 대한 무역 장벽을 극복하기 위해 선진국에도 일부 입지하고 있다.

오답 피하기 ㄱ. 판매 법인은 수요가 많고 구매력이 높은 대도시 지역에 주로 입지한다.
ㄷ. 본사는 정보 수집 및 자본 확보에 유리한 선진국의 대도시에 주로 입지한다.

08 다국적 기업의 생산 공장이 진출한 지역에서는 외부로부터 자본이 유입되고 일자리가 증가하는 등 지역 경제가 활성화될 수 있으며, 기술 이전으로 관련 산업이 발달하기도 한다. 하지만 유사 제품을 생산하는 국내 기업이 경쟁력을 잃게 되어 어려움에 처할 수 있다. ① 산업 공동화 현상은 다국적 기업의 생산 공장이 철수한 지역에서 나타날 수 있는 변화이다.

09 서비스업은 표준화가 어려우며 고용 창출 효과가 큰 것이 특징이다. 대부분 선진국에서는 제조업에 비해 서비스업이 성장하는 탈공업화 현상이 나타나고 있으며, 개발 도상국에서는 선진국에 비해 서비스업 종사자의 비중이 낮은 편이다. ② 소비자의 기호와 요구가 다양해 표준화가 어렵다.

10 **| 예시 답안 |** 중국의 임금이 베트남에 비해 높아지자 생산비를 절감하기 위해 임금이 더 저렴한 베트남 지역

으로 공장을 이전하게 되었다. 중국 광둥성에서는 공장이 빠져나가 일자리가 감소하고 지역 경제가 침체될 것이다.

| 필수 키워드 | 임금 상승, 생산비 절감, 일자리 감소, 지역 경제 침체

| 평가 기준 |

상	중국의 공장이 베트남으로 이전하게 된 원인과 중국 광둥성에서 발생할 수 있는 문제점을 모두 정확하게 서술한 경우
하	중국의 공장이 베트남으로 이전하게 된 원인만 서술하거나, 중국 광둥성에서 발생할 수 있는 문제점만 서술한 경우

11 그림은 전자 상거래의 유통 구조를 나타낸 것이다. 이를 통해 상품 구매의 시·공간적 제약을 극복할 수 있으며 상점을 방문할 필요 없이 바로 상품을 받아보게 되면서 택배 산업이 발달하게 되었다.

오답 피하기 ㄱ. 기존 상거래 방식에 비해 유통 단계가 줄어들었다.
ㄹ. 유통 단계가 감소하고 해외 직접 구매가 늘어나면서 소비자는 더 저렴한 가격으로 물건을 구매할 수 있다.

12 관광의 세계화가 진행되면서 관광지에는 주민들의 일자리가 증가하고 기반 시설이 개선되는 등의 긍정적인 변화가 나타나게 된다. 하지만 지나친 상업화로 지역의 고유문화가 쇠퇴하고 무리한 개발로 인해 자연환경이 파괴되는 단점이 나타나기도 한다.

X. 환경 문제와 지속 가능한 환경

01 전 지구적 차원의 기후 변화

개념 다지기
본문 220쪽

01 (1) 기후 변화 (2) 온실가스 (3) 기상 이변 (4) 파리 협정
02 (1) ㉠ (2) ㉢ (3) ㉡ **03** (1) ㄹ (2) ㄷ (3) ㄱ
04 탄소 배출권 거래 제도
05 (1) 자연적 (2) 상승 (3) 고온 (4) 축소 (5) 국가적
06 (1) ○ (2) × (3) × (4) × (5) ○
07 (1) 상승해 왔다. (2) 인위적 요인 (3) 상승 (4) 개발 도상국 (5) 파리 협정

중단원 실력 쌓기
본문 221~222쪽

01 ⑤	**02** ④	**03** ①	**04** ②	**05** ③
06 ⑤	**07** ⑤	**08** ②	**09** ⑤	**10** ②
11 ③	**12** ②			

01 기후 변화에 영향을 미치는 자연적 요인으로 화산 분화, 태양의 활동 변화, 태양과 지구의 상대적 위치 변화 등을 들 수 있다. 인위적 요인으로는 화석 연료의 사용 증가, 도시화로 인한 무분별한 토지 및 삼림 개발 등이 있다.

02 온실 효과를 나타낸 그림이다. 대기 중의 온실가스가 마치 온실의 유리와 같은 역할을 하여 지구에서 복사되는 열이 지구 밖으로 나가지 못하고 지구로 다시 흡수되어 대기와 지표면의 온도를 높이는 것이다. ④ 온실가스는 태양 에너지는 통과시키지만 지구에서 복사한 에너지가 지구 밖으로 나가지 못하도록 한다.

03 지구 온난화로 인해 극지방의 빙하가 녹아 해수면이 상승하게 되며, 빙하가 녹으면서 아시아와 유럽을 잇는 북극 항로의 항해 일수도 늘어나고 있다.
오답 피하기 ㄷ. 지구 온난화의 영향으로 영구 동토층은 점차 융해되어 그 범위가 축소되고 있다.
ㄹ. 산호초의 백화 현상은 오스트레일리아의 대보초 해안을 비롯하여 태평양·대서양·인도양의 열대 바다에서 발생하고 있다.

04 산업화 및 도시화의 영향으로 화석 연료의 사용이 늘어나고, 농경지 개발 및 삼림 파괴로 인해 대기 중 온실가스의 농도가 높아짐에 따라 지구의 평균 기온이 계속해서 상승하고 있다.

오답 피하기 ㄴ. 도시화의 진행은 화석 연료 사용을 증가시킨다.
ㄹ. 신·재생 에너지는 화석 연료에 비해 대기 중 이산화 탄소의 배출을 감소시킨다.

05 지구의 평균 기온이 상승하면서 빙하가 감소하고, 극지방의 빙하가 녹으면서 해수면이 상승해 해안 저지대가 침수되고 있다.

오답 피하기 ① 식물의 개화 시기는 점점 빨라지고 있다.
② 고산 식물의 분포 범위는 축소되고 있다.
④ 가뭄이나 사막화 현상이 심해지면서 피해 지역이 확대되고 있다.
⑤ 홍수, 태풍, 폭설 등의 자연재해가 자주 발생하고, 피해 규모도 증가하고 있다.

06 대기 중의 온실가스 농도 증가로 온실 효과가 강화될 경우 지구의 평균 기온이 높아지게 된다. 이로 인해 해안 저지대가 침수되는 피해가 나타날 수 있다. 또한 태풍, 홍수 등 자연재해의 발생 빈도와 피해 규모가 커지는 등 기상 이변이 발생하고 있다. ⑤ 북반구에서는 농작물의 재배 가능 범위가 점차 북쪽으로 이동하게 된다.

07 지도의 A는 북극해, B는 히말라야산맥, C는 태평양 일대, D는 투발루, E는 오스트레일리아의 대보초 해안이다. ⑤ 오스트레일리아의 대보초 해안에서는 바다의 수온이 올라가면서 산호초가 죽어서 하얗게 변하는 백화 현상이 나타나고 있다.

08 제시된 사진은 지구 온난화의 영향으로 고산 지역의 빙하가 녹은 모습이다. 화석 연료의 사용이 늘어나면서 온실가스의 배출량이 증가하고 온실 효과가 과도하게 나타남으로써 지구의 평균 기온은 계속해서 상승하고 있다.

09 기후 변화에 대응하기 위한 개인적 차원의 노력으로 에너지 절약, 자원 재활용, 쓰레기 분리배출, 대중교통 이용, 친환경 제품의 사용 등이 있다.

10 국가적 차원에서 기후 변화에 대응하기 위해 화석 연료를 대체할 수 있는 에너지를 개발하고, 탄소 성적 표지 제도 및 탄소 배출권 거래 제도를 통해 온실가스를 감축해야 한다.

오답 피하기 ㄴ. 에너지 효율 등급이 높은 제품을 사용하는 것은 개인적 차원의 노력에 해당한다.
ㄹ. 비정부 기구(NGO)는 주민들의 환경 의식을 개선하고 정부 정책의 변화를 이끌어내기 위해 노력하고 있다.

11 파리 협정은 2020년 이후의 기후 변화 대응을 담은 것으로 선진국과 개발 도상국 모두 자국이 정한 방식에 따라 의무적으로 온실가스 배출 감축에 동참해야 한다.

12 그래프는 파리 협정의 합의 결과와 관련이 있으며 이 협정을 통해 선진국, 개발 도상국 모두 의무적으로 온실가스 감축에 나서야 한다.

오답 피하기 ㄴ. 선진국의 온실가스 감축 목표를 규정한 것은 교토 의정서이다.
ㄷ. 기후 변화 협약의 구체적 이행 방안으로 최초로 채택된 협약은 교토 의정서이다.

서술형·논술형   본문 223쪽

01 (1) **| 예시 답안 |** 산업 혁명 이후 화석 연료의 사용이 증가하고, 도시화로 인해 토지 및 삼림이 무분별하게 개발되었기 때문이다.

| 필수 키워드 | 화석 연료 사용 증가, 무분별한 토지 및 삼림 개발

| 평가 기준 |

상	지구의 평균 기온이 상승하게 된 원인을 두 가지 모두 정확하게 서술한 경우
하	지구의 평균 기온이 상승하게 된 원인을 한 가지만 정확하게 서술한 경우

(2) **| 예시 답안 |** 극지방의 빙하가 녹아 해수면이 상승해 해안 저지대가 침수될 수 있다. 기상 이변으로 인해 자연재해의 발생 빈도와 피해 규모가 증가한다. 기온 상승으로 생태계의 변화가 나타날 수 있다.

| 필수 키워드 | 해수면 상승, 기상 이변, 생태계 변화

| 평가 기준 |

상	지구 온난화로 인해 발생할 수 있는 문제점을 두 가지 모두 정확하게 서술한 경우
하	지구 온난화로 인해 발생할 수 있는 문제점을 한 가지만 정확하게 서술한 경우

02 (1) **|예시 답안|** 온실가스 감축을 통해 기후 변화(지구 온난화)에 대응하기 위해서이다.

|필수 키워드| 온실가스 감축, 기후 변화 대응

|평가 기준|

상	온실가스 감축과 기후 변화(지구 온난화)에 대한 대응을 연결하여 답안을 서술한 경우
하	기후 변화(지구 온난화)에 대응하기 위해서라고만 답안을 서술한 경우

(2) **|예시 답안|** (나)는 선진국의 온실가스 감축 목표만 제시한 한계가 있었으나, (다)는 선진국과 개발 도상국 모두 자국이 정한 방식에 따라 의무적으로 온실가스 감축에 나서야 함을 규정했다는 점에서 의의가 있다.

|필수 키워드| 온실가스 감축, 선진국과 개발 도상국 모두

|평가 기준|

상	(나)의 한계점과 (다)가 갖는 의의를 모두 정확하게 서술한 경우
하	(나)의 한계점과 (다)가 갖는 의의 중 한 가지만 정확하게 서술한 경우

(3) **|예시 답안|** 각국의 이해관계와 산업 구조, 기술 수준 등이 달라 합의를 이끌어내기 쉽지 않다. 온실가스 감축 목표를 이행하지 않아도 이를 강제적으로 제한할 수 없다.

|필수 키워드| 이해관계, 산업 구조, 기술 수준, 강제적 제한

|평가 기준|

상	합의의 어려움과 강제성 없음을 모두 서술한 경우
중	합의의 어려움과 강제성 없음을 모두 서술하였으나 내용이 미흡한 경우
하	합의의 어려움과 강제성 없음 중 한 가지만 서술한 경우

03 **|예시 답안|** 실내 적정 온도를 유지하고 에너지 절약을 위해 노력한다. 일회용품 사용을 줄이고 자원을 재활용한다. 친환경 제품을 사용한다. 대중교통을 타거나 자전거를 자주 이용한다. 고효율 전구를 사용한다. 등

|필수 키워드| 에너지 절약, 자원 재활용, 자전거 타기, 친환경 제품 사용

|평가 기준|

상	기후 변화에 대응하는 개인적 노력을 두 가지 이상 정확하게 서술한 경우
하	기후 변화에 대응하는 개인적 노력을 한 가지만 정확하게 서술한 경우

04 **|예시 답안|** • 선진국 대표: 최근 중국, 인도 등 개발 도상국의 온실가스 배출량이 급증하고 있어 개발 도상국도 온실가스의 감축에 동참해야 합니다. 이를 위해 개발 도상국이 온실가스 감축 기술을 개발할 수 있게 재정적으로 지원해 주겠습니다.

• 개발 도상국 대표: 현재 나타나는 기후 변화는 일찍부터 온실가스를 많이 배출한 선진국의 책임이라 볼 수 있습니다. 또한 개발 도상국은 산업화를 통한 경제 개발이 시급하므로 무조건적 감축을 강요하는 것은 문제가 있습니다.

|평가 기준|

평가 항목	평가 내용
평가 충실도	정해진 분량 기준을 충족시킴(단, 제시된 질문과 전혀 상관없는 내용으로 서술했을 시에는 분량 기준을 충족시키지 못한 것으로 간주함)
논제의 이해	온실가스 감축에 대한 선진국과 개발 도상국의 주장을 파악한 후 이를 바르게 비교할 수 있음
설명의 타당성	선진국과 개발 도상국 각각의 입장을 비교하여 정리한 내용이 정확하고, 이를 뒷받침하는 부분이 타당하게 연결되어 있음
글의 논리성	전체적인 글의 구성과 짜임새가 매끄럽고, 설명과 뒷받침 내용의 연결이 논리적이며 자연스러움

02 환경 문제 유발 산업의 국가 간 이전

개념 다지기 본문 226쪽

01 (1) 환경 문제 유발 산업 (2) 전자 쓰레기 (3) 바젤 협약 (4) 네덜란드

02 (1) ㄱ, ㄷ (2) ㄴ, ㄹ **03** (1) 선 (2) 개 (3) 개 (4) 선

04 석면

05 (1) 짧아 (2) 개발 도상국 (3) 개발 도상국 (4) 쾌적한 환경 (5) 싼

06 (1) × (2) × (3) ○ (4) ○ (5) ○

07 (1) 유입 지역 (2) 선진국 (3) 전자 쓰레기 (4) 바젤 협약

중단원 실력 쌓기 본문 227~228쪽

01 ②	**02** ④	**03** ④	**04** ④	**05** ④
06 ③	**07** ②	**08** ⑤	**09** ⑤	**10** ②
11 ⑤	**12** ⑤			

01 환경 문제 유발 산업으로 석유 화학 공업, 제철 공업, 금속 공업 등이 있다. 일반적으로 선진국에서 개발 도상국으로 이동하며, 환경 오염에 대한 인식이 높은 국가에서 그렇지 못한 국가로 이동하는 경향이 크다.

02 석면 관련 규제가 심해지면서 석면 공장은 선진국에서 개발 도상국으로 이동하고 있다.

오답 피하기 ① 석면 제조 공장이 이전하여 현재 석면의 대부분은 개발 도상국에서 생산되고 있다.
② 독일과 일본의 석면 공장이 우리나라로 이전되었다.
③ 환경 오염에 대한 규제나 사회적 인식 등의 차이로 인해 석면 공장이 선진국에서 개발 도상국으로 이전한 것이다.
⑤ 생산 시설과 함께 환경 문제도 같이 이동하고 있다.

03 석면 공장이 유입된 곳에서는 주민들의 일자리가 창출되고 지역 경제가 발달할 수 있으나 유해 물질이 배출됨에 따라 환경 오염이 심화되고 주민들의 건강 및 생활이 위협받기도 한다.

오답 피하기 ② 선진국에서는 낙후된 제조 설비를 개발 도상국으로 이전하고 최신 기술 설비는 유지하려고 한다.
③ 전자 쓰레기를 통해 개발 도상국에서는 금속 자원을 채취하고 경제적 이익을 얻을 수 있다.
⑤ 환경 보전보다 경제 성장을 우선시하는 정책을 실시한다.

04 전자 쓰레기는 주로 전자 제품을 많이 사용하는 서부 유럽, 앵글로아메리카의 선진국에서 아프리카 등의 개발 도상국으로 이동하는 경향이 크다. 개발 도상국은 경제 성장을 우선시하고 있어 전자 쓰레기의 이동과 같은 현상을 규제하는 제도가 미흡한 편이다. ④ 전자 쓰레기의 이동과 인구 분포는 큰 관계가 없다.

05 개발 도상국에서는 금속 자원을 채취하고 경제적 이득을 얻기 위해 전자 쓰레기를 수입하고 있으며, 전자 쓰레기의 처리 과정에서 유해 물질이 배출되어 환경이 오염되고 생태계가 파괴되기도 한다.

오답 피하기 ㄱ. 첨단 산업은 주로 선진국에서 발달하였다.
ㄷ. 환경 오염을 유발하는 전자 쓰레기가 개발 도상국으로 대량 이동함으로써 환경 오염을 처리하는 비용이 과거에 비해 증가하게 된다.

06 전자 제품의 사용 주기가 짧아지면서 선진국에서 발생하는 전자 쓰레기의 양이 증가하고 있다.

오답 피하기 ① 개발 도상국에서는 유해 물질 배출에 따른 환경 오염이 심해진다.
② 전자 제품의 사용 주기가 짧아지면서 전자 쓰레기의 양은 증가하고 국제적 이동량이 늘어나고 있다.
④ 개발 도상국 주민들의 일자리가 증가하게 될 것이다.
⑤ 개발 도상국은 환경 규제가 상대적으로 느슨하며, 환경 보전보다는 경제 성장을 우선시하는 정책을 실시하고 있다.

07 공해 유발 산업을 유출하는 지역은 선진국으로, 선진국은 환경 오염에 대한 규제가 엄격한 편이며 최신 기술 설비를 자국 내에 유지시키려 한다. 또한 개발 도상국에 비해 첨단 산업이 발달해 있다.

08 지도의 A는 전자 쓰레기의 발생 지역, B는 처리 지역으로 A는 선진국, B는 개발 도상국에 해당한다. 선진국은 개발 도상국보다 환경에 대한 규제가 엄격하여 개발 도상국에 전자 쓰레기를 불법 수출하는 경우가 많다. ⑤ 환경 오염으로 인한 피해가 개발 도상국에 많이 돌아가 환경 문제가 공간적으로 불평등하게 나타난다.

09 의류 산업은 염색 과정에서 다량의 폐수가 발생하게 되어 개발 도상국의 수질 오염을 심화시키고 이로 인해 주민들이 각종 질병에 시달리기도 한다.

오답 피하기 ㄱ. 의류 제품을 생산하는 공장이 입지하면서 주민들의 일자리는 증가하게 된다.
ㄴ. 선진국은 개발 도상국에 비해 오염 물질을 배출하는 의류 산업에 대한 규제가 심하다.

10 바젤 협약은 유해 폐기물에 대한 국제적 이동의 통제와 규제를 목적으로 하는 협약으로 1989년 스위스 바젤에서 체결되었다.

오답 피하기 ③ 람사르 협약은 습지 보호에 관한 협약이며, ⑤ 몬트리올 의정서는 오존층 파괴 물질의 규제에 관한 국제 협약이다.

11 네덜란드는 과거 화훼 시장의 중심이었으나 많은 화훼 농가들이 탄소 배출 비용 절감, 값싼 노동력 확보 등을 이유로 기후가 온화하고 비용이 적게 드는 아프리카 케냐 지역으로 이전하였다. ⑤ 케냐 정부는 화훼 산업 유치를 위해 환경 기준을 완화하였다.

12 화훼 산업의 이전으로 케냐에서는 일자리가 늘어나고 지역 경제가 발달했으나, 농장에서 사용한 화학 물질과 농약이 호수로 흘러들어 수질이 악화되는 문제가 나타나기도 했다.

오답 피하기 ㄱ. 화훼 산업의 이전으로 화훼 농가 주민들의 소득은 증가했다.

ㄴ. 농장에서 호수의 물을 과도하게 사용하고, 화학 물질이 호수로 흘러들어가면서 어획량이 감소했다.

서술형·논술형
본문 229쪽

01 |예시 답안| 석면 공장은 주로 선진국에서 개발 도상국으로 이동하고 있다. 선진국은 환경에 대한 규제가 엄격하고 환경 오염에 대한 사회적 인식이 높지만 개발 도상국에서는 환경에 대한 규제가 느슨하고 환경 보전보다는 경제 성장을 우선시하기 때문이다.

|필수 키워드| 환경 규제, 환경 오염에 대한 사회적 인식

|평가 기준|

상	석면 공장의 이동 경향을 쓰고, 이동이 발생하는 이유를 선진국과 개발 도상국의 입장에서 모두 바르게 서술한 경우
중	• 석면 공장의 이동 경향을 쓰고, 이동이 발생하는 이유를 선진국 혹은 개발 도상국의 입장에서만 서술한 경우 • 석면 공장의 이동 경향은 쓰지 않았으나, 이동이 발생하는 이유를 선진국과 개발 도상국의 입장에서 모두 바르게 서술한 경우
하	석면 공장의 이동 경향만 쓰거나, 이동의 발생 이유를 선진국이나 개발 도상국의 입장에서만 서술한 경우

02 |예시 답안| 전자 쓰레기가 유입되는 지역은 개발 도상국으로, 전자 쓰레기를 통해 금속 자원을 채취하고 경제적 이익을 얻을 수 있다. 하지만 유해 물질이 배출되면서 환경이 오염되고 생태계가 파괴되는 문제가 나타나기도 한다.

|필수 키워드| 개발 도상국, 금속 자원 채취, 경제적 이익, 환경 오염, 생태계 파괴

|평가 기준|

상	전자 쓰레기의 이동이 유입 지역에 미칠 수 있는 긍정적 영향과 부정적 영향을 모두 서술한 경우
하	전자 쓰레기의 이동이 유입 지역에 미칠 수 있는 긍정적 영향과 부정적 영향 중 한 가지만 서술한 경우

03 |예시 답안| 화학 물질과 농약이 호수로 흘러들어 수질이 악화되고 어획량이 감소한다. 농장에서 호수의 물을 과도하게 사용하면서 호수의 수위가 낮아지고 수량이 감소한다.

|필수 키워드| 수질 오염, 어획량 감소, 호수 수량 감소 등

|평가 기준|

상	장미 농장의 이전이 케냐에 미칠 수 있는 부정적인 영향을 두 가지 모두 서술한 경우
하	장미 농장의 이전이 케냐에 미칠 수 있는 부정적인 영향을 한 가지만 서술한 경우

04 |예시 답안| 선진국에서는 쾌적한 환경 조성을 통해 환경 문제 해결에 도움을 받을 수 있으며 환경 오염의 부담 없이 개발 도상국에서 생산된 제품을 소비할 수 있게 되었다. 반면 개발 도상국에서는 일자리가 창출되고 지역 경제가 발달하는 긍정적인 측면이 있지만 유해 물질 배출에 따른 환경 오염과 생태계 파괴 현상이 발생하고, 주민들의 건강과 생활이 위협받을 수 있다. 이러한 환경 문제의 공간적 불평등 문제를 해결하기 위해서 선진국에서는 환경 오염을 최소화하고 안전한 생산 환경 조성을 위해 노력해야 하며 개발 도상국에서는 기업에 대한 환경 규제와 감시를 강화하는 노력이 필요하다. 또한 유해 폐기물과 공해 산업의 불법적 확산을 방지하는 국제 사회의 노력이 요구된다.

|평가 기준|

평가 항목	평가 내용
평가 충실도	정해진 분량 기준을 충족시킴(단, 제시된 질문과 전혀 상관없는 내용으로 서술했을 시에는 분량 기준을 충족시키지 못한 것으로 간주함)
논제의 이해	환경 문제 유발 산업의 이동이 선진국과 개발 도상국에 미치는 영향을 구분하여 이해하고 선진국, 개발 도상국, 국제 사회 등 여러 입장에서 해결 노력을 파악할 수 있음
설명의 타당성	각 항목별 설명과 이를 뒷받침하는 내용이 정확하고 타당하게 연결되어 있음
글의 논리성	전체적인 글의 구성과 짜임새가 매끄럽고, 설명과 뒷받침 내용의 연결이 논리적이며 자연스러움

03 생활 속의 환경 이슈

개념 다지기
본문 232쪽

01 (1) 환경 이슈(환경 쟁점) (2) 유전자 재조합(유전자 변형) (3) 로컬 푸드 (4) 미세 먼지 (5) 토의

02 푸드 마일리지　　**03** (1) ㄱ, ㄷ (2) ㄴ, ㄹ

04 (1) ⓒ (2) ⓐ (3) ⓑ

05 (1) 국가 및 지역적 (2) 강하고 (3) 높고 (4) 미세 먼지 (5) 짧아져

06 (1) ○ (2) × (3) × (4) ○ (5) ×

07 (1) 유전자 재조합 식품(유전자 변형 식품) (2) 훼손할 수 있다.(파괴할 수 있다.) (3) 로컬 푸드 (4) 미세 먼지

중단원 실력 쌓기
본문 233~234쪽

01 ②	**02** ④	**03** ⑤	**04** ⑤	**05** ④
06 ④	**07** ③	**08** ⑤	**09** ⑤	**10** ④
11 ①	**12** ⑤			

01 환경 이슈는 시대별, 공간적 규모에 따라 다양하게 나타나며 일상생활에 큰 영향을 미치기도 한다.

　오답 피하기　ㄴ. 환경 문제 중 원인과 해결 방안이 입장에 따라 서로 다르게 나타나는 것을 환경 이슈라고 한다.

ㄹ. 쓰레기 소각장 건설, 갯벌 간척 등은 국가 및 지역적 수준의 환경 이슈에 해당한다.

02 유전자 재조합 농산물에 대한 설명이다. 유전자 재조합 농산물은 병충해에 강하고 수확량이 많아 농가의 소득을 증대시키고 식량 부족 문제 해결에도 기여할 수 있다. 하지만 재배 과정에서 환경과 생물 다양성을 위협할 수 있다는 문제점이 제기되기도 한다. ④ 인체에 미치는 영향에 대한 안전성이 검증되지 않았다.

03 그래프에서 알 수 있듯이 콩과 면화는 유전자 재조합 농산물의 재배 비중이 높게 나타나며, 유전자 재조합 농산물의 재배 비중은 계속해서 증가하고 있다.

　오답 피하기　ㄱ. 유전자 재조합을 통해 병충해에 강해져 농약 사용량이 감소할 수 있다는 점은 긍정적 측면에 해당한다.

ㄴ. 유전자 재조합 농산물은 노동력과 비용을 적게 들이고도 많은 양을 수확할 수 있어 농가의 소득을 증가시킬 수 있다는 장점이 있다.

04 유전자 재조합 식품은 대량 생산이 가능하고 식량 가격을 낮출 수 있어 세계 식량 부족 문제 해결에 도움을 줄 수 있다.

　오답 피하기　① 재배 과정에서 생물 다양성을 위협할 수 있다. ② 병충해에 강한 작물을 만들어 농약 사용량을 줄일 수 있다. ③ 노동력과 비용을 적게 들이고도 많은 양을 수확할 수 있어 농가의 소득을 증가시킬 수 있다는 장점이 있다. ④ 인체에 미치는 영향에 대한 안전성이 검증되지 않았다.

05 유전자 재조합 농산물은 미국, 브라질, 아르헨티나, 캐나다 등 주로 아메리카 대륙에서 대규모로 재배되고 있다. 콩과 면화는 전체 재배 비중에서 유전자 재조합 농산물의 비중이 절반을 훨씬 넘는다.

　오답 피하기　ㄱ. 아시아 대륙에 위치한 인도가 유전자 재조합 농산물 재배 면적 상위 4위에 해당한다.

ㄷ. 제시된 자료만으로는 유전자 재조합 농산물의 생산량을 정확하게 알 수 없다.

06 로컬 푸드 운동에 대한 설명이다. 로컬 푸드 운동을 통해 소비자는 신선하고 안전한 먹을거리를 제공받을 수 있으며 생산자는 안정적인 소득을 보장받을 수 있는 장점이 있다. ④ 로컬 푸드는 푸드 마일리지가 높은 장거리 수입 농산물에 대한 대안으로 등장하게 되었다.

07 푸드 마일리지는 먹을거리가 생산되어 소비자의 식탁에 오르기까지의 이동 거리(km)에 식품 수송량(t)을 곱한 값으로 나타낸다.

　오답 피하기　① 이동 거리가 길면 푸드 마일리지가 높아져 이동 과정에서 배출되는 온실가스의 양이 많다.

② 동일한 양을 수송한다고 가정할 때 이동 거리가 짧으면 푸드 마일리지가 낮게 나타난다.

④ 푸드 마일리지가 높을수록 환경에 미치는 부담이 커진다.

08 환경에 대한 관심이 증대되고, 안전하고 건강한 먹을거리를 찾는 소비자가 증가하면서 로컬 푸드 운동이 주목받게 되었다. 반면 글로벌 푸드는 시간과 공간을 초월해 전 지구적으로 상품화된 먹을거리를 의미한다.

09 흙먼지, 식물 꽃가루 등은 미세 먼지를 발생시키는 자연적 요인이며, 화석 연료 연소 시 생기는 매연, 자동차 배기가스, 건설 현장의 날림 먼지 등은 인위적 요인에 해당한다.

10 미세 먼지는 각종 호흡기 및 심혈관 질환, 뇌 질환을 유발시키며 반도체 등 정밀 기기의 불량률을 증가시킨다. 또한 가시거리 확보가 어려워 비행기나 여객선의 운항에 지장을 주기도 한다. ④ 미세 먼지는 대기가 안정되어 바람이 없는 날 피해가 더 크게 나타나며 최근에는 계절에 상관없이 발생하고 있다.

11 화력 발전소와 공장에 대한 정부의 규제, 중국과의 협조 체제 구축, 미세 먼지에 대한 정확한 예보가 필요하다. ① 화력 발전소의 경우 미세 먼지 발생의 주요 원인으로 지목되고 있다.

12 중국에서 발생한 미세 먼지가 우리나라로 유입되고, 여기에 국내 발생 미세 먼지가 합쳐질 경우 미세 먼지 농도는 계속 높아지게 된다.

오답 피하기 ① 이웃 국가인 중국의 영향을 많이 받는 편이다. ② 중국발 미세 먼지는 주로 공장의 매연으로부터 비롯된다. ③ 문제를 해결하기 위해서는 중국과의 협력도 요구된다. ④ 우리나라에서 운영하고 있는 화력 발전소와 노후 경유차에서 발생하는 매연은 우리나라에 영향을 미친다.

서술형·논술형
본문 235쪽

01 | 예시 답안 | ㉠에 들어갈 말은 환경 이슈(환경 쟁점)이다. ㉡에 해당하는 사례에는 원자력 발전소 건설이나 쓰레기 소각장을 둘러싼 문제, 국립 공원 케이블카 설치 문제 등이 있다.

| 필수 키워드 | 환경 이슈(환경 쟁점), 원자력 발전소 건설, 쓰레기 소각장 건설, 국립 공원 케이블카 설치

| 평가 기준 |

상	㉠에 들어갈 알맞은 말을 쓰고, ㉡에 해당하는 사례를 두 가지 모두 바르게 서술한 경우
중	• ㉠에 들어갈 알맞은 말을 쓰고, ㉡에 해당하는 사례를 한 가지만 서술한 경우 • ㉠에 들어갈 알맞은 말을 쓰지는 못했으나, ㉡에 해당하는 사례 두 가지를 모두 바르게 서술한 경우
하	㉠에 들어갈 알맞은 말만 쓰거나, ㉡에 해당하는 사례 한 가지만을 서술한 경우

02 | 예시 답안 | 로컬 푸드 운동에 대한 설명이다. 로컬 푸드를 통해 소비자는 신선하고 안전한 먹을거리를 제공받을 수 있고, 지역 농민들은 안정적인 소득을 보장받

을 수 있다. 또한 식품의 장거리 운송 과정에서 발생하는 온실가스 배출량을 줄일 수 있다.

| 필수 키워드 | 신선하고 안전한 먹을거리, 안정적인 소득, 온실가스 배출 감소

| 평가 기준 |

상	설명하는 운동의 명칭을 쓰고, 운동을 통해 얻을 수 있는 효과를 두 가지 모두 바르게 서술한 경우
중	• 설명하는 운동의 명칭을 쓰고, 운동을 통해 얻을 수 있는 효과를 한 가지만 바르게 서술한 경우 • 설명하는 운동의 명칭을 쓰지는 못했으나, 운동을 통해 얻을 수 있는 효과를 두 가지 모두 바르게 서술한 경우
하	설명하는 운동의 명칭만 쓰거나, 운동을 통해 얻을 수 있는 효과 한 가지만을 바르게 서술한 경우

03 | 예시 답안 | ㉠ 자전거를 타거나 대중교통을 이용한다. 전기, 가스, 물 등을 낭비하지 않고 에너지를 절약한다. 저탄소 제품이나 에너지 효율이 높은 제품을 사용한다.
㉡ 일회용품 사용을 줄이고 재활용품 분리배출을 생활화한다.

| 필수 키워드 | ㉠ 자전거 이용, 대중교통 이용, 에너지 절약, 저탄소 제품, / ㉡ 일회용품 자제, 재활용품 분리배출

| 평가 기준 |

상	㉠, ㉡에 들어갈 내용을 모두 바르게 서술한 경우
하	㉠, ㉡에 들어갈 내용 중 한 가지만 서술한 경우

04 | 예시 답안 | (가)에 들어갈 내용은 자동차 배기가스, 공장 및 화력 발전소에서 발생하는 매연 등이다. 미세 먼지가 발생하면서 각종 호흡기 및 심혈관 질환이 증가하고, 반도체와 같은 정밀 기기의 불량률이 높아진다.

| 필수 키워드 | 자동차 배기가스, 공장 및 화력 발전소 매연, 호흡기 및 심혈관 질환, 정밀 기기의 불량률

| 평가 기준 |

상	(가)에 들어갈 내용을 쓰고, 미세 먼지가 일상생활에 미치는 영향을 두 가지 모두 바르게 서술한 경우
중	• (가)에 들어갈 내용을 쓰고, 미세 먼지가 일상생활에 미치는 영향을 한 가지만 바르게 서술한 경우 • (가)에 들어갈 내용을 쓰지는 못했으나, 미세 먼지가 일상생활에 미치는 영향을 두 가지 모두 바르게 서술한 경우
하	(가)에 들어갈 내용만 쓰거나, 미세 먼지가 일상생활에 미치는 영향 한 가지만을 바르게 서술한 경우

05 | 예시 답안 | 유전자 재조합 식품 개발에 반대한다. 유전자 재조합 식품이 인체에 미치는 영향과 안전성 여부가 아직 명확하게 검증되지 않았기 때문이다. 또한 재배 과정에서 고유종을 파괴하고 환경과 생물 다양성을 위협할 수 있다는 문제점이 제기된다. 이 밖에도 개발 과정에서 유전자 재조합 기술을 가진 다국적 농업 기업에 많은 비용을 지불해야 한다. 따라서 식품의 안전성과 생태학적 측면에서 유전자 재조합 식품의 개발에 반대한다.

| 평가 기준 |

평가 항목	평가 내용
평가 충실도	정해진 분량 기준을 충족시킴(단, 제시된 질문과 전혀 상관없는 내용으로 서술했을 시에는 분량 기준을 충족시키지 못한 것으로 간주함)
논제의 이해	유전자 재조합 식품의 개발에 대한 찬성 혹은 반대의 입장을 선택한 후 이를 뒷받침할 수 있는 근거들을 정확하게 파악했음
설명의 타당성	유전자 재조합 식품 개발의 찬성 혹은 반대에 대한 주장을 뒷받침하는 근거들이 타당하게 제시되어 있음
글의 논리성	전체적인 글의 구성과 짜임새가 매끄럽고, 설명과 이를 뒷받침하는 내용의 연결이 논리적이며 자연스러움

대단원 마무리

본문 236~237쪽

01 ② 02 ② 03 ④ 04 ⑤
05 예시 답안 참조 06 ③ 07 ② 08 ⑤
09 예시 답안 참조 10 ③ 11 ② 12 ②

01 그래프를 통해 지구의 평균 기온이 상승하고 있음을 알 수 있다. 화석 연료의 사용 증가와 함께 농경지 개발 및 삼림 파괴 현상이 대기 중 온실가스의 농도를 높이는 원인이 된다.

오답 피하기 ㄴ. 대기 중 이산화 탄소의 농도가 높아지면서 온실 효과가 강화되고 지구의 평균 기온이 상승하게 된다.
ㄹ. 지구 온난화로 극지방의 빙하가 감소하고 이로 인해 해수면이 상승하게 된다.

02 온실가스 농도가 증가함에 따라 온실 효과가 강화되면 지구의 평균 기온이 높아지게 된다. 지구 온난화로 인해 빙하가 감소하고 해수면이 상승하게 되며, 기상 이

변이 증가하게 된다. ② 고산 식물의 분포 범위는 점차 축소될 것이다.

03 지구 온난화로 극지방 빙하의 양은 감소하게 된다. 또한 해양 생태계에도 변화가 나타나 한류성 어족의 개체 수도 줄어들게 된다. 반면, 극지방의 빙하가 녹음으로써 해수면이 상승하게 되고 북극 항로의 항해 가능 일수가 증가하게 되었다.

04 (가) 교토 의정서는 기후 변화 협약의 구체적 이행 방안으로 채택되었으며 선진국의 온실가스 감축 목표를 규정하고 있다. (나) 기후 변화 협약은 온실가스 감축과 관련된 최초의 국제 협약이다. (다) 파리 협정을 통해 선진국, 개발 도상국 모두 의무적으로 온실가스 감축에 나서도록 규정하고 있다.

오답 피하기 ㄱ. 온실가스 감축과 관련된 최초의 국제 협약은 (나) 기후 변화 협약이다.
ㄴ. 2020년 이후 교토 의정서를 대체할 신기후 체제는 (다) 파리 협정이다.

05 | 예시 답안 | 현재 기후 변화는 일찍부터 온실가스를 많이 배출한 선진국의 책임이 큽니다. 산업화를 통한 경제 개발이 시급하니 감축을 강요해서는 안 됩니다.

| 필수 키워드 | 선진국 책임, 경제 개발

| 평가 기준 |

상	선진국의 책임과 개발 도상국의 현 상황을 잘 연결하여 내용을 서술한 경우
하	선진국의 책임이 크다는 내용만 서술한 경우

06 가나와 같은 개발 도상국에서는 금속 자원을 채취하고 경제적 이득을 얻기 위해 전자 쓰레기를 수입하고 있으며, 전자 쓰레기의 처리 과정에서 유해 물질이 배출되어 환경이 오염되고 주민들의 건강이 위협받기도 한다.

07 석면 관련 규제가 심해지면서 석면 공장은 선진국에서 개발 도상국으로 이동하고 있다. 석면과 같은 환경 문제 유발 산업은 환경 오염에 대한 사회적 인식이 높은 선진국에서 상대적으로 인식이 낮은 개발 도상국으로 이동하는 경향이 크다.

오답 피하기 ㄴ. 경제 발전 수준이 높은 선진국에서 발전 수준이 상대적으로 낮은 개발 도상국으로 이동한다.
ㄹ. 석면 공장이 유입되는 지역은 환경 보전보다는 경제 성장을 우선시하여 환경 문제 유발 산업을 유치하게 되는 것이다.

08 제시된 산업은 환경 문제 유발 산업(공해 유발 산업)이다. 공장이 유입된 지역에서는 주민들의 일자리가 창출되고 지역 경제가 발달할 수 있으나 유해 물질이 배출됨에 따라 환경 오염이 심화되고 주민들의 건강 및 생활이 위협받기도 한다. ⑤ 개발 도상국은 기업에 대한 환경 규제와 감시를 강화할 필요가 있다.

09 | 예시 답안 | 케냐의 외화 수입이 증가하고 주민들의 일자리가 늘어난다. 하지만 농장에서 사용한 농약과 화학 약품이 호수와 주변 토양을 오염시킨다.
| 필수 키워드 | 외화 수입 증가, 일자리 창출, 호수와 토양 오염
| 평가 기준 |

상	케냐에서 나타날 수 있는 긍정적인 변화와 부정적인 변화를 모두 바르게 서술한 경우
하	케냐에서 나타날 수 있는 긍정적인 변화와 부정적인 변화 중 한 가지만 서술한 경우

10 ㉠에 들어갈 말은 유전자 재조합 식품이다. 유전자 재조합 식품은 대량 생산이 가능하고 식량 가격을 낮출 수 있어 세계 식량 부족 문제 해결에 도움을 줄 수 있다.
오답 피하기 ㄱ. 특정 영양소는 강화되나, 인체에 미치는 영향에 대한 안전성이 아직 검증되지 않았다.
ㄹ. 로컬 푸드 운동에 대한 설명이다.

11 밑줄 친 상황에 대한 대안으로 등장한 식품은 로컬 푸드이다. 로컬 푸드 운동을 통해 소비자는 신선하고 안전한 먹을거리를 제공받을 수 있으며 생산자는 안정적인 소득을 보장받을 수 있는 장점이 있다. 로컬 푸드는 이동 거리가 짧아 운송 과정에서 배출되는 온실가스의 양이 적어 환경에 미치는 부담이 적은 편이다. ② 유전자 재조합 농산물의 경우 대량 생산이 가능해 가격을 낮출 수 있는 장점이 있다.

12 미세 먼지는 각종 호흡기 및 심혈관 질환, 뇌 질환을 유발시키며 가시거리 확보가 어려워 비행기나 여객선의 운항에 지장을 주기도 한다.
오답 피하기 ㄴ. 반도체 등 정밀 기기의 불량률을 증가시킨다.
ㄹ. 미세 먼지에 중금속이 일부 포함되어 있기는 하지만, 이를 토양 오염의 주요 원인으로 보기는 어렵다.

XI. 세계 속의 우리나라

01 우리나라의 영역과 독도의 중요성

개념 다지기
본문 244쪽

01 (1) 주권 (2) 통상 기선 (3) 어업 협정 (4) 영공 (5) 연교차
02 이어도　　　**03** 배타적 경제 수역　　**04** 안용복
05 (1) ○ (2) × (3) × (4) × (5) ○　**06** 팔도총도
07 (1) ㉡ (2) ㉣ (3) ㉠ (4) ㉢　　　**08** ㉠ 12 ㉡ 3 ㉢ 200
09 (1) 동해 (2) 유인도 (3) 천연 보호 구역(천연기념물) (4) 태평양
10 ㄱ, ㄹ

중단원 실력 쌓기
본문 245~246쪽

01 ①	02 ③	03 ④	04 ②	05 ②
06 ④	07 ④	08 ⑤	09 ③	10 ③

01 글에 제시된 내용은 국가의 영역이다. 국가의 영역은 한 나라의 주권이 미치는 범위로 영토, 영해, 영공으로 구성된다. 또한 국가의 기본 조건이자 국민의 생활 공간이므로 보호해야 하는 공간이다. 그림의 ㉠은 영토, ㉡은 영해, ㉢은 영공, ㉣은 배타적 경제 수역, ㉤은 공해에 해당한다. 그러므로 ㉠, ㉡, ㉢이 국가의 영역이다.

02 ㉠은 영토, ㉡은 영해, ㉢은 영공이다. 영해는 해안선의 형태와 가까운 국가와의 거리에 따라 조정될 수 있다. 예를 들어, 대한 해협은 일본과 거리가 가깝기 때문에 예외적으로 직선 기선으로부터 3해리까지만 영해로 설정되어 있다.
오답 피하기 ① 영토는 국가에 속한 육지로 섬을 포함한다.
② ㉡은 영해이다. 영해는 영해 설정의 기준선인 기선으로부터 12해리까지이며, 기선으로부터 200해리까지의 바다 중 영해를 제외한 수역(㉣)은 배타적 경제 수역이다.
④ 영공은 영토와 영해의 상공이므로 모든 나라가 가지고 있으며, 내륙국에 존재하지 않는 것은 영해이다.
⑤ 영공은 일반적으로 대기권 내로 그 범위를 제한한다.

03 ㉠은 우리나라 최남단인 마라도에서 남서쪽으로 149km 떨어져 있다는 점, 바다 표면으로부터 약 4.6m 아래에

잠겨 있는 수중 암초라는 점으로 보아 이어도이다. 이 어도에서 가장 가까운 섬(유인도)은 우리나라의 마라도 이다. 무인도나 암초는 가장 가까운 유인도에 귀속된다 는 국제 해양법에 따라 이어도의 관할권은 우리나라에 있다.

04 우리나라 헌법에 의하면 북한 지역도 우리나라 영토에 포함된다. 우리나라 영해를 설정하는 기준선은 지역에 따라 다르다. 동해안, 제주도, 울릉도, 독도는 통상 기 선을 적용하고, 서해안과 남해안은 직선 기선을 적용 한다.

오답 피하기 을. 서해안은 직선 기선의 적용을 받으므로 간척 사업을 하는 땅은 기선 안쪽에 있어 간척 사업으로 영해가 넓어 지지는 않는다.
정. 독도는 우리나라의 영토이므로 영토의 상공은 우리나라 영 공에 해당한다. 영공은 다른 국가의 비행기가 해당 국가의 허가 없이 비행하지 못한다.

05 지도 A는 서해안에서 직선 기선이 적용된 것을 나타내 고, 지도 B는 대한 해협에서 영해가 3해리로 적용된 것을 나타낸다.

오답 피하기 ㄴ. ⓒ은 3해리이다.
ㄹ. 지도 A는 직선 기선이 적용된 서해안이고, 울릉도는 통상 기 선이 적용되기 때문에 영해 설정 방법이 다르다.

06 지도에 표현된 섬은 동도와 서도가 있다는 점, 여러 개 의 작은 섬이 주변에 있다는 점, 동해에 위치해 있다는 점 등으로 보아 독도이다. 독도는 해저에서 분출한 용 암이 굳어져 형성된 화산섬이다.

오답 피하기 ① 독도는 독도 경비대원, 등대 관리원, 울릉군청 소속 직원 등이 생활하는 유인도이다.
② 독도는 행정 구역상 경상북도 울릉군에 속한다.
③ 독도는 동해 중간에 위치해 있어 바다의 영향을 많이 받기 때 문에 기온의 연교차가 작다.
⑤ 독도는 우리나라 최동단에 위치해 있으며, 최남단에 위치한 섬은 마라도이다.

07 ⓒ은 울릉도에서 동남쪽으로 약 87.4km 위치해 있다 는 점, 동해 한중간에 위치해 있다는 점으로 보아 독도 이다. 일본의 오키섬은 독도로부터 약 157.5km 떨어 져 있고, 울릉도는 약 87.4km 떨어져 있으므로 오키 섬보다 울릉도에 가깝다. 독도는 울릉도에서 날씨가 맑은 날에는 육안으로 보인다.

오답 피하기 ㄱ. 독도는 460~250만 년 전에 해저 화산 활동 으로 형성되었으며, 울릉도나 제주도보다 먼저 형성되었다.
ㄷ. 독도는 우리나라 최동단에 위치해 있기 때문에 우리나라에 서 일출 시각이 가장 이르다.

08 독도 주변 바다에는 많은 자원이 존재한다. ⓒ은 생수, 식품, 의약품 개발에 활용 가능하다는 점에서 해양 심 층수이다. ⓒ은 '불타는 얼음'이라는 별명을 가지고 있 다는 점에서 메탄 하이드레이트다.

09 독도의 가치는 무궁하다. 한 연구에 따르면 독도의 가 치는 연 11조 원을 넘는다고 한다.

오답 피하기 ㄱ. 독도는 우리나라에서 대서양이 아니라 태평양 을 향한 해상 전진 기지이다.
ㄹ. 독도는 화산섬으로 카르스트 지형과는 거리가 멀다.

10 1454년에 "우산(독도)과 무릉(울릉도) 두 섬이 울진현 의 정동쪽 바다에 있다. 두 섬은 거리가 멀지 않아 날 씨가 맑으면 서로 바라볼 수 있다"라고 기록된 고문헌 은 세종실록지리지다. 1531년 제작된 지도로 독도가 그려진 가장 오래된 지도는 팔도총도이다. 그러므로 ⓒ은 세종실록지리지이고, ⓒ은 팔도총도이다.

서술형 · 논술형
본문 247쪽

01 | **예시 답안** | 우리나라 영해 설정에는 통상 기선과 직선 기선이 적용된다. 동해안, 제주도, 울릉도, 독도 등은 해안선이 단조롭기 때문에 최저 조위선인 통상 기선을 적용한다. 반면, 서해안과 남해안은 섬이 많고 해안선 이 복잡하기 때문에 가장 외곽에 있는 섬을 연결한 직 선 기선을 적용한다.
| **필수 키워드** | 통상 기선, 직선 기선, 해안선이 단조롭 기 때문, 해안선이 복잡하기 때문
| **평가 기준** |

상	기선의 이름, 기선이 적용된 해안, 그 이유를 정확하게 연결하여 서술한 경우
중	기선의 이름과 기선이 적용된 해안을 정확하게 연결하 였으나, 그 이유에 대한 서술이 미흡한 경우
하	기선의 이름만 쓴 경우

02 | **예시 답안** | 자료 A는 괭이갈매기가 서식하는 독도 사 진이고, 자료 B는 해저 화산인 독도를 의미한다. 이는

모두 환경·생태적 가치와 관련이 있다. 독도가 가진 환경·생태적 가치는 다음과 같다. 독도는 독도 전체가 천연 보호 구역으로 지정될 만큼 다양한 동식물의 서식지이다. 또한 독도는 해저 화산의 형성과 진화 과정을 살펴볼 수 있는 세계적인 지질 유적이다.

| 필수 키워드 | 환경·생태적 가치, 천연 보호 구역, 화산

| 평가 기준 |

상	환경·생태적 가치를 쓰고, 독도가 가진 환경·생태적 가치를 정확하게 서술한 경우
중	환경·생태적 가치를 썼으나, 독도가 가진 환경·생태적 가치에 대한 서술이 미흡한 경우
하	환경·생태적 가치만 쓴 경우

03 | 예시 답안 | ㉠은 우리나라의 배타적 경제 수역이다. 배타적 경제 수역은 연안국이 수산·광물·에너지 자원 등의 해양 자원 활용, 시설물 설치 등에 대한 권리를 가진다. 자료 A는 우리나라의 배타적 경제 수역에 중국 어선이 침입해 고기잡이를 하는 것을 우리나라 해경이 발견하고 대치 중인 상황이다. 앞으로 자료 A와 같은 상황이 계속된다면 우리나라 어민들의 수확량이 줄어들고, 어업 활동에 큰 타격을 받을 수 있다. 또한 우리나라와 중국 간의 외교적 갈등이 발생할 수 있다.

| 평가 기준 |

평가 항목	평가 내용
평가 충실도	정해진 분량 기준을 충족함(단, 제시된 질문과 관련 없는 내용은 분량에서 제외함)
내용 요소 이해도	배타적 경제 수역의 특징에 기반하여 우리나라 해경과 중국 어선이 대치중인 이유를 구체적으로 설명함
종합적 사고력	상황이 지속될 경우 발생할 수 있는 문제점을 종합적으로 논술함
글의 논리성	글의 구성이 논리적이며, 내용의 연결이 자연스러움

04 | 예시 답안 | 안용복은 조선 후기의 어부로 울릉도와 독도에서 불법 조업을 하던 일본 어선에 대해 강력히 항의하고 울릉도와 독도가 조선의 영토임을 확인하는 문서를 받아왔다. 심흥택은 대한제국의 울릉군수로 시마네현 관리들이 독도를 일본 영토로 편입하려는 것을 강원도 관찰사에게 보고하고 일본 관리들에게 강력히 항의하였다. 홍순칠은 독도 의용 수비대를 조직하여 한국령 표지석을 만들고 독도를 수호하였다. 오늘날 독도를 지키기 위해서는 독도에 대해 정확히 알 필요가 있다고

생각한다. 그래서 독도의 특징과 가치에 대해서 알고, 독도가 우리 땅인 역사적 근거에 대해서도 알아둘 것이다. 또한 독도의 날, 독도 문화 대축제 등 다양한 독도 관련 행사에 적극적으로 참여하도록 하겠다.

| 평가 기준 |

평가 항목	평가 내용
평가 충실도	정해진 분량 기준을 충족함(단, 제시된 질문과 관련 없는 내용은 분량에서 제외함)
내용 요소 이해도	독도를 지키기 위해 노력한 안용복, 심흥택, 홍순칠의 활동에 관해 구체적으로 설명함
종합적 사고력	오늘날 독도를 지키기 위해 자신이 할 수 있는 활동을 현실적으로 논술함
글의 논리성	글의 구성이 논리적이며, 내용의 연결이 자연스러움

02 세계화 시대의 지역화 전략

개념 다지기 본문 250쪽

01 (1) 지역 (2) 상품 (3) 부산 (4) 지리적 표시제 (5) 올레
02 지역성 **03** 지역 브랜드
04 I♥NY **05** (1) ○ (2) ○ (3) ×
06 랜드마크 **07** (1) ㉢ (2) ㉡ (3) ㉣ (4) ㉠
08 ㉠ 순창 ㉡ 보성 **09** (1) 평창군 (2) 지역화 (3) 마늘
10 ㄴ, ㄷ

중단원 실력 쌓기 본문 251~252쪽

01 ③	02 ③	03 ③	04 ③	05 ②
06 ④	07 ②	08 ④	09 ⑤	10 ②

01 ㉠은 다른 지역과 구별되는 특성이라는 점에서 지역성이다.

오답 피하기 ① 지역은 다른 곳과 구분되는 지표상의 공간적 범위이다.
② 도시화는 도시로 인구가 집중되고 도시적 생활 양식이 확대되는 과정이다.
④ 지역화는 특정 지역의 차별화된 지역성을 세계로 알리는 현상이다.

⑤ 장소 마케팅은 특정 장소를 하나의 상품으로 인식하고, 상품의 가치를 높이는 전략이다.

02 지역화 전략의 효과는 다음과 같다. 지역의 긍정적 이미지를 강화하거나 부정적 이미지를 긍정적 이미지로 전환한다. 지역 주민들이 지역 정체성을 형성하고 자긍심을 증진한다. 관광 산업의 발달, 기업 유치로 인한 일자리 창출, 지역 상품과 서비스의 판매량 증가 등으로 지역 경제를 활성화한다.

오답 피하기 ㄱ. 지역이 주체가 되어 해당 지역의 지역성을 상품화하는 것이므로 지역화 전략은 국가 주도의 효율적인 경제 성장과는 거리가 멀다.
ㄹ. 지역화 전략을 통해 각 지역들은 고유한 지역성을 홍보하는 것이므로 지역들의 이미지가 비슷해지는 것은 아니다.

03 ㉠은 해당 지역의 지역성을 상품화하여 홍보한다는 점에서 지역화 전략이다. 지역화 전략에는 지역 브랜드, 장소 마케팅, 지리적 표시제 등이 있다. ③ 장애인 복지 정책을 실행한 것은 해당 지역의 지역성을 상품화하여 홍보하는 것과는 거리가 멀다.

04 강원특별자치도 평창군은 해발 고도 700m에 위치한 지리적 특색을 내세워 지역 브랜드를 만들었다. 'Happy 700'은 사람과 동식물이 가장 건강하고 행복하게 지낼 수 있는 고지대의 특성을 나타낸다.

오답 피하기 ① 지역의 해발 고도를 활용한 것으로, 지역의 문화재를 소재로 한 것은 아니다.
② 제시된 지역 브랜드에 인구와 관련된 요소는 없다.
④ 제시된 지역 브랜드에 벼농사와 관련된 요소는 없다.
⑤ 평창군은 전라남도가 아닌 강원특별자치도에 위치해 있다.

05 지역 브랜드는 지역의 매력적인 지역성을 상징하는 로고, 슬로건, 캐릭터 등을 만들어 지역 그 자체 또는 지역의 상품과 서비스 등을 소비자에게 특별한 브랜드로 인식시키는 전략이다. 지역 브랜드 가치가 높아지면 지역 브랜드가 기재된 상품의 판매 수익이 높아지고, 지역을 찾는 사람들이 늘면서 관광 산업도 발달한다.

오답 피하기 ㄴ. 지역 브랜드는 최근 유행하는 내용을 중심으로 개발하는 것이 아니라 지역 고유의 지역성을 적용하여 개발한다.
ㄹ. 특정 장소를 하나의 상품으로 인식하고 상품의 가치를 높이는 전략은 장소 마케팅이다.

06 장소 마케팅은 특정 장소를 하나의 상품으로 인식하고, 상품의 가치를 높이는 전략으로, '한반도면', '김삿 갓면'처럼 우리나라 일부 지역에서는 지역명을 바꾸기도 한다.

오답 피하기 ④ ㉣은 지리적 표시제에 대한 내용이다. 지리적 표시제에 등록이 되면 생산자에게는 인증 마크를 찍어 안정적인 생산 활동을 보장하고, 소비자에게는 믿을 수 있는 제품을 살 기회를 제공한다.

07 김제는 우리나라에서 유일하게 지평선을 볼 수 있는 곳이다. 김제는 지평선이라는 지역성을 활용하여 지평선 축제을 열어 다양한 행사를 진행한다. 진주에서 유등 축제를 하는 강은 남강이다. 진주 남강 유등 축제는 과거 임진왜란 때 왜군을 막기 위한 통신 수단으로, 가족에게 안부를 전하는 수단으로 등을 띄웠던 것에서 유래한다.

08 지리적 표시제는 특산품의 품질과 특성이 근본적으로 해당 지역에서 비롯된 경우, 국가가 해당 지역의 이름을 상표권으로 인정해 주는 제도이다. 지리적 표시제는 생산자에게 안정적인 생산 활동을 보장한다.

오답 피하기 ㄱ. 지리적 표시제는 소비자에게 믿을 수 있는 제품을 살 기회를 제공한다. 높은 소득을 가져다주는 대상은 생산자이다.
ㄷ. 지리적 표시제에 등록되면 법적 권리가 발생해 다른 곳에서는 함부로 상표권을 사용하지 못한다.

09 여주 쌀과 순창 고추장은 우리나라 지리적 표시제 등록 상품이다. 그러므로 가장 적절한 보고서의 주제는 지리적 표시제 사례이다.

10 제시된 글에 '지역 주민들의 결정을 존중한 시에서는 한옥 마을을 중심으로 전주의 역사와 문화 자원을 활용한 각종 프로그램을 개발하였다'는 문장이 있다. 이를 통해 지역 주민과 지방 자치 단체가 긴밀하게 협력해야 한다는 것을 추론할 수 있다.

오답 피하기 ① 전주시는 역사적 자원을 중심으로 지역화 전략을 추진하였으므로, 역사적 자원을 배제하는 것과는 거리가 멀다.
③ 중앙 정부보다는 지역 주민과 지방 자치 단체가 주체가 되어 추진해야 한다.
④ 전주시는 전통문화를 중심으로 지역화 전략을 추진하였으므로, 대중문화를 우선 고려하는 것은 아니다.

⑤ 선진국 대도시와 유사한 지역성에 중심을 두기 보다는 해당 지역의 매력적이고 고유한 지역성에 중심을 두어야 한다.

서술형·논술형
본문 253쪽

01 | 예시 답안 | ㉠은 지역화 전략이다. 지역화 전략은 경제적·문화적 관점에서 지역의 경쟁력을 높이기 위해 해당 지역의 지역성을 상품화하고 홍보하는 전략이다. 지역화 전략은 지역의 긍정적 이미지를 강화하거나 부정적 이미지를 긍정적 이미지로 전환하고, 지역 주민들이 지역 정체성을 형성하여 자긍심을 증진한다. 또한 관광 산업의 발달, 기업 유치로 인한 일자리 창출, 지역 상품과 서비스 판매량 증가 등으로 지역 경제를 활성화하는 효과가 있다.

| 필수 키워드 | 지역화 전략, 지역성을 상품화, 긍정적 이미지, 지역 정체성, 지역 경제 활성화

| 평가 기준 |

상	㉠에 해당하는 용어를 쓰고, 지역화 전략의 정의와 효과를 모두 정확하게 서술한 경우
중	㉠에 해당하는 용어를 쓰고, 지역화 전략의 정의와 효과 중에서 한 가지만 정확하게 서술한 경우
하	㉠에 해당하는 용어만 쓴 경우

02 | 예시 답안 | 자료 A는 지역 축제로서 장소 마케팅에 해당한다. 장소 마케팅은 특정 장소를 하나의 상품으로 인식하고, 상품의 가치를 높이는 전략이다. 자료 B는 지역 캐릭터로 지역 브랜드에 해당한다. 지역 브랜드는 해당 지역을 상징하는 로고, 슬로건, 캐릭터 등을 만들어 지역 그 자체 또는 지역의 상품과 서비스 등을 소비자에게 특별한 브랜드로 인식시키는 전략이다.

| 필수 키워드 | 장소 마케팅, 지역 축제, 지역 브랜드, 지역 캐릭터

| 평가 기준 |

상	지역 브랜드와 장소 마케팅을 구분하고, 지역 브랜드와 장소 마케팅의 의미를 모두 정확하게 서술한 경우
중	지역 브랜드와 장소 마케팅을 구분하고, 지역 브랜드와 장소 마케팅의 의미 중 한 가지만 정확하게 서술한 경우
하	지역 브랜드와 장소 마케팅을 구분만 한 경우

03 | 예시 답안 | 지리적 표시제는 특산품의 품질과 특성이 근본적으로 해당 지역에서 비롯된 경우, 국가가 해당

지역의 이름을 상표권으로 인정해 주는 제도이다. 지리적 표시제에 등록되면 다른 곳에서 함부로 상표권을 사용하지 못하도록 하는 법적 권리가 발생한다. 그래서 생산자는 안정적인 생산 활동을 보장받을 수 있고, 홍보 효과로 소득이 증가할 수 있다. 소비자도 믿을 수 있는 제품을 살 기회를 얻을 수 있다.

| 평가 기준 |

평가 항목	평가 내용
평가 충실도	정해진 분량 기준을 충족함(단, 제시된 질문과 관련 없는 내용은 분량에서 제외함)
내용 요소 이해도	지리적 표시제의 의미를 구체적으로 설명함
종합적 사고력	지리적 표시제를 활성화하였을 때 생산자와 소비자가 얻을 수 있는 이점을 종합적으로 논술함
글의 논리성	글의 구성이 논리적이며, 내용의 연결이 자연스러움

04 | 예시 답안 | 자료 A는 함평군에서 지역 축제, 지역 브랜드 등의 지역화 전략을 성공적으로 추진하여 긍정적인 지역 이미지를 형성하였다는 내용이다. 이와 같은 지역화 전략을 개발하기 위한 단계는 다음과 같다. 1단계는 '지역성 정리하기' 단계이다. 지역의 활용 가능한 다양한 자원을 확인하고, 지역의 자연환경·인문 환경 등 지역 고유의 특성을 파악한다. 2단계는 '이미지 구축하기' 단계이다. 지역의 차별화된 장점과 잠재력을 분석하고, 경쟁력 있는 지역성을 바탕으로 매력적인 지역 이미지를 구축한다. 3단계는 '상품화하기' 단계이다. 지역 이미지에 적합한 특별한 상품을 개발하고, 이를 홍보하기 위한 전략을 수립한다. 모든 과정에서 지역 주민과 지방 자치 단체는 주체가 되어 긴밀하게 협력해야 한다.

| 평가 기준 |

평가 항목	평가 내용
평가 충실도	정해진 분량 기준을 충족함(단, 제시된 질문과 관련 없는 내용은 분량에서 제외함)
내용 요소 이해도	지역화 전략 개발 단계를 정확하게 순서대로 배열함
종합적 사고력	함평군의 지역화 전략을 효과적으로 요약하였으며, 지역화 전략의 각 단계별 활동을 종합적으로 논술함
글의 논리성	글의 구성이 논리적이며, 내용의 연결이 자연스러움

(03) 우리나라의 위치와 통일의 중요성

개념 다지기   본문 256쪽

01 (1) 이산 (2) 중계 (3) 인천 국제공항 (4) 통일
02 시베리아 횡단 철도   **03** 비무장 지대(DMZ)
04 아시안 하이웨이
05 (1) ○ (2) × (3) × (4) × (5) × (6) ○
06 남북 문화 통합 전문가   **07** (1) ② (2) © (3) ⊙ (4) ©
08 ⊙ 통일 비용 ⓒ 통일 편익
09 (1) 동아시아 (2) 분단 (3) 자원(천연자원)   **10** ㄷ, ㄹ

중단원 실력 쌓기   본문 257~258쪽

01 ⑤	**02** ③	**03** ③	**04** ⑤	**05** ②
06 ⑤	**07** ⑤	**08** ④	**09** ③	**10** ④

01 우리나라는 유라시아 대륙과 태평양을 연결하는 반도 국이다. 유라시아 대륙은 유럽과 아시아가 속한 거대한 대륙을 의미하는데, 우리나라 북쪽으로 연결되어 있다. 태평양은 아시아와 아메리카 대륙 사이의 거대한 바다를 일컫는데, 우리나라 바다와 연결되어 있다.

02 제시된 지도는 동아시아의 허브로서 인천 국제공항의 기능을 나타낸다. 인천 국제공항은 동아시아의 주요 도시를 3시간대 비행 거리 안에 둔다. 2015년에 인천 국제공항은 홍콩의 첵랍콕 공항과 두바이 공항에 이어 세계에서 세 번째로 많은 화물을 처리하였다.
오답 피하기 ① 제시된 지도를 통해서는 우리나라의 해양 자원의 풍부함을 알기 어렵다.
② 제시된 지도는 우리나라가 주변 지역과의 교류에 유리한 위치에 있다는 것을 의미한다.
④ 우리나라가 항공 교통의 요지인 것은 맞으나, 우리나라는 북반구에 위치해 있다.
⑤ 우리나라 주변에는 중국, 일본, 러시아 등 세계적인 강대국들이 위치해 있어 그 영향을 받기가 쉽다.

03 우리나라 분단의 문제점은 국내적 문제와 국제적 문제로 나누어 살펴볼 수 있다. 국내적으로는 과도한 군사비 지출, 문화적 이질성과 약화된 민족 동질성, 이산가

족과 실향민 문제 등이 있다. 국제적 문제로는 낮은 국가 신용, 세계 평화와 국제 정세에 불안 요인 등이 있다. ③ 이산가족과 실향민의 수는 고령화로 인해 생존자가 감소 중이다.

04 제시된 글은 북한의 부정적인 모습을 본 외국인이 남한과 북한을 구별하지 못해 남한에 대해서도 부정적인 이미지를 가진다는 글이다.
오답 피하기 ① 제시된 글에는 일자리가 감소한다는 내용은 없다.
② 제시된 글과 이산가족의 발생은 직접적 연관이 없다.
③ 제시된 글에 핵 개발, 미사일 발사 등의 용어가 포함되었으나 북한에 대한 내용이고, 글의 핵심 주제는 아니다.
④ 외국인들이 남한과 북한을 쉽게 구분하지 못한다는 내용이므로 민족 동질성의 약화와는 거리가 멀다.

05 비무장 지대는 군사적 대립을 방지하기 위해 군사 분계선을 기준으로 남북으로 각각 2km 범위에 설정한 완충 지대이다. 이곳은 지난 60여 년 동안 일반인의 출입이 엄격히 통제되어 자연 생태계가 잘 보존되어 있다.

06 2050년의 예상 인구 구조 그래프는 통일이 되면 북한 인구에서 비교적 많은 비중을 차지하고 있는 청장년층이 흡수되어 노동력이 풍부해질 것임을 나타낸다. 남북한의 국내 총생산 예상치 그래프는 통일 한국의 국내 총생산이 지속적으로 증가할 것임을 나타낸다.
오답 피하기 ㄱ. 남북한의 국내 총생산 예상치 그래프의 첫 번째 막대그래프에서 알 수 있듯이 남한이 북한보다 경제 규모가 훨씬 크다.
ㄴ. 2050년의 예상 인구 구조 그래프에서 알 수 있듯이 남한이 북한보다 65세 이상 인구의 비중이 높다.

07 통일 이후에는 비무장 지대, 고구려 유적, 백두산, 금강산 등 국내 관광 자원 증대로 인해 경제가 활성화될 것이다. 통일 한국 단일 스포츠팀, 공동 국어사전 편찬, 다양한 문화 이벤트 등을 통해 민족 공동체성이 회복될 것이다. 남북 문화 통합 전문가, 광물 자원 전문가, 환경 컨설턴트 등 새로운 직업들이 생겨나고 북한 지역 개발에 따른 일자리가 증가할 것이다. ⑤ 통일 이후에는 거주·경제·여가의 생활권이 확대되며 개개인에게 보다 풍요로운 기회가 제공될 것이다.

08 통일의 필요성은 위치적 측면, 경제적 측면, 정치적 측면, 사회·문화적 측면 등으로 설명할 수 있다. ④ 통일이 되면 남북한의 경제가 합쳐지는 것이므로 시장 규모는 커지게 된다. 시장 규모가 커지면서 다양한 일자리가 창출되고 생산성이 높아질 것으로 기대된다.

09 통일이 되면 경의선·경원선의 한반도 종단 철도(TKR)가 시베리아 횡단 철도(TSR), 중국 횡단 철도(TCR) 등 대륙 철도와 연결되면서 통일 한국과 유럽 간의 물자 수송 비용을 크게 줄일 수 있다. 그래서 동아시아의 물류 중심지로 성장할 것이다.

오답 피하기 ㄱ. 미국은 아메리카 대륙에 위치하고 있어 제시된 지도의 철도망으로는 연결되지 않는다.
ㄹ. 서울과 블라디보스토크 간에 철도를 타고 여행을 하는 사람들이 늘어나므로 비행기가 차지하는 비중은 줄어들 것이다.

10 장군봉, 천지, 삼지연 등은 백두산 관광권의 주요 관광 요소이므로 ㉠은 백두산이다. 왕건릉, 공민왕릉, 선죽교, 박연 폭포, 황진이 묘 등은 개성 관광권의 주요 관광 요소이므로 ㉡은 개성이다.

서술형·논술형
본문 259쪽

01 | **예시 답안** | 남한은 북한보다 인구, 쌀 생산량 등이 많으며, 국민 총소득, 무역 총액, 발전 설비 용량 등은 월등히 많다. 반면 북한은 남한에 비해 석탄, 철광석 등의 자원 생산량이 풍부하다. 그래서 남한의 기술과 자본, 북한의 천연자원과 노동력이 결합한다면 상생 효과를 가져와 통일을 위한 경제적 기반을 조성하거나 북한의 경제난을 해결할 수 있다.

| **필수 키워드** | 남한, 북한, 자본, 기술, 천연자원
| **평가 기준** |

상	남한과 북한이 가진 각각의 장점과 남북 협력의 효과를 정확하게 서술한 경우
중	남한과 북한이 가진 각각의 장점을 서술하였으나, 남북 협력의 효과를 정확하게 서술하지 못한 경우
하	남한과 북한이 가진 각각의 장점만 서술한 경우

02 | **예시 답안** | 전 세계 관광객들에게 비무장 지대의 생태 환경을 설명해 줄 수 있다. 버스를 타고 고구려와 발해 유적을 답사할 수 있다. 대륙으로의 육로가 열리면서 한반도의 경제가 활성화될 수 있다. 시베리아 횡단 열차를 타고 유럽까지 여행을 갈 수 있다. 북한 쪽에서 백두산에 올라갈 수 있다. 통일 이후 새로운 일자리가 많아져 취업의 기회가 확대된다.

| **필수 키워드** | 비무장 지대, 고구려 유적, 한반도 경제, 시베리아 횡단 열차, 백두산, 일자리
| **평가 기준** |

상	자료의 내용을 활용하여 통일 이후 생활의 변화 세 가지를 모두 정확하게 서술한 경우
중	자료의 내용을 활용하여 통일 이후 생활의 변화 두 가지를 정확하게 서술한 경우
하	자료의 내용을 활용하여 통일 이후 생활의 변화 한 가지를 정확하게 서술한 경우

03 | **예시 답안** | 우리나라는 남북 분단으로 한반도 위치의 지리적 장점을 활용하지 못하고 있다. 분단 이후 남한은 대륙 진출에 어려움을 겪고 있으며, 북한은 해양 진출에 어려움을 겪고 있다. 이로 인해 우리 국토 공간은 반도가 갖는 지리적 이점을 활용하지 못하고 있다. 그러나 통일이 되어 지도와 같이 아시안 하이웨이 및 대륙 횡단 철도와 연결된다면 자동차와 기차로 유라시아 대륙 서쪽 끝까지 사람과 물자를 실어 나를 수 있게 된다. 이로 인해 경제 교류 비용이 절감되고 물적·인적 교류가 대폭 확대될 수 있다. 그렇게 되면 우리나라는 육지와 해양으로의 연결성을 갖춘 교통의 요충지로 반도국이 가진 이점을 살려 세계적인 핵심 국가로 발돋움할 수 있게 될 것이다.

| **평가 기준** |

평가 항목	평가 내용
평가 충실도	정해진 분량 기준을 충족함(단, 제시된 질문과 관련 없는 내용은 분량에서 제외함)
내용 요소 이해도	분단으로 인한 우리나라의 위치적 한계점을 구체적으로 설명함
종합적 사고력	교통망 건설을 통해 우리나라가 얻을 수 있는 효과를 종합적으로 논술함
글의 논리성	글의 구성이 논리적이며, 내용의 연결이 자연스러움

04 | **예시 답안** | 통일 비용은 남한과 북한이 통일을 이룬 후 각 분야가 정상적인 기능을 하기까지 소모되는 비용을 의미한다. 복지 증대 비용, 인프라 구축 비용, 이념 갈등 비용, 사회 문제 처리 비용 등이 있다. 반면,

통일 편익은 통일을 하면 얻을 수 있는 이익을 의미한다. 경제적·비경제적 이익을 모두 포함한 것으로 국방비 등의 분단 비용 절감, 일자리 창출, 천연자원 확보, 관광 기회 확대 등의 이익이 있다. ㉠처럼 막대한 통일 비용 때문에 통일을 해서는 안 된다는 주장이 있다. 그러나 실제로 전문가들의 예측에 따르면 통일 편익이 통일 비용보다 클 것으로 예측된다. 왜냐하면 통일 비용은 단기적으로는 크게 발생하나 점차 줄어들어 소멸될 것이고, 통일 편익은 장기간 지속적으로 나타나기 때문이다.

| 평가 기준 |

평가 항목	평가 내용
평가 충실도	정해진 분량 기준을 충족함(단, 제시된 질문과 관련 없는 내용은 분량에서 제외함)
내용 요소 이해도	통일 비용과 통일 편익에 대해 명료하게 설명함
종합적 사고력	통일 비용이 막대하여 통일하면 안 된다는 주장에 대한 반박을 종합적으로 논술함
글의 논리성	글의 구성이 논리적이며, 내용의 연결이 자연스러움

대단원 마무리

본문 260~261쪽

01 ②	02 ②	03 예시 답안 참조	04 ①
05 ①	06 ①	07 ②	08 ④	09 ①
10 예시 답안 참조	11 ③	12 ③

01 ㉠은 한반도와 그 주변의 섬들로 구성되어 있다고 했으므로 영토이다. ㉡은 영토와 ㉢의 상공이라고 했으니 영공이고, ㉢은 영해이다. 영공은 일반적으로 대기권 내로 그 범위를 제한한다.

오답 피하기 ① 우리나라의 영토는 동서 방향보다 남북 방향으로 길다.
③ 영공에는 배타적 경제 수역의 상공이 포함되지 않는다.
④ ㉡은 영공이고, 제주도는 영토이다.
⑤ ㉢은 영해이다.

02 지도는 우리나라 영해 설정 방법을 나타낸 것이다. 우리나라 동해안, 제주도, 울릉도, 독도 등은 해안선이 단조롭기 때문에 최저 조위선을 기선으로 하는 통상 기선을 적용한다. 반면, 서해안과 남해안은 섬이 많고

해안선이 복잡하기 때문에 가장 외곽에 있는 섬을 직선으로 연결한 직선 기선을 적용한다.

03 | 예시 답안 | 독도의 위치·영역적 가치는 해상 교통과 항공 교통의 요충지라는 점과 태평양을 향한 해상 전진 기지이자 군사적 요충지라는 점이다. 독도의 경제적 가치는 한류와 난류가 만나 조경 수역을 형성하여 어족 자원이 풍부하다는 점과 메탄 하이드레이트와 해양 심층수 등 풍부한 자원이 있다는 점이다. 독도의 환경·생태적 가치는 독도 전체가 천연 보호 구역으로 지정될 만큼 다양한 동식물의 서식지라는 점과 해저 화산의 형성과 진화 과정을 살펴볼 수 있는 세계적인 지질 유적이라는 점이다.

| 필수 키워드 | 교통의 요충지, 해상 전진 기지, 조경 수역, 메탄 하이드레이트, 해저 화산, 천연 보호 구역

| 평가 기준 |

상	제시된 용어들이 독도의 가치들과 모두 연결되었으며, 관련된 내용이 정확하게 서술된 경우
중	제시된 용어들이 독도의 가치들과 모두 연결되었으나, 관련된 서술 내용이 미흡한 경우
하	제시된 용어들이 독도의 가치들과 연결되지 않은 경우

04 배타적 경제 수역은 연안국이 바다에 대한 경제적 권리를 갖는 수역이다. 배타적 경제 수역의 범위는 영해를 설정한 기선으로부터 200해리까지의 바다 중 영해를 제외한 수역이다. 배타적 경제 수역은 연안국이 수산·광물·에너지 자원 등의 해양 자원 활용, 시설물 설치 등에 대한 권리를 가진다. ① 경제적 목적이 아닌 관광 목적의 여객선은 진입할 수 있다.

05 독도는 동도와 서도 2개의 큰 섬과 89개의 작은 섬으로 이루어져 있으며 동해 중간에 위치해 있다.

오답 피하기 ② 독도는 울릉도와 가장 가까우며, 울릉도에서 동남쪽으로 약 87.4km 떨어져 있다. 제주도는 훨씬 멀리 떨어져 있다.
③ 독도는 동도와 서도 외에도 89개의 작은 섬으로 구성되어 있다.
④ 독도는 천연 보호 구역으로 지정되어 있으며, 유네스코 세계 자연 유산으로 선정된 우리나라의 섬은 제주도이다.
⑤ 독도는 우리나라 영토 중 가장 동쪽에 위치해 있다.

06 홍순칠은 독도 의용 수비대를 조직하였고, 한국령 표

지석을 만들어 독도를 수호하였다. 안용복은 조선 후기의 어부로 울릉도와 독도에서 불법 조업을 하던 일본 어선에 대해 강력히 항의하고 울릉도와 독도가 조선의 영토임을 확인하는 문서를 받아왔다. 『세종실록지리지』(1454)에는 "우산(독도)과 무릉(울릉도) 두 섬이 울진현의 정동쪽 바다에 있다"라고 기록되어 있다. 『신증동국여지승람』(1531)의 「팔도총도」에는 우산도(독도)가 표기되어 있고, 팔도총도는 현존하는 인쇄본 단독 지도 중 독도가 등장하는 최초의 지도이다. ① 독도에는 경찰인 독도 경비대가 파견되어 있다. 군인이 아닌 경찰이 독도를 지키는 것은 독도가 분쟁 지역이 아닌 분명한 우리 영토이기 때문이다.

07 지역화 전략은 관광 산업을 발달시키고, 기업 유치로 인한 일자리를 창출하며, 지역 상품과 서비스 판매량을 증가시켜 지역 경제를 활성화한다. 또한 지역의 긍정적 이미지를 강화하고, 지역 주민들이 지역 정체성을 형성하고 자긍심을 증진한다. ② 지역 축제와 같은 지역화 전략을 추진하는 것은 지역의 고유한 지역성을 상품화하고 홍보하는 것이므로 보편적인 세계 문화를 공유하는 것과는 거리가 멀다.

08 제시된 자료는 평창군의 '눈동이' 지역 캐릭터와 공주시의 지역 로고이다. 이러한 캐릭터와 로고는 지역 브랜드 전략의 일종이다.

09 통일이 되면 동북아시아의 긴장감을 해소하여 세계 평화에 이바지할 수 있고, 증가된 인구와 경제 규모로 국제 사회에서의 위상이 높아진다. 이산가족과 북한 이탈 주민의 아픔을 치유할 수 있고, 남한의 기술과 자본, 북한의 천연자원과 노동력을 결합하여 경제 성장을 할 수 있다. ① 통일이 되면 소모적인 분단 비용이 경제 개발과 복지 비용으로 사용되면서 삶의 질을 향상시킬 수 있다.

10 | **예시 답안** | ㉠은 장소 마케팅이다. ㉠의 사례로는 지역 축제 개최, 랜드마크를 이용해 지역을 홍보하는 활동 등이 대표적이다. 예를 들어 김제시는 한반도에서 유일하게 하늘과 땅이 맞닿은 지평선을 바라볼 수 있다는 장소 자산이 있다. 김제시는 곡창 지대를 배경으로 농촌 및 농업 체험을 할 수 있는 김제 지평선 축제

를 개최하였다. 또한 강원특별자치도 영월군 하동면은 2009년 김삿갓면으로 이름을 바꾸었다. 이에 따라 지역 특산물인 김삿갓 포도의 브랜드 가치가 높아지면서 전국에서 포도 주문량이 늘어나는 효과가 나타났다. 장소 마케팅이 장기적으로 성공하기 위해서는 각 지역의 장소 자산을 지속 가능하게 보존·관리해야 한다.

| 평가 기준 |

평가 항목	평가 내용
평가 충실도	정해진 분량 기준을 충족함(단, 제시된 질문과 관련 없는 내용은 분량에서 제외함)
내용 요소 이해도	장소 마케팅의 실제 사례를 구체적으로 설명함
종합적 사고력	장소 마케팅이 장기적으로 성공을 이어가려면 어떤 노력을 해야 할지 종합적으로 논술함
글의 논리성	글의 구성이 논리적이며, 내용의 연결이 자연스러움

11 제시된 지도는 우리나라가 유라시아 대륙과 태평양을 연결하는 반도국으로, 대륙과 해양 양방향으로의 인적·물적·문화적 교류에 유리하다는 것을 나타낸다. ③ 우리나라는 남부 아시아가 아니라 동아시아의 교통의 요지에 위치하고 있다.

12 남북한 자원 보유량 비교 그래프를 통해 북한에 많은 자원이 매장되어 있음을 알 수 있다. 철도 중단점 사진은 우리나라의 철도가 북한과 유라시아 대륙으로 연결되어 있지 않음을 나타낸다. 통일이 되면 유럽까지 철도로 연결될 수 있다.

오답 피하기 ㄱ. 철도 중단점 사진을 통해 현재 남한과 북한의 철도는 끊어져 있음을 알 수 있다.

ㄹ. 남북한 자원 보유량 비교 그래프를 통해 북한은 천연자원이 풍부하다는 것을 알 수 있다. 남한의 자본 및 기술과 북한의 천연자원이 결합하여 크게 성장할 수 있다.

XII. 더불어 사는 세계

01 지구상의 다양한 지리적 문제

개념 다지기

본문 268쪽

01 (1) 지리적 문제 (2) 곡물 대기업 (3) 열대 우림 (4) 바이오
(5) 이슬람교
02 기아 문제   **03** 영역 갈등
04 생물 다양성 협약
05 (1) × (2) ○ (3) × (4) × (5) ○
06 난사 군도(스프래틀리 군도)   **07** (1) ⓒ (2) ⓒ (3) ㉠
08 ㉠ 카스피해 ⓒ 호수 ⓒ 바다
09 (1) 열대 우림 (2) 자연적   **10** ㄱ, ㄹ

중단원 실력 쌓기

본문 269~270쪽

01 ②	**02** ②	**03** ③	**04** ④	**05** ②
06 ④	**07** ④	**08** ⑤	**09** ④	**10** ②

01 ㉠은 지리적 문제이다. 기아 문제, 생물 다양성 감소 문제, 영역 분쟁 등은 대표적인 지리적 문제이다. 지리적 문제의 원인에는 지역 간 경제 격차의 심화, 서로 다른 문화 집단 간 충돌, 자원을 둘러싼 이해관계 대립, 환경 오염 물질의 이동 등이 있다. ② 국제 비정부 기구의 노력은 저개발국의 빈곤 퇴치, 지역 간 불균형 완화 등의 효과가 있으므로 지리적 문제의 원인으로 적절하지 않다.

02 지리적 문제는 공간에서 발생하는 문제이므로 해당 지역의 특징이 반영된다. 또한 경제, 정치, 문화, 환경 등 다양한 요인이 복합적으로 결합되어 나타난다.
오답 피하기 ㄴ. 지리적 문제는 특정 지역에 국한되어 발생하지 않기 때문에 이를 해결하기 위해서는 여러 국가 간 공조와 협력이 요구된다.
ㄹ. 오늘날 세계 경제가 발전하면서 지역 간 불균형 문제가 심화되어 지리적 문제는 점차 중요해지고 있다.

03 생물 다양성 감소 문제의 원인은 도시 개발 및 농경지 확대로 인한 동식물 서식지 파괴, 무분별한 남획, 환경

오염 및 기후 변화 등이다. 상품 작물 및 바이오 에너지 연료용 작물 재배로 인해 농작물 다양성이 감소하기도 한다.
오답 피하기 ③ 외래종의 침입으로 생태계가 변화하면서 고유종이 멸종하여 생물 다양성 감소 문제가 나타나기도 한다.

04 제시된 글은 불개미를 퇴치하기 위한 살충제 살포가 새의 개체 수를 크게 줄였다는 내용이다. 즉, 생물 다양성 감소 문제를 표현하고 있다. 생물 다양성 협약은 생물 다양성 보전과 생물 자원의 지속 가능한 이용, 이를 이용하여 얻는 이익을 공정하고 공평하게 분배할 것을 목적으로 1992년 브라질 리우 회의에서 채택되었다.

05 기아 문제는 주민들이 식량 부족으로 충분한 영양을 섭취하지 못하는 문제이다. 지도의 A는 유럽, B는 중부 아프리카, C는 동아시아, D는 오스트레일리아, E는 앵글로아메리카이다. 이 중 영양 부족 인구 비율이 가장 높은 지역은 B 중부 아프리카이다. 나머지 지역은 대체로 영양 결핍 인구 비율이 낮은 지역에 속한다.

06 제시된 글에서 설명하고 있는 분쟁 지역은 센카쿠 열도(댜오위다오)이다. 센카쿠 열도(댜오위다오)는 해상 교통로 확보, 해상 자원 확보, 군사적 요충지 확보 등을 이유로 분쟁이 발생한 지역이다.

07 지도의 F 지역은 수단 내전 지역이다. 수단의 북부 지역은 이슬람교를 믿는 아랍계 주민들이 살고, 남부 지역은 크리스트교와 전통 종교를 믿는 아프리카계 주민들이 거주한다. 유전 개발을 둘러싸고 대립이 심해졌다. 수십 년간의 내전 이후 수단과 남수단으로 분리되었으나 여전히 갈등 중이다.
오답 피하기 ㄱ. 북부 지역의 이슬람교 주민들과 남부 지역의 크리스트교 및 전통 종교를 믿는 주민들이 대립했다.
ㄷ. 수십 년간 내전 후 수단과 남수단으로 분리되었다.

08 지도의 G 지역은 난사 군도(스프래틀리 군도) 지역이다. 난사 군도(스프래틀리 군도)는 100여 개의 작은 섬과 암초로 구성되어 있다. 인도양과 태평양을 잇는 해상 교통의 요충지이자 원유, 천연가스 등 천연자원이 풍부한 곳으로 여러 국가들 간 경제적 이권을 둘러싼 갈등이 나타난다.
오답 피하기 ㄱ. 난사 군도(스프래틀리 군도)는 남중국해에 위

치해 있어 북극과는 거리가 멀다.
ㄴ. 종교와는 거리가 멀고, 경제적 이권과 관련된 분쟁이다.

09 카스피해는 대규모의 원유 및 천연가스가 매장된 지역이다. 카스피해를 둘러싼 분쟁의 원인은 카스피해를 호수로 볼지, 바다로 볼지이다. 이에 따라 각 국가의 이익이 달라진다. 2018년 8월 연안 5개국은 새로운 협정에 서명하였는데, 카스피해를 호수도 아니고 바다도 아닌 별도의 법적 지위를 가진 '내륙해'로 보기로 합의하여 영유권 분쟁 해소를 위한 법적 토대를 마련하였다. ④ 유럽 강대국의 이해관계에 따라 국경선이 그어져 독립 이후 분쟁으로 이어진 지역은 아프리카이다.

10 ㉠은 진먼섬이고, ㉡은 한스섬이다. 진먼섬은 대표적인 지역 분쟁 해결 사례이다. 타이완과 중국이 섬의 영유권을 두고 극심하게 대립하였으나, 지금은 평화의 섬이 되었다. 한스섬은 지구 온난화로 섬의 가치가 올라가면서 덴마크와 캐나다의 분쟁 지역이 된 섬이다.

서술형·논술형
본문 271쪽

01 | 예시 답안 | 자료 A와 자료 B에 공통적으로 나타난 지리적 문제는 기아 문제이다. 기아 문제는 주민들이 식량 부족으로 충분한 영양을 섭취하지 못하는 문제를 의미한다. 기아 문제의 원인에는 자연적 요인이 있고, 사회적 요인이 있다. 자연적 요인은 이상 기후, 자연재해, 농작물 병충해로 인한 식량 생산량 감소이다. 한편, 사회적 요인에는 잦은 분쟁, 급격한 인구 증가, 곡물 대기업의 유통량 조절로 인한 식량 공급 및 분배 문제 발생이 해당한다.
| 필수 키워드 | 기아 문제, 식량 생산량 감소, 식량 공급 및 분배 문제
| 평가 기준 |

상	기아 문제를 분명하게 정의하고, 기아 문제의 자연적 요인과 사회적 요인을 모두 정확하게 서술한 경우
중	기아 문제를 정의하였으나, 기아 문제의 자연적 요인과 사회적 요인은 한 가지만 정확하게 서술한 경우
하	기아 문제만 쓴 경우

02 | 예시 답안 | 지도의 지역은 카슈미르이다. 카슈미르 분쟁의 주요 당사국인 ㉠은 파키스탄, ㉡은 인도이다.

인도는 영국으로부터 독립할 때 종교에 따라 인도(힌두교)와 파키스탄(이슬람교)으로 분리 독립하였다. 카슈미르 지역은 이슬람교도가 많은 지역이었으나, 이곳을 통치하던 힌두교 지도자가 인도에 통치권을 넘기면서 갈등이 나타나게 되었다.
| 필수 키워드 | 카슈미르, 인도, 파키스탄, 이슬람교, 힌두교
| 평가 기준 |

상	카슈미르 분쟁의 주요 당사국인 ㉠, ㉡을 쓰고, 분쟁의 원인을 정확하게 서술한 경우
중	카슈미르 분쟁의 주요 당사국인 ㉠, ㉡은 썼으나, 분쟁의 원인에 대한 서술이 미흡한 경우
하	카슈미르 분쟁의 주요 당사국인 ㉠, ㉡만 쓴 경우

03 | 예시 답안 | 자료 A는 자료 B의 원인이 될 수 있다. 햄버거용 고기를 얻기 위한 소 사육 농가가 증가하면서 소를 사육하기 위한 농장을 얻기 위해 열대 우림을 파괴하기 때문이다. 열대 우림 파괴는 생물 다양성 감소의 핵심적인 원인이다. 열대 우림에는 전체 생물 종의 절반 이상이 서식하고 있기 때문이다.
| 평가 기준 |

평가 항목	평가 내용
평가 충실도	정해진 분량 기준을 충족함(단, 제시된 질문과 관련 없는 내용은 분량에서 제외함)
내용 요소 이해도	열대 우림 파괴와 생물 종 다양성 감소의 과정을 구체적으로 설명함
종합적 사고력	햄버거 소비 증가와 열대 우림 파괴의 관계를 종합적으로 논술함
글의 논리성	글의 구성이 논리적이며, 내용의 연결이 자연스러움

04 | 예시 답안 | 지도에 표시된 영역 갈등 중 영해 갈등은 난사 군도(스프래틀리 군도), 쿠릴 열도(지시마 열도), 센카쿠 열도(댜오위다오) 등이 있다. 센카쿠 열도(댜오위다오)는 청·일 전쟁 이후 일본 영토로 편입되면서 일본이 실효적으로 지배하고 있다. 그러나 중국과 타이완이 불법 점령이라며 영유권을 주장하는 중이다. 다량의 석유 매장, 해상 교통로 확보, 군사적 요충지 확보 등으로 갈등이 심화되고 있다.
이러한 영역 갈등은 패권 경쟁, 역사적 배경, 모호한 경계, 자원 확보를 통한 경제적 이익 등의 이유로 발생한다. 그래서 대규모 난민을 발생시키며, 지구의 평화를 위협하기도 한다.

| 평가 기준 |

평가 항목	평가 내용
평가 충실도	정해진 분량 기준을 충족함(단, 제시된 질문과 관련 없는 내용은 분량에서 제외함)
내용 요소 이해도	영해 갈등을 정확하게 선택하여 영해 갈등 과정을 구체적으로 설명함
종합적 사고력	영역 갈등의 원인과 피해를 종합적으로 논술함
글의 논리성	글의 구성이 논리적이며, 내용의 연결이 자연스러움

(02) 저개발국의 발전 노력

개념 다지기
본문 274쪽

01 (1) 최빈국 (2) 일자리 (3) 경제 협력 체제 (4) 볼리비아
02 인간 개발 지수(HDI)   **03** 적정 기술
04 (1) × (2) ○ (3) ○   **05** 1인당 국내 총생산
06 (1) ㉠ (2) ㉡ (3) ㉢ (4) ㉠
07 ㉠ 보츠와나 ㉡ 다이아몬드 ㉢ 사회 기반 시설
08 (1) 남북문제 (2) 1인당 국내 총생산   **09** ㄱ, ㄹ

중단원 실력 쌓기
본문 275~276쪽

01 ④   **02** ②   **03** ④   **04** ③   **05** ③
06 ③   **07** ⑤   **08** ⑤   **09** ④   **10** ⑤

01 ㉠은 선진국이고, ㉡은 저개발국이다. 선진국과 저개발국의 경제 격차를 남북문제라고 하기도 했다.
[오답 피하기] ① 남부 아시아는 저개발국에 포함된다.
② 선진국은 생활 수준과 삶의 질이 높은 국가이다.
③ 저개발국은 교육 및 의료 수준이 낮다.
⑤ 선진국과 저개발국의 격차는 점차 심화되고 있다.

02 1인당 국내 총생산을 나타낸 지도이다. 1인당 국내 총생산(GDP)은 일정 기간 동안 한 나라 안에서 새로이 생산된 최종 생산물의 시장 가치의 합인 국내 총생산을 총인구로 나눈 것이다. 선진국이 높게 나타나고, 저개발국이 낮게 나타난다.

[오답 피하기] ① 지표는 1인당 국내 총생산이다.
③ 아프리카는 지수가 낮게 나타나고, 북서부 유럽은 지수가 높게 나타난다.
④ 인간 개발 지수 지도와 분포가 거의 비슷하게 나타난다.
⑤ 1인당 국내 총생산이 50,000달러 이상인 지역도 있고, 1,000달러 미만이 지역도 있으므로 세계 여러 지역은 발전 수준의 차이가 크다.

03 영아 사망률은 '(해당 연도의 0세 사망자 수÷해당 연도의 연간 출생아 수)×1,000'이다. 영아 사망률은 저개발국에서 높게 나타난다. 제시된 선택지에서는 성 불평등 지수가 저개발국이 높게 나타나는 지표로, 지도의 분포와 비슷하다.

04 선진국과 저개발국의 발전 수준 차이에는 산업화 시기가 영향을 미쳤다. 선진국은 18세기 후반부터 산업화를 시작한 반면, 저개발국은 20세기 이후부터 지금까지 산업화가 진행 중이다. 또한 선진국에게 유리한 무역 구조도 영향을 미쳤다. 선진국은 주로 부가 가치가 높은 상품을 수출하고 저개발국은 주로 부가 가치가 낮은 상품을 수출한다.
[오답 피하기] 을: 종교는 자연을 개발하는 방식에 영향을 미치기는 했으나, 발전 수준 차이에 직접적인 영향을 미쳤다고 하기 어렵다.
병: 경도는 발전 수준과 관련이 없다.

05 부패 지수는 국가별 청렴도 인식 순위이다. 덴마크, 핀란드 등이 매우 낮고, 북한, 소말리아 등이 매우 높다. 중국이 오스트레일리아보다 높게 나타난다. 지도의 출처를 보면 국제 투명성 기구라고 기입되어 있으므로 국제 투명성 기구에서 발표한 자료를 기반으로 제작된 통계 지도이다.
[오답 피하기] ㄴ. 부패 지수는 저개발국에서 높게 나타나는 지표이고, 인터넷 이용자 비율은 선진국에서 높게 나타나는 지표이다.
ㄷ. 아프리카 등의 저개발국 지역이 북서부 유럽 등의 선진국 지역보다 높게 나타난다.

06 제시된 글은 적정 기술에 대한 설명이다. 적정 기술은 어느 특정한 지역의 환경에 알맞은 기술로, 문제 해결에 적절하게 사용될 수 있는 기술이다. 주로 저개발국에 적용된다. 제시된 사진은 적은 힘으로 한 번에 많은

양의 물을 길어올 수 있는 '히포 롤러 워터 프로젝트(큐드럼)'의 모습이다.

07 중남부 아프리카에 있는 보츠와나의 1인당 국민 총소득은 1966년에 약 90달러 정도였지만, 2014년에는 약 7,240달러로 급격히 성장하였다. 보츠와나의 성장에는 정부와 민간의 협력으로 성공한 다이아몬드 광산 개발이 큰 역할을 하였다. 수출로 얻은 소득을 교육 시설, 도로 등의 사회 기반 시설에 투자하며 눈부신 경제 발전을 이루었다.
(오답 피하기) ㄱ. 훼손된 삼림에 나무를 심어 척박한 땅을 되살리는 그린벨트 운동은 케냐의 사례이다.
ㄴ. 보츠와나에서는 빈곤 극복을 위한 노력으로 여성 의원 절반을 할당하지는 않았다.

08 저개발국은 빈곤을 극복하기 위해 기반 산업을 발전시켜 안정적인 일자리 창출을 위해 노력하고 있다. 또한 선진국들의 자본에 대응하기 위해 저개발국의 공동 발전을 위한 경제 협력 체제를 구축한다.
(오답 피하기) ㄱ. 군사력을 증강하는 것은 빈곤 극복 노력과는 거리가 멀고, 식량 생산량을 증가하는 것이 빈곤 극복 노력이다.
ㄴ. 미래의 지속적인 발전을 위해 일부 저개발국들은 교육에 투자하는 비용을 늘리고 있다.

09 ㉠은 최빈국이다. 국제 연합에서 만든 기준으로, 1971년 25개국에서 2014년 48개국으로 증가하였다. ㉡은 신흥 공업국이다. 신흥 공업국에는 우리나라가 대표적이며, 수출 지향적 공업화 정책을 기반으로 선진국과의 격차를 줄였다.

10 빈곤 극복을 위한 저개발국의 자체적인 노력은 성과도 있지만, 한계점도 있다. 저개발국은 경제 성장에 필요한 기본적인 자본과 기술이 부족하다. 불평등한 세계 경제 체제 속에서 선진국의 다국적 기업에 의한 영향을 크게 받는다. 또한 저개발국은 뒤늦게 산업화를 경험하면서 과거 선진국들이 겪었던 각종 사회 문제를 급속히 겪게 된다. 저개발국은 정치적으로 불안정하여 지속적인 정책 수행이 어려우며, 인구의 급증으로 식량이 부족하다.
(오답 피하기) ⑤는 저개발국의 자체적인 노력의 성과로, 여러 국가들의 성공 모델이 등장하고 있다.

서술형 · 논술형
본문 277쪽

01 | 예시 답안 | 인간 개발 지수는 국제 연합 개발 계획(UNDP)이 매년 각국의 교육 수준, 국민 소득, 평균 수명 등을 기본으로 국가별 국민의 삶의 질을 평가한 지표이다. 지도에서는 선진국과 저개발국을 파악할 수 있다. 선진국은 생활 수준과 삶의 질이 높은 국가인데, 북서부 유럽, 앵글로아메리카, 동아시아 등에 주로 위치한다. 저개발국은 생활 수준과 삶의 질이 낮은 국가인데, 아프리카, 라틴 아메리카, 남부 아시아 등에 주로 위치한다.
| 필수 키워드 | 인간 개발 지수, 생활 수준, 삶의 질, 유럽, 아프리카
| 평가 기준 |

상	지도의 지표에 대해 서술하고, 선진국과 저개발국의 의미와 주로 위치하는 지역을 모두 정확하게 서술한 경우
중	지도의 지표에 대해 서술하였으나, 선진국과 저개발국의 의미와 주로 위치하는 지역에 대한 내용은 한 가지만 정확하게 서술한 경우
하	지도의 지표에 대해서만 서술한 경우

02 | 예시 답안 | 저개발국은 빈곤 퇴치를 위해 자체적으로 다양한 노력을 하고 있다. 저개발국은 기반 산업을 발전시켜 안정적인 일자리를 창출을 위해 노력한다. 외국 자본의 유치를 적극적으로 추진하여 도로, 전력, 통신 등 사회 기반 시설을 확충한다. 교육의 기회를 확대하고 교육 활동에 대한 투자를 증진한다. 선진국들의 자본에 대응하기 위해 저개발국의 공동 발전을 위한 경제 협력 체제를 구축한다. 관개 시설을 확충하고 수확량이 많은 품종을 개발해 식량 생산량을 증진한다. 일상생활에서 겪는 어려움을 해결하기 위한 적정 기술 제품을 도입한다. 자연환경과 노동력을 활용하여 관광 산업을 육성한다.
| 필수 키워드 | 일자리, 사회 기반 시설, 교육의 기회, 경제 협력 체제, 식량 생산량
| 평가 기준 |

상	빈곤 퇴치를 위한 저개발국의 자체적 노력을 세 가지 이상 정확하게 서술한 경우
중	빈곤 퇴치를 위한 저개발국의 자체적 노력 두 가지를 정확하게 서술한 경우
하	빈곤 퇴치를 위한 저개발국의 자체적 노력 한 가지를 정확하게 서술한 경우

03 | **예시 답안** | 제시된 지표 중에서 선진국에서 높게 나타나는 지표는 1인당 국내 총생산, 행복 지수, 기대 교육연한, 인터넷 이용자 비율, 평균 수명이다. 좋은 국가의 조건은 다음과 같다. 첫째, 안전한 국가이다. 삶의 전반에서 안심할 수 있고, 국가에서 국민의 건강을 돌보며, 누구나 자신의 의견을 정당하게 표현할 수 있는 국가이다. 둘째, 민주적인 국가이다. 국민들의 뜻이 적법한 절차에 따라 반영되고, 국정 운영 결과에 대해 책임을 물을 수 있으며, 차별이 없고 정의가 실현되는 국가이다. 셋째, 자유로운 국가이다. 자기 책임의 원칙과 기회의 평등이 보장되는 경쟁력이 있는 국가가 좋은 국가이다.

| 평가 기준 |

평가 항목	평가 내용
평가 충실도	정해진 분량 기준을 충족함(단, 제시된 질문과 관련 없는 내용은 분량에서 제외함)
내용 요소 이해도	제시된 지표 중에서 선진국에서 높게 나타나는 지표를 정확하게 선택함
종합적 사고력	좋은 국가의 조건을 종합적으로 논술함
글의 논리성	글의 구성이 논리적이며, 내용의 연결이 자연스러움

04 | **예시 답안** | ㉠은 선진국이고, ㉡은 저개발국이다. 선진국과 저개발국의 발전 수준 차이가 나타나는 원인은 다음과 같다. 첫째, 산업화 시기의 차이이다. 선진국은 18세기 후반부터 산업화를 시작한 반면, 저개발국은 20세기 이후부터 지금까지 산업화가 진행 중이다. 둘째, 자원 보유량의 차이이다. 선진국은 개발도상국에 비해 교육 수준이 높은 인적 자원이 풍부하고, 안정된 사회적·경제적 제도 등 문화적 자원이 풍부하다. 셋째, 선진국에게 유리한 무역 구조이다. 선진국은 주로 부가 가치가 높은 상품을 수출하고 저개발국은 주로 부가 가치가 낮은 상품을 수출한다.

| 평가 기준 |

평가 항목	평가 내용
평가 충실도	정해진 분량 기준을 충족함(단, 제시된 질문과 관련 없는 내용은 분량에서 제외함)
내용 요소 이해도	그래프에서 선진국과 저개발국을 정확하게 구분함
종합적 사고력	발전 수준 차이의 원인을 종합적으로 논술함
글의 논리성	전체적인 글의 구성이 논리적임

지역 간 불평등 완화 노력

개념 다지기　　　　　　　　　　　본문 280쪽

01 (1) 개발 원조 위원회(DAC) (2) 공적 개발
　　(3) 국제 연합 아동 기금(UNICEF) (4) 국경 없는 의사회
02 한국 국제 협력단(KOICA)　　　　**03** 공적 개발 원조(ODA)
04 그린피스　　　　　**05** (1) × (2) ○ (3) ×
06 공정 무역　　　　　**07** (1) ㉠ (2) ㉡ (3) ㉡ (4) ㉠
08 ㉠ 새천년 개발 목표(MDGs) ㉡ 지속 가능 발전 목표(SDGs)
09 (1) 저개발국 (2) 중간 유통 상인　　　**10** ㄴ, ㄹ

중단원 실력 쌓기　　　　　　　　본문 281~282쪽

01 ②　　**02** ⑤　　**03** ③　　**04** ④　　**05** ⑤
06 ④　　**07** ③　　**08** ①　　**09** ⑤　　**10** ③

01 지역 간 불평등 문제는 소득·교육·노동·무역·보건·환경 등 다양한 문제와 연결되어 있으며, 한 국가의 노력만으로 해결하기 어렵다. 그래서 지역 간 불평등 문제를 해결하기 위해서는 국제적 협력이 필요하다.
　오답 피하기 ① 지역 간 불평등 문제의 해결과 문화 통합은 관련이 없다.
　③ 공정 무역은 지역 간 경제적 불평등 문제 해결과 관련이 있으나, 복합적 원인과는 연결되지 않는다.
　④ 저개발국의 자체적 노력은 지역 간 불평등 문제 해결과 관련이 있으나, 복합적 원인과는 연결되지 않는다.
　⑤ 경제 협력 개발 기구(OECD)는 지역 간 불평등 문제 해결과 관련이 있지만, 다양한 문제 해결에 중심이 되어야 하는 것은 아니다.

02 제시된 자료는 새천년 개발 목표이다. 새천년 개발 목표(MDGs)는 2000년 국제 연합 본부에서 개최한 새천년 정상 회담에서 가입국의 합의로 채택된 세계적 운동이다. 목표는 8개 분야로 구성되었으며, 2015년 개발 목표 달성 시한이 마무리되었고, 지속 가능 발전 목표(SDGs)로 이어지게 되었다.
　오답 피하기 ㄱ. 대표적인 정부 간 기구인 국제 연합에서 추진하였다.
　ㄴ. 지속 가능 발전 목표(SDGs)는 새천년 개발 목표의 성과와 한계를 바탕으로 2016~2030년까지 달성할 목표로 수립되었다.

03 개발 원조 위원회(DAC)는 경제 협력 개발 기구(OECD) 의 산하 기관으로, 저개발국에 대한 공적 개발 원조를 논의하는 기구이다. 모든 인류에게 최고 수준의 건강 보장을 위해 노력하는 기관은 세계 보건 기구(WHO) 이다.

오답 피하기 옥스팜은 비정부 기구이다. 세계 식량 계획(WFP) 은 모든 사람이 식량 걱정 없이 살 수 있는 세계를 만들기 위해 기아와 빈곤 문제 해결을 목표로 활동하는 기관이다. 국제 연합 아동 기금(UNICEF)은 전 세계 빈곤 국가의 어린이들을 돕기 위해 영양, 보건, 위생, 기초 교육, 긴급 구호 등의 기본 사업을 진행하는 기관이다.

04 공적 개발 원조(ODA)는 선진국의 정부를 비롯한 공공 기관이 저개발국의 경제 발전 및 복지 증진을 목적으로 저개발국이나 국제기구를 지원하는 제도이다. 한국 국제 협력단(KOICA)은 1991년 우리나라 정부에서 설립한 해외 무상 원조 기관이다.

오답 피하기 ① 자금, 경험, 기술 등 저개발국에 지원하는 공적 개발 원조 총량은 지속적으로 증가하고 있다.
② 선진국의 정부를 비롯한 공공 기관이 저개발국이나 국제기구에 지원하는 제도이다.
③ 우리나라는 광복 이후 국제 원조를 받던 수혜국이었지만, 지속적인 경제 성장을 바탕으로 다른 국가에 원조하는 공여국으로 바뀐 최초의 국가이다.
⑤ 선진국의 정부를 비롯한 공공 기관이 지원하는 제도이다. 비정부 기구와 민간 재단이 지원할 경우 민간 개발 원조라고 한다.

05 공적 개발 원조는 한계점이 있다. 부정부패 및 정치적 불안정으로 구호 물품이 빈곤한 사람들에게 도달하지 않을 수 있다. 또한 국제적 이해관계, 자연재해 등에 의해 장기적·안정적 지원이 어려울 수 있다.

오답 피하기 갑. 선진국의 원조에 의존하는 경향이 커지게 되어 지역의 자립성이 낮아질 수 있다.
을. 공적 개발 원조가 아니라 공정 무역의 한계점이다.

06 국제 비정부 기구는 시민들의 자발적인 참여와 모금으로 구성된 비영리 시민 단체가 운영하는 비정부 조직이다. 저개발 지역의 현실을 시민들에게 알리고, 저개발 지역 주민들을 돕는 다양한 기회를 제공한다. 자체 활동을 하면서 국제기구를 보조하기도 하는데, 국가 간의 이해관계를 넘어 인도주의적 차원에서 지속적인 활동을 할 수 있다.

오답 피하기 ㄱ. 비정부 조직으로 국제기구 산하에 소속된 것

은 아니다.
ㄷ. 영리 단체가 아니라 비영리 단체이다.

07 ㉠은 지구의 환경을 보존하려는 목적을 가지고 있다는 점, 기후 변화, 고래잡이 방지, 핵 위협 저지 등의 활동을 한다는 점에서 그린피스이다.

08 제시된 인증 마크는 공정 무역 인증 마크이다. 공정 무역 상품은 커피, 차, 카카오, 바나나 등의 플랜테이션 작물이나 수공예품이 많다. 공정 무역 상품을 구매하면 수익금의 일부가 생산 지역에 공동체 발전 기금으로 활용된다.

오답 피하기 ㄷ. 공정 무역 상품은 다국적 기업의 상품보다 가격 경쟁력이 있다고 말하기 어렵다.
ㄹ. 지리적 표시제 상품에 대한 설명이다.

09 공정 무역 제품의 주요 생산 국가는 주로 저개발국이고, 공장무역 제품의 주요 소비 국가는 주로 선진국이다. 공정 무역 제품 소비 국가는 윤리적인 소비 및 친환경 제품을 구매할 수 있는 기회를 얻고 상품 생산자에 대한 정보를 제공받을 수 있어 좋다. 그러나 공정 무역은 선진국 소비자의 선심과 경제적 여력에 의존할 수밖에 없다는 한계점이 있다.

오답 피하기 ㄱ. 공정 무역 제품 소비 국가는 주로 선진국이다.
ㄴ. 북서부 유럽의 국가들은 대부분 선진국으로 공정 무역 제품 소비 국가가 많다.

10 세계 시민은 긴밀히 연결된 지구촌을 하나의 공동체로 인식하고, 세계에서 발생하는 다양한 지리적 문제에 관심을 두고 협력해야 한다. 지역 간 불평등을 완화하고 빈곤과 기아 문제를 해결하기 위한 봉사 활동이나 기부 등에 동참해야 한다. 지구 환경의 소중함을 깨닫고, 일상생활 속에서 환경 보호를 실천해야 한다.

오답 피하기 ③ 세계 시민은 민족의 순수성을 지키기 위해 같은 나라 사람들하고 교류하는 사람이 아니라, 다양한 문화를 가진 사람들과 어울려 살면서 서로의 차이와 다양성을 존중하려는 사람이다.

서술형 · 논술형
본문 283쪽

01 |예시 답안| 공적 개발 원조는 선진국의 정부를 비롯한 공공 기관이 저개발국의 경제 발전 및 복지 증진을 목

적으로 저개발국이나 국제기구에 지원하는 제도이다. 한국 국제 협력단(KOICA)은 1991년 우리나라 정부에서 설립한 해외 무상 원조 기관이다. 저개발국과 상호 협력 및 교류, 경제·사회 발전 지원 등을 통해 국제 협력 증진에 이바지하는 것을 목적으로 한다.

| 필수 키워드 | 공공 기관, 저개발국, 한국 국제 협력단, 국제 협력

| 평가 기준 |

상	공적 개발 원조의 의미와 한국 국제 협력단의 역할을 모두 정확하게 서술한 경우
중	공적 개발 원조의 의미는 정확하게 서술했으나, 한국 국제 협력단의 역할은 서술 내용이 미흡한 경우
하	공적 개발 원조의 의미와 한국 국제 협력단의 역할 중 한 가지만 서술한 경우

02 | 예시 답안 | 옥스팜은 빈곤 해결과 불공정 무역에 대항하는 단체로 무상 교육 및 의료 투자, 빈곤층을 위한 사회 안전망 보장, 최저 임금 보장, 탈세 단속 등의 활동을 한다. 국경 없는 의사회는 국제 민간 인도주의적 의료 구호 단체로 인종, 종교, 성, 정치적 성향과 관계없이 도움이 필요한 사람들에게 의료 활동을 지원한다.

| 필수 키워드 | 옥스팜, 불공정 무역, 국경 없는 의사회, 의료 구호 단체

| 평가 기준 |

상	옥스팜과 국경 없는 의사회의 활동 모두 정확하게 서술한 경우
하	옥스팜의 활동과 국경 없는 의사회의 활동 중 한 가지를 정확하게 서술한 경우

03 | 예시 답안 | 공정 무역은 중간 유통 상인의 개입을 줄여 유통 비용을 낮출 수 있다. 생산자의 건강한 노동 환경과 정당한 임금을 보장하고, 경제적 자립을 지원한다. 친환경 방식의 생산으로 지구 환경 보호에 기여하고 소비자에게 신뢰를 준다. 공정 무역으로 인한 수익 중 일부는 기술 개발과 기반 시설 확충에 투자될 수 있다.

그러나 공정 무역 상품은 다국적 기업의 상품에 밀려 시장 확보에 어려움을 겪을 수 있다. 다양한 조건을 만족시키다 보니 가격이 다소 비싸고, 판매하는 상점이 부족하다. 선진국 소비자의 선심과 경제적 여력에 의존할 수밖에 없다. 일부 기업들이 부정적 이미지를 개선하기 위한 홍보 수단으로만 이용하는 경우도 있다.

| 평가 기준 |

평가 항목	평가 내용
평가 충실도	정해진 분량 기준을 충족함(단, 제시된 질문과 관련 없는 내용은 분량에서 제외함)
내용 요소 이해도	공정 무역의 주요 특징을 구체적으로 설명함
종합적 사고력	공정 무역의 장점과 한계점을 종합적으로 논술함
글의 논리성	글의 구성이 논리적이며, 내용의 연결이 자연스러움

04 | 예시 답안 | 지속 가능 발전 목표(SDGs)는 새천년 개발 목표의 성과와 한계를 바탕으로 국제 연합이 2016~2030년까지 전 세계 모든 나라가 공동으로 추진해 나갈 목표로 수립하였다. 미래 세대의 필요를 충족시킬 수 있으면서도 오늘날의 필요도 충족시키는 지속 가능 발전의 개념을 기반으로 17개 분야에 관한 목표를 수립하였다.

가장 중요한 목표는 4번 양질의 교육이다. 기본적인 교육을 통해 얻어진 지식과 기술은 산업 발전의 기본 동력이 될 수 있다. 또한 교육을 통해 시야가 확장되고 삶에 대한 긍정적 의지가 발생하면, 사회 변화를 꿈꾸게 된다. 모든 국가에서 양질의 교육이 진행된다면 세계 전체의 의식 수준이 높아져 세계의 많은 갈등이 줄어들 수 있다.

| 평가 기준 |

평가 항목	평가 내용
평가 충실도	정해진 분량 기준을 충족함(단, 제시된 질문과 관련 없는 내용은 분량에서 제외함)
내용 요소 이해도	지속 가능 발전 목표를 구체적으로 설명함
종합적 사고력	지속 가능 발전 목표 중 한 개의 목표를 중요하다고 판단한 이유를 종합적으로 논술함
글의 논리성	글의 구성이 논리적이며, 내용의 연결이 자연스러움

대단원 마무리

본문 284~285쪽

01 ①	02 ④	03 예시 답안 참조	04 ②
05 ②	06 ⑤	07 ③ 08 ①	09 ①
10 ⑤	11 ②	12 예시 답안 참조	

01 제시된 지도는 열대 우림의 파괴를 나타낸 것이다. 열대 우림이 파괴되는 원인 중에 하나는 가축 사육의 증가이다. 육식 섭취가 늘어나면서 가축 사육 수요가 증가하였고, 가축을 사육하기 위한 땅을 마련하기 위해 열대 우림이 파괴된다. 열대 우림은 생물 다양성이 가장 풍부한 지역으로, 열대 우림이 파괴되면서 생물 다양성 감소에 의한 문제가 크게 발생한다.

오답 피하기 ㄷ. 곡물 대기업이 곡물의 유통량을 조절하는 것은 기아 문제와 관련이 있고, 생물 다양성 감소 문제와는 거리가 멀다.

ㄹ. 우리나라에는 열대 우림이 없으므로 열대 우림 파괴가 발생할 수 없다.

02 기아 문제는 주민들이 식량 부족으로 충분한 영양을 섭취하지 못하는 문제이다. 이상 기후, 자연재해, 농작물 병충해로 인한 식량 생산량 감소가 자연적 요인이고, 잦은 분쟁, 급격한 인구 증가, 곡물 대기업의 유통량 조절로 인한 식량 공급 및 분배 문제가 사회적 요인이다. 저개발국이 주요 발생 지역이다. ④ 기아는 면역력을 낮추어 전염병을 유행시키고, 노동 생산성을 떨어뜨려 사회 전체에 큰 타격을 주기 때문에 '소리 없는 쓰나미'라고도 불린다.

03 | 예시 답안 | 지리적 문제는 사람들이 살아가는 공간에서 발생하는 문제이다. 기아 문제, 생물 다양성 감소 문제, 영역 분쟁 등이 있다. 지리적 문제는 공간에서 발생하는 문제이므로 해당 지역의 특징이 반영된다. 또한 지역 간 상호 작용으로 특정 지역의 문제가 다른 지역의 문제와 연결된다. 경제, 정치, 문화, 환경 등 다양한 요인이 복합적으로 결합되어 나타난다. 특정 지역에 국한되어 발생하지 않기 때문에 여러 국가 간 공조와 협력이 요구된다.

| 필수 키워드 | 지리적 문제, 공간, 상호 작용, 복합적, 협력

| 평가 기준 |

상	지리적 문제의 정의와 사례, 지리적 문제의 특징을 모두 정확하게 서술한 경우
중	지리적 문제의 정의와 사례, 지리적 문제의 특징 중 두 가지만 정확하게 서술한 경우
하	지리적 문제의 정의와 사례, 지리적 문제의 특징 중 한 가지만 정확하게 서술한 경우

04 영역 갈등은 영토, 영해, 영공의 주권을 두고 벌어지는 국가 사이의 분쟁이다. 영토 분쟁에는 카슈미르, 이스라엘-팔레스타인 분쟁, 수단-남수단 분쟁 등이 있다. 영해 분쟁에는 난사 군도(스프래틀리 군도), 쿠릴 열도(지시마 열도), 센카쿠 열도(댜오위다오) 등이 있다. 영역 갈등의 원인은 패권 경쟁, 역사적 배경, 모호한 경계, 자원 확보를 통한 경제적 이익 등이다. 영역 갈등으로 난민이 발생하고 지구의 평화가 위협받는다.

05 이스라엘-팔레스타인 분쟁은 1948년 팔레스타인 지역에 유대교 국가인 이스라엘이 건국되면서 발생하였다. 네 번에 걸친 전쟁으로 이스라엘이 팔레스타인 지역의 대부분을 차지하였다. 이슬람교를 믿는 팔레스타인 사람들은 영토를 회복하기 위해 저항하였고, 이후 지속적인 갈등이 빚어지고 있다.

오답 피하기 ㄴ. 국제 사회의 노력이 있어왔지만, 여전히 갈등이 진행 중이다.

ㄷ. 이스라엘-팔레스타인 분쟁은 종교 및 민족과 관련된 분쟁으로, 석유 등의 천연자원을 둘러싼 이권 다툼과는 거리가 멀다.

06 지도는 난사 군도(스프래틀리 군도) 지역이다. 난사 군도(스프래틀리 군도)는 100여 개의 작은 섬과 암초로 구성되어 있다. 인도양과 태평양을 잇는 해상 교통의 요충지이자 원유, 천연가스 등 천연자원이 풍부한 곳으로 여러 국가들 간 경제적 이권을 둘러싼 갈등이 나타난다.

오답 피하기 ① 동중국해가 아니라 남중국해 분쟁이라고 한다.

② 경제적 이권과 관련된 갈등으로 종교적 갈등과는 거리가 멀다.

③ 중국, 베트남, 필리핀, 말레이시아, 브루나이 등이 분쟁 당사국이다.

④ 과거 유럽 강대국의 이해관계에 따라 잘못 그어진 국경선의 문제는 주로 아프리카 지역에서 나타난다.

07 선진국과 저개발국의 발전 수준에는 산업화 시기의 차이, 자원 보유량의 차이, 선진국에게 유리한 무역 구조 등이 영향을 미쳤다.

오답 피하기 ③ 선진국이 저개발국에 비해 안정된 사회적·경제적 제도를 가지고 있으며 문화적 자원이 풍부하다.

08 1인당 국내 총생산은 일정 기간 동안 한 나라 안에서 새로이 생산된 최종 생산물의 시장 가치의 합인 국내 총생산을 총인구로 나눈 것이다. 북서부 유럽 등의 선진국이 남부 아시아 등의 저개발국보다 높게 나타난다.

오답 피하기 ② 범례를 확인하면 미국의 지수는 30,000달러 이상이다.
③ 1인당 국내 총생산은 대표적인 경제 지표이다.
④ 라틴 아메리카는 저개발국 지역이 많고, 앵글로아메리카는 선진국이다.
⑤ 인간 개발 지수에 관한 설명이다.

09 키바, 옥스팜, 그린피스는 모두 대표적인 국제 비정부 기구이다.

오답 피하기 ② 국제 비정부 기구는 자체 활동을 하면서 국제 기구를 보조하기도 한다.
③ 키바에 대한 설명이다.
④ 옥스팜에 대한 설명이다.
⑤ 그린피스에 대한 설명이다.

10 저개발국은 빈곤 극복을 위한 자체적인 노력을 다양하게 진행 중이다. 외국 자본의 유치를 적극적으로 추진하여 도로, 전력, 통신 등 사회 기반 시설을 확충하였다. 교육의 기회를 확대하고 교육 활동에 대한 투자를 확대하였다.

오답 피하기 갑. 경제 체제의 대외 의존도를 높이는 것은 지속 가능한 빈곤 극복의 노력이라 하기 어렵다.
을. 저개발국은 일상생활에서 겪는 어려움을 해결하기 위한 적정 기술을 활용하고 있다.

11 국제 연합(UN)은 다양한 세계 문제에 개입하며, 새천년 개발 목표, 지속 가능 발전 목표 등을 수립하였다. 국제 연합 산하 기구에는 세계 보건 기구(WHO), 국제 연합 난민 기구(UNHCR), 세계 식량 계획(WFP), 국제 연합 평화 유지군(PKF), 국제 연합 아동 기금(UNICEF) 등이 있다.

오답 피하기 ㄴ. 국제 연합은 대표적인 정부 간 기구이다.
ㄹ. 국경 없는 의사회는 국제 비정부 기구이다.

12 **| 예시 답안 |** (예시1) 국제 원조는 필요하다. 빈곤 국가는 선진국의 원조 없이는 제대로 된 사회·경제 시스템을 구축할 힘이 부족하기 때문이다. 단, 식량, 물품, 의료 등의 단기적 지원에서 사회 기반 시설 구축, 기술 교육 등의 장기적 지원을 하는 것이 좋다. 즉, 저개발국이 스스로 성장할 수 있도록 물고기를 주는 방법보다는 물고기를 잡는 방법을 알려주는 것이 효과적이다. 또한 저개발국이 국제 원조를 바탕으로 성장하게 되면 선진국의 시장도 확장되는 것이므로 국제 원조는 상호 긍정적인 일이다.

(예시2) 국제 원조는 필요하지 않다. 국제 원조로 흘러가는 자본과 물품은 중간에 사라지거나 필요한 사람들에게 제대로 전달되지 못하고 있다. 오히려 국제 원조 자본을 차지하기 위해 많은 부정부패가 발생하고, 내전이 발생하여 저개발국 주민의 삶을 더 힘들게 한다. 그리고 선진국의 원조에 의존하는 경향이 커지게 되어 지역의 자립성이 낮아질 수 있다. 또한 국제적 이해관계, 자연재해 등에 의해 장기적·안정적 지원이 어려울 수 있다.

| 평가 기준 |

평가 항목	평가 내용
평가 충실도	정해진 분량 기준을 충족함(단, 제시된 질문과 관련 없는 내용은 분량에서 제외함)
내용 요소 이해도	국제 원조의 특징이나 한계점을 구체적으로 설명함
종합적 사고력	자신의 주장에 대한 근거를 효과적이고 종합적으로 논술함
글의 논리성	글의 구성이 논리적이며, 내용의 연결이 자연스러움

Memo

EBS 중학

뉴런

| 사회 ② |

정답과 해설 [실전책]

Ⅰ 인권과 헌법

대단원 종합 문제
본문 6~8쪽

01 ⑤	02 ③	03 ②	04 ④	05 ④
06 ②	07 ②	08 ⑤	09 ⑤	10 ①
11 ①	12 ①	13 ②	14 ①	15 ④
16 ③	17 ②	18 ③		

01 ㄷ. 인권은 국가의 법으로 규정되기 전부터 자연적으로 부여된 자연권이다.
ㄹ. 인권은 태어나면서부터 하늘로부터 부여받은 권리라는 의미에서 천부인권에 해당한다.
오답 피하기 ㄱ. 인권은 성별, 인종, 나이, 사회적 신분 등에 따라 차등적으로 부여되는 권리가 아닌, 모든 인간에게 주어진 보편적 권리이다.
ㄴ. 헌법에 보장된 인권이 제한될 경우, 반드시 국회가 제정한 법률에 의해 제한되어야 한다.

02 제시된 기본권은 국가에 인간다운 생활의 보장을 요구할 수 있는 사회권에 해당한다.
오답 피하기 ① 평등권에 대한 설명이다.
② 공무담임권에 대한 설명으로 참정권에 속한다.
④ 국가에 일정한 행위를 요구할 수 있는 청구권에 대한 설명이다.
⑤ 자유권에 해당하는 설명으로 개인이 국가 권력으로부터 자유로울 권리이다.

03 제시문은 평등권을 보장한 헌법 조항이다.
ㄱ은 여성의 임신을 사유로, ㄷ은 나이를 이유로 부당하게 대우한 평등권 침해 사례에 해당한다.
오답 피하기 ㄴ. 선거권을 보장받지 못하여 참정권이 침해된 사례이다.
ㄹ. 종교의 자유를 보장하지 않아 자유권이 침해된 사례이다.

04 군사 시설 보호 구역에서 사진 촬영을 금지하여 개인의 자유권을 제한한 것은 군사 시설을 보호하고 민간인의 출입으로 군사 활동이 방해되는 것을 방지하여 국가의 안전을 보장하기 위해서이다.

05 참정권은 국가의 의사 결정과 정치 과정에 참여할 수 있는 권리로 선거권, 공무담임권, 국민 투표권이 대표적인 예이다.
오답 피하기 ㄱ. 청원권은 국가 기관에 의견을 제시하여 청할 수 있는 청구권에 해당한다.
ㄷ. 근로권은 근로 의사와 능력을 가진 사람이 국가에 대해 근로의 기회를 요구할 수 있는 권리로 사회권에 해당한다.
ㅂ. 재판 청구권은 모든 국민이 법률에 의한 재판을 청구할 수 있는 권리로 청구권에 해당한다.

06 헌법 제10조는 인간의 존엄과 가치 및 행복 추구권으로 모든 인권을 보장하는 근거가 된다.
오답 피하기 ① 세계 인권 선언은 제2차 세계 대전 이후 인간의 존엄성을 실현하기 위해 인권의 기준을 제시하였으며, 이는 세계 여러 나라의 헌법에 반영되었다.
③ 모든 기본권이 궁극적으로 추구하는 가치이다.
④ 헌법이 보장하는 최고 가치로 다른 기본권을 보장하는 데 토대가 된다.
⑤ 인권의 실질적 보장을 위해 민주 국가에서는 국민의 기본권을 헌법에 규정하여 보호하고 있다.

07 헌법 소원 심판과 위헌 법률 심판을 통해 국민의 기본권을 보장하는 헌법 재판소에 대한 설명이다.

08 제시문은 행정 기관의 부당한 행정 처분에 대해 침해된 권리를 구제받고자 하는 사례이다.
⑤ 행정 기관의 부당한 처분으로 권리나 이익이 침해된 경우 행정 기관을 상대로 소송을 제기하여 행정 재판을 받을 수 있다.
오답 피하기 ① 민사 재판은 개인 간에 발생하는 문제를 해결하기 위한 재판이다.
② 한국 소비자원은 소비자의 권익을 보호하기 위해 설립된 국가 기관이다.

09 (마) 체포 과정에서 변호인의 도움을 받을 권리를 알려주어야 하는 미란다의 원칙이 지켜지지 않아 자유권이 침해되었다. 경찰관의 공무상 불법행위로 손해를 보았기 때문에 행정 심판을 제기할 수 있다.
오답 피하기 (가) 건설사를 상대로 민사 소송을 제기하여 손해 배상을 청구할 수 있다.
(나) 재외 국민이라는 이유로 참정권이 침해된 사례이므로 헌법 소원 심판이나 국가 인권 위원회에 진정을 제기할 수 있다.

(다) 장애인의 평등권이 침해되었으므로 헌법 소원을 통해 구제 받을 수 있다.

(라) 버스 기사를 상대로 소송을 내고 민사 재판을 통해 손해 배상을 받을 수 있다.

10 (가)에 해당하는 국가 기관은 국가 인권 위원회로, 인권 침해 사례를 조사하고 해당 기관에 개선을 요구한다. 국가 인권 위원회는 인권 전반에 대한 문제를 다루는 국가 기관이다.

[오답 피하기] ㄷ. 행정 기관으로 인한 인권 침해를 구제하기 위해 중앙 행정 심판 위원회를 설치한 국가 기관은 국민 권익 위원회이다.

ㄹ. 국가 인권 위원회는 인권 침해 기관에 시정을 요구하나 강제력을 지닌 국가 기관은 아니다.

11 ㉠은 중앙 행정 기관인 국민 권익 위원회로 국민의 민원을 효율적으로 처리하기 위해 행정 심판 위원회, 국민 고충 위원회, 국가 청렴 위원회가 하나로 통합되었다. 국민 권익 위원회는 행정 기관의 부당한 행정 처리로부터 침해된 권리를 구제하기 위해 행정 심판 제도를 두고 있다.

[오답 피하기] ① 국가 인권 위원회의 특징이다.

12 제시된 국가 기관은 국민의 침해된 인권을 구제하기 위한 인권 구제 기관이다.

[오답 피하기] ② 국가 인권 위원회와 국민 권익 위원회는 재판을 담당하는 사법 기관에 해당하지 않는다.

③, ④ 국민 권익 위원회의 역할에 해당한다.

⑤ 형사 재판을 통해 범죄를 예방하는 역할을 하는 국가 기관은 법원이다.

13 근로자는 사용자에게 노동을 제공하고 임금을 받는 사람을 말한다.

② 사장은 근로자가 아닌 사용자에 해당한다.

[오답 피하기] ④ 15세 이상의 청소년이 임금을 받고 근로를 제공한다면 근로자에 해당한다.

⑤ 단기간을 근무하는 계약직일지라도 근로자에 해당하며 노동권을 보장받는다.

14 우리나라는 근로자의 인간다운 삶을 보장하기 위해 임금, 근로 시간 등을 노동법으로 정하여 근로자의 권리를 보호하고 있다. 노동법은 근로 기준법, 최저 임금법 등이 포함된다.

[오답 피하기] ① 노동 삼권은 단결권, 단체 교섭권, 단체 행동권에 해당한다.

15 ㉠ 단결권은 근로자가 근로 조건의 개선을 위해 노동조합을 만들어 활동할 수 있는 권리이며, ㉡ 단체 교섭권은 노동조합을 통해 근로 조건에 관하여 사용자와 협의할 수 있는 권리이다.

[오답 피하기] 단체 행동권은 단체 교섭이 원만하게 이루어지지 않았을 경우 근로자가 파업, 태업 등 단체 행동을 할 수 있는 권리이다.

16 노동조합의 활동을 규제하여 근로자의 단결권이 침해되었으며, 정당한 이유 없이 노동조합과의 임금 협상을 거절하여 근로자의 단체 교섭권을 침해하였다.

[오답 피하기] ㄱ. 행정 소송은 행정 기관을 상대로 이루어지는 법적 절차이다.

ㄹ. 근로자의 단결권과 단체 교섭권을 침해한 행위는 부당한 노동 행위로 노동 위원회에 구제를 신청하여 침해된 권리를 보장받을 수 있다.

17 행정 심판은 행정 기관의 잘못된 처분 등으로 권리나 이익을 침해받은 국민이 법적인 구제를 요청하는 것이다.

18 노동 위원회에 대한 설명으로, 노동 위원회는 근로자와 사용자 사이에 발생하는 분쟁을 조정하고 노동 삼권을 침해하는 부당 노동 행위와 부당 해고를 구제하는 행정 기관이다. 노동 위원회는 근로자 위원, 사용자 위원, 공익 위원으로 구성된 준사법적 국가 기관이다.

[오답 피하기] ① 인권 문제를 전담하여 처리하는 국가 인권 위원회의 특징이다.

④ 법원, 헌법 재판소와 같은 사법 기관에 대한 설명이다.

⑤ 대한 법률 구조 공단에 대한 설명이다.

대단원 서술형·논술형 문제   본문 9쪽

01 | 예시 답안 | 자유권(신체의 자유), 국가 권력의 간섭을 받지 않고 자유롭게 생활할 수 있는 권리이다(법률에 의하지 않고는 체포, 구속, 압수, 수색 등을 받지 않을 권리이다).

| 필수 키워드 | 자유권(신체의 자유), 국가 권력, 간섭,

자유(법률, 체포, 구속, 압수, 수색)

| 평가 기준 |

상	자유권(신체의 자유)이라 쓰고, 그 의미를 바르게 서술한 경우
중	자유권(신체의 자유)이라 쓰고, 그 의미를 서술하였으나 내용이 미흡한 경우
하	자유권(신체의 자유)이라 쓰고, 그 의미를 서술하지 못한 경우

02 | 예시 답안 | 국가 인권 위원회는 인권 침해 사례를 조사하고 해당 기관에 개선을 권고하지만 강제력을 가지고 있지 않기 때문에 해당 기관이 권고를 받아들이지 않을 경우 대처할 수 있는 방안이 없다.

| 필수 키워드 | 국가 인권 위원회, 인권 침해 사례 조사, 개선 권고(시정 권고), 강제력

| 평가 기준 |

상	국가 인권 위원회의 역할과 한계점을 바르게 서술한 경우
하	국가 인권 위원회의 역할과 한계점 중 한 가지만을 바르게 서술한 경우

03 | 예시 답안 | 근로자가 노동조합을 결성하고 가입하여 활동했다는 이유로 부당 해고 등 불이익을 주는 행위는 부당 노동 행위에 해당한다. 우리나라는 노동 삼권에 단결권을 근로자의 권리로 보호하고 있기 때문이다. 이처럼 근로자의 권리가 침해되었을 경우 고용 노동부에 진정서를 제출하거나 노동 위원회에 구제를 요청할 수 있으며, 법원에 소송을 제기하여 피해를 구제받을 수 있다.

| 평가 기준 |

평가 항목	평가 내용
평가 충실도	정해진 분량 기준을 충족시킴(단, 제시된 질문과 전혀 상관없는 내용으로 답변했을 시에는 분량 기준을 충족시키지 못한 것으로 간주함)
문제 해결력	부당 노동 행위의 의미와 노동권 침해 시 구제 방법을 구체적으로 제시하여 서술함
논리성과 타당성	전체적인 글의 구성과 짜임새가 매끄러우며, 주장과 근거의 연결이 자연스러움

Ⅱ 헌법과 국가 기관

대단원 종합 문제 본문 12~14쪽

01 ③	02 ④	03 ④	04 ①	05 ②
06 ⑤	07 ③	08 ⑤	09 ④	10 ④
11 ④	12 ④	13 ⑤	14 ⑤	15 ①

01 국가 권력 기관은 크게 입법부, 행정부, 사법부로 나눌 수 있다. 국회를 입법부라고 부르는데, 국민의 의견을 모아 법률을 제정하고 개정하는 역할을 담당한다. 행정부는 법률을 바탕으로 정책을 집행하는 국가 기관을 말하는데, 정책을 마련하여 공익을 실현한다. 법원을 사법부라고 부르는데, 추상적인 법률을 구체적인 사건에 적용하고 해석하는 재판 과정을 통해 분쟁을 해결하는 역할을 담당한다.

02 ㄴ, ㄹ. 국회는 지역구 국회의원과 비례 대표 국회의원으로 구성된다. 지역구 국회의원은 각 지역구에서 가장 많은 득표를 한 1명으로 선출한다. 비례 대표 국회의원은 각 정당이 전국에서 받은 득표율에 비례하여 선출한다.

오답 피하기 ㄱ. 우리나라 국회의원은 4년마다 국민이 직접 민주 선거의 원칙에 따라 선출하고, 국민의 선택에 따라 제한 없이 의원직을 유지할 수 있다.

ㄷ. 국회의원은 임기 동안 자신의 소신에 따라 국민을 위해 활동하고 그 결과는 다음 선거 결과를 통해 평가받는 '대표'로서, 국민의 직접 국정 운영을 보조하는 '대리'와는 구별된다.

03 20인 이상의 국회의원을 보유한 정당은 1개의 교섭 단체를 만들 수 있고, 각 교섭 단체는 소속 의원들의 의사를 사전에 조율하고 국회 의사 진행의 방법 등에 대해 사전 협의함으로써 원활한 국회 운영을 돕는다.

오답 피하기 ① 국회 운영을 위해 국회의장 1명과 부의장 2명을 의원 중에서 선출한다.

② 국회 본회의는 매년 한 번의 정기회와 수시로 열리는 임시회로 나누어지는 데, 회의는 특별한 규정이 없는 한 공개를 원칙으로 한다.

③ 상임 위원회는 법률안·예산안 등에 대한 사전 심사를 실시하고, 심사를 통과한 의안을 본회의에 상정한다. 최종적인 의사 결정은 본회의에서 이루어진다.

⑤ 국회의 일반적인 의사 결정 정족수는 재적 의원 과반수 출석과 출석 의원 과반수의 찬성으로 결정된다. 반드시 재적 의원 과반수의 찬성이 필요한 것은 아니다.

04 (가) 국정 감사는 국회의 국정 통제 및 행정부 견제 기능 중 하나로 매년 정기적으로 국정 전반에 대하여 검토하고 바로잡는 활동이다. (나) 예산안의 심의·의결은 행정부에서 편성한 예산안을 확인하고 승인하는 재정과 관련된 기능이다.

05 국회는 새로운 법을 만드는 법률 제정과 기존의 법을 수정하거나 바꾸는 법률 개정을 한다.
[오답 피하기] ① ㉠은 국회의장이다.
③ ㉢ 국회 본회의는 1회의 정기회와 수시로 열리는 임시회가 있다.
④ ㉣ 대통령에 의해 환부 거부된 법률안은 국회 재적 의원 과반수 출석과 출석 의원 2/3 이상의 찬성으로 재의결된다.
⑤ 재의결된 법률안은 5일 이내에 조건 없이 공포해야 한다.

06 탄핵 소추권, 국정 감사권, 국정 조사권은 입법부가 행정부를 견제하는 수단이다. 법률안 거부권은 행정부가 입법부를 견제하는 수단이다. 탄핵 심판권은 사법부의 권한이고, 위헌 법률 심사 제청권은 사법부가 입법부를 견제하는 수단이다.

07 (가)는 대통령 단임제이고, (나)는 대통령 중임제이다. 대통령 단임제는 대통령의 독재를 예방하기에 유리한 반면, 장기적인 정책 실현 측면에서 상대적으로 중임제에 비해 불리하다. 대통령 중임제는 대통령이 재선을 위해 국민의 여론에 신경을 써야 하기 때문에 국민의 행정부 통제에 대한 정도가 높아진다. 대통령 단임제와 중임제의 형태로 인해 외국으로부터 대통령이 받는 신뢰가 높아지는 것은 알 수 없다.

08 공무원 임면권, 국군 통수권, 대통령령 제정 및 발포권 사례이다. 세 권한은 모두 행정부 수반으로서의 권한에 속한다. 대통령은 행정부 수반으로서 행정부 구성 및 지휘·감독권을 비롯하여 국무 회의를 주재할 권한 등을 행사할 수 있다.

09 밑줄 친 권한은 대통령의 계엄 선포권이다. 대통령은 국가 원수로서 국가와 헌법을 수호하기 위해 계엄 선포권을 갖는다. 대통령은 전쟁이나 사변과 같은 비상

사태 등 군사상의 필요나 공공의 안녕을 유지할 필요가 있을 때 전국 또는 일정 지역을 대상으로 계엄을 선포할 수 있다. 계엄 선포권이 발동되면 행정권과 사법권의 전부 또는 일부를 군사령관이 행사할 수 있고, 필요한 경우 국민의 기본권 일부가 제한된다. 대통령이 계엄을 선포하면, 즉시 국회에 통보하여 승인을 얻어야 한다.

10 정부의 권한에 속하는 중요한 정책을 심의하는 국무 회의이다. 국무 회의는 15인 이상 30인 이하의 국무 위원으로 구성되며, 의장은 대통령이고, 부의장은 국무총리이다. 선전 포고, 강화, 헌법 개정안·국민 투표안·조약안·법률안 및 대통령령안, 예산안·국가의 재정 부담이 될 수 있는 재정에 관한 사항, 긴급 명령·긴급 재정 경제 처분 및 명령 또는 계엄, 국회 임시회 소집 요구, 정당 해산 제소 등의 사항은 국무 회의의 심의를 거쳐야 한다.

11 A씨는 대법관에 임명되어 대법원 재판관 업무를 수행하게 된다. 대법원은 사법부 최고 법원으로 심급 제도에 따라 최종심인 상고 재판을 담당하고, 단심제인 선거 소송의 판결을 내리며, 명령·규칙·처분이 법률을 위반하고 있는지에 대한 심사를 담당한다.
④ 대법원을 비롯한 일반 법원은 재판의 전제가 되는 법률의 위헌 여부를 헌법 재판소에 제청할 수 있는 위헌 법률 심사 제청권을 갖고, 위헌 법률에 대한 심판은 헌법 재판소에서 담당한다.

12 제시된 그림은 심급 제도를 나타낸다. 심급 제도는 잘못된 판결을 바로잡을 수 있는 구조를 통해 재판의 공정성을 높이는 것을 목적으로 한다.
[오답 피하기] ㄱ. 신속한 재판은 심급 제도의 목적과 반대이다.
ㄷ. 재판에 대한 국민 참여도는 심급 제도와 관련 없다.

13 제시된 심판 청구서는 헌법 재판소에 헌법 소원 심판의 요청을 제청하고 있다. 헌법 소원 심판은 제도나 공권력에 의해 기본권을 침해당한 국민을 최종적으로 구제하는 헌법 재판소의 권한이다.

14 ㄷ. 정부는 정당의 목적이나 활동이 민주적 기본 질서에 위배되는 경우 헌법 재판소에 정당의 해산 심판을 청구할 수 있다.

ㄹ. 헌법 재판소에서 위헌 결정이 내려지려면 헌법 재판관 6인 이상의 찬성이 있어야 한다. 합헌 의견보다 위헌 의견이 많다고 해서 다수결로 위헌 결정이 내려지지는 않는다.

오답 피하기 ㄱ. 탄핵 심판은 국회가 제청한다.

ㄴ. 법원이 헌법 재판소에 법률의 위헌 여부에 대한 심사를 제청한다.

15 (가)는 국가 기관 사이에 발생한 권한 다툼을 심판하는 권한 쟁의 심판이다. 지방 자치 단체는 국가 기관이다. (나)는 재판의 전제가 되는 법률이 헌법에 위배되는지를 심판하는 위헌 법률 심판이다.

대단원 서술형·논술형 문제   본문 15쪽

01 | 예시 답안 | 국회 재적 의원 과반수의 출석과 출석 의원 과반수의 찬성으로 가결된다. 가결된 법률안은 대통령이 거부하지 않을 경우 15일 이내에 공포되어 20일 경과 후 효력이 발생한다.

| 필수 키워드 | 과반수 출석, 과반수 찬성, 15일 이내 공포, 20일 경과 후 효력 발생

| 평가 기준 |

상	의결 요건, 공포 기간, 효력 발생 요건을 모두 옳게 서술한 경우
중	의결 요건, 공포 기간, 효력 발생 요건 중 두 가지만 옳게 서술한 경우
하	의결 요건, 공포 기간, 효력 발생 요건 중 한 가지만 옳게 서술한 경우

02 | 예시 답안 | 헌법 재판소는 9명의 재판관으로 구성된다. 대통령이 3명, 국회에서 3명, 대법원장이 3명을 지명하며, 임명은 대통령이 한다. 대통령은 헌법 재판관 중 1명을 지명하여 국회의 동의를 얻은 후 헌법 재판소장으로 임명한다.

| 필수 키워드 | 9명의 재판관, 3명씩 지명, 국회의 동의, 대통령이 임명

| 평가 기준 |

상	9명의 헌법 재판관 임명 방식과 헌법 재판소장의 임명 절차를 모두 옳게 서술한 경우
중	9명의 헌법 재판관 임명 방식만을 옳게 서술한 경우
하	헌법 재판소장 임명 절차만을 옳게 서술한 경우

03 | 예시 답안 | 절대 권력은 절대 부패한다는 말이 있다. 부패한 권력은 국민의 기본권을 침해하고 국력을 약화시키기 때문에 위험하다. 국가 기구의 권력을 하나로 모은다는 것은 절대 권력을 만들겠다는 의미로 매우 위험하다.

국민의 기본권을 보장하기 위해서는 국가 권력을 분리하여 서로 견제하며 균형을 이룰 수 있도록 해야 한다. 권력 기관 사이에 균형을 통해 독재를 예방할 때 국민의 기본권을 보장할 수 있고, 기본권을 보장받은 국민이 정치에 적극적으로 참여할 때 국력은 자연히 증진되기 마련이다. 크게는 국회·행정부·법원으로 권력을 나누어, 입법·행정·사법 권한을 각각 맡게 하고, 이와 더불어 경제·교육 분야 등에 대해 권력을 분산시킬 때 더욱 안정적이고 민주적인 정치 체제를 만들 수 있다.

| 평가 기준 |

평가 항목	평가 내용
평가 충실도	정해진 분량 기준을 충족시킴(단, 제시된 질문과 전혀 상관없는 내용으로 답변했을 시에는 분량 기준을 충족시키지 못한 것으로 간주함)
고차적 인지 능력	제시된 주장을 비판하여 국가 기관의 권력 분립 필요성을 명확하게 확인할 수 있음
글의 타당성	자기 주장과 그에 대한 근거가 타당하게 연결되어 있음
글의 논리성	전체적인 글의 구성과 짜임새가 매끄러우며, 주장과 근거의 연결이 자연스러움

Ⅲ 경제생활과 선택

01 ㄱ. 상품을 만드는 일뿐만 아니라 상품을 저장·운반하고 판매하는 활동도 생산 활동에 속한다.
ㄴ. 피자라는 재화를 만들었으므로 생산 활동에 속한다.
오답 피하기 ㄷ. 생활에 필요한 서비스를 사용하는 소비 활동에 해당한다.
ㄹ. 생산에 참여하고 그에 대한 대가를 받는 분배 활동이다.

02 (다)는 정부로 시장 경제 질서를 유지하고 공공재나 사회 간접 자본을 생산하여 공급한다.
오답 피하기 ① (가)는 가계로 노동, 토지, 자본 등의 생산 요소를 기업에 제공하고, 재화와 서비스를 소비하는 경제 주체이다.
② (나)는 기업으로 가계로부터 생산 요소를 제공받아 재화와 서비스를 생산하는 경제 주체이다.
④ (가)는 가계, (나)는 기업, (다)는 정부이다.
⑤ 경제 주체 간의 긴밀한 상호 작용을 나타낸 도표이다.

03 제시문은 자원의 희소성에 대한 사례이다.
ㄱ. 자원을 원하는 사람들이 많으면 높은 가격에 거래되고, 자원을 원하는 사람들이 적으면 낮은 가격에 거래된다.
ㄴ. 인간의 욕구에 비해 자원이 한정되어 있기 때문에 개인과 사회는 선택의 문제에 직면하게 된다.
오답 피하기 ㄷ. 자원의 희소성은 시대와 장소에 따라 달라질 수 있다.
ㄹ. 자원의 희소성은 인간의 욕구에 비해 이를 충족해 줄 자원의 양이 상대적으로 부족한 상태를 말한다.

04 영주가 이틀 동안 아픈 엄마를 간호함으로써 이틀 동안 주유소에서 일하여 벌 수 있는 14만 원, 편의점에서 일하여 벌 수 있는 10만 원을 포기한 것이 된다. 기회비용은 어떤 것을 선택함으로써 포기하는 대안 중에서 가장 가치가 큰 것이므로 영주의 선택에 따른 기회비용은 14만 원이다.

05 (나)는 한정된 자원으로 어떤 재화나 서비스를 생산할 것인지를 선택해야 하는 생산물의 종류에 관한 문제이다.
오답 피하기 ① (가)는 생산 요소를 선택하고 자원을 사용하는 방법을 결정해야 하는 생산 방법에 관한 문제이다.
③ (다)는 생산 활동을 통해 얻은 이익을 누구에게 얼마나 나누어 줄 것인지를 선택하는 생산물의 분배에 관한 문제이다.
④ (가)~(다)는 모든 사회에서 공통으로 해결해야 할 기본적인 경제 문제에 해당한다.
⑤ 경제 문제는 인간의 욕구에 비해 자원이 한정되어 있는 자원의 희소성으로 인해 발생한다.

06 제시문은 계획 경제 체제의 특성에 관한 내용이다. 계획 경제 체제에서는 국가가 경제 주체의 경제 활동에 대해 계획하고 명령함으로써 기본적인 경제 문제를 해결하고, 주요 생산 수단을 소유하며 관리한다. 또한 시장 경제 체제의 한계인 부와 소득의 불평등을 해결하여 경제적 형평성을 추구한다.
오답 피하기 ㄱ, ㄴ. 시장 가격에 의해 경제 문제를 해결하고 개인의 재산과 경제 활동을 통해 개인의 이익을 추구하는 경제 체제는 시장 경제 체제의 특성이다.

07 경제 활동에 있어 합리적인 선택이란 비용이 같다면 만족감이 큰 것을 선택하고, 선택에 따른 기회비용을 최소화시키는 것이다.
오답 피하기 ㄴ, ㄹ. 합리적인 경제 활동은 충동구매가 아닌 미리 계획된 소비를 하는 것이다.

08 기업은 상품을 생산하여 일자리와 소득을 창출한다.
오답 피하기 ① 가계는 노동, 토지, 자본 등의 생산 요소를 기업에 제공한다. 기업은 생산 요소를 제공한 가계에 그에 대한 대가인 임금, 지대, 이자 등을 지급한다.
②, ④, ⑤ 기업의 역할에 해당되지만 제시문에서는 그 역할을 찾을 수 없다.

09 기업은 소비자와 근로자, 지역 사회 등이 요구하는 사회적 의무를 충족하는 방향으로 활동해야 하는 윤리 의식, 즉 사회적 책임을 다해야 한다.
③ 기업의 이윤을 극대화하기 위한 노력으로 사회적 책임으로 볼 수 없다.
오답 피하기 ① 생산 과정에서 생태계를 보호하고 환경 오염을 최소화하기 위해 노력해야 한다.
⑤ 소비자를 위한 안전한 제품을 생산하고, 소비자의 권익을 침해하지 않도록 노력해야 한다.

10 A회사는 자연 친화적 상품을 만들어 환경 보호에 앞장서는 기업의 긍정적인 이미지를 제고하고 있으며, 판매 수익의 일부를 사회 복지 사업에 참여하는 사회적 기업의 역할을 담당하고 있다.

11 기업가 정신은 불확실성과 위험을 무릅쓰고 혁신과 창의성을 바탕으로 생산 활동을 통해 기업을 성장시키려는 도전 정신을 말한다. 기업은 기업가 정신을 발휘하여 신제품 및 생산 기술을 개발하고, 새로운 생산 방법을 도입하며 새로운 시장을 개척하기 위해 노력한다.

12 ⑤ 유소년기는 경제적 자립이 어려워 부모의 소득에 의존하여 생활하는 시기이다.
오답 피하기 ①, ②, ③, ④ 중·장년기는 소득이 가장 높은 시기이지만 자녀 양육, 주택 마련, 노후 준비 등으로 소비도 집중적으로 증가하는 시기이다. 따라서 미래의 소비와 예기치 않은 사고에 대비하여 저축의 비율을 늘려야 하는 시기이다.

13 주식은 주식회사가 자금을 마련하기 위해 투자자에게 돈을 받고 발행한 증서이다. 이를 구입한 대가로 배당금을 받거나 주식을 사고파는 과정에서 이익을 얻을 수 있다.
오답 피하기 ① 갑은 주식, 을은 채권에 자산을 투자하였다.
③ 갑이 투자한 주식은 수익성이 높지만 투자 위험이 있어 안전성이 낮은 금융 상품이다.
④ 을이 투자한 채권은 주식보다 수익률이 낮은 금융 상품이다.
⑤ 채권은 주식에 비해 안전성이 높은 금융 상품이다.

14 '달걀을 한 바구니에 담지 말라.'는 포트폴리오 투자를 나타내는 대표적인 표현이다. 포트폴리오 투자란 자산을 주식, 채권, 예금 등 여러 종류의 금융 상품에 분할해 투자하는 방법으로 위험을 줄이고 수익률을 높일 수 있는 장점이 있다.

15 인간의 생애는 생산 활동을 통해 소득을 얻을 수 있는 기간은 한정되어 있지만, 소비 생활은 평생 지속되기 때문에 미래에 예상되는 지출에 대비해야 한다. 또한 예상치 못한 사고나 질병 등에 대비하고, 평균 수명의 연장으로 은퇴 이후의 안정된 노후를 보내기 위해 효율적인 자산 관리는 반드시 필요하다.

16 ㉠은 안전성은 높으나 수익성은 낮은 금융 상품으로 예금과 적금이 이에 해당한다. ㉡은 안전성은 낮으나 수익성이 높은 금융 상품으로 주식이 대표적이다.
오답 피하기 ㄷ. 그래프를 보면 안전성이 높으면 수익성이 낮고, 안전성이 낮으면 수익성이 높으므로 안전성과 수익성은 반비례 관계에 있다.
ㄹ. ㉠에 해당하는 상품은 수익성은 낮으나 투자한 원금을 보장하여 안전성은 높은 특성을 보인다.

17 신용 거래는 미래에 갚을 것을 약속하고 상품이나 돈을 얻을 수 있는 능력을 바탕으로 이루어지는 거래를 말한다. 은행에서의 대출은 정해진 기한 내에 갚을 것을 약속하고 현금을 빌리는 것으로 신용을 바탕으로 한다. 신용 카드 거래는 신용 거래의 가장 대표적인 방법으로 상품이나 서비스를 먼저 받고 나중에 지불하는 '선(先) 지급 후(後) 지불'을 기본으로 한다.

18 신용 거래는 현대 사회에서 보편적으로 이루어지는 거래 방식으로 현금 없이도 상품을 구매할 수 있고, 미래의 소득을 앞당겨 현재의 소득보다 더 많이 소비할 수 있는 장점이 있다. 그러나 자신의 소득 수준을 고려하지 않는 충동구매나 과소비의 우려가 있으므로, 현재와 미래의 소득과 지불 능력을 고려하여 소비해야 한다. 또한 상품 대금을 지불하거나 돈을 갚기로 한 약속을 반드시 지키도록 자신의 신용 정보를 정확히 알아 평소 철저하게 관리하고 계획적인 소비 습관을 형성해야 한다.

대단원 서술형·논술형 문제
본문 21쪽

01 | 예시 답안 | 음악 콘서트에 가는 것이다. 비용이 같다면 편익이 가장 큰 음악 콘서트에 가는 것이 합리적인 선택이다. (합리적인 선택은 최소의 비용으로 최대의 편익을 얻는 것이다. 또는 비용이 같다면 기회비용이 가장 작은 선택을 하는 것이 합리적이다.)
| 필수 키워드 | 음악 콘서트, 최소, 비용, 최대, 편익
| 평가 기준 |

상	음악 콘서트에 가는 것이라 쓰고, 그 이유를 비용과 편익의 관점에서 바르게 서술한 경우
중	음악 콘서트에 가는 것이라 쓰고, 그 이유를 서술하였으나 내용이 미흡한 경우
하	음악 콘서트에 가는 것이라고만 쓴 경우

02 **|예시 답안|** (가)는 시장 경제 체제로 기본적인 경제 문제가 시장 가격을 통해 해결되는 경제 체제이다. (나)는 계획 경제 체제로 국가가 각 경제 주체의 경제 활동을 계획하고 명령함으로써 기본적인 경제 문제를 해결하는 경제 체제이다.

|필수 키워드| 시장 경제 체제, 계획 경제 체제, 시장 가격, 기본적인 경제 문제, 국가, 계획(명령)

|평가 기준|

상	(가), (나)의 경제 체제를 명확하게 파악하여 그 의미를 비교하여 바르게 서술한 경우
하	(가), (나)의 경제 체제를 정확하게 파악하였으나, 그 의미를 바르게 서술하지 못한 경우

03 **|예시 답안|** 신용 거래로 현금 없이도 상품을 구매할 수 있고 미래의 소득을 앞당겨서 활용할 수 있기 때문에 현재의 소득보다 더 많은 소비를 할 수 있다. 그러나 충동구매와 과소비를 할 우려가 있고 신용은 언젠가 갚아야 할 빚이기 때문에 미래의 경제생활에 큰 부담이 될 수 있다. 또한 미래의 소득이나 지불 능력을 고려하지 않고 비합리적으로 소비하면 신용을 잃게 되어 앞으로의 경제생활에 지장을 초래하게 된다. 따라서 소득보다 현재와 미래의 소득과 지불 능력을 고려하여 소비하고, 상품 대금을 지불하거나 돈을 갚기로 한 약속을 반드시 지켜야 한다. 이를 위해서는 신용 관리의 중요성을 깨닫고 자신의 신용 상태에 관심을 가지고 철저히 관리해야 한다.

|평가 기준|

평가 항목	평가 내용
평가 충실도	정해진 분량 기준을 충족시킴(단, 제시된 질문과 전혀 상관없는 내용으로 답변했을 시에는 분량 기준을 충족시키지 못한 것으로 간주함)
문제 해결력	신용 거래의 장단점을 서술하고, 신용 거래에 있어 바람직한 자세에 대해 구체적으로 서술함
논리성과 타당성	전체적인 글의 구성과 짜임새가 매끄러우며, 주장과 근거의 연결이 자연스러움

Ⅳ 시장 경제와 가격

대단원 종합 문제   본문 24~26쪽

01 ⑤	02 ②	03 ①	04 ③	05 ④
06 ③	07 ③	08 ④	09 ②	10 ②
11 ④	12 ③	13 ②	14 ④	15 ①

01 ㉠에 들어갈 개념은 시장이다.
오답 피하기 ① 자신이 필요한 물건을 스스로 만들었던 자급자족 시대에는 시장이 필요하지 않았다.
③ 수요만 있거나 공급만 있으면 상품이 거래되지 않기 때문에 시장이 형성될 수 없다.

02 사람들이 교환을 하면서 처음으로 사용한 화폐는 조개껍데기나 소금, 쌀 등으로 이러한 물품 화폐는 보관이나 이동에 불편이 많았다. 그래서 등장한 것이 금, 은 등의 금속 화폐이다. 하지만 금이나 은은 무겁고 양도 부족하여 지폐를 사용하기 시작하였다. 최근에는 정보화에 따라 신용 화폐나 전자 화폐가 등장하여 널리 사용되고 있다.
오답 피하기 을. 화폐가 진화하여 신용 화폐나 전자 화폐가 등장하긴 했지만, 이전의 금속 화폐나 지폐도 여전히 같이 사용하고 있다.
정. 신용 화폐를 사용하면 현금을 가지고 다녀야 하는 불편함이 줄어든다.

03 물물 교환이란 서로에게 필요한 물건을 직접 교환하는 방식이다. 물물 교환의 불편한 점을 해결하기 위해 화폐가 등장하였고, 이후 시장이 더욱 활성화되었다.

04 눈에 보이는 시장에는 전통시장, 백화점, 대형 마트 등이 있고, 눈에 보이지 않는 시장에는 주식 시장, 외환 시장, 전자 상거래 등이 있다.

05 증권 시장, 인터넷 쇼핑몰은 거래 모습이 확실히 드러나지 않으므로 눈에 보이지 않는 시장이라는 공통점이 있다.
오답 피하기 ① 증권 시장과 인터넷 쇼핑몰은 거래 모습이 뚜렷이 드러나지 않는 눈에 보이지 않는 시장이다.
② 증권 시장에만 해당된다.

③ 구체적인 장소가 존재하지 않는다.
⑤ 편의점, 대형 마트는 거래 장소와 모습이 확실히 드러나는 눈에 보이는 시장이다.

06 제시된 그래프는 수요 곡선상의 점의 이동을 나타낸 것으로 수요량의 변화를 나타내고 있다. 점 A에서 점 B로의 이동은 가격 하락으로 인한 수요량의 증가를 나타낸다.
오답 피하기 ① 커피의 가격이 하락하자 보완재인 설탕의 수요가 늘어난 것은 수요 증가에 해당하는 사례이다. 수요 증가는 수요 곡선 자체가 오른쪽으로 이동한다.
② 배추 가격의 상승으로 배추의 수요량이 감소한 사례이다.
④ 반도체 가격의 하락으로 반도체 생산량이 감소한 것은 공급량의 감소에 해당하는 사례이다.
⑤ 과자 가격의 상승으로 과자 생산량이 증가한 경우로 공급량의 증가를 나타낸 사례이다.

07 가격이 2,000원일 때 초과 수요가 40개이며, 가격이 4,000원일 때 초과 공급이 40개이다. 2,000원에서 가격이 오를수록 초과 수요는 줄어들 것이고, 4,000원에서 가격이 내릴수록 초과 공급은 줄어들 것이다. 이에 따라 수요량과 공급량이 일치하는 지점인 3,000원에서 균형 가격이 결정된다. 이때의 거래량인 50개가 균형 거래량이 된다.

08 가격이 300원일 때 수요량은 300개, 공급량은 100개로 초과 수요량이 200개 발생한다. 초과 수요 상태에서는 재화의 희소성이 커져 가격이 상승하게 된다.

09 제시된 신문 기사는 시장 가격의 기능 중 경제 활동의 안내자 역할을 나타내고 있다. 시장 가격은 경제 주체들의 경제적 의사 결정의 방향을 알려 주는 신호등 역할을 한다.

10 (가)는 수요량의 증가, (나)는 수요의 증가를 나타낸다. 수요량의 변화는 해당 재화의 가격 변동에 따라 나타나며, 수요의 변화는 인구, 소득, 기호, 대체재와 보완재의 가격 변동에 의해 나타난다.
오답 피하기 ㄴ. 대체재 관계에 있는 재화의 가격이 하락하면 다른 재화의 수요는 감소한다. 수요가 감소할 경우 수요 곡선은 왼쪽으로 이동한다.
ㄹ. (나)는 우하향 곡선인 수요 곡선이 이동하는 모습이므로 수요 변동을 나타낸다.

11 제시된 그래프는 수요 곡선이 왼쪽으로 이동하는 모습으로, 수요가 감소하는 것을 나타낸다.
④ 서구식 식생활이 확산되면 밥 대신 빵을 찾는 사람들이 증가하므로 쌀의 수요는 감소한다.
오답 피하기 ① 태풍은 과일의 공급을 감소시키는 요인이다.
② 휴가철 성수기가 되면 항공권의 수요가 증가한다.
③ 밀가루 가격이 인상하면 라면의 생산비가 증가하므로 라면의 공급이 줄어든다.
⑤ 스마트폰 가격이 인하하면 스마트폰 수요가 증가하고 그에 따라 보완재인 스마트폰 케이스의 수요 또한 증가한다.

12 ③ 핫도그와 햄버거는 대체재 관계이다. 핫도그의 가격이 상승하면 햄버거의 수요는 증가하고, 핫도그의 가격이 하락하면 햄버거의 수요가 감소한다. 따라서 핫도그 가격과 햄버거 수요 간에는 비례 관계가 나타난다.
오답 피하기 ① (가)의 컵라면과 꼬마 김치는 보완 관계에 있는 재화들이다.
② 컵라면의 가격이 하락하여 그 수요가 증가하면 보완재인 꼬마 김치의 소비는 증가할 것이다.
④ 핫도그와 햄버거는 용도가 비슷하여 대신 사용할 수 있는 경쟁 관계에 있는 재화이다.
⑤ (가)의 두 재화는 보완재 관계, (나)의 두 재화는 대체재 관계에 있다.

13 제시된 그림은 휴대 전화의 공급 변동 요인을 나타낸다. 휴대 전화 배터리에 들어가는 콜탄 가격이 상승하면 생산비가 증가하여 휴대 전화의 공급이 감소한다.
오답 피하기 ① 휴대 전화의 생산비가 증가하였기 때문에 휴대 전화의 생산량은 감소한다.
③ 휴대 전화의 수요가 증가할 경우 휴대 전화 액세서리의 수요도 증가한다.
⑤ 휴대 전화의 생산비가 높아졌으므로 새로운 기업이 휴대 전화 시장에 진입하기보다는 기존에 휴대 전화를 생산했던 기업이 다른 제품을 공급할 가능성이 크다.

14 블루베리에 대한 효능에 대한 연구 결과가 발표되면 블루베리를 구입하려는 사람들이 늘어날 것이다. 이것은 소비자의 기호 증가로 블루베리의 수요가 늘어나는 것임을 나타낸다. 수요가 증가하면 수요 곡선이 오른쪽으로 이동하여 블루베리의 균형 가격은 상승하고, 균형 거래량도 증가한다.

15 찹쌀떡의 재료인 찹쌀가루의 가격이 내리면 찹쌀떡의 공급이 증가하여 공급 곡선은 오른쪽으로 이동한다. 또한 수능 대목으로 찹쌀떡의 수요가 증가하면 수요 곡선은 오른쪽으로 이동한다.

대단원 서술형·논술형 문제 본문 27쪽

01 | **예시 답안** | 사진에 나타난 시장은 패스트푸드 전문점이다. 패스트푸드 전문점을 거래 형태에 따라 구분하면 거래가 이루어지는 모습이 구체적으로 드러나는 보이는 시장에 해당한다. 또한 거래 상품의 종류에 따라 구분하면 생활에 필요한 재화가 거래되는 생산물 시장에 해당한다.

| **필수 키워드** | 거래 형태, 보이는 시장, 거래 상품의 종류, 생산물 시장 등

| **평가 기준** |

상	패스트푸드 전문점을 보이는 시장, 생산물 시장, 상설 시장 등 중 두 가지 유형으로 그 구분 기준과 함께 바르게 서술한 경우
중	패스트푸드 전문점을 보이는 시장, 생산물 시장, 상설 시장 등 중 한 가지 유형으로 그 구분 기준과 함께 바르게 서술한 경우
하	패스트푸드 전문점을 보이는 시장, 생산물 시장, 상설 시장 등 중 한 가지 유형으로 바르게 제시하였으나, 그 구분 기준은 명시하지 못한 경우

02 | **예시 답안** | 바나나 맛 초콜릿 과자에 대한 소비자의 기호가 증가하여 바나나 맛 초콜릿 과자의 수요가 증가한다. 이에 따라 바나나 맛 초콜릿 과자의 균형 가격은 상승하고, 균형 거래량도 증가한다.

| **필수 키워드** | 기호 증가, 수요 증가, 균형 가격 상승, 균형 거래량 증가

| **평가 기준** |

상	바나나 맛 초콜릿 과자 시장의 변화를 균형 가격과 균형 거래량의 모든 측면에서 바르게 서술한 경우
중	바나나 맛 초콜릿 과자 시장의 변화를 균형 가격이나 균형 거래량 측면에서만 서술한 경우
하	바나나 맛 초콜릿 과자의 수요가 증가했다고만 서술한 경우

03 | **예시 답안** | 치킨의 가격이 5,000원일 경우 수요량은 20만 마리인데 공급량은 12만 마리밖에 되지 않아 수요량이 공급량보다 많은 상태인 초과 수요가 발생한다. 초과 수요 상태에서는 시장에서 치킨이 모자라기 때문에 치킨을 서로 구입하기 위해 수요자 간에 경쟁이 나타난다. 따라서 치킨의 가격은 초과 수요가 없어질 때까지 상승한다. 반면에 치킨의 가격이 15,000원일 경우 수요량은 12만 마리인데 공급량은 20만 마리나 되어 공급량이 수요량보다 많은 상태인 초과 공급이 발생한다. 초과 공급 상태에서 남은 치킨을 팔기 위해 공급자 간에 경쟁이 벌어진다. 결국 치킨 가격은 초과 공급이 없어질 때까지 하락한다. 이러한 과정을 반복하다 보면, 결국 수요량과 공급량이 16만 마리로 일치하는 지점인 10,000원에서 시장은 균형을 이루게 된다. 즉, 균형 가격이 10,000원일 때 시장에 치킨이 남거나 모자라는 것이 없으므로 가격이 움직이지 않게 되는 것이다.

| **평가 기준** |

평가 항목	평가 내용
평가 충실도	제시된 조건 기준을 충족시킴(단, 제시된 질문과 전혀 상관없는 내용으로 답변했을 시에는 분량 기준을 충족시키지 못한 것으로 간주함)
자료 분석력	자료를 토대로 치킨의 균형 가격이 결정되는 과정을 구체적으로 제시함
논리성과 타당성	전체적인 글의 구성과 흐름이 매끄러우며, 주장과 그에 대한 근거가 타당함

Ⅴ 국민 경제와 국제 거래

대단원 종합 문제
본문 30~32쪽

01 ④	02 ②	03 ②	04 ②	05 ①
06 ④	07 ③	08 ②	09 ④	10 ④
11 ③	12 ②	13 ④	14 ①	15 ⑤
16 ③				

01 ④ 국내 총생산(GDP)은 최종 생산물의 가치, 또는 부가가치들의 총합으로 '총생산물의 가치─중간 생산물의 가치'로 계산할 수 있다.

02 ㄱ, ㄷ. 외국인이라도 우리나라에서 벌어들인 수입은 국내 총생산에 포함된다.
오답 피하기 ㄴ, ㄹ. 우리나라 국민이더라도 외국에서 벌어들인 수입은 국내 총생산에 포함되지 않는다.

03 ② B국은 C국에 비해 국내 총생산은 크지만 1인당 국내 총생산은 작다.
오답 피하기 ① A국의 국내 총생산이 가장 크므로 경제 규모가 가장 크다.
③ C국이 D국보다 국내 총생산이 더 많으나, 1인당 국내 총생산은 더 적으므로 인구가 더 많은 것이다.
④ 국내 총생산이나 1인당 국내 총생산이 높다는 것은 국민들의 삶의 질을 높이는 교육 및 의료 시설과 각종 편의 시설을 갖출 수 있는 국가의 능력도 커진다는 의미이다.
⑤ E국은 평균 생활 수준이 가장 높은 나라이다.

04 ② 목재업자는 130만 원의 부가가치를 생산하였다.
오답 피하기 ④ 가구업자의 부가가치는 120만 원이고, 목재업자의 부가가치는 130만 원이다.
⑤ 생산 과정에서 발생한 부가가치를 모두 더하면 400만 원으로 국내 총생산과 같다.

05 그래프를 보면 갑국의 국내 총생산이 갈수록 높아지는 것을 알 수 있다. 국내 총생산이 높아진다는 것은 경제 규모와 생산 능력이 커지고 있음을 의미한다. 경제 성장이 이루어지면 의료 부문에 대한 투자가 증대되어 평균 수명이 높아지고 영·유아 사망률은 낮아진다. 또한 문화 및 교육 수준도 향상되어 삶의 질이 높아진다.

① 국내 총생산은 국가 전체의 생산 총량이므로 빈부 격차에 관한 정보를 제공하지 못한다.

06 제시된 그래프는 물가가 상승하고 있는 모습을 나타낸다. 인플레이션이 발생하면 화폐 가치가 하락하고 상대적으로 실물 자산의 가치가 상승한다. 이에 따라 채무자, 실물 자산 소유자, 수입업자는 유리해지지만 채권자, 금융 자산 소유자, 수출업자는 불리해진다.
오답 피하기 ① 인플레이션이 발생하면 외국 상품에 비해 자국 상품의 가격이 상대적으로 비싸지기 때문에 수입업자는 유리해지고, 수출업자는 불리해진다.
③ 인플레이션이 발생하면 돈의 가치가 떨어져 채권자는 실질적으로 받아야 할 돈이 줄어들어 불리하다.

07 인플레이션이 우려될 경우에는 정부는 과도한 재정 지출을 줄이고 세율을 인상한다. 중앙은행은 이자율을 인상하여 통화량을 줄이기 위해 노력한다.

08 자료의 A는 실업자, B는 비경제 활동 인구, C는 경제 활동 인구이다.
ㄱ. 실업률은 $\dfrac{\text{실업자 수(A)}}{\text{경제 활동 인구(C)}} \times 100$이다.
ㄷ. 학생, 주부, 군인처럼 현재 일할 의사가 없거나 일할 능력이 없는 사람은 비경제 활동 인구에 속한다.
오답 피하기 ㄴ. 일자리를 구하는 것을 포기한 구직 단념자는 비경제 활동 인구에 속하므로 구직 단념자가 늘어나면 B가 증가한다.
ㄹ. B(비경제 활동 인구)와 C(경제 활동 인구)의 구분 기준은 일할 의사나 능력 여부이다. 노동 가능 인구는 생산 활동이 가능한 15세 이상의 사람을 말한다.

09 갑이 처한 실업의 유형은 계절적 실업이며, 을이 처한 실업의 유형은 경기적 실업이다. 경기 부양 정책은 계절적 실업에 처한 갑보다 경기적 실업에 처한 을에게 보다 효과적일 것이다.
오답 피하기 ① 갑은 자신의 의사에 따라 일을 관둔 것이 아니므로 비자발적 실업자이다.
③ 갑과 을은 모두 일할 의사나 능력이 있으나 취업을 못하였으므로 경제 활동 인구에 해당한다.

10 판서 내용은 개인적 차원에서 취업을 하기 위한 노력과 국가적 차원에서 실업률을 낮추기 위한 노력이다. 따라서 고용 안정을 위한 대책이 가장 적절한 주제이다.

11 국가마다 기후, 자원, 생산 기술, 노동력의 양과 질 등이 서로 다르다. 이로 인해 같은 상품을 생산하더라도 나라마다 생산 비용이 달라진다. 따라서 각 나라는 생산비가 적게 들어가는 상품을 생산하여 수출하고, 생산에 불리한 상품은 수입하여 사용한다.

12 ㄱ. 나라마다 보유한 천연자원, 생산 기술, 노동력의 양과 질 등과 같은 생산 조건이 다르기 때문에 같은 상품을 생산하는 데 들어가는 비용에 있어 차이가 나타난다.

오답 피하기 ㄴ. ⓒ에는 기업의 해외 투자, 기술 이전, 근로자의 국제 이동 등을 예로 들 수 있다.

ㄹ. 관세는 국경을 통과하는 상품에 대해 부과하는 세금이다. 관세는 생산물 거래에 대한 대표적인 무역 장벽 수단이다.

13 제시된 사례에는 상대국의 문화나 법률에 의해 거래가 제한받는 모습이 나타나 있다. 이와 같이 국내에서는 자유롭게 거래되는 상품이나 서비스도 국제 거래에서는 상대국의 제도나 문화의 영향을 받아 이동에 제약이 따를 수 있다.

14 ① 해외 차관 상환은 외화가 해외로 나가는 것으로 외화의 수요 증가 요인에 해당한다.

오답 피하기 ②, ③, ④, ⑤ 수출 증가, 외국인 국내 투자 증가, 외국인의 국내 유학 증가, 외국인의 국내 여행 증가는 외화의 공급 증가 요인에 해당한다.

15 ① 환율이 상승할 경우 외화를 구입하기 위해서 원화를 더 많이 지급해야 하므로, 그만큼 원화의 가치는 떨어진다. 한편, 환율이 하락할 경우 외화를 구입하기 위해서 원화를 덜 지급하므로, 그만큼 원화의 가치는 높아진다.

② 환율이 상승하면 외화로 표시되는 우리나라 상품의 가격이 하락하여 수출이 증가한다. 반대로 환율이 하락하면 외화로 표시되는 우리나라 상품의 가격이 상승하여 수출은 감소한다.

③ 환율이 상승하면 수입 원자재의 가격이 올라 국내 물가가 상승할 수 있다. 반대로 환율이 하락하면 수입 원자재 가격이 하락하기 때문에 국내 물가 안정에 도움이 된다.

④ 환율이 상승하면 우리나라가 외국에서 빌린 돈이 있다면 더 많은 원화를 외화로 바꿔야 하므로 외채 부담이 늘어날 것이다. 반대로 환율이 하락하면 외채 상환 부담은 줄어든다.

16 ③ 외국 화폐로 바꿔야 할 원화의 양이 늘어나므로 학비 부담이 커진다.

오답 피하기 ① 수입품의 국내 가격이 올라 원자재 대부분을 수입에 의존해야 하는 우리나라는 물가가 상승할 우려가 있다.

② 환율이 오르면 외국 기업에 결제해야 할 원화의 금액이 더 늘어난다.

④ 외국 화폐로 표시되는 수출품의 가격이 하락하기 때문에 수출이 늘어난다.

⑤ 같은 금액의 외국 화폐로 바꿀 수 있는 원화의 양이 늘어나므로 외국인의 국내 여행 경비가 줄어든다.

대단원 서술형·논술형 문제   본문 33쪽

01 **|예시 답안|** 물가가 상승하면 실물 자산을 소유한 사람들에 비해 현금을 보유한 사람들이 불리한 처지에 놓이게 된다. 또한 가계의 저축이 감소하여 생산 활동을 위한 기업의 투자가 줄어들어 경제가 위축될 수 있다. 외국 상품에 비해 자국 상품의 가격이 상대적으로 비싸져 수출은 감소하고 수입은 증가한다.

|필수 키워드| 화폐 가치 하락, 실물 자산 가치 상승, 기업 투자 감소, 수출 감소 및 수입 증가 등

|평가 기준|

상	화폐 가치 하락, 소득의 불공평한 재분배, 기업의 투자 활동 위축, 불건전한 거래 집중, 무역의 불균형 발생 등 중 세 가지를 서술한 경우
중	화폐 가치 하락, 소득의 불공평한 재분배, 기업의 투자 활동 위축, 불건전한 거래 집중, 무역의 불균형 발생 등 중 두 가지만 서술한 경우
하	화폐 가치 하락, 소득의 불공평한 재분배, 기업의 투자 활동 위축, 불건전한 거래 집중, 무역의 불균형 발생 등 중 한 가지만 서술한 경우

02 **|예시 답안|** 구조적 실업, 미래의 유망한 직업이나 기술을 예측하여 그에 필요한 인력 개발 프로그램을 마련하거나 체계적인 직업 교육을 실시한다.

|필수 키워드| 구조적 실업, 인력 개발 프로그램 마련, 직업 교육 실시 등

| 평가 기준 |

상	구조적 실업이라고 쓰고, 그 대책도 바르게 서술한 경우
중	구조적 실업이라고는 쓰지 못하고, 그 대책만을 서술한 경우
하	구조적 실업이라고만 쓴 경우

03 | 예시 답안 | 삶의 질을 높이는 봉사 활동이나 가사 노동 등과 같이 시장에서 거래되지 않는 활동은 국내 총생산에 포함되지 않으며 삶의 질을 떨어뜨리는 환경 오염이나 교통사고, 범죄에 대한 피해 등이 반영되지 않는다. 또한 소득 분배 상태나 빈부 격차에 관한 정보를 제공하지 못한다.

| 평가 기준 |

평가 항목	평가 내용
평가 충실도	제시된 조건 기준을 충족시킴(단, 제시된 질문과 전혀 상관없는 내용으로 답변했을 시에는 분량 기준을 충족시키지 못한 것으로 간주함)
비판적 사고력	국내 총생산이 가지는 한계를 구체적인 근거를 들어 제시함
논리성과 타당성	전체적인 글의 구성과 흐름이 매끄러우며, 주장과 그에 대한 근거가 타당함

04 | 예시 답안 | 나는 미국 여행을 계획 중인 우리나라 대학생을 선택한다. 환율이 상승할 경우 여행에 사용할 경비가 증가하므로 미국에 여행을 가기 위한 계획을 미룬다. 반대로 환율이 하락할 경우 여행에 사용할 경비가 줄어들게 되므로 미국에 여행가는 것을 서두른다.

| 평가 기준 |

평가 항목	평가 내용
평가 충실도	제시된 조건 기준을 충족시킴(단, 제시된 질문과 전혀 상관없는 내용으로 답변했을 시에는 분량 기준을 충족시키지 못한 것으로 간주함)
자료 분석력	원/달러 환율이 상승하거나 하락할 경우 나타나는 현상을 제시함
논리성과 타당성	전체적인 글의 구성과 흐름이 매끄러우며, 주장과 그에 대한 근거가 타당함

VI 국제 사회와 국제 정치

대단원 종합 문제
본문 36~38쪽

01 ①	02 ①	03 ②	04 ②	05 ④
06 ③	07 ⑤	08 ③	09 ④	10 ①
11 ④	12 ①	13 ③	14 ②	15 ④

01 ㄱ. A는 국제 사회와 중첩되지 않는 순수한 국내 사회만을 나타내는 영역으로, 강제력을 갖춘 중앙 정부의 통제를 받는 특징을 보인다.
ㄴ. B는 국내 사회의 특징과 국제 사회의 특징을 공통적으로 갖는 영역으로, 국제법에 따른 효력의 영향을 받는 특징을 보인다. 국회에 의해 승인된 국제법은 국내법과 같은 효력을 갖기 때문이다.
ㄷ. C는 순수한 국제 사회의 특징을 갖는 영역으로, 주권 국가를 가장 기본적인 구성 단위로 하는 특징을 보인다.

02 국가는 가장 기본적이고 대표적인 국제 사회의 행위 주체이다. 국민의 수나 영토에 상관없이 독립적인 주권을 행사하는 주권 평등의 원칙을 적용받고, 국제 사회에서 법적 지위를 가지고 외교 활동을 수행할 수 있다. 이러한 특성을 바탕으로 여러 국제기구에 참여하여 공식적인 활동을 한다.

03 ㉠ 다국적 기업은 국가 간의 경계를 넘어 활동하기 때문에 국가 간 경계를 약화시키는 기능을 한다. ㉡ B, C국이 국제 연합의 상임 이사국이라면, 이들은 국제 사회에서 다른 나라들에 비해 더 큰 영향력을 행사한다. ㉢ 국제 사면 위원회는 비정부 기구(NGO)에 속한다. ㉣은 정부 간 국제기구로 회원 자격은 유럽에 있는 각국 정부에 한정된다.

04 국제 적십자사, 국제 사면 위원회, 국경 없는 의사회, 세이브 더 칠드런은 국경을 초월하는 민간단체인 국제 비정부 기구(NGO)이다. 국제 통화 기금(IMF)은 국제적 통화 협력을 보장하고 환율 안정을 위해 설립된 정부 간 국제기구이다.

05 다국적 기업이란 세계 여러 나라에 자회사와 공장을 설립하여 국제적 규모로 상품을 생산하고 판매하는 기업

이다. 전 세계 경제에서 매우 큰 비중을 차지하며, 세계화와 더불어 국가 간 경계를 약화시키는 기능을 한다. 이윤 추구를 목표로 하며 경제적 이익의 극대화 과정에서 여러 국가의 정책에도 직·간접적인 영향을 준다.

06 ③ 국제 비정부 기구는 국경을 초월한 개인 및 민간단체로 환경, 의료, 노동, 인권, 평화 등 인류를 위해 활동한다.
오답 피하기 ① ㉠ 국제기구는 정부 간 국제기구와 국제 비정부 기구를 모두 아우르는 개념이기 때문에 개인과 민간단체가 가입할 수 없다는 말은 옳지 않다.
② ㉡ 국제 적십자사는 민간단체이기 때문에 정부 간 국제기구에 해당하지 않는다.
④ 정부 간 국제기구는 국가를 기본 단위로 하므로 민간단체인 국제 비정부 기구보다 자국의 이익을 고려하게 된다.
⑤ 이윤 추구를 목적으로 하는 국제 사회의 행위 주체는 다국적 기업이기 때문에 ㉡, ㉢ 모두 해당되지 않는다.

07 그림에 나타난 국제 사회의 갈등 사례는 경제 가치가 높은 주요 자원의 확보를 둘러싸고 국가 간 경쟁에서 비롯된 갈등이다. 현대 사회에서 각국은 생존과 자국의 이익 확보를 위해 서로 경쟁하는데, 부족한 자원은 대표적인 분쟁과 갈등의 소재가 된다.

08 제시된 첫 번째 사례는 미국과 중국이 기후 변화에 대해 합의하며 국제 사회의 문제 해결을 위해 협력하는 모습이고, 두 번째 사례는 경제 문제에 있어 자국의 이익을 실현하기 위해 무역 갈등을 겪는 모습이다. 이를 통해 국제 사회 행위 주체 간 협력과 갈등 관계가 공존한다는 국제 사회의 특징을 추론할 수 있다.

09 국제 사회는 국내 사회에 비해 갈등이 쉽게 해결되지 않는다. 각국은 자국의 이익을 최우선으로 하지만, 이들을 통제할 중앙 정부가 존재하지 않기 때문에 국제 규범을 강제적으로 적용할 수 없기 때문이다.
오답 피하기 ㄱ. 국제 연합을 비롯하여 국제 규범의 형성에 관여하는 정부 간 국제기구는 많다.
ㄷ. 국제법은 주로 보편적 인권 보장과 자유 무역을 확대하는 방향으로 형성되며, 국제 사회의 갈등을 해결하기 쉽지 않은 이유와는 거리가 있다.

10 한 국가가 국제 사회에서 자국의 이익을 평화적 방법

으로 달성하려는 대외적 활동을 외교라 한다. 외교는 자국의 대외적 위상과 이미지를 높이는 법으로 갈등으로 인해 발생하는 손해를 사전에 예방하고, 지구촌 공동의 문제를 해결할 수 있는 평화적 방법이다. 외교는 정부 기관에 의한 공식적 외교와 민간 차원의 교류로 구분할 수 있다.

11 첫 번째 사례에서는 분쟁의 옳고 그름이 아닌 국력과 교역에서 차지하는 비중에 따른 이익을 고려하였다. 두 번째 사례에서는 제재 조치에 동참하는 것이 필요에 의해서가 아니라 강대국에 의해 피해를 입는 것을 두려워해서였다. 두 사례의 공통점은 국제 사회에서 행위 주체들이 결정을 내릴 때 힘의 논리가 작용한다는 것이다.

12 지도에 표시된 지역은 간도와 만주 지역으로 중국이 고대 역사를 왜곡하고 있는 지역이다. 중국이 동북면 고대 역사를 자신들의 지방 정권 역사로 만드는 작업을 동북 공정이라고 한다.

13 제시된 내용은 우리나라가 일본과 겪고 있는 갈등 상황들이다. 일본과 우리나라가 겪고 있는 갈등 상황으로는 독도 영유권 문제, 역사 교과서 왜곡 문제, 위안부 및 일제 징용공에 대한 직접 사과 및 배상 문제, 세계지도에 동해 표기 문제, 부품 소재 수출 제재 문제 등이 있다.

14 사진의 지역은 독도이다. 일본은 독도의 영유권에 대한 억지 주장을 하고 있다. 이에 대해 우리는 실효적 지배를 굳건히 하는 가운데 독도가 우리 영토임을 알려 주는 역사적 자료들을 수집하고 홍보하여 독도를 지켜나가야 할 것이다.
오답 피하기 ㄴ. 독도 문제는 주권 국가로서 굳이 국제 연합에 결정을 부탁할 필요는 없다.
ㄹ. 국제 사법 재판소에 제소하는 것은 일본이 바라는 것으로, 힘의 논리를 이용하여 국제 사회에서 유리한 판결을 이끌어내려는 속셈이다.

15 동북 공정은 중국이 소수 민족의 독립을 방지하고, 한반도 통일 이후의 영토 분쟁에 대비하기 위한 목적을 갖는다. 일본의 독도 영유권 주장의 목적은 해양 기지 및 자원 확보에 있다.

대단원 서술형·논술형 문제 본문 39쪽

01 **|예시 답안|** 국제 사회는 힘의 논리가 지배하는 특성이 있기 때문에 강대국이 더 많은 영향력을 행사한다.
|필수 키워드| 국제 사회, 힘의 논리, 더 많은 영향력
|평가 기준|

상	국제 사회의 특성인 힘의 논리와 결과인 강대국의 더 많은 영향력 행사를 모두 옳게 서술한 경우
중	국제 사회에서 발생하는 결과만 옳게 서술한 경우
하	국제 사회의 특성만 옳게 서술한 경우

02 **|예시 답안|** 두 갈등의 공통점은 바로 자원을 둘러싼 국제 갈등이라는 점이다. 이러한 국제 갈등이 발생하는 근본적인 원인은 자원은 한정적이지만 모든 국가는 자국의 이익을 최우선으로 하는 국제 사회의 특성에 기인한다.
|필수 키워드| 자원, 자국의 이익 최우선, 국제 사회의 특성
|평가 기준|

상	두 사례의 공통점과 갈등 발생의 근본적 원인을 모두 옳게 서술한 경우
중	두 사례의 공통점만 옳게 서술한 경우
하	갈등 발생의 근본적 원인만 옳게 서술한 경우

03 **|예시 답안|** 일본은 교육을 통해 자국민의 인식을 모으는 한편, 다케시마의 날 행사를 만들어 독도를 분쟁 지역화하려고 한다. 국제 사법 재판소의 제소를 통해 국제 사회의 특성인 힘의 논리를 악용하여 독도에 대한 영유권을 주장하려 하고 있다.
이에 대해 우리가 취해야 할 대응은 다음과 같다. 첫째, 일본 역사 교과서 왜곡에 대해 논리적으로 반박할 수 있는 역사적 사료들을 발굴하고 전 세계에 홍보하여 일본의 인식이 잘못되었음을 알릴 수 있도록 해야 한다. 둘째, 독도에 대한 실효적 지배를 유지하며 이를 알릴 수 있는 행사를 국가적으로 개최하여 독도에 대한 영유권을 군건히 해야 한다. 셋째, 국제 사법 재판소의 제소에 응하지 않아야 한다. 국제 사법 재판소는 당사국 모두 동의할 때만 판결을 내릴 수 있고, 독도는 이미 우리의 영토이기 때문에 굳이 분쟁 지역화 할 이유가 없기 때문이다.

|평가 기준|

평가 항목	평가 내용
평가 충실도	정해진 분량 기준을 충족시킴(단, 제시된 질문과 전혀 상관없는 내용으로 답변했을 시에는 분량 기준을 충족시키지 못한 것으로 간주함)
고차적 인지 능력	일본의 전략을 간파하고 그에 넘어가지 않고 유리한 고지를 점유할 수 있는 아이디어를 담음
글의 타당성	정확한 논리와 논거를 통해 독도의 영유권이 우리에게 있음을 인식시킴
글의 논리성	일본의 전략에 대한 분석을 토대로 그에 대한 대응책을 논리적으로 펼침

01 ④	02 ②	03 ⑤	04 ④	05 ②
06 ③	07 ③	08 ④	09 ①	10 ①
11 ③	12 ④	13 ②		

01 전 세계 약 74억 명의 인구는 고르게 분포하지 않고 특정 지역에 집중하여 분포하는 것이 특징이다. 기온이 낮고 경지가 좁은 산지나 고원보다는 평야나 해안 지역에 더 많은 인구가 분포한다.

오답 피하기 ① 기후 환경이 불리하여 인구 밀도가 낮다.
② 북반구는 남반구보다 대륙 면적이 훨씬 넓고 거주하는 사람도 많다.
③ 전체 인구 중 아시아 대륙에 거주하는 인구는 약 60% 정도이다.
⑤ 기후가 온화하여 사람이 거주하기에 적합하다.

02 인구 분포에 영향을 주는 요인으로는 자연적 요인과 사회·경제적 요인을 들 수 있다. 자연적 요인에는 기후와 지형 등이 있다. 사회·경제적 요인으로는 산업과 교통, 문화, 정치 등이 있다.

오답 피하기 ㄴ. 산업화와 도시화가 진행되면서 과거에 비해 자연적 요인보다 사회·경제적 요인의 영향력이 더욱 커졌다.
ㄹ. 서부 유럽과 미국 북동부 대서양 연안 등은 경제 발전 수준이 높고 교육과 문화 시설 등이 잘 갖추어진 지역이다.

03 우리나라는 자연적 요인과 사회·경제적 요인의 영향을 받아 인구가 고르게 분포하지 않는다.

오답 피하기 ① A는 서울로 우리나라에서 인구 밀도가 가장 높다.
② B는 강원특별자치도에 위치한 지역으로 산지가 많아 인구가 적고 인구 밀도도 낮다.
③ 서울(A)과 울산(D)은 2, 3차 산업이 발달한 지역으로 사회·경제적 요인의 영향을 받아 인구 밀도가 높다.
④ 전라남도 해남(C)은 평야가 넓은 지역으로 인구 밀도가 낮다.

04 인구 유출 지역에서는 실업률이 줄어들고 외국에 나간 근로자들이 얻은 소득을 송금해 주기 때문에 경제적으로 이익을 얻을 수 있다. 아프리카와 서남아시아 등에서 난민이 발생하는 것은 주로 내전이나 분쟁이 원인이다.

오답 피하기 ㄱ. 개발 도상국에서 선진국으로 이동하는 사례는 일자리를 얻고자 하는 경제적인 목적이 크다.
ㄷ. 원주민과 이주민 사이에는 문화적 차이로 인한 갈등이 나타날 수 있는데, 이는 외국인 유입에 따른 부정적인 효과이다.

05 이동 거리가 먼 A는 경제적 이동이고 인근 국가로의 이동이 대부분인 B는 정치적 이동이다. 경제적인 이동은 주로 아시아와 중남부 아메리카에서 유럽·북아메리카 등 선진국으로의 이동이 대부분이다.

오답 피하기 ㄴ. A는 경제적 이동, B는 정치적 이동이다.
ㄹ. 아프리카 대륙의 경우 대륙 내부에서의 이동이 많은 반면 남아메리카는 주로 대륙 밖으로 이동하는 비중이 높다.

06 (가)는 1960년대 이후 이촌 향도 현상을 나타낸 것이다. (나)는 한국 전쟁 당시 월남한 동포들의 인구 이동을 나타낸 것이다. (다)는 대도시에서 인근의 외곽 지역으로 인구가 이동하는 현상을 설명한 것이다. 따라서 (나) → (가) → (다) 순으로 배열한 것이 옳다.

07 (가)는 아시아와 중남부 아메리카에서 유럽과 북아메리카 등으로 사람들이 이주하는 것으로 노동자의 이주 현상을 보여준다. 이는 경제적 이동에 해당한다. (나)는 아프리카와 서남아시아에서 이동량이 많은 것을 볼 수 있는데, 이는 난민 발생량을 지도로 표현한 것이다. 이는 정치적 이동에 해당한다.

오답 피하기 ㄱ. (가)의 이동량이 더 많다.
ㄹ. (나)에서 인구 유입국은 대체로 인구 유출국에 인접한 국가로 내전이나 분쟁 상황으로부터 상대적으로 안전한 국가라고 볼 수 있다. 주거 환경의 쾌적성이나 풍부한 사회·문화 시설을 이용하기 위해서 이주하는 이동이라고 보기 어렵다.

08 D는 베트남에서 우리나라로 이주하는 상황을 보여주는 것으로, 주로 경제적인 목적으로 이주하는 것이다.

오답 피하기 ① A는 여름철 휴가를 위한 일시적인 이동이다.
② 튀르키예의 부족한 일자리가 배출 요인으로 작용한 것이다.
③ 정치적인 이동이다.
⑤ 경제적인 이동이다.

09 경기도 안산시는 외국인 근로자가 많은 것으로 유명하다. 이는 안산시에 대규모 산업 단지가 입지하면서 많은 일자리가 생겨났고 여기에 일자리를 얻고자 하는 외국인이 집중되었기 때문이다.

오답 피하기 ② 외국인 근로자에게는 유리한 조건이지만 가장 저렴한지는 판단하기 어렵다.
③ 결혼을 목적으로 입국한 외국인이 많은 것이 아니라 일자리를 얻기 위한 목적으로 입국한 외국인이 많다.
④, ⑤ 사실에 부합하지 않는 내용이다.

10 (가) 국가군은 인구 증가율이 매우 높고 대부분 경제 발전 수준이 낮은 국가들이다. (나) 국가군은 인구 증가율이 마이너스 상태여서 인구 감소가 예상되는 국가들로 경제 발전 수준이 높은 국가들이 다수를 이루고 있다. (나) 국가군에 속한 국가들은 대체로 출산 억제 정책보다는 출산 장려 정책을 펼치는 것이 일반적이다.
오답 피하기 ② 경제 발전 수준과 대체로 비례한다.
③, ④ 인구 증가율이 낮은 국가들이 대체로 노인 인구 비율이 높다.
⑤ 인구 증가율이 높고 경제 발전 수준이 낮은 국가들에서 나타날 수 있는 현상이다.

11 인도는 경제 발전 수준이 아직 높지 않은 상태에서 인구가 빠른 속도로 늘어나고 있다. 이는 농업 의존도가 높으며 살생을 금기시하는 종교적인 사고, 남아 선호 사상 등이 복합적으로 작용한 결과이다. 일부 도시의 경우 일자리 등을 찾아 밀려든 농촌 인구로 인해 주택 부족, 생활 환경과 위생 상태의 악화 등 다양한 문제가 나타나고 있다.
오답 피하기 ㄱ. 출산율이 낮아지지 않고 있다.
ㄹ. 노동력이 부족한 것이 아니라 일자리가 부족하다.

12 일본은 저출산, 고령화 현상이 심화되어 이미 인구가 줄어들고 있는 국가이다. 노인이 늘어나면서 노인들을 위한 다양한 방안이 마련되어 시행되고 있다.
오답 피하기 ①, ③ 제시된 자료로는 파악하기 어려운 내용이다.
② 인구가 감소하고 있는 국가이다.
⑤ 일본은 도시화율이 종착 단계에 도달하였다.

13 2015년 청장년 인구 비중이 73.4%이므로 유소년 인구와 노년 인구 비중의 합보다 훨씬 높다. 따라서 인구 부양비는 100 미만이다. 노년 인구 비중은 앞으로 크게 늘어나게 되며 노년 부양비도 지속적으로 증가하게 된다.
오답 피하기 ㄴ. 2015년 유소년 인구 비중이 노년 인구 비중보다 높다.
ㄹ. 2015년 이후 유소년 인구 비중은 크게 변화가 없으나 노년 인구 비중은 크게 증가한다.

대단원 서술형·논술형 문제 본문 45쪽

01 **| 예시 답안 |** 주택 부족, 교통 혼잡, 환경 오염 등의 문제가 발생한다.
| 필수 키워드 | 주택, 교통, 환경
| 평가 기준 |

상	인구 과밀로 인한 문제를 정확하게 제시하고 키워드를 두 개 이상 사용한 경우
하	인구 과밀로 인한 문제를 정확하게 제시하고 키워드를 한 개만 사용한 경우

02 **| 예시 답안 |** (가)는 유소년 인구 비중이 낮고 노년 인구 비중이 높은 일본의 인구 피라미드이다. 일본은 저출산으로 인한 인구 감소, 생산 연령층 인구 감소와 같은 문제가 나타난다. 또한 고령화로 인해 노인 인구 부양 부담 증가와 같은 문제도 나타나고 있다. (나)는 유소년 인구 비중이 높고 노년 인구 비중이 낮은 것으로 보아 잠비아의 인구 피라미드이다. 잠비아는 높은 인구 증가율로 인한 기아와 빈곤, 실업 등의 문제가 나타난다.
| 필수 키워드 | 유소년, 노년, 부양
| 평가 기준 |

상	(가), (나) 국가를 정확하게 쓰고, 각 국가의 인구 문제를 명확하게 서술한 경우
중	(가), (나) 국가를 정확하게 썼으나, 한 국가의 인구 문제만 명확하게 서술한 경우
하	(가), (나) 국가만 정확하게 쓴 경우

03 **| 예시 답안 |** 우리나라의 노년 부양비는 지속적으로 증가할 것으로 예상되고 있다. 이는 우리나라가 세계에서 가장 빠른 속도로 고령화가 진행되고 있기 때문이다. 이에 따라 노인 인구가 안정적인 노후 생활을 할 수 있도록 노인 직업 훈련 기회 및 일자리 제공, 정년 연장과 연금의 확대, 노인 복지 시설 확충 등의 노력이 필요하다.
| 평가 기준 |

평가 항목	평가 내용
평가 충실도	정해진 분량 기준을 충족시킴(단, 제시된 질문과 전혀 상관없는 내용으로 답변했을 시에는 분량 기준을 충족시키지 못한 것으로 간주함)
고차적 인지 능력	그래프를 통해 노년 부양비 증가에 대한 내용을 파악하고 그 대책을 명확하게 이해하고 있음
글의 타당성	자기주장과 근거가 타당하게 연결되어 있음
글의 논리성	전체적인 글의 구성과 짜임새가 매끄러우며, 주장과 근거의 연결이 자연스러움

(VIII) 사람이 만든 삶터, 도시

대단원 종합 문제

본문 48~50쪽

01 ③	02 ①	03 ⑤	04 ①	05 ②
06 ②	07 ①	08 ①	09 ④	10 ②
11 ③	12 ④	13 ⑤	14 ①	15 ④

01 도시는 좁은 공간에 많은 사람이 모여 살며 토지를 매우 집약적으로 이용한다.
① 촌락에 비해 좁은 공간에 많은 사람이 모여살기 때문에 인구 밀도가 높다.
② 인간의 정주 공간은 촌락과 도시로 나눌 수 있다.
④ 도시는 2, 3차 산업에 종사하는 사람들의 비중이 높다.
⑤ 도시는 상업, 교육, 문화 등 다양한 기능을 갖고 있으며, 이를 촌락에 제공하는 중심지 역할을 한다.

02 (가)는 이탈리아의 로마로 문화·역사의 도시이다. (나)는 독일의 프라이부르크로 세계 환경 수도로 불리는 지역이다.
오답 피하기 ㄷ. 미국의 뉴욕에 대한 설명이다.

03 제시된 자료는 중국의 베이징이다. 베이징은 원, 명, 청 왕조에 걸쳐 오랜 기간 통치의 중심 도시였으며 현재 중국의 수도이다. ⑤ 베이징은 중국 내륙에 위치하고 있어 항만 능력을 갖추고 있는 도시는 아니다.

04 제시된 자료는 미국의 뉴욕에 관한 것이다. 뉴욕에는 세계에서 가장 규모가 큰 금융 시장이 있으며, 증권 시장의 거래 금액도 세계 제 1위이다.
오답 피하기 ㄷ. 튀르키예의 이스탄불에 대한 설명이다.
ㄹ. 싱가포르에 대한 설명이다.

05 인구 공동화 현상은 상업 및 업무 기능이 발달한 도심에서 주간 유동 인구는 많지만 야간에 유동 인구가 주거 지역으로 빠져나가면서 나타나는 현상이다.
오답 피하기 을. 주택이 이심 현상을 일으키고 상업 및 업무 기능이 집심 현상을 일으켰기 때문이다.
정. 주변 지역에 거주하는 인구가 아침에 도심으로 모여드는 것이 특징이다. 도심은 출근 시간대에 유입 인구가 많다.

06 도시 발달 초기에는 여러 기능이 한 곳에 섞여서 나타나지만 도시가 성장하면서 비슷한 기능끼리 모이는 도시 내부의 지역 분화가 나타난다. 이와 같은 현상을 일으키는 요인은 접근성과 지가 등의 차이 때문이다.
오답 피하기 ㄴ. 지형은 접근성이나 지가의 영향보다 작다.
ㄹ. 쾌적한 환경은 큰 영향을 미치지 않는다.

07 그림에서 접근성이 가장 높은 곳은 A이고 B는 그보다 낮은 접근성을 갖는다. 접근성이 가장 높은 곳에 도심이 형성되고 그보다는 낮지만 교통이 편리한 곳에 부도심이 형성된다. C는 도시 바깥쪽에 위치한 것으로 위성 도시에 해당한다.

08 (가)는 고층 빌딩이 밀집한 상업 및 업무 지역이고, (나)는 주택이 들어서 있는 주거 지역이다.
① (가)와 같은 지역은 접근성이 높은 곳으로 주택 지역에 비해 지가와 지대가 모두 높다.
② 주간 유동 인구는 상업 및 업무 지역이 더 많다.
③, ④, ⑤ 접근성이 높은 도심 지역이 갖는 특징이다.

09 A는 업무용 빌딩과 백화점 등이 밀집되어 있는 도심이고, B는 아파트와 초등학교 등이 밀집되어 있는 주거 지역이다. 접근성과 지가, 지대 등은 모두 A가 B보다 높다.
오답 피하기 ㄱ. 접근성은 A가 높다.
ㄷ. 주간 유동 인구는 A가 더 많다.

10 도시의 중심부에는 일반적으로 도심이 입지하며 고층 빌딩이 밀집한 경관을 이룬다.
① 도시에는 자연 경관 이외에도 건축물과 도로 등의 인문 경관이 섞여서 나타난다.
③ 도시가 성장하면서 비슷한 기능끼리 모이는 도시 내부 지역의 분화가 나타난다.
④ 도심은 도시 내에서 접근성과 지가, 지대가 가장 높은 곳이다.
⑤ 도시 내에서 도심의 기능을 분담하는 곳을 부도심이라고 한다.

11 (가)는 쇼핑을 할 수 있는 상업 기능이고, (나)는 주거 기능을 나타낸 것이다. 상업 기능은 주거 기능보다 접근성이 높은 곳에 입지하는 것을 선호한다.
오답 피하기 ㄱ. (가)는 집심 현상, (나)는 이심 현상을 유발한다.

실전책

ㄹ. 각각의 도시에는 (가), (나)와 같은 기능이 모두 나타나며, 도시의 발달에 따라 기능별로 분화된다.

12 도시화의 초기 단계는 도시화율이 30% 정도 되는 단계로 산업 혁명 이전의 사회에 해당한다. 따라서 (나)는 초기 단계이다. 가속화 단계는 산업 혁명과 함께 일자리가 많은 도시로 농촌의 인구가 이동하는 현상이 활발하게 일어난다. 따라서 (다)는 가속화 단계이다. 종착 단계는 도시화율이 80% 이상인 단계로 도시와 도시 사이의 인구 이동이 가장 활발한 단계이다. 쾌적한 주거 환경을 찾아 대도시 인구가 도시 주변으로 이동하는 현상도 나타난다. 따라서 (가)는 종착 단계이다.

13 우리나라는 1960년대에 가속화 단계에 접어든 이후 빠른 속도로 도시화가 진행되었고 1990년대에는 종착 단계에 도달하였다. 단기간에 많은 사람이 도시로 집중하게 됨에 따라 인구 과밀화와 같은 문제가 나타나기도 하였다. 서울, 부산과 같은 대도시 주변에는 주거 기능을 분담하는 위성 도시가 발달하기도 하였다.

14 도시화율이 급격히 증가하는 A 단계는 가속화 단계이다. 도시화율은 전체 인구 중 도시 거주 인구의 비율을 의미한다.

┃오답 피하기┃ ㄷ. 초기 단계에서 종착 단계에 이르는 시간은 국가마다 모두 다르다. 선진국은 대체로 그 시간이 길었던 반면 개발 도상국은 매우 짧게 나타나는 것이 특징이다.
ㄹ. 도시화가 진행되면서 산업 구조는 1차 산업 중심에서 2, 3차 산업 중심으로 바뀐다.

15 (가)는 20세기 중반에 이미 종착 단계에 도달한 국가들이고 (나)는 현재 가속화 단계에 있는 국가들이다. (가)는 선진국, (나)는 개발 도상국의 도시화 곡선이다. 우리나라는 1960년대에 가속화 단계에 접어들었고 1990년대에 종착 단계에 도달하였다.
① 우리나라는 1990년대에 이미 종착 단계에 도달하였다.
② 선진국은 산업 혁명 이후 오랜 기간에 걸쳐 도시화가 서서히 진행되었고 현재 도시화율이 매우 높은 수준이다.
③ (나) 국가군의 경우 1990년대 말부터 가속화 단계에 접어들었고 아직 종착 단계에 도달하지 못했다.
⑤ 우리나라는 선진국들에 비해서 늦게 가속화 단계에 진입하였다.

대단원 서술형·논술형 문제
본문 51쪽

01 ┃예시 답안┃ 높은 지가와 지대를 감당할 수 있는 대기업의 본사나 금융 기관 등은 접근성이 높은 도심에 입지한다. 저렴한 지가와 지대를 선호하는 공장이나 학교, 주택 등은 상대적으로 접근성이 낮은 도심 밖으로 빠져나간다.
┃필수 키워드┃ 지가, 접근성
┃평가 기준┃

상	두 가지 키워드를 모두 사용하고 도시 내부 지역의 분화 과정 두 가지를 모두 서술한 경우
중	두 가지 키워드를 모두 사용하고 도시 내부 지역의 분화 과정을 한 가지만 서술한 경우
하	두 가지 키워드 중 하나만 사용하고 도시 내부 지역의 분화 과정을 정확하게 서술하지 못한 경우

02 ┃예시 답안┃ 양적인 측면에서는 소득 수준의 향상이나 경제적 발전을 이루어야 한다. 질적인 측면에서는 아름다운 자연환경, 풍부한 문화 및 의료 시설, 수준 높은 교육 환경 등을 이루어야 한다.
┃필수 키워드┃ 소득, 문화
┃평가 기준┃

상	두 가지 측면에서의 조건을 모두 서술한 경우
하	한 가지 측면에서의 조건만 서술한 경우

03 ┃예시 답안┃ 우리나라 수도권이 참살이(웰빙) 여건을 개선하기 위해서는 가장 낮은 점수를 기록한 환경 문제의 개선이 필요하다. 친환경 에너지 사용, 대중교통 이용, 녹지 공간의 확대, 쓰레기 분리수거 및 재활용 확대 등의 노력을 기울여야 한다.
┃평가 기준┃

평가 항목	평가 내용
평가 충실도	정해진 분량 기준을 충족시킴(단, 제시된 질문과 전혀 상관없는 내용으로 답변했을 시에는 분량 기준을 충족시키지 못한 것으로 간주함)
고차적 인지 능력	그림을 통해 수도권이 안고 있는 문제점을 파악하고 그에 대한 대책을 명확하게 이해하고 있음
글의 타당성	자기주장과 그에 대한 근거가 타당하게 연결되어 있음
글의 논리성	전체적인 글의 구성과 짜임새가 매끄러우며, 주장과 근거의 연결이 자연스러움

01 (가)는 기업적 곡물 농업, (나)는 기업적 목축업의 모습을 나타낸 것이다. (가), (나) 모두 농업 생산의 기업화와 관련 있다. 농업 생산의 기업화는 기업이 많은 자본과 기술을 투입하여 농장을 운영하는 것을 의미한다.

오답 피하기 ㄴ. (가), (나) 모두 주로 미국, 캐나다, 오스트레일리아 등의 넓은 농업 지역에서 이루어지고 있다.
ㄹ. (가), (나) 모두 시장 판매를 목적으로 하는 상업적 농업의 형태이다.

02 지도에 나타난 작물은 개발 도상국의 플랜테이션 농장에서 재배되는 커피이다. 커피는 주로 열대 지역의 개발 도상국에서 생산해 선진국으로 수출된다. 기호 작물인 커피의 생산이 확대될 경우 식량 작물의 생산량이 점차 감소하고 곡물의 수입 의존도가 높아져 식량 부족 문제가 나타날 수도 있다. ① 가족 노동력을 활용해 소규모로 작물을 재배하는 것은 과거에 행해졌던 자급적 농업에 대한 설명이다.

03 농산물의 수입이 지속적으로 증가하고 있어 세계 여러 지역에서 생산된 농산물을 저렴하게 구매할 수 있게 되었고 식탁의 먹거리가 다양해질 수 있다. 하지만 장거리 이동하는 수입 농산물에 대해 안전성의 문제가 제기되기도 한다.

오답 피하기 ㄴ. 농산물의 수출이 늘어나면서 상품 작물의 재배가 확대되고 상업적 농업이 발달하게 된다.
ㄷ. 값싼 외국산 곡물을 수입하여 부족한 국내 공급량을 충당하는 효과도 있으나, 국제 가격 변동의 영향에 취약해질 수 있다는 단점이 있다.

04 인도네시아의 보르네오섬에서는 팜유 생산을 위한 농장이 확대되면서 넓은 면적의 열대 우림이 파괴되었다. 그 결과 원주민의 생활 터전이 훼손되고 희귀종인 오랑우탄이 멸종 위기에 놓이게 되었다. ③ 이동식 화전 농업은 열대 우림 지역에서 행해지는 전통 농업 방식으로 자급적 농업에 해당한다. 최근 들어 전통 농업이 쇠퇴하면서 자영농의 비중이 감소하고 있다.

05 농업 생산의 기업화가 이루어지면서 농기계, 화학 비료 등을 사용하여 수익성이 높은 단일 작물을 대량으로 재배하고 있다. 토지 이용에 있어서도 식량 작물의 재배 면적은 감소하고 상품 작물과 사료 작물의 재배는 확대되고 있다. 이러한 변화로 인해 개발 도상국의 전통 농업은 점차 쇠퇴하고 자영농이 감소했다. ② 상품성이 높은 원예 작물이나 기호 작물 재배가 확대되면서 식량 작물의 생산량은 감소했다.

06 그림은 다국적 기업의 활동이 점차 활발해지면서 일상 생활에서 쉽게 볼 수 있는 현상이다. 자유 무역의 확대로 과거에 비해 자본, 기술, 상품 등의 국제 이동이 활발해질 수 있었다. ② 오늘날 다국적 기업은 제조업, 유통업, 금융 등 다양한 분야로 진출하고 있다.

07 다국적 기업의 본사는 의사 결정 기능을 담당하며 정보 수집과 자본 확보에 유리한 선진국에 입지하고 있다. 생산 공장은 생산 기능을 담당하며 지가가 낮고 저렴한 노동력이 풍부한 개발 도상국에 입지하는 경우가 많다. 연구소는 연구 및 개발 기능을 담당하며 기술 수준이 높고 고급 인력이 풍부한 선진국에 입지하고 있다.

08 폴란드의 경우 다국적 IT 기업이 입지하면서 새로운 산업 단지가 조성되어 일자리가 늘어났다. 또한 기업의 활동을 돕기 위해 사회 간접 시설에 대한 투자가 확대되고 관련 산업이 발달할 수 있었다.

오답 피하기 ㄱ. 산업 공동화 현상은 다국적 기업의 생산 공장이 철수한 지역에서 나타날 수 있는 변화이다.
ㄹ. 임금의 상승은 생산 비용을 증가시켜 오히려 제조업의 경쟁력을 약화시킨다.

09 미국은 디자인과 핵심 기술에 해당하는 충격 흡수 소재를 연구하는 곳으로 본사가 위치한 곳이다. 베트남은 운동화가 최종 생산되는 공장이 입지한 곳이다.

오답 피하기 ② 개발 도상국에서 생산되고 있으나 유통은 주로 선진국을 중심으로 이루어지고 있다.
③, ⑤ 베트남은 지가와 인건비가 저렴해 생산 공장이 입지하고 있다.

④ 제품에 필요한 여러 원료들은 베트남의 생산 공장으로 이동하고 있다.

10 1990년대 이후 중국의 임금이 상승하게 되면서 다국적 기업의 생산 공장이 동남아시아로 이전하게 된다. 생산 공장이 철수한 중국에서는 해당 산업이 쇠퇴하고 산업 구조에 공백이 생기는 산업 공동화 현상이 나타난다.

오답 피하기 ②, ③, ④는 1990년대 이후 생산 공장이 진출하게 된 동남아시아에서 나타날 수 있는 변화이다.
⑤ 동남아시아에서 발생한 이윤의 상당 부분은 중국이 아니라 다국적 기업의 본사가 위치한 본국으로 유입된다.

11 앵글로아메리카와 서부 유럽에 위치한 선진국들의 경우 국내 총생산에서 서비스업(3차 산업)이 차지하는 비중이 높은 반면, 아프리카에 위치한 대부분의 개발 도상국들은 상대적으로 서비스업이 차지하는 비중이 낮다. 탈공업화 현상은 주로 선진국에서 나타난다.

오답 피하기 ㄱ. 서부 유럽에 위치하는 선진국들의 서비스업 비중은 높은 편이다.
ㄹ. 경제 발전 정도와 국내 총생산에서 서비스업이 차지하는 비중은 대체로 비례하는 편이다.

12 콜센터 및 온라인 예약 서비스 등은 비용을 절감하고 업무의 효율성을 높이기 위해 개발 도상국으로 분산되기도 한다. 필리핀에는 다국적 기업의 콜센터가 많이 분포하고 있는데 영어를 사용하는 인구가 많고 인건비가 저렴하기 때문이다.

13 전자 상거래의 발달로 상품 구매의 시·공간적 제약을 극복하게 됨으로써 해외 직접 구매가 증가하고, 소비 활동의 범위는 확대되었다. 이와 함께 택배 산업 및 물류 창고업 등의 유통 산업도 성장하게 되었다. ④ 오프라인에 비해 상품을 보다 저렴하게 구매할 수 있게 되었다.

14 관광의 세계화로 관광 지역이 다변화되고, 관광업이 발달하게 되면서 지역의 일자리가 창출되고 주민들의 소득이 증가했다. 반면 무리한 관광지 개발로 인해 자연환경이 파괴될 수 있다. ④ 상업화가 지나칠 경우 지역의 고유문화가 쇠퇴하게 된다.

15 공정 여행은 관광 지역의 환경에 미치는 영향을 최소화하고 현지 주민에게 더 많은 혜택이 돌아가게 하며, 현지의 문화를 존중하는 여행 방식이다.

오답 피하기 ㄱ. 다국적 기업이 운영하는 호텔이나 리조트에 투숙하는 것이 아니라 현지 주민이 운영하는 숙소, 음식점, 교통편 등을 이용한다.
ㄴ. 공정 여행보다는 대중 여행이 갖는 장점에 가깝다.

대단원 서술형·논술형 문제
본문 57쪽

01 **| 예시 답안 |** (1) 식단이 서구화되고 생활 수준이 점차 향상됨에 따라 쌀 대신 육류, 채소, 과일 등의 소비가 증가했기 때문이다.
(2) 전체적으로 식량 자급률이 낮아 수입 의존도가 높아졌을 때 국제 곡물 가격의 변동에 취약해질 수 있다.
| 필수 키워드 | (1) 식단의 서구화, 생활 수준 향상
(2) 낮은 식량 자급률, 높은 수입 의존도, 국제 가격 변동
| 평가 기준 |

상	우리나라 쌀 소비량이 감소한 원인과 식량 자급률이 낮아짐으로써 나타날 수 있는 문제를 모두 바르게 서술한 경우
하	우리나라 쌀 소비량이 감소한 원인과 식량 자급률이 낮아짐으로써 나타날 수 있는 문제 중 한 가지만 바르게 서술한 경우

02 **| 예시 답안 |** 중국에서는 생산 공장이 철수하면서 일자리가 감소하고 해당 산업이 쇠퇴함으로써 지역 경제가 침체되는 문제점이 나타날 수 있다. 반면 베트남은 생산 공장이 유입되기는 하지만 유사한 제품을 생산하는 기존의 국내 기업이 어려움을 겪을 수 있다. 또한 해외 본사로 이윤의 상당 부분이 유출될 경우 경제 발전 효과가 미약하게 나타날 수 있다.
| 필수 키워드 | 중국-일자리 감소, 지역 경제 침체
베트남-국내 기업의 어려움, 이윤의 상당 부분 해외 유출
| 평가 기준 |

상	생산 공장의 이동으로 인해 중국에서 나타난 문제점과 베트남에서 나타난 문제점을 모두 바르게 서술한 경우
하	생산 공장의 이동으로 인해 중국에서 나타난 문제점과 베트남에서 나타난 문제점 중 한 가지만 바르게 서술한 경우

03 | **예시 답안** | (가)는 기존 상거래 방식, (나)는 전자 상거래 방식을 나타낸 것이다. (가)는 기업에서 도매상과 소매상을 거쳐 소비자에게 연결되며, (나)는 상점을 방문할 필요 없이 온라인에서 주문과 결제를 하여 소비자가 바로 상품을 받아볼 수 있고 실시간 구매가 가능하다. 전자 상거래가 발달하면서 시·공간적 제약을 극복해 상품을 구매할 수 있게 되었다. 특히 해외 직접 구매 등을 통해 오프라인에 비해 상품을 보다 저렴하게 구매할 수 있으며 국내에서 살 수 없는 물건을 편리하게 구매할 수 있게 된다. 반면, 전자 상거래가 발달하면서 소비 활동의 범위가 확대되어 재래시장이나 오프라인 상점은 점차 쇠퇴하고, 중소 상인 및 영세한 유통 업체들은 큰 피해를 볼 수 있다.

| **평가 기준** |

평가 항목	평가 내용
평가 충실도	정해진 분량 기준을 충족시킴(단, 제시된 질문과 전혀 상관없는 내용으로 서술했을 시에는 분량 기준을 충족시키지 못한 것으로 간주함)
논제의 이해	그림을 통해 기존 상거래와 전자 상거래가 갖는 유통 구조를 비교하여 분석한 후, 전자 상거래의 방식이 미치는 긍정적 영향과 부정적 영향을 구분하여 정리할 수 있음
설명의 타당성	전자 상거래의 구성 방식과 유통 단계의 특징을 정확하게 설명하고 전자 상거래의 확대가 생활에 미치는 영향을 긍정적·부정적으로 구분하여 타당하게 제시할 수 있음
글의 논리성	전체적인 글의 구성과 짜임새가 매끄러우며, 설명과 이를 뒷받침하는 내용의 연결이 논리적이며 자연스러움

X 환경 문제와 지속 가능한 환경

대단원 종합 문제 본문 60~62쪽

01 ③	02 ⑤	03 ①	04 ②	05 ③
06 ③	07 ⑤	08 ②	09 ④	10 ②
11 ⑤	12 ①	13 ②	14 ④	15 ④
16 ②	17 ③	18 ②		

01 기후 변화에 영향을 미치는 자연적 요인으로 화산 분화, 태양의 활동 변화, 태양과 지구의 상대적 위치 변화 등이 있다. 인위적 요인으로는 산업 혁명 이후 화석 연료의 사용 증가, 도시화로 인한 무분별한 토지 및 삼림 개발 등을 들 수 있다.

오답 피하기 ㄱ. 화산 분화는 기후 변화의 자연적 요인에 해당한다.
ㄹ. 최근에는 자연적 요인보다 인위적 요인이 기후 변화에 더 큰 영향을 미친다.

02 그래프의 ㉠은 지구 온난화에 가장 큰 영향을 미치는 이산화 탄소이다. 대기 중 온실가스의 농도가 높아지게 되면 지구에서 복사되는 열이 지구 밖으로 나가지 못하고 지구로 다시 흡수되어 대기와 지표면의 온도를 높인다. ⑤ 화석 연료의 사용이 증가함으로써 이산화 탄소 배출량이 늘어나 대기 중 농도가 높아진다.

03 지구의 평균 기온이 높아지면서 극지방의 빙하가 녹아 해수면이 상승하게 되며, 기상 이변으로 인해 태풍, 홍수 등 자연재해의 발생 빈도와 피해 규모가 증가하고 있다. 생태계에서도 지구 기온 상승으로 멸종 위기에 처한 동식물의 수가 늘어나고 있다. ① 극지방의 빙하가 녹으면서 아시아와 유럽을 잇는 북극 항로의 항해 일수가 늘어나고 있다.

04 지도는 지구 온난화로 인해 주요 지역에서 일어나고 있는 변화를 나타낸 것이다. 지구의 평균 기온이 높아지면서 극지방(북극해)과 고산 지역(히말라야산맥, 킬리만자로 산 등)의 빙하가 녹고 투발루 등의 일부 섬나라들은 물에 잠길 위기에 처하게 되었다.

05 (가)는 기후 변화 협약의 구체적 이행 방안으로 선진국의 온실가스 감축 목표를 규정한 교토 의정서, (나)는 선진국과 개발 도상국 모두 온실가스 배출량 감축 의무를 규정한 파리 협정이다.

06 개발 도상국은 현재의 기후 변화가 일찍부터 온실가스를 많이 배출해 온 선진국의 책임이 크다고 보며, 개발 도상국들은 산업화를 통한 경제 개발이 시급하므로 감축을 강요하는 것은 문제가 있다고 주장한다.

> 오답 피하기 ㄱ, ㄹ은 온실가스 감축에 대한 선진국의 입장이다.

07 제시된 사진은 지구 온난화의 영향으로 고산 지역의 빙하가 녹아 면적이 감소한 모습이다. 기후 변화에 대응하기 위해 국가적 차원에서 화석 연료를 대체할 수 있는 에너지를 개발하고, 친환경 기술 개발을 통해 녹색 성장 정책을 추진한다. 개인적 차원에서는 에너지 절약, 자원 재활용, 친환경 제품 사용을 위해 노력해야 한다. ⑤ 전기 절약을 위해서 에너지 효율 등급이 높은 제품을 써야 한다.

08 탄소 배출권 거래 제도는 온실가스 감축을 유도하기 위해 온실가스 배출 권리를 사고팔 수 있도록 한 제도이다. 탄소 배출권 거래 제도는 지구 온난화에 대한 대응으로 실시하는 제도이다.

09 화학 공업과 의류 산업이 유입되는 지역은 개발 도상국으로 환경 규제가 비교적 느슨하며, 환경 보전보다는 경제 성장을 우선시하고 있다. ④ 선진국이 환경 문제에 대한 주민들의 저항이 높은 편이다.

10 석면 관련 규제가 심해지면서 석면 공장은 선진국에서 개발 도상국으로 이동하고 있다. 석면 공장이 유입된 곳에서는 주민들의 일자리가 창출되고 지역 경제가 발달할 수 있으나, 유해 물질이 배출됨에 따라 환경 오염이 심화되는 문제점이 나타난다.

> 오답 피하기 ㄴ. 미국, 독일은 낙후된 제조 설비를 개발 도상국으로 이전시켰다.
> ㄹ. 개발 도상국은 환경에 대한 규제가 비교적 느슨한 편이라 선진국의 석면 공장을 유치했다.

11 전자 쓰레기의 발생과 관련된 대화이다. 전자 쓰레기는 주로 전자 제품을 많이 사용하는 선진국에서 개발 도상국으로 이동하는 경향이 크다. 선진국에서 발생한 전자 쓰레기는 함부로 다른 나라에 버릴 수 없기 때문에 중고품이나 구호품이라는 이름으로 개발 도상국으로 옮겨지고 있다. 개발 도상국에서는 전자 쓰레기를 통해 금속 자원을 채취하고 경제적 이득을 얻을 수 있으나 처리 과정에서 유해 물질이 배출되어 환경 오염 문제가 나타난다. ⑤ 전자 쓰레기의 국제적 이동을 통해 환경 오염으로 인한 피해가 주로 개발 도상국에서 나타나고 있다.

12 바젤 협약은 유해 폐기물에 대한 국제적 이동의 통제와 규제를 목적으로 하는 협약으로 1989년 스위스 바젤에서 체결되었다.

13 화훼 농장이 이전되면서 케냐에서는 일자리가 늘어나고 지역 경제가 발달했으나, 농장에서 사용한 화학 물질과 농약이 호수로 흘러들어 수질이 악화되는 문제가 나타나기도 했다.

> 오답 피하기 ㄴ. 화훼 농장의 이전으로 주민들의 일자리가 증가하게 되었다.
> ㄹ. 네덜란드의 환경 기준이 강화됨에 따라 화훼 농장들이 이전하게 되었으며 케냐 정부는 화훼 산업 유치를 위해 환경 기준을 완화시켰다.

14 제시된 사례들은 세계적 수준 혹은 국가 및 지역적 수준의 다양한 환경 이슈들이다. 환경 이슈는 환경 문제 중 원인과 해결 방안이 입장에 따라 서로 다르게 나타나는 것을 의미한다.

> 오답 피하기 ③ 원자력 발전소 건설과 국립 공원 케이블카 설치 문제는 자칫 지역 이기주의로 발전할 수 있으나, 제시된 사례의 공통점으로 보기는 어렵다.

15 제시된 사례는 대표적인 유전자 재조합 식품들이다. 유전자 재조합 농산물은 병충해에 강하고 수확량이 많아 농가의 소득을 증대시키고 식량 부족 문제 해결에도 기여할 수 있다. 하지만 인체에 미치는 영향에 대한 안전성이 검증되지 않았고, 재배 과정에서 환경과 생물 다양성을 위협할 수 있다는 문제점이 제기되기도 한다. ④ 병충해에 강한 작물을 만들어 농약 사용량을 줄일 수 있다.

16 로컬 푸드 운동은 지역에서 생산된 농산물을 그 지역

에서 소비하자는 운동으로 소비자는 신선하고 안전한 먹을거리를 제공받을 수 있으며 생산자는 안정적인 소득을 보장받을 수 있는 장점이 있다.

오답 피하기 ㄴ. 유전자 재조합 식품의 긍정적 측면이다.
ㄹ. 로컬 푸드는 푸드 마일리지가 높은 장거리 수입 농산물에 대한 대안으로 등장했다.

17 제시된 그림은 미세 먼지 주의보 발령 시 생활 수칙을 나타낸 것이다. 흙먼지, 식물 꽃가루 등은 미세 먼지를 발생시키는 자연적 요인이며, 화석 연료 연소 시 생기는 매연, 자동차 배기가스, 건설 현장의 날림 먼지 등은 인위적 요인에 해당한다. ③ 간척 사업 자체가 미세 먼지의 발생 원인이라고 보기는 어렵다.

18 쓰레기 문제는 자원의 소비가 증가하고, 일회용품 및 포장재의 사용이 늘어나면서 발생하였다. 이에 대한 대책으로 쓰레기 종량제 실시, 자원 재활용 생활화, 쓰레기 분리배출 의무화 등이 있다.

대단원 서술형·논술형 문제 본문 63쪽

01 | **예시 답안** | 지구 온난화라고 부른다. 기상 이변으로 인해 태풍, 홍수 등 자연재해의 발생 빈도가 높아지고 피해 규모도 커지게 되었다. (가뭄과 사막화 현상이 심해졌다. 여름철 고온으로 인해 폭염과 열대야 발생이 늘어나게 되었다. 등) 고산 식물의 분포 범위가 축소되고 농작물의 재배 범위가 변경될 수 있다. (동식물의 멸종 위기종이 증가하고, 개체 수가 감소했다. 등)

| **필수 키워드** | 지구 온난화, 자연재해 발생 증가, 사막화 현상 심화, 고산 식물 범위 축소, 멸종 위기종 증가

| **평가 기준** |

상	현상을 부르는 명칭을 쓰고, 기상 이변과 생태계의 변화 모습을 모두 바르게 서술한 경우
중	• 현상을 부르는 명칭을 쓰고, 기상 이변과 생태계의 변화 모습 중 한 가지만 서술한 경우 • 현상을 부르는 명칭을 쓰지는 못했으나, 기상 이변과 생태계의 변화 모습을 모두 바르게 서술한 경우
하	현상을 부르는 명칭만 쓰거나, 기상 이변과 생태계의 변화 모습 중 한 가지만을 서술한 경우

02 | **예시 답안** | 전자 쓰레기는 주로 선진국에서 개발 도상국으로 이동하고 있다. 선진국에서는 환경 및 경제적 부담을 줄이기 위해 전자 쓰레기를 불법 수출하고 있

으며, 개발 도상국에서는 전자 쓰레기를 통해 금속 자원을 채취하고 경제적 이익을 얻기 위해 수입하고 있다. 유입 지역인 개발 도상국에서는 폐기물 처리 과정에서 환경 오염이 발생하고, 주민들의 질병 문제가 나타날 수 있다.

| **필수 키워드** | 환경 및 경제적 부담, 경제적 이익, 환경 오염, 질병 문제

| **평가 기준** |

상	전자 쓰레기의 주된 이동 방향과 원인을 쓰고, 유입 지역에서 나타날 수 있는 문제점을 모두 서술한 경우
중	전자 쓰레기의 주된 이동 방향과 원인만 서술한 경우
하	전자 쓰레기의 주된 이동 방향만 서술한 경우

03 | **예시 답안** | 기업가는 유전자 재조합 농산물이 병충해에 강하고 이로 인해 농약 사용량을 줄일 수 있으며 농업 생산성 또한 높아 식량 문제 해결에도 기여할 수 있다고 주장한다. 환경 단체 회원은 유전자를 조작해 인위적으로 새로운 농작물을 개발할 경우 재배 과정에서 생태계를 교란할 수 있고 생물 다양성을 위협할 수 있다고 주장한다. 생산자는 유전자 재조합 농산물은 생산성이 높아 적은 노동력과 비용으로 많은 수확을 할 수 있다고 주장한다. 소비자는 유전자 재조합 농산물이 인체에 미치는 영향에 대해 안전성이 완전히 검증되지 않아 위험성이 존재한다고 주장한다.

유전자 재조합 농산물 개발에 반대한다. 유전자 재조합 농산물이 인체에 미치는 영향과 안전성 여부가 아직 명확하게 검증되지 않았기 때문이다. 또한 유전자 재조합 농산물의 재배 과정에서 고유종을 파괴하고 환경과 생물 다양성을 위협할 수도 있다는 문제점이 제기된다.

| **평가 기준** |

평가 항목	평가 내용
평가 충실도	정해진 분량 기준을 충족시킴(단, 제시된 질문과 전혀 상관없는 내용으로 서술했을 시에는 분량 기준을 충족시키지 못한 것으로 간주함)
논제의 이해	유전자 재조합 농산물에 대한 여러 입장의 주장을 파악하여 비교하고, 이를 토대로 유전자 재조합 농산물에 대한 본인의 의견을 논리적으로 제시했음
설명의 타당성	유전자 재조합 농산물에 대한 여러 입장의 주장을 뒷받침하는 근거들을 타당하게 제시할 수 있음
글의 논리성	전체적인 글의 구성과 짜임새가 매끄럽고, 설명과 뒷받침 내용의 연결이 논리적이며 자연스러움

XI 세계 속의 우리나라

대단원 종합 문제

본문 66~68쪽

01 ②	02 ③	03 ③	04 ②	05 ②
06 ④	07 ①	08 ②	09 ⑤	10 ④
11 ⑤	12 ④	13 ④	14 ①	15 ②

01 ㉠은 영토, ㉡은 영해, ㉢은 영공, ㉣은 배타적 경제 수역이다. 영토는 영해와 영공의 범위를 설정하는 데 기준이 된다. 영해는 영토의 끝인 기선으로부터 12해리까지이고, 영공은 영토와 영해의 상공이기 때문이다. 영공은 최근 항공 교통과 우주 산업의 발달로 그 중요성이 커지고 있다.

오답 피하기 ㄴ. ㉡은 기선으로부터 12해리까지이므로 영해이다.
ㄹ. 배타적 경제 수역은 연안국이 바다에 대한 경제적 권리를 선포할 수 있는 수역으로, 공동 어업 활동이 아니라 연안국의 배타적인 어업 활동이 이루어진다.

02 ㉠은 한 나라의 주권이 미치는 범위이므로 영역이다. 영역은 영토, 영해, 영공으로 구성되므로 ㉡은 영해이다. 영역은 국민의 생활 공간이다. 영해는 배타적 경제 수역과 별도로 구분된다.

오답 피하기 ㄱ. 영해뿐만 아니라 영토와 영공을 포함하는 영역이다.
ㄹ. 한반도와 그 주변의 섬들로 구성된 것은 영토이다.

03 동해안은 통상 기선을 적용한다. 통상 기선은 최저 조위선인데, 최저 조위선은 썰물로 바닷물이 가장 많이 빠져나갔을 때 육지와 바다가 만나는 선이다.

오답 피하기 ① 제주도는 통상 기선을 적용한다.
② 서해안은 섬이 많고 해안선이 복잡하여 직선 기선을 적용한다.
④ 독도의 영해는 통상 기선이 적용되며, 12해리로 설정된다.
⑤ 대한 해협은 일본과 거리가 가깝기 때문에 예외적으로 직선 기선에서 3해리까지만 영해로 설정된다.

04 ㉠은 울릉도에서 동남쪽 87.4km에 위치하고 있다는 점, 512년 신라 장군 이사부가 우산국을 신라의 영토로 편입한 점으로 보아 독도이다. ㉡은 최남단인 마라도에서 남서쪽으로 149km 떨어져 있다는 점, 바다 표

면으로부터 약 4.6m 아래에 잠겨 있는 수중 암초라는 점으로 보아 이어도이다.

05 우리나라는 중국, 일본과의 거리가 가까워서 배타적 경제 수역을 200해리로 설정하면 서로 겹치는 문제가 발생한다. 따라서 우리나라는 어업 질서의 혼란을 막기 위해 한·일 어업 협정과 한·중 어업 협정을 맺었다. 한·일 중간 수역과 한·중 잠정 조치 수역은 양국이 공동으로 수산 자원을 관리하는 수역이다.

오답 피하기 ㄴ. 배타적 경제 수역은 영해와는 구별되는 개념이다. 영해는 기선으로부터 12해리까지이고, 배타적 경제 수역은 기선으로부터 200해리까지의 바다 중 영해를 제외한 수역이다.
ㄹ. 한·중 잠정 조치 수역에서 우리나라와 중국은 공동으로 수산 자원을 관리하며, 어업 활동을 할 수 있다.

06 ㉠은 우리나라 최서단으로 평안북도 용천군 마안도(비단섬)이다. ㉡은 우리나라 최북단으로 함경북도 온성군 유원진이다. ㉢은 우리나라 최동단으로 경상북도 울릉군 독도이다. ㉣은 우리나라 최남단으로 제주특별자치도 서귀포시 마라도이다. 마라도는 영토이기 때문에 마라도의 상공은 영공이 된다.

오답 피하기 ㄱ. 지도에서 특별한 방위 표시가 없으면 위쪽이 북쪽, 아래쪽이 남쪽, 왼쪽이 서쪽, 오른쪽이 동쪽이다. 그러므로 ㉠은 우리나라 최서단이다.
ㄷ. ㉢은 우리나라 최동단에 위치한 독도이다.

07 조경 수역, 메탄 하이드레이트, 해양 심층수 등은 독도의 경제적 가치를 나타낸 것이다. 독도는 한류와 난류가 만나 조경 수역을 형성하여 어족 자원이 풍부하다. 또한 주변에 메탄 하이드레이트와 해양 심층수 등의 풍부한 자원이 있다.

08 ㉠은 지역 축제를 개최하고, 박물관을 개관하며 랜드마크를 이용한 지역 홍보를 통해 특정 장소를 하나의 상품으로 인식하고, 상품의 가치를 높이는 전략인 장소 마케팅이다.

09 ㉠은 특정 지역의 차별화된 지역성을 세계로 알리는 현상이므로 지역화를 의미한다. 지역화로 해당 지역은 경쟁력 있는 지역성을 발굴하여 지역의 가치를 높이고자 한다. 또한 고유한 특성을 살리면서 보편적인 세계 문화와 조화를 이루어 지역 경쟁력을 높이려고 한다.

오답 피하기 ㄱ. 지역화는 각 지역들이 고유한 지역성을 널리 알리는 것이므로 개성이 사라지는 현상과는 거리가 멀다.
ㄴ. 지역화는 국가가 아닌 특정 지역이 세계 정치·경제·사회·문화의 주체로 등장하는 현상이다.

10 지역 축제는 대표적인 장소 마케팅이다. 장소 마케팅은 특정 장소를 하나의 상품으로 인식하고, 상품의 가치를 높이는 전략으로, 지역 주민들에게 자긍심을 갖게 한다.
오답 피하기 ㄱ. 지리적 표시제에 대한 설명이다. 2002년 보성 녹차가 우리나라 제1호 지리적 표시제에 등록되었다.
ㄷ. 지역 축제와 같은 장소 마케팅은 서로 다른 지역성을 기반으로 이루어지기 때문에 지역 문화를 획일화하려는 것과는 거리가 멀다.

11 지리적 표시제는 특산품의 품질과 특성이 근본적으로 해당 지역에서 비롯된 경우, 국가가 해당 지역의 이름을 상표권으로 인정해 주는 제도이다.
오답 피하기 ① 지리적 표시제에 등록되면 다른 곳에서 상표권을 사용하지 못하도록 하는 법적 권리가 발생한다.
② 지리적 표시제는 우수한 품질의 지역 농산물을 등록하는 지역화 전략이다. 지리적 표시제 개념 안에 온라인 거래는 포함되지 않는다.
③ 장소 마케팅에 관련된 내용이다. 통영의 동피랑 마을과 부산의 감천 문화 마을은 환경 정비와 벽화 사업이 이루어지면서 관광 명소가 되었다.
④ 지방 자치 단체에서는 지역 경제 활성화를 위해 대체로 지리적 표시제 제품을 지역 특화 산업으로 육성하려고 한다.

12 A는 비무장 지대로, 군사적 대립을 방지하기 위해 군사 분계선을 기준으로 남북으로 각각 2km 범위에 설정한 완충 지대이다. 이곳은 지난 60여 년 동안 일반인의 출입이 엄격히 통제되어 자연 생태계가 잘 보존되어 있다.
오답 피하기 ㄱ. 남한의 자본과 북한의 노동력을 결합한 공업 지대로 대표적인 곳은 개성 공단이다.
ㄷ. 비무장 지대 안에 남한 대성동 자유의 마을과 북한 기정동 평화의 마을이 있지만 남한과 북한 사람들이 함께 거주하는 마을은 아니다.

13 제시된 지도는 우리나라가 유라시아 대륙과 태평양을 연결하는 반도국으로, 성장 중인 동아시아의 교통의 요지에 위치하고 있어 여러 지역과의 교류에 유리하다

오답 피하기 ㄱ. 우리나라는 남쪽으로 태평양과 연결되어 있어 태평양으로의 진출에 유리하다.
ㄷ. 우리나라 주변에는 중국, 일본, 러시아 등 세계적인 강대국들이 위치하고 있어, 우리나라가 주변 국가들에 비해 경제 규모가 크다고 하기는 어렵다.

14 통일 이후에는 남북 문화 통합 전문가, 광물 자원 전문가, 환경 컨설턴트 등 새로운 직업들이 생겨나고 북한 지역 개발에 따른 일자리 증가, 분단으로 인해 왜곡되었던 국토 공간의 효율적이고 균형 있는 개발이 가능할 것이다.
오답 피하기 ㄷ. 통일 한국의 국내 총생산은 남한과 북한의 국내 총생산을 합한 것이므로 남한보다 증가할 것이고, 지속적으로 성장할 것으로 예측된다.
ㄹ. 통일 한국의 면적은 남한보다 2배 이상 증가하지만, 인구는 2배까지 증가하지 못한다.

15 통일이 되면 경의선·경원선의 한반도 종단 철도(TKR)가 시베리아 횡단 철도(TSR), 중국 횡단 철도(TCR) 등 대륙 철도와 연결되면서 통일 한국과 유럽 간의 물자 수송 비용을 크게 줄일 수 있다. 그래서 통일 한국은 중계 무역의 핵심지로 성장할 수 있다.
오답 피하기 ① 육상 교통망 이용이 증가한다고 해양으로의 진출이 어려워지는 것은 아니다.
③ 남한과 북한 사이에 막혔던 교통망이 연결되면서 주변 국가와의 교류가 증가할 것이다.
④ 제시된 지도는 육상 교통망이므로, 육상 교통의 증가를 나타낸다.
⑤ 우리나라의 철도와 러시아의 시베리아 횡단 철도가 연결되면서 철도 화물 수송 비중이 증가할 것이다.

대단원 서술형·논술형 문제
본문 69쪽

01 **| 예시 답안 |** 자료 A는 독도가 일본의 오키섬보다 우리나라의 울릉도에 가깝다는 것을 보여준다. 독도는 울릉도로부터 약 87km 떨어져 있다. 독도는 울릉도에서 날씨가 맑은 날에는 육안으로도 보인다. 자료 B에서 확인할 수 있는 것처럼 독도는 동도와 서도라는 두 개의 큰 섬과 89개의 작은 섬으로 이루어져 있다. 독도는 해저에서 분출된 용암이 굳어 형성된 화산섬이다.

동해의 영향으로 기후가 온화하고 기온의 연교차가 작은 편이며 일 년 내내 강수가 고르다.

| 필수 키워드 | 독도, 울릉도, 동도와 서도, 화산섬

| 평가 기준 |

상	독도의 위치적 특성과 독도의 자연환경에 대해 모두 정확하게 서술한 경우
중	독도의 위치적 특성과 독도의 자연환경에 대해 서술했으나, 내용이 미흡한 경우
하	독도의 위치적 특성과 독도의 자연환경 중 한가지만 서술한 경우

02 | 예시 답안 | 지역 브랜드는 해당 지역을 상징하는 로고, 슬로건, 캐릭터 등을 만들어 지역 그 자체 또는 지역의 상품과 서비스 등을 소비자에게 특별한 브랜드로 인식시키는 전략이다. 자료 A의 강원특별자치도 평창군은 해발 고도 700m에 위치한 지리적 특색을 내세워 지역 브랜드를 만들었다. 'Happy 700'은 사람과 동식물이 가장 건강하고 행복하게 지낼 수 있는 고지대의 특성을 나타낸다. 자료 B의 경상북도 영덕군은 청정한 바다와 풍부한 해산물이 대표적인 지역으로, 특산물로는 대게가 유명하다. 붓글씨체 속에 바다 해(海)와 대게의 형상을 자연스럽게 녹여 냈다.

| 필수 키워드 | 지역 브랜드, 평창군, 해발 고도 700m, 영덕군, 대게

| 평가 기준 |

상	지역 브랜드의 의미를 쓰고, 평창군과 영덕군의 특징을 모두 정확하게 서술한 경우
중	지역 브랜드의 의미를 쓰고, 평창군과 영덕군의 특징 중 한 지역만 정확하게 서술한 경우
하	지역 브랜드의 의미만 쓴 경우

03 | 예시 답안 | 아닙니다. 일본의 고지도와 고문헌에도 독도가 우리나라의 영토라는 증거는 많이 있습니다. 예를 들어 1785년 일본인 학자가 만든 삼국접양지도에는 울릉도와 독도를 조선과 같은 색으로 표시하였으며, 울릉도에는 '조선의 것'이라고 적어 두었습니다. 1802년 일본에서 제작된 대삼국지도에는 조선은 노란색, 일본은 빨간색으로 구분하여 표시하였는데, 울릉도와 독도는 노란색으로 표시되어 있습니다. 또 1807년 일본 최고의 행정 기구인 태정관에서 발행한 문서에도 "울릉도와 독도는 일본과 관계가 없다."고 기록되어 있습니다.

| 평가 기준 |

평가 항목	평가 내용
평가 충실도	정해진 분량 기준을 충족함(단, 제시된 질문과 관련 없는 내용은 분량에서 제외함)
내용 요소 이해도	삼국접양지도, 대삼국지도와 관련된 내용을 구체적으로 설명함
종합적 사고력	일본의 고지도 및 고문헌에도 독도가 우리나라의 영토임을 증명하는 증거들이 있다는 것을 설득력 있게 논술함
글의 논리성	글의 구성이 논리적이며, 내용의 연결의 자연스러움

04 | 예시 답안 | 통일은 필요합니다. 우선 위치적 측면에서 한반도의 위치적 장점과 잠재력을 극대화할 수 있고, 유라시아 대륙과 태평양을 연결하는 중계 무역의 핵심지로 성장할 수 있습니다. 경제적 측면에서는 남한의 기술과 자본, 북한의 천연자원과 노동력을 결합하여 성장할 수 있고, 소모적인 분단 비용이 경제 개발과 복지 비용으로 사용되면서 삶의 질을 향상할 수 있기 때문입니다. 정치적 측면에서는 동북아시아의 긴장감을 해소하여 세계 평화에 이바지할 수 있고, 증가된 인구와 경제 규모로 국제 사회에서의 위상이 높아질 수 있습니다. 사회·문화적인 측면에서는 이산가족과 북한 이탈 주민의 아픔을 치유할 수 있고, 역사적 정체성 회복과 민족 공동체를 건설할 수 있습니다. 이러한 이유로 우리 민족의 통일은 꼭 이뤄야 할 민족의 과제입니다.

| 평가 기준 |

평가 항목	평가 내용
평가 충실도	정해진 분량 기준을 충족함(단, 제시된 질문과 관련 없는 내용은 분량에서 제외함)
내용 요소 이해도	제시된 용어들과 논제에서 제시된 측면들을 명료하게 연결함
종합적 사고력	통일의 필요성을 다양한 관점에서 종합적으로 논술함
글의 논리성	글의 구성이 논리적이며, 내용의 연결의 자연스러움

XII 더불어 사는 세계

대단원 **종합 문제**
본문 72~74쪽

01 ②	02 ④	03 ⑤	04 ⑤	05 ⑤
06 ①	07 ②	08 ④	09 ②	10 ④
11 ④	12 ⑤	13 ②	14 ④	15 ④

01 지리적 문제는 사람들이 살아가는 공간에서 발생하는 문제이다. 공간에서 발생하는 문제이므로 해당 지역의 특징이 반영되고, 지역 간 상호 작용으로 특정 지역의 문제가 다른 지역의 문제와 연결된다. 지리적 문제에는 기아 문제, 생물 다양성 감소 문제, 영역 갈등과 분쟁 등이 있다.

오답 피하기 ② 지역 간 경제 격차 완화는 지리적 문제의 원인이 아니다. 지역 간 경제 격차 심화가 대표적인 지리적 문제이다.

02 영양 부족 인구 비율은 기아 문제와 관련되어 있다. 기아 문제는 아프리카, 남아메리카, 남부 아시아 등 저개발 지역이 주요 발생 지역이다. 이 지역은 선진국에 비해 인구가 빠르게 증가하고 있으며, 지역 분쟁이 잦은 편이다.

오답 피하기 ㄱ. 선진국보다 저개발국의 비율이 높다.
ㄷ. 지역 분쟁이 잦은 저개발국의 비율이 높다.

03 제시된 그림은 1970년에 비해 2010년에는 생물 종 11%가 감소하였고, 2050년이 되면 추가적으로 약 10%가 더 감소한다는 것을 나타낸다. 즉, 생물 다양성 감소 문제를 나타낸 것이고, 생물 다양성 감소 문제는 생물 종이 멸종하고 유전자의 다양성과 생태계의 다양성이 감소한다는 것이다.

오답 피하기 ① 생물 다양성 감소의 주요 발생 지역은 열대 우림 지역으로 적도 주변의 저위도이다.
② 농경지가 확대되면 동식물의 서식지가 파괴되어 생물 다양성 감소 문제가 심화된다.
③ 생물 다양성 감소로 인간이 이용 가능한 생물 자원의 수는 감소한다.
④ 열대 우림 개발은 문제 발생의 핵심적인 요인이다.

04 글에서 설명하고 있는 영역 갈등 지역은 쿠릴 열도(지시마 열도)이다. 쿠릴 열도는 풍부한 어족 자원, 많은

양의 천연자원 등을 둘러싸고 분쟁이 발생하고 있는 지역이다. 분쟁의 당사국은 일본과 러시아이다.

05 지도의 F 지역은 카슈미르이다. 인도는 영국으로부터 독립할 때 종교에 따라 인도(힌두교)와 파키스탄(이슬람교)으로 분리 독립하였다. 카슈미르 지역은 이슬람교도가 많은 지역이었으나, 이곳을 통치하던 힌두교 지도자가 인도에 통치권을 넘기면서 갈등이 나타났다.

오답 피하기 ① 카슈미르는 내륙 지역으로 해상 자원과는 거리가 멀다.
② 카슈미르는 유전 개발과는 거리가 멀다. 유전 개발을 둘러싼 대표적인 분쟁으로는 수단-남수단 분쟁을 들 수 있다.
③ 이슬람교 주민과 힌두교 주민 간의 갈등이다.
④ 인도와 파키스탄 간의 갈등 지역이다.

06 영역 갈등이 발생하는 원인에는 패권 경쟁, 역사적 배경, 모호한 경계, 자원 확보를 통한 경제적 이익 등이 있다. 이때 패권은 힘이나 경제력으로 다른 나라를 압박하고 자기의 세력을 넓히려는 권력을 의미한다.

오답 피하기 ㄷ. 종교의 유사성은 영역 갈등과는 거리가 멀며, 종교가 다르면 영역 갈등을 심화하는 요인이 된다.
ㄹ. 생물 다양성 감소는 주로 열대 우림 지역에서 발생하는 문제로 영역 갈등과는 거리가 멀다.

07 지도의 A는 유럽, B는 중부 아프리카, C는 동아시아, D는 오스트레일리아, E는 앵글로아메리카이다. 이 중 주로 저개발국이 위치한 지역은 중부 아프리카이다. 나머지 지역은 주로 선진국이 위치해 있다.

08 사례 지역으로 제시된 르완다와 볼리비아는 저개발국으로, 빈곤을 극복하기 위한 저개발국의 자체적 노력이 나타나 있다.

오답 피하기 ① 저개발국의 자체적 노력으로, 국제 비정부 기구의 지원이 아니다.
② 르완다는 아프리카 국가이지만, 볼리비아는 남아메리카 국가이다.
③ 빈곤을 극복하기 위한 것은 맞지만, 선진국의 원조는 아니다.
⑤ 저개발국의 자체적 노력으로, 국제기구의 노력이 아니다.

09 인간 개발 지수 지표를 나타낸 지도이다. 인간 개발 지수는 국제 연합 개발 계획(UNDP)이 매년 각국의 교육 수준, 국민 소득, 평균 수명 등을 기본으로 국가별 국민의 삶의 질을 평가한 지표이다. 아프리카 등의 저개

발국에서 낮게 나타나는 지표이다.

오답 피하기 ㄴ. 인간 개발 지수와 1인당 국내 총생산은 모두 선진국이 저개발국보다 높은 지표로 분포가 비슷하게 나타난다.
ㄹ. 영아 사망률은 저개발국이 높은 지표로 인간 개발 지수와는 분포가 거의 반대로 나타난다.

10 인간 개발 지수는 선진국에서 높게 나타나는 지표이다. 평균 수명, 1인당 국내 총생산은 선진국에서 높게 나타나는 지표로 인간 개발 지수와 비슷한 분포를 보인다.

오답 피하기 ㄱ. 부패 지수는 저개발국에서 높게 나타나는 지표로 국가별 청렴도 인식 순위이다. 덴마크, 핀란드 등이 가장 낮고, 북한, 소말리아 등이 가장 높다.
ㄷ. 성 불평등 지수는 국제 연합 개발 계획(UNDP)에서 국가별 모성 사망률과 청소년 출산율, 여성 의원 비율, 중등학교 이상 교육받은 여성 인구, 남녀 경제 활동 참가율 격차 정도를 측정한 지표이다. 저개발국에서 높게 나타나는 지표이다.

11 저개발국은 빈곤 극복을 위한 자체적인 노력으로 자연환경과 노동력을 활용하여 관광 산업을 육성한다. 그러나 불평등한 세계 경제 체제 속에서 글로벌 다국적 기업의 영향을 크게 받는다는 한계점이 있다.

오답 피하기 ㄱ. 최빈국은 1971년 국제 연합(UN)에서 제안한 개념으로, 1971년 25개국에서 2014년 48개국으로 증가하였다.
ㄷ. 저개발국은 인구 급증으로 인한 문제를 겪고 있으므로 출산 장려 정책을 추진하는 것은 적절하지 않다.

12 국제 연합은 대표적인 정부 간 국제기구로 국제 평화와 안전의 유지, 인권 및 자유의 확보 등을 목표로 한다.

오답 피하기 ⑤ 키바는 국제 비정부 기구(NGO)로 국제적 비영리 소액 신용 대출 기관이다. 돈이 필요한 빈곤한 지역의 사람과 기부자를 연결해 무이자로 돈을 대여해 준다.

13 공정 무역은 지역 간 불평등을 완화하기 위한 시민 사회의 노력 중 하나이다. 공정 무역 상품 판매를 통한 수익 중 일부는 기술 개발과 기반 시설 확충에 투자된다. 공정 무역의 한계점에는 가격이 다소 비싸다는 점, 선진국 소비자의 선심에 의존해야 한다는 점, 일부 기업들이 홍보를 위해 이용한다는 점이 있다.

14 공적 개발 원조는 선진국의 정부를 비롯한 공공 기관이 저개발국의 경제 발전 및 복지 증진을 목적으로 저

개발국이나 국제기구에 지원하는 제도이다. 공적 개발 원조는 과거 식량, 물품, 의료 등의 단기적 지원에서 사회 기반 시설 구축, 기술 교육 등의 장기적 지원으로 변해가고 있다.

오답 피하기 ㄱ. 우리나라는 광복 이후 국제 원조를 받던 수혜국이었지만, 지속적인 경제 성장을 바탕으로 다른 국가에 원조하는 공여국으로 바뀐 최초의 국가이다.
ㄷ. 자금, 경험, 기술 등 저개발국에 지원하는 공적 개발 원조 총량은 지속적으로 증가하고 있다.

15 ㉠은 개방된 시장 경제 가치관을 공유한다는 점, 주로 선진국이 가입되어 있다는 점에서 경제 협력 개발 기구(OECD)이다. ㉡은 토지를 구매할 수 있도록 낮은 이자로 돈을 빌려 준다는 점, 농촌의 지속 가능한 발전에 도움을 준다는 점에서 아그로스 인터내셔널이다.

대단원 서술형·논술형 문제
본문 75쪽

01 |**예시 답안**| 생물 다양성 감소 문제는 생물 종이 멸종하고 유전자의 다양성과 생태계의 다양성이 감소하는 문제이다. 생물 다양성 감소 문제의 원인은 다음과 같다. 도시 개발 및 농경지 확대로 인한 동식물 서식지 파괴, 무분별한 남획, 환경 오염 및 기후 변화, 외래종의 침입으로 인한 개체 수의 감소 등이다. 또한 상품 작물 및 바이오 에너지 연료용 작물 재배로 인한 농작물 다양성 감소 등이 있다. 지도에서 남아메리카의 아마존강 유역과 아프리카의 콩고강 유역, 인도네시아 등 열대 우림 지역이 생물 다양성이 가장 풍부한 곳이다. 그러나 열대 우림이 파괴되면서 열대 우림 지역이 생물 다양성 감소 문제의 주요 발생 지역이 되었다.
|**필수 키워드**| 다양성, 서식지, 개체 수, 농작물, 열대 우림
|**평가 기준**|

상	생물 다양성 감소 문제의 정의와 원인, 주요 발생 지역을 모두 정확하게 서술한 경우
중	생물 다양성 감소 문제의 정의와 원인, 주요 발생 지역 중 두 가지만 정확하게 서술한 경우
하	생물 다양성 감소 문제의 정의와 원인, 주요 발생 지역 중 한 가지만 정확하게 서술한 경우

02 | 예시 답안 | 지도에 나타난 지표는 1인당 국내 총생산이다. 1인당 국내 총생산(GDP)은 일정 기간 동안 한 나라 안에서 새로이 생산된 최종 생산물의 시장 가치의 합인 국내 총생산을 총인구로 나눈 것이다. 지도는 빈곤과 세계 지역 간 발전적 차이를 보여주고 있다. 저개발국에서는 이러한 문제를 해결하기 위해 다양한 노력을 하고 있는데, 케냐에서는 훼손된 삼림에 나무를 심어 척박한 땅을 되살리는 그린벨트 운동을 진행하였다. 이 과정에서 일자리 창출의 효과도 나타났다.

| 필수 키워드 | 1인당 국내 총생산, 최종 생산물, 빈곤

| 평가 기준 |

상	지도의 지표를 정의하고, 저개발국의 노력 사례를 정확하게 서술한 경우
중	지도의 지표를 정의하였으나, 저개발국의 노력 사례에 대한 서술이 미흡한 경우
하	지도의 지표만 정의한 경우

03 | 예시 답안 | 공정 무역은 기존 불공정한 무역 체제에 대한 대안으로, 저개발국 노동자에게 정당한 이익이 분배되도록 하는 윤리적인 무역 방식이다. 지도에 표현된 것처럼 공정 무역 제품 생산 국가는 주로 아프리카, 동남아시아, 라틴 아메리카 등에 위치한 저개발국이고, 공정 무역 제품 소비 국가는 주로 유럽, 앵글로 아메리카, 오세아니아, 동아시아 등에 위치한 선진국이다.

공정 무역은 생산자에게 노동에 대한 정당한 대가를 지불하고, 안전한 노동 환경을 제공할 수 있다. 또한 수익 중 일부가 기술 개발과 지역 기반 시설 확충에 투자되는 효과가 있다. 또한 공정 무역은 소비자에게 친환경 제품을 구매할 수 있는 기회와 상품 생산자에 대한 정보를 제공하고, 윤리적인 소비를 할 수 있는 기회를 주는 장점이 있다.

| 평가 기준 |

평가 항목	평가 내용
평가 충실도	정해진 분량 기준을 충족함(단, 제시된 질문과 관련 없는 내용은 분량에서 제외함)
내용 요소 이해도	공정 무역의 정의와 공정 무역 제품의 주요 생산 국가 및 소비 국가를 구체적으로 설명함
종합적 사고력	공정 무역이 생산자와 소비자에게 주는 효과를 종합적으로 논술함
글의 논리성	글의 구성이 논리적이며, 내용의 연결의 자연스러움

04 | 예시 답안 | 세계 시민의 자세는 다음과 같다. 긴밀히 연결된 지구촌을 하나의 공동체로 인식하고, 세계에서 발생하는 다양한 지리적 문제에 관심을 두고 협력해야 한다. 지역 간 불평등을 완화하고 빈곤과 기아 문제를 해결하기 위한 봉사 활동이나 기부 등에 동참해야 한다. 다양한 문화를 가진 사람들과 어울려 살면서 서로의 차이와 다양성을 존중하려는 자세를 갖추어야 한다. 지구 환경의 소중함을 깨닫고, 일상생활 속에서 환경 보호를 실천해야 한다. 이를 일상 속에서 실천하기 위해 공정 무역 제품을 구매할 것이고, 플라스틱 사용을 줄이는 캠페인을 진행할 것이다.

| 평가 기준 |

평가 항목	평가 내용
평가 충실도	정해진 분량 기준을 충족함(단, 제시된 질문과 관련 없는 내용은 분량에서 제외함)
내용 요소 이해도	세계 시민의 자세를 일상생활 속에서 실천하는 방안을 구체적으로 설명함
종합적 사고력	세계 시민의 자세를 종합적으로 논술함
글의 논리성	글의 구성이 논리적이며, 내용의 연결의 자연스러움

Memo

Memo

Memo